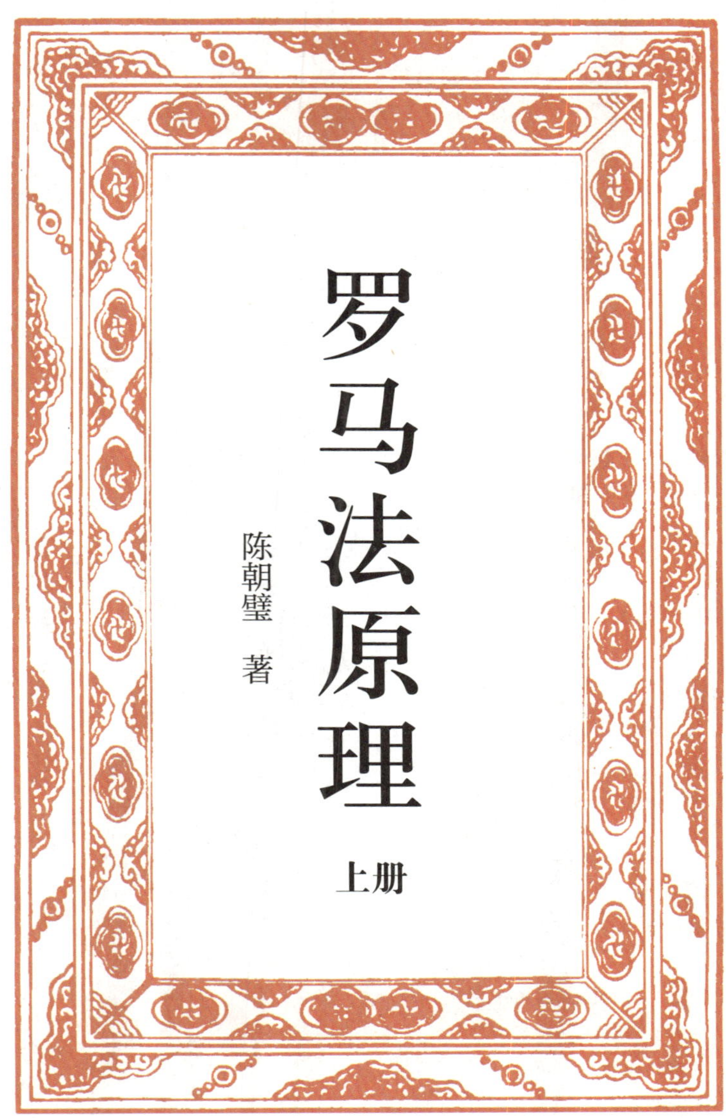

罗马法原理

陈朝璧 著

上册

厦门大学出版社
XIAMEN UNIVERSITY PRESS
国家一级出版社
全国百佳图书出版单位

图书在版编目（CIP）数据

罗马法原理 ：上下册 / 陈朝璧著. -- 厦门 ：厦门大学出版社，2025. 1. -- ISBN 978-7-5615-9605-0

Ⅰ. D904.1

中国国家版本馆 CIP 数据核字第 2024ES4644 号

责任编辑　甘世恒
美术编辑　李夏凌
技术编辑　许克华

出版发行　厦门大学出版社
社　　址　厦门市软件园二期望海路 39 号
邮政编码　361008
总　　机　0592-2181111　0592-2181406(传真)
营销中心　0592-2184458　0592-2181365
网　　址　http://www.xmupress.com
邮　　箱　xmup@xmupress.com
印　　刷　厦门市金凯龙包装科技有限公司

开本　787 mm×1 092 mm　1/16
印张　46.5
字数　360 千字
版次　2025 年 1 月第 1 版
印次　2025 年 1 月第 1 次印刷
定价　180.00 元（上下册）

本书如有印装质量问题请直接寄承印厂调换

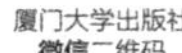
厦门大学出版社
微信二维码

厦门大学出版社
微博二维码

目　录

影印版出版说明

陈朝璧先生（1905—1982）是我们的父亲，其生前所著《罗马法原理》一书系由商务印书馆于1937年出版，并被列为商务印书馆“大学丛书”；所译述《英美法原理》(著者为阿瑟·古恩)一书系由美华出版社于1948年出版，被列为“国立厦门大学丛书”。

厦门大学百年校庆之际，经厦门大学法学院推荐，《英美法原理》一书由厦门大学百年校庆系列出版物编委会列入厦门大学《百年学术论著选刊》，并以厦门大学图书馆馆藏的美华出版社1948年出版的《英美法原理》为样本再版（影印版），由厦门大学出版社出版、发行，使该书重新以真实原貌呈现于读者面前。在此，我们表示衷心的感谢!

《罗马法原理》一书，1950年以前，商务印书馆曾经多次再版，20世纪60年代以后，台湾商务印书馆曾经三次再版。1950年以后未曾在中国大陆出版过。鉴于该书被法学界人士多次介绍可供研究罗马法的有关人士作为参考，我们曾经两次以光盘形式录入该书，奉送亲友及有关人士。然而送出的光盘数量有限，也不方便阅读。为使有志于探讨罗马法的人士得以全面了解家父《罗马法原理》原著的内容和观点，经与厦门大学出版社接洽，出版社慨然应允，以厦门大学图书馆馆藏商务印书馆1937年初版的《罗马法原理》一书为样本影印出版、发行。

现在，家父所著《罗马法原理》以其真实原貌重现在读者面前。我们在庆幸愿望终于成真的同时，并冀以此寄托对我们的父亲和母亲宋道默女士（1912—1951，江苏泰县人氏，上海持志大学肄业）的深切怀念！我们的母亲，自1933年与父亲完婚后，就成了父亲的贤内助，使父亲得以专注于工作，并支持父亲在繁忙工作之余完成了《罗马法原理》的撰写工作和《英美法原理》的译述工作。

在此，我们谨向厦门大学出版社和厦门大学图书馆以及所有为本书的影印、出版、发行付出努力的人员表示诚挚的感谢!

陈强、陈和、陈梅、陈南 谨启

2024 年 12 月

影印底本

陈朝璧著《罗马法原理(二册)》，商务印书馆一九三七年七月初版，原书尺寸：212mm×152mm。

大學叢書

羅馬法原理

上冊

陳朝璧著

商務印書館發行

大學叢書

羅馬法原理

上冊

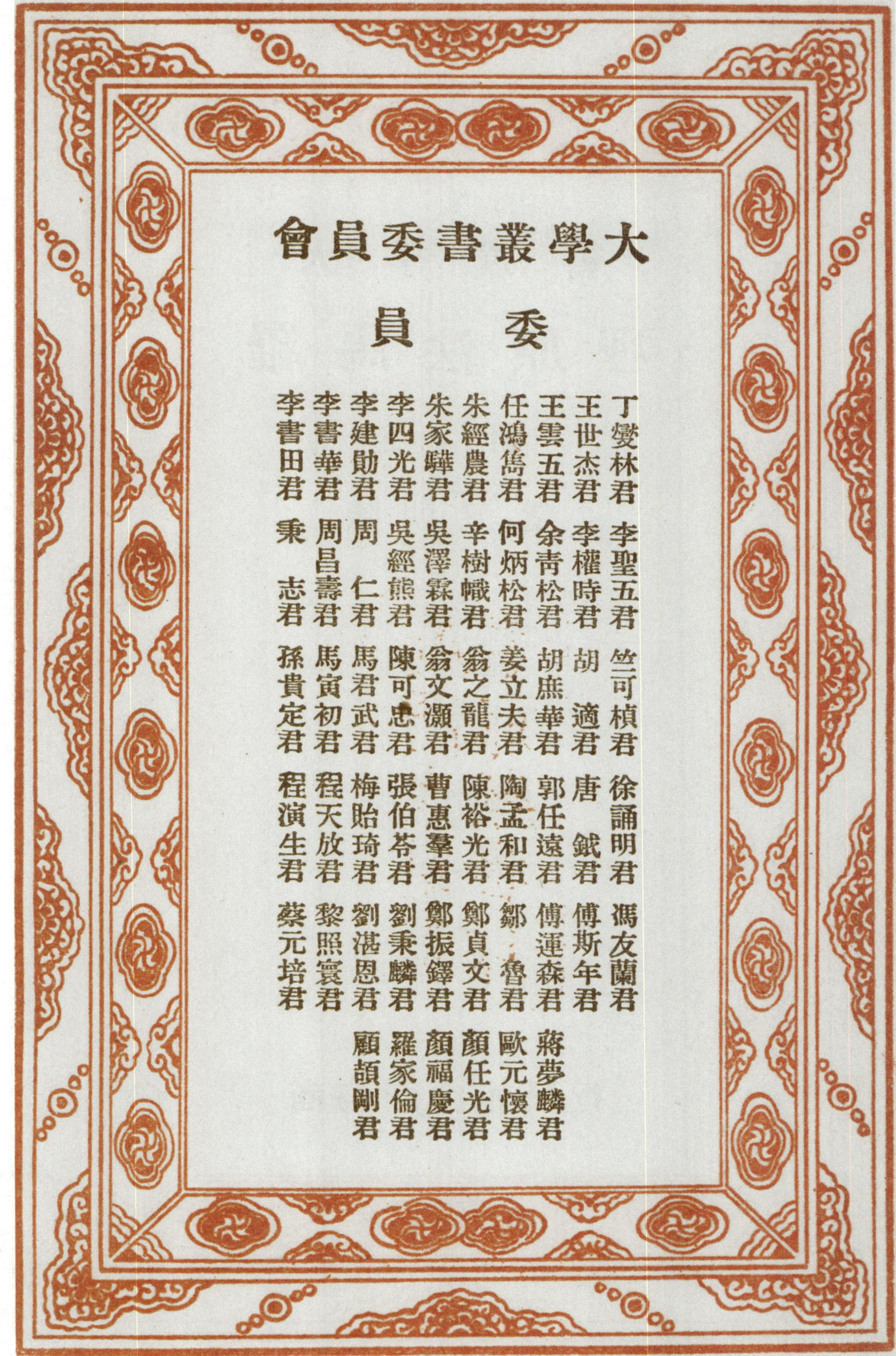

大學叢書委員會

委員

丁燮林君　王世杰君　王雲五君　任鴻雋君　朱經農君　朱家驊君　李四光君　李建勛君　李書華君　李書田君

李聖五君　李權時君　余青松君　何炳松君　辛樹幟君　吳澤霖君　吳經熊君　周仁君　周昌壽君　秉志君

竺可楨君　胡適君　胡庶華君　姜立夫君　翁之龍君　翁文灝君　陳可忠君　馬君武君　馬寅初君　孫貴定君

徐誦明君　唐鉞君　郭任遠君　陶孟和君　陳裕光君　曹惠羣君　張伯苓君　梅貽琦君　程天放君　程演生君

馮友蘭君　傅斯年君　傅運森君　鄒魯君　鄭貞文君　鄭振鐸君　劉秉麟君　劉湛恩君　黎照寰君　蔡元培君

蔣夢麟君　歐元懷君　顏任光君　顏福慶君　羅家倫君　顧頡剛君

大學叢書

羅馬法原理

上册

陳朝璧著

厦門大學圖書館藏書印

商務印書館發行

居序

羅馬法肇自十二銅標，成於優士絺尼恩帝，厥時約當我國周貞定王十五年起，迄五代陳文帝六年爲止。我國古代文物粲然，而禮法之學，至周文王時亦已大昌，其時所謂禮者，乃指民法而言，法者乃指刑法而言。惟羅馬至優帝時即有法典之編訂，而我國禮法之學雖早興於羅馬，然終未有法典之形成，殊爲我中華民族之一大憾事。羅馬法獨能發皇於後世，以成世界崇仰之羅馬法系，而我國禮法之學不免停滯衰落，未能將中華法系之精神發揚光大於世者，其因或在乎此。

考各國法典，除英美外，大都淵源於羅馬法，即以英美而論，其法律之精神，受羅馬法之影響者亦復不少，如英國普通法之契約原則，遺囑制度信託規則等，固均出自羅馬法。而日本維新後所訂之法典，亦以德法法典爲藍本，然德法法典固仍淵源於羅馬法。我國民律草案係依日本民法所擬訂，新民法則率皆根據德瑞民法而成，追原溯本，仍爲脫化於羅馬法。故論者謂羅馬法具有世界法學之統一性，其言雖似過當，然不能謂無理由也。

夫我國新民法既大部根據德瑞民法所成，而德瑞民法又係淵源於羅馬法，則我國對於羅馬法之研究爲不可忽，否則研究我國民法，祇知旁及德瑞民法，而不與羅馬法比較研究，則將何以知德瑞民法之原由，更將何以辨我民法之得失哉。

雖然，因我國民法大部根據德瑞民法訂立之故，學者以我國風俗人情與德瑞大異，每有削足適履之譏，然此爲各國草創法典同具之現象，非我國所獨有也。惟今後欲改善我國民法，則不得不多根據我國民族精神以從事焉。然欲根據我國民族精神改善我國民法，則整理中華法系之工作爲不可少矣。蓋中華法系之精神不啻我民族精神之表現也。

陳君朝璧究法有年，近著羅馬法原理一書，約四十萬言，請序於余，余瀏覽一過，覺其編制內容，靡不盡善。就其編制言，除最後一編爲訴訟法外，餘皆依照我國現行民法之編制次序而成，使讀者易與我民法作比較之研究。就其內容言，於歷史方面，則凡制度之背景淵源及其演進，無不探求詳盡；於理論方面，則博採各家學說，旁引現代法例，並批評其得失臧否，闡明其取捨之道，是誠可謂法學界之一大偉著矣。

今陳君對於羅馬法固有所成功矣，惟苟能本其研究羅馬法之精神，賡續進而整理中華法系，若干年後，亦如羅馬法之有所貢獻於世，是則余所厚望焉。

中華民國二十五年八月居正序於司法院

王序

世界法系凡五，印度回回兩系既成陳跡，無足稱道，中華法系淩亂不堪，有待吾人之整理發皇，獨英國法系羅馬法系互爲消長，各有其相當勢力。羅馬法蓋自十二銅表至優斯體尼亞魯士帝法典，中經千年之沿革損益，始卓然成一代典制，爲大陸各國所祖述，其淵源固遠也。今雖時易世遷，而當初創制，隨時代之演變以去者，其形式。隨時代之演變而無不條貫者，其精神。治法學者，泥古不可，眩新亦不可，以固有之文化爲本位，以當前之需要爲準則，從而旁徵博稽，觀其異同，斟酌至當，庶乎其爲實用之學。吾國近世立法，多規摹於大陸各國，而羅馬法又大陸法系所自出，則援古證今，比權量德，研究羅馬法，誠學者所應有事。惜乎此類著作，尙屬鳳毛麟角，間有一二，亦失簡略。陳君朝璧研究法學有年，於羅馬法，尤多心得，今欲以其大學講稿付梓問世，余取而讀之，覺其提綱絜領，秩然有序，而於法理源流，尤推闡不厭其詳，將見此書出後，風行海內，俾治法學者，知一切制度產生，確非偶然，而不純以襲取皮毛爲能，其裨益於法律教育，詎淺鮮哉。

中華民國二十五年一月十日郇陽王用賓序於司法官廨

宋序

羅馬法之原則，隨社會環境之演進，經歷各種文化不同之顯明階段，由萌芽而發育，而長成，始終一貫，條理井然，極法學界之偉觀，古代學者研究之，註釋之，視爲終身事業，豈偶然哉！文藝復興以還，意人曜乃侶斯（Irnerius）首創法科大學於報羅那（Bologna）地方，教授羅馬法，並從事註釋，世稱註釋法學派；而全歐風從，各學派相繼成立：如後期註釋法學派中之意人覇爾島侶斯（Bartolus），法國沿革法理學派中之意人亞爾西亞杜斯（Alciatus），性法學派（亦稱自然法學派）中之荷蘭人格羅地與斯（Grotius），歷史法學派中之德人虎哥（Hugo），沙維尼（Savigny）等人，固皆中古時代歐洲法學界之錚錚者，然此五大學派，更莫不以羅馬法爲研究之主要對象，而養成獨到之理論者。不特此也，羅馬法對於各國法律，均有極大之影響，如十八世紀以前，德國採用之德國普通法（Pandekten）雖混合寺院法，意大利習慣法，德國法規，德國習慣法四者，而優帝國法大全實佔重要之成分；歷史家或分十五世紀至十六世紀之期間，爲德國之「採用羅馬法時代（Rezeptionszeit）」，其受羅馬法影響之甚，可見一斑。法國南部於拿破崙法典（Code Napoléon）施行前，固純受羅馬法之支配，卽拿破崙法典本身，亦多以羅馬法爲藍本，關於債權物權之原則，則尤彰明較著者。以言英國，其衡平法院（Chancery or Equity Court）採用羅馬法無論已，關於契約原則，遺囑制度等項，卽普通法亦不乏採用羅馬法主義者。況美國法律與英略同，比利時，盧森堡等國，則全完適用法國民法，現代一般重要民法，則或以羅馬法爲基礎，或參配法德諸國法律，未有不直接或間接受羅馬法之影響者也。職是之故，現代各國均列羅馬法爲法科主要之必修課程，惟我國學術界，對於羅馬法之研究，歷史較短，故鮮有詳切之國文羅馬法專書，此誠法學界之遺憾也。余侄孫婿陳君朝璧有鑒於此，搜集海內外羅馬法專書多種，經長時間之探求，完成羅馬法原理一書，都數十萬言，是不啻作者個人之成績，抑亦我國出版界之光榮也歟！本書作者，文筆流暢，易於閱讀，猶其餘事，每一原則，必闡明其原因與理由，每一制度，必詳述其背景之顛末，至其如何形成，如何變遷，如何廢除，亦皆備述無遺，故綜合讀之，瞭如指掌；他如旁採各種理論，以批評其得失，引用現代法例，以比較其沿革，則皆本書之特點也。本書作者就正於業師謝冠生先生等當代法家，咸贊許之而樂爲之序，其優越處各序中亦多有道及之者；爰掇數語，爲海內外明達一介紹之。

中華民國二十五年六月易齋宋士驤序於海上

目錄

緒論

本論

第一編　總則

第二編 債權

第三編　物權

第七章　占有……三九七

第四編　親屬

第四章　監護及保佐……五〇六

第六編　訴訟法

羅馬法原理

緒論

第一節　羅馬法之定義

羅馬法者何？無待思索而知其爲羅馬國之法律制度也。但就其範圍言，學者間有不同之定義焉：或謂羅馬建國，時在西曆紀元前七百五十三年，羅馬帝國亡於紀元後一千四百五十三年，則羅馬法者此二千二百零六年間羅馬帝國之法制也；或謂羅馬之有法制也，始於西曆紀元前四百五十年，則羅馬法者，卽羅馬國自十二表法頒布之日至東羅馬滅亡，一千九百零三年間所有之法制也。惟此兩說均不適當，前者爲純理論之定義，後者之錯誤，則半在傾向理論，半在不明十二表法之歷史性，故均爲今之學者所不取也。然則羅馬法者何耶？曰，羅馬法者，自羅馬建國伊始，至優司悌尼亞帝(Justinianus)去位，卽自西曆紀元前七百五十三年，至紀元後五百六十五年，羅馬國所有之法制也。夫十二表法，雖頒布於紀元前四百五十年，實爲自羅馬建國時起，以至十二表法頒布之年，三百零三年間社會習慣之結晶品，自不得抹煞此三百零三年間之習慣法，以強定羅馬法之範圍也。優司悌尼亞帝（註）固集羅馬法之大成者，惜其嚴令學者及法官絕對遵守其國法大全，故自優帝國法大全告成後，以至優帝去位，羅馬法毫無進步；嗣後至東羅馬帝國滅亡，此八百八十八年間，既未新制法典，而官方編纂之羅馬法書籍，亦寥寥無幾。若法律全書（Basilica），若法學階梯註解（Glosa institutiones），此兩大著作，一爲雷耳六世帝（Leo VI.）勅諭編輯，一爲私人之著述。經政府默認其價值者；前者用希臘文編成，凡六十卷，卷分爲章，其特點，在每章搜集優帝學說階梯、優帝學說彙編、優帝法典及優帝新律中之相對條文，綜合解釋之；後者編輯之方法，爲各註解位於優帝法學階梯條文之旁，其研究之對象，僅爲優帝法學階梯，故名。然此二書之內容，除原條文外，均爲機械式之解釋，鮮有新貢獻也。故學者研究羅馬法，皆以自羅馬建國至優帝去位一千三百餘年間之羅馬法制，爲研究之對象，而不取上述兩種不切實際之定義也。

（註）優司悌尼亞帝之理論法律本書援引最多，凡稱優帝，即係指優司悌尼亞帝而言。

第二節　羅馬法對於法學之貢獻

羅馬法，死法也，失其強制力者久矣；今之學者何乃研究不懈耶？曰，羅馬法，影響於現代各國法例最大，且其原理原則，有條不紊，凡各問題，每能適應社會之背景，而有合理之演進，故各國法科，類皆以羅馬法爲必修之課程。茲將羅馬法對於法學之貢獻，分析言之：

（一）可供研究現代比較法之基礎　羅馬法，爲現代法最重要之淵源，各國法律無不受其影響。就原則言，除少數之特別規定，因今昔環境不同，與羅馬法無相同之點外，餘則類皆由此死法蛻化而成，故羅馬法之研究，足稱研究比較法之初步工作。

（二）可使初學養成法學觀念　列舉法律之根本原則，而融會貫通之，闡發其相聯之關係，並指明各法制之基礎，是皆養成法學觀念之必經過程。然則羅馬法之研究，定可使學者有此偉大之收穫焉；其理有二，茲分述如次：

（1）凡一問題之規定，嚴格與簡明之特點，當推羅馬法為第一。此其優點，於優帝前已可於法學著作中，略見一斑；迨奧古斯都斯（Augustus）與提奧克來借女斯（Diocletianus）二帝之間，益見顯著，而於第三世紀前半葉，則尤甚焉。

（2）羅馬法之各個原則間，有和諧之特點，而無矛盾之嫌，頭緒萬千，而精神一貫，此亦其他法例所望塵莫及者。

（三）可使學者明瞭法制演進之道　法律，社會制度之一也，非立法者所能任意創制，或修改之；必適合一時代之社會環境，一民族之文化特質，而後可有完善之法律。羅馬法，經過千餘年之歷史，更隨各階段不同之文化，而變遷演進，以成適合當日時間空間之完法，故從史的方面研究羅馬法，勝讀十部法制史也。（註）

（註）德儒逢帝斯特（Von Diest）氏用語。

第三節　羅馬人之法律觀

古羅馬時代，法律之範圍，極端狹小，故曰：『法律者，維持城市秩序所必需之規則之總和也。』基此定義，法律祇建築於限制極嚴之功利基礎，其作用，在維持現狀，在維持已然之社會生活，則當日之法律，並無創造性也明矣。然則其原因安在耶？曰：當日之國家，祇可謂爲各家族之聯合體，家族內部之處置，國家不得從而干涉之，故有權者爲家族，而非國家，有嚴格之家法，而無有力之國法也。

降至西曆紀元前後，受希臘哲學思想之影響，法律觀念，爲之一變，賽爾書斯（Celsus）曰：『（Jus est ars boni et aequi）（法律者，善良公平之藝術也。）』（註）意若曰法律者，何者爲善，何者合乎正義，何者足稱平允之標準也。其基礎，導源於自然法，嗣因與天主教意旨脗合，復受宗教勢力之推助，故是項理論，頗有權威，而足以推翻前說。然此新觀念，並非偶然形成，良以原始時代，「家父權」高於一切，對妻子奴隸，濫用權威，違背人道，國家不能干涉，先賢目擊此不人道不平等之現象，乃希望伸張法律之權威，藉重法律，以殺宗法之勢力，而提高被壓迫階級之地位耳。

（註）或根據此定義，而誤認羅馬時代之學者，混法律與道德爲一體，但余默察保魯斯（Paulus）之評語：『法律所許者，未必盡合乎道德（Non omne quod licet honestum est）』云云，則當日法律與道德之有區別，似已昭然若揭矣。

第四節　羅馬法之特質

羅馬法特質之顯著者有五：如重形式，主嚴峻，不平等，司法不統一，立法不統一，皆是也。但此數者，或僅存在於某一時代，或因時制宜，多所改革，固未可概括言之，茲分述如後。

（一）重形式　羅馬建國伊始，以至文字普及時期，凡一法律行爲，必經過一定之方式，而後發生效力，如必須本人到場等是。訴訟行爲亦然，雙方必須遵守已定之方式，應用無訛者，則必勝訴，雖有揑造事實之形迹，亦所不問，且方式極端簡單，當事人對於法官之問話，或唯或否，別無他語，偶因錯誤，不合法定之方式，則必慘遭敗訴，而無補救之可能。揆其原因，原始時代，一般人智識簡陋，苟如現代法院，參酌證據，盡量辯論，而後斷定是非曲直，法官將感繁複之苦，而莫知適從。然此不合理之制度，卒至援用數百年之久者，其原因有二：

（甲）羅馬人富於保守性，雖文化進步至可以採用合理制度之時期，仍不願舍棄舊制也。

（乙）羅馬法之內容與訴訟之程序，僅限於僧侶學校，知之綦詳，法律之研究，幾爲僧侶之專利；以其欲壟斷操縱也，故主張嚴格遵守舊制。

然則此嚴格之形式主義，何以失其勢力耶？其原因有二：

（子）形式主義漸無適用之可能性　羅馬既漸由農業社會而成商業社會，人民遷徙無常，關於法律行爲，或訴訟行爲，如欲本人到場，或完成其他之必要方式，殊感不便，甚至不盡可能。

（丑）形式主義漸有不公平之危險　原始時代，人民混然天眞，欺詐虛僞者不多見，迨人民智識發達，欺詐百出，如理由不足者，賄賂證人，使其爲利己之證言等是。

綜上弊端，羅馬法當一掃過去之形式矣！曰，不然，除少數通用之契約外，無意識之形式主義，散見於法學昌明時代之羅馬法者，猶比比皆是。

（二）主嚴峻　原始時代，社會生活簡單，人民渾厚性成，既有善良之風俗，復有健全之家族組織，國家之職權，徵乎其微，自不需嚴峻之法律；降至奧古斯都斯帝（Augustus）（註）時代，社會環境，迥與昔異，於是法律漸尚嚴峻主義，茲就其原因分析言之如次：

（一）家族組織之解體　家族組織，逐漸解體，「家父」之權威，日漸消失，勢不能維持固有之秩序，非嚴峻之國法，不足以取而代之。

（二）商業之發展　羅馬版圖，既漸擴大，需要日繁，財富與人口俱增，貨幣普遍，於是商業漸發達矣；人民間既發生新關係，不得不有新法律以規定之。

（三）善良風俗之消失　至奧古斯都斯帝（Augustus）就位時代，羅馬已有一百二十萬之人口，昔日在狹小孤獨之城市中所畏懼之輿論制裁，已不足恃，加以天神之信仰日淡，社會騷然，故人民間社會方面及經濟方面之行動，需要嚴峻之法律，以制裁之。

羅馬法最初所持之嚴峻主義，可謂登峯造極，任何權利，有其絕對之規定，在任何情形之下，不得變更。或謂此絕對主義之採取，係因昔人智識之簡單，似不無理由，然羅馬法最嚴峻之部分，首推市民法，大官法之內容，則類皆合乎平衡之道，與市民法相反之處，數見不鮮；結果，大官法佔優越之地位，以其較合自然法故也。繼而萬民法以簡明與合乎論理著稱，亦於共和末年與市民法冶於一爐，羅馬法之嚴峻特質，於是逐漸消失，但其嚴峻主義所遺留之簡明與合乎論理之特點，卒成整個羅馬法之特點矣。

（註）奧古斯都斯帝（Augustus）於紀元前二十七年即位。

（三）不平等　羅馬時代階級觀念與國籍觀念特別尖銳，一家之中「家父」操絕對之權，居其下者，如妻、子、奴隸唯有服從，在私法上均爲無能力者；對於奴隸更有生殺予奪之權，法律上不平等之甚，更不待言。羅馬人與外國人間法律上之不平等亦然，如「要式買賣」如「共食婚」外國人均不得參加；迨優帝時代法律雖漸平等化，而彼此間終未有完全平等之待遇也。

（四）司法不統一　自十二表法頒布施行（紀元前四百五十一年）以迄共和末年，羅馬市民與外國人，絕對受異樣法律之統制，對於前者應用市民法，對於後者則應用萬民法。自共和末年以至紀元後第三世紀，外國人雖得與羅馬人受同一法律之保護，然僅限於萬民法，而市民法猶爲羅馬市民專用焉。迨第四世紀初葉以還，外國人始得與羅馬市民同受市民法之保護，斯時也，市民法與萬民法無畛域之分，而司法亦告統一。

（五）立法不統一　民會之決議，與夫平民會（註一）之決議，同有法律之效力，立法權固有不統一之嫌；至元老院（註二）之決議或皇帝之勅令之有法律效力也，亦不得謂非畸形發展，至若法學家之解答有拘束法官之權威，尤足破壞立法之系統也。

（註一）平民會通過之法律，初僅對平民發生效力，至紀元前第三世紀，以好登細亞法（Lex Hortensia）之制定，其效力遂及於全體羅馬人民，而無貴族平民之畛域。

（註二）元老院自帝政伊始，有制定法律之權，民會之立法權，於以廢除；但自紀元後第三世紀初葉，遂以皇帝之勅令，代替元老院之決議。

第五節　羅馬法之淵源

羅馬立法之不統一，已如上述，唯其如是，故構成整個羅馬法之原素，特別繁多。概括言之，羅馬法之淵源，可分七種：一曰習慣，二曰民會議決之法律，三曰平民會通過之法律，四曰元老院之決議，五曰皇帝之勅令，六曰裁判官之告示，七曰法學家之解答。加以歷史悠久，此其原素先後各異其趣，欲詳言羅馬法之淵源，非按照羅馬法各別之時期，以研究之不爲功。茲仿魯文大學德不利也（Dupriez）教授之方法，將羅馬法史分成四期，並就其各期之淵源，分別說明如次：

（壹）羅馬法之幼稚時期

自羅馬建國以至十二表法（紀元前七百五十三年以至紀元前四百五十年），是爲羅馬法之幼稚時期。在此三世紀中，羅馬法唯一之淵源，厥爲習慣，此亦原始時代各國法律同歷之過程也。歷史家及法學家有謂羅馬於大古尼斯帝（Tarquinius）（註一）時代，曾有法律之編纂者，時至今日，此說已被視爲無稽之談。王政時代，間有類似法律之規章，而不得認爲純粹之法律，僅屬一種關於國王行使祭祀權之規定耳。迨王政推翻之後，共和時代，猶無正式之成文明法，有法律之權威與功用者，唯有習慣而已；即一種制度原則，未得政府之明白承認，而被一般人接受並默認爲社會生活中相互關係之規則者也。然以習慣法之有兩大缺點也，（註二）於共和末年，有成文法運動之發生，試言習慣法之缺點及其在羅馬發生之結果如次：

（一）習慣法缺少準確性　既無明文規定，自不乏伸縮出入之可能。

（二）施用習慣法時法官可濫用權威平民備受壓迫　羅馬雖於紀元前五百十年建立共和，然階級猶極森嚴，法官等重要位置，均爲貴族僧侶所把持；法官執行職務，既無成文法之拘束，凡有訟事類皆故意壓迫平民，袒護貴族。

平民既受不平等待遇，乃主張廢除習慣法，頒佈新法。第一次之請求，在紀元前四百六十一年，主其事者，爲代人求利斯（Terantilius Arsa）氏，結果於其他方面獲得平等之地位，而編纂新法，卒被元老院拒絕。不數年，平民再度反抗，元老院見勢不可遏，乃於紀元前四百五十三年組織立法委員會負責起草適用於全體市民之法律；但元老院爲遷延時日計，選任三人組織考察團，前赴希臘考察法制；紀元前四百五十一年，考察團歸國，政府乃任法典編纂委員十人負責起草，不逾年，制度十表，以其未臻完備也，同年另任編纂委員十人以補充之，次年，既紀元前四百五十年末補充表成，鐫諸銅表，以示人民，是爲十二表法。根據最後二表平民與貴族不得通婚，故或呼爲「不平等之法律（Iniquae leges）」。至十二表法之內容，分述如後：

第一表　傳喚

Tabula I.　De in jus vocando.

第二表　審判

Tabula II. De judiciis.

第三表 求償

Tabula III. De aere confesso rebusque judicatis.

第四表 家父權

Tabula IV. De jure patris.

第五表 繼承及監護

Tabula V. De haereditatibus et tutelis.

第六表 所有權及占有

Tabula VI. De dominio et possessione.

第七表 房屋及土地

Tabula VII. De jure aedium et agrorune.

第八表 私犯法

Tabula VIII. De delicto.

第九表 公法

Tabula IX. De jure publico.

第十表　宗教法

Tabula X.　De jure sacro.

第十一表　前五表之追補

Tabula XI.　Supplementum V. priorarum tabularum.

第十二表　後五表之追補

Tabula XII.　Supplementum V. posteriorarum tabularum.

綜觀十二表法之內容，至爲混雜幼稚，公法私法，混爲一體；訴訟法，則祇知維持一市之秩序，而不能徹底保護人民之權利。然則十二表法，迄於今日，世皆傳爲美談者何耶？其理由有三：

（子）十二表法適合於羅馬市民　各種規定，悉本諸已有之習慣，（註三）演繹而成，故人民稱便。

（丑）平民階級在法律上有平等之地位　除平民與貴族，不得通婚外，法律上完全平等，既有明文之規定，法官亦不得行其偏袒之慣技，故平民之反抗，於以停止

（寅）評論一制度之價值，應以社會環境文化程度爲標準　羅馬之於紀元前四百五十年也，草昧初開，文化遠不若我國周代之進步，十二表法之內容，雖未能盡合法理，自亦未可厚非。

（註一）大古尼斯帝(Tarquinius Priscus) 於紀元前六一六年即位，在位三十八年，或謂大帝曾命派彼旅斯(Papirius)編纂法律。

（註二）或謂習慣法亦有其優點，如：（一）適合社會之新需要，（二）有伸縮性是也。然而本書列舉之習慣法缺點，則皆此所謂優點之

結果也。

（註三）或謂十二表法，頗受希臘法制之影響，然據多數學者之意見，如（Accarias, Dupriez）等，均反對此說。

（貳）羅馬法之進步時期

自十二表法頒佈以至帝政時代（自紀元前四百五十年至紀元後二十七年）是爲羅馬法之進步時期，在此時期，羅馬法之淵源有五，卽（一）習慣（二）民會及平民會之決議，（三）元老院之決議（四）法學家之解答（五）法官之告示是也。

（甲）習慣　原則上，習慣仍有法律之權威，既可爲新法律之基礎，更可變更已存之法律。但實際上，較諸第一時期，已頗多差異：第一、作用不同：習慣之作用在解釋十二表法，引伸其原則，以應付新環境，而不復如昔日之爲純粹習慣法矣；第二、形式不同，習慣漸被法學者搜集成書，是習慣之形式，亦不復如昔日之散見民間矣。

（乙）民會及平民會之決議（leges 或 lex）「leges」一字，有廣狹二義：法官之提議，得國民會之可決者，是爲狹義之民會決議，亦卽最初之意義也；嗣凡平民首領之決議，得平民會之可決者，不曰（Plebicita），而亦曰（Lex），其意義亦漸廣。然平民會之決議，祇對平民發生效力，自紀元前二八五年，好登細亞法制定以還，始與民會之決議，有同一效力，故學者推定（Lex）一字，至紀元前二百八十五年，始有此廣義之解釋。民會決議之法律，類屬刑法公法範圍；屬於私法者，寥寥無幾；其主要者：如紀元前第四百四十四年，革美禮亞法（Lex Camilia）（註）關於准許貴族平民通婚之規定，紀元前第二世紀，阿貴利亞法（Lex Aquilia）關於損害賠償之規定，關於債權人債務人相互關係之規定及紀元前第一世紀關於遺贈贈與之法律是也。此外，關於法律行爲無效或撤銷之法律則有特殊之類別茲分述如次：

（一）「完全法律（leges perfectae）」　卽對違法之法律行爲，宣告無效，或撤銷之法律也。

（二）「次完全法律(leges minus quam perfectae)」　卽宣告對違法者，加以處罰而仍保存其法律行爲之法律也。

（三）「不完全法律(leges imperfectae)」　卽對違反法規者，未宣告如何制裁之法律也。此不完全法律，或謂係近代法學者增入。

（四）「最完全法律(leges plus quam perfectae)」　卽宣告違法之行爲無效或撤銷之，同時懲罰行爲人之法律也。

（註）羅馬法律，均冠以提議之裁判官之姓氏，而不依各法之本質定名也。

（丙）元老院之決議（senatus consultum）　元老院本無立法權，祇以其組成分子，悉爲法官等重要人物，所有決議，法官擁護之，執行之，故得操縱一切。至共和末年，民會停止召集，元老院之決議，遂有法律之權威。

（丁）法學家之解答　紀元前第三世紀以還，羅馬與希臘、埃及、克賽基等國交通日漸發達，閉關自守之小都市，一變而爲各族雜居之繁華重地；昔日之簡單成文法，已不足以規範新社會之繁複生活，於是不得不悉藉重法學家以補充舊法律之缺陷，而應新社會之需要。況自羅馬建國伊始，以至紀元前三百年，宗教、法學、與夫天文之學，均有祕密性，殆咸爲屬於貴族階級之僧侶(pontifex)所把持；結果關於法律方面之常識，若法律行爲之形式，若工作日與休息日(dies fasti et nefasti)，若習慣與簡短法文之解釋，除僧侶外，莫得而知之，故訴訟當事人及法官，亦不得不就教於僧侶法學家也。嗣因平民與貴族之鬬爭，漸趨激烈，紀元前三百零三年，有僧侶名愛祕予斯(Appius Claudius Coccus)者，將關於法律及歷數之文獻，作局部之公開，但一般人民對疑難之問題，猶不能解決；繼而平民階級中之僧侶有高忍革侶斯(Goruncarius)其人者，復於紀元前二百五十四年，將所有文獻，全部公開，並公開教授法律，青年之習學法律者亦日多，然而人民就教僧侶法學家者如故，其原因有三：

(甲)僧侶法學家之解答，全屬義務性質，不取報酬。

(乙)因人民已有傳統習慣，對於僧侶以外之法學家，尚未有相當之信任。

(丙)成文法極端嚴格，解釋法律，悉爲僧侶法學家之專有事業，他人實不易解釋也。

綜上原因，僧侶法學家仍有操縱壟斷之機會；然其解釋法律也，猶拘泥成文，忽略論理，就法理言，並無價值可言，於羅馬法亦無若何貢獻也。但自紀元前二百年以還，一方面因新社會需要之法律，與昔日有別，另一方面因研究法律者日衆，加以受希臘哲學藝術科學之影響，解釋法律者，已變更昔日墨守成規之態度；且除此解釋法律之職務外，對於向其諮詢之各問題，及如何解決之各方案，彙編成書，加以註釋，紀元前五十三年，法學家頗多發表行世者，雖未必均有科學之價值，然從個別之問題推演有一般性之規則（regulae）者，亦不乏人。共和末年凡此規則概皆以格言之方式編纂成書，每遇有新問題而爲舊法所未解決者，輒用論理或演繹之方法採用是項規則以補充之，殆卽法學家對於羅馬法之貢獻之先聲歟。不數年，法學家有名苦詣對斯（Quintus Mucius Scaevola）者，對羅馬法作有系統之研究，搜集先進之規則，擇其與原始法制之關係，對照解釋之；嗣由其門人完成此偉大之工作，而羅馬法亦漸入最盛之階段矣。

（戊）裁判官之告示（edicta magistratum） 在羅馬紀元前第五世紀以前，裁判官執行職務，極爲機械，並無立法權。自愛比西亞法（Lex Aebutia）頒佈以還，裁判官之職務，不復如昔日之機械，卽由被動之地位變爲主動之地位，而得指揮訴訟之進行，新訴訟程序於是產生：其始也先由裁判官（praetor）製定極嚴格之程式，如訴訟如何進行，如何問供，如何答辯，均嚴爲規定，此程式發給民選推事後，不得有所出入，所謂「裁判官程式判決（jugement per formula pretori）」是也；繼也法律付予裁判官以拒絕作成程式（formula 或譯作書狀之特權），質言之，人民能否進行訴訟與保護法律賦予之權利，須取決於裁判官，不幸而被拒絕，無可如何也，然則裁判官影響法律之大，可見一斑。不特此也，如裁判官認定市民法上有何缺陷，可以補正之，有不公正者，可以修改之；其修改或補正市民法之方法，則在訴訟程式之製定與拒絕，故對於法律之影響，在此時期雖未直接形成一種成文法律，然由此方法而形成習慣法者，實比比皆是也。

裁判官之告示（edicta）云者，卽裁判官所頒佈關於執行職務之規則也，是項規則，以屬於訴訟程序者爲最多，最初雖無法律上之強制力，而事實上對於頒發各命令者之職務上行爲有拘束之效力；質言之，裁判官旣頒發告示以後，關於同樣之情形自到任以至解任一年之任期內，一切行爲須合乎已頒發之告示，而不得擅自變更或與之衝突，所謂「一般告示（edicta perpetuum）」是也；間有特殊情形，爲裁判官到任伊始頒發之一般告示所未規定者，則頒發「特別告示(edicta repentina)」以補充之。繼而各裁判官頒佈告示，均尊重前任已有之告示，如同一問題，前任裁判官已有相當之規定，則不得擅自重行製定，或遵守已有之告示，或以此爲藍本，略加修改，補充均以適合需要爲標準，於是拘束個人之告示，漸有拘束其他裁判官之效力矣，故學者稱之曰「傳襲告示(edicta translatitia)」，卽根據已有之告示而加以修正者；此外曰「新告示(edicta nova)」者，爲新頒之告示，亦卽傳襲告示之相對名詞也。所謂裁判官者，指有司法責任之高級官吏而言，若內事裁判官、若外事裁判官、若羅馬警監、若外省省長等皆是；由上述各裁判官之告示而形成之法律，統稱榮譽法或大官法(jus honorarium)。從字面言，稱榮譽法者，以其爲有榮譽地位者所創造也，是爲廣義之裁判官法；至狹義之裁判官法，卽內事裁判官創造之法律，二者不容混淆，學者不可不察也。(註)且也，外省省長，悉尊重內事裁判官之告示，而羅馬法之由嚴峻的形式的與國界森嚴的法律，一變而爲世界的法律，亦皆內事裁判官之成績，至於其他裁判官之告示，類皆屬於行政方面，無足取者，故各學者之言裁判官法者，類皆內事裁判官之法律也。

（註）詳法儒 Accarias 所著之羅馬法第四十六頁。

（叁）羅馬法之昌明時期

自帝政時代至提奥克來借女斯帝（Diocletianus）攝政，（自西曆紀元前二十七年至紀元後第二百八十四年）是爲羅馬法之昌明時期。在此時期中習慣法幾乎絕跡，祇法學者搜集各地習慣以編纂其單純之成文法而已；且民會或平民會議決之法律，亦逐漸減少，而無足稱道，殆民會或平民會之立法權在此時期，已先後移轉於元老院與帝王之掌握矣。然而此時期中羅馬法最主要之淵源，首推法學家之解答，法學家漸將市民法與萬民法冶於一爐，而成有系統之單一法律，此羅馬法之所以昌明也。試詳言之：

（一）民會及平民會之決議（leges）　自奥古斯都斯（Augustus）稱帝執政以還，爲避免人民反抗起見，利用民會，以變更共和之政體；表面上人民尚有完整之立法權，至帝不利予斯帝（Tiberius）時代，民會決議之法律，已屬少數，柰爾法帝（Nerva）時之（leges），則爲最後之民制法律，嗣後民會之設置，實等於形式，而參加民會者，已不足人民百分之一之數目矣。

（二）元老院之決議（senatus consultum）　帝政伊始，各帝王均假藉元老院之決議，以剝奪人民之立法權，但元老院之掌握立法權也，爲時僅及百年，即自柰爾法帝（Nerva）至賽不第密予斯帝（Septimius Severus）是也。（按即自西曆紀元後九十六年至一百九十三年）其所立之法律，亦祇補充育利亞法（Lex Julia）及修改繼承法而已，始也帝王必須尊重元老院之主張，繼而帝王提出之議案，元老院反有必須通過之勢矣。

（三）皇帝之勅令（constitutiones principium）　帝王之權威，逐漸擴張，元老院之立法權，亦被攫，於掌握之中，武兒比亞女斯（Ulpianus）有云『凡帝王認爲可以規定者，即有法律之效力（quid principi placuit, legis habet vigorum）』是帝王之立法權，已漫無限制矣；當代法學者以製定之形式與強制力爲標準，將哈德利亞女斯帝（Hadrianus）以還之皇帝勅令，分爲四種：

（甲）勅諭（edicta）　卽皇帝對於全體人民所發之通令，其效力及於全國。

（乙）勅裁（decreta）　卽關於非常訴訟案件，初審或再審中皇帝所爲之裁判，原則上，其效力僅及於各案之當事人，但勅裁有解決法律問題者，全國法官均應援用，是司法上之主張，不啻爲變相之法律矣。

（丙）勅答（rescripta）　卽皇帝對於人民或官吏法律上之疑問所爲之答復也。皇帝勅令中，以勅答爲最多，而於第二第三世紀爲尤甚；是項勅答之效力，及於全國，與現代之法律解釋令，庶乎彷彿。

（丁）勅委（mandata）　卽皇帝於被委任之高級官吏就職時，對其職務上種種所下之訓令也。其效力本僅及於接受訓令之官吏，繼而同級之官吏，有統一之訓令，是其拘束性亦漸擴大；就勅委之性質言，以屬於行政方面者居多，似與一般法律無若何關係，但影響於民法者亦未嘗無之，而於委任契約爲尤著。

（四）裁判官之告示（edicta magistratum）　就理論言，政體之變更，未必影響裁判官頒發告示之特權，事實上帝王之權威，未有敢犯之者，同一問題，既由皇帝規定，則莫敢有其他規定，引其忌惡，故惟有率由舊章而已，無進步可言也。迨第二世紀初葉，哈德利亞女斯帝（Hadrianus）更進一步，命法學家沙與費斯（Servius Julien）編纂裁判官之告示，並加以修正，於是祇限於已編纂者發生效力，任何裁判官不得有所變更，即有需要添補之處，惟皇帝始得爲之，裁判官之立法權，至此遂剝奪無餘。

（五）法學家之解答（responsa prudentium） 西曆紀元後第一世紀前半葉，有賴倍耳（Labeo）格比道（Capito）二大法學家，分爲互相爭辯之兩大學派，前者之傑出門人，有潑羅科利亞（Proculus），後者則有賽比尼亞（Sabinus）；斯二者各存門戶之見，爭辯較前尤烈，故學者呼潑羅科利亞學派，或賽比尼亞學派，而不以賴倍耳或格比道之名，名其學派也。賴倍耳氏有堅強之意志，以奧古斯都斯帝（Augustus）之武斷，亦未奪其改造法律之主張，其於羅馬法之形式主義，雖爲有力之保守者，而於法律之原則，則絕對主張民主化，學者稱爲進步學派，宜其極大之權威，至歿後不稍遜也。格比道氏爲一頑固之保守主義者，於法學上無大貢獻，故一至歿後，即失其權威。總之，此兩學派之對立，實爲羅馬法昌明之莫大原動力，格比道之功績，亦未可完全抹煞之也。迨西曆紀元後第二世紀初葉，潑羅科利亞學派健將有賽爾書斯（Celsus），賽比尼亞學派則有育利亞女斯（Julianus），然而各學派已漸趨融洽，門戶之見已不復如當日之紛歧矣。嗣有朋比尼語斯（Pompinius）及嘎尤士（Gaius）兩大學者，於羅馬法亦有甚大之貢獻，後者手著之法學階梯，尤爲今昔學者所推重；至紀元後第三世紀初葉，馬爾賽盧斯（Marcellus）及拜彼尼語斯（Papinius）兩大法學者，復爲羅馬法學界開一新紀元，繼其後者，惟毛得斯繼女斯（Modestinus）一人而已；至此時期，羅馬法學者之工作，已無創造性，其貢獻祇在發揮過去之裁判官法，及調劑市民法與萬民法而已，每一問題之解決，悉依舊法，舊法有違反公平正義者，則以邏輯之方法，從舊原則中演繹新規定，以補救之。然法學者之活動，雖被限制，而其權威，則猶未可忽視。奥古斯都斯帝（Augustus 西曆紀元前二十七年至紀元後十四年）欲壟斷一切，乃限制法學者答復法律上之疑問，並規定所謂「解答特權（jus respondendi publice）」，凡予以是項特權者，其答覆有拘束法官之效力；此特權無異一種榮典予奪之權，則操在皇帝掌握中漫無限制，嗣後各帝莫不援用是項政策，以爲操縱立法司法之武器。至哈德利亞女斯帝（Hadrianus 紀元後一百一十七年至一百三十八年）時，對於法學者答復之效力有不同之規定，即法學者對於同一問題，意見一致時，始發生法律之效力，足以拘束法官，如不一致，則法官有援用與否之自由。第二世紀末葉，各法學家羣起爭此答復之特權，皇帝亦漸讓步，允如所請，結果意見紛擾，莫知所從，至紀元後第三世紀末葉各法學家之解答彙編成書，嗣後立法取材於此者，不一而足。

至此極昌明之時期中，羅馬法之淵源雖不一而足，其最重要者，厥爲法學家之解答。按法學家之職務，雖有編撰（cavare），辦案（agere），答覆（respondire），著述（scribere）四種，而其對羅馬法之貢獻最大者，則惟後二者而已。

（肆）羅馬法之衰落時期

自提奥克來借女斯帝（Diocletianus）至優司悌尼亞帝（Justinianus）（自西曆紀元後二百八十四年至五百六十五年），是爲羅馬法之衰落時期。羅馬法忽由昌明之時期轉入衰落之時期者，其原因有二：

（一）法學研究之中斷　羅馬法之得以昌明，本以法學家之解答爲第一原動力；至第三世紀末葉，各法學家之解答彙編成書，對同一問題，類皆依據已有之解答，有解答權者雖較多於前，已無創造之作用。迨德爾道細語斯二世帝（Theodosius II. 西曆紀元後四百零八年至四百五十年東羅馬皇帝）及法輪繼尼語斯三世帝，（Valentinius III. 西曆紀元後四百二十三年至四百五十五年西羅馬皇帝）於四百二十六年頒布引證法（Lex citationis）限制法學家之解答之效力，法學者之權威更一落千丈，其對羅馬法之進步亦無貢獻可言。按東西羅馬德法二帝承認嘎尤士、保魯斯、武兒比亞女斯、拜彼尼語斯及毛得斯繼女斯五大法學家之解答，有法律上之效力，遇有問題為成文法所未規定者，悉以五大法學家之解答以解決之，五大法學家中各解答不臻一致時，取決於多數之主張，數同則以拜彼尼語斯之說為準則，即有失當之處，其他法學者亦不得有有法律上效力之主張也。

（二）羅馬君主政體變為絕對專制政體　在此時期中，政體為絕對專制，皇帝總攬一切行政、立法、司法各方面之有權威者，祇皇帝一人而已，而人民、學者或其他官吏，均無置喙之餘地矣。

綜上原因，在此時期中羅馬法唯一之淵源，厥為皇帝之勅令或勅諭編纂之法典而已。試將優帝以前之法典，及優帝時之法典，分別言之：

（一）優帝以前之法典　優帝以前之重要法典有三：一曰格賴高律斯法典（Codex Gregorianus），二曰海謀諧尼亞法典（Codex Hermogenianus）三曰德爾道細語斯法典（Codex Theodosianus），茲分述之如次：

（甲）格賴高律斯法典，頒布於西曆紀元後二百九十五年，由提奧克來借女斯帝命格賴高律斯（Gregorius）教授編纂，故名；該法典於紀元後二百九十四年前後編纂，其內容則為哈德利亞女斯帝至二百九十四年所有之法律是已。

（乙）海謀諧尼亞法典頒布於三百二十四年，時在君士坦丁帝之末年；該法典編纂於三百一十四年及三百二十四年之間，主其事者名海謀諧尼亞（Hermogenius），故名。自二百九十四年所有之法律，悉被彙集於此。

（丙）德爾道細語斯法典頒布於四百三十八年，即德爾道細語斯二世帝勅諭編纂；該法典開宗明義第一章，即追認上述兩法典之效力，共十六卷，取材豐富，以各法產生之年月日爲編纂之次序。

（二）優帝時編纂之法典　優帝於五百二十七年即位，在位三十九年而崩，內政外功，多所建樹，尤關心法制；以其欲垂不朽之名於法制也，乃選任編纂委員多人編纂法典，關於優帝時代之法典，計有（一）優帝法典，（二）優帝學說彙編，（三）優帝法學階梯，及優帝新律四種，學者總稱曰優帝國法大全（Corpus Juris Civilis），集羅馬法之大成，洵不愧爲東羅馬帝國第一英明君主也。

（子）優帝法典（Codex Justinianus）　優帝於西曆紀元後五百二十八年，任命法典編纂委員十人，以特利保利亞女斯（Tribolianus）爲委員長，彙集當時有效之勅令，爲編纂之資料，故內容充實，學者認爲過去十一世紀中法制之結晶品。各委員或爲法學教授，或爲實行家，故優帝極端信任，准其酌量增損，如有不合時宜或互相矛盾者，得删除之，條文有不明顯者，得修改之。是書於次年，即五百二十九年，告竣，凡十二卷，卷分爲章，章列法律或勅令若干條，各條之次序，依頒佈之日期，每期除冠以立法之帝名外，並載明頒佈之年月日檢查極易。優帝以初版未盡妥善，乃重加修改，卒於五百三十四年再度頒佈，即所謂修正優帝法典（Codex repetitae praelectionis）是也。該法典之內容悉爲過去之法律或勅令，故亦名舊法典（Codex Vetus）。

（丑）優帝學說彙編（Digesta Justiniani 或 Pandectae） 優帝於五百三十年，任命編纂委員十六人，以特利保利亞女斯（Tribolianus）爲委員長，負責編輯羅馬歷代法學大家之著述。各編纂委員遇各學說有矛盾之處，得修改之，使與新法之精神相脗合。三載書成，五百三十三年年底頒佈施行。全書五十卷，除第三十、第三十一、及第三十二、三卷外，各卷分章，章分爲節，各冠以名稱，所有法律之解說與評論，出於何家何書，均有詳細說明。是書羅致各法學家之手著共計五十餘種之多，誠當日偉大之著作，惜各書之內容，每多糅雜而無系統，是其缺憾也。是書之取材，悉爲過去之著述，故此稱曰舊法學（Jus vetus）或舊法也。

（寅）優帝法學階梯（Institutiones Justiniani） 編纂優帝法學彙編時，特利保利亞女斯氏以嘎尤士所著之法學階梯，與新法之精神，不能融洽，東羅馬京師法科學生用爲讀本，不合時宜，乃向優帝建議另行編著；於是命法科教授二人，以嘎尤士法學階梯爲藍本，另編適用之讀本，即優帝法學階梯是也。書凡四卷，卷分爲章，章分爲節，告成於紀元後五百三十三年年底。

（卯）優帝新律（Novellae Constitutiones Justiniani） 自優帝修正法制以至退位，三十餘年中新頒之勅令類皆屬於公法，行政法範圍，關於私法者，祇有變更繼承制度之規定而已。總稱新律，既未及編入法典，復未正式委任學者從事編纂，僅由法學家彙集成書而已；其包括之勅令，均在優帝法典編成之後，故曰新律也。

第六節　羅馬法之分類

羅馬法之分類，可從五方面，類別言之：

（一）從法律之本質，以分公法與私法；

（二）從法律產生之形式，以分成文法與不成文法；

（三）從法律之效力，以分市民法、萬民法、與自然法；

（四）從法律之來源，以分市民法與大官法；

（五）從法律之內容，以分人法、物法、與訴訟法。

（一）公法（jus publicum）與私法（jus privatum）　公法與私法之分野，羅馬法學者與近代學者之界說，各異其趣：近代學者，以規定國家與人民之權利義務關係者爲公法，以規定人民相互間之權利義務關係者爲私法，而羅馬法則以規定國家之公務者爲公法，以規定個人之私益者爲私法，如訴訟法，現代認爲公法，而在羅馬法，則編入於私法，他如刑法、治罪法，今日之公法也，而羅馬法則未嘗有明文認定之也；就私法言，羅馬法中無特別之商法，祇有民法而已，以言公法，既乏深切之研究，復無完全之法令，故吾人今日研究之羅馬法，謂為羅馬民法，亦無不可。

（二）成文法(jus scriptum)與不成文法(jus non scriptum) 由立法者及行政機關，先後制定頒佈之法律，曰成文法；民間習慣經長久時間之反復援用，而依法發生法律之效力者，則謂之不成文法，亦曰習慣法。羅馬法中之成文法，計有：（一）民會議決之法律，（二）平民會通過之法律，（三）元老院之決議，（四）皇帝之勅令四者；他如裁判官之告示及法學家之解答，謂為成文法之淵源，可；謂為純粹之成文法，則不可。成文法與習慣法，其效力有大小之區別，此為現代法例之原則，如我國民法第一條所載：『民事，法律所未規定者，依習慣』，是其明證，而在羅馬則不然，如共和時代及帝政初期，裁判官於制定訴訟程式時，得依據習慣，間接廢除十二表法是也。即優帝學說彙編中，亦有『習慣法得廢除成文法』之記載，君士坦丁帝雖謂『習慣法不得廢除成文法』云云，亦指特別習慣不得廢除一般成文法云爾，以視現代『先成文法而後習慣法，二者不得抵觸』之原則，相去遠矣。

（三）市民法(jus civilis)，萬民法(jus gentium)與自然法(jus naturalis) 市民法者，支配羅馬市民，而不保護外國人之法律也。迨羅馬版圖擴大，外人僑居於此者日衆，而市民法重形式主義，於漸趨複雜之新社會中，推廣其適用之範圍，諸感不便；無已，於西曆紀元前二百四十一年，置「外事裁判官(praetor peregrinus)」，專司羅馬人與外國人間及外國人與外國人間之訴訟事件，外事裁判官處理案件，以自然之正義(naturalis)、公衆之利益(publica utilitas)，與夫通行於一般人民之法律規則為準繩，所謂萬民法者是也。古代法學者如嘎尤士氏，以爲萬民法卽係變相之自然法，故從法律之效力方面分羅馬法爲市民法與萬民法二者，是爲二分說；但武兒比亞女斯則主張三分說，武氏有云『自然法者生物間之規則也』，意若曰一般生物，尙受自然法之支配，其保護人類無論已然則違背自然之奴隸制度爲萬民法所承認，不啻自然法與萬民法有抵觸之處，故分羅馬法爲市民法、萬民法及自然法三者，而不主張二分說也。後世學者之界說，對此未能一致，謂羅馬學者採二分說者有之，謂羅馬學者採三分說者亦有之，我國羅馬法學者黃右昌、陳允、應時諸氏謂舊派學者多採二分說，新派學者多採三分說，余頗然其說，以學者對自然法及奴隸制度之見解，新舊兩派異其旨趣故也。

（四）市民法（jus civilis）與大官法（jus honorarium） 市民法者，卽以：（一）民會議決之法律，（二）平民會通過之法律，（三）元老院之決議，（四）皇帝之勅令及（五）法學家之解答爲淵源之法律也；大官法者，卽以裁判官之告示爲淵源之法律也。所謂大官者指（一）內事裁判官，（二）外事裁判官，（三）羅馬警監，（四）外省省長而言，其中以內事裁判官頒佈之告示影響於羅馬法者爲最大，其他官吏之告示，類皆屬於行政方面，良以外省省長等雖兼長司法，實際上每援用內事裁判官之告示，而無何等貢獻可言。故就羅馬法之淵源分類，與其分爲市民法與大官法，不若分爲市民法與內事裁判官法，較切實際也。

（五）人法（jus personarum）物法（jus rerum）(註) 與訴訟法（actiones） 嘠尤士法學階梯及優帝法學階梯，均分人法、物法及訴訟法三編，其次序則人法居先，物法次之，訴訟法最後；後之學者著作羅馬法，率皆依其編別及次序。自德國新民法分爲：總則、債權、物權、親屬、繼承五編，羅馬法作者，每多依從此新進之編制方法，而將訴訟法列入總則編之權利保護節目內，如德不利也(Dupriez)教授等是。時至今日，三分之編制方法，已爲學者及立法例所不取矣。

（註）人法者，規定人格人事之法律也，包括人之出生、死亡、能力、婚姻、監護、親屬等諸問題；物法者，規定財產之取得喪失、契約之條件效力諸問題之法律也，包括債權、物權、繼承三編。民法之分人法物法者，有拿破崙民法、比國民法等，如此編制，殆亦做傚羅馬法者也。

第七節　羅馬法之解釋

法律之解釋，可分強制解釋（卽法律解釋）與學理解釋兩種，茲分述如次：

（一）強制解釋或法律解釋　以法律解釋法律，則解釋之內容與所解釋之法律有同一之效力，良以立法者之意旨或習慣法之內容未盡明瞭時，由立法機關或司法機關從而解釋之，是不啻爲原法之補充，故各有其拘束力，宜乎法律解釋亦名強制解釋也；法律解釋又有成文法解釋與習慣法解釋之分，由立法機關制定成文法以解釋他成文法，是爲成文法解釋，亦曰立法解釋，司法機關以習慣法解釋成文法，或以習慣法解釋他習慣法，是爲習慣法解釋，亦曰司法解釋；惟司法解釋，必爲最高司法機關所爲者，方足以拘束全國法院，如我國昔之大理院及今之司法院之解釋令等是；普通法院所爲之解釋，僅足以拘束法官本人而已。其在羅馬也，自西曆紀元前後，已打破是項原則矣，卽法官之解釋，其他法官，亦必受其拘束也；至於羅馬皇帝所爲之勅答，謂爲立法解釋可，謂爲司法解釋，亦無不可，以皇帝一人統攬立法司法之最高權力也。

（二）學理解釋　學理解釋云者，卽依據學理解釋法律也。又可分爲文義解釋，論理解釋，及類推解釋三種。現代之學理解釋，祇足供立法司法機關之參考，因無若何強制力；然在羅馬則不然，法學家之解答，有拘束法院之效力，至哈德利亞女斯帝（Hadrianus）時代，甚至有法律之效力焉。試就文義解釋，論理解釋，及類推解釋之意義，及羅馬人採取之解釋方法，分別言之如次：

（甲）文義解釋　依據法文之文字以解釋法律，是爲文義解釋。所謂文義解釋者，並非拘泥文字，惟根據文字，推定立法者之意旨而已。今之學者，更主張文義解釋須尊重下列四項原則：（一）須注重法文之用字通例，（二）須依據法文之平常意義，（三）須注重法律之一貫精神，（四）須注重立法者立法之背景；殆非然者，未有不拘泥一字一句，失其眞諦者耳。然則羅馬法之文義解釋，又將如何？曰，羅馬古代之解釋法文也，完全拘泥文字，眞所謂文字解釋，而於訴訟程序中爲尤甚，如十二表法「私犯」表所載之樹字爲「arbor」，則對偸伐葡萄者提起訴訟時，必曰某人伐樹（arbores），若曰某人伐葡萄樹（vites），其訴訟行爲卽歸無效；至共和末年，解釋法律，已漸重論理解釋，而不復拘泥文字矣。

（乙）論理解釋　論理解釋云者，不拘泥法文字句之末節，而用論理之法則，以闡明法律之意旨也。法文雖須尊重，而得以論理之方法擴張之，或補正之。自帝政時代起，羅馬法每依論理解釋之，其原因有二：

（子）十二表法之所規定者，至帝政時代，因社會情形之變遷，漸有不合時宜之弊，非依論理之方法解釋之、擴張之、補正之，不足以應新社會之需要。

(丑)自西曆紀元前後，哲學方面受外界之影響，法學思想，因以變遷，故不復墨守古法，拘泥法文。羅馬法之得以昌明也，由文字解釋而轉重論理解釋，實其主要之前因。學說彙編記載賽爾書斯(Celsus)之言曰：『羅馬法學昌明時代，解釋法律，不拘文字，悉本於法律全部之精神而解釋之。』惟其如此，立法之眞意，始得發揮無遺，法律之解釋方法，亦無以辭害意之弊也。

(丙)類推解釋　類推解釋，即比附援引以解釋法律之方法也；即關於某一問題，法無明文規定時，比附其他條例或習慣，以推定適當之解決之道耳。但現代類推解釋，僅可用於民法，而在刑法，則絕不採用，如我國刑法第一條謂：『行爲之處罰，以行爲時之法律有明文規定者爲限』云云是也。

羅馬法學家，究採用類推方法以解釋法律否耶？曰：然，其始也，因十二表法之內容，極端簡單，遇有未規定之問題，輒用類推方法，以謀解決；但另一方面，凡爲十二表法所規定者，則拘泥文字以解釋之，誠極端相反之兩種解釋方法同時並用者也；至帝政時代，舍文字解釋而趨重於論理解釋，法律有未規定者，更常用類推方法以解釋法律。迨優帝國法大全告成，乃嚴令援用法律者尊重法律之條文，並定僞妄罪以制裁之，於是，羅馬法復專用文字解釋以代論理解釋與類推解釋矣。

本論

第一編 總則

第一章 人

現代法律上所稱之人，指權利主體而言，卽得取得權利享受權利並負擔義務之人類一分子或團體也。在進化之國家，一般人民，不論貧賤富貴在法律上一律平等；除法人外全體人民，凡生理上有人之條件者，在法律上咸有人之地位，亦卽咸得爲權利之主體，是人與權利主體實二而一者也。依自然法之原則，舉凡人類均應有其權利，亦僅限於人類得爲權利之主體。雖然，羅馬法之所謂人（persona）者，與現代法律上之人及自然法上之人，均異其旨趣。羅馬法上「persona」一字有廣狹二義：用於廣義，作物理上圓顱方趾之人類解，與「homo」一字同，自由人或奴隸包括在內，但泛指一般人時，拉丁文慣用「homo」一字而不用「persona」；用於狹義，指權利能力人之身分而言，奴隸在法律上無人之身分，無權利能力，故法律用語中之「persona」一字，專指自由人，而奴隸除外也。然則羅馬法上之人與自然法上之人，有何區別耶？曰，前者之意義，或狹於後者，或廣於後者，茲分述如次：

（一）羅馬法上人之意義，狹於自然法上之人　依據自然法則，圓顱方趾而爲萬物之靈者，人也，亦卽無論貧富貴賤，咸有權利能力者也；然在羅馬法，則惟自由人始得爲人。故曰「奴隸，物也，不得有何權利者也。（non persona sed res jus non habet)」但至西曆紀元後第五世紀以還，奴隸之法律上地位與自由人無甚區別矣。

(二)羅馬法上人之意義，較廣於自然法上之人　在十二表法上，羅馬法已有法人之規定，然則法人者法律之所擬制，而非自然法所稱之實體人也；法人雖無自由人之全部權利能力，而其享有之法定權利能力，均爲奴隸所無者，是羅馬法之所謂人，實與自然法上之人，有廣狹不同之意義矣。

第一節　自然人

第一款　人之出生與死亡（卽權利能力之始期與終期）

第一目　出生

(一)出生之時間　吾人雖於母胎中卽有生命，然自出生時起，始謂之人，始得享受權利，故何時爲出生之時間，須有明白之規定，夫出生之時，卽與母體脫離之時也。

(二)關於胎兒權利之例外　出生而後享有權利之原則，若嚴格採用，則必妨害胎兒之權利，於是有例外之規定焉，卽認胎兒亦得享有權利是也。關於胎兒權利之規定，可分下列數種：

(1)在十二表法中，關於繼承部分，規定胎兒有繼承遺產之權。

(2)至法律昌明時期，胎兒之權利，已不限於遺產之繼承，舉凡關於胎兒之權利，則以已出生者論，如爲胎兒置保佐人等是也。現代刑法，科墮胎者以重刑，固採用羅馬法之原則，承認胎兒有生命權者也。但除墮胎外，必胎兒曾具備出生之法定條件，而後推定其曾有某種權利；例如：某甲死時有遺腹子乙，除兄弟丙丁二人及妻戊外，別無親屬，如遺腹子乙曾具備出生之條件，雖不逾兩小時而夭殤，在胎時已有繼承乃父遺產之權，而殤兒之遺產，亦惟乃母戊得以繼承，甲之兄弟不得分析乃兄遺產之毫末也；非然者，如胎兒乙未具備出生之條件，則與未爲甲之遺腹子者同，甲之遺產繼承人，將爲妻戊及兄弟丙丁等三人。現代法例，關於出生之條件，雖未必盡如羅馬法，而胎兒之權利，加以限制，則如出一轍，如我國民法第七條規定：「胎兒以將來非死產者爲限，關於其個人利益之保護，視爲既已出生」；法國民法第九零六條第三項規定，對於胎兒所爲之贈與或遺囑，必該胎兒出生時有生活能力，方得發生效力等是也。

（三）出生之條件　羅馬法關於胎兒出生爲人，規定三項條件，三者或缺其一，以從無人格之死產者論；質言之，即不得主張在母胎時已得之權利或出生後可得之權利也。所謂出生之條件如後：

（甲）離開母體時須有生命　所謂有生命，即非死產之謂也。如爲死體，則以從未在母胎者論，自無人格可言；如其出生時，尚有生命，雖生活瞬息之間而夭殤，則在母胎時已得之權利，及此瞬息間可得之權利，如遺產繼承等，均爲該殤童之遺產，以法律承認其人格故也。

（乙）生兒須有生活能力　即須生兒曾在母胎內經過相當之時日，羅馬法規定：出生之胎兒，須曾在母胎一百八十日，蓋立法者推定在母胎生活一百八十日而出生者，先天方面始有相當之發育，而具備將來長成之條件也。未滿一百八十日而出生者，謂之「不熟胎兒（abortus）」雖出生時尚有生命，亦無發育成人之希望，故法律不承認其人格，而以死產論也。

（丙）生兒須具備人之形體　生兒不具備人之形體，羅馬法謂之「怪胎（monstrum）」，不承認其人格，此條件從未適用，即從未遇有所謂怪胎是也；所以有此規定者，因當日神話小說中，有產婦產生魔鬼剪刀等之記載，十二表法第四表規定：『奇形怪狀之子孫，家父得撲殺之』云云，殆亦防止於未然耳。苟生兒具有人之形體，即使五官四肢有殘缺之處，仍有權利能力也。

（四）出生條件之證明　關於證據之理論，羅馬法不甚進步，但胎兒之出生之條件，當由主張胎兒安全出生或未安全出生者，負舉證之責；至證明之方法，並無何等限制，嗣後乃規定證明方法數種，茲分述如後：

（一）人證　關於出生之事實，以分娩時在旁之人為當然之人證。

（二）關於胎兒曾有生命之證明　關於此點，有出聲說與呼吸說不同之主張：潑羅科利亞學派主張，凡證明胎兒出生後曾發呼啼聲者，即推定胎兒並非死產；賽比尼亞學派則謂體弱之胎兒，未必即能呼啼，但不能斷定其出生後從無生命，故主張凡能證明胎兒之臍帶割斷後曾單獨呼吸者，即推定胎兒為非死產；是即出聲說與呼吸說兩種主張，優帝則採納後說者也。至證明胎兒出生後究竟曾否呼吸，則將已死嬰孩之肺割下，置諸水中，如浮於水面，即推定其曾經呼吸，反之則否；此不人道之方法，固為今之法例所不取，即在羅馬，亦祗一種理論而已，究非時常見諸實現也。

（三）關於是否有生活能力之證明　關於此點，依據專家之鑑定；時至今日，醫學、生理學，均甚發達，是否有生活能力，本不難鑑定，然在羅馬，似仍無準確之證明方法也。

第二目　死亡

（一）死亡時期之關係

人之權利能力，終於死亡，固無疑問可言，我國民法第六條亦本此原則，以明文規定之者；唯一之問題，即何以證明死亡之事實是也。且也，死亡時期之證明，有時關係他人之利益，例如：夫妻甲乙二人，無直系卑親屬，但曾互立遺贈，他人忽發現其同死於臥室內，若證明夫甲先死，其繼承人爲其妻乙，結果其遺產均由妻方之繼承人全部繼承；反之，若證明妻乙先死，則由其夫甲繼承遺產，結果全部遺產，均由夫方之繼承人繼承之矣；在此情形之下，死亡之先後，極難證明，甚至不能證明，故推定二人同時死亡，由夫妻雙方之繼承人平均分析其遺產全部，我國民法第十一條，及德國民法第二十條規定：『二人以上同時遇難，不能證明其死亡之先後時，推定其爲同時死亡』云云，殆亦本乎此歟。

（二）死亡時期之推定

死亡之時期，關係他人之利益，已如上述，故二人同時遇難斃命時，羅馬法依死者之年齡，推定其抵抗力之大小，更進一步而推定其死亡之先後焉：

（1）尊親屬與卑親屬同時遇難斃命時，如卑親屬未屆適婚年齡，即男子在十四歲以下女子在十二歲以下，推定卑親屬先死。

（2）尊親屬與卑親屬同時遇難斃命時，如卑親屬已屆適婚年齡，卽男子在十四歲以上女子在十二歲以上，推定尊親屬先死。

羅馬法如此推定，因卑親屬每少於尊親屬，抵抗力亦較小，如卑親屬已有十四歲以上，則尊親屬已經老弱，則少壯之卑親屬，當有較大之抵抗力也。總之此種推定，完全建築於年齡上；法國民法第七百二十一條及第七百二十二條類是之推定，實由羅馬法而來，但其推定抵抗力之大小，除以年齡爲標準外，更以性別爲標準，如第七百二十二條規定：『十五歲以上六十歲以下之多數人同時遇難斃命時，如爲同庚或年齡之相差不及一歲，則推定女性之死亡先於男性』云云，蓋法國立法者推定年齡彷彿之人，女性之抵抗力不及男性也，亦可謂舉一反三，善讀古法者矣。

（三）推定死亡之條件

綜合言之，推定死亡之時期，須守下列三項條件：

甲、遇難斃命者，須一爲尊親屬，一爲卑親屬。

乙、須死亡於同一危險，如水災沉船火災等是；雖死亡於同一事實，而死者危險之性質，如有不同，亦不得推定其死亡之先後，如產婦嬰孩同死於難產是也。

丙、須除推定外，無其他任何方法，可以證明死亡之先後。

（四）失蹤

現代法例對於失蹤者，經過一定之年限後，亦推定其死亡，並得因利害關係人之聲請，由法院宣告之，如我國民法第八條，法國民法第一百一十五條所規定是也。羅馬法對於失蹤者，亦得因失蹤之情形，推定其爲死亡，但經過若干時日後，始得爲死亡之推定，則未嘗有明文規定之也。

第二款　權利能力

權利能力云者，卽得享受權利之能力也。在羅馬法上，權利能力非人人得而有之，已如上述，且欲具有人之資格，必先有自由權，亦卽必爲自由人；自由人中，復因羅馬市民與非羅馬市民，有不同之身分，而不同其權利，如前者有完全市民權，後者有限制市民權或全無市民權等是，卽羅馬市民中，更以在家族團體中所處之地位不同，而有「自權人」與「他權人」之區別。故羅馬法上之權利，包括「自由權」「市民權」「家族權」三者，所謂「人格」（caput）」或權利能力者，卽由此三種權利組合而成，而人格之三大原素，以自由權爲骨幹，無自由權者，卽無人格，不得享有其他兩種權利，如奴隸是；有自由權者，雖無市民權、家族權，仍不失爲自由人，雖無完整之人格，究有殘缺之人格也，如外國人是。按拉丁文「caput」一字，本作頭顱解，在法律用語上，作人格解，作權利之總和解，極言權利之於人之身分，其重要性之大，有如頭顱之於人之生命也。

第一目　「自由權（Status libertatis）」

自由權者，卽自由人之特權也；所謂自由人者，指非奴隸而言，故以自由權爲標準，區別當代之人類，可分（一）

自由人，（二）奴隸，（三）與準奴隸三種。茲分三項論述如後。

第一項　自由人

自由權，有自出生卽獲得者，有先爲奴隸嗣因解放而始獲得者，故自由人有「生來自由人」與「解放自由人」之分，茲分述之如次：

（壹）生來自由人（ingenui）

生來自由人之自由權，始於出生，故名；其自由權之取得，以母之身分爲基礎，卽依「子之身分從母」之原則是也。在古昔夫妻關係難以確定之母系社會中，血統、繼承等悉依母系，故子之身分亦從其母；羅馬建國以來，雖已由母系社會而轉入父系社會，而援用是項原則如故也。至於母之身分遺傳於子者，可分下列數種情形：

一、母爲生來自由人或解放自由人時，雖父爲奴隸，子亦生而爲自由人。

二、母爲自由人或解放自由人時，雖無確定之生父，子亦生而爲自由人，如私生子是。

三、如出生之時，母爲自由人，雖母於受胎之時，曾爲奴隸，子亦生而爲自由人。

四、如成胎之時，母爲自由人，雖於出生之時，生母流爲奴隸，子亦生而爲自由人。

五、如自成胎至出生之數月間，生母曾一度爲自由人，雖成胎時與出生時，其母均處於奴隸之地位，子亦生而爲自由人。

就「子之身分從母」之原則言，子之身分，自應以出生時母之身分爲標準，以出生前尚無人之身分也；然則羅馬法有上述後三項之規定者何耶？曰，亦卽由「凡關胎兒之利益者，胎兒以既已出生論」之原則，演繹而成者耳。

（貳）解放自由人（libertini）

解放自由人者，卽曾爲奴隸嗣被解放而爲自由人者也。解放自由人與生來自由人，在法律上無平等之地位：奴隸被解放後，對於已往之主人（patronus 或譯曰保主），仍有法定之義務，此爲對於特定人之義務；再就一般情形言，解放自由人之公權私權，在優帝以前，均有限制，且歷代解放之方式，有正式略式之分，故在優帝以前，解放自由人，亦各因被解放時所用之方式，解放者之國籍等情形，而有不同之等級焉。

（子）市民解放自由人（libertinus civilis）

被正式解放之解放自由人，亦名「市民解放自由人（libertinus civilis）」。正式解放，計有：（一）執杖解放式（manumissio vindicto），（二）註册解放式（manumissio censu），（三）遺囑解放式（manumissio testamento）三種。（一）依執杖解放式，家主與奴隸及第三者同到法院，由第三者在法官前以杖觸及奴隸之身體，並佯稱其爲自由人，家主則不與抗辯或答稱第三者之主張屬實，再由法官以判決之手續認定該奴爲自由人；此種解放，實屬一種擬制之形式，不特家主事先同意，故作圈套，卽法官亦明知之，甚至執杖之第三者係由法官之侍衛充任，以期完成此法定形式也。（二）註册解放，卽由家主將解放某某奴隸之意思，註明於戶口調查册中，再依宗教儀式，舉行洗汚禮，則奴隸卽可取得自由權；按羅馬調查戶口，每五年舉行一次，而依此方式解放奴隸，亦必五年中始可舉行一次。(三)遺囑解放式，可分兩種：家主立遺囑時，聲明解放奴隸，是爲直接解放；家主囑託其繼承人，於死亡之後解放某某奴隸，是爲間接解放。上述三種方式，均爲羅馬古代所採用；第二種方式，直至西曆紀元後第一世紀末葉，始被廢止。至於君士坦丁帝以還之「寺院解放(manumissio in ecclesia)」，或認爲正式解放之一種，或認爲略式解放，難以斷定；按寺院解放云者，卽於寺院舉行盛會時，在僧侶信徒前，解放奴隸是也。

被正式解放之解放自由人，可取得限制市民權，故名「市民解放自由人」。以言私權之限制，則不得與生來自由人結婚；至紀元後七百三十六年，因育利亞法之規定，雖得與生來自由人結婚，而不得與元老階級結婚；以言公權，則除於平民會有選舉權外，既不得充任官吏或就名譽職，更不得充國家兵役，但至帝政時代，得因皇帝之特赦而獲得政治上之平等地位；其特赦之方法有二：(一)由皇帝賜用黃金戒指者，(二)由皇帝頒發「恢復令(restitutio natalium)」，以滌除奴籍之汚點者。

(丑)拉丁解放自由人(libertinus Latini)

被略式解放之解放自由人，其地位與殖民地中之拉丁人同，故名「拉丁解放自由人(libertinus Latini)」；其權利之內容，爲西曆紀元後十九年育尼亞法所規定，故亦名「育尼亞拉丁人(Latini Juniani)」。至育尼亞帝時代，解放奴隸多從略式，卽家主在證人前表示解放，而不採用上述三種方式；裁判官謂此爲不合法之解放，不承認其法律上之效力，育尼亞帝則以被略式解放之奴隸，日多一日，苟不承認其效力，則女奴所生之子女，仍爲奴隸，與當代希望奴隸減少之心理，顯有未合，乃制定法律，規定：凡被略式解放者，有自由權，但祇予以拉丁人之身分，所謂育尼亞拉丁人是也。嗣後因特種情形被解放者，雖未經育尼亞法規定，亦與育尼亞拉丁人有同等之地位，例如：（一）依據西曆紀元後四年愛利亞生計亞法（Lex Aelia Sentia）未滿三十歲之奴隸，不得完全解放而卒被解放者；（二）衰老或有疾病之奴隸，被家主抛棄者；（三）告發危害情形之奴隸，依君士坦丁帝之勅令而得脫奴籍者；此三種情形，育尼亞法雖未規定，然於此等情形而被解放之奴隸，則與育尼亞拉丁人有同等之地位也。

拉丁解放自由人，固不得享有公權，卽私權亦被限制，故既無「婚姻權」，復無「遺囑能力」，以言財產權，則名存而實亡，蓋至死亡時，其全部遺產，仍歸保主繼承之也。關於遺囑方面，拉丁解放自由人與一般拉丁人不同：前者得爲遺囑之證人，如繼承開始後取得市民資格，則經過相當之時日，更可繼承他人之遺產；而後者則無此權利也。再至帝政時代，拉丁解放自由人，可於特殊情形之下，取得市民資格：（一）被解放後充當國家兵役者，（二）有功於警政者，（三）有功於首都行政者，（四）有功於公路者，（五）受皇帝之特赦者。

（寅）外籍解放自由人（libertinus peregrinus）

此類解放自由人，係被外國人解放之奴隸，故名。蓋解放時所用之方式，係依解放者之本國法律，故被解放者雖有自由權，祇有外國人之地位；但自西曆紀元後四年頒佈愛利亞生計亞法（Lex Aelia Sentia），凡犯重罪之奴隸，被解放後，祇取得外國人之地位，名之曰：「外籍解放自由人」，是項名詞，遂由狹義而廣義矣。

外籍解放自由人在法律上之地位，與戰爭時敵國之降服人（dediticii）同，故其等級劣於「市民解放自由人」及「拉丁解放自由人」；最顯著者計有數點：（一）永久不得爲羅馬市民或拉丁殖民地人，（二）不得自立遺囑或取得他人遺囑上之利益，（三）不得居留於羅馬都市之百里以內，犯此居留地段之規定，則捕爲永久奴隸，不得再被解放也。

上述三種解放自由人法律上之地位，固有甚大之差別，然自優帝時代，不特解放自由人中無此區別，即一般解放自由人，已與「生來自由人」有同等之地位，奴隸之被解放者，除「保主（即奴隸被解放前之家主）」得保留其特權外，其權利不受任何限制矣。

第二項　奴隸（servus）

奴隸，人類之一員也，生而圓顱方趾，生而有聰明才智，與自由人同，而名之曰「物（res）」，待之若牛馬，故不合人道，莫此爲甚！如此制度，固爲近代法例所不取；其在羅馬也，於羅馬建國前，奴隸制度已經盛行，嗣後羅馬屢與外國戰爭，捕獲之俘虜極多，收爲奴隸，使服勞役，與畜養牛馬同，其作用，一旦解放之，未免蒙經濟上之損失，故至西曆紀元前後，雖有宗教與法學家極端反對奴隸制度，而直至優帝時代，此不人道之制度，尚未完全廢止也。

（壹）奴隸身分之起因

奴隸身分之起因，可分爲兩大種，即（一）出生，（二）出生後發生之某種事實，是也。

（甲）出生　出生時，自由人或奴隸之身分，以母之身分爲標準。（詳本目第一項自由人部分）

（乙）出生後發生之事實　是項原因，類皆規定於市民法；依萬民法，則惟有俘虜為淪為奴隸之原因，茲分別言之如後：

（I）萬民法上自由人淪為奴隸之原因（即俘虜）

凡一國家與敵國宣戰後，捕獲敵人淪為奴隸，此固古昔普遍之情形；但在羅馬，凡所屬國未與羅馬訂立條約之外國人，均不承認其任何權利，故羅馬任何私人可收是項外國人為其奴隸與取得無主之物同。是項制度，直至優帝時代仍然存在，亦即羅馬法中從未更變之一點也。

（II）市民法上自由人淪為奴隸之原因

是項原因在市民法先後有不同之規定，然「自由權得因受重刑而被剝奪，不得由本人放棄」之原則，則十二表法時代與帝政時代，悉遵循之，茲依其先後之次序分別言之：

（子）古代自由人淪為奴隸之原因：

（一）脫逃之將兵，被官吏賣於外國者；

（二）因忽略法令，不至調查戶籍機關登錄，而被官吏賣於外國者；

（三）被父母賣於外國者；

（四）盜賊被其被害人賣於外國者；

（五）無淸償能力之債務人，被債權人賣於外國者；

（六）因侮辱外國，被國家引渡於被侮辱之國家者。

按上述六種原因之發生，必具有兩種條件：（一）貶自由人爲奴隸，須對於流爲奴隸者有相當之權力；（二）須被貶者，至外國時始失其自由人之身分，良以羅馬古代，有「羅馬自由人，不得在本國淪爲奴隸」之觀念也。至於外國之界限，或謂須爲拉丁以外之地方，以拉丁爲羅馬之同盟國，不得以外國視之也。關於盜賊之流爲奴隸者，或謂被害人可收爲奴隸，不必賣於外國始得淪爲奴隸。至帝政初年，古法所規定之原因，完全廢止，於是有新規定矣。

（丑）優帝以前帝政時代自由人淪爲奴隸之原因：

（1）自由人串同他人使用詐術，自稱奴隸，由該同謀者將己身賣與第三人，以圖分用賣身之價金者；依據裁判官法，使用詐術之被賣者，即淪爲賣主之奴隸，不得恢復自由，但於此有三項條件：（一）被僞賣者已在二十歲以上，（二）買受人已給付價金之全部或一部，（三）買受人收買時，確信其眞爲奴隸。

（2）被判處死刑，（死刑之執行以令罪犯與猛獸格鬬者居多）或強迫工役刑（以在鑛內作苦役者居多）者，即以剝奪自由權爲當然之從刑。

（3）自由婦人與奴隸私通，經奴隸之主人勸止而不聽從者，得由該主人收爲奴隸。（是項規定，始於西曆紀元後五十二年。）

（4）解放自由人，對於舊主人有重大之忘恩行爲者，得由舊主人撤銷其解放而再度收爲奴隸，但於此有三項條件焉(一)舊主人須對忘恩之奴隸正式起訴;(二)認爲忘恩之行爲須爲重大事故,如傷害或侮辱舊主人或舊主人困窮時,被解放之奴隸明有扶養之能力而不盡扶養之義務等是;(三)前次之解放須完全出於舊主人之本意。如因主人買入奴隸令其賣淫等情形而被解放者,舊主人不得主張撤銷其解放。

(寅)優帝時代自由人淪爲奴隸之原因:

降至優帝時代,帝政時代所規定之第二第三兩種原因,已被廢止,故自由人淪爲奴隸之原因,僅餘下列兩種:

(一)自由人串同他人使用詐術僞賣己身,以圖分用價金者;

(二)解放自由人,對於舊主人有重大之忘恩行爲者。

(貳)奴隸之地位

奴隸既無自由權,則不得享有其他任何權利,已如上述,茲就事實上數種問題,略言奴隸之地位如下:

(1)奴隸無家屬 奴隸中,間有有配偶子女者;但事實上無人承認其夫妻或父子關係,而奴隸本身亦不得贍養其妻子或保護之也。

(2)奴隸無財產 奴隸無債權,亦無債務,間有所取得,如拾得遺棄物無主物等,奴隸不得爲本人之計算,從而收益使用,或私自處置之;至帝政時代,奴隸對於主人賞賜之金錢土地或房屋,得收爲己有,是爲「特有財產(peculium)」與我國諺語所謂私放錢,大致相同,然亦有不同之點:(一)主人破產時,奴隸之特有財產，卽爲破產財團之一部，而被分配與其債權人；（二）是項特有財產主人得任意收回之；（三）奴隸將其特有財產貸與主人時，不得對之有淸償請求權，而主人對之祇負自然債務（naturalis obligatio）；（四）奴隸被賣與第三人時，主人得留置其特有財產；然則奴隸對其特有財產，不啻僅爲持有人而已，而實際上之所有人，厥爲其主人也。

（3）奴隸不得與自由人有同樣之衣冠　奴隸有奴隸之衣冠，最初本所以區別自由人者，未必普遍；嗣凡奴隸，家主均禁止其服自由人之衣，戴自由人之冠，而法律上固無明文規定之也。

（4）奴隸不得爲訴訟行爲　奴隸縱被人汚辱毆打，亦不得直接提起訴訟，必由主人以財產被人侵害之被害人地位出而交涉也；如奴隸之身分有所爭執，例如甲主張乙爲其奴隸，乙主張其爲自由人，則乙亦得以自由人之資格爲訴訟行爲也。

（5）奴隸無個別之姓名　奴隸以「之奴隸」字樣，冠以主人之姓名，爲其姓名；主人姓張，奴隸則曰：張君之奴隸，如主人名「Lucius」，則奴隸名「Servus Lucipor」等是。嗣後之習慣每保留奴隸之姓名，而冠以主人之姓名也。

（6）奴隸在宗教方面之地位與自由人略同　奴隸死後，得與主人同一墓地，所謂「安魂地（locus religiosus 卽墓地）」與市民之墓地受同等之保護；主人祭祀祖先時，外人不得參與之宗教儀式，奴隸亦得參與；末座國慶日祭祀天神時，非羅馬市民不得參加，而奴隸亦得參與盛典；夫此種種，均爲宗教規則所規定，或爲習慣所演成，幷未有法律加以規定，故奴隸不幸而被剝奪是項特殊之地位，幷無何等保障也。

（叁）奴隸之解放

奴隸之解放，可分兩種：（一）以主人之解放意思爲條件者，與（二）以法定之解放原因爲條件者；第一種解放，復因解放時所用之方式不同，而有（1）正式解放與（2）略式解放之區別焉。

（I）奴隸由主人自動解放者

（1）正式解放　正式解放可分三種，卽（a）註册解放，（b）執杖解放，（c）遺囑解放等是。（此三種解放方式詳見前項）

（2）略式解放　被略式解放者，在優帝前，祇有拉丁人之資格，而不得有羅馬市民之資格。至共和時代，因正式解放太嫌不便，解放奴隸漸從略式，或在友人之前表示解放之意旨，或發給證書爲解放奴隸之證據，至君士坦丁帝在寺院中（註）憑僧侶解放者，其形式尤爲簡單。至優帝時代，分直接解放與間接解放兩種，凡被解放者，均取得羅馬市民之資格。解放奴隸以言詞爲之者，須憑五人以上之證人，以書面解放者，須有五人以上之署名，是爲直接解放；間接解放云者，卽根據主人對於奴隸之特定行爲，推定其有解放之意思者也。例如：（一）主人於信件上提及某奴隸而未書奴隸字樣者，（二）主人令女奴與自由人結婚而給與嫁資者，（三）主人於遺囑中特許奴隸戴自由人之冠參與本人之殯葬禮者，在此三種情形之下，均推定主人有解放奴隸之意思，所謂間接解放者是也。

（註）寺院解放（manumissio in ecclesia）或亦認爲正式解放之一種。

（II）奴隸因法定原因而被解放者

凡構成解放奴隸之法定原因者，奴隸即取得自由權，在法律上有自由人之地位，主人縱有相反之意思，亦不得拘束之也。所謂法定原因共分下列六種：

（一）被敵人俘虜而淪爲奴隸之自由人，一旦逃回本國，即以從未流入奴籍論，此即羅馬古法所謂復境權（postliminium）者是已；且對敵國人民，羅馬法亦承認是項特權焉。

（二）衰老或有殘疾之奴隸，被主人遺棄者。

（三）奴隸被舊主人讓與他人時，受讓人向讓與人約定解放日期，而屆期不履行約言者。

（四）主人買入奴隸，令其賣淫以圖營利者。

（五）奴隸發見殺害主人之兇手，致主人得以脫險者。

（六）奴隸告發犯罪者。（如僞造貨幣，誘拐幼孩，兵士逃亡等重罪。）

在上述六種情形之下，奴隸均得恢復自由，縱主人有反對之意思，亦無可如何也。就解放奴隸之法定原因沿革上言之，第一項始於羅馬古代，後五項則至帝政以還，始先後規定；在第二項規定以前，凡被主人拋棄之奴隸，曰無主奴隸，與無主物（res nullius）同，任何人得攫爲己有，而奴隸之身分存在如故也。

（III）解放奴隸之限制

解放奴隸，不特為自然法學者所提倡，宗教家亦極端主張，故至西曆紀元前後，釋奴之風極盛，除受人道觀念與宗教思想之影響外，更有解放奴隸，以自炫慷慨者。雖然，奴隸可以變賣，可令服務，本為財產之一部份，解放無度者，將無清償能力致債權人蒙其損害，或死後遺產蕩然，致繼承人毫無所得，類是弊端，屬於私人之利益者，固難倖免；且羅馬之奴隸，類皆猶太埃及腓尼基亞非利加等處之俘虜，其智識程度，每低於羅馬人民，若漫然解放，使與羅馬人平權，勢必使社會騷然，損及社會利益；奧古斯都斯帝（Augustus）有鑒於此，乃制定法律，以限制世人解放其私有之奴隸，是亦限制私權維護公益之特式也。此等限制，共分下列三種：

（一）關於奴隸數目之限制　是項限制，頒布於西曆紀元前一年，專用於遺囑解放，即以遺囑解放奴隸者，不得超過法定額數：有奴隸三人時，不得解放至三分之二以上，有奴隸四人至十人時，不得解放至半數以上，有奴隸十一人至三十人時，不得解放至三分之一以上，有奴隸三十人以上時，則得解放之額數，遞減為四分之一，五分之一，等比率，以一人解放之奴隸，不得多於一百人為標準；若超此法定額數，則依遺囑上各奴隸名次之先後，凡在此額數以外者，視為未被解放，若遺囑上各奴隸之姓名書成圓形，致法官不能依姓名之次序，以作宣告無效之標準者，則各奴隸之解放，均歸無效；但至優帝時代，是項限制已被廢止之矣。

（二）為保護債權人而規定之限制　無清償能力之債務人，解放奴隸，意圖損害債權人之利益者，其解放無效，但無其他繼承人時，以遺囑解放之者，不在此限；良以主人恐生前所有財產不足清償債務，致死後傷及名譽者，以遺囑解放奴隸，立為繼承人，則被解放之奴隸，即為其當然繼承人，並繼承其所有債務，是遺囑人如此解放奴隸，並不致損害債權人之利益，故法律承認其效力，不加限制也。是項限制，規定於愛利亞生計亞法(Lex Aelia Sentia)，頒布於西曆紀元後四年，直至優帝時，猶被援用，而載於優帝法典焉。

(三) 關於年齡之限制。 是項限制，可分主人與奴隸兩方面之年齡，分別言之：

(1) 關於主人年齡之限制 依西曆紀元後四年頒布之愛利亞生計亞法之規定，凡主人年齡未滿二十歲者，欲解放奴隸，須合下列三項條件，方為有效，即(1)須有合法理由，(2)須得官廳許可，(3)須用執杖解放之方式。所謂有合法理由者，即因主人與奴隸有特殊關係，法律認其解放，有正當之理由是也，例如：解放其教師或私生子，或以婚姻為目的，解放其女奴等是；但至優帝時，改為十八歲以上之主人，得以遺囑解放，而無須上述之三項條件也。嗣於新勅令第一百十九號，更進一步而廢除年齡之限制矣。

(2) 關於奴隸年齡之限制 依愛利亞生計亞法，凡奴隸年齡未滿三十歲者，必有合法之理由，始得受完全之解放，否則縱被解放，僅與殖民地拉丁人取得同一權利，而不得有羅馬市民之資格也；所謂合法理由者，即因主人與奴隸有特殊關係，法律認其解放為有正當之理由是也。是項限制之原因，在唯恐年少之奴隸，解放後不能有獨立之能力，故寧限制解放，使其仍受主人之保護也。但時至優帝，已全廢年齡之限制矣。

第三項 「準奴隸(quasi servus)」

非純粹之奴隸者，亦有數種，學者名之曰「準奴隸」。準奴隸自由權之限制，以法律為原因者有之，以單純事實為原因者亦有之，賅括言之，共有六種：(註) (一) 誤信為奴隸者，(二) 被私禁之債務人，(三) 欠贖身金者，

本论

（四）被僱傭之鬬獸員，（五）被出讓之子女（六）農奴。茲分述如次：

（註）詳奚臘爾氏所著之法文本羅馬法讀本第一百四十一頁至一百四十六頁。(P. F. Girard, Manuel de droit romain)

（壹）誤信爲奴隸者（Liber homo bona fide serviens）

在法律上凡自由人誤信爲他人奴隸時，該他人亦因善意之誤會以奴隸待之者，並不因此而損其自由人之身分；但其勞力所得均歸該他人所有，而不得爲本人之計算也。

（貳）被私禁之債務人（addicti, judicati, nexi）

債務人或因契約或因法官之判決，得被債權人拘捕私禁；因法官之判決而被私禁者曰「judicati」，因契約而被私禁者曰「nexi」。法定之私禁期間，最長爲六十日，而事實上每長於六十日。在此私禁期間中，債權人得縛之以縲絏，剝奪其行動自由，與待遇囚犯同；另一方面，被私禁者得保存其財產，自給食物，並得與債權人約定以淸償債務之日爲恢復自由之日，是祇事實上之奴隸而已。但從來學者呼之曰準奴隸者，因被私禁之債務人，被他人刦奪時，必致債權人蒙受損失，與奴隸之被刦奪致主人蒙受損失無異也。至西曆紀元前三百二十五年，因保德利亞龍鄙利亞法（Lex Poetelia Papiria）之規定，債權人已不得因契約而私禁其債務人矣；但債權人因判決而私禁債務人之制度，直至西曆紀元後三百八十八年，始經廢止之也。

（叁）欠贖身金者（redempti）

喪失自由者（俘虜奴隸等）由他人籌墊贖身金時，在未淸償贖身金前，對於該他人所處之地位，與奴隸同，卽債權人以被贖身者之身體爲其貸金之抵押品（vinculum pignoris）也。是項制度，見諸條文者，自賽不第密予斯帝（Septimius Severus）時之法律始。但據學者之推測，或始於賽帝以前也。至西曆紀元後四百零九年，好腦留語斯（Honorius）規定是項債務人所處之奴隸地位以借貸贖身金後五年內之期間爲限；直至優帝時代，並未有所變更也。

（肆）被僱傭之鬪獸員（Auctorati）

羅馬古代之鬪獸戲，與今日之馬戲略同，其不同點，在前者爲賭博性質，後者爲遊戲性質。被長期僱傭之鬪獸員，保存其自由人及市民之資格，惟少數權利，如充任騎士或市府名譽職等公權，有所限制；且被人刦奪時，必致其僱傭人蒙受損失，與奴隸之被刦奪，致主人蒙受損失同，此學者所以以準奴隸論之者也。至君士坦丁帝（Constantinus I.）時，嚴禁械鬪賭博，故在法律上，是項準奴隸，已不復存在於羅馬，而事實上究未嘗因以絕跡也。

（伍）被出讓之子女（Pilii familias mancipati dati）

在父權下者，因侵權行爲，致他人蒙受損害時，父得拋棄之，並引渡與該他人，以賠償其損害。且也，父得出賣其子女，與出賣奴隸或其他財物同。因上述情形而被出讓之子女，出讓與外國者，則淪爲奴隸，出讓於羅馬或拉丁以內者，則完全在受讓人支配之下，度其類似奴隸之生活：與自由人同者，被出讓之子女，保存其自由權與市民之身分；然其所處之地位，與奴隸相近者，亦有數點：（一）不得負擔義務，（二）受讓人將其轉讓與第三者，或賣諸外國貶爲奴隸時，亦不得表示反對，（三）解放之爲完全自由人時，悉用解放奴隸之方式。至優帝時，爲人父者，對於子女之侵權行爲，已不得引渡該子女於受害人以免除其損害賠償之責任，而是項準奴隸，亦不復存在於羅馬矣。

（陸）農奴（colonus）

（I）農奴之地位　「colonus」一字本作農夫解，但爲永久世襲之農夫，而本身及其後裔，不得脫離其所耕作之土地者，故曰「土地奴隸（servus terrae）」。學者謂『農奴非某人之奴隸，而爲其耕作地之奴隸』，殆以此歟，農奴之地位，類似奴隸者，計有四點：（１）主人責斥時，不得反抗，（２）除反對主人增加佃租外，不得與主人發生訴訟，（３）農奴自其耕作地逃走時，主人有請求回到原地之權，（４）其財產視爲國稅與佃租之擔保品，故農奴對之無處分權也。然而農奴之地位，異於奴隸者亦有四點：（一）農奴祇與耕作地不可分離，而與地主無不可分離之關係，地主出讓耕作地時，則必受新主人之支配；（二）有限制之私權，如婚姻權、債權、所有權，均得享受之；（三）有受地主保護之權；（四）主人不得變更納租之條件，或增加佃租之數目也。

（II）農奴制度之起源　對此問題，界說不一：（１）或謂始自羅馬古代，其理由爲：古代解放奴隸時，每附有不得脫離耕地之條件，故可推定農奴之制度，卽由此形成；（２）或謂農奴制度，始自提奧克來借女斯帝（Diocletianus 西曆紀元後二百八十四年至三百零五年）時代，其理由爲：提帝開拓北方邊境，制定關於農奴之法律，並令外族如日耳曼人等耕作於此，守衞於此，藉以充裕民食，堅實邊防，故可推定農奴制度，卽由此形成；（３）或謂農奴制度，始自帝政時代，其理由爲：羅馬關於農奴之法律，至西曆紀元後三百三十二年君士坦丁帝（Constantinus）時代，始有明白詳細之規定，是農奴制度，未必始於帝政時代以前，另一方面提帝開拓邊境在羅馬北方，考諸史乘，羅馬南方，在提帝以前，亦有農奴，且農奴之耕作地，非全由政府給予，由私人給予者亦有之，是農奴制度，未必自提帝始也，故可推定農奴制度，始於帝政時代，而農奴數目之增加，則始於提帝時代云云。上述三種界說中，似以第三說較爲確當也。

（III）農奴身分之起因　農奴身分之起因，有兩大類別：即（子）一般的起因與（丑）個別的起因是也；茲分述如後：

（子）一般的起因　如日耳曼等地方若干部落之居民，均因法律之規定，全數處於農奴之地位是也。

（丑）農奴身分之個別的起因　此類原因，計有四種：即（1）生而爲農奴者，（2）因契約關係而淪爲農奴者，（3）因三十年之時效，而被視爲農奴者，（4）因懲罰而貶爲農奴者也。

（1）生而爲農奴者　就遺傳身分之原則言，子之身分從母，故在優帝新律以前，父母雙方或母一方爲農奴者，其子生而爲農奴；但依優帝新律，父或母一方爲農奴者，其子即生而爲農奴矣。

（2）因契約關係而淪爲農奴者　貧乏之自由人，由他人給予耕作地者，向該地主約定爲其農奴時，即由自由人而淪爲農奴矣。

（3）因三十年之時效而被視爲農奴者　即自由人之生活狀態，類似農奴，而繼續至三十年之久者，則以農奴論是也。

（4）因懲罰而貶爲農奴者　身體健全而爲乞丐者，被他人告發時，經過法院之判決，則當然爲該告發人之農奴，殆所以獎勵告發人而杜流氓者也。

(IV)農奴身分之終止　在優帝以前農奴身分之終止，其原因有下列四種：

(一)農奴因地主給予其耕作地而解放之者，

(二)因三十年時效而消滅農奴之身分者，

(三)因陞任天主教僧侶中之主教者，

(四)因取得其耕作地之所有權者。

上述四項原因中第一項與第二項至優帝時已經廢止，蓋優帝深恐被解放之農奴，不務正業，致減少稅收，甚至爲害社會，故禁止地主解放農奴並廢止因時效而消滅農奴身分之規定也。

第二目「市民權(Status civitatis)」

市民權者，羅馬市民(civis)之權利也，顧名思義，凡羅馬市民，始得有完全之市民權；非羅馬市民，或僅有限制之市民權，如拉丁人是，或全無市民權，如外國人是；故依市民權之有無可分人爲：(一)市民，(二)拉丁人，(三)外國人三大類別也。

第一項　市民(Civis)

(壹)市民權之內容

市民權，包括一切公權與私權，茲分述如後：

（1）公權　公權包括選舉權（jus suffragii），榮譽權（jus honorum）。選舉權，謂選舉總裁官(consul)及其他官吏之權利；榮譽權，則指被選舉權及充任官吏兵將與其他名譽職之權利而言。

（2）私權　私權包括婚姻權、財產權、遺囑能力與起訴權等四者。茲分述如次：

（子）婚姻權（jus conubii）　婚姻權者，卽得依市民法與羅馬市民結婚，並得享受家屬關係中一切權利之權利能力也；如於妻有「夫權」，於子有「父權」，於親屬間有遺產繼承權，等是。

（丑）財產權（jus commercii）　財產權者，卽得享受關於財產方面市民法所賦予之權利之權利能力也，如所有權、債權、締結契約、負擔債務等是。

（寅）遺囑能力（testamentio factio）　遺囑能力，有自動被動之分：有自作遺囑之能力者，曰「主動遺囑能力(testamenti factio activa)」；得爲他人遺囑之證人，或得因他人遺囑而取得利益者，曰「被動遺囑能力(testamenti factio passiva)」。夫此二者，羅馬市民則兼而有之者也。

（卯）訴權（actio）　訴權云者，卽權利被人否認或被人侵害時，得訴諸法院，請求確認權利，或排除障礙之權利能力也，亦卽我國民事訴訟法所稱之當事人能力也。

（貳）市民資格之取得

市民資格之取得，其方法可分四種：一曰出生，二曰奴隸之解放，三曰法律之恩施，四曰民會或人民代表或皇帝之賞賜；茲分述如次：

（1）出生　父母爲市民時，其子卽生而有市民之資格，固無疑問，但於此有問題焉：（一）父母之身分不同時，子之身分從父歟？抑從母歟？（二）子之遺傳身分以何時之父母身爲標準耶？依受胎時父母之身分歟？抑出生時父母之身分歟？曰：（一）視父母有無婚姻關係而異其遺傳之身分，父母有婚姻關係時，子之身分從父，父母無婚姻關係時，則子之身分從母，但至西曆紀元前四十三年，明尼西亞法（Lex Minicia）規定，若父非市民，縱母爲市民，其子亦不得因此而取得市民之身分；（二）身分從父時，以成胎時父之市民身分或非市民身分爲標準，故苟成胎時父爲市民，雖出生時父已喪失市民之資格，其子仍爲市民，反之，如成胎時，父非市民，雖出生時父已取得市民資格，其子亦不得爲市民也，身分從母時，以出生時母之市民身分或非市民身分爲標準，故母於受胎時雖爲市民，苟於分娩時喪失市民資格，其子亦不得爲市民，反之，如母於受胎時雖無市民資格，苟於分娩時，取得市民資格，其子卽生而有市民之身分也。

（2）奴隸之解放　奴隸被正式解放者，卽取得市民資格，故稱之曰：「市民解放自由人」；然其權利，猶有限制，不得與其他市民，等量齊觀，如不得與生來自由人結婚，不得充任官吏，不得執兵役等是；但至優帝時，不特市民解放自由人，與一般市民有同等之權利，卽被略式解放者，及被外國人解放者，如「拉丁解放自由人」與「外籍解放自由人」等，均取得完全之市民權矣。

（3）法律之恩施　因法律之恩施而取得市民資格者，在優帝以前，拉丁人與外國人，不得受平等之待遇：（一）如古拉丁人得因移居羅馬而取得市民之資格（註）；然而是項規定，未嘗惠及外國人也；（二）依羅馬建國紀元後六百三十一年（卽西曆紀元前一百二十二年）亞希利亞法（Lex Acilia repetundarum）之規定，凡外國人告發羅馬官吏之受賄行爲者，卽因此取得市民資格，然而是項規定直至紀元前一百十年，拉丁人始得援用之也；（三）拉丁人得因充任拉丁地方官或市議員而取得市民資格，然而外國人不得受是項法律之恩施也。

因法律之規定而取得市民資格者，往往惠及一般人民，如西曆紀元前八十九年，因育利亞法（Lex Julia）之規定，舉凡意大利人民均一躍而處市民之地位，西曆紀元後二百十二年，因卡拉卡拉法（Lex Carcalla）之規定，殖民地拉丁人（Latini Coloniarii）均取得市民資格是也。

（註）嗣恐是項規定推行後，致拉丁人均移居羅馬，無人耕作，拉丁地方變成荒地，乃立法加以限制，卽移居羅馬者，必遺留其子孫於拉丁地方，始可取得市民資格；至西曆紀元前九十四年，復以利尼西亞法（Lex Linicia Mucia）廢除是項取得市民資格之方法，卒至引起社會戰爭，而於西曆紀元前八十九年，對於古拉丁人，遂整個予以市民之資格矣。

（4）民會或人民代表或皇帝之賞賜　除「降服人」外，拉丁人或外國人均得由民會賞賜市民資格；因此方法而取得市民資格者，有特別之姓名，卽其本來之名字，須冠以所屬部落之名稱，及主要建議人之姓名是也。賞賜市民資格之權，最初本限於民會，得行使之；嗣乃推及人民代表；至帝政時代，皇帝亦得賞賜市民資格矣。因受賞賜而升爲市民者，類皆與一般市民同其權利；然僅得享受限制私權者有之，得享受完全私權而無公權者亦有之，如意大利人一度享有私權而並無選舉權是也。

（叁）市民資格之喪失

市民資格之喪失，爲「人格大減等」或「人格中減等」必然之結果，其發生之情形，計有四種：卽（一）喪失自由，（二）放棄國籍，（三）逐出國境，（四）宣告重刑，是也。

（1）喪失自由 例如受嚴刑之宣告，或爲敵人俘虜，或被賣於外國，而喪失自由權者，市民權卽因之喪失；但取得復境權而恢復自由時，市民權可再度取得之也。

（2）放棄國籍 市民自願入外國籍時，以放棄國籍，放棄市民資格論，而不得享受市民權，蓋依羅馬法之原則，一人不得同時爲兩國市民也。

（3）逐出國境 羅馬市民因罪被逐出國境時，卽淪爲外國人（peregrini）而喪失市民資格矣。

（4）宣告重刑 如被處流刑，卽喪失市民資格，但遇大赦而歸國時，則仍得恢復其市民資格也。

第二項 拉丁人（Latini）

介乎市民與外國人之間者，有拉丁人；拉丁人在法律上之地位，優於外國人，而劣於羅馬市民，故羅馬法上之人，依市民權分類時，呼拉丁人爲「中等階級」也。拉丁人更分爲三種：（一）古拉丁人，（二）殖民地拉丁人，（三）育尼亞拉丁人；此三者，或爲羅馬同盟國之人民，或爲羅馬殖民地之人民，故羅馬待之極寬，而劃出外國人範圍之外也。

（壹）古拉丁人（Latini Veteres）

古拉丁人，或意大利拉丁人者，與羅馬同盟之拉丁市（Latium）之人民也。與羅馬人同種族，同語言，同習慣，且與羅馬人攻守同盟，故在非市民中，古拉丁人享有之權利，幾與羅馬人同，各種私權，如婚姻權、財產權、遺囑能力、及起訴權，固兼而有之，且移居羅馬時，甚至可享受限制之公權焉，如選舉權是；其與市民不同者，爲無榮譽權（jus honorum），卽不得充任官吏兵將及其他名譽職等是也。嗣凡古拉丁人居住羅馬者，卽取得市民資格，至西曆紀元前八十九年因育利亞法之規定，古拉丁人遂全體取得市民資格矣。

（貳）「殖民地拉丁人（Latini Coloniarii）」

殖民地拉丁人，卽羅馬殖民地之居民也，最初本爲羅馬市民移住於殖民地，從事開發，繼則居住於此者，泰半爲拉丁人，故名，共和末造，因採用同化政策，對被征服國之若干城市居民，亦與殖民地拉丁人同等待遇，至帝政時代，地中海流域，如意利而利（Illyrie）地方之居民，及西班牙全部之居民，均有殖民地拉丁人之權利，而殖民地拉丁人之名稱，遂狹義而廣義矣。殖民地拉丁人，在法律上之地位，劣於古拉丁人，非特不得享有公權，卽私權亦被限制，例如在原則上不得享有婚姻權等是也。至西曆紀元後二百十二年，已無殖民地拉丁人可言，蓋因卡拉卡拉法之規定，殖民地拉丁人，均取得市民之資格矣。

（叁）「育尼亞拉丁人（Latini Juniani）」

因育尼亞法（Lex Junia）之規定，凡被略式解放之奴隸，不得取得市民資格，其所處之地位，類似拉丁人，故名育尼亞拉丁人；但育尼亞拉丁人，並不得與其他拉丁人享有同等之權利，不特無公權，卽私權中亦祇有財產權與「被動遺囑能力」而已。以其無「自動遺囑能力」，不得以遺囑處分遺產也，故至死亡後所有之財產，悉歸保主繼承，所謂「育尼亞拉丁人，以自由人生，以奴隸死（Latini Juniani liberi vivunt, servi moriuntur）」者，卽指此也。殖民地拉丁人，雖於西曆紀元後二百十二年，因卡拉卡拉法之規定，取得市民資格，而該法並未廢止育尼亞法之規定，故育尼亞拉丁人，直至優帝時，始全體取得市民資格也。

第三項　外國人（peregrini）

外國人，指市民與拉丁人以外之友邦人民而言，所謂友邦者，卽與羅馬訂有條約之國家也；非友邦之人民，呼之為「敵國人（hortis）」，亦卽外國人之相對名稱也。敵國人之在羅馬也，其生命財產，均不得受羅馬法律之保護，任何人可以收為奴隸，可以生殺予奪，而政府莫或阻止之，夫此亦為當代國際習慣法之所許也。

原則上，外國人既無婚姻權，又無財產權，或市民法上之其他權利，公權之不得享有，固無論矣。外國人與外國人間發生之關係，悉依其本國法之規定，外國人與羅馬市民發生之關係，則依萬民法之規定；至西曆紀元前一百五十三年至一百四十二年間，阿比西亞法（Lex Arbutia）規定程式訴訟以還，凡外國人主張權利時，須向「外事裁判官（praetor peregrinus）」提起訴訟；至西曆紀元後二百一十二年，因卡拉卡拉法之規定，除降服人及野蠻人外，均已取得市民之資格矣。

外國人中所謂「降服人（dediticii）」者，卽抵抗羅馬最力之人民，其在法律上之地位，非常惡劣：固不得受市民法之保護，卽其本國法，亦不得適用之也；一切關係，悉依萬民法解決之，以法律不承認降服人之所屬市故也。

降服人之範圍，嗣後亦漸擴大，如被逐出國境之羅馬市民，及在奴籍中曾犯重罪之「解放自由人」，均屬之。降服人，直至優帝時始全體取得市民之資格。蓋卡拉卡拉法雖承認一般外國人之市民資格，而未嘗惠及是項降服人也。

此外，所謂「野蠻人(barbarus)」者，在法律上之地位，更爲惡劣：不受羅馬任何法律之保護，市民法與萬民法，對之均不適用，即至優帝時，對於外國人民特別寬厚，而野蠻人猶未取得市民之資格也。

第三目　「家族權(Status familiae)」

「家族權」云者，家族團體中之一員在家族關係中所有之權利也。奴隸在法律上無家族，故無家屬之身分，故無家屬權；然自由人亦因在家族團體中所處地位之不同，而有自權人與他權人之區別焉：

第一項　「自權人(sui juris)」

「自權人」者，在家族團體中不受他人權力之支配之人也；反之，自權人有支配他人之權，如「家父(pater familias)」之於「家子」，有「家父權(patria potestas)」，夫之於妻有「夫權(manus)」，領主之於出讓子女，有「領主權(mancipium)」等是。家父與家子間未必有父子關係，凡屬男子，不論長幼尊卑，而無尊親之男性家長者，謂之家父，居其家父權之下者，則統稱家子；且家子娶妻時，不得對妻行使夫權，而惟家父得行使之；家子生子時，不得對子行使親權，而惟家父得行使之；家子領受他人出讓之子女時，對之不得行使領主權，而惟家父得行使之，故凡得行使夫權或領主權等「自權人」之權利者，必爲家父；然則自權人中之地位最高者，當首推家父，以其吸收其他自權人及他權人之權利故也；學者每統稱「自權人」曰「家父」者，殆以此歟。

家父之特質有二：即（一）得自有財產，（二）得對於他人行使權力是也。婦女之不處於他人權力之下者，雖得自有財產，而不得對他人行使權力；故婦人祇得爲家長，而不得有家父權也。

第二項　「他權人（aliana juris）」

「他權人」者，即在「自權人」權力支配下之人也。他權人有完全之公權，而無完全之私權，良以他權人雖得依市民法之規定，締結婚姻，雖得與他人訂立契約，但因其行爲或法律行爲而取得之權利，則悉歸家父所有，例如：親屬關係中對妻之夫權，對子之親權等，及財產方面之物權債權等，均由其家父行使之也。原則上，他權人不得行使訴權，然於此有例外焉，即精神上或身體上被人侵害時，他權人得提起「對人格人體侵害之訴」（actio injurarium）」也。他權人不得提起訴訟之原則，爲其不得享有私權之當然結果，然他權人得負擔義務，與自權人同，故在民刑訴訟中，他權人得爲被告，與自權人同也。

家子取得之權利，悉歸家父，而義務則由家子自負擔之，已如上述，但至帝政時代，是項原則，已有變更，例如：家子可享有特有財產（peculium），家子之契約上行爲，在相當之範圍內，家父應負其責任等是；且婚姻漸爲「無夫權婚姻」，處於「夫權」下者，因之減少，而子女之出讓，漸被限制，處於領主權下者，亦因之不復多見，故他權人之地位，均已逐漸改進矣。

第四目　「人格減等（deminutio capitis）」

權利能力由「自由權」「市民權」「家族權」三者組合而成；凡此三者毫無缺陷時，則曰有完全之權利能力，或曰有完全之「人格」，已於本節詳述之矣；反之此三種權利，失去一部或全部時，則無健全之人格，所謂「人格減等」是也。人格之原素有三，故因喪失之權利不同，有「人格大減等」「人格中減等」及「人格小減等」之別；但失去原來之權利後，得取有新權利以代替之，而新取得之權利，有時甚至優於舊者，例如失去他權人之身分而爲自權人是也；故實際上祇可謂身分變遷，而人格未必眞減等也。

（I）「人格大減等（deminutio capitis maxima）」

人格大減等者，卽喪失自由權而淪爲奴隸之謂也；且奴隸不得享有任何權利，故人格大減等時，市民權家族權均同時喪失之矣，然則所謂「人格大減等」云者，實不啻人格消滅，或法律上之死亡也。

人格大減等以自由人淪爲奴隸之原因，爲其發生之原因；惟戰爭被俘虜者，雖爲萬民法上奴隸之起因，而於人格大減等不適用之；質言之，凡被俘虜者，法律上不認爲人格大減等，其原因有二：（一）被俘虜者逃出敵境時，得因「復境權」之行使，而除去奴籍；（二）卽未逃出敵境者，因考乃利亞法（Lex Cornelia）推定其死亡於被俘虜之前，在法律上亦不被認爲人格大減等也。是項擬制之目的，本在維持被俘虜者所爲之遺囑之效力（註）而後之學者，復引爲「不得因被俘虜而認爲人格大減等」之原則之根據矣。

（註）若被俘虜者，法律認爲「人格大減等」，則其死亡時已淪爲奴隸，而以前所爲之遺囑，至死亡時始發生效力者，必歸無效，致損害其受遺人之利益矣；故考乃利亞法推定其死亡於被俘虜以前也。

（II）「人格中減等（deminutio capitis media）」

人格中減等者，卽喪失市民權，而降爲拉丁人或外國人之謂也；且喪失市民權者，同時喪失家族權，僅得保有自由權，不爲奴隸而已，故雖非法律上之死亡，而法律上之人格，實已一落千丈矣。

人格中減等，以市民降爲拉丁人或外國人之原因，爲其發生之原因，如受刑之宣告或入外國籍等是。此外，拉丁人之有限制市民權者，降爲外國人時，亦以人格中減等論也。

（III）「人格小減等（deminutio capitis minima）」

人格小減等者，卽喪失原有之家族權之謂也；但羅馬市民，必有家族權，喪失原有之家族權，則必取得新家族權，而嗣後在家族團體中所有之地位，且或較優於前，人格小減等者，在法律上之人格，固未必因以低落，茲所謂減等云者，卽喪失以前之身分云耳。

人格小減等，概以法律行爲爲其發生之原因；在家族團體中身分之變遷，由於法律之規定者，不得謂爲人格小減等；例如祖父死亡時，卽由祖父之「家父權」而轉入於父之「家父權」之下，父再死亡時，則由「他權人」之身分，而變爲自權人；在此兩種之下，並不發生人格小減等之問題也。

人格小減等時，因本人在家族團體中前後所處之地位不同，而有三種不同之現象焉，茲分述如後

（一）由自權人之身分而變爲他權人者　「人格小減等」如此發生者，共有四種情形：（1）「自權人」爲他人養子者，（2）有「自權人」身分之女子，因結婚而受夫權之支配者，（3）被他人認領之自權

人，因承認認領而受親權之支配者，（4）曾被解放之「家子」，因家父撤銷解放而再度受「家父權」之支配者。

（二）由他權人之身分而變爲自權人者　「人格小減等」如此發生者，有下列三種：（1）「家父」解放「家子」使其自立者，（2）受「夫權」支配之婦女解除婚姻關係者，（3）已被親父出讓三次以上之男子（註）或被祖父出讓之孫，被父出讓之女子，或被夫出讓之婦女，嗣被領主解放者。

（註）被親父出讓一次或兩次之男子，縱被領主解放，仍受出讓者親權之支配。

（三）由甲權力之下轉入乙權力之下者　例如：（1）「他權人」爲他人養子而受養父親權之支配者，（2）在「家父權」支配下之婦女，因結婚而改受「夫權」之支配者，（3）被「家父」出讓而受「領主權」之支配者，（4）被親父出讓一次或兩次之男子，因被領主解放而再度受親父權力之支配者，等是。

（IV）「人格減等」之結果

人格減等之結果，可分下列三方面言之：

（子）親屬關係方面之結果　各種親屬關係，建築於權力之基礎上者，均歸消滅，故「宗族（agnatio）」關係，不得繼續存在，而「血族（cognatio）」關係存在如故也；「夫權」不能行使，而婚姻關係存在如故也。

（丑）刑事責任方面之結果　公法方面之責任，如應受之罪刑，固不得因以免除；私法方面之責任亦然，例如：如損害未賠償者，雖受刑之執行，而受害人對加害人之身體，仍保留報復之權，且此亦羅馬法從未變更之一點也。

（寅）財產方面之結果　人格減等對於財產之結果，可分兩方面言之：一曰關於財產上之權利者，二曰關於財產上之義務者，茲分述之如次：

（一）就財產上之權利言　人格減等後，僅專供本人享受之權利如「用益權」「使用權」等，及與本人之身分有關係者如合夥權等少數權利，因本人人格之變遷而同時消滅，致相對之義務人如供用益權者等人，間接蒙其利益；其他權利，則由直接利用人格減等之自然人或法人悉數取得之也。例如自由人因罪刑而人格大減等，或市民因罪刑而人格中減等者，則由國庫繼承其權利；因與男子結婚或被收養而人格小減等者，則由夫或養父繼承其權利；無淸償能力之債務人，或侵害他人法益之行爲人因被賣爲奴隸而人格大減等者，則由債權人或被害人繼承其權利；餘皆類推。但於此有一例外，卽市民自動入拉丁籍或外國籍時，其財產上之權利，不得移轉於他人是也。嗣自夫權及領主權無形廢止以還，已嫁之婦女或出嗣之子女，均得享有財產，故其財產上之所有權，已不因人格小減等而移轉於他人矣。且一般他權人，既得享有特有財產或「準特有財產」，故由「自權人」之身分而變爲「他權人」時，僅將其原來自有之財產，變爲特有財產或準特有財產，而所有權不移轉於他人也；人格小減等因其他情形發生時，亦僅移轉財產上之享用權，而所有權之得行使如故也。且至優帝時代，用益權與合夥權，已不因人格小減等而歸於消滅矣。

（二）就財產上之義務言　原則上，凡「人格減等」者，卽喪失其財產上之權利，而財產上之義務，亦完全消滅，不負履行之責任矣。除至後世人格小減等時他人不得完全繼承其財產上之權利外，人格減等者之權利，旣歸他人承繼，揆之正義，自應由是項繼承人代負履行之責；但在羅馬古代人格減等時，財產上之義務，竟因以完全消滅，各繼承人祇繼承其權利，而義務不負擔之；有之，則僅限於在人格減等前開始之繼承，其權利繼承人應負擔義務而已。自法學者承認自然債權以還，人格減等者，雖免除其現行法上之義務，而自然債務則依然存在；第其債權人對之無請求權，固無實益可言也。雖然，自大官法出，此不公正之規定，遂被矯正：遇「人格大減等」時，債權人得向其繼承人起訴，如繼承人拒絕償還，則須返還其所已繼承之權利，以免除其代位履行之責；遇人格小減等時，則債權人得向其本人提起「回復原狀之訴（restitutio in integrum）」也。迨至後世，人格小減等時，其財產已不復移轉於他人矣。

至優帝時代，因親屬方面崇尙血族主義而廢宗族主義，故人格小減等之結果，亦歸消滅；例如：爲他人養子者，雖爲人格小減等，而其原有之家族團體中各種權利，則仍完全保留之也。

第五目 「令名減少（existimationis minutio）」

喪失權利能力之全部，或自由權、市民權、家族權三者喪失其一時，則法律上之「人格」，有所變遷，卽發生所謂人格減等之問題；然在保全人格之範圍內，亦得因發生妨害「令名（existimatio 亦可譯作榮譽）」之某種情形，限制權利能力焉，所謂「令名減少」者是也。令名云者，指未受打擊而爲常人所有之完全名譽而言，非必聲望卓著之盛名也。令名減少之情形，共有三種：一曰「無信用」，二曰「破廉恥」，三曰「汚辱」；玆分別言之如次：

（甲）「無信用(intestabilis)」 凡屬「無信用」之人其權利能力應受兩種限制即（一）不能作證，（二）不能舉他人爲其權利關係之證人是也。在羅馬古代任何法律行爲須有證人，即主張其他證據之效力亦須人證以確定之；然則不能利用證人之限制，實非常嚴厲之制裁也。是項制裁，其起因有三：（1）作僞證者，（2）對於曾參加爲證人之法律行爲，拒絕作證者，（此爲十二表法所規定）（3）十二表法以還，以書面侮辱他人者；上述三項，均爲法律所規定，故受「無信用」之宣告者必爲曾犯此三項規定之一者也。

（乙）「破廉恥(infamia)」 是項令名減少，就其成立之條件言可分下列三種：（1）警監裁定之破廉恥，（2）選舉大會主席裁定之破廉恥，（3）裁判官宣判之破廉恥；就其成立之方式言，則可分「直接破廉恥」與「間接破廉恥」兩種。茲依第二種分類，分述如次：

（子）「直接破廉恥(infamia immediata)」 直接破廉恥，包括（1）警監(censor)裁定之破廉恥，及（2）選舉大會主席裁定之破廉恥兩種。對於曾犯某種罪刑者，如以卑劣方法逃免兵役者，犯重婚罪者，或從事卑賤職業者如娼優鬬獸員等，或其他不名譽之人民，警監認爲顯係破廉恥者，流載諸戶籍，破廉恥即因以成立，所謂「警監裁定之破廉恥」；是另一方面，選舉大會主席對於此等不名譽之人民，拒絕其爲候選人時，破廉恥亦即因以成立，所謂「選舉大會主席裁定之破廉恥」。是上述兩種破廉恥，不以法官之宣判爲成立之條件，故總稱爲「直接破廉恥」也。然此兩種破廉恥，有各別之結果焉：即前者之結果，爲剝奪本人之起訴權，後者之結果則爲剝奪其被選舉爲官吏之權能是也。

（丑）「間接破廉恥（infamia mediata）」 間接破廉恥者，即由裁判官宣判而後發生效力者也；是項宣判，祇裁判官得爲之故又名「裁判官宣告之破廉恥。」是項破廉恥，其成立之原因頗多：如監護人不盡職務，公司職員侵吞公司財產，受寄人偸用寄託物，從事做戲或與野獸格鬭等卑賤職業者等是；然而各種原因類皆載明於裁判官告示彙編，而裁判官亦多以此爲根據也。嗣凡因有上列各種原因之一，而被裁判官拒絕其起訴或爲訴訟代理人者，破廉恥即告成立，是項破廉恥之結果即爲剝奪本人之選擧權是也。

（丙）「汚辱（turpitudo）」 凡因有卑劣行爲在社會上被人輕視而爲輿論所排斥者，即謂之「汚辱」；受汚辱之制裁者，則曰「汚辱人（或不名譽人 turpes personae）」。汚辱之起因每在其他令名減少之起因以外，純以事實爲標準，故亦謂之「事實上之破廉恥（infamia facti）」，殆亦與「法律上之破廉恥（infamia juris）」相對者也。凡因某種卑鄙行爲，經法律之規定或法官之宣告：不得爲證人，監護人，不得與元老階級通婚，或不得享受不利於其他親屬之遺囑上之利益者，則以事實爲基礎之汚辱，亦發生限制權利能力之結果；且是項權利能力之限制，利害關係人並得聲請法院實現之也。

第三款　行爲能力

行爲能力者，即行使法律所賦予之權利之能力，而有行爲能力之人，亦即所爲法律行爲得發生法律上之效果者也。欲以有益之方法，行使吾人之權利，必須有了解其行爲所引起之結果之能力；蓋吾人之行爲，每引起權利義務之關係，甚至影響他人之利益或社會利益焉，故羅馬法以年齡心理狀態性別等爲標準，推定是項能力之有無，並為保護行為人本人或他人之利益或社會利益起見，斟酌情形，對於幼者弱者，完全否認其有行為能力，或限制之也。

第一目　全無行為能力者

「幼兒(infantia)」與「精神病人(furiosus)」，均為無行為能力人，除依法繼承其親屬之遺產不須監護人或保佐人代為接受外，其他一切行為，不得其同意或輔佐時，不發生法律上之效力。此乃關於幼兒及精神病人之行為能力上之共同原則也；試就關於此兩種無行為能力人之特殊規定，分別言之：

(I)「幼兒(infantia)」

在優帝以前，依年齡區別人之行為能力，並以適婚與否為標準，分人為「已適婚人」(即已達法定結婚年齡之人(puber))與「未適婚人(impuber)」兩種。是項區別，以男子滿十四歲女子滿十二歲之年齡為標準；然十四歲以下之男子及十二歲以下之女子，事實上之能力，亦有高下之分，故未適婚人中復分「將適婚人(pubertatiae proximi)」及「近幼兒(infantia proximi)」兩種，「將適婚人」與「近幼兒」行為能力上不同之限制，以事實上之能力為標準，而不以確定之年齡為標準也。迨優帝時代，分「未適婚人」為「幼兒」與「少童(infantia major)」兩種，凡在七歲以上之未適婚人曰「少童」，或簡稱未適婚人，在七歲以下者則曰幼兒；幼兒置監護人(tutor)為之管理財產，取得權利，並負擔義務，任何法律行為，幼兒本人不得為之，但受領他人無負擔之贈與時，不在此限。

（II）「精神病人（furiosus）」

依十二表法之規定凡精神病人均置保佐人（curator），嗣裁判官對所謂「mente captus」者亦置保佐人；就字面言，「mente captus」作病態心理解，其與「furiosus」之區別學者間鮮有能爲詳切之證明者。精神病人非僅指瘋狂人而言，凡聾啞者或因不能速愈之重病而不能管理財產者，均以「furiosus」論，並爲之置保佐人。但精神病人行爲能力之喪失與恢復，均無須法院之宣告，故精神病人雖因保佐人之法律行爲而取得權利或負擔義務，本人不得爲之，而痊愈後一切行爲仍可發生法律上之效力也。

第二目　有限制行爲能力者

行爲能力受限制之人共有五種：（一）「少童」，（二）「未成年之已適婚人」，（三）「浪費人」，（四）女子，（五）「不具者」；茲分述如後：

（1）「少童（infantia major）」　「少童」指七歲以上十四歲以下之男子，及七歲以上十二歲以下之女子而言。法定適婚年齡，在男子須滿十四歲，在女子則須滿十二歲，故在七歲以下者，固亦「未適婚人（impuber）」也。然用於狹義時，則未適婚人與少童，指七歲以上之未適婚人而言。是項少童置有監護人，除純粹取得之行爲外，其他行爲非得監護人之同意，不發生法律上之效力；純粹取得之行爲極屬罕有，如受領債權之標的，亦不得認爲純粹取得之行爲，殆債權將因其受領而消滅耳。但遺囑與婚姻契約雖得監護人之同意，少童亦不得爲之。嗣後除遺囑與婚姻外，其所爲行爲未得監護人之同意時，關於本人之權利者認爲有效，關於本人之義務者，則認爲無效；例如：少童因買賣契約自賣主受領標的物時，對此標的物取得一般買受人應有之權利，但不負買受人所有支付價金之相對義務也。是項規定本所以保護少童，然其結果未免失之太偏而反乎衡平之原則，故至安東尼庇護斯帝（Antonius Pius 西曆紀元後一百三十八年至一百六十一年）時，凡少童所爲之法律行爲未經監護人同意者，於增加其利益之限度內，亦應認爲有效，並負擔相對之義務也。

（2）「未成年之已適婚人（minores）」　未成年之已適婚人指十二歲以上之女子及十四歲以上之男子，而均未達二十五歲之成年年齡者而言。原則上，此等未成年人有行爲能力，然以其年輕而少經驗，每易受人愚弄，故羅馬建國後第六世紀規定兩種方法，以保護之：（一）凡利用其缺少經驗而詐欺之者，應受「破廉恥」之懲罰，（二）未成年之已適婚人受他人詐欺時，對於該他人因詐欺行爲而取得之權利，得提起「詐欺之抗辯」，以免履行其義務也。至羅馬建國第七世紀，未成年之已適婚人，如因法律行爲而蒙損失時，不論對方有無詐欺行爲，就對方享受利益之限度內，得提起「回復原狀之訴（restitutio in integrum）」以撤銷其法律行爲也。然此數種規定究爲救濟於已然之方法，至西曆紀元後第二世紀，爲預防於未然起見，乃創設選任保佐人之制度，依此規定，未成年之已適婚人得因需要而請求選定臨時保佐人，是項保佐人既非當然設置，故未請求選定之者，其所爲之單獨行爲，仍發生法律上之效力；至馬而古斯帝（Marcus Aurelius 馬帝攝政期間爲西曆紀元後一百六十一年至一百八十年）時，未成年之已適婚人，每有常備保佐人輔佐其爲法律行爲，此亦爲馬帝所不反對者，蓋有常備保佐人時可免時常請求選定之麻煩，故馬帝雖不強制實行常備保佐人之制度，而馬帝以還，間有常備保佐人者，均默認其職權；且未成年之已適婚人由乃父選定保佐人時，如未指明關於某項特定行爲，則關於被保佐人之一般行爲，均適用之也。

（3）「浪費人(prodigus)」 浪費人者，卽浪費財產，而對於本人或他人並無正當之利益者也。浪費人行爲能力之被限制，及是項限制之終止，均須請求法院爲禁治產之宣告；故在宣告禁治產以前及撤銷禁治產宣告以後，其所爲之法律行爲，仍爲有效。受禁治產之宣告後，卽置保佐人管理其財產：除純粹取得之無義務行爲浪費人得單獨爲之外，任何法律行爲，須由保佐人代爲之；且「浪費人」並無因保佐人同意而親自爲之之能力也。但於此有例外焉：卽繼承遺產時，雖有繼承債務之義務，而浪費人仍得自動接受，無須保佐人同意或代爲表示接受之意思也。按「浪費人」行爲能力之限制，始於十二表法，本以保護因法定繼承而取得之財產爲目的，故其行爲能力之受限制，亦以關於是項財產者爲限；直至西曆紀元後，浪費人之一般行爲能力，始全受限制也。但其行爲能力之限制，旣始終以保護財產爲目的，故浪費人因不法行爲侵害他人利益時，仍有完全之責任能力也。

（4）女子(nulier) 依市民法之規定，除守貞之修道女子外，女子已成年者，亦祇有限制行爲能力；在「家父權」或「夫權」之下者，固無論已，卽爲「自權人」時，無論已嫁或未嫁，均須爲之置監護人也。但依共和末年與帝政初年之規定，女子雖置監護人，然僅限於極重要之行爲，如舉債、作保、立遺囑、設定嫁貲、解放奴隸、接受遺產、訂立婚姻契約、處分「要式移轉物」等數項，始須得監護人之同意；其他法律行爲，若貸與，若受領債權之標的等項，則得任意自爲之也。女子行爲能力之受限制，其理由有二：（一）女子意志薄弱，且缺少經驗，故限制其行爲能力以保護之；（二）女子之行爲能力如不加限制則受人愚弄時，必影響其法定繼承人未來之財產上之利益，故限制其行爲能力所以保護其法定繼承人也。羅馬古法之精神，最合於第二說，蓋女子之監護人，均以其未來之法定繼承人充任之也；但嗣後女子之父得爲之選任監護人，繼而女子本人亦得選任之，且裁判官亦間有強令女子之監護人對其法律行爲表示同意，或罷免其監護人者。至帝政時代凡女子爲「生來自由人」而有子女三人者，或爲「解放自由人」而有子女四人者，可取得「自由之權利（jus liberorum）或譯作獨立權）」，而免受監護人之支配；至西曆紀元後第五世紀初葉，德爾道細語斯二世帝（Theodosius II.）及好腦留語斯帝（Honorius）對於女子均予以獨立權，成年女子之監護制度，遂因以廢止之矣。雖然，成年女子之行爲能力，究不得與男子等量齊觀，例如：不得爲本人子孫以外之他人之監護人或保佐人，不得爲官吏及遺囑證人，不得有「家父權」，不得自收他人爲養子等是。

（5）「不具者（insignem）」　成年男子，雖有完全之行爲能力，然其出生後，或因先天而生殖器不具者，或由人爲或災難疾病而生殖器變爲不具者，則無爲婚姻契約之能力，並不能爲他人之養子。具有男女兩性之生殖器者，近男者爲男，近女者爲女，有疑義時，則以男子論，而其行爲能力之大小有無，則均以是項推定之性別爲標準也。

第三目　有完全行爲能力者

至羅馬建國後第六世紀，已適婚人分成年人與未成年人兩種。無論男女滿二十五歲者，均爲成年人，成年人有完全之行爲能力。滿二十歲之男子及滿十八歲之女子，證明其有管理財產及獨立爲法律行爲之能力者，得受皇帝之「成年特許」，而享有完全之行爲能力；然與已滿二十五歲之法定成年人，微有區別，卽未滿二十五歲之特許成年人，不得爲贈與行爲，不得爲重要之處分財產行爲等是也。

第二節　法人

第一款　法人之意義

法人云者，因法律之擬制而成立，並被認爲權利義務之主體，所以簡易自然人間之法律關係，而維護自然人之利益者也。共和時代以還，特種社團如國家等，已先後被認爲法人，承認其得爲權利義務之主體之資格，然僅爲實體上之存在，而無法人之名稱也。法人制度之理論，所以早爲羅馬人所發明者，實以適應當時之需要爲最大原因，例如：二十人共有一物或一債權時，取得之處分之，須得全體之同意，對於「要式買賣」，更須全體到場且給付債務或處分財產時，二十人中如有一人尚未同意，卽可阻止其他大多數共有人之行爲，共有財產既不得與各共有人有獨立之關係，則共有財產所負擔之義務，各共有人應全部代爲履行，如有對之起訴者，則二十人應全體到場，然則在此法律關係中，二十人全體到場，未有不感困難者，然則一二人不能舉辦之事業，亦因畏懼是項困難而鮮有集股興辦之者，其結果，必影響社會之利益；於是立法者擬制法人，認某種團體爲法人，承認其爲權利義務之主體，凡法人之權利義務關係中之法律行爲，由少數人代表爲之，並使法人與其組成之各個分子間，有獨立之法律關係焉；然則法人純爲法律之擬制，其功用在簡易自然人之法律關係，維護自然人之利益，並增進社會利益也明矣。

第二款　法人之分類

法人既爲法律所擬制，非眞有獨立之實體者也；組成法人之原素，不外自然人或財產二者：由自然人之集合體而組成法人者，謂之社團（universitates personarum 或 corpus），由財產之集合體而組成法人者，則謂之財團（universitates rerum），故法人可大別爲社團財團兩種：

（甲）社團

社團云者，卽以共同利益爲目的之多數人之集合體，而得單獨爲權利義務之主體，與其組成各個分子之權利義務，不相混淆者也。是項法人，應以各分子之共同利益爲目的，否則卽失其存在之意義矣；故就廣義言國家及地方政府，亦社團也。

（子）國家　依共和時代之理論，國家爲公有物或民有物（res publica, populus）；而國家之被視爲法人也，則以屬於財政方面者最爲顯著，故國家繼承無繼承人之遺產時，及在其他法律關係中，恆用國庫（fiscus 或 aerarium populi Romani）之名義也。但國家以法人之資格爲法律行爲時，較諸自然人或其他法人，有諸多便利，卽不須經過一定之形式是也。

（丑）地方政府　地方政府者，指國家以下之行政區域或自治集團而言，若省（或殖民地）(provincia)，若市(civitates)若自治市(municipia)皆是也。地方政府被視爲法人者，自共和末年始，其主要者爲市、爲省，而殖民地次之。

（寅）一般社團　國家及地方政府以外之一般社團，即狹義之社團也，有以宗教爲目的者，如僧侶團體，宗教區域等是；有以政治爲目的者，如「官吏協會(decuriae)」等是；有以公益爲目的者，如「國有土地管理會(Societates publicanorum)」等是；有以經濟爲目的者，如殯葬合作社等是；有以營業爲目的者，如採鑛公司、船舶公司、食鹽公司等是；有以娛樂爲目的者，「如友誼會(sodalitatis)」等是。

（乙）財團

財團云者，即一宗財產之集合體，得單獨爲權利義務之主體，而與是項財產或捐助人或原來所有人之權利義務，不相混淆者也。依羅馬法之制度，財團之可以認爲法人者，共有三種：（一）寺院、（二）慈善團體、（三）未有繼承人之遺產。茲分述如後：

（一）寺院(ecclesia)　最初認爲法人者，限於天主教以外之寺院，嗣後天主教傳播日廣，勢力擴大，其寺院，亦取得法人之資格矣。

（二）慈善團體(piae causa)　「piae」一字本作慈善解。最初取得法人之資格者，祇有貧兒院而已；帝政伊始，以救濟被拋棄之貧兒爲目的之慈善機關，亦有法人之資格，是項救濟院，係由皇帝設立，其費用由國家負擔當日私人設立之慈善機關，尙未取得法人之資格，如私人捐助財產，指定用途時，捐助之財產，祇移轉於受贈人，而對捐助人負擔依照指定用途之義務者，亦惟有受贈人而已，財產本身並不得爲權利義務之主體也；至西曆紀元後第五世紀，凡以慈善事業爲目的而捐助財產者，是項財產即取得法人資格，有負擔義務取得權利之能力矣。慈善事業之範圍極廣，如養老院、救貧院、義務病院等均屬之。至於捐助方法，或爲贈與，或爲遺囑，無若何限制也。是項法人悉由寺院管理之，蓋古昔慈善事業，類皆由僧侶主辦管理耳。

（三）未有繼承人之遺產（haereditas jacens） 凡人於死亡之後，即對其財產，喪失所有權，而其繼承人亦未必旋即成爲是項遺產之所有人，以取得其所有權，蓋「任意繼承人」須先爲「接受繼承（additio haereditatis）之表示也。然則在被繼承人死亡後與繼承人接受遺產前，所有遺產，將變爲「無主物（res nullius）」，將見任何人可以攘奪之矣；故爲避免是項理論之不良結果起見，承認是項財產爲法人，而以遺留財產之總和，爲單獨之權利義務之主體；例如：遺留之奴隸加害於第三者時，或修繕遺留之房產時，均由遺產負責，而不認爲死者或其繼承人之負擔；遺留之奴隸受他人贈與或報酬時，或遺留之其他財產有增益時，均認爲遺產之收入，而不認爲死者或其繼承人之收入也。

雖然，未有繼承人之遺產，是否有法人之資格，並未有明文規定，故學者間有反對此說者：有謂遺產爲死者之代表，而非獨立之法人者，如齊臘志（Csylarz）等是，其理由爲：遺留債權時，整個遺產即立於債權人之地位，遺留債務時，整個遺產即立於債務人之地位，則遺產之存在實不啻繼續死者之生命也；有謂遺產非法人亦非死者之代表者，如宋讃(Sohm)等是，其理由爲：對於遺產有權利義務者，必爲死者之繼承人，被繼承人於死亡時已有繼承人者，固無論已，即遲至十數年後始定繼承人者，亦溯及被繼承人死亡之時，而繼承其權利義務，是遺產本身之存在，自被繼承人死亡時，已經確定，故遺產並不能組成法人也。

第三款 法人之成立與消滅

(I)法人之成立條件 法人與自然人有別，故其成立也，須具備一定之條件焉：

(1)須有自然人或財產之存在 在社團方面，至少須有社員三人；在財團方面，財產之最少數，無一定之限制，故遺留財產者雖爲極貧之人，其遺產亦得視爲法人也。

(2)須得政府之承認 原則上，成文法或習慣法，均可以賅括之方式，承認社團或財團爲法人，如慈善團體等是。但以私益爲目的之社團，有謂須個別得政府之承認者，有謂可由成文法或習慣法賅括承認之者，沙維尼(Savigny)氏則主張前說者也。至於承認是項法人之權，則屬於最高權力機關：共和時代屬於元老院，帝政伊始，仍屬於元老院，但嗣後已轉移於皇帝之掌握中矣。

(II)法人消滅之條件 法人成立之條件，已如上述，而其成立條件之缺少，亦即消滅條件之完成也：

(一)社員或財產之缺乏 在社團方面，社員完全退出或在社者不滿三人時，社團即因以消滅；在財團方面，如慈善團體之財產缺乏，致不能繼續維持時，亦即當然消滅。

(二)政府承認之撤銷 法人之存在，既爲法律所擬制，故雖經政府承認之法人，亦得由政府解散之也。

第四款　法人之權利能力

法人之權利能力，以其存在之目的之範圍以內爲限，故不得與自然人有同等之權利能力也。試就法人所得享有之權利能力，分別言之如次：

（1）財產權　法人既得爲權利義務之主體，故得享有債權、所有權，且得負擔債務，然以在其目的之範圍以內爲限；例如：採鑛公司祇得購買採鑛所必需之不動產等，而不得購置市房轉租他人也。

（2）訴權　法人之法益受他人侵害時，自得由其經理人代表起訴，然亦以其存在之目的之範圍以內爲限也。

（3）被動遺囑能力（testamenti factio passiva）　原則上，法人無被動遺囑能力，蓋法人無「家族權」也，但至帝政時代，法人對其所解放之奴隸，有繼承遺產之權，嗣凡社員之遺產，社團亦得繼承之；贈與及遺贈之接受，最初本限於市府及寺院，繼而各種法人，均得接受贈與及遺贈矣。

本章參考書記要

M.-J. Cornil, Droit romain p. 10, 11, 13, 14, 17, 20, 27; T. C. Sandars, The Institutes of Justinian p. xxxvi–xliv, xi, 17–20, 42–45, 149, 168, 250, 344, 354, 360, 437, 485; J. Declareuil, Rome et lórganisation du droit p. 349–359, 384, 385, 387, 388; Georges Cornil, Ancien droit romain p. 41–46, 51; J. Cornil, Possession dans le droit romain p. 91–95, 168–170. 387, 388, 420; P. F. Girard, Manuel élémentaise de droit romain p. 109; F. de Visscher, Etudes de droit romain p. 21, 25, 55, 61, 373, 378, 381, 382, 399, 405, 465, 468, 469; E.-M. Léonce Delaporte, De la condition du prodigue dans le droit romain, le droit français, et les Régislations étrangères modernes p. 22–148; 黄右昌,羅馬法與現代 p. 73–238; F. Desserteaux, Etude sur la formation historique de la "Capitis deminutio" p. 17–172, 193–383; P. F. Girard, Manuel élémentaire de droit romain p. 94–153, 195–244; Gaston May, Eléments de droit romain p. 72–102, 181–184; F. Marckelden, Manuel de droit romain p. 78–90; Charles Maynz, Eléments de droit romain p. 204–241 (Tome I); Charles Demangeat, Cours élémentaire de droit romain p. 140–219, 341–350 (Tome I); Accarias, Précis de droit romain p. 84–257, 454–478 (Tome I); Ruben de Couder, Résumé de répétitions écrites de droit romain p. 11–43; Edouard Cuq, Les institutions juridiques des Romains p, 153–204; René Foignet, Manuel élémentaire de droit romain p. 19–94; W. W. Buckland, The main institutions of roman private law p. 7, 38–91; W. W. Buckland, The roman law of slavery p. 1–158; R. W. Leage, Roman private law p. 43–86, 113–115; R. W. Lee, Introduction to Roman-Dutch law p. 31, 112–115; Lemonier, Etude historique sur la condition privée des affranchis p. 8-12, 46, 83; Louis Rigaud, Evolution du droit de la femme de Rome à nos jours p. 23, 45, 63; Greenidge, Infamia p. 20-24, 32, 36, 40; J. Ortolan, Explication historique des Institutions de l'empereur Justinien p. 36-73; E. Henriot, Mœurs juridiques et judiciaires de l'ancienne Rome p. 59-86 (Tome I); J. Declareuil, Rome the law-giver p. 126-137, 152-155; Rudolph Sohm, Institutes of Roman law p. 161-204.

第二章 物

第一節 物之意義

羅馬法上所稱之物，所包者廣，除自由人外，凡存在於自然界者，皆謂之物，法律上之利益，亦謂之物。近代法理，以得爲權利之客體者爲物，頗合羅馬法之精神；惟羅馬時代權利之觀念不甚發達，而權利客體之名稱，不見諸當日學者之著作中耳；故德不利也（Dupriez）教授謂物也者得爲人之財產之一部者也。

第二節 物之分類

第一款 物之性質方面之分類

（I）有體物與無體物（res corporales, incorporales）

「有體物」者，實體存在於自然界之物質，而爲人之五官所可覺及者也（quae tangi possunt），如土地、房屋、奴隸、牛馬、貨幣、衣帛等是；「無體物」者，法律上擬制之關係（quae consistunt in jure），而爲人之五官所不可覺及者也，如「用益權」、「地役權」、繼承權、債權債務等是。但此等關係，法律視爲無體物者，以得以金錢估計其價値者爲限，故「家父權」、「夫權」、「婚姻權」等，不以無體物視之也。在共和末年以前，本無所謂無體物，蓋「in-corporalis」一字直至賽那古司（Senequus）時方始發覺也。「物（res）」之一字有時專指有體物而言，有時兼作有體物與無體物解；至優帝時，有體物簡稱「corpora（有體）」，無體物則簡稱「jura（權利）」，殆所以示兩者之區別者也。

（II）動產與不動產（res mobilis, immobilis）

能獨自移動之物，或得用外力移動而不致變更其法律上之性質者，謂之動產；屬於前者，如奴隸、家畜等是；屬於後者，如什物、衣服等是。反之，不能獨自移動之物，或不得用外力移動而仍保全其法律上之性質者，則皆不動產也；例如房屋樹木，雖得用外力拆毀之、移動之，而移動以後，即將喪失其原來所有之法律上之性質矣，故房屋等，均不動產也。

羅馬法上之不動產，又有數種分類如左：

（甲）本有不動產之性質者，因與土地結合而變爲不動產者，與因其用途而變爲不動產者。

本有不動產之性質者，厥爲土地一種而已；因與土地結合而變爲不動產者，如籽種、草木、磚瓦、棟梁，及其他各種土地上之定着物皆是；因其用途而變爲不動產者，即有永久狀態用於不動產之各物也，如建築物之鑰匙，工廠中之機器，配置於窗門之玻璃等是。

（乙）一般土地、住宅地、耕作地與城郭地。

是項分類繁複而感困難：例如鄉村之佃房，「住宅地（urbana）」也，同時亦「耕作地（rusticum）」也，殆以耕作爲目的耳。所謂「城郭地（suburbana）」者，城市近郊之土地也；所謂住宅地者，無論其在城市或在鄉村，凡以居住爲目的者，均屬之。

（丙）意大利土地與州縣土地。

所謂州縣土地（provinciale solum）者，指由敵國奪來爲公地之土地，亦曰外省土地。原則上，是項土地，爲國家所領有，私人對之祇有收益權，意大利土地上，私人得有所有權；再對州縣土地，國家徵收賦稅，而意大利土地則不負擔賦稅，此則兩者之不同點也。迨至帝政時代，兩者唯一之區別，在一則負擔賦稅，一則不負擔賦稅而已，蓋私人就州縣土地，亦得取得所有權也。嗣至優帝時，是項區別，復歸消滅，而意大利土地與「州縣土地」遂無高下之分矣。

上述各種動產與不動產之區別，非特用於有體物，即無體物亦適用之：各種權利之性質，爲動產抑爲不動產，均以該權利之標的之性質爲標準也。

（III）消費物與不消費物（res consuntibiles, inconsuntibiles）

非消費不能使用之物，謂之消費物；不必消費而亦可使用者，則謂之不消費物。使用時，物之本質依然存在，而在使用人方面不能存在者，亦謂之消費物；如貨幣是；飲料、食物則皆消費物之最顯著者也。至若衣服器具，經多年使用，雖歸於消滅，但不得謂爲消費物，蓋消費物與不消費物之標準，在依其性質使用之時，必須消滅與否耳。消費物，泰半爲代替物，故同一物也，得因觀念之不同，稱爲消費物或代替物；例如：油、酒，消費物也，另一方面，在不特定之給付中，酒若干瓶，油若干瓶，是爲代替物矣。然而消費物非皆代替物也；例如油、酒雖爲消費物，而被個別指定之油酒，則不得稱曰代替物也。

（IV）可分物與不可分物（res divisibiles, indivisibiles）

「有體物」與「無體物」，在可分與不可分之觀念中，有不同之定義焉，試分別言之：

（一）有體物中之爲可分物者，指分割後各部分之性質仍與原物有同一性質，而不致減少價値者而言；質言之，凡物經分割後，各部分仍能構成與原物同性質之單位，而其價値之總和，不致少於原物之價値者，卽謂之可分物，如土地布疋等是。反之，若牛馬、若字畫、若璧玉、若寶石，一經分割，則失其本來之性質，或減少原物之價値，故曰不可分物也。在普通情形之下，房屋，可分物也，然以有分界之牆壁者爲限，殆非然者，分割後之各部分，不能構成個別之單位，故不得視爲可分物也。

（二）無體物中之爲可分物者，指權利之得以局部行使者而言，如所有權、用益權等是；蓋所有人或用益人可行使其權利之全部或一部也。反之，地役權，不可分物也，殆需役人經過供役地，則行使其地役權之全部，否則全部不行使之，而不得行使其一部分也。

綜上數端，有體物與無體物間之可分性，並無共同之關係，例如：動物上之所有權，可分物也，而動物之本身，則爲不可分物矣。

(V) 代替物與非代替物 (res fongibiles, non fongibiles)

代替物者，指以數量、重量、體積或面積等計算之物件，使用時恆注重其種類而不注重其特質者而言，如油、酒、貨幣等是。反之，在契約關係中以某處某種質量之物爲標的而不能以同種類之他物代替之者，謂之非代替物，如牛馬、奴隸、房屋等是。然而代替物有時可視爲非代替物，而非代替物有時亦可視爲代替物焉。例如以米酒等代替物爲契約之標的時，苟約定須給付某處某號內之某等米酒，是代替物被視爲非代替物矣；反之，以奴隸牛馬等非代替物爲契約之標的時，苟祇言其性別年齡數目而不逐加揀選，則非代替物亦被視爲代替物矣，蓋在此情形之下，契約之標的祇注重其種類而不注重其特質也。

第二款 物之用途方面之分類

(I) 融通物與不融通物 (res in commercio, extra commercium)

是項分類至爲重要，蓋依羅馬法，凡以不融通物爲契約之標的者，則此契約全歸無效也。就理論言，凡物均應爲融通物，殆物之作用在適應人類之需要耳；然屬於某種類之物，以滿足公益爲其存在之目的，故不得爲個人私權之客體也。

(子) 融通物

融通物，指物之得爲個人私權客體者而言。原則上，除不融通物外，物各有主，不屬於甲，卽屬於乙，然有「無主物(res nulius)」之例外焉；所謂「無主物」者，卽無所有人之物也。無主物計有兩種：(一)從來未有所有人之物，如山野之禽獸海洋之魚介等是；（二）委棄物；委棄物與遺失物有別，凡物之視爲委棄物者，須有兩項條件：即（1）須所有人明白表示其委棄之意思，（2）須事實上有委棄其所有物之行爲也。上述兩種無主物，皆可由私人收爲己有，融通物以其得爲契約之標的，得爲私人財產之一部也，故又名「可有物（res in nostro commercio）」。

（丑）不融通物

不融通物者，指物之不得爲個人私權之客體者而言，故又名「不可有物（res extra nostrum patrimonium）」。不融通物，不得爲契約之標的，不得買賣讓與，凡以之爲契約之標的者，其契約無效。不融通物，更可分爲「神法上之非私有物（res nullius divini juris）」與「人法上之非私有物（res nullius humani juris）」兩種，茲分述如後：

（壹）「神法上之非私有物」 屬於此類者，計有下列三種：一曰「神用物（res sacrae）」，二曰「安魂物（res religiosae）」，三曰「神護物（res sanctae）」。

（一）「神用物 res sacrae」 神用物者，供奉神靈所用之各物也，如神前之供物、祭祀之器皿、偶像、神廟等，皆是；亦即我國刑法所稱之祀典也。所謂神靈者，在西曆紀元後三百十三年天主教得勢以前，指天主教以外所信奉之神而言，嗣亦指天主教所信奉之神靈矣；是項神用物，專指供奉神靈所用之物，他如可以生息之寺院財產，得爲契約之標的焉。凡「神用物」，私人不得任意設置，最初須民會或元老院以立法之程序特別許可；至共和時代，手續更繁，除許可外，更須舉行宗教之儀式，並在僧侶旁朗讀公文，表示政府對於神靈讓步，爲之設置祀典，是項手續，由最高官吏爲之，且有民選官吏專司此職焉；迨帝政時代，手續較簡，得皇帝之許可，卽可設置神用物矣。且也，神用物變更用途時，仍須經個別之許可，手續之繁，與設置神用物時同。神用物在正式變更用途以前，不得爲私權之客體，有損壞之者，處以死刑，有加以褻瀆行爲者罰至優帝時，凡羅馬市民，有急迫之需要，或舉辦慈善事業時，得撤銷製作神用物之許可，變更其用途，使其爲私權之客體，例如：羅馬市民爲敵人虜去時，得將神用物變賣或抵諸他人，以籌贖身之價金等是；然此祇爲變更神用物用途之原因，而必須得皇帝之許可，如故也。

（二）「安魂物（res religiosae）」　羅馬法上所謂安魂物者，卽一般墓地是已。凡掩埋人之屍體或火葬後之遺灰之處所皆爲安魂物，不得爲私權之客體。法律所以如此保護安魂物者，殆所以保護鬼魂耳；而是項觀念之發生，因羅馬人深信墓地爲魂魄之所寄也。故土地視爲安魂物，須有屍體或遺灰埋葬於其間，如某處曾經選定爲墓地，而尙未埋葬屍體或遺灰時，仍得爲契約之標的，其在屍體或遺灰取出後亦同。至安魂物之設置，任何私人均得爲之，非若「神用物」之設置，須得特別之許可也。但有損壞之者，則必處以重刑焉。

（三）「神護物（res sanctae）」　神護物，謂受神保護之物也，如羅馬城市之城門與城牆，及田地之界址，均屬之；凡損壞之者，必處以重刑。

（貳）「人法上之非私有物」　屬於此類者，計有三種：一曰「萬民共用物（res communa）」，二曰

「屬於國家之公用物（res publicae）」，三曰「屬於市府之公用物（res universitatis）」；茲分述如次：

（1）「萬民共用物（res communa）」　「萬民共用物」者，依其性質與自然法之原則，應歸人類共同使用之物也，如空氣、光線、海洋、海岸等是。海岸有建築物時，則在該建築物存在之期間內，其基地應歸建築物之主人所獨占，他人不得占用之也；是項建築本以捕魚爲目的，故海潮低落時，建築物往往伸至海灘，然皆臨時性質也。法國至拿破崙時，已不採用是項理論，蓋恐敵國人民利用海岸或海灘上之建築物爲軍事上之根據地耳。

（2）「屬於國家之公用物（res publicae）」　屬於國家之公用物者，謂國家之所有物，而供全國人民共同使用者也。國家之所有物，可分爲兩種：一爲私有財產，與個人之私有財產同，人民不得直接使用之，如用國稅所置之財產，以租賃爲目的者，如國家對承攬人之債權，如官署所用之器具等是；一爲公用物，即供人民共同使用者，如河川、公路、監獄、城堡、法院、公共戲院、公共體育場等是；然公用物中，亦有依其特別之性質，爲一般人所不能使用者，如監獄、城堡是也。原則上，公用物爲全國人民所得使用之物，亦限於國民得使用之，故外國人非得許可，不得使用之也。公用物不得爲個人私權之客體，但國家變更其用途時，則得爲個人私權之客體矣：如國家重建監獄或另闢公路，將舊監獄之基地及建築物或舊有之路基，出賣於私人等是。至於河川，在羅馬法上，分爲：（一）公用物之河川，與（二）非公用物之河川兩種；前者指大川巨流而言，後者則指細流而言。是項細流，屬於沿岸土地之所有人，左右兩岸之土地，不屬於同一之主人時，則均分爲兩部：左半部屬於左岸之地主右半部屬於右岸之地主。非公用物之河川，雖得爲個人之私有財產，其所有人，對於田鄰，亦不得禁止其使用或妨害之也。是項所有權之限制，容於所有權章再論述之。

（3）「屬於市府之公用物（res universitatis）」 屬於市府之公用物者，市府之所有物，而供全市人民共同使用者也。市府之財產，可與國家之財產作同樣之分類，卽分爲：（一）市府之私有財產，與（二）市府之公用財產兩種是也。前者，如市府之普通債權等屬之；後者，如市立之公園、公共浴池、公共體育場、公共戲院等屬之。

（II）特定物與不特定物（species, genera）

特定物者，在契約中個別指定之物也；不特定物者，在契約中祇指定其賅括之質量之物也，如買賣某處產生之某色之牝馬一匹，則該馬卽爲不特定物也，不特定物之質量，時有伸縮性，如指定馬之質量，或合於千萬匹馬，或合於三兩匹馬等是；然苟未個別指定某物，則所指定之條件，無論嚴格與否，雖指定之條件，祇合於一物，猶不失爲不特定物也。

（III）單一物與集合物（simplum, universitates）

（一）單一物，單一物者，單獨存在之物也，如馬一匹、奴隸一口、寶石一塊等是。

（二）集合物，集合物者，多數獨立物之集合體，而保存各物獨立之存在，以構成另一物之單位者也。集合物，因其內容之不同，有「法律上之集合物（universitatis juris）」與「事實上之集合物（universitatis facti）」

之區別焉，試分別言之：

（1）「法律上之集合物」　法律上之集合物者，「有體物」與「無體物」之總和，因受同一法律關係之支配而視爲一物之單位也。例如：（一）嫁資，（二）某人之財產，（三）家子或奴隸之特有財產，此三者包括有體物及權利義務，且各受同一法律關係之支配而視爲賅括之單位，故稱之曰法律上之集合物。法律上之集合物或包括各種之物，或包括一物，無一定之內容，如貧苦者祇有田一畝，既無債務，更未設物權，其爲財產則一，並不失其爲法律上之集合物也。

（2）「事實上之集合物」　事實上之集合物者，多數有體物之集合體，而保存各物獨立之存在，以構成另一物之單位也；例如羊羣一個、圖書館一座、盌盞一套，均包括多數之羊或書籍或碗盞等是。事實上之集合物與組合物（universitatis rerum cohaerentium）有別；組合物者，多數有體物之組合體，而消滅各物獨立之存在，以構成另一物之單位也，如船舶、房屋、書櫃等是。

（VI）主物與從物（res principales, accessoriales）

（子）主物與從物之意義

主物、從物，相對之名詞也；無主物則無從物，無從物更無主物，故各物之主從性質，須依多數物間個別之關係而確定焉。在同一主從關係中之多數物，非從物即主物，欲知何者爲主物，尤須先知何者爲從物也。然則從物之定義，又何如耶？曰：在某一法律關係中，附屬於他物，永續助其效用之物，謂之從物；而該他物，則主物也。主物與從物之分類，至爲重要，蓋某物視爲他物之從物時，則該物與該他物，在原則上，視爲有共同存在之關係；例如物主出賣或租賃主物時，苟未言明從物除外，則從物卽應認爲包括在內也。從物更可分爲三種，茲分別言之如次：

（一）因與他物結合而成從物者　凡物與主要之他物結合，在永續之狀態中另成一物時，此物卽成從物，而該他物爲整個新物之基礎，故謂之主物。例如：動產與不動產結合時，前者爲從物，後者爲主物；動產與動產結合時，無論兩者價值之高下，凡爲新物之基礎者，皆爲主物，如金質與鑽石結合成一鑽石戒指時，前者之價值，雖小於後者，然而前者主物也，後者則從物也；但於此有例外焉，卽圖畫以顏色爲主物，而以畫底之質料爲其從物是也。

（二）因物之用途而成從物者　凡物在永續之狀態中，以助他物之效用爲存在之目的者，亦謂之從物；而該他物，則主物也，如房屋上或箱匣上之鑰匙，戶牖之屏簾，庭中之花石等是。但是項附屬物，必合下列三項條件，然後可稱從物。

（1）須附屬物專供某項用途　如鑰匙專供某建築物之用者，則爲該建築物之從物，專供某箱匣之用者，則爲該箱匣之從物，餘皆類推。

（2）須依物主之意思，永久供某項用途　如鑰匙之所有人臨時使用之以扃某建築物，苟無永久用諸該建築物之意思，則該鑰匙不得視爲該建築物之從物也。

（3）須物主已經實現該物之用途　如屏風雖已購買，並預定供某幢房屋之用，然事實上，苟從未依此用途使用，則不得視爲該幢房屋之從物也。

（三）孳息（fructus） 孳息云者，依物主預定之用途，母物所產生之物，而有相當之規則性者也。例如：菓園之樹木，非孳息也，殆物主之目的，在收穫水菓，而不以供給木料或燃料爲其菓園之預定用途耳。以言鑛地之鑛產，如所有人已經動工開採，則爲孳息，否則不得視爲孳息也。總之，某物是否孳息，均以其母物之用途，及其所有人之意思爲標準，所謂相當之規則性者，即母物各因其性質，按時產生孳息之謂也。孳息分天然孳息與法定孳息兩種，試分別言之。

（一）天然孳息(fructus naturales) 天然孳息者，直接由母物所取得之孳息也。如耕地之米穀，棉花，菓園之水菓，園圃之花卉蔬菜，畜類之乳毛產子等是。天然孳息，未與母物分離時，視爲母物之構成分子，故在原則上，必自離開母物時，始可單獨爲權利之標的；但在離開以前，亦得單獨爲權利之標的，例如出賣禾苗若干畝等是。天然孳息又分（一）「完全天然孳息（maere naturales）」與（二）「加工天然孳息(fructus industriales)」兩種：前者純爲自然之產物，而不須加以人工者，如灘地之柴草，荒地之野菜等是；後者須用人工，如米穀之收穫，須用人工播種耕耘等是。

（二）法定孳息（fructus civiles） 法定孳息者，母物被他人使用時，使用人給付之代價也；如土地房屋之租金，借款之利息等是。

（丑）從物之意義 對於權利方面之應用

主物從物之分，不特於有體物爲然，而於無體物亦然，如抵押權之存在，以保全債權爲目的，而爲債權之從物等是；故抵押權，或稱從權利也。

（寅）從物之意義對於義務方面之應用

權利有主從之分，義務亦然。從義務云者，即限制相對之權利，而屬於權利人之義務也。法定義務中，每有因某種權利而規定者；其權利不啻爲相當之義務之前因，故權利人欲行使其權利，不可不履行其相對之義務，此即所謂從義務是也。依羅馬法之精神，最主要之從義務，可分爲兩種，即：（一）返還費用之義務，（二）損害賠償之義務是也。

（Ｉ）返還費用(impenses)之義務　對於他人之所有物，支出費用時，該他人主張對於該物之權利者，在原則上，應負返還費用之義務。是項規定，極合乎衡平之道，抑亦近代法例中無因管理制度之來源也，如我國民法債編第一百七十二條，一百七十五六、七、八條之規定等是；然而是項費用之返還，須以支付人之善意或惡意及費用之性質等情形爲標準焉。是項費用，共有下列三種：

（一）必要費用(impensae necessariae)　必要費用者，保存各物所必需之費用也；如供給動物之食料，修理將倒之房屋等是。

（二）有益費用(impensae utilis)　有益費用者，雖非必需，但可增加物之價值之費用也；例如承租人，因於承租之房屋旁面建一廁所，或於天井中搭一天篷，而支出若干費用等是。

本论

（三）奢侈費用(impensae voluptuariae) 奢侈費用者，既非必需又不能增加物之價值，而為因供個人欣賞所支出之費用也例如承租人因粉飾承租之房屋而支出若干費用等是。

（II）損害賠償之義務 即因物之行為，致他人蒙受損害時，其所有人所負賠償之義務也；殆此視為所有權之從義務耳例如：某甲之奴隸或動物侵入乙之耕作地損害乙之禾苗時，則乙可留置加害之物；另一方面，甲於賠償損害之前，不得主張放還其所有物也。

第三款 物之移轉方式方面之分類

（壹）「要式移轉物」與「略式移轉物(res mancipi, res nec mancipi)」

依物之移轉方式可分物為「要式移轉物 (res mancipi)」與「略式移轉物 (res nec mancipi)」兩種：要式移轉物者，即移轉所有權時，必須履行法定方式之物也。略式移轉物者，則當事人可以不拘方式，自由移轉所有權之物也；故前者之移轉，為要式行為，後者之移轉，則非要式行為也。所謂移轉之法定方式共有兩種，即正式處分 (mancipatio 譯音為曼兮怕蓄)與擬訴棄權是已；前者專用於要式移轉物，而後者則關於要式移轉物或略式移轉物，均得使用之也。舉行該兩種法定方式之情形，試分別言之如次：

（1）正式處分或「曼兮怕蓄」 除當事人外，須有十四歲以上之羅馬市民六人到場；此六人中以五人為證人，另一人則為「計量人(libripens)」即手持衡器之人也。買受人手持青銅片一，並在「計量人」前，握其買受之標的物而言曰：『余以此青銅片及衡器買受此物，依羅馬固有之法律此物應歸余所有。』言畢，以青銅片抨擊衡器，而將青銅片付與出賣人作爲該物之價金，於是手續告終；而物之所有權，因以移轉於買受人矣。所以用青銅片者，蓋羅馬古代無貨幣時，每以青銅爲貿易之工具；嗣自西曆紀元前四百五十年以還，已有貨幣本以貨幣給付價金，而表面上仍用青銅片代表價金者，殆遵循古代之方式也。古代既以青銅爲貿易之工具，故買賣時，必用衡器以權其重量；而使用貨幣時，仍用衡器者，殆亦拘泥古代方式使然耳。是項方式，初本用於買賣行爲，嗣凡出讓子女，解放子女，「買賣婚姻，」等重要法律行爲中移轉人或物之所有權時，均適用之；在此等重要法律行爲中，因是項方式而取得權利者處於買受人之地位，喪失權利者則處於出賣人之地位，殆皆擬制之方式也。

（2）「擬訴棄權 (cessio in jure)」 擬訴棄權者，即擬制訴訟關係，以移轉物之所有權之方式也，例如；在買賣契約中，當事人雙方同到法院，買受人處於原告之地位，出賣人則處於被告之地位；買受人於法官前，主張承買之標的物爲己所有，法官乃問出賣人曰：『汝對原告之主張，有抗辯否？』出賣人則答曰：無抗辯，或默不作聲，於是法官判定該標的物爲原告所有，而移轉之方式，亦告終了，是項方式，純爲一種訴訟之擬制，當事人事先固均已同意，即法官亦明知其爲一種形式也。且擬訴棄權不特用於買賣，其他重要法律行爲中亦援用之，如解放奴隸時所用「執杖解放」之方式，亦皆擬訴棄權之應用也。

（貳）依移轉方式分類之標準

何謂要式移轉物，何謂略式移轉物，初無一定之標準；依武兒比亞女斯與嘎尤士二氏之界說，則（一）奴隸，

（二）意大利土地上之所有權，（三）意大利土地上屬於耕作地之地役權，（四）能負物或曳物之家畜，如牛馬騾驢等四種，均爲要式移轉物，此外如「州縣土地」屬於耕作地以外之地役貨幣野獸等物，則皆略式移轉物也。是項區別，不啻羅馬古代以何物爲必需物何物爲非必需物之區別。上述四種認爲農業所必需者，則定以麻煩之移轉方式，以限制其輸出或使外國人對之不得取得所有權，故要式移轉物之規定，實農業保護政策之實施也。此外各物，視爲非必需物，無待法律之保護，亦不必限制外國人取得其所有權，故法律規定簡單之方式，以移轉其所有權也。是項區別既以各物有無重要性爲標準，則古代視爲必需物，視爲要式移轉物者，亦因社會情形之變更，而不同其範圍，如古代視爲重要之物，僅限於農業上所必需者數種而已，嗣羅馬幅員漸廣，小工業亦漸發達，昔日視爲不重要之略式移轉物，其數日增，而於法律關係中占重要位置矣。至西曆紀元後第四世紀，凡物因贈與或出賣移轉所有權時，祇用簡單之「引渡 (traditio)」方式；曼兮怕蓄之方式，已無形廢止，而要式移轉物與略式移轉物之區別，亦因以廢止。所謂引渡者，即當事人授受標的物，無須舉行繁複之方式是已；降至優帝時代，是項區別，復以勅令明白廢止之矣。

本章參考書記要

T. C. Sandars, The Institutes of Justinian p. xliv–xlix, 88–93, 116, 123, 328; M.-J. Cornil, Droit romain p. 20, 22–26; J. Declareuil, Rome et l'organisation du droit p. 173–175, 389;

Georges Cornil, Ancien droit romain p. 55, 56, 61, 62, 67; J. Cornil, Possession dans le droit romain p. 10, 51, 96-99, 245, 249, 256, 257; 黄右昌，羅馬法與現代 p. 233-250; P. F. Girard Textes de droit romain publiés et annotés p. 829; P. F. Girard, Manuel élémentaire de droit romain p. 245-260; Gaston May, Eléments de droit romain p. 185-193; F. Marckelden, Manuel de droit romain p. 91-96; Charles Maynz, Eléments de droit romain p. 242-256 (Tome I); Charles Demangeat, Cours élémentaire de droit romain p. 418-427 (Tome I); Accarias, Précis de droit romain p. 479-509 (Tome I); Ruben de Couder, Résumé de répétitions écrites de droit romain p. 113-130; Edouard Cuq, Les institutions juridiques des Romains p. 440-446; René Foignet, Manuel élémentaire de droit romain p. 94-100; W. W Buckland, The main institutions of roman private law p. 91-93; R. W. Leage, Roman private law p. 117-123; R. W. Lee, Introduction to Roman-Dutch law p. 118; J. Ortolan, Explication historique des Institutions de l'empereur Justinien p. 229-337; Eugène Henriot, Mœurs juridiques et judiciaires de l'ancienne Rome p. 377-397; (Tome I); J. Declareuil, Rome the law-giver p. 156, 157; Rudolph Sohm, Institutes of Roman law p. 302-307.

第三章 法律行爲 (negotia juris)

第一節 總論

任何權利之成立，須有三項原素：（一）須有權利之主體，（二）須有權利之客體，（三）須有得使該權利客體依法支配於該權利主體之事實。蓋權利之主體，非偶然得支配權利之客體，斯二者更非偶然有相對之關係；苟無一種事實介乎其間，則不得稱某甲爲某權利之主體，更不得稱某物爲某甲之權利客體，自無權利之足道也。是項事實在法律上得因其他事實而消滅之，故因某種事實而取得之權利，亦得因另一事實而喪失之；例如因某甲死亡而取得遺產繼承權後，得因被繼承人之近親屬主張繼承權而喪失其權利等是也。

權利之取得，可分兩種：（一）曰「原始取得，」（二）曰「傳來取得。」凡一權利，從未存在，祇因某種事實之發生，依法視爲某甲之權利者，謂之原始取得，如捕獲野獸，對之取得所有權等是。蓋前此他人對該野獸並無所有權也。凡一權利，由他人傳襲而來，則謂之傳來取得，如受讓他人之所有物等是。原始取得與傳來取得之分類，於確定權利時，極爲重要：苟爲傳來取得，則後之取得權利者，所有各種權利之範圍，均以前手之權利爲標準；例如讓與人對其讓與之物並無權利時，則受讓人對於該物亦不得主張權利；此蓋羅馬法上「受讓人之權利，不得超過讓與人(Nems plus juris in alium transfere potest, quam ipe habet)」之原則使然之耳。傳來取得，更分（1）概括承受（2）個別承受兩種。承受一人之全部權利者，謂之「概括承受（successio per universitatem）」，是項情形，每發生於遺產繼承之時；承受之權利經個別指定者，則謂之「個別承受（successio in singulas res）」，如買馬一匹，租屋一幢等是。

因而取得權利或喪失權利之事實，不一而足，然可大別之爲下列兩種，無論爲「原始取得」或「傳來取得」，均不外以此兩種事實爲原因也。

（一）不得由利害關係人自主之純粹事實　屬於此類原因者，如人之出生死亡，法定之時效，不動產之附合等是。夫此各種事實之發生，皆足以依法律之規定，發生權利義務之關係，而利害關係人，固不得自動使之發生，故是項取得權利與喪失權利之原因，統稱曰「法定原因」，如依法律之規定，得因人之死亡而取得繼承權，因時效之完成而喪失債權之請求權等是。

（二）基於當事人本人意思之事實或行爲　凡當事人以取得權利或負擔義務爲其行爲之直接目的者，當然發生權利義務之關係，如買賣租賃等法律行爲，皆屬之。但行爲人以其他目的爲行爲之目的者，亦有之，如侵權行爲人，雖負法律上之責任，致被害人對之發生權利關係，而其直接目的，固不在此也。因侵權行爲而發生權利或義務關係者，近代學者，多主張以法律爲其權利或義務之原因，故將取得權利與喪失權利之原因，分爲法律與法律行爲二者。

取得權利及喪失權利，概以法律或法律行爲爲原因，已如上述；但就實際言，其因法律行爲而發生者，最爲普遍，故法律行爲於法律關係中實佔最重要之地位焉。茲就法律行爲之意義、分類、原素等項，分節論列如次。

第二節　法律行爲之意義與分類

（Ⅰ）法律行爲之意義

法律行爲者，以發生法律上之一定效果爲目的之行爲也。所謂法律上之一定效果者，指設立、保護、變更或消滅權利者而言；如買賣、租賃、借貸等行爲，則皆法律行爲也。

（Ⅱ）法律行爲之分類

法律行爲，可分爲四類如下：

（一）一方行爲與雙方行爲　一方行爲者，謂僅因當事人一方之意思而成立之法律行爲也；如作成遺囑，接受繼承，收取天然孳息等是。雙方行爲者，謂因當事人雙方之同意而成立之法律行爲也；如買賣、租賃、借貸等是。

（二）有償行爲與無償行爲　有償行爲者，當事人之一方取得利益，而他方有相對之報償之法律行爲也。依法律行爲之性質，以利於雙方爲成立之目的者，曰有償行爲，而雙方所得之利益未必均等也；如買賣等是；蓋買賣契約中買受人取得標的物之所有權，而出賣人亦取得相對之價金也。無償行爲者，祇限於當事人之一方取得利益之法律行爲；如贈與等是。

（三）要式行爲與略式行爲　要式行爲者，須經過法定方式而後成立之法律行爲也；如遺囑、「要式移轉物」之買賣等是。略式行爲者，不須經過法定方式之法律行爲也；如租賃、借貸等是。

（四）死因行爲與生前行爲　死因行爲者，於行爲人死亡時始發生效力之法律行爲也；如遺囑、遺贈等是。生前行爲者，不以行爲人之死亡爲發生效力之條件之法律行爲也；如贈與、買賣等是。

第三節　法律行爲之要件

法律行爲之要件，可分三方面言之：（一）關於當事人者，（二）關於標的者，（三）關於形式者；茲分述之如後。

第一款　關於當事人之要件（行爲能力意思表示）

法律行爲之要件，關於當事人者有二：（一）當事人須有能力，（二）當事人之法律行爲，須出於眞實意思。關於前者，可參考我國民法第七十五條至七十九條；關於後者，可參考我國民法第八十八條至九十二條。

（子）須當事人爲有能力人

當事人爲有能力人時，其法律行爲，始能生效；蓋法律推定無能力人，不能行使權利，或有合理之意思也。是項能力，依羅馬法，又有特別能力與普通能力之區別：特別能力，指特定行爲所必須具備之行爲能力而言，例如爲市民法上之法律行爲時，須爲羅馬市民或其他有市民權之人，及外國人不得依市民法而爲遺囑或與羅馬市民通婚等是；普通能力指一般行爲所必須具備之行爲能力而言，如未成年人、「精神病人」、浪費人等均爲無完全能力人，不得爲有效之法律行爲是也。

依現代法例，原則上，各人均有權利能力，就法律行爲所稱之能力，則僅指行爲能力而言。對於行爲能力，現代法例雖有否認或限制之規定，例如法比日本等民法限制已嫁女子之行爲能力，一般法例否認或限制未成年人、禁治產人等之行爲能力，然其目的，咸在保護當事人之利益，非若羅馬法之否認或限制某階級之權利能力，常以剝奪其權利爲目的也。

（丑）須當事人之法律行爲係出於眞實意思

當事人因特殊情形而爲法律行爲者，如因錯誤或被詐欺脅迫而爲法律行爲者，以並非出於眞實意思論，蓋法律推定，當事人如無是項特殊情形，卽不爲法律行爲耳；故爲保護當事人利益計，法律否認或限制其法律行爲之效力也。至影響自由意思之特殊情形，計有三種：卽（一）錯誤、（二）詐欺、（三）脅迫是也。茲分述之如次：

（1）錯誤（error） 對於法律行爲之原素有所誤會時，謂之錯誤。但當事人事先並無錯誤，而於事後諉稱錯誤以圖免除責任者，亦往往有之，且因當事人忽於考慮，有所錯誤，而提起異議時，必致善意之他方蒙受損害，故爲避免是項弊端計，羅馬法規定，當事人不得僅因本人錯誤而主張其行爲無效或撤銷之也，我國民法第八十八條但書謂：『但以其錯誤或不知事情非由表意人自己之過失者爲限』云云，殆亦本此原則也歟？

（2）詐欺（dolus） 以詐術使他人發生錯誤，或利用他人之錯誤而慫恿其爲法律行爲者，是爲詐欺；在被詐欺人方面爲錯誤，而於使用詐術者方面則爲惡意之欺騙行爲，故詐欺之性質較錯誤爲嚴重，而被詐欺之當事人備受大官法之保護也。保護之方法有三：（一）被詐欺人得請求「回復原狀」（二）得提起「詐欺之訴」（三）得提起「詐欺之抗辯」。

（3）脅迫（metus） 以嚴重而迫切之禍患，恫嚇他人，使其爲法律行爲者，謂之脅迫；脅迫云者，非對於被脅迫人之身體加以暴行已也，蓋對他人身體加以暴行時，必使該他人有所畏懼而後可望其就範耳；例如：甲強執乙手以生命上身體上名譽上或財產上之危險恐嚇之，使其作成借貸契約或出賣契約，而乙所以勉強作成是項契約者非以甲之暴行爲唯一之原因；其最重要之原因，則爲恐懼遭甲毆辱或蒙受其他禍患也。且也，使用脅迫者未必對他人身體加以暴行，例如純粹以嚴重而迫切之禍患，恫嚇他人，使其爲某種法律行爲是也。故學者多稱脅迫與詐欺及錯誤三者，同爲當事人意思之瑕疵也。

當事人之意思，不得有上述三種瑕疵，固爲現代各國法例採用之共同原則；至於某項意思之表示方法，分明示默示兩種，亦爲羅馬法與現代法例所盡同者。當事人直接而積極表示其意思者，謂之明示；例如以語言文字或其他表現方法表示其意思是也。就當事人之行爲可以間接推定其所欲爲之其他法律行爲者，則謂之默示；例如某甲於租賃契約終了後，繼續居住而表示繼續租賃之意思等是也。但關於意思之表示，羅馬法並無深切之理論，即意思表示一語，亦無特別之名詞也。現代學者，或謂意思表示，即法律行爲；或謂意思表示，非即法律行爲，而法律行爲，僅爲意思表示之結果而已；執此兩說，似以後者較爲確當，蓋在雙方行爲中，雖雙方當事人均爲意思表示，苟其意思未曾合致，仍不得視爲已經成立某種法律行爲也。依羅馬古法之規定，在少數法律行爲中，必於表示意思時，實行其所表示之意思，始發生效力，例如欲因「先占」或「引渡」而取得所有權者，必須實際上有先占或引渡之行爲等是；但在要式行爲中，當事人履行一定方式而表示其意思時，即不以有實際上之行爲爲必要。依萬民法之精神，一切法律行爲重意思而不重方式，故表示意思以能使人領會爲已足，固不必履行一定方式或爲一定行爲也。

第二款　關於標的之要件

（一）須標的之內容已經確定或嗣後得以確定　如標的之內容，毫無標準，則義務人將敷衍從事，規避其履行義務之責任；例如允許佽助，或出賣木板一塊，則義務人究應如何佽助？出賣人須給付何種木板？大有出入之餘地，故是項法律行爲，不能成立也。但標的非必個別指定，如出賣奴隸，則義務人應給付中等價值之奴隸，該法律行爲，仍可發生效力也。再可以事後確定標的物之標準，如經載明，則其標的亦視爲已經相當之確定，如允許供給某甲之膳食等是；蓋膳食之質量，可依雙方當事人在社會上之地位，以確定之也。

（二）須標的有可能性　宇宙間，本無絕對不可能之事物；是否可能，悉依當事人之環境與法律之規定，以決定之耳。標的之可能性，可分兩方面言之：即（一）事實上之不可能，與（二）法律上之不可能是也。標的之給付，反乎自然之法則時，謂之事實上之不可能，如以已經滅失之物爲買賣之標的，標的物之給付，爲法律所絕對禁止者，則爲法律上之不可能，如出賣不融通物等是。

（三）須標的合法　凡爲道德或法律所禁止者，則爲不合法，如偷竊等是；在法律上爲不可能之行爲，亦卽不法行爲也。

（四）須標的對於當事人供相對之利益　所謂應享利益之當事人者，依各個法律行爲之性質，以決定之，如買賣之法律行爲中，買受人應有享受標的物之利益等是。然則利益云者，金錢上之利益，抑精神上之利益耶？曰，依羅馬法之精神，似以精神上之利益爲已足也。

第三款　關於形式之要件

此爲羅馬法特質之一；在羅馬古代，法律行爲之效力，悉根據當事人之表面形式，如言辭容態之表示等是，而其本來之意思，則解釋法律行爲之次要根據也。但至法律進步時期，已轉注重當事人之意思，而所謂形式主義，已不復完全採用，卽一般法律行爲，已無須一定之形式，爲成立之條件矣。

第四節　法律行爲之原素

第一款　要素（Essentilia）

要素云者，法律行爲舍此不能成立之必然原素也。是項要素，可分三種：（一）爲一般法律行爲所共同者，如當事人之意思是；（二）爲某種法律行爲所共同者，如雙方行爲中需要雙方當事人之意思合致是，（三）爲個別法律行爲所專有者，如買賣須以貨幣給付價金等是；綜上三種要素，均爲相對之法律行爲，所不可缺少之原素也。但一法律行爲缺乏要素時，苟具有其他法律行爲之要素，則法律推定該他法律行爲爲當事人之目的，而不承認其原來主張之法律行爲之效力也；例如：甲欲贈與友乙田百畝，但因避免登記手續，或有其他原因，以買賣之形式，行其贈與之實者，則法律視甲乙間之行爲，爲贈與行爲，而不承認其買賣之效力也。蓋此行爲中，並無實在之價金，具備贈與之原素，而缺乏買賣之要素耳。

第二款 常素（Naturalia）

常素云者，依法律之規定，視爲某種法律行爲之當然原素，而爲當事人所得明白除去者也；例如：出賣人對於標的物之瑕疵擔保責任，雖未明白約定，依法則視爲買賣之當然原素，但出賣人得向買受人約定除去其瑕疵擔保之責任也。

第三款 偶素（Accidentalia 條件、期限、負擔）

偶素云者，由當事人特別約定，附加於法律行爲之偶然原素也。其重要而慣用者有三：即（一）條件、（二）期限、（三）負擔是也。

（1）條件（conditio 或 dies incertus）

條件云者，不確定之未來事實，而法律行爲之成立或解除所由決定者也。故條件共有兩種：決定法律行爲之成立與否者，曰停止條件，以條件未成立前，法律行爲停止其效力故也，例如買賣行爲中出賣人約定，如尋獲遺失之書籍，則給付現有之書籍等是；反之，決定法律行爲之解除與否者曰解除條件，例如出賣人約定，如我家中之書籍被竊，即解除買賣之契約等是。總之，條件云者，與期限迥異，其趣得爲條件之事實者，須具備下列三種要素：(一)須於法律行爲中特別約定；(二)須爲約定時尚未到來之事實，如爲已成過去之事實，雖爲當事人所未察覺，亦不得謂爲條件；(三)不確定性(incertus)，須在未來之事實究竟到來與否，而非到來之時日之不確定也，例如：某甲約定，如某乙死亡，贈與房屋十間，則是項約定，不得視爲條件，蓋死亡爲必然之事實，其不確定性，在時日之早遲，而非死亡與否之疑問耳。

(2)期限(dies certus)

期限云者，確定之未來事實，而法律行爲之效力所從開始或終止者也。期限亦有兩種：法律行爲之效力所從開始者，謂之始期(dies a quo)，如約定某日贈與某物等是；法律行爲之效力所從終止者，曰終期(dies ad quem)，如約定租賃以十年爲期等是。期限雖爲必然到來之事實，但因指定之事實之性質，亦有(一)確定期限與(二)不確定期限之區別焉：如約定某年某月某日或若干時日以後，贈與某物，乃確定期限也；然若約定某甲死亡時，贈與某物，則爲不確定期限矣。

(3)負擔(modus)

負擔云者，在法律行爲之普通效力以外，當事人之一方，對於他方特別約定之附帶義務也。是項負擔，每見諸無償行爲；如受贈人對贈與人約定，以贈與物之一部充慈善事業之用等是。負擔與條件有別，蓋附有負擔之法律行爲，其效力之開始或終止，不受是項負擔之影響也；質言之，縱義務人不履行負擔，其法律行爲，依然發生效力也。但至法律進步時期，受贈人如不履行負擔，則贈與人及其繼承人，除得請求履行外，並得對之起訴，請求返還贈與物焉；然此究與解除條件異其性質，蓋法律行爲附有解除條件者，條件成就時，卽當然失效，而不若附有負擔之法律行爲，須提起返還之訴，始失其效力也。

第五節 代理

關於代理制度，羅馬法無深切之理論，故對現代法例，並無重要之貢獻，以羅馬古代，並不採用代理制度故也。羅馬古代無代理制度，其原因有二：其一、一般法律行爲均須履行一定方式，如「曼兮怕蓄」等是，而履行時，必須當事人親自到場，故無代理之可能也；其二、「家子」之人格，羅馬法視爲全爲「家父」所吸收，奴隸則視爲「家主」之所有物，家子與奴隸所取得之財產，不論其有無爲家父或家主而取得之意思，家父卽當然取得之，是實際上已可收代理之便利，故法律無明定代理制度之必要也。家父或家主就家子或奴隸之行爲，雖有時應負責任，究非純粹之代理關係，以行爲人並無代理之意思也；況家父或家主之應負責任，並非基於代理之關係，而僅因其對之有特種權限並有監督之義務耳。

嗣後，占有可由家子或奴隸以外之自由人代理而取得之，此爲羅馬法不承認代理制度之唯一例外；迨商業發達時代，商業方面之行爲，漸有代理之必要，法律遂頒行類似代理之規則，以補救過去之缺陷矣。依此等規則，船船所有人（exercitor），以其奴隸家子或其他自由人爲船長（magister navis）時，其承運之貨物，如因有過失而發生毀損滅失等情事，託運人得直接對船舶所有人提起「航駛之訴（actio navigatoria）」；商人委任經理（institor）代營商業時，就其經理所爲之商業上行爲，亦應負完全責任，凡因與其經理貿易而取得權利者，均得直接對本人起訴；且此等規定，嗣後除商業方面外，於民事關係中亦適用之，均得對本人起訴，請求履行，將與現代法例關於代理之規定相彷彿。但在上述之實例中，託運人及與經理貿易之人，除得對船舶所有人或委任經理之商人起訴外，並得對船主或經理起訴；質言之，直接對船主等本人起訴，抑對其代理人起訴，有自由選擇之權能；故雖類似代理，究與現代法例關於代理之原則有別也。

代理有直接代理與間接代理之分：代理人以本人名義爲法律行爲，並直接對本人發生效力者，謂之直接代理；其以自己名義爲法律行爲，並直接對其自己發生效力者，則謂之間接代理。但羅馬法，除關於法定代理外，從未明定直接代理之原則也。

第六節　法律行爲之無效與撤銷

（I）無效之法律行爲

無效之法律行爲，卽法律上視爲從未存在之行爲也；其效果有三：（1）不發生法律上之任何效力；（2）任何利害關係人，得向法官爲無效之聲明，法官亦得自動爲無效之確定也；（3）當事人於無效之原因消滅後，不得追認其效力也，且法律行爲有自始無效者，如爲遺贈時受遺人已經死亡，是有嗣後無效者，如遺贈適法成立後，受遺人先於遺囑人而死亡是也。

然則在何種情形之下，法律行爲，視爲無效耶？曰概括言之，計有兩種，分別言之如次：

（一）缺少要素之法律行爲　要素爲法律行爲成立之必然原素，故缺少要素，則法律行爲，即不能發生法律上之效力。但視爲無效之行爲，有另一行爲之要素時，得以另一行爲之名義而存在焉，即得發生另一行爲之效力是也。

（二）因違反「禁止法」依法應歸無效之法律行爲　法律禁止某種行爲，並規定其違反之行爲，應受無效之制裁者，則違反是項「禁止法(lege prohibente)」所爲之法律行爲，即當然無效。反之，如法律強制爲某種行爲，雖當事人爲相反之行爲，則祇受其他制裁而已，而其行爲依然有效，以其違反之法律爲強制法而非禁止法故也。此點與我國法例有別，蓋我國民法第七十一條謂：『法律行爲，違反強制或禁止之規定者無效，但其規定並不以之爲無效者，不在此限』。是違反強制法或禁止法者，其法律行爲，受同樣之制裁矣。

（II）可以撤銷之法律行爲

可以撤銷之法律行爲者，即有瑕疵之法律行爲，得因利害關係人請求撤銷而失其效力者也。是項法律行爲之效果有三，然皆與無效法律行爲之效果相對立者也：（一）可以撤銷之法律行爲，在撤銷以前，視爲有效，例如租賃契約成立三月後，承租人方始撤銷，則撤銷前三個月之租金，仍應給付也；（二）須由當事人或蒙不利益之第三人，請求法官爲撤銷之裁判；（三）可以撤銷之法律行爲，當事人得追認之，被追認之法律行爲，則視爲自始有效，但追認，須於可以撤銷之原因消滅後爲之，例如因詐欺而成立買賣契約，必被詐欺者已察覺被對方詐欺之事實後，自願追認，始發生追認之效力，否則追認後仍得撤銷之也。至追認之方式，有（1）默認與（2）明白追認兩種；默認云者，即有撤銷請求權者所爲之行爲，可視爲追認之表示是也，如買受人明知被對方詐欺而依然給付價金等是。

法律行爲之撤銷，每發生不幸之結果，以其往往影響第三者之利益也。羅馬法爲免致發生是項不幸之結果起見，制定三項原則如次：

（一）同一法律行爲，包括多種可以單獨成立之不同成分者，則一部之撤銷，不影響其他部分之效力。(Utile per inutile non viciatur)。例如同一法律行爲中買賣土地百畝馬十四，並分別約定價金；苟出賣人於土地部分使用詐欺，買受人自得撤銷關於土地之買賣契約，然關於馬匹之買賣契約，既無任何瑕疵，且有個別之價金，可以單獨存在，則不因土地買賣之撤銷，而失其效力也。

（二）凡一法律行爲可作數種不同之解釋者，應解作可以發生效力之行爲。(Actus interpretandus potius ut valeat quam ut pereat)。例如：當事人之一方之情形，可以解作詐欺之行動，亦可解作誠實之行動時，則應作非詐欺之行動解，使其法律行爲，不合撤銷之條件也。

（三）當事人意圖隱匿某種法律行爲，佯爲其他法律行爲者，應依實際上所爲之行爲，發生效力，而不承認其虛僞行爲之效力。(Plus valet quod agitur, quam quod simulate concipitur.)。例如：甲欲對乙贈田百畝，但因避免登記或有其他原因，以買賣之形式，行其贈與之實者，則甲乙間之法律行爲，視爲贈與行爲，而不承認其虛僞買賣之效力，蓋實際上甲乙所爲之行爲，厥爲贈與，而買賣則爲虛僞之圈套而已；然欲是項法律行爲，發生贈與之效力，仍須具備贈與行爲之條件也。

本章參考書記要

M.-J. Cornil, Droit romain p. 27, 28, 30, 32-36, 231-233, 244-250, 281-288; J. Declareuil, Rome et l'organisation du droit p. 266, 268, 404; T. C. Sandars, The Institutes of Justinian p. 18, 90, 123, 321, 322, 441, 451, 478; J. Cornil, Possession dans le droit romain p. 11, 52, 54, 60, 61, 156, 158, 185, 188, 227, 231, 422; 黄右昌，羅馬法與現代 p. 371-388, 395-398, 400, 401; P. F. Girard, Manuel élémentaire de droit romain p. 451-486; P. Collinet et A. Giffard, Précis de droit romain p. 98-114 (Tome II); Gaston May, Eléments de droit romain p. 286-305; F. Marckelden, Manuel de droit romain p. 97-110; Charles Maynz, Eléments de droit romain p. 256-284 (Tome I); Charles Demangeat, Cours élémentaire de droit romain p. 444-453 (Tome II); Paul Collinet, Etudes historiques sus le droit de Justinien p. 51 (Tome I); Ruben de Couder, Résumé de répétitions écrites de droit romain p. 357–361; Edouard Cuq, Les institutions juridiques des Romains p. 332–391; René Foignet, Manuel élémentaire de droit romain p. 144–181; W. W. Buckland, The main institutions of roman private law p. 161–174, 298–306; W. W. Buckland, The roman law of slavery p. 159–186; R. W. Leage, Roman private law p. 263–309; R. W. Lee, Introduction to Roman-Dutch law p. 204–207: Saleilles, Etudes sur la théorie générale de l'obligation p. 43–48, 71, 72; Accarias, Theorie des contrats innomés p. 35–39, 44, 48; Eugène Henriot, Mœurs juridiques et judiciaires de l'ancienne Rome p. 439–481 (Tome I); J. Declareuil, Rome the law-giver p. 209–236; Rudolph Sohm, Institutes of Roman law p. 204–224.

第四章　期日及期間

第一節　期日及期間之意義

（I）期日（Dies）

期日云者，卽通常所指之年月日時也，如附有期限之法律行爲中，當事人約定其契約自某年某月某日發生效力，或法官諭知當事人於某年某月某日到庭候審等是。期日或期限，有確定與不確定之區別：所指事實之到來，在確定之年月日時者，謂之確定期日，通常以日曆爲標準，然除日曆所指之年月日時外，亦有依日曆所指之季節爲標準者，如某年兒童節勞工節中秋節，或某節前若干日，或某節後若干日等是；所指事實之到來，不在確定之年月日時者，則謂之不確定期日，如某甲約定，其所爲法律行爲俟病愈時發生效力等是。

（II）期間（Tempus）

期間云者，指時間之過程而言；例如：某契約成立於民國二十二年十一月一日，終止於翌年三月一日，則二十二年十一月一日及二十三年三月一日，均爲期日，而此契約所經歷之四個月份，則其有效期間也。期間之效果，常足以發生變更或消滅權利義務之關係，例如：（一）行使某項權利，須達一定之年齡；（二）某種行爲，如訴訟行為等，經過法定之期間，即失其效力；（三）因取得時效或消滅時效之完成，而取得或喪失某種權利是也。上述各種期間之效果，如在法理學以外之立場以評論之，或將謂其不甚合理，何以一人之權利，應受期間之影響耶？曰：法律所以規範具體之社會關係，類是之原則，雖為抽象之論理所不容，然實為法理學之實施所必需者也。以言上述之第一項效果，其存在之理由，厥為實際上之需要，蓋某項權利之行使，或以相當能力為標準，或以需要為標準；如被選舉權等，達法定年齡後，始得行使者，殆法律推定其達到某種年齡，始有此能力耳，如受國家贍養等權利，達法定年齡，始得行使者，殆法律推定其達到某種年齡，始有此需要耳。以言第二項第三項效果，其存在之目的，在督促權利人注意其權利之行使，而避免社會上訴訟之紛爭；蓋主張權利者必負舉證之責，然則逾時既久，證據湮滅，法官將無從判斷其是非耳。且權利人既怠於行使權利，則經過相當之期間，以還法律推定其並無權利，或推定其權利已經行使，未嘗不合邏輯，此法律所以有時效之規定也。近代學者，或謂時效之規定，除以避免糾紛為存在之理由外，更有經濟方面社會利益之意義，蓋謂取得時效及消滅時效之結果，足以勗勵人民行使其權利，而增加社會生產耳；但是項理論，在羅馬法時代，立法者或法學家，似猶未嘗發覺之也。

第二節　期日及期間之計算

羅馬法關於期日及期間之計算，祇有三種單位，即年、月、日三者。以年計算者，每年為三百六十五日；以月計算者，每月三十日，月大或月小，在所不問；以日計算者，則每日為二十四小時，但遇閏月之年份中，二月二十四日，一日包括四十八小時，亦以一日論。此外日以下之時數分數，曰「自然計算法(computatio naturalis)」而於法令審判或法律行爲所定之期日及期間，不適用之也。

計算期間，其始日亦算入，卽使第一日未滿二十四小時，亦以一日論，此與我國民法第一百二十條第二項之規定相反，而與德國民法第一百八十七條第二項一致者也。羅馬法所謂一日之時間，始於午夜，卽夜十二點鐘以後，而終於次日之第二十四小時，卽次夜十二點鐘；例如使用借貸契約，成立於十一月一日午後六時，以三天爲借貸之期間，則至十一月二日夜十二時後，(卽三日第一分鐘開始時)其借貸期間，卽視爲已經屆滿矣。至於最後之一日，有算入期間以內者，有不算入者，悉以期間之效果爲算入與否之標準。質言之：(一)期間之完成，有發生權利關係之效果者，則末日開始時，卽認爲期間已經完成，如關於取得時效滿足適婚年齡成年年齡債權人之請求權等，均依此方法，以認定其權利之成立，具體言之，在前例中，貸與人自十一月三日午前，卽可請求借用人，返還其借用物矣；(二)反之，如期間之完成，有消滅權利關係之效果者，則末日須完全算入，卽俟最後之一日完全過去，始認爲期間完成，例如依消滅時效之規定，請求權因十五年不行使而消滅，則必俟此十五年期間之最後一日完全過去，而後認爲時效完成也。

在優帝以前，期間之計算，更有「繼續期間(Tempus continuum)」與「有用期間(Tempus utile)」之別：期間內之日數，完全計算，謂之繼續期間，如一年之期間內，各日數全部算入，時效繼續前進，是也；反之，祇限於當事人可以行使權利之日數，算入期間內者，則謂之有用期間，例如有用期間爲一年，而一年之過程內，當事人僅有三百日可以行使權利者，則必俟在此一年後再經過可以行使權利之六十五日，然後視爲完成一年之有用期間也。有用期間，最長不得在一年以上，殆所以避免事件之延宕耳；繼續期間爲通常之計算方法，而有用期間之適用，則以法律有特別規定者爲限。至優帝時代，一年之有用期間，均代以四年之繼續期間，有用期間遂因以廢止之矣。

本章參考書記要

J. Cornil, Possession dans le droit romain p. 422; M.-J. Cornil, Droit romain p. 33,35; **黄右昌，羅馬法與現代** p 338–391, 394; P. Collinet et A. Giffard, Précis de droit romain p. 115, 116 (Tome II); **Saleilles**, Etudes sur la théorie générale de l'obligation p. 68, 69, 82–84; F.-L. de **Keller**, De la procédure civile et des actions chez les Romains p. 97, 393; Rudolph Sohm, Institutes of Roman law p. 98, 284, 400, 419, 423, 527.

第五章 消滅時效

羅馬古代，一般債權有永久性；質言之，除信用擔保等保證之債權，自到期之日起因二年間不行使而消滅外，其他市民法上之債權，無論經過若干時日，均得行使之但債之請求權由裁判官或「市場場長(aedilis)」特別規定者，不在此限。由市場場長規定者，其消滅時效之期間，最長為一年，例如：於市場中為買賣行為者，基此法律行為所發生之請求權，最多因一年間不行使而消滅也；由裁判官規定之請求權，有永久性者有之，但其多數則因一年間不行使而歸消滅。此消滅時效之一年期間，均為「有用期間」，即請求權之消滅，須債權人得以行使權利，並無任何障礙，而經過一年之期間，未行使其權利是也。

嗣後，東羅馬帝國法律，擴大時效消滅之範圍，即市民法上或裁判官法上之請求權，依舊法不因三十年以下之時效期間而消滅者，均因三十年間不行使而消滅也。然此僅東羅馬法律關於時效期間之原則而已，其因較長之時效期間而消滅者，亦有之，例如：寺院及慈善團體之請求權，因四十年間不行使而消滅；依優帝時代之規定，因禁止之賭博而為給付者，其返還請求權因五十年間不行使而消滅；國庫徵稅之債權，則自始至終均不因不行使而歸消滅也。至依舊法因三十年以下之時效期間而消滅者，謂之暫時請求權，其時效消滅之期間，則概仍其舊也。

期間之完成，有消滅請求權之效力，其理由已於前章論及之矣。現代法例所定消滅時效之期間，類皆較短於羅馬法，且有逐漸縮短之趨勢，例如我國民法第一百二十五條謂：「請求權因十五年間不行使而消滅，但法律所定期間較短者，依其規定；」然則依我國民法之規定，消滅時效之最長期間為十五年，以視羅馬法所定之期間，猶未及其半數也。

本章參考書記要

M.-J. Cornil, Droit romain p. 385; T. C. Sandars, The Institutes of Justinian p. liii, lxx, 134, 138, 146; 黃右昌，羅馬法與現代 p. 492–495; P. Collinet et A. Giffard, Précis de droit romain p. 138, 139, 250, 251 (Tome II); Gaston May, Elements de droit romain p. 222, 241, 253, 269, 270, 272, 626, 638, 640, 643, 658; R. W. Leage, Roman private law p. 321, 387, 388; R. W. Lee, Introduction to Roman-Dutch law p. 141, 145, 166, 197, 262, 307; J. Ortolan, Explication historique des Institutions de l'empereur Justinien p. 372, 373; F.-L. de Heller, De la procédure civile et des actions chez les Romains p. 179-181, 189, 190, 285, 453; J. Declareuil, Rome the law-giver p. 280, 281; Rudolph Sohm, Institutes of Roman law p. 283, 298, 319, 321.

第二編 債權

第一章 通則

第一節 債權之意義

債權、債務、債之關係，夫此三種不同之名詞，拉丁文均作「obligatio」，而債權一語，羅馬法上無單獨之文字也。依優帝法典之定義，債權云者，當事人之一方依法得請求他方為一定給付之法律關係也(obligatio est juris vinculum quo necessitate adstringimur alicius solvendae rei, secudum nostrae civitatis jura)。分析言之，則債權有下列三種原素焉：

(一)二人以上之當事人　得請求給付者，曰「債權人(creditor 或 reus credendi)」；負擔債權上之義務者，則謂之「債務人(debitor 或 reus debendi)」。債權人與債務人，至少須各有一人，蓋債權乃當事人之一方請求他方為一定給付之法律關係也。但債權與親屬權有別，此二者雖同為人與人間之權利，而親屬權之本質，則為支配權，而非請求權也；例如親權之行使，以子女之本人為支配之對象，非若債權之行使，以給付為請求之對象，而僅以債務人爲行使權利之工具也。

（二）債權之標的　債權之標的，即債務人向債權人應爲之給付是已；債權當事人之一方，既得請求他方爲一定之給付，則無標的即無所謂債權也明矣。但債權與物權有別：（一）物權以物爲直接之對象，債權則以物爲請求之對象，而債權人不得直接支配之；（二）物權有追及性，而債權無之，此所以稱物權爲「對物權（jus in re）」，而稱債權爲「對人權（jus in personem）」也。

（三）債之保護　債權人之請求，既以法律之規定爲根據，合法成立之債權，自應受法律之保護，如債權人之起訴權與強制執行等，均屬之；此亦「法定債權」與「自然債權」之所由區別也。

第二節　債之發生

債之意義，既如上述，則債之關係成立後，當事人間即發生權利與義務之關係；然權利與義務，乃相對之問題，享受權利或負擔義務，均應有相當原因；質言之，發生權義關係之債之關係，亦必在某種相當情形之下，具備某種法定原因，然後得視爲成立而發生法律上之效力也。自羅馬法以還，關於債權之法例，必明定債之原因而另成章節，我國民法債編開章明義第一節所載「債之發生」，亦即規定債之關係所由成立之原因者。依羅馬法之編制，債之發生原因，大別爲（一）契約，（二）「私犯」，（三）「其他複類原因（variae causerum figurae）」三項；所謂複類原因者，指債之原因，不屬於契約或私犯者而言，如監護、保佐、共有、海損、無因管理、不當得利、奴隸加損害於他人等項，均屬之。後之註釋學派，將此三種原因，分列而爲四種：一曰契約，二曰私犯，三曰「準契約」，四曰「準私犯」。凡債之原因與契約發生類似之效果者，名之曰準契約，其與私犯發生類似之效果者，則名之曰準私犯。現代法例，關於準契約，除無因管理及不當得利兩者，仍於債編中明定爲債之原因外，餘皆不明定之；至所謂私犯，實爲現代刑法上之犯罪行爲，而準私犯則類皆違警行爲或事實也。其於公法上所發生之結果，不在民法範圍之內，故民法不規定之，惟因所謂私犯及準私犯而發生私法上之責任，現代法例，則皆明定爲債之原因之一種，我國民法所稱之侵權行爲，固包括羅馬法上之私犯及準私犯兩種者也。

第一款　契約

第一目　總論

第一項　契約之意義

契約云者，二以上之當事人之意思合致，而以設定、變更、保護、或消滅某種法律關係爲目的者也。契約爲發生債之關係之最普通最主要之原因；在契約自由主義盛行之今日，契約之成立，以當事人是否合意爲最要標準，除關於婚姻或不動產物權等特別重要事項外，固不論其出諸何種形式也。

第二項　各種契約方式上之演進

羅馬古法，偏重形式，契約發生法律上之效力，必須經過一定之方式。是項方式，代有變遷，羅馬法關於契約成立之方式，演進至優帝時代，始有合理之規定，足爲現代契約之模型；茲分三種時期，略述契約方式之演進情形如次：

（一）羅馬古代

依古代法律，除移轉所有權須用「曼兮怕蓄」之方式外，其他契約之成立，必須經過「奈可少姆（nexum）」之方式。是項方式最初用於金錢借貸，舉行時，除當事人外，必須證人五人及持衡器之「計量人（libripens）」一人到場。計量人用衡器權衡所貸之金屬塊後，交付借用人；貸與人則宣應讀固定之術語，其言曰：『借用人應負返還借用物或其代價之義務；借用人不如期履行債務時，貸與人得收爲奴隸，使役之，出賣之，殺戮之。』「nexum」一字可作「拘束、」「關係」「處分」等解釋，與「mancipatio」爲相對之名詞；後者用於要式移轉物所有權之移轉，前者最初祇用於金錢借貸之契約，嗣後於其他債之關係成立時，亦援用之。奈可少姆之方式，以衡器及金塊爲要素，故亦名「金屬塊與衡器之方式（per aes et librum）」。迨至後世，貨幣制度興，既不以金屬塊爲交易之工具，本無援用是項方式持衡計量之必要，然債之關係，依此方式成立者，始受法律之保護，故實際上仍援用之。至西曆紀元前第四世紀，「對人強制執行」之制廢，債權人對其債務人已無收爲奴隸之權，是項方式亦因以無形廢止之矣。

羅馬古代，另有一種「口頭契約（contractus verbis）」，其最重要者，曰「要式口約（stipulatio）」；舉行時，須雙方當事人到場，爲一定之術語，並互相對應。是項契約，溯源於十二表法以前；訂立時，債務人須於神前，爲將來履行債務之宣誓，其不履行時之制裁，則唯有恐受神靈處罰之心理上之制裁而已，債權人並不受法律之保護也。但自十二表法以還，是項契約，遂發生法律上之效力；債務人不履行時，債權人亦得提起「基於要式口約之訴（actio ex stipulatu）」矣。迨共和時代，更有一種「文書契約」，亦發生法律上之效力，但文書契約，限於以給付金錢爲標的之債務適用之；其成立之方式，至爲簡單，僅「家父」於其家用簿上記載某種債務之標的期日而已。與文書契約同時發生者，有所謂「簡約（pactum）」之一種，我國學者或譯作「無形約束」，以其不須經過一定之形式，並不能使債權人有訴追履行之權能也。所謂簡約者，共有多種，雖不足爲債權人行使訴追權之根據，然債務人不履行債務，而請求債權人爲對待之給付或請求其「回復原狀」時，債權人得提起「基於簡約信用之抗辯（exceptio pacti fiduciae）」以對抗之也。簡約之制度，由「曼兮怕蓄」之方式蛻化而成，殆簡約之本質，亦卽舉行曼兮怕蓄之附帶約言耳。至於以授受物件爲目的之契約，而不經過上述數種方式之一者，不得爲發生債務之原因，惟一方面已依此種契約履行，另一方面無法定原因之債務當事人，不得爲回復原狀之主張，殊非法理之平；故嗣後改定，凡債之關係，以授受物件爲目的者，亦發生法律上之效力；以其以授受物件爲要素也，故名「要物契約（contractus re）」。要物契約，產生於曼兮怕蓄廢止之後，蓋在羅馬古代，凡消費借貸（mutuum）、寄託（depositum）等契約，以物件授受爲目的者，必須依曼兮怕蓄之方式，則曼兮怕蓄之方式廢止後，苟不代以要物契約，則寄託等契約，將無成立之相當方式耳。況當日法律思想，比較進步，已不若以前之拘於方式，故僅物件之授受，亦得視爲債之發生之原因也。

（二）羅馬建國後第七世紀至優帝時代

羅馬建國第七世紀初葉，關於契約之理論，已大有進步，凡債之關係，僅因當事人之合意而成立者，亦發生法律上之效力；質言之，債權人得根據是項債之關係，對債務人起訴請求其履行也。在此時期，最通用之契約，則為買賣、租賃、合夥、借貸、寄託、質權之設定等數種；概括言之，共有「口頭契約」、「文書契約」、「要物契約」、「合意契約」四大類別。但東羅馬時代學者謂：產生永佃權之契約，既非買賣契約，又非租賃契約，故合口頭契約等而成五大類別。自此時期以至優帝，羅馬法復形成數種前所未有之契約，抑亦契約之理論上又有一進步也。

（三）優帝時代

除分契約為口頭契約等四大類別外，優帝對於類似要物契約，而不能使當事人有個別獨立之訴權者，名之曰「無名契約」；然僅要物契約之相對名詞而已。所謂「有名契約」，則指口頭契約、文書契約、要物契約及合意契約四種而言。至所謂「簡約」者，最初不能使債權人有起訴之權，其法律上之效力，與一般契約有別，但嗣後已漸有與一般契約發生同一之效力者矣。至優帝時，亦與前盡同，並未有何變更也。

第三項　各種契約及「簡約」之內容

（甲）「有名契約」

（子）「口頭契約」(contractus verbis)

（Ⅰ）口頭契約之種類

口頭契約云者，當事人正式宣稱一定之語言，以產生法定債權為目的之謂。口頭契約，復分三種：一為「嫁資之設定(dotis dictio)」，二爲「奴隸被解放時之宣誓(jus jurandum liberti)」，前者於設定嫁資時適用之，祇允許設定者一方爲設定之宣稱，他方當事人則無與問答之必要；後者於解放奴隸時適用之，亦祇被解放之奴隸對主人宣誓將來負擔某種義務而已，主人可默無一言也。第三種口頭契約，厥爲「要式口約(stipulatio)」。其適用範圍較廣，例如金錢借貸契約，違約金契約，保證契約中，均適用之。要式口約，爲口頭契約中之最重要者，但其得爲發生債務之原因，須具備下列數種要件：

(II)要式口約之條件

(一)須當事人雙方到場　要式口約之本質，爲當事人雙方之要式問答；其一方不到場，則無舉行之可能，自感不便。嗣後遂用補救辦法，將當事人所應爲之問答另用證書記明，即視當事人爲已經到場；但至優帝時，凡當事人能證明證書作成之日並未到場者，雖有證書，其契約亦歸無效。

(二)須用一定語言　依市民法之規定，要式口約，限於羅馬市民得適用之，故其所用語言，亦以拉丁文爲限。後因拉丁人及外國人僑居羅馬者日衆，爲適應需要計，遂許外僑爲要式口約之當事人，並許其用外國語言而爲問答；且當事人之一方用甲種語言發問時，他方亦得用乙種語言答覆之也。

(三)雙方問答須依一定次序並須相連合致　須債權人開始發問後，再由債務人立即答覆，後者所爲之答詞，更須與問詞脗合一致；苟問答不依此次序，或遲遲答覆，或所答非所問時，則要式口約即不具備法定條件，而債之關係，亦不得視爲成立也。

（III）要式口約之效果及其弊端

要式口約爲單務契約之一種，祇當事人之一方負擔義務，發問之當事人，從不負任何債務，此其效果一；要式口約成立後，發問之當事人對於答覆之當事人，得提起「基於要式口約之訴（actio ex stipulatu）」，此其效果二。要式口約有此種利於債權人之效果，故債權人咸爭用之。但要式口約亦有其弊端焉：其一，須雙方到場，則當事人均感不便；其二，此爲「嚴格之契約，」債務之內容，均以問答之內容爲標準，而不論其是否公平，或有無正當之原因；其三，要式口約須具備嚴格之條件，當事人稍一不愼，卽有歸於無效之虞。要式口約有此三種弊端，故至優帝時代，實際上當事人不常採用之矣。

（丑）「文書契約（contractus litteris）」

文書契約云者，以某種書據爲法定原因之契約也。依共和時代之習慣，執掌家政之「家父」，必備一種帳簿，所有關於家庭經濟之各項收入支出，均於此簿上逐一記載，故名「收支簿（codex accepti et expensi）」；至西曆紀元前第三世紀，銀行營業，自希臘輸入羅馬，商業逐漸發達，是項收支簿，商業方面亦多採用之者。收支簿之記載，雙方當事人均須爲之，卽債權人爲支出之記載，債務人爲收入之記載；最初之文書契約，亦卽由雙方之記載而形成者，但證明債權之存在，以債權人一方提出其收支簿爲已足，其所記載之額數，並不必與他方一致也。至其適用之範圍，則以金錢債務爲限，其他債之關係，不適用之。至西曆紀元後第一世紀，家長已無使用收支簿之習慣，故是項文書契約，亦無形廢止。至優帝時，亦承認文書契約，但非指收支簿上之記載而言；當時學者所認爲文書契約者，則僅指承認債務之書據而已。按依羅馬人習慣，某甲欲向乙借貸時，先書一欠據，寄交與乙，殆與債權人最後催告債務人履行時先寄受領證書與債務人之習慣略同。是項欠據，最初即視爲文書契約之一種；然乙之爲人，如不誠實，未如甲之請求實行貸與時，竟持甲之欠據，爲主張債權之根據，殊非法理之平，故嗣後改定，凡不具備契約之方式者，不生效力。至優帝時，則規定欠據，必於寄出後經過二年之期間，始發生法律上之效力，如乙於此二年內主張債權，甲得提起「尚未受領金錢之抗辯(exceptio non numeratae pecuniae)」也。後之學者，對優帝時學者之將欠據視爲文書契約，加以公正之批評，謂其將債之法定原因與債之證明方法，混爲一談，鑄成大錯也。

（寅）「要物契約(contractus re)」

要物契約云者，因授受標的物而成立之契約也，是項契約，既以標的物之授受爲成立之要件，故當事人如不互相授受標的物，縱當事人意思合致，亦不發生債之關係也。要物契約，共分左列四種：

（一）消費借貸(mutuum)，

（二）使用借貸(commodatum)，

（三）寄託(depositum)，

（四）質權(pignus)之設定。

（卯）「合意契約(contractus consensu)」

合意契約云者，不以履行方式或授受物件爲要件，僅因當事人之意思合致而成立者也。契約之成立，無不以當事人之合意爲要件，則是項契約，本無冠以合意二字之必要，即現代各國法典中亦無合意契約之名稱也。但羅馬法上之契約，如口頭契約、文書契約、要物契約三者，均以履行一定之方式或授受標的物爲成立之要件，其因當事人意思合致而成立者，不啻爲羅馬古法上之例外；自共和末造以還，契約之成立，側重當事人之意思，而不注重其所採用之方式，是爲合意契約，殆亦所以對口頭契約等表示差別也歟？合意契約，又分左列四種：

（一）買賣(emptio venditio)，

（二）租賃(locatio conductio)　羅馬法上之租賃，有「物件租賃」與「勞務租賃」之分，前者即今之租賃契約，後者又包括僱傭契約與承攬契約兩種，故羅馬法上之租賃契約，實包括我國民法所稱之租賃僱傭承攬等三種契約，此三種契約，法國民法亦統稱之曰租賃契約也。

（三）合夥(societas)，

（四）委任(mandatum)。

（乙）「無名契約」

羅馬法所謂「要物契約」，祇消費借貸等四種，發生法律上之效力；除此四種外，縱當事人有授受物件之意思，並有履行之事實，亦祇形成「簡約」而已，不得發生要物契約或其他有名契約之效力也。例如甲與乙相約以戰馬一匹換耕牛一頭後，甲已將馬交付與乙，乙不遵約將牛交付與甲，以爲對待之給付時，甲亦不得向乙起訴，請求其履行，自非法理之平。迨帝政時期，裁判官有鑒於此，遂設補救之道；依裁判官法之規定，是項簡約中已經履行之當事人，對於未爲對待給付之當事人，得提起「未爲對待給付之訴（condictio causa data causa non secuta）」請求其返還原物也。然原物毀損滅失或債務人喪失支付能力時，債務人仍無返還原物之可能，是履行在前之當事人，仍未有充分之保障，故嗣後規定一種更完備之原則，以保障其權利也。此原則者何？即『當事人之一方向他方交付物件，使該他方對己負交付物件之義務，以爲相對之代價者，此種行爲發生契約之效力；已受領給付之一方不爲對待給付時，他方得提起「口頭契約之訴（actio prescriptis verbis）」請求其返還原物或履行其約定之給付；』是也。依此原則，簡約已成爲正式契約之一種，即「無名契約」是已。且已經履行之當事人，對於他方之請求標的，得自由選擇；故就此種簡約所取得之權利，將與要物契約之當事人相埒矣。是項原則，或謂至優帝時始經明定，或謂早經賴倍耳（Labeo）發明，並自賴氏起已經確定其效力，似以前說爲當也。但「口頭契約之訴」存在時，「未爲對待給付之訴」並未廢除，質言之，無名契約之當事人，上述兩種訴權，兼而有之；但前者之效力，優於後者，故「未爲對待給付之訴」雖無明文廢止，實際上亦鮮有提起之者。

無名契約之形成，既如上述，極與要物契約相類似，故其標的，概以當事人互相授受物件爲限；但嗣後已不復有此限制，例如當事人之一方交付物件與他方，使其爲某種行爲，或一方爲某種行爲，使他方爲行爲或給付物件以爲對待之給付時，均視爲無名契約，而當事人亦均受上述兩種訴權之保護也。然則註釋家稱無名契約曰「要物無名契約（contractus re innominadi）」，似有名不副實之嫌矣。

適用之範圍擴大後，無名契約可分四種如次：

（一）「授物與授物之交換(do ut des)」 即當事人之一方給與物件與他方，使他方給與物件之契約也；例如甲給戰馬一匹與乙，使乙給耕牛一頭，以爲對待之給付等是。

（二）「授物與行爲之交換(do ut facias)」 即當事人之一方給與物件與他方，使爲某種行爲之契約也；例如甲給耕牛與乙，使乙爲其耕種土地若干畝，以爲對待之給付等是。

（三）「行爲與授物之交換(facio ut des)」 即當事人之一方對他方爲某種行爲，使他方給與物件之契約也；例如甲爲乙繪畫一幅，使乙給古書若干卷，以爲對待之給付等是。

（四）「行爲與行爲之交換(facio ut facias)」 即當事人之一方對他方爲某種行爲，使他方亦爲某種行爲之契約也；例如甲爲乙繪畫一幅，使乙爲其寫字若干，以爲對待之給付等是。

（丙）「簡約(pacta 或譯作無形約束)」

簡約云者，不履行一定方式之契約也；羅馬法不稱之曰「契約(contractus)」，而稱之曰「pacta」。依羅馬古代法律，契約不履行一定方式者，不生法律上之效力，不得爲訴訟之原因，但足以發生自然債務之關係，故或譯作「無形約束」；但嗣後法律思想進步，此種契約亦多發生法律上之效力，與一般契約所不同者，僅在履行方式與否而已，似以譯作「簡約」較切實際也。

依古代法律，簡約不能發生訴權，當事人不受法律之保護，故羅馬人呼之曰「裸體簡約(nuda pacta)」；

其嗣後與一般契約發生同一之效力，而得爲訴訟之原因者，則呼之曰「被衣簡約（pacta vestita）」，殆亦裸體簡約之相對名稱也。得爲訴訟原因之簡約共分三種如次：

（一）「附加簡約（pacta adjecta）」 卽訂立契約時，當事人所爲之附帶特約，而與主要契約不可分離者也。例如買賣契約成立時，買受人約定將標的物租與出賣人使用，或出賣人約定如標的物有何瑕疵卽支付違約金若干，此皆附加簡約也。基於附加簡約享有權利之一方，均得對他方提起訴訟請求履行，至其所得行使之訴權，則皆基於主要契約所有之訴權也；例如買受人請求履行附加簡約時，得提起「買受人之訴」，出賣人則得提起「出賣人之訴」等是。若當事人之特約，於契約成立後始補訂者，不得視爲附加簡約，卽不得據爲訴訟之原因，僅足引爲抗辯之根據而已。

（二）「裁判官法上之簡約（pacta praetoria）」 卽由裁判官承認其效力，並許當事人訴請履行之簡約也。此種簡約有二：一曰「設定抵押權之簡約（pacta hypotheca）」，二曰「承認債務之簡約（pactum constitutae pecuniae）」。當事人之一方對他方約定設定抵押權者，謂之設定抵押權之簡約，債務人對債權人聲明履行存在之債務者，則曰承認債務之簡約；後者之適用範圍，是初以金錢債務爲限，嗣後任何債務，均得援用是項簡約，爲承認之正當方式矣。債務之承認，可分兩種：一曰「本人債務之承認（constitutum debiti proprei）」，二曰「他人債務之承認（constitutum debiti alieni）」。債務經債務人本人承認履行者，固可使自然債務一變而爲法定債務，使債權人得就已經時效消滅之債權，對債務人提起訴訟；卽經第三人爲代位履行之聲明者，亦可發生保證之效力，故此兩種「承認債務之簡約，」於債權人均有重要之利益。至承認履行者，無論其爲自然債務或法定債務，此兩種簡約均適用之也。

（三）「皇帝勅諭有效之簡約（pacta legitima）」　羅馬古代「嫁資之設定（dictio dotis）」爲「口頭契約」之一種，已如上述，其不履行口頭契約之方式者，卽歸無效；但至德爾道細語斯二世帝時代，設定嫁資之簡約亦發生法律上之效力矣。此外，「贈與（donatio inter vivos）」之成立，至帝政時代亦不復若古代之須履行「曼兮怕蓄」、「要式口約」、或「文書契約」等繁複之方式。依安東諾司帝（Antonus）之勅令，直系親屬間所爲之贈與，得僅因當事人之合意並向官廳登記而生效力；至優帝時代，卽登記之手續亦非必要，贈與之標的超過五百「元（solida）」者，雖仍須登記，但不登記時，僅就超過之額數歸於無效而已。上述兩種簡約，均因皇帝承認其法律上之效力，而得爲訴訟之原因，故名「皇帝勅令之簡約」或「法定簡約」也。

第二目　契約之要素

契約之成立，須具備四種要素：（一）須有二以上之當事人，（二）須有標的，（三）須當事人之意思合致，（四）須有原因。茲分述之如次：

（Ⅰ）二以上之當事人　契約之當事人，至少須有二人。爲契約之當事人，更有種種限制：奴隸無人權，固不得訂立契約；此外，子不得與父訂立契約，受同一親權支配之兄弟姊妹，亦不得互訂契約，縱有訂立之者，祇發生自然債權之關係而已。且契約當事人，更須有行爲能力，未成年人或「精神病人」單獨訂立之契約，雖非完全無效，但無完全行爲能力者，訂立契約後，均得撤銷之也。

（II）標的　契約旣發生債之關係，則不得不有相當之標的。是項標的，更須具備四種要件：（一）標的須屬可能，（二）須屬合法，（三）標的之內容須經確定或嗣後得以確定，（四）契約之標的，對於應享利益之當事人，應供相當之利益。此四種條件，已於總則編法律行爲章中詳細論及，茲不贅述。

（III）當事人之意思之合致　當事人之合意，爲各種契約之基礎；當事人之合意，有兩種步驟：一爲要約，一爲承諾。要約云者，訂約之提議，承諾云者，則接受訂約之提議之謂。要約與承諾，更須合致而爲明白之表示，卽所謂「意思表示」是已；意思表示一語，羅馬法上無獨立之名稱，可見其關於此點無精深之理論。但據學者之解釋，則依羅馬法之精神，當事人間之意思之視爲合致也，亦須要約與承諾兩相脗合，並明白表示之也。要約（pollicitationes）未經接受前，除要約人外，他方當事人固不受其拘束；雖經承諾，亦必承諾人對於要約之內容，全部接受，方始發生效力。至表示之方法，原則上，須有外界之行爲以表示之，至內心之意思而未現諸行爲者，必當事人間已有其他法律關係，而其意思並不能作另一解釋時，始得視爲表示之方法；例如租賃契約終了後，承租人仍不遷讓時，苟承租人並不就租賃物主張物權，或爲其他之表示，其延不遷讓之事實，卽可視爲繼續租賃之表示矣。承諾之表示，須於要約人受要約之拘束時或要約人要約之意思存在時爲之：當事人對話爲要約時，固極簡便，其隔地而爲要約者，則受要約拘束之時間，除經明定外，或至承諾之通知可以達到時爲止，或至要約人明瞭其通知之內容時爲止，或至承諾人作承諾之通知爲止，或至其發出通知書時爲止，是爲「受信主義」、「了知主義」、「表白主義、」「發信主義」等四種不同之學說；德日諸國及我國民法，則以受信主義爲原則者也。

再當事人之意思須無瑕疵，即其訂約之意思並非因錯誤詐欺或脅迫而表示者是也此三種「意思之瑕疵」之意義，於法律行爲章中已有論列，茲將錯誤及詐欺所及於契約之不同效果分別言之如次：

（甲）錯誤　錯誤分「重要錯誤」與「次要錯誤」兩種，其是否重要，則以其是否關於各個契約之要點爲標準因重要錯誤而訂立之契約，不得發生效力其因次要錯誤而訂立者，則依然發生效力；例如就契約之本質或標的物之本質，或當事人之身分有所錯誤，而訂立契約者，其契約無效；就標的物之質量，就當事人之信用或財產，有所錯誤而訂立契約者，其契約依然有效。具體言之，如因誤認某甲富有財產或信譽素著，而與之訂約，雖嗣後發覺其無支付能力，亦無可如何；若本欲與子訂約，而誤認丑爲子，則爲身分上之錯誤矣。至就標的物之數量，有所錯誤時，是否爲重要錯誤，則以個別之情形爲斷：在單務契約中，當事人之一方，請求若干，他方誤就較小之數量表示同意時，其契約視爲成立；在雙務契約中，當事人請求若干，他方誤就較多之數量表示同意時，亦就較小之數量，其契約視爲成立；但在雙務契約中，當事人之一方請求若干，他方誤就較小之數量表示同意時，則爲重要錯誤，其契約亦歸無效也。

（乙）詐欺　羅馬法分詐欺爲「善詐欺（dolus bonus）」與「惡詐欺（dolus malus）」兩種：前者指當事人隱藏標的物之瑕疵，故意誇炫其質量而言，契約並不因此而歸無效；後者則指當事人虛僞聲稱其標的物所不具備之質量而言，有使契約無效之效力也。按詐欺本出於惡意，無善惡之可分，現代法例或學說，固不採此說，似亦不爲羅馬法所應有之理論；或謂羅馬法學者之採此說，係摭拾古代之遺緒，以免契約無效爲目的者也。

（IV）須有原因　原因或稱契約之近因，乃債務人負擔義務之直接目的，而同一法律行爲所共同之法律上之前因也；例如承租人以使用租賃物爲租賃契約之法律上之前因，此爲各租賃契約所共同者也。契約之原因與契約之動機有別：契約之動機，或稱遠因，或稱原因之原因，乃同種類法律行爲所各異之事實上之前因，而原因所以發生之緣由也；例如因宴會而租賃禮廳，使用租賃物爲租賃之原因；而宴會則租賃之動機，或遠因，亦即使用禮廳之原因，而爲各個租賃契約所未必盡同者。依現代法例，契約之動機如何，在所不問，而契約之成立，均以具備眞實而合法之原因爲前提；依羅馬古法則否，契約履行一定之方式後，卽發生效力，而不論其原因之有無也。但後世思想進步，契約之成立，重意思而不重方式，略式契約，固須具備原因，卽要式契約中無原因而負債務之當事人，亦受法律之保護矣。茲分羅馬法兩種時期中不同之規定如次：

（甲）羅馬古代　古代之契約，均爲要式契約，苟履行一定方式，其契約卽發生效力，例如：口頭契約中，債務人對債權人之發問，一經答覆，卽負照約履行之義務；因借貸而承諾付款者，縱嗣後未收到借款，實際上並無付款之原因，其付款之義務，依然存在；因使他人犯罪或勸阻其犯罪而承諾付款者，其付款之原因，縱不合法，縱不道德，而履行之義務，依然存在。總之，有無原因，或原因是否合法，是否合乎道德，均不影響契約之成立也。

（乙）羅馬新法　迨後世形式主義漸殺，一般契約，不重方式，是爲略式契約。略式契約，類皆具體化債權人起訴主張權利時，必須證明其權利所由發生之契約之內容：在雙務契約中，當事人一方之債之標的，即爲他方之債之原因，一方之債，無合法之原因，則他方之債無合法之標的，故其契約，亦歸無效；即在單務契約，例如消費借貸，亦以借用人收到借用物爲其償還義務之原因，亦即以此爲借貸契約之要素，苟借貸契約缺乏是項要素，則債權人不得主張借貸契約所付予之權利也。

略式契約存在時，要式契約，並未完全廢除；要式契約，祇以一定之方式爲要素，而不必具備原因，但至後世法律思想進步，遂認原因爲契約成立之條件，故無原因之契約，或因不法原因成立之契約，亦不克完全發生效力矣。依裁判官法之規定，當事人因誤信有原因而承認債務，其原因並不存在時，得提起「詐欺之抗辯」，拒絕履行。另一方面，依市民法之規定，當事人已經因錯誤而履行是項債務者，得提起「不當得利之訴(condictio indebiti)」，請求他方返還之；其未履行者，得提起「無原因之訴(condictio sine causa)」，請求宣告其不受是項債務之拘束；是無原因而負債務之當事人，即在要式契約，亦備受兩種之保護也。於此與略式契約有別者，即在略式契約中，祇債權人對於原因之存在，負證明之責；而在要式契約，則須債務人證明其所承認之債務，不具備實在之原因耳。

至要式契約之祇有不法之原因者，其不法之原因於當事人雙方存在時，債務人祇得提起「詐欺之抗辯」，拒絕履行其所承認之債務；例如某甲向乙約定給付銀洋千元，使乙爲犯罪行爲時，此債務之原因，就甲乙雙方均爲不法，而甲祇受裁判官法之保護，得提起抗辯，拒絕履行而已；反之，如其不法之原因，僅就債權人一方存在時，債務人除得拒絕給付外，更得依市民法之規定，請求債權人返還，或訴請法院宣告其不受債之拘束也。所謂不法之原因，僅就債權人一方存在者，例如某甲向乙約定給付銀洋千元，以勸阻乙之犯罪爲負債之原因等是。是不法之原因，因存在於當事人之一方或雙方而發生不同之效果；此其原則，現代法例多援用之。我國民法第一百八十條第四款謂：「因不法之原因而爲給付者（不得請求返還）但不法之原因於受領人一方存在時，不在此限。」云云，其一例也。

第二款　準契約（無因管理不當得利及其他準契約）

第一目　無因管理（negotiorum gestio）

（Ⅰ）無因管理之意義及其要件

「negotiorum」一字作事務解，「gestio」一字則作管理解，二字並用時，就其抽象之字義言，本作管理事務解，故我國學者或譯作「事務管理」；但其具體之意義，即「未受他人委任，並無法律上之義務，以避免損害爲目的而管理他人之事務」之謂，故我國學說及法例，現多稱「無因管理」也。無因管理之意義既如上述；故其成立也，須具備下列數種要件：

（一）管理之標的須爲他人之事務　所管理者，如爲本人之事務，或誤信爲他人之事務，並有爲他人管理之意思而處理之者，自不得與該他人發生債之關係。所謂他人之事務者，指屬於管理人以外者而言，其與管理人之事務有牽連關係者，則就管理人以外之部分，仍爲他人之事務也；例如甲乙二人共同對丙負債若干，苟甲就全部而爲清償，則就乙所負之部分之清償，仍爲他人（即乙）之事務也。所謂管理，指廣義之處理而言，不以狹義之管理行爲爲限，例如見鄰人之水果有腐壞之虞，代爲賣出時，雖爲處分行爲，其爲無因管理則一也。

（二）管理須無法律上之原因　因受他人委託而處理其事務者，是爲委任契約之履行；至因有法律上之義務而處理他人之事務者，例如警察或救火員之救護等情，則爲法定義務之履行，亦不適用無因管理之規定也。

（三）管理人須有爲他人管理事務之意思　即管理人處理事務時，應有爲本人之計算之意思，亦即就其管理事務所可取得之利益，應有移轉於本人使本人享受之意思；其以自己之利益爲管理之目的者，則不適用無因管理之規定，例如以使用他人之房產爲目的，而代爲修繕等是。

（II）管理人之義務

（一）開始管理後，管理人於本人不能繼續處理前，應完成其所管理之事務，日本民法第七百條，法國民法第一千三百七十二條，亦有同樣之規定；但依日本民法第七百條但書，如繼續管理有反本人之意思或顯然不利於本人時，則管理人無繼續之義務也。

（二）管理人應就其管理之事務，而爲決算，並向本人報告之。

（三）因其管理之事務所可取得之利益，管理人應移交於本人。

（四）管理人須有誠實之意思，並盡善良管理人之注意。

管理人不盡上述數種義務時，本人得提起「無因管理直接之訴(actio negotiorum gestorum directa)」，以制裁之也。

（III）本人之義務

（1）管理人因管理事務所支出之必要費用或有益費用，本人應支付之；關於奢侈費用，管理人僅於不毀損原物之限度內得拆除其改良物而無請求本人支付之權。至管理人因管理事務所耗去之時間精力，本人無支付報酬之義務也。

（2）管理人因管理事務所負擔之債務，本人應承擔之。

本人不盡上述兩種義務時，管理人得提起「無因管理相對之訴（actio negotiorum gestorum contraria）」，以制裁之但須具備三種條件：其一，管理人支出費用或負擔債務，須爲本人之計算而以拘束本人爲目的；其二，須管理人並不違反本人之確定意思；其三，須爲本人之利益而支出費用或負擔債務。至於管理之是否需要，費用之是否必要或有益，則均依開始管理時之實際情形斷定之也。

第二目　不當得利（receptum indebiti）

（I）不當得利之意義

無法律上之原因而受利益，致他人蒙受損害者，謂之不當得利。無原因而負債務或因不法之原因而負債務者，履行後得提起「不當得利之訴」；其履行要式契約之方式者，除不法之原因，於當事人雙方存在外，亦得提起之；是皆不當得利之實例，已於契約之要素部分論及之矣。

(II)不當得利之要件

不當得利之成立，須具備三種要件，否則已爲給付之一方，不得提起「不當得利之訴」請求他方返還其所受之利益也。玆分述此三種要件如次：

（一）須已爲給付幷以消滅債務爲交付之目的　交付之物件，爲金錢爲特定物或不特定物，則在所不論也。

（二）須受領人之受領給付無法律上之原因　例如：給付人所欲消滅之債務，事實上並不存在，或爲得以撤銷之債，或爲附有停止條件之債，或非受領人所應享受之債，或非給付人所應履行之債，則受領人因他人之給付而享受利益，致他人蒙受損失，自非法律所許也。

（三）須給付人係因錯誤而爲給付　卽須給付人誤信其對受領人負擔債務是也；反之，如給付人明知無給付之義務而爲給付時，以贈與論；但依情形，其給付可解作爲第三人消滅債務者，不在此限。依我國民法第一百八十條第三款，日本民法第七百零五條之規定，因淸償債務而爲給付，於給付時明知無給付之義務者，不得請求返還；非因錯誤而爲給付者，雖未明定其作贈與論，然旣不得請求返還，固應亦作贈與解釋之也。

(III)不當得利之訴之效果

不當得利成立後，已爲給付之當事人，有請求受領人返還之權，而受領人亦卽有返還之義務，故與契約等同爲債之發生原因。但給付人所得提起之「不當得利之訴」，因受領人之受領，出於善意或出於惡意而發生不同之效果，果其受領出於善意，僅就其現存之利益負償還之責；反之，如其受領出於惡意，則應連同所可取得之孳息，返還其所受領之利益，其受領之利益，如依其性質或其他情形，不能返還，應償還其價額，如有損害，並應賠償；我國民法第一百八十二條謂『不當得利之受領人，不知無法律上之原因，而其所受之利益已不存在者，免負返還或償還價額之責任，受領人於受領時，明知無法律上之原因或其後知之者，應將受領時所得之利益或知無法律上之原因時所現存之利益，附加利息，一併償還，如有損害，並應賠償』云云，殆與羅馬法同有精密合理之規定矣。

第三目　其他準契約

學說上視爲準契約之關係者，除無因管理不當得利兩種外，復有其他多種，茲略述左列五種如次：

（一）共有（communio incidens）

共有云者，就同一物件之全部，數人同有所有權之謂；但共有之視爲準契約，以因法律而成立者爲限，例如因繼承遺產而成立之共有關係等是。基於共有關係，各共有人間發生分析共有物，分擔費用等權利義務關係，故共有亦爲債之發生原因之一；但共有因契約而成立者，其所發生之權義關係，則以當事人間之契約爲其原因，而不以共有之事實爲其發生之原因也。

（二）繼承（successio）

繼承亦發生權利義務之關係，例如遺贈或死因贈與之履行等，皆爲繼承人之義務是也。是項義務，並不以契約爲其發生之原因，其發生之原因，即繼承之事實是已，故亦爲準契約之一種也。

（三）海損(Lex Rhodia de jactu)

船舶遇險時，以避免沉沒爲目的而拋棄貨物者，謂之海損；因拋棄貨物而發生之損失，應由船舶所有人及貨物所有人平均負擔，此乃現代各國海商法所採取之原則。是項原則來自老代斯島(Rhodes)；共和末造，羅馬法學者採此原則而成海損之理論，故稱海損曰「Lex Rhodia de jactu（老代斯拋棄之規則）」也。基於海損之事實，船舶所有人及貨物所有人間，均發生權利義務關係，故亦爲債之發生原因也。

（四）監護及保佐(tutela et curatio)

監護、保佐，均發生權利義務之關係，但不以當事人之意思合致爲必要；質言之，監護人與受監護人間及保佐人與受保佐人間之權義關係，不以當事人間之契約爲原因，而以監護或保佐之事實爲原因也。

（五）旅店及船舶接收旅客攜帶物之事實(receptum nautarum cauponum stabulariorum)

船舶運送旅客，或旅店寄寓旅客，本以運送旅客或供給旅客住宿爲契約之本旨；對旅客攜帶之物件所負擔之運送或寄託之義務，並非直接以契約爲發生之原因，而其發生之原因，厥爲接收是項物件之事實而已，故此事實亦爲準契約之一種也。

綜上數種所謂準契約，固同爲債之發生原因，但依現代法例之規定，及現代學說之解釋，則類皆債之法定原因；例如前四項皆分別規定於物權法、繼承法、親屬法或海商法，因第五項事實所發生之債，則視爲運送契約寄託契約之當然結果，而以契約爲其直接之發生原因，而無所謂準契約也。即就我國法例言，除無因管理、不當得利兩者，與契約竝列而爲債之法定原因外因旅客攜帶之物品所發生之債，均規定於寄託契約及運送契約，以契約爲其原因；基於共有等項所發生之債則分別規定於物權法、親屬法、繼承法、或海商法，而以法律之規定爲其發生之原因也。

第三款　侵權行爲(actus injura)

第一目　侵權行爲之意義

侵權行爲者，因故意或過失不法侵害他人權利之行爲也；故侵權行爲之原素有二：（一）須有侵害他人權利之事實，（二）須行爲人對其行爲負法律上之責任。侵權行爲發生權利義務關係，蓋被害人對於行爲人享有權利，另一方面行爲人對於被害人負有義務，如損害賠償等是；故侵權行爲，亦爲債之發生之原因也。

第二目　侵權行爲之種類

侵權行爲，可分兩種：（一）違反約定義務之行爲；（二）直接違反法律之行爲；茲分述之如次：

第一項　違反約定義務之行爲

違反約定義務云者，行爲人所違反者，爲契約上之特別義務，而非直接違反法律之謂。然約定義務之違反，因行爲人出於故意或出於過失而發生不同之效果焉：例如債務人違反約定義務，出於故意時，不得事先與債權人約定免除其違約之責任；反之因過失而違約之責任，當事人得事先合意免除之也。至於違反約定義務之行爲，或爲積極之行爲，或爲消極之不行爲，茲將故意與過失之意義，分別言之如次：

（1）故意(dolus)

明知其行爲害及他人之權利而立意爲之者，謂之故意；故意，指行爲與不行爲兩種而言，如債務人有給付能力而不願履行債務則爲不行爲之故意也。債務人因故意行爲或不行爲而害及債權人之權利者，則債權人有請求損害賠償或解除契約之權；且是項權利，並不得於發覺以前合意拋棄之也。

（2）過失(culpa)

對於應加注意(diligentia)之事，怠於注意者，謂之過失；過失，亦指行爲及不行爲兩種而言，如因僕人未繫妥所馭之馬，該馬逃逸無蹤，致主人蒙受損失，則爲不行爲之過失也。

羅馬法分過失爲「重過失(culpa lata)」與「輕過失(culpa levis)」兩種：重過失，指未盡「疏忽之人」可有之注意而言，質言之，極簡明之事實，雖疏忽之人亦可注意及之而免致害及他人之權利，而當事人並未加注意，致害及他人之權利，故該當事人之過失，視爲重過失也；反之，已盡疏忽之人可有之注意而未盡「善良家父(bonus paterfamilias)」之注意，則爲輕過失，蓋善良家父每爲機謹之人，其所不注意者往往不關重要，故怠於爲善良家父之注意時，衹犯輕過失也。且也，依中古註釋家之理論，輕過失更有「抽象輕過失（culpa levis in abstractio)」與「具體輕過失(culpa levis in concreto)」之分：前者，指未盡「善良家父」於處理一般事件時所爲之注意而言，輕過失之有無，衹依抽象之標準，故名抽象輕過失；後者，指未盡當事人本人於處理自己之事件時所爲之注意而言，輕過失之有無，則依具體之標準，故名具體輕過失也。

綜上分類，羅馬法所謂過失者，除原有重過失與輕過失之分類外，經中古註釋家之分析，更有抽象輕過失與具體輕過失之別。至西曆紀元後第十八世紀，學者謂除上述各種之輕過失外，更有一種所謂「最輕過失（culpa levissima）」；但德儒赫斯（Hasse）於其所著之過失論一書中，曾反對此說，且謂羅馬法上之過失，僅有重過失與輕過失兩種，並證明最輕過失與輕過失實無差別也。

第二項　直接違反法律之行為（「私犯」，「準私犯」）

直接違反法律之行為，可分為兩種，卽（一）「私犯（delictum）」，（二）「準私犯（quasi delictum）」是也。竊盜，強盜，加害於他人之所有物，妨害名譽等項，屬於前者；奴隸加害於他人等項，則屬於後者。所謂準私犯云者，卽類似私犯，而在法定各種私犯以外之侵權行為；因準私犯而發生之債，其義務人並未必卽為侵權行為之主體也。以言「私犯」與「準私犯」之分類，並無若何標準；迨法律進步時期，理論方面有兩種標準：其一，私犯之構成，須有惡意，準私犯則否；其二，私犯成立後，除民事責任外，並有罪刑之制裁，準私犯則僅發生損害賠償之責任而已；然此兩說，並不合羅馬法之精神也。

（甲）「私犯（delictum）」

私犯云者，致他人蒙受損害之不法行為也。「delictus」一字，本作犯罪解，但至十二表法時代，有「公犯（crimina publica）」與「私犯（delicta privata）」之分：前者，指妨害國家法律及社會秩序之罪行而言，直接由國家懲罰之；後者，則指妨害私人法益之不法行為而言，其發生之結果，則僅對被害人給付金錢，以賠償其損害而已，所謂私犯云者亦卽公犯之相對名詞已耳。至帝政時代，昔之所謂私犯者，亦漸入於公犯之範圍，可由國家直接處罰之矣；但私犯之行爲人，或受公法上之制裁，或負私法上之責任，被害人仍得選擇之也。

私犯之意義，既如上述，其所包括者本不一而足，其最重要者，則有六種：一曰竊盜，二曰強盜，三曰恐嚇，四曰詐欺，五曰對於財產之侵害，六曰對於人格人體之侵害；茲分述之如次：

（壹）竊盜(furtum)

現代法例所謂竊盜，僅指竊取他人之所有物之行爲而言；我國刑法第三百二十條第一項前段，亦謂『意圖爲自己或第三人不法之所有而取他人之動產者，爲竊盜罪。』但羅馬法所稱之竊盜，其範圍極廣，而分竊盜爲三種：一曰「物品盜(furtum ipsius rei)」，卽竊取物件之本身之謂；二曰「使用盜 (furtum usus)」，卽無使用權者，私自使用他人之物件之謂；三曰「占有盜(furtum possessionis)」，卽就本人之物件已失占有者，從占有人處竊取其占有之謂。依據羅馬法之定義「意圖不法之利益，惡意移動物件，而違反被害人之意旨者(contrectatio rei fraudulosa lucri faciendi causa)」謂之竊盜，故分析言之，竊盜之成立，須具備三種要素：一曰「物件之移動 (contrectatio rei)」，卽竊取物件之本身，物件之使用或其占有之謂；二曰「惡意(fraudulosa)」，卽無移動之權者，有違反權利人之意旨之違法故意是已；三曰「意圖不法之利益(lucri faciendi causa)」，卽移動物件，以享受財產上不法之利益爲目的之謂。其第一要素爲物件之移動，故竊盜之成立，以關於動產爲限也。

因竊盜而發生之訴權，可分爲兩種：一曰「處罰竊盜之訴(actio furti)」，二曰「基於竊盜之民訴(condictio furtiva)」；茲分述之如次：

（I）「處罰竊盜之訴」

處罰竊盜之訴，即對竊盜處以罰金之刑訴也。罰金之數額，爲物價之兩倍或四倍：普通竊盜犯之罰金，爲竊盜標的物之價值之兩倍；現行竊盜犯之罰金，則爲物價之四倍。正爲竊盜行爲時被捕者，或竊盜初遂時當場被捕者，或在贓物藏匿於穩妥之處所以前被捕者，皆謂之「現行竊盜犯(furtum manifestum)」；此外，則皆「非現行竊盜犯(furtum non manifestum)」也。得提起此訴者，不以物件所有人爲限。凡就竊盜之發生有利害關係者，均得提起之；例如：竊盜而爲「物品盜」時，質權人受寄人承租人或使用借貸中之借用人，對物件所有人負返還之責者，就竊盜之發生，均有利害關係，故均得提起處罰竊盜之訴也；竊盜而爲物品盜時，有直接利害關係之人，並非物件所有人本人，而爲質權人等對之負返還責任之人，故有提起此訴之權者，首推質權人等，而所有人次之，必質權人等死亡或不提起此訴，並不能向所有人負返還責任之時，所有人始得提起之；蓋必在此等情形之下，所有人始爲「物品盜」之直接被害人耳。

「處罰竊盜之訴」，爲刑訴之一種，故竊盜犯本人死亡時，不得以其繼承人爲被告；竊盜犯有數人時，對於罰金之總額，各負連帶責任；例如被竊盜之物價爲五十元，罰金以物價之兩倍計算，共爲百元，三人共犯竊盜時，其總額爲三百元：罰金以物價之四倍計算，即爲二百元，三人共犯竊盜時，其總額則爲六百元；此三百元或六百元之總額各犯均有全部給付之義務也。再加害人爲「他權人」時，得以其所屬之「自權人」爲此訴之被告焉。

依羅馬古法，竊盜在公法方面所受之制裁，因其係現行犯或非現行犯而有重要之區別：對於非現行犯，自十二表法以至優帝時代，均處以兩倍物價之罰金而已。現行犯在十二表法時，則因各人之身分而有不同之嚴酷制裁也。依十二表法之規定，現行竊盜犯爲奴隸時，處以死刑，爲自由人時，則應淪爲被害人之奴隸；縱現行犯爲未成年人，不論其爲奴隸或自由人，亦得鞭撻之也。直至裁判官法時代，始改科四倍物價之罰金，然較諸非現行犯之制裁，仍嚴厲多也。再此所謂罰金與現代法例有別，即罰金由被害人享受而不若現代之罰金均由國家享受之也。

（II）「基於竊盜之民訴」

是項訴權，爲民訴之一種，其目的，僅在被害人請求返還原物或給付其價值而已。返還原物時，應連同孳息及其他從屬物一併返還之。且是項訴訟之被告，不以竊盜犯本人爲限：對其繼承人及一般占有贓物之人，均得提起之；竊盜犯有數人時，對於原物之返還或其代價之給付，各負連帶責任，但其繼承人不負連帶責任，僅各按其部分(pro parto)比例分擔而已。

竊盜而爲「物品盜」時，得提起此訴者，以物件之所有人爲限，但爲「使用盜」時，則寄託物件之人亦得提起之，而不以其所有人爲限；例如甲將某物寄託乙處，乙使用該物時，固構成使用盜，而甲亦得提起此訴，然甲未必即爲該物之所有人也。

（貳）強盜(rapina)

強盜云者，意圖不法之利益，以強暴脅迫之方法，非法攫取他人之所有物之謂。羅馬古代強盜與竊盜，在制裁方面並無差別；直至羅馬建國後第六百七十八年，有外事裁判官戴刃濟語斯(Terentius Lucallus)其人者，頒佈告示凡糾衆竊盜或攜帶兇器致生損害於他人者，不以普通私犯論科，並規定一種特別新訴曰「強迫奪取之訴(actio bonorum vi raportum)」以制裁之；所謂強盜者亦適用此新訴權，而不適用關於竊盜之訴；竊盜與強盜，遂有不同之制裁矣。此訴之普通效果，即被告給付四倍物件之價値或四倍損害之金額而已；但用以制裁強盜，則發生特別嚴峻之效果，即提起此訴時，強盜犯即當然「破廉恥」而無健全之「人格」是也。此四倍之物價，依法律進步時期之一般解釋，均爲公法上犯罪之罰金，依優帝之規定，則其三倍爲罰金，一倍爲私法上損害之賠償。是項罰金，既由被害人享受，此四倍之物價全部均係罰金，抑祇一部分爲罰金，固非重要問題；顧苟全部均係罰金，則被害人除請求強給四倍之物價外，仍得請求加害人負私法上損害賠償之責任，反之則否，故此問題之結果，未盡同也。

得提起此訴者，以被害人本人爲限，其被告亦爲強盜犯本人而已，而不得向其繼承人提起之。且提起此訴，自強盜成立之日起，以一年之「有用期間」爲限；經過此期間後，則被害人僅有請求賠償損害之權利而已。

（叁）恐嚇(metus)

恐嚇之構成「私犯」，亦自裁判官法始。在裁判官耳打護斯（Octavus）以前，關於恐嚇，並無處罰之規定，蓋在古代法律行爲之成立，每須官吏或證人到場，以恐嚇之方法使人爲某種法律行爲之情狀實際上不易發生，迨羅馬建國後第七世紀末葉，耳打護斯氏規定凡使他人爲法律行爲或非法律行爲而實施恐嚇者，以「私犯」論，被害人得提起「恐嚇之訴（actio metus）」，以制裁之。此訴於一年之「有用期間」內提起時，恐嚇犯應給付四倍損害金額之罰金，但於此期間後提起之者，被害人亦得請求其賠償因恐嚇而發生之損害也。

被害人除得提起上述「恐嚇之訴」外，得提起「恐嚇之抗辯（exceptio metus）」，以拒絕履行因被恐嚇而成立之法律行爲，并得行使「回復原狀之訴（restitutio in integrum）」，以撤銷之也。至恐嚇之訴之被告，最初以恐嚇犯本人爲限，嗣凡因恐嚇而受利益之第三人亦得爲此訴被告，而處以所得利益之四倍之罰金；繼而以第三人拒絕返還其所受之利益者爲限，得爲此訴之被告；最後，則此訴之目的，僅在解除因恐嚇而成立之法律行爲而已。但恐嚇之訴，究爲刑訴之一種，不得以恐嚇犯之繼承人爲被告，帝政時代伊始，其繼承人雖得列爲被告，然僅就其享受利益之限度內負返還之責任已耳。

（肆）詐欺（dolus malus）

詐欺之視爲「私犯」，亦爲裁判官法所規定。依羅馬古法，詐欺之行爲，並不處罰，推其原因，或謂古代立法者認爲行爲人可向證人徵求意見，並應機謹行事，而對詐僞之應行制裁，尚未注意及之，似亦不無理由也。嗣後，人民機詐百出，裁判官阿貴利語斯苟盧斯（Aquilius Gallus）遂於羅馬建國後第六百八十八年，規定「詐欺之訴(actio de dolo)」，以制裁之。「詐欺之抗辯，」則此後始規定者。提起此訴，亦以一年之「有用期間」以內爲限，但與「恐嚇之訴」所不同者，則有下列四要點，玆分述之如次：

（一）此訴成立後，被告即當然爲「破廉恥人」，而無健全之人格；其效果如此嚴重，故必行使詐術之人，拒絕賠償被害人所受之損害，始得提起之，殆亦刑期無刑之原則，與現代法例刑訴進行中準予和解之規定，相類似也。至此訴成立後，被告除受「破廉恥」之制裁外，祇賠償被害人因詐欺所受之損害而已。

（二）此訴祇得對行使詐術者本人提起之，因此而享受利益之第三人，則不得列爲被告也。

（三）詐欺之訴，有補充之性質，質言之，被害人必須無其他方法攻擊加害人時，始得提起之；例如因詐欺而成立之行爲爲法律行爲時，被害人得根據契約對之起訴或提起抗辯者，不得提起詐欺之訴；反之，因詐欺而成立者，如爲非法律行爲或與第三人訂立之契約等，被害人即無根據此等關係向加害人起訴或提起抗辯之可能，故得提起詐欺之訴也。夫此限制，殆亦所以使加害人免受破廉恥之制裁耳。

（四）加害人有數人時，如其中之一人已經賠償被害人所受之損害，則詐欺之訴，對於其他共犯，亦歸消滅，此亦與恐嚇之訴等之不同點也。

（伍）對於財產之侵害(damnum injuria datum)

竊盜與強盜，固均爲對於財產之侵害行爲，但此兩種侵害行爲，以行爲人意圖利益爲要素；此所謂「對於財產之侵害」者，其行爲人未必有希圖利益之意思，依十二表法之規定，爲特別之「私犯」，而與竊盜等不受同樣之制裁在十二表法及羅馬建國後第七世紀之間，有平民會委員阿貴利語斯（Aquilius）其人者，提議一種新法，分此等特別私犯為三種，是為阿貴利亞法（Lex Aquilia）。此新法共分三章：第一章規定對殺死奴隸或家畜之侵害行為，第二章規定「副債權人（adstipulator 卽債權人委任行使債權之代理人）」擅自免除債權之侵害行為，第三章則規定傷害奴隸家畜或毀損其他有體物之侵害行為。阿貴利亞法之條文，早已殘缺不齊，第二章之內容，直至西曆紀元後第一千八百十六年，發現嘎尤士之法學階梯時，始知其詳，卽其頒行之期日，現代亦鮮有能明辨之者矣。依第一章之規定，加害人應給付奴隸或家畜於過去一年內所有之最高價額；依第二章之規定，加害人應給付債權人所受損害之金額，如副債權人否認債之關係，則同時處以兩倍損害金額之罰金；依第三章之規定，則加害人應給付傷害及毀損各物過去三十日內所有之最高價額，依嘎尤士及優帝之見解，加害人所應給付者，並非單純民法上之制裁，而刑法上之制裁，亦包括在內：前者之理由，謂侵害債權之副債權人否認債之關係時，處以兩倍之罰金，則此兩倍罰金，卽刑法上之制裁也；後者之理由，謂第一章及第三章規定之侵害行為，其行為人所應給付各物過去一年內或三十日內之最高價額，每超過加害時各物所有之實在價額，則給付超過之價額，卽刑法上之制裁也。然所謂刑法上之罰金，皆由被害人受領之；或為刑法上之制裁，或為私法上之制裁，亦祇理論方面之區別耳。

阿貴利亞法第一章及第三章所載之侵害行為，須具備兩種特別要件，而與其他「私犯」不同，其趣，茲分述之如次：

（一）須損害係直接由加害人之行爲所致　例如奴隸或家畜須直接由加害人打死或殺斃等是；反之，如因加害人追逐或驚嚇等情致失足跌死或墮水溺斃者，則損害之發生，非直接由加害人之行爲所致，不得適用阿貴利亞法之規定也。

（二）須有損及各物本身之侵害行爲　所有人蒙受損害，不以其奴隸家畜本身之死傷或其他有體物之毀損爲必要，例如：釋放家畜或造成機會使奴隸逃走時，未嘗損及各物之本身，而其所有人蒙受損害，如故在此等情形之下，阿貴利亞法不適用之。苟適用此法，除所有人蒙受損失外，必須有一種侵害直接加諸各物本身，例如：殺斃或傷害奴隸家畜或毀損其他物件，致所有人蒙受損害等是也。

歸納言之，上述兩種要件，一爲發生損害之原因方面之要件，一爲侵害之結果方面之要件；羅馬法統稱之曰：「因行爲並對於物件（corpore et corpori）」之要件。因有此兩種要件也，阿貴利亞法之適用範圍極狹，但嗣後裁判官漸擴大其適用之範圍矣；例如：損害之發生，非直接因加害人之行爲所致者，或未損及各物之本身者，均得援用阿貴利亞法之規定也。

依阿貴利亞法之規定，因對於財產之侵害而得提起訴訟者，以各物之所有人爲限，他如質權人、占有人、抵押權人等就物件而有利害關係者，不得爲訴訟之原告；但後之裁判官，鑒於實際上之需要，乃相繼改定，予質權人等以起訴之權；嗣凡自由人被傷害時，且得援用阿貴利亞法之規定，請求加害人賠償損害也。再侵害財產之事實，最初須爲積極之行爲，繼而凡有爲積極行爲之義務者，不盡此義務之消極不行爲，亦得與積極行爲，發生同一之結果矣。

（陸）對於人格人體之侵害(injuria)

是項「私犯」，十二表法已有明文規定，但其內容代有變遷，而發生之結果，亦未必盡同；然其本質爲對於人格或人體之侵害，其制裁爲刑法上之處罰，則始終如一也。茲分四種時期，探討其變遷之情形如次：

（一）十二表法　十二表法所舉之實例，其最重要者，厥爲對於人體之侵害，或謂即僅此而已，對於人格或其他精神方面之侵害，並未列入之也。對於人體之侵害又分三種：一曰四肢之折斷，二曰骨節之損傷，三曰因推打等情而發生之輕微傷害；以言其處罰之標準，亦有不同之規定：（1）四肢之一被折斷者，對加害人有報復之權，但已協議賠償約定之金額者，不在此限；（2）損人一骨者，視被害人爲奴隸或自由人，處以「亞斯(as)」一百五十枚或三百枚之罰金；（3）其他輕微傷害，則僅處以二十五「亞斯」之罰金也。

（二）裁判官法　裁判官保留十二表法所列舉之實例，同時擴充其內容，凡對於人之肉體或精神方面加以侵害者，均處罰之，故語言文字，均得視爲侵害人格之方法；以言此等私犯之制裁，均爲法定金額之處罰，但變更過去罰金一律之原則，而付法官以斟酌出入之權：即法官得依加害人之經濟狀況，受害人之社會地位，加害之情形，受害之部位等項，於最多數及最少數之限度內，科罰不同之金額是也。

依裁判官法之規定，加害人判處罰金，即淪爲「破廉恥人」，故夫妻之一方，不得因他方侵害其身體人格，而對之起訴也。

（三）考乃利亞法(Lex Cornelia de injuriis)　考乃利語斯(Cornelius Sulla)將毆打及侵入住宅兩項列入於「公犯(delictum publica)」之範圍，是爲考乃利亞法(Lex Cornelia de injuriis)此兩項公犯之被害人有「永久之利益(quaestio perpetua)」，即其起訴權，不因時效而消滅是也。

（四）帝政時期之法律　帝政時期之法律，漸有將此等「私犯」列入「公犯」之範圍之趨勢；但在各種侵害人體人格之私犯中，被害人得請求依舊法制裁之，或請求法官處以身體上之刑罰，就此兩種制裁，仍得自由選擇之也。

此等「私犯」，隨個人利益主義及國家公益主義之消長，而漸列入「公犯」之範圍，已如上述，即在十二表法時，雖由被害人領受罰金，而此等私犯之處罰亦視爲完全刑法上之制裁；加害人有數人時，得同時向其全體起訴，而不得向繼承人提起之，而加害人死亡時，被害人之訴權即歸消滅，再加害人爲「他權人」時，得以其所屬之「自權人」爲被告也。

（乙）「準私犯(quasi delictum)」

準私犯者，乃類似私犯之侵權行爲，而未列入私犯者也。私犯與準私犯，本無若何區別，祇以私犯之種類內容，已經確定，尚未列入之侵權行爲，無以名之，乃名之曰「準私犯」耳。準私犯之種類亦甚繁多，其最重要者，有下列六種，可資參考，前四者，則曾經嘎尤士及優帝明文認定者也；茲分述之如次：

（一）法官不盡責守者(Judex qui litem suam fecit)　法官故意爲不適當之審判時，固負損害賠償之責，即於法律上或程序上有輕微過失，或怠於注意訴訟當事人之利益等情，亦應負責；例如於指定之期日，不到庭審理者，其情節本輕，但因此而蒙受損害之當事人，亦得請求賠償損害也。

（二）從建築物向街道投棄物件致生損害者　投棄之物件，或為液體物或為固體物，凡致人死傷或蒙受其他損害者，被害人得向所從投棄之建築物所有人，提起「澆潑或扔擲之訴(actio de effusio vel de jactus)」。此訴之名稱，蓋指投棄之物件或為液體物或固體物而言也。是項「準私犯」之效果，可分下列三種：

（1）他人之奴隸牲畜或其他物件，因投棄之物件致死傷或毀損滅失時，其所有人得向建築物所有人，請求賠償其損害金額之兩倍。

（2）自由人因投棄之物件而被傷害時，得向建築物所有人請求賠償損害；其所得請求之金額，並無法定之限制，惟法官得斟酌增損之耳。

（3）自由人因投棄之物件致死時，任何人得向官廳告發，而建築物所有人，並應向告發人給付五萬「賽斯達四(sestertius)」之罰鍰也。

（三）建築物內陳列或懸掛之物件有墜落街道致生損害之虞者　損害雖未發生，既有發生之虞時，建築物之所有人，即應注意避免其發生，故裁判官法規定任何人得向官廳告發是項未來之公共危險，並得請求判令建築物所有人向其給付一萬「賽斯達四」之罰鍰；但因是項「準私犯」所得提起之訴曰「陳列或懸掛之訴(actio positis et suspensis)」，殊不足以表現其具體之意義也。

（四）舟船旅店或馬房之員役犯竊盜或「對於財產之侵害」者　員役犯竊盜或有對於財產之侵害之不法行爲時，被害人得向船主旅店店主或馬房主人請求賠償損害金額之兩倍；夫此規定，殆所以使船主等僱用員役時，愼於擇人，免致旅客蒙受損失耳。

（五）奴隸加損害於他人者　因奴隸之行爲致他人蒙受損害時，其所有人縱不知情，亦負賠償之責。被害人所得提起之訴，曰「過失之訴（actiones noxales）」，然而奴隸之所有人，並未必有何過失也。此訴之被告，當然爲奴隸現時之所有人；如所有人不履行賠償之義務，法官卽將奴隸判歸被害人所有，但履行此義務時，奴隸仍歸原主所有也。

（六）牲畜加損害於他人者　牲畜加害於他人時，其所有人雖無過失，亦對損害人負賠償之責。被害人提起「損害之訴（actio de pauperie）」時，牲畜所有人賠償損害或無償移轉其牲畜於被害人，有自由選擇之權也。

「因牲畜致生損害於他人者，其所有人應負責任」之原則，現代法例，多採用之。此原則之目的，固在使所有人注意管束其牲畜而已，苟所有人已爲相當注意之管束，自不應仍負賠償之責；我國民法第一百九十條第一項謂：『動物加損害於他人，由其占有人負損害賠償責任，但依動物之種類性質已爲相當注意之管束，或縱爲相當注意之管束而仍不免發生損害者，不在此限。』云云，較諸羅馬法所載「損害之訴」之內容，似更精密而得體矣！

第三節 債之標的（給付）

第一款 給付之意義

我國民法第一百九十九條第一項謂：『債權人基於債之關係，得向債務人請求給付。』給付云者，卽債之標的是已；債之標的與債之標的物有別：前者爲債之目的，後者則爲債務人應給付之物件，例如由買賣契約發生之債，債務人所應交付之物件，爲債之標的物，而物件之交付，則其標的也。但債之標的，並不以物件之交付爲限，故我國民法第一百九十九條第二項謂：『給付不以有財產價額者爲限，』同條第三項及德國民法第二百四十一條末段同謂『不作爲亦得爲給付』也。依羅馬學者之理論，債之標的可分爲下列三種：

（一）「dare（交付）」 卽各種物權之移轉交付是也；

（二）「facere（作爲）」 卽交付以外之其他積極行爲也；

（三）「praestare（供給）」 卽「交付」與「作爲」兩項以外之給付也，如關於損害賠償之給付等屬之。

第二款 給付之要件

依羅馬法之規定，債之標的須具備四項條件：一曰給付須屬可能，二曰給付須屬合法，三曰給付須經確定或嗣後得以確定，四曰給付須於債權人有益；茲分述如次：

（一）給付須屬可能

債之關係之存在，以債務人履行其給付之義務爲目的；給付如不可能，債之關係，已無存在之可能，故給付之可能，爲其第一要件也。是項不可能性，可分事實上之不可能，與法律上之不可能：如標的物從未存在或於債之關係成立時已不存在者，或以人力所不能及之行爲爲債之標的者，此爲事實上之不可能；給付之履行，違反法律之規定者，則爲法律上之不可能矣，如以不融通物爲買賣之標的物等是。關於法律上之不可能，法國民法亦有明文之規定，即第一千一百二十八條謂：『得爲契約之標的物者，以融通物爲限』是也。現代學者，對於給付之不可能性，更有其他分類：（一）絕對的不可能與相對的不可能，（二）原始的不可能與嗣後的不可能，（三）主觀的不可能與客觀的不可能等是也。

（二）給付須屬合法

給付於事實上或法律上爲可能者，未必盡然合法。不合法之給付，指法律所禁止或處罰者之謂，例如不道德之事項或妨害公共秩序者，均屬之；我國民法第七十二條謂：『法律行爲有背於公共秩序或善良風俗者無效；』瑞士債權法第十九條第一項亦謂：『契約之標的爲不可能不合法或違反善良風俗者其契約無效』蓋國家立法以維護社會安全，提高人民道德爲目的，故不承認是項契約與給付之效力也。

（三）給付須經確定或嗣後得以確定

給付如未明定其內容，亦須嗣後有確定之可能；殆非然者，債務人將隨便免其責任，致債權人無從行使權利矣；例如泛稱買賣房產一所，既未明定其種類，債務人將交付大都市中之高樓大廈耶？抑鄉村中之茅廬草舍耶？此其間出入既大，債之標的更無確定之可能矣。法國民法第一千一百二十九條第一項謂：『債之標的，至少須確定其種類』；蓋種類等項苟經確定，則債之標的有嗣後確定之可能耳，至於如何可謂確定或嗣後得以確定，則為事實問題，隨各給付之性質而異其旨趣，固無共同之原則也。

（四）給付須於債權人有益

給付有無利益，以債權人主觀的利益為標準；然則是項利益，須為金錢上之利益，抑精神上之利益耶？依延陵氏之說，則以純粹精神上之利益為已足；但延氏之說，未必盡當，蓋羅馬債權人基於給付有精神上之利益者，每附定違約金於債務人不履行時，則以請求給付違約金為行使主債權之方法也。是項違約金之特約，於買賣奴隸時，往往用之，例如出賣人因愛惜奴隸，令買受人相約不虐待之，並於不履行是項給付時，給付違約金若干是也。「給付所供之利益，不以屬於金錢為限」之理論，現代法例亦多受羅馬法之影響，例如我國民法第一百九十二條謂：『給付不以有財產價格者為限』，日本民法第三百九十九條謂：『債權雖不得見積於金錢者，得以之為其目的』；等是也。至於精神上之利益之有無，其標準若何，抑亦學理上之重要問題，學者於此，分主觀說與客觀說兩派：前者謂給付有無利益，以債權人主觀之見解為標準；後者則謂給付於債權人有無利益，應以一般常人之見解為標準。按此兩說，當以客觀說較為合理，例如以繪畫一小幅為債之標的時，極幼稚之圖畫，依一般常人之見解，無藝術上之價值者，債權人或以為奇貨可居，堅令債務人繪畫之；若依主觀說，債務人應履行之，則實際上債權人基於是項債之關係，並無利益可言，法律自無保護之必要也。

第三款　給付之分類（債權之分類）

債權之標的物性質未必盡同，給付之方法，亦不一致，故學者每分類言之；而債權之分類，則概以給付之分類爲標準者；例如以特定物爲債之標的物者，曰特定給付，亦曰特定債權等是。然則給付之分類與債權之分類，實二而一者，故學者概將債權之分類，列入給付之部分也。茲將債權之分類，分別言之如次：

（I）單一債權與集合債權

前者，指債權以單數物件之給付爲標的者而言；後者，則指當事人間同一之債之關係，而以多數物件之給付爲標的者而言，例如買馬四匹等是。但多數標的物，未必卽構成集合債權；蓋依物之性質多數物組成集合物時，仍視爲單數之物件也，例如米穀一斗，圖書一部，數百圓之款項一宗等是。

（II）任意債權與選擇債權

任意債權云者，乃債務人得以他種給付代替原給付之債權也，例如債務人約定給付書籍一部之債務，於不給付時，得給付銀洋拾元以代淸償等是；債務人以他種給付代替原給付之權利，曰代用權，亦曰補充權，我國民法雖未直接規定，但同法第三百十九條謂：『債權人受領他種給付以代原定之給付者，其債之關係消滅。』云云，是亦承認任意給付之效力矣。選擇債權云者，得從數個給付中選定一個給付以爲標的之債權也，例如債務人給付書籍一部或銀洋若干等是；選擇權，原則上屬於債務人，但法律另有規定或契約另有訂定者，不在此限。是項原則，現代法例多採用之，我國民法第二百零八條亦有同樣之規定也。就理論言，任意債權與選擇債權，兩者間基本之區別，厥爲標的上多數與少數之區別：選擇債權之標的，係屬多數，而債務人所應履行者，則一而已；至於任意債權之標的，祇一而已，而債務人所得履行者，則有兩個；質言之，選擇債權中，各個給付均爲債權之正式標的，任意債權中，祇以一個給付爲債權之正式標的，而其他給付債務人所得用以替代原定之給付者，祇其補充之標的也。基此原則，此兩種債權，發生下列三種區別：（一）任意債權之原定標的，因不可抗力而不能履行時，債務人即免其責；而在選擇債權，則非各個給付均因不可抗力而不能履行時，債務人仍不免其責任；（二）原定之給付爲不可能或缺乏其他要件時，任意債權即不能成立；但在選擇債權，各個給付中，苟有一個健全之給付，雖其他給付爲不可能或缺乏其他要件，而債權之本身，仍得視爲成立也；（三）在任意債權中，債務人未表示拋棄其代用權時，縱有履行原定債權之意思表示，仍得行使其代用權，以他種給付代替之；但在選擇債權，債務人向債權人表示選擇時，其選擇權即歸消滅，而不得以他種給付代替選定之給付矣。

（III）種類債權與特定債權

以交付不特定物爲標的之債權，曰種類債權，亦即以同種類數量之物件爲標的物之債權也，例如當事人約定一方給付中國煤炭十噸於他方等是；反之，給付之標的物經個別指定者，曰特定債權，例如當事人約定以債務人之某部汽車爲給付之標的物等是。種類債權，自始雖無特定給付物，在某種情形之下，亦視爲有特定給付物，而成爲特定債權焉；至種類債權，何時得視爲變成特定債權，各國法例判例，不同其標準：有採分離主義者，即債務人從同種類之物件中取出給付物時，該物即視爲特定給付物；有採給付完了主義者，即債務人交付同種類物件之必要行爲完了時，該物始視爲特定給付物；有採受領主義者，即債權人受領給付時，同種類之物件，始視爲特定給付物。我國民法倣德日民法採取折衷主義，故同法第二百條第二項謂：『前項情形，（指種類債權言）債務人交付其物之必要行爲完結後，或經債權人之同意指定其應交付之物時，其物即爲特定給付物。』標的物爲特定物時，發生法律上重要之效果：特定給付物因不可抗力而滅失時，債務人即免其責任，此其一；特定給付物，因債務人之過失而滅失時，債務人亦祇負損害賠償之責，而無給付同種類物件之義務，且買賣之標的物爲特定物者，依我國前大理院三年上字第三七五號判例，債務人（賣主）更無以同種類數量之物件代替原給付物之權利，此其二；上述兩點，爲特定給付及種類債權中給付物已經確定之效果，而與一般種類給付，劃然不同者也。以言種類債權，其標的物既非特定物，其品質復有高下之分，故最公允適當之道，應以法律行爲之性質或當事人之意思，定其品質；不能依是項方法定其品質時，債務人應給付中等品質之物件，我國民法第二百條第一項有同樣之規定，且亦現代各國法例所採用之通則也。

（IV）金錢債權

金錢債權云者，即以給付一定數量之貨幣爲標的之債權也。金錢債權之標的物，並非特定金錢；例如：某甲將金錢若干儲藏於保險箱內，寄託某乙處，則其債權爲特定物之債權，而非金錢債權也。貨幣爲便利貿易之工具，更有法定貨幣與自由貨幣兩種：前者，係指有強制通用之效力者而言；後者，則爲可以通用而無強制通用之效力之貨幣也。再金錢給付之內容性質亦不盡同，故現代學者分「金額給付」與「金種給付」兩種：金額給付云者，以一定金額爲標的物而不以某種貨幣爲限之給付；金種給付云者，則以某種金錢爲標的物之給付也。無論爲金額給付或金種給付，除當事人間有相反之約定外，如約定之貨幣至給付期喪失通用效力，債務人均得用通用貨幣履行給付也。

（V）利息債權

利息債權云者，以給付利息爲請求標的之謂；而利息云者，則以替代物爲標的物之債權中債務人依一定之利率給與債權人之報償，與主債務之額數及存續之期間成正比例，而與主債權之標的物同種類之替代物也。利息爲原本之報償，乃孳息之一種，利息債權，亦卽附屬於原債權之從債權，故其成立也，必以主債權之成立爲要件，而主債權消滅時，利息債權，亦歸消滅；反之，從債權雖經消滅，而主債權仍能單獨存在也。利息債權之標的物，雖不以金錢爲限，而事實上，除金錢外，鮮有以其他代替物計算利息者。利息分法定利息與約定利息兩種：法定利息者，法律規定之利息；約定利息，則由當事人約定之利息也。就理論言，關於利息之約定，當事人固有絕對之自由；但社會經濟發生恐慌時，金融板滯，供不應求，重利盤剝者流，遂提高利率，剝削貧民，而一般貧民亦唯有重利借貸，飲酖止渴，其結果極不人道，故羅馬法對於利息之約定，規定嚴格之限制，以救濟之也。是項限制，共有三種，茲分述如次：

（一）關於利息總額之限制　未付利息之總額，不得超過原本之額數；質言之，到期而未給付之利息，已等於原本之額數時，原本卽不得繼續孳生利息，卽俗稱「一本一利」或「子不過母」之意，我國前淸律例謂：

『私放錢債年月雖多，不得過一本一利，』殆亦參照羅馬法之規定也歟？我國民法第二百零五條規定最高之利率不得超過週年百分之二十，同法第一百二十六條又規定利息各期給付之請求因五年間不行使而消滅，則債權人依此利率所得請求之利息總額，適爲原本百分之百，亦即與原本相等，故關於利息總額，民法之規定與前清律例之規定，實有完全相同之結果也。

（二）關於複利之限制　羅馬法禁止未付之利息滾入原本再生利息，縱當事人約定自請求給付時起得將利息加入原本其約定亦不生法律上之效力，我國民法第二百零六條雖有「利息不得滾入原本再生利息」之規定，然該條但書復謂：『但當事人以書面約定，利息遲付一年後，縱經催告而不償還時，債權人得將遲付之利息滾入原本者，依其約定。』是仍承認有條件之複利

（三）關於利率之限制　利率云者，計算利息之標準也，如約定按月幾釐，或週年幾分起息等是。羅馬法規定之最高利率，先後不同：共和時代以還，約定之最高利率，爲週年百分之十二，但自優帝時起復減至週年百分之六；我國民法第二百零五條規定之約定最高利率，則爲週年百分之二十，較諸羅馬法及其他現代法例，可謂過高之利率矣。

對於約定利息所加之限制，事實上並無若何之效用，蓋舉債者迫於需要，急不暇擇，或於債務成立後無淸償原本之能力，縱有禁止複利及限制利率之規定，債務人依然受債權人重利盤剝之痛苦，例如我國通行惡習，有折扣原本，預付利息，借據上虛載原本，或債務人各期給付之利息多於借據所載之利息等情是也；故救濟債務人之

根本辦法，在使社會安定，金融流通，民得其所，供過於求；殆非然者，限制雖嚴，仍無裨於實際也。

(VI)損害賠償之債權

損害賠償，乃救濟損害之方法，損害賠償之意義，與刑罰之意義有別：後者之目的，在懲戒加害人之行爲，而前者之目的，則在塡補受害人所蒙之損害而已；故損害賠償之債權，亦即以塡補損害爲標的之債權也。然是項債權，有自債權成立伊始，即以賠償損害爲標的者，是爲原始之損害賠償債權，如基於侵權行爲或保險契約而發生之債權等是；有自其他債權成立後方始成立，而本來不以賠償損害爲債之標的者，是爲傳來之損害賠償債權，如因債務人違反給付之本旨而發生之債權等是。損害賠償之目的，既在塡補受害人所蒙之損害，應以回復損害未發生前之原始狀態爲原則；回復原狀太感困難，甚至不可能時，得以金錢補償之，此爲一般現代法例之通則也。但羅馬法以金錢賠償爲原則，而不必爲原狀之回復，日本民法因之；我國民法，則以回復原狀爲原則者，故同法第二百一十三條第一項謂：『負損害賠償責任者，除法律另有規定或契約另有訂定外，應回復他方損害發生前之原狀；』第二百一十五條復謂：『不能回復原狀或回復顯有重大困難者，應以金錢賠償其損害。』且依同法第二百一十四條之規定，應回復原狀者，如經債權人定相當期限催告後，逾期不爲回復，縱回復爲可能或並無困難，債權人仍得請求以金錢賠償其損害也。

以金錢賠償損害時，計算之方法有二：或依市價估計債權人所失物件之價值，是爲「客觀實價(verum rei pretium)」之計算；或以債權人主觀之利益爲標準，估計其所受損失或所失利益之價值，是爲「主觀利益(utilitas creditoris)」之計算依第二項方法計算者，多爲因不履行債務而發生之損害。「客觀實價」之計算，極爲簡易，不至發生若何困難；「主觀利益」之估計，則不易過及適中而收公平之效果。總之計算損害時，無論採取何種方法，須具備三項條件：其一，須實際上發生損害；其二，須損害與可歸責於債務人之事由有因果關係；其三，須損害之發生，爲債務人所能預見。茲分述如後：

（一）須實際上發生損害　是項原則，羅馬法系之現代法例，均採用之；但英國法系，則不以損害之存在爲賠償之要件，質言之，依英國法系之法例，凡侵害他人權利者，縱令實際上並未發生損害，仍不免其責任也。損害，可分財產上之損害與非財產上之損害：前者，係指所受之不利益，有財產上之價格者而言；後者，則指所受之不利益，如生命、身體、名譽、姓名、自由等方面之損害，而有財產價格以外之價值者而言。有財產價格之損害，應依債權人財產上主觀之價值計算之，而不得依其精神上主觀之價值計算之也；例如：某甲有古書十部，爲其祖先之遺產，如以其業務上之需要爲估價之標準，值洋百元，則該書因他人之侵權行爲而損失時，甲祇得請求百元之數，而不得藉口係祖先之遺產，精神上之價值極大，而以百元以上之給付爲請求之標的也。依現代法例之規定，關於非財產上之損害，亦得請求賠償；我國民法第十九條謂：『姓名權受侵害者，得請求法院除去其侵害，並得請求損害賠償；』同法第一百九十五條謂：『不法侵害他人之身體、健康、名譽或自由者，被害人雖非財產上之損害，亦得請求賠償相當之金額；』則皆其實例也。

損害又分積極之損害與消極之損害兩種：積極之損害云者，因某種原因事實，致減少現存之既得利益之謂，如現存之物被毀損滅失等是，羅馬法稱曰「dommanum emergens」，亦即我國民法第二百一十六條所稱之「所受損害」也；消極之損害云者，則因某種原因事實，致可得之未來利益不能實現之謂，例如債權人所有牛馬之勞務，每日可有十元之收入，因可歸責於債務人之事由，致十日內不能工作，卒使債權人可得之百元收入無從實現等是；至其牲畜因受傷而減少之價值，則又積極之損害矣。消極之損害，羅馬法稱曰「lucrum cessans」亦即我國民法第二百一十六條所稱之「所失利益」也。

（二）須損害與可歸責於債務人之事由，有因果關係　此兩者間之因果關係，爲客觀之因果關係；損害賠償債權之成立，固不以有是項直接之關係爲必要，然此關係如太間接，致損害之發生與損害所由發生之事由相去懸遠時，債權人亦不得主張之也；例如某甲因被乙傷害而往醫院就醫，途中遺失銀洋千元，而甲對乙之損害賠償債權，除醫藥費及因不能工作而損失之利益外，不得包括其所遺失之銀洋也。

（三）須損害之發生爲債務人所能預見　即所生之損害，須於契約成立時或事由發生時，爲債務人所能預見之事實是也。是項條件之適用範圍，以損害賠償債權之因契約而發生者爲限，質言之，其因法令而發生者，損害賠償債權之成立，不必具備是項條件也。且損害因契約關係而發生者，債務人如屬惡意，其所負之責任則愈大，例如：某甲將明知有傳染病之牲畜出賣於乙，乙將該牲畜與其他牲畜置諸一處，卒致全羣牲畜均染病疫而死，則全羣牲畜之損失，均應由甲負賠償之責任也。

再發生之損害，可根據市價而計算其客觀之實價者，固不至有不公平之結果，但以債權人主觀之利益爲標準，而計算其損害之金額時，雖有上述三種條件債務人所賠償者與發生之損害，仍難相當；故羅馬法規定下列三種標準，以定損害賠償之範圍也：

（一）損害之金額，不易估定者，法官得命受害人本人陳述所蒙損害之金額，並令其爲確係據實陳述之宣誓，但法官並不受其拘束，對其宣誓陳述之金額，仍得爲酌減之裁判也。

（二）法律進步時期，金錢債權中債務人逾期不爲給付時，債權人祇得請求法定利息，而不得主張以其他損害爲請求賠償之標的也。

（三）依優帝時代法律之規定，凡損害之價格，不能爲準確之估計時，債務人所賠償者，不得超過其「客觀實價」之兩倍。

關於損害賠償之範圍，現代法例，亦多有明文之規定，我國民法第二百一十六條謂：『損害賠償，除法律另有規定或契約另有訂定外，應以塡補債權人所受損害及所失利益爲限，依通常情形或依已定之計劃設備或其他特別情事可得預期之利益，視爲所失利益，』云云，其一例也。再賠償義務人負賠償之責任，本以損害之發生因其應負責之事由所致者爲前提，如損害之發生或擴大，被害人亦與有過失，依其過失之輕重，酌由被害人共同負責，或本人自負全責，則亦事理之平，故依我國民法第二百一十七條第一項之規定，對於加害人之責任，「法院得減輕賠償金額或免除之」也；且依同條第二項之規定，「重大之損害原因，爲債務人所不及知而被害人不預促其注意，或怠於避免或減少損害者，」被害人卽視爲與有過失，而減輕或免除賠償義務人之責任矣。是項原則，現代法例，多採用之，抑亦現代學者所謂「過失相抵」之理論也。

第四節　債之效力

第一款　總論

債之效力云者，就債權人言，爲其基於債權關係之權能，就債務人方面言之，則債務人本於債權關係所應負之義務也。是項權義關係之主要客體，卽給付是已，亦卽債之主要效力也。債務人本於債之關係而負給付之義務，故怠於履行是項義務時，應受法律上之制裁，加重其責任。債務人不爲相當之給付，債權人固得請求法院強制執行，但給付之內容，如爲債務人之行爲，債權人猶難因強制執行而受給付之完全利益，故法律規定債務人損害賠償之義務，以救濟之；反之，債務人已依債務本旨而爲給付時，如債權人拒絕受領或不能受領，債務人亦將因以蒙受不利益之結果，故在此情形之下，法律減輕債務人之責任，使怠於受領之債權人，亦受私法上之制裁也；總之，債權人受領遲延及債務人給付遲延之責任，均以雙方之權義關係爲根據，故亦爲債之效力也。給付及遲延，均爲債之效力，已如上述，但債務人處分其財產或怠於行使其權利，致債權人蒙受不利益時，債權人雖得請求賠償損害，終不足以預防損害之發生，故法律規定在此情形之下，債權人得行使代位權或廢罷權，以保全其債權，此所以是項保全之權能，亦爲債之效力之一種也。至於定金及違約金，羅馬法作者，均視爲債之擔保方法，而與抵押權、質權、保證等項，另成章節，給付不能與契約之解除等項，亦鮮有列入債之效力之部分者；茲依我國民法之編制次序，分債之效力章爲；（一）給付，（二）遲延，（三）保全，（四）契約等四節，分別論述如後。

第二款　給付

（I）給付之原則

債務人有給付之義務，已如上述，給付云者乃債務人實現債權內容之行爲或不行爲也；我國民法或稱履行，或稱清償，或稱給付，名詞不一，而意義實同，惟就債權之效力言多稱履行，就債權之消滅言多稱清償，就債權之標的言則多稱給付耳。債務究應如何履行，固以各個債權之關係爲標準，而給付之一般原則，亦有下列兩種：即（一）須依誠實及信用方法而爲給付，（二）須依債務本旨而爲給付是也。所謂誠實及信用方法者，即給付方法之標準，羅馬法雖無明文之規定，然違反誠實及信用方法之給付，固爲法律所不許，現代法例，關於此點，有以明文規定之者，例如：德國民法第一百五十七條謂：『契約須依交易上之習慣信義以解釋之，』法國民法第一千一百三十四條第三項謂『契約須以善意履行之，』我國民法第二百一十九條謂：『行使債權，履行債務，應依誠實及信用方法，』等是也。所謂依債務本旨而爲給付云者，即給付之標的、給付地、給付日、給付人、給付之方法等項，均須遵守債權關係所定之內容是也。是項原則，現代法例多援用之，我國民法第二百三十五條前段謂：『債務人非依債務本旨實行提出給付者，不生提出之效力，』其一例也。

（II）不給付或不完全給付

債務之全部或一部不履行時，無論其原因如何，其致債權人蒙受不利益則一也；是項不利益，應由債權人負擔，抑由債務人負擔，則於此所應研究者。不給付或不完全給付，其原因有三：卽（一）故意、（二）過失、（三）意外事變是也。故意云者，以惡意違反義務之謂；過失云者，則因怠於注意而違反義務之謂。又有重過失與輕過失之分。不給付或不完全給付，因債務人之故意或重過失而發生者，債務人應負責任，此乃一般之原則，我國民法第二百二十條之規定，亦以此爲精神者也；其因輕過失而發生者，債務人得因契約之規定而免其責任。我國民法第二百二十二條祇禁止免除故意或重大過失之責任，而不限制輕過失責任之免除，殆亦本乎此歟？關於輕過失責任之免除，無明白之約定時，則債務人負輕過失之責任與否，以債務人就債之關係享受利益與否爲標準：債務人就債之關係享受利益時，就其輕過失，亦應負責，例如租賃買賣等雙務契約中之債務人等是；反之，如債務人就債之關係並無利益可享，縱有輕微過失，亦不負任何責任，但依羅馬法之規定，代理人、監護人、保佐人三者，雖無任何報酬，就其輕過失，仍不得免除其責任，似非衡平之道也。至於意外事變（casus），則債務人之故意或過失以外之事實也。意外事變可分自然之事件與人爲之事件兩種：前者指自然界之變動而言，如天災、地震等屬之；後者則指債務人以外之第三人之行爲而言，如竊盜、放火等屬之。總之，債務人除有故意或過失外，就意外事變，不負責任也。

（III）給付不能

給付不能云者，卽不能依債務本旨而爲給付之謂；給付不能，有廣狹二義：實際上無給付之可能者，是爲狹義的不能；實際上雖屬可能，若債權人所得利益與債務人所供犧牲兩者相差懸遠，致失公平之原則者，亦以不可能論，是爲廣義的不能。此二說當推廣義說爲當也。

給付不能時，是否應由債務人負責，則以不能之原因是否因歸責於債務人之事由所致爲標準。質言之給付不能，如因意外事變或其他不可歸責於債務人之事由而發生者，債務人卽免除給付之義務，標的物毀損時，債務人得交付殘餘之物以代給付；但爲種類給付時，不在此限。例如：給付標的物爲特定良馬一匹，該馬因瘟疫而死，或被人刼奪，或打傷致死時，債務人卽免除給付義務；至於種類給付，債務人雖因不可歸責於己之事由而毀損或滅失某種物件，仍得以其他同種類之物件履行債務，故不發生給付不能之問題，自不得引爲免除給付義務之原因也。

給付不能，如爲可歸責於債務人之事由所致者，債務人應向債權人負損害賠償之責，此亦最公平之道，蓋債務人既因故意或過失致債權人無受領給付之可能，自應賠償其所受之損害也。給付全部不能時，固無論已，卽一部不能時，如係歸責於債務人之事由所致，則債權人除就可能部分得請求給付外，就不可能之部分，仍得請求損害賠償；且其一部可能給付之受領，於債權人無相當之利益時，債權人更得拒絕受領，而請求全部不履行之損害賠償也。

(IV)代償請求權

因不可歸責於債務人之事由致給付不能時，債務人得免除給付之義務，此爲保護債務人之原則；但債務人因所有物毀損或滅失而對第三人所得主張之物權或賠償請求權，不啻爲毀損或滅失之標的物之代價，債務人既因給付不能而免除義務，如是項權利，仍歸債務人行使，則債務人反因給付不能而享受意外之利益，自非法理之平，故羅馬法及現代法律規定，債權人得請求債務人移轉是項權利以代給付也。我國民法第二百二十五條第二項及二百二十八條，有同樣之規定；至羅馬法上債權人所得向債務人主張之移轉權利請求權，亦即我國法學者所稱之「代償請求權」是也。

（V）無支付能力之債務人

因不可歸責於債務人之事由致給付不能時，債務人免除給付義務，已如上述，然此祇就客觀之不能而言，若債務人之財產不足清償債務，仍不得免除其給付之義務也。有給付之義務者，不爲給付或給付不完全時，債權人固得請求損害賠償，然對於無支付能力之債務人，較有利益之辦法，厥爲依保全程序保全債權，或於判決確定後請求法院強制執行而已。依現代法例，即至執行時期，亦以債務人之財產爲執行之對象，而不得限制債務人之行動自由，如我國民事執行規則，雖有短期管收債務人之規定，然純以避免債務人隱匿財產處分財產爲目的，僅屬便利執行判決之手段，而拘束債務人之身體，究非債權人行使債權之主要方法也。但在羅馬則不然，依羅馬古代之理論，債之效力使債權人之身體與債務人之身體發生一種密切關係，基此唯物觀念，故債權人得拘束債務人之身體，是爲「對人執行」，直至羅馬建國後第五世紀中葉，始有「對物執行」之規定，即執行債務人之財產是也。茲將羅馬法上所謂「對人執行」與「對物執行」之演進情形，分別言之如次：

（一）「對人執行」　對人執行之制度，自十二表法始，依該表法之規定，至給付期時，債權人得任意扭拘債務人，並得私自監禁之，如第三者出爲債務人張目而聲明債權人之行爲不當，得強令債權人將債務人提交法院審理，並應與債權人發生新訴訟關係，而對其行爲不當之主張，負舉證之責；該第三人敗訴時，則完全處於債務人之地位，爲債權人執行之對象。在債務人被拘禁時，如無人出而干涉，則經過相當之期間後，債權人對之有生殺予奪之權，有出賣爲奴隸之權；嗣以是項制度不合人道，學者非之，而法律思想，亦逐漸進步，故法律規定，「對人執行」時，須經法院之審理，其絕對之性質，遂漸殺矣。繼而法律更禁止債權人殺害債務人之行爲；迨法律進步時期，債權人對於被執行之債務人之權能，祇爲強迫使之工作，以至債務清償之時期而已。

（二）「對物執行」 至羅馬建國後第五世紀中葉，始有對物執行之制度，然此祇爲「對人執行」之補充制度而已；質言之，債權人對債務人之身體而爲執行或執行其財產，二者雖不得兼，然有自由選擇之權能。執行財產時，以債務人之全部財產爲對象，其效力更及於已到期及未到期之各個債權。是項財產之賣價，有一定之支配方法，現代法例，關於破產財團之規定，多援用之，即所得之賣價，先充保全債權之費用，如管財人之酬金及出賣之費用等是，次充死亡之債務人之喪葬費，次按比例充一般債權之給付；如係連帶之債因債務人與第三人之共同「私犯」行爲而發生者，則於抵充上述各項用途後，始得就債務人之全部財產之賣價爲清償之主張也。關於債務人之財產之出賣，羅馬法最初定有特殊之規則：出賣時，須就全部財產爲單獨之買賣行爲，而不得個別出賣其一部，此其一；賣價不以金錢之額數爲計算之標準，僅依各債權之總額之百分數而計算之，此其二。此兩種規則，於債務人及各債權人均不利益，至帝政時代伊始，以得法院許可者爲限，得分別出賣債務人之財產，並得以金錢之額數，計算賣價，是爲「財物之零賣（discractio bonorum）」；迨德爾道細語斯二世帝時代，是項出賣之新方式，遂成普遍之制度矣。

「對物執行」或「對人執行」，債權人初本有選擇之權能；嗣經育利亞法（Lex Julia）之規定，除當事人間合意「推產(cessio bonorum)」者外，以處境困難之債務人而有善意者爲限，得將其所有財產全盤托出，由債權人出賣以避免債權人對其身體而爲執行，是爲「法定推產」。「推產」爲債務人與債權人間之委任行爲，除移轉占有外，不生移轉所有權之效力；故在財產尚未出賣前，債務人得解除推產之關係，而債權人仍得就原債權向之訴追執行也。繼而，「對人執行」一變而爲補充之執行方法，質言之，債務人有財產時，應儘先執行其財產，而不得就其身體而爲執行；迨優帝時，關於「對物執行」，復有合理之改進，卽債務人不依判決執行時，必須債權人就債務人之財產請求移轉占有後，始得拍賣其財產，但當事人間約定「推產」以代淸償者，不在此限。

第三款　遲延(mora)

遲延云者，當事人之一方因可歸責於己之事由怠於給付或怠於受領之謂：因可歸責於債務人之事由而發生者，謂之給付遲延，亦曰履行遲延，羅馬法稱曰債務人之遲延；其因可歸責於債權人之事由而發生者，則謂之受領遲延，羅馬法稱曰債權人之遲延。茲就各種遲延之要件及其效果，分別言之如次：

第一目　債務人之遲延(mora debitoris)

（Ⅰ）給付遲延之要件

給付遲延之成立，須具備下列三項要件：

（一）須爲債權人可以請求履行之債務　遲延責任，爲違反債務本旨之一種制裁，如債之關係，依法不能成立或得以撤銷或債務人有其他正當之抗辯致債權人依法不得請求履行時，則債務人對之無給付之義務，自不負遲延之責任也。

（二）須未爲給付係因歸責於債務人之事由所致　我國民法第二百三十條謂：『因不可歸責於債務人之事由致未爲給付者，債務人不負遲延責任，』殆與羅馬法取同一之原則；德國民法第二百八十五條及瑞士債權法第一百零三條第二項，亦有同樣之規定。因不可歸責於債務人之事由致未爲給付者，學者稱曰「事變遲延，」但未爲給付，以其原因爲債務人所未能預料者爲限，得視爲事變遲延，如債務人缺乏金錢，致未爲給付，仍負遲延之責任，但債務人用以履行債務之金錢，被竊被搶或偶爾遺失時，則未爲給付，係爲意外事變所致，與缺乏金錢之通常情形有別，債務人並不負遲延之責任也。

（三）須債權人曾爲給付之催告　債務人經催告而不爲給付時，始負遲延之責任，此其原則也；然在下列三種情形之下，縱債務人未經催告，亦負遲延之責任焉。

（1）因私犯行爲占有物件者，自占有該物時起，即負遲延之責，是爲「返還遲延(mora restituendi)」。

（2）債務人因規避給付義務而逃遁他處，致債權人不明其所在地者，自債權人起訴時起，負遲延責任，此爲當然之例外；蓋在此情形之下，債權人無從催告也。

（3）在十九世紀以前，學者多謂給付有確定期限者，債務人自期限屆滿時起，不待催告，即負遲延責任；今之學者，則反對此說，並謂依羅馬法之精神，債務人因給付確期之到來而負遲延責任，以當事人有特約者爲限，苟無特別約定，給付雖有確定期限，該期限屆滿後，仍以債權人之催告爲負遲延責任之要件也。

關於遲延之要件，法蘭西法系，均採用羅馬法之原則，例如依法國民法第一千一百三十九條之規定，除契約明定於期限到來時債務人不待催告卽負遲延責任外，無論不給付之原因如何，須經債權人催告或爲類似催告之行爲後，債務人始負遲延之責任也；瑞士債權法第一百零二條，日本民法第四十二條，我國民法第二百二十九條，及德國民法第二百八十四條，與法國民法略同，質言之，債務人負遲延責任，亦以經過催告爲要件，但給付定有確定期限者，或當事人之一方得任意指定給付期限並通知他方者，自確定期限或自通知之指定期限屆滿時起，債務人卽負遲延之責，而不若法國民法以約定不待催告爲要件也。

（II）給付遲延之效果

依債務本旨而爲適當之給付，乃債務人應盡之義務；債務人不履行是項義務時，非特於己爲不當，更致債權人蒙受損害，故法律對於給付遲延之債務人，必加重其責任，以制裁之，並所以保護債權人也。至債務人因給付遲延所負之責任，可分下列數種：

（一）債務人應賠償因遲延所生之一切損害　因給付遲延致債權人蒙受損害時，債務人應賠償之，我國民法第二百三十二條第一項，亦有同樣之規定。其在羅馬法，債務人所應賠償者，範圍極廣，例如：債之標的物爲產生孳息之物件時，債務人就標的物應賠償之孳息，不以已收穫者爲限，而以善良管理人所可收穫者爲計算孳息之標準，故債務人所應賠償之孳息，有時超越債權人所得收穫之孳息也；再如債之標的爲金錢之給付時，給付遲延之債務人，應自遲延時起依法定利率支付利息，但亦以此爲限，縱當事人約定之利率較高，是項遲延利息，仍依法定利率計算之也。我國民法第二百三十三條第一項前段謂：『遲延之債務，以支付金錢爲標的者，債權人得請求依法定利率計算之遲延利息。』殆與羅馬法盡同；但該條第一項但書復謂：『但約定利率較高者，仍從其約定利率。』云云，則與羅馬法有別矣。

（二）債務人對於過失或意外事變均應負責　自遲延時起，因重過失或輕過失致債權人受損害時，債務人固應負責，卽因意外事變而生之損害，通常不歸債務人負責者，遲延中之債務人仍不得免其責任，但債務人能證明其縱未遲延給付仍發生同樣之損害時，不在此限。例如：債務人甲應向乙給付馬一匹，在遲延給付中，債務人甲所應給付之馬，因瘟疫而斃，乙與甲相距不遠，乙所有之馬，亦因同一之瘟疫而歸消滅，則債務人甲縱將標的物如期交付與乙，而乙就該馬所發生之意外損失，仍難倖免，根據遲延之意義，債務人對此意外事，自不應負若何責任；但債權人如能證明其假使如期受領該馬，已將其出賣或借貸或寄託於瘟疫所未波及之處所，則債務人仍不免其責任，蓋在此情形之下，馬匹之損失，雖直接由意外事變所致，溯其遠因，仍在債務人給付之遲延也。

（III）給付遲延之消滅

給付遲延之消滅云者，卽債務人免除給付遲延責任之謂，其原因有下列四種：

(一)債務本身消滅者，

(二)債權人准許展緩給付之期限者，

(三)債權人拋棄其因給付遲延所得主張之權利者，

(四)債務人提出履行主債務及因遲延所生之從屬債務之要約者。

第二目 債權人之遲延(mora creditoris)

(I)受領遲延之要件

債權人之遲延，即債權人受領遲延之謂，債權人負受領遲延之責任，須具備下列三種條件：

(一)須為債權人利益而確定之清償期已經屆滿 就債權人之利益言，受領給付需要相當之準備，債之給付無確定期限時，債權人不知其何時給付，固無從為受領給付之準備，即使有確定期限，而依債之性質，或依當事人約定債務人得於清償期前為給付者，則債務人所得提前給付之期限，亦為債務人之利益而設定者，且債權人仍不知其何時給付，無從為受領之準備；故在此期間若債務人未為受領給付之通知或提出給付，仍不因債權人一時未即受領而構成受領遲延之要件。反之清償期如為債權人之利益而設定者，則受領期限屆滿時，即構成受領遲延之要件，例如債務人因債權人之催告而約定期限者等是。

(二)須受領遲延係因歸責於債權人之事由所致 期限屆滿後，苟債之清償，須債權人為協助之行為或對待之給付，則債權人拒絕履行是項義務，或因基於債權人本人之事由，致不能履行時，即負受領遲延之責；

及之，如債之清償，無須債權人爲協助之行爲，並未拒絕受領，或因不可歸責於其本人之事由致未能協助或履行其他義務時，不構成受領遲延之要件。我國民法第二百三十四條謂：「債權人對於已提出之給付，拒絕受領或不能受領者，自提出時起，負遲延責任。」是債權人是否負遲延責任，以其卽時受領與否爲斷，不能受領之原因如何，在所不問；質言之，縱因不可歸責於其本人之事由致未能受領者，債權人仍負遲延之責。再依同法第二百三十六條之精神，因債權人未卽爲受領之準備者，僅就「一時」不能受領之情事，不負遲延責任；「相當期間」云者，指準備受領所需要之時間而言，苟過此時間而不受領，雖因不可歸責於本人之事由所致，債權人仍負遲延責任。於此數端，實可證明我國民法對債務人保護之周密，較諸羅馬法更勝一籌也。

（三）須債務人已依債務本旨提出給付　所謂依債務本旨者，卽提出之給付，關於給付期、給付地、給付人、標的物、當事人之能力等方面，確具備適當給付所應有之各種條件之謂。給付之提出，可分兩種：一曰「實行提出給付」，二曰「通知提出給付」。前者，係指債務人已完成給付之必要行爲，僅待債權人受領者而言，例如債務人已將給付標的物置諸債權人卽可受領之處所等是；後者則債務人通知債權人已爲給付之準備，並催告其實行受領或完成其他協助行爲之謂。使債權人負遲延責任，原則上，須債務人依債務本旨實行提出給付；但通知提出給付，於下列兩種情形之下，亦與實行提出給付發生同一之效力：卽（a）債權人預先有拒絕受領之表示者。（b）給付必需債權人爲協助之行爲者。在第一種情形之下，債務人既預知債權人行將拒絕受領，卽使實行提出，亦難實行給付，故得以準備給付之通知，以代提出；在第二種情形之下，債權人之協助行爲，需要相當之準備，則不預先通知，未必即能完成受領之行爲，縱使債務人實行提出給付，亦難即達給付之目的，故亦得以準備給付之通知，以代提出也；我國民法第二百三十五條之規定，殆與羅馬法上是項受領遲延之要件，完全相同者也。

(II)受領遲延之效果

受領遲延之要件，已如上述，各種要件完成後，即發生重要效果，茲分述之如次：

(一)受領遲延之債權人，對於債務人所受之損害，因其受領遲延所致者，應負賠償之責。是項損害，事實上，均爲債務人就給付物所支出之費用，例如牲畜之餵養費用或其他動產之保管費用等是。

(二)受領遲延，減輕債務人之責任：例如債務人負輕過失之責任者，自受領遲延時起，僅就故意或重過失負其責任，其因特約須負意外事變之責任者，自受領遲延時起，就提出之標的物所生之危險，即由債權人負其責任，而債務人不負擔之也。縱標的物爲不特定物，提出後，亦以特定物論；蓋債權人既應受領，則無論其爲特定物或不特定物，苟受領之，其受領後發生之危險，均由債權人負擔，故自遲延時起，債務人應免除負擔危險之義務也。

(三)債務人得將標的物提存於官廳指定之處所，以代給付。依現代法例之規定，縱依給付物之性質，有毀損滅失之虞，不能提存原物或提存需費過鉅時，債務人如欲免除責任，亦應聲請法院拍賣，提存價金，以代給付，如我國民法第三百三十一條，日本民法第四百九十七條，瑞士債權法第九十三條，德國民法第三百八十三條及三百八十四條之規定等是。依羅馬古法，債務人催告受領遲延之債權人後，得拋棄給付物以免其責任；嗣以此制未盡公平，乃略加修改。依據新法，債權人雖受領遲延，債務人欲免除責任，亦應將給付物提存官廳，或寄託私人保管。但依新法，給付物有毀損滅失之虞，不能提存或提存需費過鉅時，債務人仍得拋棄之，以代給付，是項規定，固仍難認為完善；然而後世法例，以羅馬法為淵源而有不斷之進步，亦於此略見一斑。我國民法第二百四十一條第一項謂：『有交付不動產義務之債務人，於債權人遲延後，得拋棄其占有。』似猶羅馬法之遺迹也歟？依我國民法，債務人所得拋棄者，以不動產之占有為限，拋棄不動產之占有前，如債務人預先通知，則債權人因其拋棄行為所可蒙受之不利益，本不至何等嚴重；但依同法第二百四十一條第二項但書之規定，債務人不能通知者，得不經通知，逕行拋棄不動產之占有，債權人自難免蒙受嚴重之不利益，而是項規定失當之甚，殆與羅馬法上債務人得拋棄給付物之規定相埒矣！

（III）受領遲延之消滅

受領遲延之消滅云者，卽債權人免除受領遲延之責任之謂；其消滅之原因有四，茲分述之如次：

（1）債務本身消滅者，

（2）債務人准許展緩受領之期限者，

（3）債務人拋棄其因受領遲延所得主張之權利者，

（4）債權人提出受領給付及履行遲延責任之要約者。 自是項要約提出時起，受領遲延，卽歸消滅；債務人因債權人受領遲延所得主張之權利，如保管費用等項，則得就原債務之標的扣除之也。且債權人受領給付時，如不爲准許扣除之表示，債務人得拒絕給付，而受領遲延仍不得視爲消滅；質言之，受領之要約提出後，債務人仍得提存給付物，以代給付，或主張債務人對遲延之債權人所得主張之其他權利也。

第四款　保全

（I）總論　債之主要效力，即給付是已，怠於給付或怠於受領給付，即負遲延責任；遲延責任，雖云債之效力，實不啻督促當事人及時給付或及時受領之方法也。怠於給付者，固有遲延責任以制裁之；惟債務人不積極行使其權利，或故意處分其財產，致喪失給付物或減少支付能力時，債權人仍難免蒙受不利益之結果。蓋債務人怠於給付時，雖負損害賠償等遲延責任，但債務人而至無支付能力，縱經強制執行，亦難補足債權人所受之損害也。總之，遲延責任，祇足以制裁債務人於給付遲延之後，而不足以保護債權人於未受損害以前，故嗣後創設保全程序，以保護之也。是項保全制度共分兩種：一爲代位請求權，即除專屬於債務人本身之權利外，債權人得以自己之名義，行使債務人之權利，縱在本債務未到清償期前，亦得就其權利爲保存之行爲是也；一爲「廢罷訴權」，即債權人得請求法院撤銷債務人處分財產之行爲是也。此兩種保全方法之適用，必致當事人與第三人間發生直接或間接之關係，故債之保全，曰「債之對外效力」。再債之關係，本以債權人與債務人間爲限，故債之保全，亦曰「債之外延效力」也。廢罷訴權，導源於羅馬法，現代法例，多援用之。是項訴權，以撤銷債務人處分財產之行爲爲目的，故亦曰「撤銷權」；發明是項訴權者，爲羅馬大法學家保利斯（Paulius）氏，故又名「保利斯訴權」（actio Pauliana）」也。茲將其要件及其效果分別言之如次：

（II）「廢罷訴權」之要件　債權人行使「廢罷訴權」須具備下列三種要件：

（一）須請求撤銷之法律行爲有減少債務人現有財產之效果　即債務人因其行爲所受財產上之損害，須爲「所受損失」而非「所得利益」。例如債務人拒絕遺贈時，其所拋棄者，僅屬將來所可取得之財產，而現存之財產未嘗減少，則債權人不得請求撤銷是項拒絕遺贈之行爲，強使其接受之也；反之，新債務之增加，使財產上加重負擔，亦爲減少現有財產之另一方式，故對於債務人之舉債行爲，債權人得請求撤銷之也。

（二）須請求撤銷之法律行爲，有使債權人蒙受損害之效果　即債務人所爲之行爲，足使其喪失支付能力時，債權人始得請求撤銷之也。例如債務人有十萬元之財產，所負債務之總數爲八萬元，尚有二萬元盈餘；苟其處分之財產在二萬元以內，則盈虧相抵，並不至喪失支付能力，其處分二萬元以內之財產之法律行爲，亦不至害及債權人之權利，故債權人不得請求撤銷之也。

（三）須債務人於行爲時有損害債權人權利之故意　是項詐欺侵害之故意，須於行爲時曾經存在；其存在與否，則以債務人明知將因此行爲而喪失支付能力致害及債權人與否爲斷也。

（四）除無償行爲外，須第三人明知債務人之行爲係出於損害債權人權利之故意　如債務人之法律行爲，爲無償行爲，則當事人以外之第三人，不勞而獲，並使債權人無從受償，蒙受損害，顯違法理上衡平之道，故不論該第三人有無惡意，債權人均得請求撤銷之。反之，如債務人之法律行爲爲有償行爲，則以該第三人有惡意時爲限債權人得請求撤銷之；蓋就有償行爲，該第三人應爲對待之給付，苟撤銷之，則該第三人難免蒙受相當之損害，故法律於保護債權人之中，復規定是項要件，使善意之第三人，不至蒙受意外之損害也。

（III）「廢罷訴權」之效果　廢罷訴權之客體爲債務人之行爲，債權人得直接對受益之第三人行使之，亦得對其繼承人行使之；但對其繼承人起訴時，所得請求返還於債務人者，以其所得之利益爲限，直接對受益之第三人起訴時，所得請求返還之範圍，則以該第三人究爲善意或惡意爲標準。茲分述如次：

（一）第三人爲惡意時，應賠償債權人因其行爲所受之損害，其由債務人取得之財物，應返還之，其對債務人所爲之對待給付，則不得爲請求返還之主張；但自債務人之法律行爲時起，經過一年以上之「有用期間」始提起撤銷之訴時，該第三人所應返還者，以其所受之利益爲限。

（二）第三人爲善意時，所應返還者，則以其所受之利益爲限，而不負損害賠償之責任也。

第五款　契約

債之主要效力，卽爲給付，怠於給付或怠於受領給付者，有遲延責任，以制裁之，債權有受損害之虞者，有代位權及廢罷訴權以保全之，則遲延、保全二者，均與給付之實現有直接之關係，固可列入債之效力章內，他如給付不能、定金、違約金、契約之解除、契約之終止等項，或爲給付之擔保，或爲不給付對於契約之影響，亦與債之主要效力均有密切之關係，而非單純之契約問題，故我國民法將此數項規定，彙成契約節目，而與「給付」「遲延」「保全」三節，同列於債之效力章也。羅馬法作者，多將定金、違約金兩點，編入債之擔保項內，卽現代最新法例，亦鮮有編入債之效力項內如我國民法者；茲依我國民法債編之編制次序，於債之效力章內，將給付不能等項分款論列如次：

第一目　給付不能

（Ⅰ）給付不能對於契約本身之效果

給付爲債之主要標的與效力，以不能之給付爲契約之標的時，債之標的，即不具備前述之要件，故契約本身，亦不能發生效力也。給付之不可能性，有原始不能與嗣後不能等區別，前已言之，但給付不能致契約無效者，以原始不能爲限；例如買賣契約，以特定房產所有權之移轉爲標的，契約成立後，該房產因鄰人失愼燬於火刼，是爲嗣後的給付不能，出賣人即因以免除給付之義務，而買受人不得請求返還已付之價金，質言之，是項買賣契約，有效如故也。以不能之給付爲契約標的者，其契約無效，此其原則也；但在下列情形之下，其契約仍然有效也：

（一）給付不能之情形可以除去，而訂約時，當事人並預期於不能之情形除去後爲給付者，其契約仍然有效。例如甲乙買賣公地若干畝，則出賣人乙在未依法取得該地所有權以前，自無給付之可能；但乙取得其所有權時，其不能之情形，即不復存在，如訂約時，當事人有俟乙取得其所有權時再爲給付之意思，則此不能情形之除去，與始期或停止條件無別，是項契約，亦不啻爲附有始期或停止條件之普通契約，故不得否認其效力，致違背當事人之意旨也。

（二）附有停止條件或始期之契約，於條件成就前或期限屆滿前，其不能之情形，已經除去者，其契約亦有效力。蓋附有停止條件或始期之契約，至條件成就時或期限屆滿時，始發生效力，給付義務之履行，亦自此時始；若給付不能之情形，於條件成就前或期限屆滿前，已不存在，則給付之實現並無障礙，故當事人亦不得僅以訂約時給付不能為理由，而主張附有停止條件或始期之契約為無效也。

（II）因給付不能所生之損害賠償請求權

契約以不能之給付為標的者，原則上應歸無效，已如上述；當事人之一方，於訂約時明知其給付為不能或可得而知者，如其契約卒因給付不能而歸無效，則對於他方非因過失而信契約為有效致受損害之當事人，應負損害賠償之責。夫此原則，蓋所以使明知給付為不能或可得而知之當事人，不與他人訂立將來歸於無效之契約，致該他人因善意訂約而蒙受損害耳。我國前大理院六年上字第一零六五號判例謂：『契約標的之給付，如係客觀的絕對不可能，其契約固屬無效，惟以較短之時期使債務人交付不特定物之債務，則決非不可能之事，自難以此否認其效力，』是契約以主觀的不能給付為標的者，其契約仍然有效，自不發生損害賠償之問題也。

第二目　定金(arrae)

定金云者，當事人之一方，基於債之關係，向他方給付之財物；是項財物，事實上，每為金錢，故我國多稱「定金」、「定銀」。或謂定金之授受，為主要債務之附帶契約之一種，實際上，多用於合意契約；質言之，利用定金產生主要債務之契約，多為合意契約也。羅馬法學者，分定金為「不完全定金附約(arrae pacto imperfecto data)」與「完全定金附約(arrae pacto perfecto data)」兩種；給付定金之當事人，不必受主要債務之拘束，而得以犧

本论

牲定金爲條件，擺脫債之關係者，謂之「不完全定金附約；」定金之授受爲契約成立之表示者，則謂之「完全定金附約。」考其作用，或在促成當事人履行契約免致犧牲定金或在證明契約之成立。現代法學者，則就其不同之作用而分定金爲下列四種：曰「違約定金，」即收受定金之當事人，於他方違背契約上之義務時，沒收其定金之謂；曰「成約定金，」即以定金之授受，爲契約成立之要件之謂；曰「證約定金，」即定金之授受，爲契約成立之證明方法之謂；曰「解約定金，」即給付定金之當事人，得拋棄定金，收受定金之當事人，得返還定金之兩倍或兩倍以上，爲保留契約解除權之代價之謂。現代法學者，對於定金之解釋，雖有上列四種之多，要皆根據羅馬法學者之理論也。我國民法關於定金之用途，並無強制之規定，例如同法第二百四十九條第一項謂：『定金除當事人另有訂定外，適用左列之規定，』即除當事人有相反之訂定外，「契約履行時，定金應返還之或作爲給付之一部，契約因可歸責於付定金當事人之事由致不能履行時，定金不得請求返還，契約因可歸責於受定金當事人之事由致不能履行時，該當事人應加倍返還其所受之定金，契約因不可歸責於雙方當事人之事由致不能履行時，定金應返還之，」是也。以言定金對於契約本身之效果，依我國民法第二百四十八條之規定，亦祇爲契約成立之附隨證明方法而已，該條法文謂：『訂約當事人之一方由他方受有定金時，其契約視爲成立。』是當事人如能以其他方法證明於未授受定金前，其契約已經成立者，則該契約並非自授受定金時始發生效力；參照德國民法第三百三十六條之規定，及我國前大理院三年上字第九十七號判例內載：『定銀之授受，非一般買賣契約所必要不可缺之行爲，不過於締結契約時，得爲附隨條件，』云云，與此規定，更若合符節矣。

第三目 違約金(stipulatio paenae)

「stipulatio paenae」云者，「處罰之契約」之謂，亦卽我國學者譯稱之「違約金契約；」質言之，卽當事人約定債務人不履行債務或履行不適當時，給付金錢若干，以爲制裁之方法是也。是項罰金，我國稱曰「違約金，」一殆是項罰金之目的，在保障約定債務之實現，而制裁違約之當事人耳。原則上，凡債務人違約時，債權人得請求其履行主要債務，或請求其給付約定之罰金，就此兩種請求有選擇之權能，亦僅得選擇其請求之一而行使之，但於此有下列兩種例外：

（一）當事人約定，於債務人不依債務本旨履行債務時，得給罰金或履行主要債務者，則債務人有選擇之權能，而債權人就上述兩種請求，不得自由選擇之也。

（二）當事人約定以債務人不如期履行或有其他特定違約事項，爲給付違約金之原因者，債權人得同時請求債務人履行主要債務及給付違約金額。我國民法亦因其約定之目的之不同，而分違約金爲兩種：卽（一）因債務人不履行債務所應支付之違約金，（二）因履行不當所應支付之違約金，如同法第二百五十條第二項之規定等是；考其內容，更與羅馬法無異。以言前者之性質，法律推定其爲因不履行債務而生之損害賠償總額，故債權人對於主要債務之履行及因債務不履行所應支付之違約金二者，祇得擇一而爲請求，故我國民法第二百五十一條規定，債務人已爲一部履行者，法院得比照債權人因一部履行所受之利益，減少違約金；至於債務人因履行不適當所應支付之違約金，則視爲履行時期、履行方法等方面履行失當之損害賠償，故債權人得向履行失當之債務人，請求給付違約金，同時請求其履行主要債務也。

第四目 契約之解除與契約之終止

契約之解除云者，有解除權之當事人，向他方爲意思表示，取消已經成立之契約，並追溯既往不承認其效力之謂；任何契約既經合法訂立，當事人均應受其拘束，但當事人間預約行使解除權之特定原因者，或有法定之解除原因者，當事人仍得解除契約，免受其拘束。依我國民法第二百五十四條，第二百五十五條，及二百五十六條之規定，解除契約之法定原因有二，即（一）給付遲延，（二）給付不能是已。瑞士債權法上之法定解除原因，祇爲給付遲延一種；（瑞士債權法第一零七條至一零九條）德國民法債編，（德國民法第三百四十六條至三百六十一條）則謂：『除當事人預約保留解除權外，給付標的物因意外事變而滅失時，亦得解除契約，』是不啻承認給付不能爲解除契約之法定原因矣。解除之效力，既溯及既往，故凡已經解除之契約，視爲自始未曾存在，當事人雙方均負回復原狀之義務，其因解除之契約關係已自對方取得任何利益者，應返還之。

契約之終止云者，有終止權之當事人，向他方爲意思表示，廢止契約未來之效果，使債之關係不繼續生效之謂；然而契約之終止，與契約之解除，實截然不同者也。

第五目 契約之效力

第一項 契約對於當事人之效力

契約所發生之效方，亦即當事人於訂約時共同期待之效力，法諺有云：「契約即當事人間之法律（La convention fait la loi des parties)」此其界說，於傾向「契約自由主義」之今日，尤稱允當。契約成立時，其效力即影響於當事人之財產，而債權人或債務人死亡時，其權義關係亦各移轉於其繼承財產之人。但特種契約，以當事人之信用能力等特殊情形爲基礎者，自當事人死亡時起，即終止其效力，例如委任契約，合夥契約，僱傭契約等是。

債權人對於債務人履行債務之請求權，除契約附有期限或條件外，得隨時行使其請求權。但基於雙務契約者，不在此限；蓋雙務契約中，雙方當事人互享權利，並互負義務，其所負義務，復爲所享權利之相對報償，與一方負擔義務他方享受權利之單務契約，如單純贈與者有別耳。且在雙務契約中，除有相反之約定外，各方當事人均得隨時請求對方履行債務，故當事人之一方於未履行其所負義務前，請求他方給付時，該他方得以未受對待給付爲抗辯，拒絕其請求也。此其抗辯，羅馬法稱曰「未履行契約之抗辯（exceptio non adimplit contractus）」與我國學者所稱「同時履行之抗辯」，同其意義。至雙務契約中，當事人之一方已爲對待給付者，對於他方所得行使之權利，原則上，仍以請求該他方履行原來所負義務爲限，而不得請求該他方返還其所爲之給付也。但是項原則，亦有下列三種例外：（一）買賣契約之當事人，立有特約，或於契約中附帶載明，可以請求返還原物者，已給付標的物之出賣人，得請求買受人返還之；（二）在各種「無名契約」中，已爲對待給付之當事人，得向他方爲「回復原狀」之請求，而不請求其履行原來所負之義務；（三）在非即時所可完全履行之契約，如租賃契約等，當事人之一方，堅不履行債務時，他方得請求其履行，或解除契約，就此兩者，有自由選擇之權能焉。

第二項　契約對於第三者之效力

契約之於當事人以外之第三人，不直接發生任何權利義務關係，此乃古今法理上不易之原則，現代所謂「利他契約」之理論，則不啻爲此原則之例外；是項理論雖未見諸羅馬古代法律，然亦隨羅馬法之演進，逐漸形成者也。在羅馬古代任何契約，不得使當事人以外之第三人，享受法律上之權利，例如：甲對乙約定贈丙銀洋千元，丙既未參加，固不得對甲起訴請求履行贈與，另一方面依羅馬古代學者之理論，行使訴權，須有直接之利益，而乙在法律上，就甲之履行贈與，並無直接之利益可言，故亦不得對甲爲履行贈與之請求也。嗣後，當事人因有此嚴格之規定，致不能達到締結契約使第三人享受利益之目的，每巧設規避之辦法，以補救之，即於利他契約中，附加「違約金契約」，以爲當事人行使給付請求權之方法是已。例如甲對乙約定贈丙銀洋千元，如不履行贈與，應向乙給付違約金百元等是；如此，則乙得請求甲履行契約，以遂其利丙之志願矣。夫此辦法，與違約金之理論，本未盡合，而後之法學者及法官，爲使當事人達到「利他」之目的計，亦默認之；但就契約享受利益之第三人，終不得直接請求給付也。迨法律昌明時期，關於代理及債權移轉之理論，逐漸形成，法學者遂根據此兩種理論，承認享受利益之第三人，得以當事人之代理人或其債權受讓人之名義，向有履行義務之當事人，直接請求給付，而現代所稱利他契約之理論，遂如此演進而完成矣。

利他契約之特點，在以第三人享受契約上之利益爲當事人訂立契約之目的。至於或種契約，以第三人對當事人之一方爲某種給付爲標的者，我國民法第二百六十八條亦承認其效力。惟契約之訂立，乃特定人間之法律行爲，當事人間之契約，使第三人享受利益者，無害於該第三人，固無不可，若使其發生拘束第三人之效力，則該第三人未必同意，更未必有利，揆之法理，自有未當；故我國民法縱承認以第三人之給付爲標的之契約之效力，仍規定由約定「由第三人對於他方爲給付」之當事人負給付之實際上義務：即第三人不爲給付時，應由約定之當事人負損害賠償之責任，而該第三人並不因是項契約而受任何拘束也。

第五節　多數債務人及債權人

第一款　分割之債

債權之當事人，至少須有二人，即一爲債權人，一爲債務人，已如上述；當事人之數目，在二人以上時，原則上其權利或義務，各依比例平均分享或分擔之：即各債權人就其本人之部分，享受權利，各義務人亦就其本人之部分，負擔義務是已。故關於債權之當事人方面，原則至爲簡易，然於此有兩問題焉：（一）多數債權人及多數債務人間，有連帶關係時，其解決之道如何？（二）債權成立後，當事人可否變更？爰於下列兩款，分別言之。

第二款　連帶之債及「共同之債（即約定連帶之債）」

（Ⅰ）連帶之債今昔之區別

依羅馬法之原則，債權人或債務人有二人或在二人以上時，各依比例平均分享權利或分擔義務，此點與我國民法第二百七十一條之規定同，其於連帶債權或連帶債務部分，則異其旨趣。例如我國民法第二百七十二條謂：『數人負同一債務，明示對於債權人各負全部之責任者，爲連帶債務。——無前項之明示時，連帶債務之成立，以法律有規定者爲限。』同法第二百八十三條，又謂：『數人依法律行爲有同一債權而各得向債務人爲全部之請求者，爲連帶債權。』是連帶債權或連帶債務，均得由當事人之意思或法律之規定而發生之矣；但依羅馬法之規定，則現代統稱連帶債務者，因其發生之原因爲法律或法律行爲，而有「連帶債務」與「共同債務」之區別也。

（II）連帶之債

債權人或債務人間，就債之成立與消滅，互有連帶之關係者，謂之連帶之債；此連帶性，存在於債權人方面，曰連帶債權，存在於債務人方面則曰連帶債務。連帶之債，其債權人或債務人，必爲多數，其債之關係，亦爲多數，至其標的，則爲同一之標的，並無二致也；其意義略如下圖：

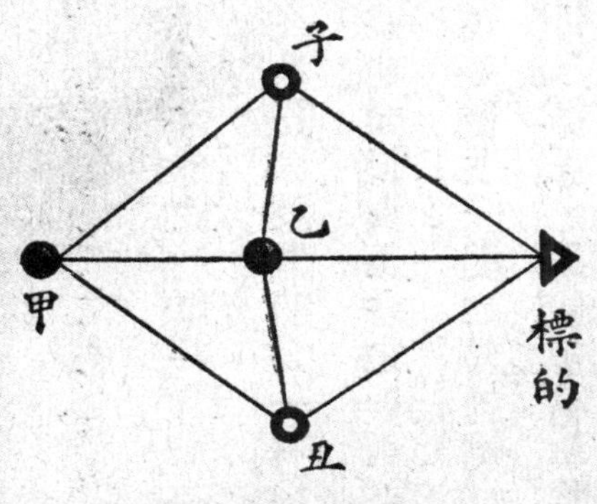

甲子＝債之關係
甲丑＝債之關係
乙子＝債之關係
乙丑＝債之關係
甲子＋甲丑＋乙子＋乙丑
＝多數債之關係

就此圖例言，甲乙爲債權人，子丑則爲債務人，債權人甲或乙，對於債務人子或丑，得爲全部給付之請求；而甲或乙既經受領給付，除爲給付之債務人外，其他債務人之義務，均歸消滅，在債權人方面，則除受領給付者外，其他債權人之權利，亦均歸消滅也。

在優帝以前，債權人請求淸償時，須分別起訴，質言之，多數連帶債務人，不得爲同一請求之被告；自優帝以還，債權人始得對各連帶債務人同時起訴請求淸償，但亦以債務人得主張「順序之利益（beneficium ordinis）」或「分擔之利益（beneficium divisionis）」者爲限。多數監護人負連帶責任時，無過失之被告得請求債權人加列有過失者爲被告，並儘先向有過失者爲給付之請求，是爲連帶債務人所得主張之「順序之利益」；數人因共同過失而負連帶責任時，其被債權人起訴追償者，得請求其加列其他債務人同爲被告，則爲「分擔之利益」。但連帶債務如因「私犯」而發生者，其債務人不得主張此兩種特殊之利益也。再債務人中之一人或數人就債之標的爲一次之給付時，其他債務人之責任，固歸消滅，其與給付相等之行爲，亦發生一般之效力，例如債之變更，債之抵銷或正式免除等是。至於裁判、混同、或免除債務之普通約言，祇有個別之效力，而其他債務人並不因此而免其責任也。

（III）共同之債

羅馬法上，除連帶之債外，與之相彷彿者，更有所謂「共同之債」。是項債之關係，就債權人言，曰共同債權，就債務人言，則曰共同債務。共同之債發生於羅馬古代「法律訴訟」時期，嗣因法律訴訟之制廢，關於共同之債之規定，不復見諸實用，於是有連帶之債起而代之；而債權人或債務人間連帶之關係，不論係由法律規定抑由當事人之意思而成立者，遂均曰連帶之債矣。至於共同之債之意義與效力，與連帶之債略同，而微有區別；玆就兩者之不同點，分別言之如次：

（一）連帶之債，爲法律所規定，而共同之債，則由當事人之意思而成立者也。後者成立之原因，爲當事人間之一般契約或遺囑但以明示連帶之關係者爲限；前者之成立，則以法律有規定者爲限，當事人間不得變更其效力也。法律規定「連帶之債」，除以特別保護債權人爲目的外，仍有懲戒債務人之意義，故法定連帶之債，在羅馬法上不多見，而僅限於就「私犯」或「準私犯」同負責任之人之於被害人，及數監護人或數受任人之於受監護人或委任人，發生連帶債務之關係也。

（二）連帶之債，除全部淸償外，不因訴追而消滅；但共同之債中，債務人中之一人或數人被訴時，不論債權人曾否受領給付，其他債務人即免其責任。連帶債務人中之一人被訴時，債權人如未受償，仍得對其他債務人行使債權；此乃極合理極公允之理論，但依羅馬法，共同之債，因債務人中之一人被訴時，其他債務人，即免其責任，質言之，訴訟拘束(litis contestatio)開始後，被訴之債務人，成爲唯一之債務人，無論得受淸償與否，債權人與其他債務人之債之關係，即完全消滅矣。再被訴之債務人，除基於原債之存在問題而受判決者外，其利益或不利益，祗對該債務人發生效力，債權人依判決不得主張權利，固無論已，即使原則上各債務人均負有全部淸償之責任，如被訴而依判應爲淸償之債務人，確無支付能力，自起訴時起，債權人亦不得向其他債務人再爲請求，自不得謂爲得理之平。夫此制度之行，諸羅馬自「法律訴訟」時期始。斯時也，訴訟偏重形式，訴訟當事人從無申述理由之權能，例如債務人信用不著者，請由第三人以「要式口約」之方式，向債權人約定負代位償還之責者，是同一標的之債權，而有多數債之關係；及訴追時，法官祗問被告以債之關係存在與否，被訴之債務人，明知其他債務人已經被訴，亦不得否認其本人之債務，而提起不爲淸償之抗辯，故每有狡黠之債權人，對各債務人分別起訴，就同一債權而受數度之淸償也。裁判官以其失乎公平之道，遂加以改革凡「共同債務人」中之一人被訴時，其他債務人卽免其責任；然則此制度之以防止債權人之狡黠取財爲目的者，卒致債權人蒙受過度之不利益，亦可謂校枉過正矣。但自優帝以還債權人對共同債務人中之一人起訴後，如未受償，仍得對其他債務人訴追，且得於同一訴訟中，列各債務人爲共同被告也。

（三）在連帶之債，消滅時效，因基於某一債權人方面或某一債務人方面之個別原因而中斷者，其他債權人不得同享其利益，其他債務人亦不蒙受其不利益；其於共同之債，則有普及各債權人或各債務人之一般效力焉。但共同之債中，各債權人之權利或各債務人之義務，不同其期日時，消滅時效之進行，仍祇有個別之效力；質言之，期日不同者，一債權人基於消滅時效而生之不利益，或一債務人基於消滅時效而取得之利益，不影響其他債權人或債務人之權義也。至於消滅時效之中止，無論於連帶之債或共同之債，祇有個別之效力，無中止消滅時效之原因之其他債權人，不得主張時效中止之利益也。

（IV）連帶之債及共同之債之性質

連帶之債及共同之債，究爲單一之債抑爲多數之債，學者不一其說，羅馬之法學家，均謂共同之債中，各債務人之給付義務，得附有不同之條件或期限，而一債務人之債務歸於無效時，其他債務人仍不免其責任，遂基此兩端，而認定共同之債中有多數之法律關係，更認定其爲多數之債務，此說頗合羅馬法之精神，但學者間不乏反對此說者；至於連帶之債，則多謂爲多數之債也。現代羅馬法學者，若法儒奚臘爾，若比儒德不利也（Dupriez），若德儒鄧補爾（Dernburg），若日儒戶水等，則咸謂此兩種債權，均非單一之債，而為同一標的之多數債所組成之債之關係也。

（V）債權人及債務人間相互之關係

連帶之債或共同之債，其債權人已受領全部之給付者，或債務人已為全部之給付者，對於其他債權人之分配義務或對於其他債務人之補償請求權，均依普通之債權債務關係：債權人所受領者，如超過其應有部分，應向其他債權人按照比例分派；債務人已為給付者，亦得按照比例請求補償，但依法應由已為給付之債務人完全負擔者，或各債務人各應負擔全部之給付者，不在此限，例如主債務人雖已為全部之給付，而不得請求保證人分擔等是也。

第六節　債之移轉

（I）關於移轉債權債務之理論

依羅馬古代之理論，債之關係，為特定人間之關係，以特定人為必要，故認為債之當事人，絕對不可變更，更從而認定債權不得讓與，債務不得由他人承擔。「債務不得承擔」之理論，不無相當之理由，蓋承擔債務之他人，苟無支付能力或其信用不及原債務人時，必致債權人蒙受損害，殊非公允之道；然依現代法例，如我國民法第三百零一條，德國民法第四百一十五條，瑞士債權法第一百七十六條，規定他人承擔債務時，該他人須經債權人認可而同意者，則債務之承擔，亦無不公允之結果。至於債權之讓與，雖發生更換債權人之結果，而債務人亦不因此而蒙受損害，況債權人需款應用或本人無力追償時，更有讓與債權於他人之必要與利益焉。法學者有鑑於此，遂擬制補救之道矣。

（II）債權之讓與方式之演進

羅馬法關於讓與債權之理論不甚發達，循序漸進，方式亦多，直至帝政時代始成完備之制度，足為現代法例之典型，茲列舉其演進中之各種方式如次：

（一）債之變更　羅馬法承認債權之讓與之第一方式，厥為債之變更之允許，卽原債權消滅而代以新債權，由第三人行使新債權所賦予之權利是也。然依債權變更之原則，新債權之成立，須得債務人之同意，且原債權既經消滅，其所有之各種擔保亦歸消滅；甚至使新債權無清償之可能；綜上兩點，則債權之變更雖與債權之讓與相彷彿，究非完善之制度也。

（二）訴訟代理　至「程式訴訟」時期，法學者乃發明移轉債權之另一方式，卽債權人得將債權之行使移轉於第三人，而該第三人得以訴訟代理人之名義，訴追債務人是也。依此方式移轉債權，無須得債務人之同意，且原債權仍然存在，其所有之擔保，亦不受其影響，則較諸變更債權之移轉方式，似不無進步。惟受讓人祇處原債權人之代理人之地位，原債權視為存在如故，原債權人仍得受領債務人所為之給付；且依委任之規定，當事人之一方死亡時，委任關係，卽歸消滅，在法律上視為受任人之債權受讓人或其繼承人，自難免有喪失訴追權之危險。然則依此方式移轉債權者，受讓人所得之權利，毫無保障，是猶未能盡合移轉之旨趣也。

（三）訴訟通知　至帝政時代，訴訟代理人得以代理人自己之名義行使訴權，且依前項方式移轉債權者，受讓人對於債務人起訴後，其受讓債權之通知由法院送達債務人時，對於債務人即發生「訴訟拘束」之效力。自接受是項通知之時起，債務人即不得向原債權人履行債務，致妨害受讓人之權利；然在債務人未受通知前，受讓人之權利，仍無相當之保障，蓋債權之讓與行爲，仍未發生充分之效力也。

（四）權利之繼承　最後，裁判官法參照移轉債權之演進程序，集其大成，乃規定債權之讓與，於讓與人受讓人間自讓與行爲成立時起發生效力，對於債務人則自其受讓與之通知時起發生效力，但債務人已明知讓與之事實者，不在此限。總之，讓與行爲完全生效後，受讓人爲讓與人之權利繼承人，非復處於代理人之地位，而債權之讓與，遂有完善公平之規則矣。

（III）羅馬法上之債權讓與制度對於現代法例之影響

羅馬法上關於債權讓與之規定，現代法例多採用之，如我國民法第二百九十四條，第二百九十七條，德國民法第三百九十八條，第四百零九條等是；但依法國民法第一千六百九十條及第一千六百九十一條之規定，債權之讓與，須債務人已受通知或書面承諾後，始得對抗債務人及其他第三人，而依日本民法第四百六十七條，則是項通知或承諾均須附以確期用書面正式爲之。至於債權之讓與，應由讓與人通知債務人，抑由受讓人通知之，羅馬法無規定之明文，故學者之解說，未能一致，現代法例中，日本民法明定應由讓與人向債務人爲是項通知，他如瑞士德法及我國民法，則均未明白規定之也。

(IV)債權之讓與之效力

債權之讓與，其效力可分兩方面言之，即讓與人與受讓人間之效力及受讓人與債務人間之效力是也。

(一)讓與人與受讓人間之效力　讓與人應許受讓人行使其所有之權利，並於可能範圍內對其權利之行使予以便利，例如交付有關係之證書及指示其證明之方法等是。債權之讓與，為有償行為時，除有相反之約定外，讓與人應擔保其債權之存在，但債務人支付能力之有無，則讓與人不負責任也。債權之讓與，為無償行為時，讓與人就其債權之存在，不負擔保之責，但契約另有訂定者，不在此限。

(二)受讓人與債務人間之效力　未受通知前，債務人祇對原債權人負責，自受通知時起，則完全對債權之受讓人負其責任，而受讓人對於債務人，即取得為通知時原債權人所有之各種權利矣。但債務人對於原債權人，或有債權之關係，即就其所讓與之債權，亦未嘗無對待給付或其他有理由之抗辯，苟因債權之讓與，致債務人不得向原債權人為抵銷或其他有利益之主張，殊非法理之平；故羅馬法規定債務人關於債權之標的及基於讓與人之私人關係之抗辯，而於未受通知前所得向讓與人提起者，如債之抵銷或契約之撤銷等項，均得以之對抗受讓人也。

東羅馬時代，重利盤剝者流，每以現金買受金額較高之債權，從中漁利；如此讓受債權者，行使債權時，必較原債權人急迫嚴厲，債務人苦之，阿那斯大修斯一世帝（Anastasius I 在西曆紀元後四百九十一年至五百十八年）遂規定救濟之道，限制其讓與債權之效力，以取締之。依其規定，債務人對於債權之受讓人，祇須給付其受讓之價金，而無履行原債務之全部之責任，但債權之讓與，如爲無償行爲或以履行債務或便利分析遺產爲目的者，不在此限；蓋在此三種情形之下，讓與債權非受讓人以不正當之方法剝削債務人者可比，故不限制其效力也。

（V）不得讓與之債權

原則上各種債權，均得讓與，然亦有數種例外：其一、當事人間預約不許讓與者，其二、雙務契約中之債權，其三、依法律之一般原則而不得讓與者；茲分述之如次：

（1）當事人間預約不許讓與者　我國民法第二百九十四條第一項第二款之規定，與羅馬法同，但該條第二項後段謂：『前項第二款不得讓與之特約，不得以之對抗善意第三人』則是項特約之效力殆亦不足限制債權之讓與矣。

（2）雙務契約中之債權　雙務契約中，各方面之債權，均有相對之債務；依羅馬法，債權雖得讓與，而債務則否，故是項債權，不得爲讓與之標的。夫此原則，已爲現代例所不取矣。

（3）依法律之一般原則而不得讓與者　我國民法第二百九十四條第一項第一第三兩款所稱「依債權之性質，不得讓與者」及「債權禁止扣押者」，均屬之；具體言之，是項不得讓與之債權，可分下列數種：

（a）債權因移轉而變更其內容者，不得讓與，例如供給贍養之請求權，其債權人更易時，給付之內容，亦將隨之變更，故不得爲讓與之標的也。

（b）監護人不得將其債權讓與於受監護人。此其限制，殆所以防止監護人利用受監護人智識簡單，而詐取其財產上之利益耳。我國民法第一千一百零二條謂：『監護人不得受讓受監護人財產』，蓋亦倣此；但依同法第一千一百零五條之規定，父母或同居之祖父母爲監護人時，仍得受讓受監護人之財產，蓋立法者推定此等監護人，不至有使兒孫蒙受損害之惡意耳。

（c）債權之標的爲係爭物者，不得讓與。債權之標的物，既爲訟爭之標的物，在訴訟關係未終結前，其所屬問題，尚未解決，故不得讓與之也。

第七節　債之消滅

第一款　總論

債之消滅云者，卽債之關係，失其客觀之存在之謂。債之消滅，與債之移轉有別：債之移轉成立後，祇債權人或債務人擺脫債之關係而已，而債之本身，仍不失其客觀之存在也。債權消滅後，是否能用契約使之復活，學者對此問題，界說不一。吾人以爲債之關係消滅後，在同一當事人間再訂契約產生同一內容之債權，是不啻新債權之成立，而非舊債權之復活；依此理論，則舊債權所附屬之擔保，亦隨舊債權而歸消滅矣。

債權消滅之主要原因，可分淸償、提存、抵銷、變更、免除、混同等六種。關於提存，羅馬古法之理論，不甚發達，已如上述，以言變更（我國學者或稱更改）之爲消滅債權之原因，本溯源於羅馬法，但最新法例，如德國民法及我國民法，均不採取。

消滅債權之原因、除清償等項外，更有其他數種，例如（一）法律行為之撤銷，（二）契約之解除，（三）解除條件之成就，（四）終期之到來，（五）因意外事變所致之給付不能，（六）當事人之死亡，（七）消滅時效之完成等是。當事人之死亡之得為消滅債權之原因，以當事人有特別訂定，給付有特別性質，或法律有特別規定者為限。至於消滅時效之完成，學者間有視為消滅債權之原因者；但債權經時效消滅時，祇使債權人喪失請求權，而自然債務，依然存在，似不得視為消滅債權之原因也。

第二款 清償

第一目 清償之意義與清償之理論

清償云者，卽依債務本旨而為給付之謂。履行二字，係就債權之效力言，給付二字，係就債之標的方面指作為或不作為之事實言，而清償二字，則指消滅債權之行動而言者；意義雖同，各殊其用耳。

清償為消滅債權之最大原因，各國法例皆明定之；以言其理論上之性質，學說未能一致，其重要者有三，茲分述之如次。

（一）法律行為說　此說以清償為法律行為之一種，更有三種詳細區別：一曰契約說，二曰單獨行為說，三曰契約或單獨行為說。

（1）契約說　此說謂：清償係由債務人表示為給付之意思，並由債權人表示受領給付之意思，必兩造之意思合致時，始能成立清償之契約云云。

（2）單獨行爲說　此說謂：淸償雖不必債權人表示受領給付之意思，然必債務人確有消滅債權之意思而爲給付，始可謂爲淸償，故應認爲單獨行爲云云。

（3）契約或單獨行爲說　此說謂：淸償之須債權人受領給付者，是爲契約，其不須債權人受領給付者，則爲單獨行爲，不得一概而論云云。

（二）非法律行爲說。　此說謂：淸償云者，與因淸償所爲之給付有別，蓋因淸償所爲之給付，或係不作爲，或係事實上之作爲，或係契約，或係單獨行爲，雖有若干區別，而淸償云者，乃所以實現債權內容之行爲，非卽法律行爲也。

（三）折衷說　此說則謂：淸償之性質，非可一概而論，須債權人受領給付者，則淸償爲契約，若其給付係不作爲或係事實上之作爲，而無須債權人受領者，則淸償卽非法律行爲矣。

綜上三說，以非法律行爲說爲當，蓋所謂淸償者，並非必有淸償之意思，例如不作爲之給付，祇在繼續不作爲之狀態而已，給付義務人並未必有淸償之意思，自不得概謂淸償須有意思表示而爲法律行爲。況債之淸償，應從消滅債權之觀點，以論其性質，凡債務人之行爲或不行爲，足以實現債之內容者，債權卽達到目的而歸消滅，故債務人之行爲或不行爲，是否足以消滅債權，祇以債權之內容能否在客觀方面因以實現爲標準，而不在主觀方面研究債務人有無淸償之意思，或債權人有無受領之意思也。

第二目　淸償之要件

清償發生消滅債權之效力也，須具備五種要件，卽（一）關於清償人者，（二）關於受領清償人者，（三）關於清償之時期者，（四）關於清償之處所者，（五）關於清償之方法者；茲分述之如次：

（Ⅰ）清償人須有爲清償之能力　就債之關係，惟債務人有清償之義務，但任何他人得不待債務人之同意而代其清償；他人代債務人而爲清償時，必須用債務人之名義，並以除去債務人之給付義務爲目的，始發生消滅債權之效力。由他人代爲清償時，債務人無法律上之利害關係，故不得反對之；其於債權人則不然，蓋在或種債之關係中，必須特定債務人之專門技能或特殊能力，方足以實現債權之內容，達到債權之目的，由他人代爲清償，則債權人難免有蒙受不利益之虞，故得拒絕他人代爲清償也。

無論清償人果爲債務人本人與否，欲使清償發生消滅債權之效力，必須清償人爲給付標的物之所有人，並有處分該標的物之能力。清償人而非給付物之所有人，則所謂清償，卽不能視爲存在，此固「不得就他人所有物而爲處分行爲」之原則之當然結果；若清償人而爲無行爲能力人，除無行爲能力之清償人得請求法院撤銷其清償及返還給付標的物外，就債權人方面言之，其清償仍然生效，他人不得爲無效或撤銷之主張也。

（Ⅱ）受領清償人須有受領清償之能力　受領清償人，須爲債權人本人或其代理人。債權人受領清償者，則須有處分財產之能力；蓋受領清償時，其債權卽歸消滅，是無異處分債權，無處分財產之能力者，自不得就債權而爲處分行爲，故清償人向無處分能力之債權人而爲清償時，其清償無效。但無行爲能力人如尚保持其所受領之財物，或使用得當，並未蒙受損失，則不得請求債務人重爲給付，殆所以保護無行爲能力人，同時使其不得藉口無行爲能力而享受分外之利益也。

向代理人而爲清償者，與向債權人清償，有同一之效力；是項代理人，或爲法定代理人，或爲約定代理人，並無任何差別也。原則上，約定代理人，債權人得隨時撤回之，契約訂明由某代理人受領清償時，則必須由該代理人受領，但該代理人祇有受領之權限，而不得直接向債務人起訴追償也。

（III）須於適當之時期而爲清償　清償之時期，除法律有規定者外，依當事人之約定，未約定者，依個別之情形決定之；例如甲向乙定製燈彩，以爲慶祝國慶之用者，或子向丑定印訃聞，以爲開弔治喪之用者，雖未約定何時給付燈彩、訃聞，而乙應於國慶日前而爲清償，丑則應於開弔之前數日而爲清償，至爲明顯。如清償期未經約定，并不能於事後決定者，債權人得隨時請求給付，而債務人亦有隨時清償之義務。所謂即時清償云者，仍應予債務人以相當之準備清償之時間，並非立即實現債權之內容也。總之，債之清償期，原則上，係爲債務人之利益而設，如債務人於清償期前而爲清償，是自甘拋棄其利益，故除當事人有相反之約定，或依特殊情形，不於一定之期間內爲清償，即不能達到債之目的者外，債權人不得拒絕受領其清償，苟拒絕之，則應負受領遲延之責任也。

（IV）須於適當之處所而爲清償　清償之處所，即債務之履行地，是已簡稱清償地，或履行地。清償地，除法律有規定者外，依當事人之約定，未經明白約定者，依各債之性質之個別情形決定之；例如僱用某甲在某工廠做工，則甲之債務清償地，即爲該工廠無疑。清償地，如未明定，並不能於事後依個別情形決定者，亦應於相當之處所而爲清償債權人得請求清償之處所，卽爲得對債務人起訴追償之處所，亦卽債務人住所地或居所地，但當事人有相反之約定者，不在此限；在此情形之下，依我國民法第三百一十四條第二款之規定，除以給付特定物爲標的者外，應於債權人之住所地而爲清償，是與羅馬法之原則，完全相反。至於以給付特定物爲標的之債，其清償地，除已明定或事後可以決定者外，應爲給付標的物於訂約時之所在處所，此則現代法例所同者也。

（V）須依債務之本旨而爲清償　清償之結果，須能依債之本旨實現其內容；債權人所得請求者，固以債務人所負義務之履行爲限，債務人亦不得強令債權人受領債之標的以外之其他給付，但出於雙方當事人之同意者，不在此限。除債權人自願受領外，債務人應一次而爲清償，但依羅馬法之規定，有下列兩種例外：（一）債務人與債權人有親屬關係及恩惠關係者，如其全部清償，債務卽缺乏生活所必需之財物時，債權人不得請求之；（二）債務人破產時，債權人應接受其一部清償，而不得爲全部清償之主張。我國民法第三百一十八條第一項謂：『債務人無爲一部清償之權利，但法院得斟酌債務人之境況，許其於無甚害於債權人利益之相當期限內，分期給付或緩期給付；』此其規定，雖顧慮債務人之實際困難，似猶未及羅馬法之周密也。

第三目　清償之效果

清償後，主債務及其從屬之債務，如保證債務等，均歸消滅。但債務人，對於同一債權人負有數宗同種類之債務時，如其所爲之給付，不足清償數宗債務，究應視爲清償何宗給付，實爲相當重要之問題，以其關係當事人之利益故也。是項問題，我國學者名之曰「清償之抵充。」關於清償之抵充，羅馬法已有明白之規定，茲分述之如次

（一）原則上，債務人於淸償時有指定之權，卽就各宗債務，得自由選擇而爲淸償；但須儘就某宗債務而爲淸償，而不得同時就數宗債務，爲局部之淸償，此其選擇權之限制也。

（二）債務人未曾指定淸償何宗債務時，債權人得於淸償時指定之，但債權人須依最利於債務人之方法指定之，而無任意選擇之權。

（三）債權人債務人均未指定淸償之債務時，則依下列次序：

（子）債權孳生利息者，應儘先抵充已到期之利息；

（丑）債務已屆淸償期者，應抵充之；

（寅）債務人就數宗債務之淸償，有不同之利益時，應以債務人因淸償而獲益最多者，儘先抵充；例如數宗債務，依不同之利率計算利息時，應先抵充利率最高之債務也。

（卯）利率相等者，應先抵充成立最久之債務；

（辰）如無上述各種區別，則就各宗債務，按照比例抵充之；其結果，將使債務人得就各宗債務而爲一部給付，然此並非「債務人不得爲一部給付」之原則之例外，蓋債權人既未指定抵充之方法，是無異自願受領其一部給付耳。

現代法例，關於淸償之抵充之規定，雖與羅馬法未必盡同，其泰半悉本諸此，而鮮有若何之進步。我國民法第三百二十二條第二款前段謂：『債務均已屆淸償期或均未屆淸償期者，以債務之擔保最少者儘先抵充，擔保相當者，以債務人因清償而獲益最多者儘先抵充；』是當事人之利益之保護，先債權人而後債務人矣；我國民法既採取社會主義，如此規定，則視羅馬法未免有遜色也。

第四目　清償之證明

債權之存在，由債權人負證明之責，債之清償之證明，則責在債務人，而債權人不負舉證之責。債之清償之證明方法不一，如書據、人證、認諾或法律之推定等均屬之。關於金錢債務，羅馬法，則以受領證書爲證明清償之主要方法，然受領證書必須經債務人持有三十日以後，始足認爲清償之有力證據；蓋依羅馬人之習慣債權屆滿清償期後，在未訴追前債權人每將受領證書寄與債務人，以爲最後催告之表示，故債務人除有其他證據外持有受領證書不足爲清償之抗辯之根據，然事實上確已清償之債務人，除受領證書外別無其他清償之證據者，亦難免有蒙受不利益之虞，裁判官爲補救計，對於債務人持有受領證書經過三十日之期間者，即推定其確已清償。因有是項規定，債權人寄出受領證書以爲催告之方法者，必於寄出後三十日內起訴追償，以免蒙受法律上之不利益也。

關於清償之推定，羅馬法亦有數種規定，茲分述如次：

（一）債權人將債權之書據返還債務人時，依法卽視爲確已清償，蓋書據爲主張債權之有效證明方法，債權人在未受領清償前，必不願返還債務人，此種推定極合邏輯，故我國民法第三百二十五條第三項，亦有同樣之規定也。

（二）債權之書據，記載「作廢」或「清償」等字樣時，債權卽視爲確已清償，以此足以推定債權人有毀滅該書據之意思也。

（三）關於定期給付之債務，如債務人證明已連續而爲三期之給付，卽推定其以前各期之給付，爲已經淸償，我國民法第三百二十五條第一項謂：『關於利息或其他定期給付，如債權人給與受領一期給付之證書，未爲他期之保留者，推定其以前各期之給付爲已淸償。』其與羅馬法不同者，祇在一期給付及三期給付之區別，蓋債權人所爲之保留之效力，羅馬法雖未明定，依其精神解釋之，自亦無否認其效力之理耳。

第三款　提存

羅馬古法，無提存之制度，債務人催告受領遲延之債權人後，得竟拋棄給付物，而免其責任；嗣以未盡公平，略加修改，卽債權人雖受領遲延，債務人如欲免除責任，應將給付物提存官廳，或寄託私人保管。但依新法，給付物有毀損滅失之虞，不能提存或提存需費過鉅時，債務人仍得拋棄之，以代給付。總之，羅馬法所規定關於提存制度之實施辦法，可謂卑之無足高論；然而現代法例，關於提存有完善之規定，亦不得謂非因羅馬法導源於前有以致之也。

第四款　抵銷

第一目　抵銷之意義與其功用

二人相互間均有同種類之債權時，各以其所有之債權而消滅其所負之債務，使雙方之債權，就其共同之額數而同歸消滅，謂之債之抵銷。債之抵銷可分兩種情形：一曰約定抵銷，二曰法定抵銷。約定抵銷云者，指二人合意消滅彼此間之債權而言。抵銷契約之性質，與清償免除等有別，而爲一種獨立之契約。二人互有債權時，卽可互訂抵銷契約，不以具備其他要件爲必要；其發生之效力，亦概依契約之內容也。法定抵銷云者，二人互有之債權，因具備法定要件而同歸消滅，而不以兩造之合意爲必要；至通常所稱抵銷，則概指法定抵銷而言也。

抵銷之制度，導源於羅馬法，現代各國法例，均採取之，以其具有便利與公平兩大優點故也。例如：甲對乙負債千元，乙又對甲負債千元，則乙應對甲而爲給付，同時甲亦應對乙而爲給付，雙方消滅債權，必須經過兩次清償之手續；但依抵銷之制度，具備法定之抵銷條件時，雙方之債權，卽歸消滅，而可免互爲給付互領給付之煩勞，此其便利之優點一也。再如互有債權之雙方，其一方已爲給付，他方給付遲延或忽然喪失支付能力時，則已爲給付者，將有難受清償之虞，另一方面已受領給付者，則將有利己損人之機會，其不公平孰甚？但依抵銷之制度，則無損此益彼之弊，此其「公平」之優點又一也。關於抵銷之制度，現代學說及各國法例，不一其致：（一）二人互有債權，具備一定要件，卽當然抵銷者，是爲實質主義，法國民法，奧國民法及日本舊民法，均採用之；（二）二人互有債權，具備一定要件後，再由當事人之一方請求抵銷，而經法院之確認者，是爲形式主義，現代法例鮮有採用之者；（三）二人互有債權，具備一定要件時，依一造之意思表示，而發生抵銷之效力者，是爲折衷主義，德國民法，瑞士債權法，日本新民法，我國民法，均採用之。依羅馬法之規定，具備一定條件後，當事人之一方向他方請求給付時，該他方得爲抵銷之抗辯而已；質言之，雙方之債權，並非僅因具備抵銷之條件，卽當然消滅也。

第二目　抵銷之要件

債之抵銷，羅馬法雖不以當事人表示抵銷之意思爲必要，但須具備下列數種要件：

（一）須有兩個債權　得以抵銷之債權，以依法有效者爲限，但自然債權，亦得抵銷之；我國民法第三百三十七條謂：『債之請求權雖經時效而消滅，如在時效未完成前，其債務已適於抵銷者，亦得爲抵銷。』是亦承認自然債權得爲抵銷之原則矣。

（二）須就兩個債權二人互爲債權人並互爲債務人　甲對乙主張債權時，如乙對甲亦有債權，則乙固得對甲爲債之抵銷之抗辯，另一方面，欲主張債之抵銷，亦以二人就兩個債權，互爲債權人並互爲債務人時爲限；但在下列三種情形之下，債務人雖直接與債權人無相互之債之關係，亦得因抵銷而消滅債權。

（子）債權讓與後，受讓人向債務人請求給付時，債務人，就其對受讓人所有之債權，及就其接到讓與債權之通知前對讓與人所有之債權，均得對債權人提起抵銷之抗辯。

（丑）在保證債務中，債權人向保證人請求給付時，保證人就其本人及主債務人對債權人所有之債權，均得提起抵銷之抗辯。

（寅）在連帶債務中，債權人向債務人中之一人或數人請求給付時，如連帶債務人中有對債權人享有債權者，連帶債務得即因抵銷而歸消滅，然而各連帶債務人之於債權人，並非均有債權人之地位也。

（三）須兩個債權之標的物均爲種類質量相同之代替物　債之抵銷，爲消滅債權之原因之一，與淸償同，而原則上，債務人更不得強使債權人受領債務本旨以外之其他給付，故兩個債權之標的物，如非同種類同償量之代替物，則不得適用抵銷之制度也。

（四）須兩個債權，均已屆滿淸償期　當事人之一方，對他方所有之債權，如尚未屆滿淸償期，則不得請求他方給付，故對他方已屆淸償期之債權，不得以抵銷爲抗辯而拒絕給付也；但其債權之期限，係因便利他方而展緩延長致未屆滿者，不在此限。例如：法官因善意債務人甲無力卽時對乙給付，爲便利甲方起見，特准展期兩月而爲給付；在此兩月之期間內，甲復對乙取得卽時可以行使之另一債權，如甲對乙爲給付之請求，則乙對甲之債權之淸償期，雖因展期而未屆滿，亦得提起抵銷之抗辯。蓋對甲展期，本以其無力給付爲主要之原因；適用抵銷時，並不須甲給付，故因恩惠甲方而展緩之期限，雖未屆滿，亦不得爲乙方主張抵銷之障礙也。再未屆淸償期之債務人，就已屆淸償期之另一債之關係，對他方請求給付時，他方固不得主張抵銷，但得卽時請求給付之一方如表示承認抵銷，以消滅雙方相互間之債權，是自願拋棄其權利，故其抵銷亦發生效力也。

（五）須兩個債權，確然存在，並均有確定之內容　如各債權是否存在，不易證明，或其內容多寡，難於計算，或尚有疑問時，則不得適用抵銷之規定也。

第三目　抵銷之限制

債之抵銷，於下列數種情形，不適用之：

（1）因不公平之原因事實而發生之債權，其債務人不得主張抵銷。例如：因侵權行爲而發生之損害賠償之債，其債權人卽爲被害人，其債務人則爲加害人；被害人雖對加害人負有債務，仍得請求其爲給付，而加害人並不得爲抵銷之主張也。

（2）在寄託契約關係中，寄託人因不忠實之受寄人不依約返還寄託物，而向其請求損害賠償時，該受寄人不得藉口對寄託人另有債權，而爲抵銷之主張也。

（3）以給付贍養費爲債之標的者，債務人不得以對債權人另有債權爲理由，主張抵銷；蓋是項債權之存在，爲債權人生活上所必需，故債務人不得用抵銷之方法，使其消滅也。

第四目　抵銷之效力

抵銷與淸償等同爲債之消滅原因；抵銷後，主債務固然消滅，其從屬之債務，亦同歸消滅。當事人相互間之債權，其數量不同時，祇就其相對之數額，發生抵銷之效力，餘則存在如故，此又我國民法第三百三十五條第一項之規定所同者也。

債之抵銷，有追溯之效力；質言之，抵銷之債權，並非自當事人主張抵銷時起，始歸消滅，而自抵銷之各種要件完成時，卽歸消滅也。例如：各種抵銷之要件，於月初完成，直至月底，當事人之一方，始主張抵銷，則雙方之債權，自月初起卽視爲消滅；如有利息，自月初起，當事人雙方卽無支付利息之義務矣。

第五款　變更

第一目　變更制度之沿革

以消滅債權爲目的而成立另一債之關係，謂之債之變更；以言其性質，則以新債權替代已存在之債權之契約也。債之變更之制度，亦自羅馬法始，法、意、瑞士、日本諸國民法，多採用之。但德國民法及我國民法，則無此規定，其理由謂債之變更，與債權讓與及債務承擔發生同樣之結果，既經明認債之移轉，故無明定變更之必要。但羅馬法，最初不許讓與債權時，固以變更制度為補救之方法者，嗣後承認債之移轉時，並未廢除變更制度；現代法例，如法意瑞士及日本諸國民法，對此兩者，仍兼採並用，蓋以債之移轉與債之變更，並行不悖，其性質亦不盡同耳。

第二目　變更之要件

依變更之方法，消滅債權，須具備數種要件：其一、須有依法發生效力之債權；其二、須有產生有效之新債權之契約；其三、須新債權之成立，係以消滅舊債權為目的；其四、須雙方當事人有處分債權或發生債務之能力；其五、須債之變更，係依一定之方式。茲分述如後：

（一）須有依法發生效力之債權　變更既以消滅已存在之債權為目的，苟當事人所欲消滅之債權，不生效力，即不能視為存在，而變更云云，亦無目的可言，故欲變更發生效力，欲依變更而成立另一債之關係，必以有依法生效之債權為前提；至於自然債權，其債權人雖無請求權，然以消滅是項債權為目的者，亦得依變更而成立另一債之關係也。

（二）須有產生有效之新債權之契約　因變更而產生之新債權，須為有效之債權，但新債權得為自然債權，或附有停止條件。新債權附有停止條件時，如條件不能完成，則變更不能發生效力，而原有之債權，亦依然存在也。

（三）須新債權之成立，係以消滅舊債權爲目的　消滅舊債權而產生新債權，其目的與其利益卽在避免存在已久之舊債權所可引起之糾紛或困難。苟不以消滅舊債權爲成立新債權之目的，則失其變更之目的，且將與立法者之意旨背道而馳；故雙方當事人均應以消滅舊債權爲目的，並應明白而爲此意思表示也。瑞士債權法第一百一十六條第一項謂：『債之變更，不得推定』云云，殆與此若合符節矣。

（四）須雙方當事人有處分債權或發生債務之能力　變更成立後，舊債權卽歸消滅，固須債權人有處分債權之能力；另一方面變更之結果，發生新債之關係，質言之，債務人亦因此而受此新債之拘束，故亦須債務人有自舉債務之能力，有因其法律行爲而受契約之拘束之能力也。

（五）須債之變更係依一定之方式　變更必須依必要之方式，殆所以昭鄭重而免糾紛也。在羅馬古代，債之變更，須依「口頭契約（contractus verbis）」或「文書契約（contractus litteris）」爲之，至法律進步時期，則多依「要式口約（stipulatio）」也。

已存在之債權，因合法之變更而消滅後，其附隨之債權如抵押權等，亦歸消滅；新發生之債權，則獨立存在，而與前者無牽連關係也。

第六款　免除

債權人不受領代價而無償豁免債務人給付之義務，是爲債之免除；其發生消滅債權之效果，與淸償同。惟在羅馬法，債之免除，有「市民法上之免除」與「萬民法上之免除」之區別，此兩者之效果，及其方式，亦不一致，茲分述之如次：

（I）市民法上之免除　依市民法之規定，債權免除後，即完全消滅。免除債權，更須採用產生債權之相對方式，而爲相反之表示，例如債權因雙方載明帳簿而成立者，免除時，須一方於帳簿上，載明已爲給付，他方載明已受領給付；因「要式口約」而成立者，則須當事人再用要式口約，而互爲解除債之關係之聲明等是；但債權因「要物契約」而發生者，不在此限，蓋是項債權之履行方法，爲金錢之給付，而非原物之返還，苟以要物契約爲免除之方式，實際上殊感困難也。

（II）萬民法上之免除　依市民法之規定，債之免除，須依一定之方式，已如上述。故債權人，曾爲免除之表示者，因未依一定方式而免除行爲不能生效時，每於免除後，復向債務人請求給付，債務人苦之；裁判官認爲有悖公正之道，遂承認未依一定方式而受免除之債務人，得對免除後請求給付之債權人，提起「違約之抗辯(exceptio pacti conventi)」，以拒絕其請求。但債權之本身，不因免除而視爲消滅，是爲萬民法上之免除。是項免除，不生市民法上之效果，以言其性質，亦不得視爲正式契約，僅爲一種「簡約(pactum)」而已。是項「簡約」，更有「對人簡約(pactum in personem)」與「對物簡約(pactum in rem)」之別：前者之效力，僅及於債權人或債務人之本身，例如債權人約定不向債務人本人請求給付，而於將來向其繼承人請求給付，或約定債權人本人不請求給付，而將來由其繼承人請求給付是已；對物簡約，則限於「共同債權」(註)中適用之，例如共同債權人爲甲乙二人，甲對債務人爲免除之表示後，祗甲受免除之拘束，而乙仍得向債務人請求給付也。

（註）「共同債權」之意義，詳第二編第一章第五節第二款。

第七款　混同

就同一法律關係，依法不能兼有之法律上不同名義，同歸於一人時，謂之混同；夫此抑亦廣義之混同，例如就同一物件取得所有權時，其役權，即因與所有權同歸一人而歸消滅等混同情形，均屬之。「債權與其債務同歸一人時，債之關係消滅」此乃我國民法第三百四十四條前段所明定；法國民法第一千三百條瑞士債權法第一百一十八條之規定亦與此盡同。是依現代一般法例債之混同，以「債權及其債務同歸一人」時，爲唯一之實例；但依羅馬法學者之解釋，混同之實例，不僅此已也。玆分述之如次：

（一）債權及其債務同歸一人時，債之關係即因混同而消滅。此爲最普遍而最主要之實例，此種情形，每於繼承財產移轉債權債務時發生之。

（二）在連帶債務中，如債權人因繼承財產等情而成爲債務人之一員，或債務人之一員成爲債權人時，就債權債務之共同部分，債之關係，應歸消滅，其他部分，則依然存在也。

（三）保證關係中，保證人之名義，與債權人之名義，同歸一人時，僅保證債務，歸於消滅，而主債務依然存續也。

（四）主債務人之名義，與保證人之名義，同歸一人時，則一人而有兩個不能兼有之名義，故有從屬性質之保證債務，應歸消滅；但保證債務之於債權人，較諸主債務爲有利益者，則主債務歸於消滅，而保證債務，仍然存在也。

本章參考書記要

J. Cornil, Possession dans le droit romain p. 55, 156, 185–188, 203, 231, 394, 408; M.-J. Cornil, Droit romain p. 197, 198, 227–229, 254, 313–330, 334–354, 356–359, 361–363, 366–376, 383, 384; Georges Cornil, Ancien droit romain p. 72, 74, 76, 85, 96, 97; T. C. Sandars, The Institutes of Justinian p. lvi, 219–221, 319–321, 426, 428, 437, 446, 465, 478; F. de Visscher, Etudes de droit romain p. 112, 119, 261, 267, 279, 281, 320, 327, 367; J. Declareuil, Rome et l'organisation du droit p. 212, 213, 262, 263, 272–274, 402, 403, 416–418;黄右昌，羅馬法與現代 p. 403–407, 442–460, 467–496; P. F. Girard, Textes de droit romain pnbliés et annotés p. 860–868; P. F. Girard, Manuel élémentaire de droit romain p. 608–778; P. Collinet et A. Giffard, Précis de droit romain p. 1–6, 47, 118–129, 135–169, 186–189 (Tome II); Gaston May, Eléments de droit romain p. 285–305, 438–485; F. Marckelden, Manuel de droit romain p. 198–260; Charles Demangeat, Cours élémentaire de droit romain p. 142–297, 346–354, 357–374, 378–414 (Tome II); Accarias, Précis de droit romain p. 1–267 (Tome II); Paul Collinet, Etudes historiques sur le droit de Justinien p. 85–114 (Tome I); Ruben de Couder, Résumé de répétitions écrites de droit romain p. 131–133, 355–361, 494–499, 500–522; Edouard Cuq, Les institutions juridiques des Romains p. 332–391, 578–592; René Foignet, Manuel élémentaire de droit romain p. 149–226; W. W. Buckland, The main institutions of roman private law p. 142–145, 234–252, 281–297, 307–324; R. W. Leage, Roman private law p. 262–293, 309–321; R. W. Lee, Introduction to Roman-Dutch law p. 200–202, 292, 309; Viard P. , Les pactes adjoints aux contrats en droit romain p. 13–20, 45, 61; Saleilles, Etudes sur la thèorie générale de l'obligation p. 1–12, 43–45, 71, 78; Paul Gide, Etude sur la novation et le transfert des créances dans le droit romain p. 3–12, 42–53, 67, 68; Ch. Appleton, Histoire de la compensation en droit romain p. 42–47, 61, 69; E. Henriot, Mœurs juridiques et judiciaires de l'ancienne Rome p. 439-488 (Tome I); J. Declareuil, Rome the law-giver p. 222, 232–268; R. Sohm, Institutes of Roman law p. 358–396, 408–447.

第二章　各種之債

第一節　買賣

第一款　通則

稱買賣者，當事人約定一方移轉物件於他方，他方支付價金之合意契約也。買賣契約爲合意契約之一種，故無履行一定方式之必要，但此契約之成立，須具備下列三種要素：一曰物件，二曰價金，三曰當事人之意思合致，第三種要素，本爲一般合意契約所共同者，然於買賣契約，亦有其特別之點在，茲就此三種要素分別言之如次：

（甲）　物件(res)

物件云者，指有財產上價値之各種物件而言，有體物或無體物，均得爲買賣之標的物，而單純之行爲不與焉。就無體物言，如債權及物權中之地上權、永佃權等，固無論已，即尙未成立之物權，亦得爲買賣之標的，例如甲與乙約定，就甲之土地尙未成立之「步行權」出賣於乙等是；但無論已經成立與否，物權亦有不得出賣者，例如地役權，不得與需役地分離而出賣之，抵押權，不得與債權分離而出賣之等是。就現時尙未存在之物件，亦得成立買賣契約，例如定製衣服，定購印刷中之書籍等是；不特此也，現時尙未存在，而將來有無亦未可必之物品，亦得爲買賣標的物，是爲「希望物品之買賣（emptio rei sperata）」，例如尙未產生之奴隸牲畜，尙未收穫之米麥等屬之。如爲「希望物品之買賣」，出賣人因牲畜奴隸之難產，或遇饑饉之凶年，並無所得時，其買賣視爲自始不成立，故此等買賣實不啻爲附有停止條件之法律行爲耳。與此類似而不盡同者，更有所謂「希望之買賣（emptio spei）」。「希望之買賣」之標的物，爲已確定之物體，特就此物體應有可以實現之希望在焉；其最古典而最切實之實例，則即獎券之買賣是已。是項買賣，旣以確定之物體爲標的物，故不論希望果否實現，買賣均視爲自始成立。希望物品之買賣與希望之買賣，此兩者之區別，可分兩方面言之：標的物之產生，合乎自然之法則者，是爲前者，就標的物所附有之希望，純依難得之機會而實現者，則爲後者，此其標的物本身方面之區別一也；就標的物賅括之數量定賅括之價金者，是爲前者，依標的物數量之單位，而定比例之價金者，則爲後者，此其價金方面之區別又一也。再「希望之買賣」，其危險負擔，均歸諸買受人，在「希望物品之買賣」，則買受人祇負擔質量上之危險而已。例如：甲向乙定購乙所有某處田產將來出產之食米百擔，將來收穫之米質量優劣，在所不問，其數量少於百擔，則乙就其不足之數量，有折減價金之義務也。

有財產上價値之物件，得爲買賣標的物者，羅馬法上祇有有體物、債權、物權等三種，他如現代法例准許買賣之著作權、商標專用權等智能權，均不與焉；另一方面，現代法例禁止買賣之權利，如親權、公權兩者，羅馬法則有時視爲可以買賣。後者之例，如東羅馬帝國時代鬻賣給俸之官爵皆是，前者之例，如因「買賣婚（coemptio）」而取得「夫權」，因「出讓子女（mancipium）」而移轉對於子女之「家父權」等是。至法律進步時期，除子女侵害他人時，家父得將其交諸他人以代賠償損害外，家父不得出讓之；君士坦丁帝，則規定凡罹奇重之災難者，或以維持生活上必要之費用爲目的者，得出讓其子女與他人焉；至優帝時，即此例外，亦廢止之矣。

除公權親權外，買賣之標的物須爲有財產上價值之有體物或無體物，已如上述；但依羅馬法之規定，就是項有財產上價值之物件所爲之買賣，亦有兩種不可能之情形：一爲事實上之不可能，例如訂立買賣契約時，標的物已不存在者屬之；一爲法律上之不可能，例如標的物爲不融通物，或因當事人間特殊關係，法律禁止買賣者等是。法律特別禁止買賣者，實例繁多，兹略舉其最重要而與現代法例略同者，數種實例如次：

（一）法律進步時期，禁止就生存之人之未來遺產而爲買賣，殆買受人之利益，以他人之死亡爲實現之條件，於道德有未合耳；但是項買賣，優帝不完全禁止之，即將來之被繼承人，對其未來遺產之買賣，表示同意，並至死亡時仍未變更其意旨者，其買賣視爲自始發生效力，是不啻爲附有停止條件之買賣也。

（二）監護人或保佐人不得買受其受監護人或受保佐人之財物，法國民法，亦有同樣之規定也。

（三）省長不得於其管轄區域内買受動產或不動產，但爲日常生活所必需者，不在此限。依法國民法第一千五百九十六條之規定，公務人員不得買受其所管理或經賣之公有物，與羅馬法之規定，略有不同，蓋前者之目的，在避免公務人員低價買受害公以肥己，後者之目的，則在避免省長濫用權威，強以低價買受，致人民蒙受不利益之結果也。

（四）妻就不動產所有之嫁資，夫不得出賣之。

（五）標的物爲贓物，買受人明知其爲贓物者，其買賣無效；但買受人出於善意時，其契約仍然有效，出賣人不能履行其交付物件之義務時，且應對買受人負損害賠償之責任焉。

（六）當事人不得買受自己所有之物件，蓋在此情形之下，出賣人無從履行交付標的物之義務，則其買賣成爲無標的之法律行爲，故不能成立也。但就其所有物已經設定之「他物權」或已經移轉之占有，所有人得買回之；附有停止條件而出賣其所有物者，於條件未完成前，亦得買回之，例如：甲將其所有物出賣於乙，甲於條件未成就前得買回之，則甲所買之物件，固卽其本人之所有物也。

（乙）價金（pretium）

價金云者，卽買賣標的物之金錢上之代價是已，但價金須具備下列三種要件：其一、價金須爲金錢，其二、價金須經確定，其三、價金須屬眞實；茲分述如次：

（一）價金須爲金錢（in pecunia numerata） 價金之內容，須爲金錢，蓋所以使買賣行爲不與互易行爲有所區別，而明買受人及出賣人之責任也。但買受人除給付金錢外，得並爲從屬之其他給付，以充價金，例如除給付銀洋萬元外，並給付白米百擔等是。所謂從屬之給付云者，須以金錢之給付，佔價金之重要成分之謂；反之，祇以金錢充價金總額之一小部分，餘以其他給付抵充之者，則不得視爲具有價金之買賣行爲也。

（二）價金須經確定（certum） 買賣契約中價金確定之條件，較諸其他債之關係，特別嚴格；蓋「出賣人之訴（actio venditi）」爲羅馬法上「確定請求（intentio certa）」之一種，故依古法，必具體約定價金之數額時，方得視爲確定。但此嚴格之原則，未幾即經變更，嗣凡可據以確定價金額數之原素，於契約成立時已經明定者，其價金以已經確定論；例如當事人訂明，依過去某日之市價，以爲計算價金之標準，則可隨時查明市價以確定之，固與已經確定者無異。我國民法第三百四十六條第一項謂：『價金雖未具體約定，而依情形可得而定者，視爲定有價金』云云，殆亦本乎此歟？再價金，當事人得約定由第三人評定之；但此第三人須經特別指定，而其買賣，亦視爲附有條件之法律行爲也。

（三）價金須屬眞實（verum） 即買賣須有實在而相當之價金；所謂實在之價金云者，買受人事實上給付價金之謂，例如名爲買賣而實行贈與者，在法律上不得視爲買賣；所謂相當之價金云者，即標的物之實在價値，與價金之額數須有相對之關係，例如以銀洋一元爲價値萬元之標的物之價金，在法律上亦不得視爲買賣行爲也。

（丙）意思之合致（consensus）

當事人意思之合致，本爲一般合意契約之共同要素，但此共同要素之於買賣契約，亦有特別之點，即當事人得約定以訂立字據爲買賣之要件是也。當事人有此特約者，固爲附有停止條件之買賣契約，依優帝之規定，凡當事人言明須訂立字據時，即推定其有此特約，而以訂立字據爲買賣成立之要件矣。再就當事人意思方面之有效條件而言，除須當事人有行爲能力，並有自由之意思，爲一般法律行爲所共同者外，關於買賣，更須具備一種特別要件，即「出賣人於經濟方面，須有自由之意思，而就其所得之價金，未受過分之損失」是也。是項特別要件，爲優帝所規定，優帝以爲出賣人迫於急需而賤賣其物件，致所得之價金與其物件之實價相差懸遠者，表面上雖係自願出賣，而實際上，亦非出於完全自由之眞實意思；故規定：凡價金在標的物實在價值之二分之一以下者，出賣人得提起「出賣人之訴」，請求撤銷其買賣行爲，而買受人則應返還標的物，或補足其實在之價金也。法國民法第一千六百七十四條謂：『不動產出賣人所得之價金，低至該不動產市價之十二分之七以下者，得請求撤銷其買賣契約，出賣人於契約中載明拋棄其撤銷權並將其價金與市價之差額贈與於買受人者，其特約無效。』殆亦社會主義化之法例，而導源於羅馬法者也。

第二款　買賣之效力

買賣之效力可大別爲二：即出賣人之義務與買受人之義務是已，茲分兩目論述如後。

第一目　出賣人之義務

出賣人之義務，又可分爲下列四種：一曰爲買受人之計算保管其出賣物之義務，二曰交付標的物與買受人之義務，三曰對買受人擔保第三人不得就標的物主張權利，致買受人喪失占有之義務，四曰擔保標的物不藏瑕疵之義務，試分別說明如次：

（I）保管標的物之義務

在未交付前，買受人應盡「善良家父之注意，」保管其出賣之物件，因其過失致毀損滅失時，應負損害賠償之責。

（II）交付標的物之義務

依現代法例之原則，物之出賣人，應移轉其物件所有權於買受人；我國民法第三百四十八條第一項謂：『物之出賣人負交付其物於買受人並使取得該物所有權之義務』，固以明文規定之者，法國民法第一千五百九十九條前段謂：『出賣他人之所有物者，其買賣無效，』殆亦以出賣他人之所有物時，不得使買受人取得其物之所有權耳。但在羅馬法，不以移轉出賣物所有權爲必要，故他人之所有物，亦得出賣之，如不能交付物件，祇負損害賠償之責，其買賣行爲，依然生效；所謂出賣人交付物件之義務，僅以交付物件爲限，買受人縱不能取得該物所有權，亦無可如何，祇得因取得時效之規定，取得其所有權而已，但出賣人本人就物件所已取得之權利，均應移轉於買受人也。例如出賣人就該物已有所有權，則其所有權即因受領價金而移轉於買受人；且約定嗣後給付價金，或買受人對於價金提供擔保，經出賣人接受者，以受領價金論，其所有權，亦即因交付物件而移轉於買受人也。再買賣行爲，雖未必有使買受人取得所有權之效果，當事人間亦不得有出賣人不移轉所有權之特別約定也。

至羅馬法上「不因買賣而移轉所有權」之原則，其原因有四，茲分述於後：

（一）國家公賣物件時，國家及官吏處於出賣人之地位，故規定買賣之規則時，不以所有權之移轉，列爲出賣人之義務，殆所以避免其負擔移轉所有權之責任也。

（二）在合意契約形成前，買賣行爲以「要式口約」爲之，根據要式口約，買受人被他人追奪，致不能占有時，出賣人應給付價金之兩倍；既有此嚴厲制裁，凡無所有權者，不敢冒險出賣他人之物件，故法律雖不明定移轉所有權，而事實上買受人甚少蒙受損害之危險也。

（三）取得時效之期間極短，在時效未完成前買受人雖不得抵押或出賣其買受之物件，但於時效完成後，即當然取得其所有權，故無即時移轉所有權之必要。

（四）如法律明定買賣契約即時發生移轉所有權之效果，則出賣人應證明其確爲標的物之所有人，而買賣之成立，將有不甚便利之虞。

基上四種原因，故羅馬法未明定買賣契約即時發生移轉所有權之效果，然此原則，已爲現代法例所不取矣。

（III）擔保占有之義務

依羅馬法之規定，出賣人雖不負移轉所有權之義務，但應使買受人有占有標的物之權利，如第三人就該物主張權利，致買受人喪失占有，是爲物件之追奪，出賣人應負其責。出賣人負擔保占有之義務，最初以當事人有特約者爲限，嗣凡於訂立契約時未有此特約者，買受人得於契約成立後提起「買受人之訴」請求出賣人補定之，故其擔保占有之義務，仍非直接以買賣契約爲基礎也；迨帝政時代，出賣人即直接基於買賣契約之關係，而負有擔保占有之義務，不以立有特約爲必要矣。至買受人因他人主張權利致喪失占有時，以物件被追奪爲理由而對出賣人起訴者，須具備下列三種要件：

（一）須買受人係因第三人主張權利而依法喪失標的物之占有　例如第三人證明其爲物件之所有人時，或證明就該物有永佃權地上權或「人役權」時，買受人即喪失占有之「體素」，依法並無排除是項「追奪」之可能，故應由出賣人負其責任；反之，如第三人祇就標的物主張地役權，則買受人仍可保持其占有，而不得藉口物件被人追奪，向出賣人有何請求也。再第三人主張所有權等，致買受人有喪失占有之虞時，買受人，如認爲賠償該第三人之損失較爲得計，而賠償其損害者，仍得以物件被人追奪之名義，向出賣人提起訴訟，請求其履行擔保占有之義務也。

（二）第三人追奪物件之原因，須爲可以歸責於出賣人之事由　出賣人就標的物並無完全之所有權時，苟其出賣係出於善意，則標的物縱被第三人追奪，出賣人亦不負責也。

（三）物件被第三人追奪，須爲法院裁判之結果　第三人就標的物主張權利時，出賣人應即通知出賣人，使其供給抗辯之資料，並應於可能範圍內提出有利之抗辯，例如主張出賣人或其本人已因時效而取得物件，以抵制第三人之請求等是；反之，如買受人對第三人之請求，不予抵制，擅自拋棄其占有，或於訴訟拘束中未盡防禦之能事，因過失而歸敗訴，致喪失其占有者，出賣人仍不負責。

買受人因第三人主張權利而喪失占有時，其對出賣人所得提起之訴訟，最初爲「基於要式口約之訴」，根據是項訴權，出賣人應返還兩倍之價金；嗣因出賣人之負「擔保占有」之義務，不以訂有特約者爲限，故買受人得直接提起「買受人之訴」，請求出賣人賠償其因第三人追奪物件所蒙受之一切損害；例如：標的物被追奪時對於買受人之主觀價值，其對第三人應返還之孳息，及其就標的物所已支付而未由該第三人返還之各種費用，出賣人均應返還之；故買受人因買受人之訴所可享受之利益，較諸基於要式口約之訴，有過之無不及也。

（IV）擔保無瑕疵之義務

標的物藏有瑕疵時，不論出賣人是否惡意，買受人均得請求其解除契約或減低價金。但出賣人負擔是項責任，最初以當事人訂有特約者為限，關於牲畜之買賣，擔保無瑕疵之要式口約，且與擔保占有之要式口約，同其格式；繼而市場場長對於奴隸牲畜之買賣，負有監督之責者，頒發告示，強令出賣人說明出賣物件所藏之瑕疵，而其擔保無瑕疵之責任，遂直接以契約之本身為其基礎，不以定有特約為必要矣。但買受人根據市場場長之告示，對出賣人提起訴訟，亦須具備下列三種要件：

（1）須有重大之瑕疵，致標的物不合原來之用途或減少其大部分之價值，但當事人間另有特約者，不在此限。

（2）瑕疵須於契約成立時已經存在，並須於起訴時，仍未消滅。反之，如契約成立後，始有瑕疵，根據「危險由買受人負擔（periculum est emptoris）」之原則，出賣人不負任何責任；另一方面，契約成立時所有之瑕疵，如於嗣後消滅，則出賣人無損失可言，亦不得以物件藏有瑕疵為理由，向出賣人起訴也。

（3）物件之瑕疵，須隱藏於內部，而為買受人所未察覺之瑕疵；蓋物有明顯之瑕疵而未察覺者，或買受人明知物有瑕疵而買受之者，是其本人之過失，而出賣人不負責任也。

上述三種要件，祇其原則而已，苟當事人間另有特約免除出賣人瑕疵擔保之義務，或加重其擔保之責任者，固不受此三種條件之拘束也。買受人因物有瑕疵對於出賣人所得提起之訴，共有兩種：一曰「解約之訴（actio

，redibitoria)」二曰「估價之訴(actio aestimatoria)」；前者以解除買賣契約爲目的，此訴成立時，出賣人除返還價金外，對於買受人所受之損害應賠償之；但自契約成立時起，買受人限於六個月之期間內得提起之。後者以減少價金而依瑕疵之情狀重行定價爲目的，其期間則爲一年。提起「解約之訴」或「估價之訴」，買受人得選擇之；但對於同一瑕疵，買受人不得同時或先後提起此兩種不同目的之訴訟；例如對於某一瑕疵，已提起估價之訴者，敗訴後，即不得提起解約之訴；先提起解約之訴者亦同。但解約之訴祇因經過請求期限而被駁回者，則仍得提起估價之訴以補救之也。

第二目　買受人之義務

買受人之主要義務，即給付價金是已；但不於買賣契約成立時給付價金者，就其未付之價金有支付利息之義務；再自契約成立之日起，出賣人因保管標的物而支出費用者，買受人並有償還之義務。出賣人對於買受人給付價金之義務及其兩種從屬之義務，得提起「出賣人之訴(actio venditi)」，以制裁之。以言買受人給付價金之期日，除有相反之約定外，應於受領物件時而爲給付；出賣人不得於交付物件前強令其履行給付之義務也；另一方面，買受人於給付價金前，亦不得強令出賣人交付物件，但另有特約者，不在此限。

自契約成立以至交付物件之期間內，就物件所發生之利益，如土地之淤長，價值之增高等，均應由買受人享受之，而物件所有毀損滅失之危險，則亦以買受人負擔爲原則；此所謂危險云者，物件本身因氣候風雨等自然界之事變，或其他不可抗力而發生損失之謂，其因當事人之過失而發生者，不得以單純之危險論也。契約成立時，標的物已爲買受人之物件，即有損失，買受人亦以完全受領論，故仍應給付價金。但買受人負擔物件所生之危險，亦有三種例外，茲分述於後：

（一）以不特定之代替物若干數量爲買賣之標的時，買受人不負擔標的物所發生之危險；蓋標的物既未特別指定，則出賣人之物件，縱有毀損滅失之情形，未必即爲行將交付買受人之物件，故不應由買受人負擔之也。

（二）買賣契約附有停止條件者，在契約成立至條件完成之期間內，標的物所生之危險，分「滅失之危險(periculum interitus)」與「毀損之危險（periculum deteriorationis）」兩種，後者由買受人負擔，而前者則由出賣人負擔；蓋條件完成時，物件既已滅失，則買賣契約即已失其標的，致契約之本身不能成立，故買受人不負擔滅失之危險也。

（三）在試驗買賣中，以買受人承認標的爲停止條件者，或某種代替物之買賣，以計算數量爲停止條件者，在承認前或過數前，標的物所有之危險，亦均由出賣人負擔。但以過數爲買賣之停止條件者，就物件之質量方面所有之危險，則仍由買受人負擔之；例如：購買某一舟車所載之米麥，或某一倉庫儲藏之豆穀，每擔之價金若干，在未過磅前，數量減少或完全滅失時，其危險由出賣人負擔，而質量方面之損失，則由買受人負擔之也。按以某一舟車倉庫等所載之代替物，爲買賣之標的物時，羅馬人有估定賅括價金之習慣，例如購買米麥一船，計價若干等是，在古代法律，且亦視爲特定物之買賣也；至就某宗代替物購買若干數量，而以該數量之單位爲計算價金之標準者，則嗣後始發覺適用之耳。是項特定代替物之賅括買賣，現代法例固皆視爲代替物之買賣，但羅馬古法則視爲特定物之買賣，嗣後原則雖略有變更，然仍規定質量方面之危險由買受人負擔之也。

第三款　買回

我國民法第三百七十九條第一項謂：『出賣人於買賣契約保留買回之權利者，得返還其所受領之價金，而買回其標的物。』現代其他法例，多有類似之規定；羅馬法亦承認出賣人得保留其買回之權利，而未詳定當事人間之權義關係也。參照羅馬法作者所舉之例證，買回多於親友間發生之；例如：某甲迫於急需，將其物件暫賣於乙，俟將來經濟寬裕時，再買回之；此乃有親密關係者間通緩急昭信用之救濟辦法，與抵質略同，似無法定之買回期間，然此與抵質有別者，即出賣人甲不買回時，乙即以買賣之名義，而當然取得其物之所有權耳。

第四款　特種買賣

我國民法第三百八十四條所稱之試驗買賣，羅馬法又分爲「試嘗買賣」與「試用買賣」兩種：前者指飲料食物之買賣，而以買受人嘗味並承認標的物爲條件者而言，後者則指用物之買賣，而以買受人試用並承認標的物爲條件者而言；是項分類，祇以標的物之性質爲標準，而定各別之名稱而已，其在法律上之效果，固無若何重要之不同點也。在試嘗買賣或試用買賣中，買受人承認標的物時，須明白表示其買受之意思，而不若我國民法第三百八十七條之推定買受人承認之也。至標的物之拒絕，則不以明白表示爲必要，例如：買受人於試驗後批評其標的物之惡劣，或未於約定之試驗期間而試驗之者，則皆視爲拒絕之默示；但於約定之試驗期間內，因出賣人之阻礙而未爲試驗者，不在此限。試驗買賣，以買受人承認標的物爲買賣之停止條件，此乃我國民法第三百八十四條所明定，但買受人之承認標的物，羅馬法則視爲停止條件或解除條件：其在試嘗買賣，原則上視爲停止條件，而在試用買賣，則多視爲解除條件也。以言標的物之試驗，在試嘗買賣中，類皆買受人本人爲之，在試用買賣中則多由第三者爲之，是乃此兩種試驗買賣之又一區別也。再依羅馬法之規定，諸多飲料食物之買賣，均推定其以買受人嘗味及承認爲契約之停止條件，例如以酒爲買賣之標的物時，必經買受人嘗味後表示買受，其契約始視爲完全成立也。

原則上，價金應於買賣成立時給付之，但當事人另有分期付價之約定者，羅馬法亦不禁止之。至於拍賣制度，自帝政時代，伊始羅馬人已用爲公賣債務人財產之通常方法；拍賣時，出價最高之應買人，卽當然爲拍賣物之買受人，但各應買人所出之最高價格，未及預計之售價，出賣人認爲不足者，不在此限，此亦現代法例所採用之原則也。

第二節　互易

互易云者，當事人雙方約定，互相移轉金錢以外之財產權之契約也；就經濟方面言之，買賣行爲，亦卽以金錢爲工具之互易行爲而已。互易行爲，有時亦與買賣混合成立；例如當事人之一方約定移轉金錢以外之財產權，並應交付金錢時，其金錢部分，卽準用關於買賣價金之規定，亦卽所謂混合契約是也。

互易爲羅馬法上無名契約之一種，其與買賣契約之區別，可分下列四種：

（一）買賣爲合意契約，而互易則爲無名契約；互易之當事人，必於履行債務後，始得對他方起訴請求履行；在履行前基於互易而發生之債，祇有自然法上之價值而已，此其形式方面之區別一也。

（二）互易以兩個給付爲其標的，卽當事人雙方各自移轉其物之所有權是已；當事人一方就其交付之物件無所有權時，他方得提起「口頭契約之訴(actio prescriptis verbis)」以制裁之，此與買賣契約不同之又一點也。

（三）互易當事人之一方交付物件與他方時，他方卽當然爲該物之所有人；但在買賣契約，則必須買受人給付價金或約定分期付價或提供擔保經出賣人接受後，始得就其受領之物件取得所有權也。

（四）互易當事人已經交付物件者，得請求他方爲對待之給付或返還其所受領之物件；但在買賣契約中，出賣人不得直接請求買受人返還買賣之標的物也。

互易與買賣所有之上述四種差別，爲羅馬法之特點。依法國民法，除出賣人得因價金太低而解除契約之規定，不適用於互易契約外，關於買賣之其他規定，於互易均適用之；我國民法第三百九十八條且謂：「當事人雙方約定互相移轉金錢以外之財產權者，準用關於買賣之規定。」是債之關係，基於買賣或互易而發生者，受同樣法律之支配矣。至羅馬法所以有上述四種差別者，以其區別此兩種契約之性質（視買賣爲「要物契約」，視互易爲「無名要物契約」。）及其移轉所有權之效果耳。

第三節 贈與

（I）贈與之意義

贈與云者，當事人之一方，以嘉惠他方爲目的，自願積極犧牲其財產上之利益之無償行爲也。贈與之成立，以受贈人表示接受爲要件，故贈與非一方行爲，而爲雙方行爲。贈與又有生前贈與與死因贈與之分：於當事人生存期間卽發生效力者，謂之生前贈與，通常簡稱贈與；其以贈與人先受贈人而死亡爲要件者，則謂之死因贈與，其性質與遺贈遺囑相近。茲所研究者，爲生前贈與，至死因贈與容於繼承編論列及之。

（II）贈與之要件

贈與之要件，可分普通要件與特別要件兩種：前者指一般契約所應具備之要件，而於贈與契約略有變更者而言，例如當事人之能力，贈與之標的，意思之合致，皆屬之；後者則指贈與所特有者而言，又可細別爲三，茲分別言之如次：

（甲）普通要件

（一）當事人之能力　當事人縱有處分財產之能力或負擔義務之能力，亦未必卽有爲贈與人或受贈人之能力，蓋贈與之發生效力，關於當事人之能力方面有數種特別之限制也：其一、依共和末造之法律，除近親間之贈與外，不得超過法定之最高額數，始亦保持「一家族之財產不使分散」之舊觀念使然也；其二、夫妻間不得爲贈與行爲，現代法例，如法國民法等，均採此制，且夫妻間之買賣行爲，亦限制之，其目的，固在使妻之財產不受夫之操縱剝削耳，但羅馬法上是項限制之目的，則與此略有不同：羅馬古代之夫妻財產，均爲聯合財產制，其贈與本無危險，嗣後改用分別財產制，在盛行離婚之時，夫妻之一方，每以離婚爲要挾他方贈與之方法，裁判官遂明定夫婦間不得爲有效之贈與行爲，以杜夫妻間要挾贈與之弊；但妻先夫而死亡時，其死亡前對夫所爲之贈與，仍然有效，而妻之繼承人，不得以贈與無效爲理由對抗其夫也。

（二）贈與之標的　贈與之標的，不以有體物之交付爲限，他如物權之移轉，債權之移轉，債權之消滅，債權之設定，均得爲贈與之標的也。

（三）意思之合致　在優帝以前，贈與爲「簡約」之一種，當事人之一方表示贈與，他方表示接受，其意思合致時，贈與即告成立，固無履行任何方式之必要；但自優帝以還，凡贈與之標的有五百金元以上之價值者，應至官廳登記，不登記時，就其超過之部分，不生法律上之效力。現代法例，亦多採用登記之制度，凡不動產之贈與，均以登記爲必要：法國民法第九百三十一條，且有『關於贈與之字據，非經登記，不能生效』之規定；我國民法第四百零七條，則謂：『以非經登記不得移轉之財產爲贈與者，在未爲移轉登記前，其移轉不生效力。』是贈與之有重要標的者，除須當事人意思合致外，更以登記爲補充之要件也。

（乙）特別要件

（一）須贈與人積極犧牲其財產上之利益　積極犧牲其財產上之利益云者，即減少其財產上現存之價值之謂，故一般無償行爲，未必卽爲贈與；例如甲將其物件借貸與乙，借用物仍爲甲之財產之一部，又如無償而爲他人代理事務者，其財產方面，亦無積極之損失，故皆不得視爲贈與。且拋棄可以行使之權利，而以使他人享其利益爲目的者，亦不得謂爲贈與，例如：不行使其繼承權，故意使順序之繼承人繼承遺產，不得謂爲贈與，以其現存之財產，並未積極減少其價值故也。再贈與之成立，不以表面上卽時犧牲財產上之利益爲必要，例如贈與附有始期或停止條件者等是；蓋此等贈與成立後，贈與人卽負擔附有始期或停止條件之債務，在法律方面，實已減少其現存財產之價值耳。

（二）贈與人犧牲財產上之利益，須係出於自願　卽犧牲財產上之利益，並無法律上之義務之謂，例如債務之淸償，縱債權人無請求權，亦不得謂爲贈與；反之，以履行道德上之義務爲原因者，則皆謂之贈與也。

（三）須當事人雙方存有嘉惠受贈人之共同意旨　當事人之一方，存有嘉惠他人之意思時，仍非贈與。例如甲因乙曾爲其服務，任乙利用時效取得其物之所有權，而不阻止其時效之進行，祇甲方有嘉惠乙方之意思，而乙方並無接受其嘉惠之意思者；再例如以鉅款購買無甚價值之物件，而誤信其價值與價金相埒，或以細微之價金出賣極有價值之物件，而不知其價值者，皆非贈與行爲，蓋當事人雙方並無使其一方格外享受利益之共同意旨耳。

（III）贈與之效果

贈與之效果，因其標的內容，而各異其趣，例如：以移轉所有權爲標的者，則贈與人有移轉所有權於受贈人之義務，以免除債務爲標的者，則贈與人有放棄債權之義務，其效果，固未盡同也。總之，贈與人不就贈與而享受利益，故法律對之極寛，而祇使其負重過失之責任，贈與人之主要義務，則爲使受贈人依贈與之本旨享受利益而已；履行遲延時，贈與人固無給付遲延利息之義務，以移轉有體物所有權爲標的者，對於受贈人，亦不擔保其確無瑕疵或被他人追奪之危險；此等原則，殆皆現代法例所採用者也。

(IV) 附有負擔之贈與

負擔之附加，每見諸無償行爲，就負擔享受利益之人，不以贈與人爲限，質言之，第三人亦得爲負擔之受益人，惟受贈人履行負擔之義務，因受益人爲贈與人本人或第三人而有不同之規定，玆分述之如次：

(一) 享受負擔之利益者，如爲贈與人本人，受贈人不履行其負擔之義務時，贈與人得提起「口頭契約之訴 (actio prescriptis verbis)」，強使其履行之。

(二) 享受負擔之利益者，如爲第三人，受贈人不履行其負擔之義務時，依羅馬古法，贈與人不得對之起訴，請求履行，以其就負擔之履行，並無直接之利益也。嗣後以享受利益之受贈人，不可任其隨意爽約而無制裁之道，乃規定贈與人得提起「未爲對待給付之訴 (condictio causa data causa non secuta)」，請求受贈人履行負擔；另一方面，就負擔享受利益之第三人，亦得準用是項訴權，請求受贈人履行其負擔之義務也。

(V) 贈與之撤銷

贈與爲契約之一種，成立後，當事人均受其拘束，故就理論言，當事人似無片面撤銷之可能。但依羅馬法之規定，有下列兩種撤銷贈與之法定原因焉：

（一）舊主人對其奴隸所爲之贈與，得撤銷之，但至優帝時，此法定原因之適用，遂有所限制。依優帝之規定，對其奴隸而爲贈與者，欲撤銷其贈與，須具備兩種要件：（一）須贈與時，贈與人尙無子女，（二）須撤銷時，贈與人生有子女；蓋法律推定贈與人果於贈與時已有子女，卽不爲贈與，且推定其生有子女時，生活費用較多於前，而有撤銷贈與之必要也。是項原則，現代法例，亦有完全採用之者，如法國民法第九百五十三條第九百六十條第九百六十一條之規定等是；依瑞士債權法第二百五十條第一項第三款之規定，『贈與人爲贈與之要約後，如發生新有之家庭責任，或家庭之負擔驟然劇增，得撤回其要約而拒絕履行；』抑亦此原則之遺跡，而同以保護負擔增加之贈與人，爲特許撤銷之理由者也。

（二）尊親屬對卑親屬而爲贈與者，受贈之卑親屬有忘恩行爲時，得撤銷其贈與；但至優帝時，不論當事人間有無親屬關係，凡受贈人對贈與人有忘恩行爲時，贈與人均得撤銷其贈與，以制裁之，此亦現代一般法例所採用之原則也。羅馬法所謂忘恩行爲，有法定數種，實例如次：

（1）受贈人對於贈與人之生命有加害行爲者；

（2）受贈人對於贈與人有重大之侮辱情事者；

（3）受贈人，故意使贈與人之財產減少者；

（4）附有負擔之贈與，其負擔直接爲贈與人之利益而設定者，受贈人拒絕履行負擔時，亦以忘恩行爲論，贈與人得撤銷其贈與，但以是項負擔與贈與之價值相埒者爲限。

第四節　租賃

（Ⅰ）總論

稱租賃者，當事人之一方，對他方供給物之享用，由他方支付租金之契約；租賃契約，固爲合意契約之一種，然由「要物契約」蛻化而成，蓋羅馬古法，以物件之交付爲租賃契約之要件也。羅馬法所稱租賃，包括現代法例所稱之租賃、僱傭、承攬三種契約，前已言之，然此三種所謂租賃契約，除共同點外，並不乏特異之點，而於後兩種爲尤甚；茲姑依現代法例之編制方法，分別論列及之本節所稱，亦即狹義之租賃也。

租賃契約有三項要素：一曰當事人之意思合致，二曰租金，三曰租賃之物件。第一要素，爲一般契約所共同者，茲不贅述；第二項要素（租金），羅馬法稱曰「merces」，依其規定，租金須與買賣中之價金具備同樣之要件，即須確定、眞實，並爲金錢是已，但租賃物產生天然孳息時，得以其孳息之一部充作租金；或謂充作租金之天然孳息，與其全部比例計算時，則爲合夥契約，而非租賃契約也。我國民法第四百二十一條第二項謂：『前項租金，得以金錢或租賃物之孳息充之』，是承租人得以孳息充作租金之全部矣。

至於得以租賃之物件，依羅馬法之規定，範圍極廣，原則上有體物或無體物，均得爲租賃標的物，但消費物，不得租賃之；殆承租人於租賃期間屆滿後，有返還租賃物之義務，苟以消費物爲租賃標的物，則無返還之可能也。

(II)租賃之效果

租賃之效果可大別爲兩種：(一)出租人之義務，(二)承租人之義務，茲分述之如次：

(甲)出租人之義務

(一)出租人應將租賃物交付承租人　其交付之物，並應使承租人得依租賃之本旨而享用之。如有不能享用之情狀，則出租人應於改良後，交付承租人，使其得以享用之也。

(二)於租賃期間內，出租人應擔保承租人有享用租賃物之可能　即在租賃期間，出租人應維持租賃物合於享用之狀態；非修繕不能享用時，出租人應爲必要之修繕，並負擔其費用，但其不可享用之狀態，係由承租人之故意或過失所致者，不在此限。其依習慣應歸出租人修繕者，縱非必要，出租人亦應修繕之。至因意外事變，或可歸責於出租人之事由，致租賃物不堪享用時，例如因水災、地震，致租賃物滅失者，或租賃物藏有瑕疵，或被第三人追奪者，則均歸出租人負其責任。

出租人不履行上述兩種義務時，承租人得提起「承租人之訴(actio conducti)」，以制裁之。租賃關係終止時，承租人如有損害，得請求其賠償之，就租賃所支付之必要費用，得請求其給付之，承租人並得留置(jus retentionis)租賃物，以爲求償之方法也。

(乙)承租人之義務

(1)承租人應依適當之方法，享用租賃物　所謂適當之方法，當事人無明定之必要，而以租賃關係成立前之享用狀態爲標準；總之，承租人享用租賃物時，應盡善良管理人之注意也。

（2）租賃契約終止時，承租人應返還租賃物及其從物　租賃物所附之從物，由承租人接收之者，應連同主物返還之，質言之，承租人應依照接收時租賃物之原來狀態，返還出租人；但減損情形因通常之享用及租賃之時日而發生者，承租人不負恢復原狀之責。

（3）承租人應於約定之期日給付租金　依羅馬法之原則，租金純爲承租人享用租賃物之代價，故出租人不供給其物之享用時，承租人即免給付租金之責任，但因可歸責於承租人之事由致不能享用，或承租人本人自動不享用者，不在此限，例如房屋承租人將房屋焚燬致不能居住，或因事他遷而不居住該房屋者等是；除此兩種情形外，就租賃物祇能爲一部之享用者，或短時間內不能享用者，承租人有請求折減租金之權。

再耕作地之租賃關係中，因不可歸責於承租人之事由，致收穫減損者，承租人亦得請求折減租金，但須具備下列三項要件：

（一）須減損之情形，發生於收穫之前　羅馬法認爲開始收穫時，出租人已盡其供給享用之義務，故規定嗣後發生之減損，應由承租人負擔之也。

（二）收穫減損之原因，須爲非常災害　羅馬法認爲非常之災害者，僅奇重之冰雹，罕見之水災，敵國之侵襲等三種而已。至沿河川之土地，因水流改道，或河堤坍倒，而蒙損失者，本數見不鮮，但在羅馬法，並非「非常之災害」，故承租人不得據此以爲折減租金之理由也。

（三）須有嚴重之損害　有非常之災害時，如未發生嚴重之結果，承租人仍無請求減租之權。嗣後羅馬法規定，估計損害時，出租人得平均已往年份之收穫而計算之；例如租賃之期間在一年以上者，已往年份之收穫，如極豐裕，則承租人請求減租時，出租人得以已往年份之豐收可補本年之不足爲理由，而爲拒絕減租之抗辯也。

承租人就租賃契約而享受利益，故對輕過失亦負責任；承租人不盡其義務時，出租人得提起「出租人之訴（actio locati）」以制裁之。再租賃物爲耕作之土地或供居住之房屋處所者，出租人對於該土地之天然孳息，或該房屋該處所內之陳設及其他動產，有法定之抵押權，但出租人對於承租人之債權，非就租賃契約而發生者，不在此限。是項原則，現代法例，多採用之；我國民法第四百四十五條第一項謂：『不動產之出租人，就租賃契約所生之債權，對於承租人之物置於該不動產者，有留置權，但禁止扣押之物，不在此限。』抑亦羅馬法之原則也。且其但書之限制，則較諸羅馬法更爲精密而合理也。

（III）租賃契約之終止

羅馬法上租賃契約之終止，共有四種原因：一曰租賃物之滅失，二曰權利之混同，三曰約定期間之屆滿，四曰當事人解除契約之意思；茲分述之如次：

（一）租賃物之滅失　租賃物全部滅失時，承租人無享用之可能，則契約本身，已失其標的，故租賃契約因租賃物滅失而當然解除也。

（二）權利之混同　承租人就租賃物取得物權，致有享用該物之權能者，例如承租人因另一法律關係，而成爲該物之所有人，用益權人或地上權人等是；在此等情形之下，租賃契約因承租人權利之混同而歸消滅，但租賃契約之期間，較長於地上權，用益權等物權之期間者，則此等物權之期間屆滿後，於剩餘之租賃期間內，當事人雙方仍受租賃契約之拘束也。

（三）租賃期間之屆滿　租賃之期間，除明白約定者外，得依習慣而決定之，例如羅馬人之習慣，耕作地之租賃期間，至少須爲一年等是。至租賃關係之存續，得依當事人之行爲或不行爲而默示之；例如明定之期間屆滿後，雙方當事人仍繼續履行其義務時，其租賃契約，卽視爲依照原契約之條件而繼續存在，但此新契約之存續期間，則不依原契約之規定也。

（四）當事人解除契約之意思　定有期限之租賃契約，除有法定原因外，當事人之一方欲終止契約時，須得他方之同意；但其一方不履行義務或不能履行義務時，他方仍得片面終止之也。例如出租人對租賃物不爲必要之修繕，或承租人毀損租賃物或積欠兩年之租金等是。至租賃契約之未定有期限者，當事人之一方得隨時終止之，但有相反之習慣者，不在此限，例如耕作地之租賃，依羅馬之習慣，至少須有一年之期間，並應於收穫後解除契約等是。

「承租人死亡者，租賃契約雖定有期限，其繼承人仍得終止契約，」此爲我國民法第四百五十二條前段所明定，現代其他法例，亦多以承租人之死亡，爲終止租賃契約之原因之一；但在羅馬法則不然，依其規定，承租人死亡時，租賃契約仍對其繼承人繼續發生效力，現代學者常謂爲不盡合理。至出租人處分租賃物時，已存在之租賃契約，不因此而受影響，此則現代一般法例所採用之原則也。

第五節　借貸

第一款　使用借貸

(I)使用借貸之意義

使用借貸云者，當事人約定，一方無償移轉物之持有與他方，以供其特定之使用，他方使用後返還其物之契約也。使用借貸爲羅馬法上要物契約之一種，以物件之交付爲要件，與消費借貸同，然使用借貸中借用人應返還原物，則與消費借貸異其旨趣者也。再使用借貸，不生移轉所有權之效力，故貸與人不必卽爲物之所有人；占有人，或就他人之所有物有移轉使用之權者，均得將該物貸與第三人，供其相當之使用，但借用人或受寄人，不得擅自將借用物或寄託物貸與他人使用之也。

(II)使用借貸之要件

(一)須有物件之交付　交付物件時，僅移轉其持有而已，對其所有權或法律上之占有，不發生若何影響，故非所有人或法定占有人，亦得將物貸與他人使用之也。

(二)交付物件，須以供特定之使用爲目的　借用人使用物件，不得超過約定之範圍或方法；未經明定者，得依借用物之用途及習慣上之使用方法而決定之，借用人使用過度時，並負「使用盜（furtum usus）」之責任也。

（三）使用借貸須爲無償行爲　卽貸與人不得就借貸契約而受相對之報酬是已，殆非然者，將與租賃契約無別矣；至消費借貸原則上，此爲無償行爲，惟當事人得約定給付相當之利息耳。

（四）須借用人於使用後返還原物　使用借貸，以供特定之使用爲目的，依借貸之本旨而爲使用後，借用人應返還原物，標的物爲代替物或消費物者亦同。

（III）使用借貸之效果

（甲）借用人之義務

使用借貸之關係，乃爲借用人之利益而發生者，故借用人就使用借貸而負擔義務，爲是項契約之當然效果，亦卽其必要之效果也。借用人之義務，共分三種：一曰保管借用物之義務，二曰依特定之範圍及方法而爲使用之義務，三曰使用後返還原物之義務。此外，借用人應負各種過失之責任，其使用逾越指定之範圍或方法者，並就意外事變而負責任；例如借用人甲，將借用物轉借第三人乙使用者，如該物因乙蒙受普遍之火災而毀損滅失，甲對其貸與人仍負責任也。再借用人不履行上述各種義務時，貸與人得提起「使用借貸直接之訴(actio commodati directa)」，以制裁之也。

（乙）貸與人之義務

原則上，使用借貸僅有使借用人負擔義務之效力，但使用借貸成立後，有時亦使貸與人負擔義務，然此非使用借貸之當然或必要之效果耳；得使貸與人負擔之義務，可分兩種如下：

（一）借用人支付特別之必要費用者，貸與人應返還之　是項費用，非指通常之必要費用而言，例如牲畜之餵料，奴隸之食宿等費用，爲通常之必要費用，視爲借用人使用之代價，貸與人無償還之義務。此所謂特別之必要費用者，指必要費用而在特種情形之下支出者而言，例如牲畜失足跌傷或奴隸偶攖疾病時，借用人因此而支出之醫藥費用，固爲必要費用，然非通常費用，不得視爲使用之代價，故貸與人應返還於借用人也。

（二）因重過失致借用人蒙受損害者，貸與人應賠償之　借用人就借用物蒙受損害時，如由貸與人之重過失所致，貸與人應負賠償之責；例如：甲將瘋癲之奴隸貸乙使用，而不將該奴隸足以發生損害之情形，告知於乙，致乙因此而蒙受損害，則貸與人甲，對於借用人乙，負有損害賠償之義務也。

借用人因使用借貸關係，對於貸與人享有債權時，得提起「使用借貸相對之訴(actio commodati contraria)」，請求貸與人履行其義務也。

（IV）使用借貸之終止

使用借貸明定期限者，或得依借貸之目的定其期限者，在期限未屆滿前，貸與人不得請求借用人終止契約。

所謂依借貸之目的定其期限云者，依借貸之目的使用完畢時，視爲期限屆滿；總之，依羅馬法之原則，終止是項契約之唯一法定原因，厥爲期限之屆滿而已。

第二款　消費借貸

（I）消費借貸之意義

消費借貸云者，當事人約定，一方移轉代替物之所有權於他方，由該他方返還種類、品質、數量相同之物之契約也。貸與人應移轉其物之所有權，故原則上，非所有人，不得爲消費借貸之貸與人；借用人得消費借用物，故非代替物，不得爲消費借貸之標的物。依是項契約之性質，僅借用人負返還之責，而貸與人不特無任何義務，且對借用人有返還物件或給付利息之請求權。但給付利息之消費借貸，僅爲羅馬法上之例外，蓋羅馬古法分消費借貸爲金錢借貸及金錢以外之代替物借貸兩種，均以無利息爲原則，嗣後雖承認利息，而於金錢借貸，必當事人附有特約時，借用人始有給付利息之義務也。

（II）消費借貸之要件

（甲）須貸與人移轉代替物之所有權於借用人　代替物所有權之移轉，須即時實現；縱有移轉之約定而並未實現者，其消費借貸之契約關係，仍不得視爲成立，蓋是項所有權之移轉，爲借用人負擔義務之法律上之原因耳。其標的物爲代替物，故僅以「引渡」爲移轉之方式，而不以舉行「曼兮怕蓄」等方式爲必要。消費借貸既須移轉標的物之所有權，故原則上，於貸與人方面，須具備下列兩種要件：貸與人須爲標的物之所有人，此其一；貸與人須有處分該物之行爲能力，此其二。但標的物爲消費物時，其所有權雖未依法移轉，借用人仍就消費借貸享同樣之利益，故羅馬法爲便利當事人計，並不嚴格拘泥是項原則，質言之，貸與人雖非消費物之所有人，將該物貸與他人時，亦發生法律上之效力也。

（乙）須借用人約定返還種類、品質、數量相同之物件　借用人所應返還於貸與人之物件，須與標的物之種類、品質、數量相同，故得爲消費借貸之標的物者，以代替物爲限。嗣後範圍漸廣，凡以非代替物貸與他人出賣者，亦視爲消費借貸，然其標的物，非該物之本身，而爲該物出賣之價金，故必出賣人受領價金時，是項消費借貸，方可視爲成立也。

（III）消費借貸之效果

消費借貸，爲單務契約之一種，僅借用人一方負擔義務，其主要義務，即返還與標的物種類、品質、數量相同之物件是已；借用人不履行是項義務時，貸與人得提起「基於消費借貸之訴（condictio ex muto）」以制裁之。借用人返還之物件，應與標的物之種類、品質、數量相同，前已言之；但標的物爲金錢時，借用人祇有返還價值相同之金錢之義務，而不以某種金錢爲限。例如借貸標的物爲英幣拾磅，如償還時，每磅合華幣貳拾元，則借用人返還華幣貳佰元或英幣拾磅，或其他貨幣若干於償還時有英幣拾磅之價值者，均無不可。再自借款至償還之期間內，貨幣之價值，如有變更，借用人亦祇有返還同一數額之義務；例如借用銀幣百元，借款時每元合銅元叁百枚，至償還時，銀幣每元合銅元四百枚或貳百枚，則借用人亦僅應返還銀幣百元而已，對其漲落之價值，既無折減之權能，亦無補足之義務也。

就理論言，借用人之義務，以取得借用物之所有權，爲其法律上之原因，而貸與人請求返還之範圍，亦以標的物之本身爲其標準；質言之，除請求返還與標的物種類、品質、數量相同之物件外，貸與人不得基於消費借貸關係，以利息之名義，請求借用人爲其他給付也。但羅馬法學者，關於金錢以外之消費借貸，嗣已承認貸與人有請求利息之權，至於金錢之借貸，則始終保持是項理論；蓋以金錢爲借貸之標的時，貸與人之得請求利息，以有「要式口約」明白約定者爲限，且應提起「基於要式口約之訴（actio ex stipulatu）」，以請求之，而不若金錢以外之消費借貸，直接以借貸契約爲發生利息債權之原因，並以「基於消費借貸之訴（condictio ex muto）」爲請求履行利息債務之方法也。按羅馬人每以金錢借貸重利盤剝，貧者苦之，至東羅馬帝國時代，重利借貸之風益熾，故至優帝時，仍維持是項原則，藉以挽頽風而杜流弊耳。

再依羅馬人之習慣，某甲欲向乙借貸時，先書一欠據寄交與乙，至優帝時，是項欠據經過二年之期間，即發生法律上之效力；是項規定，最初祇於金錢借貸適用之，嗣於金錢以外之其他借貸，亦適用之矣。

（IV）消費借貸之限制

借用人就消費借貸負擔義務，故須有普通之行爲能力，就理論言，亦祇須具備普通之行爲能力而已；但依元老院之決議，借用人負擔法律上之義務，有特別之限制，即處於「家父權」下之「家子」爲借用人時，貸與人不得對之起訴請求返還，是已。蓋重利盤剝者流，每將巨量金錢貸與「家父」多金之家子，有釀成慘劇之危險耳。按家子處於家父權之下者，現時雖無財產，但多金之家父死亡後，即可繼承其遺產而成爲富有；一般奸人因家子不知物力之艱難，揮霍金錢，急不暇擇，可格外抬高利率，取得特別之利益，自不惜貸與巨量金錢，供其揮霍。此輩浪子，迫於債權人之追索，則唯有希望家父死亡，可有遺產以償積欠，此固通常之情狀也。會元老院議員有馬式圖(Macedo)其人者，乃子積欠過多，償債乏術，竟使人殺害馬氏；元老院爲避免類似之危險計，遂決議：凡對家子爲消費借貸者，不得對該家子或其家父起訴追償，且規定家子已經判決償還者，亦得拒絕履行，是爲馬式圖元老院之決議(senatus consultum macedonianum)。然依是項決議，家子僅不負法律上之義務，得拒絕履行而已，固仍對貸與人負有自然債務焉。再是項決議，更有三種例外，茲列舉之如次：

（一）家子借貸，曾得家父之允許者；

（二）家子爲家父之利益而借貸者；

（三）家子因彌縫必要之費用而借貸者。

家子在上述三種情形之下爲借用人時，仍負法律上償還之義務，不特負擔自然債務已也。

第六節　僱傭

僱傭云者，當事人約定，一方對他方供給勞務，他方給付報酬之契約，羅馬法稱之曰：「勞務租賃（locatio conductio operarum)」。依羅馬法之規定，奴隸得買賣之，而完全之自由人則否；法學者以自由人雖不得爲買賣之標的，其勞務得買賣之，於是形成所謂「勞務租賃」之契約，所有成立之要件與其發生之效果，則幾與「物件租賃（locatio conductio rei）」完全相同。法國民法第一千七百零八條，亦分租賃爲物件租賃與勞務租賃兩種，然僅與羅馬法略同而已。蓋法國民法所稱勞務租賃，雖包括現代法例所稱僱傭與承攬兩種契約，但其要件與效果，則泰半與物件租賃異其旨趣耳。至現代一般法例，關於租賃與僱傭之規定，則皆截然不同，而形成兩種單獨之契約矣。

羅馬法分勞務爲「自由勞務（operae liberales）」與「非自由勞務（operae illiberales）」兩種：前者指腦力方面之勞働而言；後者則指體力方面之勞働而言。羅馬法所謂「勞務租賃」，亦祇以「非自由勞務」爲適用之範圍。至於「自由勞務」之供給，如醫師律師等自由職業者之工作，現代法例雖皆規範於委任契約，然羅馬法以委任契約爲無償行爲之一種，於此等自由勞務不適用之，故此等自由職業者之報酬，不曰工作之薪金，而曰「榮譽之代價（honorarius）」（註），故請求給付報酬時，須依特別之訴訟程序，而不得提起「基於委任之訴（actio mandati）」也。

依法國民法及日本民法，無論何種勞務，於僱傭契約均適用之。最新法例，雖不明定何種勞務屬於僱傭契約，何種勞務屬於委任契約，然依其精神，固類皆以委任契約規範精神方面之勞務，以僱傭契約規範體力方面之勞務者。例如我國民法第五百二十八條謂：『稱委任者，謂當事人約定，一方委託他方處理事務，他方允爲處理之契約。』同法第五百二十九條謂：『關於勞務給付之契約，不屬於法律所定其他契約之種類者，適用關於委任之規定。』瑞士債權法第三百九十四條，則有同樣之規定者也。

（註）拉丁文「honorarius」一字，從「honor（榮譽）」而來，作「榮譽的」解，法文現稱醫師律師等之酬勞，不曰「salaire（薪金）」而曰「honoraire」，殆亦羅馬法之遺義也歟？

羅馬法，關於僱傭契約與租賃契約，同其規定，前已言之，然基於標的物之特質，所謂「勞務租賃」亦有其特點焉：「勞務出租人（即受僱人）」死亡時，其契約即歸消滅，此其一；服勞務者，須爲受僱人本人，不得由他人代理，此其二；除另有特約外，報酬應於勞務終了時支付之，此其三。再受僱人應負擔過失之責任，因服務不周致生損害者，應賠償之，則皆與租賃契約相同之原則，故受僱人因疾病或其他不可抗力不能給付勞務時，僅喪失報酬請求權，而無賠償損害之義務；其因可歸責於「勞務承租人（即僱用人）」之事由，致不能服務者，則仍有請求僱用人給付報酬之權也。

第七節　承攬

（Ｉ）承攬契約之意義及其與租賃契約之差別

承攬云者，當事人約定一方爲他方完成一定工作，他方給付報酬之契約也，羅馬法稱曰「勞務結果之租賃（locatio conductio operis）」，法國民法，亦將承攬契約，列入租賃契約之範圍，而視爲「勞務租賃」之一種。僱傭與承攬，羅馬法固同視爲租賃契約之一種，然此兩種契約，亦有其不同之點，故現代法例，類皆分別規定而立爲單獨之契約也。茲分述此兩種契約之重要異點如次：

（一）僱傭契約，以供給勞務爲目的，承攬契約，則以供給勞務之結果，完成一定之工作爲目的，此其標的不同者一。

（二）僱傭契約中，受僱人本人供給勞務；在承攬契約，則可由第三人供給之，但當事人立有特約使承攬人本人服務者，不在此限。

（三）承攬契約以供給勞務之結果爲目的，工作未完成時，承攬人之義務，尙未完全履行，故除有相反之約定外，必俟工作完成時方得請求報酬；但在僱傭契約，受僱人請求報酬之期限，依特約或習慣定之，而原則上，不以工作之完成爲給付報酬之期限也。

（II）承攬契約與買賣契約之差別

承攬契約，有時類似買賣契約，甚至與買賣契約互相混淆，不易辨別，茲略述羅馬法上此兩種契約分野之標準如次：

（一）承攬人完成工作並供給必要之材料時，是爲買賣契約，例如衣商供給衣料代製衣服等是。

（二）承攬人完成工作而由定作人供給必要之材料時，則爲承攬契約，例如某甲自購衣料，交由成衣匠代製衣服等是。

（三）承攬人與定作人同時供給材料時，如前者供給主要之材料，卽爲買賣契約，如後者供給主要之材料，則爲承攬契約。

綜上三種標準，羅馬法將材料與勞務分爲兩部，前者視爲完成工作之主要原素，後者則其從屬之原素。依主從關係之理論，承攬人供給材料之全部或其主要之部分時，其主要者爲材料之出賣，而勞務之供給，僅契約之從屬原素而已；故視爲買賣契約；如材料之全部或其主要之部分係由定作人供給，則承攬人所供給者，以勞務爲主，故爲承攬契約也。

（III）承攬契約之效果

承攬契約，以供給勞務之結果爲目的，故原則上，承攬人不受定作人之指揮監督；其因特殊情形而在定作人指揮監督之下完成工作者，如有損害，承攬人不負賠償之責，但承攬人明知其指揮失當而祕不告知致生損害者，不在此限。至承攬人不受定作人之指揮而完成工作者，如因承攬人本人或其僱用人員之過失，致生損害時，定作人亦得請求其賠償之也。

標的物有瑕疵時，承攬人對於定作人負損害賠償之責；然承攬人所供給之勞務結果，適合契約之本旨者，定作人應接受之，並應給付酬金。至標的物非因當事人之過失而毀損滅失者，其危險之負擔，依下列之規定：

（一）工作未完成前，因不可抗力致標的物滅失，而不能完成者，承攬人無依法完成之義務，亦無請求酬金之權，質言之，當事人雙方不負任何責任。

（二）工作已經完成而未交付定作人時，因不可抗力致標的物滅失者，其危險由定作人負擔，蓋援用「危險由買受人負擔(periculum est emptoris)」之原則也。準此原則，定作人對承攬人無請求交付標的物之權，但仍有給付全部酬金之義務焉。

（三）工作完成後承攬人已將標的物交付定作人時，其因該物內部之瑕疵致毀損或減色者，定作人不得援用買賣契約中瑕疵擔保之原則，請求承攬人賠償損害；蓋法律推定定作人受領時並無瑕疵之存在，其於嗣後發生致生損害者，亦推定其以意外事變爲發生之原因。如定作人主張，係因承攬人之詐欺行爲致生損害者，僅得直接以詐欺爲理由對之起訴，而不得以標的物藏匿瑕疵爲理由，對承攬人有所請求也。

第八節　委任

（I）總論

委任云者，當事人約定一方爲他方處理事務而不受報酬之合意契約也。羅馬古代無代理制度，故委任契約，亦不甚適用。依羅馬法之原則，委任契約以受任人無償處理事務爲要件，雖有對受任人支付酬勞之習慣，然不視爲依據委任契約而成立之債之關係，故醫師律師等，不得以委任契約爲原因請求酬勞，而必須依特別訴訟程序，以請求之；曩者英國之醫師，不得起訴請求診金，抑亦羅馬法之遺迹也。依德國民法第六百六十二條之規定，委任契約，仍以受任人不受報酬爲要件；法國民法第一千九百八十六條，日本民法第六百四十八條第一項謂：『除當事人有給付報酬之約定外，委任契約爲無償行爲，』是與羅馬法之原則，尚屬接近。但瑞士債權法第三百九十四條第三項謂：『如依契約或習慣有報酬者，委任人應給付之；』我國民法第五百四十七條謂：『報酬縱未約定，如依習慣，或依委任事務之性質，應給與報酬者，受任人得請求報酬，」則皆與羅馬法之原則，相去遠矣。

（II）委任契約之要件

委任契約之要件有二：其一、須受任人爲委任人之利益而處理其事務；其二、須受任人無償而爲他方處理事務；茲分述之如次：

（甲）須受任人爲委任人之利益，而處理其事務　某甲完全爲第三人之利益，委託某乙爲某種行爲時，甲與乙間不成立委任契約，例如某甲託乙爲丙治療疾病等是。但委託借貸時，雖當事人之一方委託他方，對第三人而爲貸與，以第三人之利益爲目的，而受委託之一方，仍得對他方提起「委任契約相對之訴，」蓋是項委任契約，爲保證之一種方式，故不直接以委任人之利益爲要素，抑亦是項要件之例外也。

（乙）須受任人無償而爲他方處理事務　爲他人處理事務者不受報酬，此乃羅馬法上委任契約之要素，前已言之，抑亦「勞務租賃」契約及「無名契約」二者與委任契約所由區別之一點也。從事自由業務者如醫師、律師等，其所得請求者曰酬勞，或曰「榮譽金，」其與委任人間，事實上雖有委任之關係，而請求他方給付酬勞時，不得提起「委任契約相對之訴，」蓋羅馬法因其非無償行爲，故不承認其爲委任契約耳。

（III）委任契約之效果

（子）對於當事人間之效果

原則上，僅受任人直接就委任契約而負擔義務，而委任人之義務，則於嗣後發生者也。委任契約對於當事人間之效果，可分兩方面言之，即受任人之義務與委任人之義務是已，茲分述之如次：

（一）受任人之義務　受任人雖無報酬，而羅馬法對其所負之義務，規定極爲嚴格，不履行其義務時，委任人得提起「委任契約直接之訴（actio mandati directa）」以制裁之。再委任契約以信用爲基礎，故雖無報酬，受任人仍應盡忠盡力以處理委任事務也，茲將其應盡之義務，分別言之如次：

（1）受任人須依契約之本旨完成其約定處理之事務。委任契約明定處理事務之目的及其方法時，受任人應依從之，如不依從，受任人應負其責任，但其所採之方法，較原定之方法經濟而有利者，不在此限。至委任人未明白指示處理之方法時，則受任人應採用於委任人最有利益之方法，以處理之。

（2）受任人因處理委任事務所收取之財物，或爲委任人取得之權利，應交付於受任人，蓋受任人不得因處理委任事務而享受利益耳。就其處理事務，受任人對於輕過失，亦應負責，數人同以受任人之名義處理他人之事務者，且對委任人連帶負責也。

（二）委任人之義務　委任人之義務，亦可分爲兩種：其一、受任人依委任契約之本旨處理事務者，委任人應接受之；其二、受任人因處理事務而受損失者，委任人應賠償之；茲詳言其內容如次：

（1）受任人依委任之本旨處理事務者，無論其結果如何，委任人應接受之。受任人處理事務逾越權限時，不得強使委任人接受之，但受任人自願負擔因逾越權限而生之損害者，不在此限。例如某甲託乙以百元之價金代購土地一畝，受任人乙雖給付百元以上，但乙如僅向委任人甲索取百元，餘由自己負擔，則甲不得拒絕接受其買賣行爲也。

（2）受任人因處理委任事務而受損失者，委任人應賠償之。是項損失，可分爲兩種：一曰因處理委任事務而支付之費用，例如路費，應酬費等是；二曰基於委任事務所發生之債務，例如代爲買賣行爲時所應給付之價金等是；夫此種種，委任人均負賠償之責也。

委任人不履行上述兩種義務時，受任人得提起「委任契約相對之訴（actio mandati contraria）」以制裁之也。

（丑）對於第三人之效果

依羅馬市民法之規定，委任契約，對於第三人無任何效果，質言之，委任人及與受任人爲行爲之第三人間，不發生任何關係，僅受任人與該第三人間發生關係而已。例如受任人因處理委任事務而負擔債務時，僅受任人爲債務人，其取得物權或債權者，亦僅受任人爲權利人，而與委任人無涉。嗣後是項理論已逐漸變更，而於物權之取得，更有迅速之進步。由受任人取得所有權時，最初僅受任人爲法律上之所有人，必由受任人履行「曼兮怕蓄」之移轉方式，交付委任人後，委任人方爲正式之所有人；嗣至法律進步時期，占有得由自由人代理，基此原則，「略式移轉物」，遂得由受任人之行爲直接移轉於委任人，但關於「要式移轉物」，則仍援用代理占有之原則，於取得時效完成後，其所有權始移轉於委任人本人。至優帝時代，受任人由第三人取得物權時，如曾聲明爲委任人之計算而取得之者，不論其爲要式移轉物或略式移轉物，委任人均因受任人之行爲而直接取得其所有權也。

委任人因受任人之行爲而取得物權之變遷情形，已如上述，但關於債權或債務，委任人與第三人間之關係，則不同其演進之形態。由他人設定債權或債務者，最初亦僅受任人爲債權人或債務人，而委任人不對該第三人行使權利，祇對受任人行使之，不對該第三人負擔義務，祇對受任人負擔之，故第三人對於受任人之債權，不啻爲受任人對於委任人之債權，其債務亦同。嗣後援用「債之關係可以移轉」之理論，委任人得對該第三人行使權利；但依一般原則，債務人不得強使債權人對他人行使債權，然則受任人自不得強使該第三人對於受任人行使權利。結果受任人仍有蒙受不利益之虞，例如受任人對該第三人履行債務後，委任人如無支付能力，將無取償之可能。故優帝改定：凡受任人對第三人聲明以委任人本人之名義而爲行爲者，基此行爲所發生之債，委任人及受任人均得對該第三人行使權利，該第三人則僅得對委任人行使權利，而不得對受任人有何請求；如受任人未爲前項聲明，委任人亦得對該第三人行使權利，而該第三人則得對受任人或委任人行使其權利也。

（IV）委任契約之終止

委任契約終止之原因，可分爲兩大類別：一曰一般原因，二曰特別原因，茲分述之如次：

（一）一般原因　一般原因細分之共有兩種：一曰契約期間之屆滿，二曰委任事務之完成；此乃各種契約共同之終止原因，故曰一般原因。

（1）契約期間之屆滿　是項原因，每見諸賅括委任，例如託人管理財產，期以三年爲限等是。

（2）委任事務之完成　是項原因，每見諸特別委任，例如託人買馬一匹等是；委任事務完成時，其契約卽失其目的，故委任關係，卽當然終止也。

（二）特別原因 特別原因包括委任契約之解除及當事人一方之死亡兩種，以其非各種契約所共同適用，故曰特別原因。

（a）委任契約之解除 委任人得隨時解除委任契約，而受任人不得主張任何抗辯以拒絕之。但其委任契約之解除，自第三人知悉其已經解除之日起，始對第三人發生效力；質言之，在此時期以前，與受任人爲法律行爲之第三人，如基於該行爲對委任人享有權利者，委任人不得藉口已解除委任契約，拒絕履行其因委任事務而發生之義務也。至受任人解除契約，須在適當之時期爲之，其於不利於委任人之時期解除之者，應負過失之責，如有損害，並應賠償之也。

（b）當事人一方之死亡 委任契約，以當事人間之信用爲基礎，故其一方死亡時，原則上，其委任契約，卽當然終止。然依當事人之特約，或依委任事務之性質，委任契約，不以當事人一方之死亡爲終止原因者，於當事人之一方死亡後，其契約，仍應繼續存在。所謂依委任事務之性質，委任契約，不以當事人一方之死亡爲終止原因者，係指委任契約以委任人死亡後之事務爲目的者而言，例如某甲託乙於甲本人死亡後，代爲行使債權，或託乙代爲處理殯葬事務等是。再委任契約因受任人死亡而終止者，已開始處理之委任事務，其繼承人應完成之，但委任人拒絕之者，不在此限；至委任契約因委任人死亡而終止者，受任人於知悉其死亡前所爲之行爲，對於委任人之繼承人，仍然發生效力也。

第九節　寄託

(I)總論

寄託云者，當事人之一方向他方交付動產，他方無償保管並應隨時返還原物之契約也。依羅馬法之原則，寄託契約，以受託人不受報酬為要素；法國民法第一千九百十七條則有同樣之規定。日本民法，雖未明白規定有無報酬，同法第六百五十八條謂『無報酬而受寄託者，保管寄託物應與處理自己事務為同一之注意』，是已間接承認寄託得為有償行為。再依德國民法第六百八十九條，瑞士債權法第四百七十二條第二項及我國民法第五百八十九條第二項之規定，縱當事人無給付報酬之特約，受寄人亦得依寄託之情形而請求報酬，殆皆與羅馬法之原則，異其旨趣矣。寄託人交付其物於受寄人後，受寄人不就該物取得任何權利，而僅負保管之義務而已，故學者稱寄託物之交付為「空虛引渡(nuda traditio)」也。

羅馬法，以受寄人不受報酬為寄託之要素，故寄託與使用借貸略同；惟借用人得使用借貸物，受寄人則不得使用寄託物，而僅負保管之義務耳。

(II)寄託契約之要件

寄託契約之要件共凡四項：其一、須寄託人交付物件於受寄人；其二、寄託物須為動產；其三、寄託契約，須為無償行為；其四、受寄人之義務，須以物件之保管為限。茲詳言其內容如次：

（一）須寄託人交付物件於受寄人　交付物件時，其所有權或占有，不因之移轉，而僅使受寄人取得其物之持有而已。

（二）寄託物須爲動產　交付物件時，須移動其物之本質，故不動產不適用之，法國民法第一千九百一十八條，德國民法第六百八十八條有同樣之規定；然現代其他法例，關於是項限制，已鮮有明白之規定者矣。

（三）寄託契約，須爲無償行爲　羅馬法以爲受寄人如有報酬，將成「勞務租賃」契約；蓋受寄人如受有報酬而保管物件，將類似受僱人受有報酬而爲他人服保管之勞務耳。是項要件，不復爲現代法例所採用，已於總論中言之綦詳，茲不再述。

（四）受寄人之義務，須以物件之保管爲限　於其保管物件之義務，附有其他義務者，則爲委任契約，而非純粹之寄託契約，例如委託受寄人，僱人修理其保管物，或出賣保管物等是。

（III）寄託契約之效果

寄託契約之效果，可分受寄人之義務與寄託人之義務兩種，但前者爲其直接發生之必要效果，後者則於契約成立後可得發生之效果也；茲分述如次：

（甲）受寄人之義務

（一）受寄人有保管寄託物而不使用該物之義務　受寄人使用寄託物時，應負「使用盜（furtum usus）」之責任；依現代一般法例，凡經寄託人同意者，受寄人得使用之，或使第三人使用之，如日本民法第六百五十八條第一項，我國民法第五百九十一條第一項之規定等是。

（二）受寄人有即時返還原物之義務　寄託之期限係爲寄託人之利益而設定者，故在寄託期間屆滿前，寄託人亦得對受寄人爲返還之請求但當事人明白約定寄託人不得於某期限前請求返還者，不在此限。

（三）受寄人應負過失責任　受寄人不受報酬故僅就其重過失而負責任但當事人約定對於輕過失亦負責任者，不在此限。

受寄人不履行上述各種義務時，寄託人得提起「寄託契約直接之訴(actio depositi directa)」，以制裁之。是項訴訟發生「破廉恥」之效果質言之受寄人敗訴時，即成爲「破廉恥人」而無健全之「人格(caput)」。再寄託人起訴後受寄人仍得請求保管費用或主張損害賠償，但不得據以爲抗辯之理由或留置寄託物以爲求償之方法也。

（乙）寄託人之義務

（1）受寄人因保存或修理寄託物，而支出必要費用或有益費用者，寄託人應返還之，如牲畜之餵料等是。

（2）受寄人因寄託物而蒙受損害者，寄託人應賠償之，例如牲畜毀損物件，致受寄人蒙受損害等是。

（3）寄託契約，乃爲寄託人之利益而成立者，故寄託人就其輕過失亦負責任。

寄託人不履行上述各種義務時，受寄人得提起「寄託契約相對之訴 (actio depositi contraria)」，以制裁之也。

（IV）特別寄託

特別寄託云者，其要件與效果依特別規定者之謂。特別寄託，共分三種；一曰「必要寄託」或曰「災厄寄託」；二曰「不規則寄託」或曰「變例寄託」；三曰「係爭物之寄託」；茲分述之如次：

（甲）「必要寄託（depositum necessaria）」　在急迫之危險狀態中成立者，曰必要寄託，以其常於火災、水災、地震、刧搶等非常事變之際發生之，故亦名「災厄寄託」。是項寄託契約中，寄託人迫不暇擇，事實上，鮮有妥立證據之可能，而不顧信義之受寄人每易侵占寄託物而否認寄託之關係；故羅馬法規定嚴格之罰則，以制裁之，即對否認寄託關係之受寄人處以寄託物之兩倍價值之罰金是也。

（乙）「變例寄託（depositum irregula）」　以代替物爲寄託之標的，受寄人得消費該物，而返還種類、品質、數量相同之物者，謂之變例寄託。是項代替物，事實上，多爲金錢，例如將金錢若干寄託於某甲或某銀行商號等是。是項寄託，實即變相之消費借貸，故依日本民法第六百六十六條，德國民法第七百條，我國民法第六百零二條，受寄人依契約得消費寄託物者，適用關於消費借貸之規定。但羅馬法關於消費借貸之規定，極爲繁複嚴格，例如陸續存款，每次均須當事人到場爲「要式口約」，若援用寄託之規定，則僅於第一次爲要式口約，而嗣後陸續存款，可不舉行繁複之方式；故羅馬法學家雖明知是項寄託爲消費借貸，而仍視爲寄託，並使其援用關於寄託之規定也。存款於銀行，固即消費借貸之法律行爲，現代習慣上，則多稱爲「存款」，在英法文字通稱「dépôt（寄託/存款）」，而「dépôt」一字復與法律上之「寄託」一字，完全相同，殆亦羅馬法之陳跡也歟？

（丙）「係爭物之寄託（sequestratio）」　是項寄託以訴訟未決定前多數人互相爭執之物件，為其標的物；受寄人應保管至訴訟終了之時，並將原物交付於因判決或和解而取得該物之一方，其性質與一般寄託有別。法國民法第一千九百一十六條，亦分寄託為兩種：一曰眞正之寄託，二曰係爭物之寄託。係爭物之寄託，其標的物得為財產之全部，故不以動產為限。係爭物之寄託又分兩種：一曰「協議的係爭物寄託（sequestratio voluntaria）」，二曰「必要的係爭物寄託（sequestratio necessaria）」，前者係指當事人協議選定受寄人者而言，後者，則指法官以職權指定者而言，凡由法官指定為受寄人者，不得拒絕，故曰必要也。

羅馬法上係爭物寄託與一般寄託之差別，其重要者有下列兩點：

（一）一般寄託，祇得以動產為標的物，而係爭物寄託，則於不動產亦適用之。

（二）一般寄託中，受寄人祇得就寄託物取得持有，而係爭物寄託中，原則上受寄人雖僅為持有人而已，然當事人或法官使其為占有人時，受寄人得就寄託物取得占有人之權限也。

第十節　合夥

（I）總論

合夥云者，二人以上互約出資經營事業，而共同分配其損益之結果之契約也。合夥為合意契約之一種，故以當事人之合夥意思爲要素。合夥可分單純合夥與產業合夥兩種；前者，泛指合夥之不以財產上之利益爲目的者而言，例如以宗教、學術、娛樂、藝術爲目的者，均屬之，但以妨害善良風俗公共秩序爲目的者，不生合夥之效力。產業合夥，則專指以財產上之利益爲目的者而言，而有「共產合夥（societas totorum bonorum）」與「特業合夥(societas unius alicu,us negotii）」之分：（一）各合夥人推出其財產之全部，合併而爲共同之財產者，謂之共產合夥，例如同屬於「家父權」下之「家子」間或夫妻間同財共居者皆是；現代法例關於夫妻財產制，亦仍有採用共同財產制者，然與合夥之性質，稍有不同耳。（二）各合夥人互約出資，以經營特定事業爲目的者，則謂之特業合夥，社會上習見之一般合夥，均屬之，例如共同出資開設商號，創辦工廠，而成立合夥契約等是。

（II）合夥契約之要件

（甲）須各合夥人有出資之約定　合夥之出資，不以金錢爲限；除金錢外，一般動產或不動產、債權、物權、合夥人之勞務，及未來之財物，均得充各人之出資。一般合夥，以取得財產上之利益爲目的，然則不出資而享受利益者，將與贈與無異，故不得視爲合夥。各合夥人之出資，及利益之分配率，由合夥人估計之，約定之。依羅馬法之規定，利益之分配率與出資之多寡，不成相當之比例，顯背公平之原則者，其合夥無效；但當事人間估定各人之出資時，擡高其出資之價值，以爲多分利益之方法，則爲法律所不禁者也。

（乙）須以共同之結果爲契約之目的　事業之結果，須爲各合夥人共同之結果，即共同享受合夥利益，並共同負擔其不利益是已；但當事人間損益之分配率，未必完全相同，依出資之多寡，而定其分配損益之數額者固無論已，且當事人間，更得約定某甲多分利益，而少負損失，或約定某乙按照某百分數分配利益，而不負擔損失也。分配利益而不負擔損失者，多屬以勞務充作出資之合夥人。凡以勞務爲出資者，忙於共同之事業，而不得從事其他工作，就合夥事業無利益可分，已蒙損失，故不令其分擔合夥之損失，此誠極公允之原則也；我國民法第六百七十七條第三項謂：『以勞務爲出資之合夥人除契約另有訂定外，不受損失之分配。』殆亦本乎此歟。

(III)合夥契約之效果

合夥契約之效果可分兩方面言之，即對於合夥人間之效果與對於第三人之效果是也；茲分述之如次：

(子)對於合夥人間之效果

合夥爲完全雙務契約之一種，各當事人均就合夥契約負擔義務；在其他契約，雙方當事人不同其權利，然在合夥契約，則各當事人之權利，完全相同。出資之額數，雖未必一致，而相互間所得提起之訴，則同爲「關於合夥之訴(actio pro socio)」。以言各合夥人共同之義務，可分下列五種：

(一)合夥人應履行其約定之出資　履行之方法，因出資之性質而各異，例如：以有體物爲出資者，應盡出賣人之義務，而對各合夥人負「追奪擔保」及「瑕疵擔保」之責，以供給物件之享用爲出資者，應盡出租人之義務，而對各合夥人負供給享用之責，以勞務爲出資者，則對各合夥人負服務之責等是；但以有體物爲出資者，無履行「曼兮怕蓄」等交付方式之必要，蓋法律視爲出資合夥之意思有移轉物件之效果也。

（二）各合夥人應依據契約處理合夥事業　依據契約處理合夥事業，且亦各當事人應享之權利；各合夥人得約定，由其全體或少數合夥人，或某合夥人一人處理合夥業務。未經約定時，各合夥人均得根據合夥之目的，處理共同之事業，與其他合夥人互相默認其爲處理事業之負責人同。但各合夥人均得反對未經明白選定之人處理之也。

（三）處理業務者，應對其他合夥人報告，並交付其收入　各合夥人處理合夥事業後，應將處理之顛末，向其他合夥人公開報告，並交付其所取得之財物；但爲共同之利益而支出費用或蒙受損失者，其他合夥人，應賠償之。

（四）各合夥人應分配其合夥事業之結果　處理合夥事業之結果，各合夥人間，應分配之；其分配之標準，則依下列之規定：

（1）合夥人間有特約者，依其特約。當事人間，得約定某合夥人享受利益，而不分擔損失，已如上述，但約定某合夥人僅分擔損失而不享受利益者，羅馬人稱曰「獅子合夥(societas leonina)」，依羅馬法不生效力。按古代有一故事，略謂獅子與驢出獵，而獅子獨占其共同獲得之物云云，所謂「獅子合夥」一語，亦即由此而形成者也。

（2）合夥人間未明白約定分配之標準者，法律推定其出資相同，而依合夥人之人數平均分配。

（3）合夥人明定分配利益之標準，而未提及合夥之損失者，則應與約定之利益分配率成正比例。

而分擔其損失也。

（五）各合夥人應負輕過失之責任　原則上，各合夥人均就其輕過失而負責任，但有輕過失者，能證明其處理自己之事務，亦常發生同樣之過失時，得免除其責任也。

合夥契約，以當事人間之信用情誼爲基礎，合夥人不履行其義務或逾越權限，致其他合夥人蒙受損害時，本應受嚴厲之制裁，故「關於合夥之訴（actio pro socio）」依羅馬法有「破廉恥」之效果；質言之，是項訴訟提起後，敗訴之被告，卽成爲「破廉恥人」，而喪失健全之「人格（caput）」矣。但依此訴訟僅得確認各合夥人應有之部份，而合夥財產之所有權，並不因此而移轉於某一合夥人，蓋分析合夥財產，則仍須提起「分析共有財產之訴（actio communi dividendo）」也。

（丑）對於第三人之效果

合夥乃抽象之名詞而已，既非自然人，更非有法律上人格之法人，故關於合夥之事務，僅合夥人本人對第三人而負責任。至合夥人負責之情形，則依下列之規定也：

（一）關於合夥事業合夥人全體與第三人爲法律行爲時，原則上，不發生合夥契約之問題，僅以合夥人之人數爲比例，而各爲債權人或債務人，例如：合夥人全體爲十人，其所取得之債權爲萬元時，則各就此債權十分之一爲債權人，而得向第三人請求千元，其所負擔之債務爲萬元時，則各就此債務十分之一爲債務人，而應向第三人給付千元，但合夥人對第三人明白約定負連帶之責任者，仍應對第三人負連帶責任。至合夥人對第三人約定各按其出資之多寡，比例負責者，依其約定；且合夥人對第三人聲明以合夥人之名義爲法律行爲，並說明其出資及合夥財產之數額時，法律即推定其有此約定也。

（二）合夥人中一人或數人，與第三人爲法律行爲時，僅行爲人對第三人爲權利人或債務人，而其他合夥人不受拘束；但至法律進步時期，依一般理論，合夥人處理合夥事業時，不啻爲其他合夥人之代理人，則準用關於委任之規定，其他合夥人亦應享受權利或負擔義務，故法律改定，各合夥人均對該第三人享受權利或負擔義務也。

（IV）合夥之解散

合夥解散之原因，可分爲一般原因，與特別原因兩大類別：前者，係指一般契約終止之共同原因而言，後者，則指合夥契約解散之特別原因而言；茲分述如次：

（子）一般原因　一般原因，可分爲下列兩種：

（一）合夥期間之屆滿

（二）合夥目的之喪失　合夥目的之喪失，又有數種情形，例如：已達合夥之目的者，或因合夥財產滅失而不能達合夥之目的者，或因經營之對象已不存在而不能達合夥之目的者；其因喪失目的而解散合夥則一也。

（丑）特別原因　合夥解散之特別原因，則有四種：一曰合夥人之退夥，二曰合夥人之死亡，三曰合夥人之「人格減等」，四曰合夥人之破產。

（１）合夥人之退夥　合夥以各當事人間之信用爲基礎，故合夥人中之一人退夥時，其合夥關係，卽應解除；其一人退夥後，其他合夥人固可繼續合夥，然僅爲新立之關係，而非原契約之賡續也。退夥乃合夥人之權利，當事人間雖得相約於相當之期間內禁止退夥，然此期間如未明白確定，則各合夥人仍得隨時退夥也。

各合夥人有退夥之權能，已如上述，但不得出於惡意或於不適當時期爲之；所謂退夥出於惡意者，以獨占全體合夥人所可取得之利益，爲退夥之目的者之謂，例如全體合夥人可以繼承遺產時，其一人或數人偶然退夥，以繼承之而使其他合夥人喪失繼承之機會等是；所謂於不適當之時期退夥者，因退夥而使其他合夥人蒙受損害之謂，例如合夥人爲經理，遽爾退夥，致合夥事業停頓或不能達其目的等是。於不適當時期退夥者，雖非惡意，然亦不無過失，故以惡意退夥或於不適當時期退夥之合夥人，對於其他合夥人因退夥而蒙受之損害，應賠償之，其獨占之利益，則應與全體合夥人照常分配之也。

（２）合夥人之死亡　合夥人中之一人死亡時，其合夥關係，卽歸消滅。當事人間互約，於其一人死亡後，其他合夥人仍繼續合夥者，固得從其約定；然就理論言，其一人死亡後，其他合夥人繼續合夥者，則不啻另成合夥關係，而非原契約之賡續也。至死亡合夥人之繼承人，僅得請求清算，並領取其被繼承人應有之部分，而不得當然代表其爲合夥人，縱當事人間有此特約，其他合夥人亦得拒絕之也。蓋合夥人間，未必對其繼承人有同樣之信任心耳。

（3）合夥人之「人格減等」　「人格大減等」或「人格中減等」時，其財產應沒收之故合夥人中之一人受此處分，則其合夥之關係，卽應歸於消滅也。

（4）合夥人之破產　合夥人中之一人破產時，其出資卽成爲破產財團之一部，結果，整個合夥財產，受其影響，故合夥當然解散；但是項合夥解散之原因，直至優帝時，始規定之也。

第十一節　保證

第一款　總論

保證云者，謂當事人約定，一方對他方爲從債務人，而就第三人之債務，負履行責任之契約也。羅馬法上保證契約之最古者曰「允諾契約（sponsio）」以「要式口約」爲之；履行要式口約時，債權人問保證人曰：『spondesne（同樣允諾否）？』保證人答曰：『spondeo（允諾）』，故名允諾契約，我國學者或稱「斯邦蓄」，殆以音譯者。是項要式口約，限於羅馬市民得履行之，嗣後交通發達，羅馬版圖漸廣，外僑因以日多，於是形成所謂「誠意允諾契約（fidepromissio）」於羅馬市民及外國人，均適用之，此第二種保證契約，亦以要式口約爲之，債權人問曰『同樣誠意允諾否（idem fidepromittisne）？』保證人答曰：『誠意允諾（fidepromitto）』，故名誠意允諾契約，我國學者或稱「斐代潑洛密蓄」，則亦以音譯者。此兩種保證契約成立時，尚未脫離宗教之色彩，故最初以保證人宣誓爲之，而履行宗教之方式；上述當事人間問答之詞，則嗣後改用者也。以言其共同之弊端，則有下列數點：

（1）此兩種保證契約，須與主要之契約同時爲之；例如甲因對乙允給「嫁資」，而對乙負債，並由丙擔保時，則丙與乙二人間之保證契約，須與甲乙間之「要式口約」同時爲之。

（2）此兩種保證債務，於保證人死亡時，卽歸消滅，而其繼承人不負責任。

（3）依富利亞法（Lex Furia）之規定，意大利地方之保證人有兩種特權，卽保證人之義務，自主債務淸償期屆滿後，經過兩年而消滅，此其一；保證人有數人時，不論其全有支付能力與否，債權人應向各保證人按照比例平均請求，而不得請求全部，此其二。

（4）此等保證契約之適用範圍，僅限於由「口頭契約」而成立之主要債務；他如由合意契約等成立之債務，不得援用此兩種保證契約，以擔保之也。

綜上弊端，此兩種保證契約，未臻完善，於是習慣形成第三種保證契約，卽「誠意負責保證（fidejussio）」是已，我國學者或以音譯而稱曰：「斐代郁畜」。此第三種保證契約，亦以要式口約爲之，債權人應問曰：『誠意負責否（fide ne tua id esse jubes）？』保證人則答曰：『誠意負責（fide mea jubes）』，故曰「誠意負責保證（fidejussio）」。此三種保證契約，統稱「口約保證」或「要式保證」。「誠意負責保證」雖盡掃前兩種保證契約之弊端，然仍須履行「要式口約」之繁複方式，且當事人必須親爲一定之發問或答覆，不特聾者啞者無參加之可能而不能到場之人，亦感困難，猶難認為完善之制度，故此外更有「委任保證(mandatum pecuniae credendae)」及「簡約保證(constitutum)」兩種合意保證契約，以救此弊也。保證人委託債權人與第三人成立債之關係者，謂之「委任保證」，而適用關於委任之規定；保證人對債權人承認代位履行第三人已有之債務者，則謂之「簡約保證」。拉丁文曰「constitutum」或「receptum」，均作約言解，以其不具備契約之效力，而僅由裁判官法承認其效力，故名「簡約保證」或「裁判官認定之保證」也。

上述五種保證契約，至法律進步時期，事實上僅誠意負責保證，委任保證，及簡約保證三者，見諸適用，至「adpromissio(保證)」一字，最初專指前三種保證契約，殆以表示其與最後兩種保證契約互有區別者。嗣後，一般保證契約雖有時通稱「adpromissio」，而見諸適用之三種保證契約，則仍不同其成立之要件，及發生之效果；茲就「誠意負責保證」、「委任保證」及「簡約保證」三者，分三款論述如後。

第二款 「誠意負責保證(fidejussio)」

第一目 要件

是項保證契約之意義，已詳前款，茲不贅述，其成立之要件，則有下列四項：

(一)「誠意負責保證」為契約之一種，保證人更就此負擔義務，故須具備一般契約當事人之行為能力，且須具備一種特別能力。茲所謂特別能力者，即須為男性是已，蓋羅馬法以一般婦女意志薄弱，易於受人包圍而為他人負擔債務，故禁止婦女為各種保證人也。

（二）是項契約，須以「要式口約」爲之，當事人必須爲上述之發問及答覆，不依此一定之方式，即不能視爲成立；且此契約之成立，以完全履行是項方式爲已足，當事人之意思如何，則所不問也。

（三）此爲從屬之契約，故其發生效力，以主債務之存在爲前提，但主債務人爲未成年人，依法不負履行之責任者，保證人仍負履行之責。我國民法第七百四十三條謂：『保證人對於因錯誤或行爲能力之缺乏而無效之債務，如知其情事而爲保證者，其保證契約，仍爲有效』，與羅馬法之原則略同，蓋羅馬法雖無「知其情事」之限制，然可推定保證人知悉主債務人究爲成年人或未成年人也。

（四）此爲從屬之契約，故保證債務與主債務須有同一之標的，質言之，保證人所負之責任，不得較重於主債務人，否則其保證契約無效；例如主債務人所負之債爲任意之債務，或爲不特定物之給付，則保證人亦應有任意給付或給付不特定物之權能，否則其全部契約即歸無效。反之，保證人所負之責任，較輕於主債務人者，則爲法所不禁，例如保證人於履行之方法，期限等方面較爲便利，或就主債務人之債務保證其一部等是；考乃利亞法（Lex Cornelia），且明定各種「口約保證人」對於同一債權人，不得超過二萬「賽斯達四（sestertii）」（註）之保證金額也。

（註）每一「sestertius」，約合華幣四分半，二萬共計，約值華幣九百元。

第二目　效果

保證契約之效果，可分三方面言之：一曰保證人對於債權人之義務，二曰主債務人對於保證人之義務，三曰保證人間之義務；惟關於此等效果，「委任保證」及「簡約保證」與本款論列之保證契約，不盡同也。

（Ⅰ）保證人對於債權人之義務

基於是項保證契約，債權人對於保證人，取得個別之債權，而得提起「基於要式口約之訴」。保證債務爲從屬債務，故主債務人所有之抗辯，保證人得主張之；但主債務人之抗辯，專以保護其個人爲目的者，不在此限，例如以未成年爲理由，或以缺乏生活費用爲理由之抗辯等是。另一方面，保證責任發生於個別之債之關係，保證人得就保證契約，對債權人單獨提起抗辯，例如以保證人本人有錯誤或被詐欺脅迫而成立保證契約，爲理由之抗辯等是。不特此也，至帝政時代，爲保護保證人起見，法律且增定數種特別之抗辯，基於此等抗辯，保證人有特殊之利益，故名「利益 beneficium」，茲分述之如次：

（一）「順序之利益(beneficium ordinis)」　債權人未對主債務人起訴前，直接對保證人起訴時，保證人得以依次起訴爲理由，提起抗辯，令其先對主債務人起訴，是爲「順序之利益」；是項「利益」，以使債權人後對保證人起訴爲目的，故我國學者或譯作「後訴之利益」，實卽現代法例所稱「先訴之抗辯」也。保證人所有先訴之抗辯，於定約時預先拋棄之，固爲現代法例所許，但依羅馬法之精神，則除對銀行爲保證人外，雖經拋棄，保證人仍得主張之也。

保證債務，既爲個別之債務，就理論言，先對主債務人起訴，或先對保證人起訴，債權人本有自由選擇之權能。但依羅馬法律，就同一權利，不得先後發生多數之訴訟，債權人對無支付能力之主債務人起訴後，其起訴權卽歸消滅，而不得再對保證人起訴，則債權人將有無從受償之虞；故保證人較主債務人富有時，縱主債務人有支付能力，債權人亦必對保證人起訴追償，法學家認爲未盡公平，遂先後規定補救辦法數種：其最初使用之方法，爲訴訟拘束之效果之規避，卽當事人間訂立契約時，得變更其契約之內容，使債權人對主債務人起訴後，仍得對保證人起訴而間接使債權人無對保證人起訴之必要是已；其第二種方法，爲「委任訴訟」之擬制，卽保證人不願爲訴訟當事人，並知主債務人有支付能力者，得委任債權人對主債務人起訴，並相約於訴訟無效果時，保證人對債權人負委任人之責任，質言之，債權人因對主債務人起訴所受之損失，及主債務人所未淸償之債，均歸保證人負責，是誠使債權人不欲對保證人起訴之較好方法也；但另有第三種方法，卽保證人對債權人約定，拋棄「起訴權消滅之抗辯」，使其先對主債務人起訴是已，質言之，債權人對主債務人起訴後，其起訴權，依法雖經消滅，如再對保證人起訴，保證人不得以起訴權已經消滅爲理由提起抗辯而拒絕代位履行也。訴訟拘束所有消滅起訴權之效果，爲強制法之一種，依據理論本不因當事人之特約而稍變更，嗣以是項特約頗稱公允，法律亦承認其效力，且因當事人間多有附加是項特約之習慣，除有相反之證明外，法律卽推定其有此特約，蓋以保證之目的在主債務人債務之履行，必對之起訴而無效果時，始應由保證人負責耳。至優帝時代，訴訟拘束已不發生消滅訴權之效果，而所謂「順序之利益」，遂成保證人法定之抗辯矣。

（二）「分擔之利益」（beneficium divisionis）　卽保證人有數人時，被訴之保證人，得請求債權人對其他有支付能力之保證人同時起訴之謂。例如：保證人爲甲乙丙三人，其一人甲無支付能力，債權人對乙起訴時，乙得請求債權人同時對丙起訴，而與丙二人各負擔保證債務二分之一，故保證人中，如有缺乏支付能力之人，其他保證人，則應平均代負其責也。是項利益，保證人得於訂約時或被訴時拋棄之，而不爲有利益之抗辯。但保證人否認保證債務之關係者，或其所保證之債務，爲監護人對於受監護人所負之債務者，則保證人不得主張「分擔之利益」也。

各保證人對於債權人，本負連帶責任，質言之，債權人得對其中任何一人起訴；惟被訴之保證人，履行保證債務後，事實上每有無從取償之可能，故哈德利亞女斯帝規定分擔之利益，以保護之。是項利益之目的，本專在保護「誠意負責保證」中之各保證人，而於「委任保證」，亦適用之；至其適用於「簡約保證」，則至優帝時始也。

（三）「代位之利益（beneficium cedendarum actionum）」　是項利益，以保護被訴之保證人，使其將來得對主債務人或其他保證人取償爲目的。保證人未對債權人履行前，得請求債權人，將其對於主債務人及各保證人之權利，讓渡與己；受償後已不需要之訴權，債權人如堅不讓與，保證人且得提起「詐欺之抗辯」，拒絕履行保證債務。其因債權人之過失，致失訴權者，保證人亦得拒絕履行之也。讓渡與保證人之權利，如附有質權或抵押權，債權人應一併讓渡之；但此等權利，如係供多數債權之擔保者，則保證人非就各債權已爲清償，不得請求債權人讓與之也。

（II）主債務人對於保證人之義務

保證人爲主債務人履行債務後，固得對主債務人起訴追償，但就法理言，是項請求權，並非以保證契約爲原因，而以另一法律關係爲其原因。質言之，請求權之原因，爲保證契約本身之原因，而於事前存在者；故因保證之情形不同，而各異其請求之方法也。茲分述其各種請求之方法如次：

（1）保證人如係因主債務人委託而保證之者，是以委任關係爲保證之原因，故應對之提起「委任契約相對之訴」請求其返還之；尚未被訴之保證人因主債務人委託，而代爲淸償者亦同。

（2）債之保證及債之淸償未經委任，而以便利主債務人爲目的，並爲主債務人所明知者，亦準用關於委任之規定。

（3）債之保證及債之淸償，爲主債務人所不知者，保證人應提起「無因管理相對之訴」，請求其返還之。

（4）債之保證及債之淸償，違反主債務人之意思者，保證人不得對之主張保證關係，而有所請求。但已受淸償之債權人，已將債權讓渡於保證人時，保證人仍得純以債權受讓人之名義，請求其償還也。

無論對主債務人提起之訴，爲「委任契約相對之訴」或爲「無因管理相對之訴」，保證人所得請求者，祇以其依債之本旨所已給付之數額爲限。但在「允諾保證」契約中，如主債務人自保證人已爲給付時起六個月內不爲給付，則保證人得提起「基於支付之訴(actio depensi)」請求其返還之，在「程式訴訟」時期，更得請求其返還已付金額之兩倍也。

（III）保證人間之義務

保證人各對債權人負連帶責任，已爲給付之保證人，固得對其他保證人，請求平均分擔，但其請求權之法律上之原因，卽債權人之起訴是已，故祇得以債權人之權利受讓人之名義，對其他保證人起訴也。在「允諾保證」或「誠意允諾保證」保證人間視爲有合夥之關係，並得互相準用合夥人之訴訟，但於其他保證契約，不適用之。再保證人既有全部履行之義務，則保證人之對債權人履行債務，非無因管理可比，故不得援用「無因管理相對之訴」也。

第三款　「委任保證(mandatum pecuniae credendae)」

上述各種保證契約，爲「要式口約」之一種，聾者、啞者，及不能到場之人，無舉行方式之可能，且此爲「嚴格之契約，」保證人所負之責任，固嫌太重，其嚴格之方式稍有違背，其整個契約，卽歸無效；是「誠意負責保證」契約，猶非足以適應需要之完善保證制度，故有所謂「委任保證」者，應運而生。委任保證云者，卽擬制委任之關係，以爲保證金錢債務之方法是已，例如：甲擬向乙借貸，由丙爲保證人時，擬制丙乙二人間之委任關係，並以丙爲委任人，使乙對甲貸與金錢，如甲不履行債務，致乙蒙受損害，則乙得以受任人之名義，對丙請求賠償損害；言其性質，固非純粹之委任契約，故名「特別委任。」且在一般委任契約，受任人並無報酬，在委任保證，則受任人就債之關係享受利益，此其區別又一也。

委任保證，爲合意契約之一種；至保證人及主債務人對於債權人所負之債務，在法律上並無同一之標的，蓋保證人對於債權人之責任，僅在賠償其就委任關係所蒙受之損害耳。委任保證中，保證人之債務，既與主債務人之債務，異其標的，故發生下列數種結果，而與「要式保證」有別也。

（1）保證人所負債務之標的，僅爲對債權人所受損害之賠償，必債權人對主債務人起訴而無效果時，始應由保證人負賠償之責，故要式保證中，保證人所得行使之「順序之利益」，於此不適用之。

（2）保證人對債權人履行後，主債務並不因此而歸消滅；另一方面，被訴之主債務人已爲一部之履行後，債權人仍得對保證人起訴，請求其補足之也。

（3）主債務人所得提起之抗辯，保證人不得利用之，蓋依羅馬法之理論，主債務人與債權人間債之關係發生前，保證關係已經存在，故保證人不得利用主債務人所有之抗辯也。

（4）保證人得請求債權人，將其對主債務人所有之債權，讓渡與己；如因債權人之過失，致失起訴之權利，則保證人得拒絕賠償其所受之損害也。

上述數點，均與「誠意負責保證」有別；保證人有數人時，被訴之保證人，最初雖不得主張「分擔之利益」，然究與上述數點不同，其原因蓋分擔之利益，本爲保護「誠意負責保證」契約中之保證人而設，嗣後始適用於委任保證，此僅爲立法方面之史的問題，並非因係不同性質之保證契約，而後發生之理論上之差別也。

第四款　「簡約保證（constitutum）」

委任保證契約，須成立於主債務之前，其所保證者，均爲行將發生之債，而已經存在之債，不得適用，是項簡便之保證方法。於是裁判官發明一種所謂簡約保證，卽保證人對債權人約定，爲主債務人履行已經存在之債務是已。是項保證爲合意契約，然不發生市民法上之法定效果，而僅由裁判官承認債權人有起訴之權能而已，故名「簡約保證」，亦曰「裁判官認定之保證」。至其保證之債務範圍極廣，不若委任保證以金錢債務爲限也。

已經存在之債，第三人或債務人本人，均得爲履行之聲明；債務人本人爲此聲明者曰「本人債務之承認(constitutum debiti proprii)」，第三人爲此聲明者，則曰「他人債務之承認(constitutum debiti alieni)」，卽所謂簡約保證是也。簡約保證，僅爲「簡約」之一種，而發生「善意之債務」，故與「要式保證」有別。不特此也，簡約保證中，原則上，必先對主債務人起訴而無效果時，債權人始得對保證人起訴；然在「誠意負責保證」，則因當事人之約定及嗣後法律有「順序之利益」之規定，債權人始有先對主債務人起訴之義務；至誠意負責保證中保證人所得主張之「分擔之利益」，直至優帝時，始適用於簡約保證，是皆此兩種保證契約之區別也。另一方面，簡約保證與誠意負責保證，亦頗多類似之處，而與「委任保證」有別，茲分述之如次：

（一）「代位之利益」，此兩種保證契約中之保證人，均得主張之，受償後已不需要之訴權，如債權人堅不讓渡與保證人，則保證人得提起「詐欺之抗辯」，拒絕履行保證債務，因債權人之過失致失訴權時，保證人亦得拒絕履行；但於「委任保證」，此等規定，均不適用之也。

（二）簡約保證及誠意負責保證中，保證債務與主債務，同其標的，主債務無效時，保證債務，亦歸無效，而於「委任保證」，則否；但就此點言，簡約保證，亦有下列兩種特點焉：

（1）簡約保證中，保證人之債務，雖不得重於主債務，但超過主債務時，祇就其超過之部分，不生效力，而整個保證契約，並不因此而歸於無效；例如主債務之標的爲千元，如保證人約定負千元以上之責任，則仍就千元之數目，而負保證之責任也。

（2）在簡約保證中，得附加條件，使保證債務之履行，較苛於主要之債務；質言之，保證債務附加之條件，可以付予債權人特別之利益，例如保證債務之期限，較短於主債務，或於選擇債務中，保證人拋棄選擇之權能，而確定其將來給付之標的等是也。

本章參考書記要

J. Declareuil, Rome et l'organisation du **droit** p. 249–258, 294, 296–299, **407–408**; T. C. Sandars, The Institutes of Justinian p. lvii, 60, 61, 209, 327, 329, 330, 331, 337, 354, 357, 365–369; M.-J. Cornil, Droit romain p. 256–267, 280, 297, 307–310, 313–317, 322–328, 338–344; J. Cornil, Possession dans le droit romain p. **11, 13–14**, 20, 29, 33, 45, 46, 72, 73, 268, 281; **黄右昌，羅馬法與現代** p. 408–435, 461–466; P. F. Girard, Textes de droit romain publiés et annotés p. 825–827, 843, 849, 853–858; **P. F. Girard, Manuel** élémentaire de droit romain p. **516–528, 539, 540, 545–592, 951–960**; P. Collinet et A. Giffard, **Précis de** droit romain p. 41–95

(Tome II); Gaston May Eléments de droit romain p. 306–321, 339–367, 380-385, 485-498; F. Marckelden, Manuel de droit romain p. 203–214, 230, 231; Charles Demangeat, Cours élémentaire de droit romain p. 297–346 (Tome II), p. 556–571 (Tome I); Accarias, Précis de droit romain p. 267–392 (Tome II); Paul Collinet, Etudes historiques sur le droit de Justinien p. 114–124 (Tome I); Ruben de Couder, Résumé de répétitions écrites de droit romain p. 361–382, 416–422, 435–478; Edouard Cuq, Les institutions juridiques des Romains p. 556–561; René Foignet, Manuel élémentaire de droit romain p. 161–172; P. F. Girard, Mélanges de droit romain p. 5–413 (Tome II); W. W. Buckland, The main institutions of roman private law p. 269–280; R. W. Leage, Roman private law p. 264–271, 293–309; R. W. Lee, Introduction to Roman-Dutch law p. 270, 277; Monier R., La garantie contre les vices cachés dans la vente romaine p. 9–12, 37, 38, 59; Saleilles, Etudes sur la théorie générale de l'obligation p. 43–45, 79–82, 85, 86; Accarias, Théorie des contrats innomés p. 35–39, 42–48, 62; Eugène Henriot, Mœurs juridiques et judiciaires de l'ancienne Rome p. 488–570 (Tome I); J. Declareuil, Rome the law-giver p. 222–232; Rudolph Söhm, Institutes of Roman law p. 375–381, 396–408.

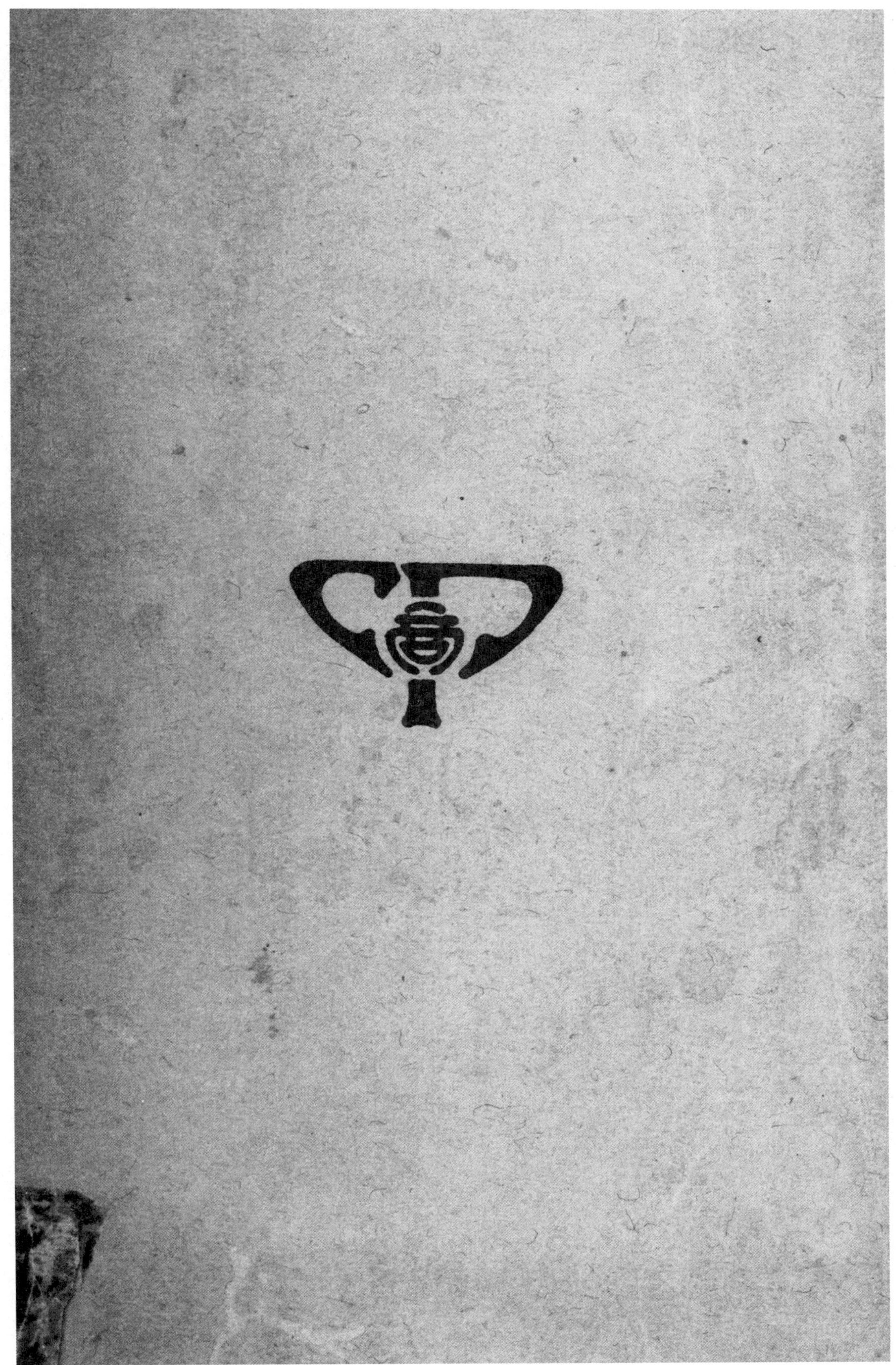

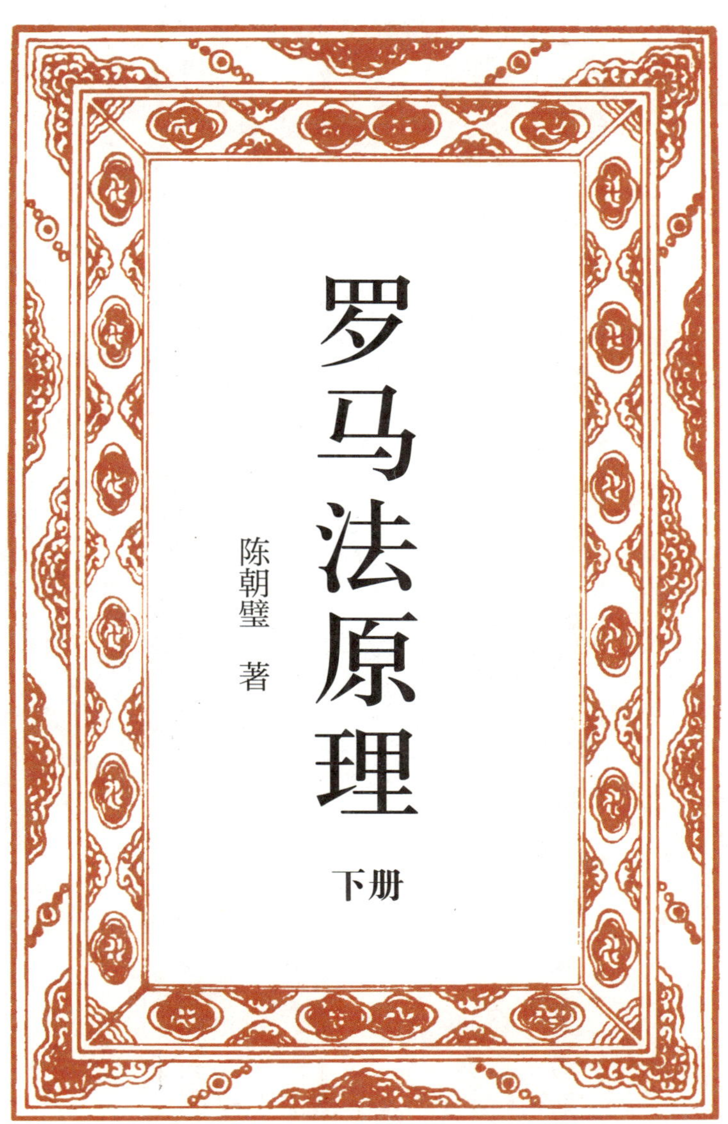

罗马法原理

陈朝璧 著

下册

厦门大学出版社
XIAMEN UNIVERSITY PRESS
国家一级出版社
全国百佳图书出版单位

大學叢書

羅馬法原理

下册

陳朝璧著

商務印書館發行

大學叢書

羅馬法原理

下　冊

大學叢書委員會

委員

丁燮林君　王世杰君　王雲五君　任鴻雋君　朱經農君　朱家驊君　李四光君　李建勛君　李書華君　李書田君

李聖五君　李權時君　余青松君　何炳松君　辛樹幟君　吳澤霖君　吳經熊君　周仁君　周昌壽君　秉志君

竺可楨君　胡適君　胡庶華君　姜立夫君　翁之龍君　翁文灝君　陳可忠君　馬君武君　馬寅初君　孫貴定君

徐誦明君　唐鉞君　郭任遠君　陶孟和君　陳裕光君　曹惠羣君　張伯苓君　梅貽琦君　程天放君　程演生君

馮友蘭君　傅斯年君　傅運森君　鄒魯君　鄭貞文君　鄭振鐸君　劉秉麟君　劉湛恩君　黎照寰君　蔡元培君

蔣夢麟君　歐元懷君　顏任光君　顏福慶君　羅家倫君　顧頡剛君

大學叢書

羅馬法原理

下册

陳朝璧著

廈門大學圖書館藏書印
200640

商務印書館發行

第三編　物權

第一章　物權之意義

物權者，權利人對其權利標的物直接行使之權利也。債權之行使，祗得對於特定人爲之，卽在特定債務中債權人亦不得直接支配其標的物，而必須向債務人主張其權利，請求履行給付之義務；但於物權則不然，權利人除消極方面得禁止一般人妨害其權利外，得直接對物行使其權利，而不以特定人爲其對象，故稱物權曰「對物權」曰「對世權」，曰「絕對權」，（註一）故或曰，『物權者，創設人與物間直接關係之權利也。』夫此，抑亦物權與債權之主要區別；此外，物權與債權間，仍有其他兩種區別：（一）前者有「追及性」，後者無「追及性」，卽權利之標的物遺失或被竊取時，債權人不得對之主張債權，而物權人得對之主張物權也；（二）物權有「排他性」，而債權則否（註二）例如數人就同一物件，不得獨立有所有權，而數人對於同一債務，得行使以同一給付爲內容之債權也。債權無排他性，故不因成立之先後而分優劣，而物權成立於後者，在不妨害成立於前者之範圍以內，始得認爲存在，良以物權有「排他性」耳。綜上云云，物權與債權之區別有三：卽（一）物權爲對物權，對世權，絕對權，債權爲對人權，相對權；（二）物權有追及性，而債權則否；（三）物權有排他性，而債權則否，但後兩種區別，咸爲第一區別之當然結果，而基於物權債權不同之意義者也。

依現代法例，物權之設定，均有法定之限制，卽除法律規定之某項物權外，私人不得設定物權，其在羅馬也亦然，祇限於法律規定之物權，受法律之保護。羅馬法上之物權，共有六種：卽（一）所有權，（二）役權，（三）地上權，（四）永佃權，（五）質權，（六）抵押權等是也。(註三) 物權之標的物，或屬於權利人本人，或屬於權利人以外之人；物權之標的物屬於權利人本人時，曰「自物權(jus in re propria)」屬於他人時，則曰「他物權(jus in re oliana)」，故物權中除所有權爲「自物權」外，餘皆「他物權」也。

(註一)債權之性質，依少數學者之界說，亦爲絕對的，且謂任何權利皆有絕對性，卽就債權言，債權人對於債務人之權利，一般人均有不加妨害之消極義務，第三人違背此義務時，卽爲侵權行爲，應負賠償之責，按此學說，日本學者多主張之。

(註二)詳中央大學劉鎭中教授編著之債權總論講義第五頁。

(註三)此外有所謂「典當權」者，乃質權及抵押權所由形成，祇以適用之時期極短，缺乏詳明之規定，故不得謂爲有系統之物權制度。再羅馬法上債權人在特定情形之下，亦有得留置債務人之財物者(jus retentionis)抑亦現代留置權之嚆矢，然在羅馬法猶未視爲物權之一種也。

本章參考書記要

T. C. Sandars, The Institutes of Justinian p. 426; Georges Cornil, Ancien droit romain p. 72; T. Declareuil, Rome et l'organisation du droit p. 203; M.-J. Cornil, Droit romain p. 73, 74;

黃右昌，羅馬法與現代 p. 251, 269, 297; P. F. Girard, Manuel élémentaire de droit romain p. 260, 261; Gaston May, Elements de droit romain p. 194; F. Marckelden, Manuel de droit romain p. 123; Charles Maynz Eléments de droit romain p. 280-283, 394-401 (Tome I); Charles Demangeat, Cours élémentaire de droit romain p. 478-480 (Tome I); Accarias, Précis de droit romain p. 509, 510 (Tome I); Ruben de Couder, Résumé de répétitions écrites de droit romain p. 131-133,151-163; W. W. Buckland, The main institutions of roman private law p. 142, 143; R. W. Leage, Roman private law p. 146, 147; R. W. Lee, Introduction to Roman-Dutch law p. 118, 119; Eugène Henriot, Mœurs juridiques et judiciaires de l'ancienne Rome p. 372-377 (Tome I); J. Declareuil, Rome the law-giver p. 157, 158, 172-182; Rudolph Sohm, Institutes of Roman law p. 307-309,337.

第二章 所有權

第一節 所有權之意義與其特質

所有權者，所有人於事實上及法律上之可能範圍以內，對於所有物所得行使之最完全最絕對之權利也。故學者多謂：『所有權者最完全、最重要之物權也』；又曰，所有權者「人對於物最完全之支配權也（plena in re potestas）」。註釋學派謂所有權行使之範圍，在積極方面，（註）所有人在所有物上，有爲各種行爲之權；在消極方面，所有人對於所有物有禁止他人爲任何行爲之權。至所有權之效力分析言之，計有下列三種權利：即（一）「使用權（jus utendi 或 usus）」，（二）「收益權（jus fruendi 或 fructus）」，（三）「處分權（jus abutendi 或 abusus）」是也。使用權者，謂所有人本人使用所有物之權，如使役奴隸，騎牛乘馬，居住房屋等是。收益權者，謂收取所有物之天然孳息或法定孳息之權，如收穫、收租等是；處分權者，謂隨意處分所有物之權，如毀損、委棄或出賣所有物等是。處分權之行使，又有絕對與相對之分：絕對處分者，謂所有人毫無利益，處分其所有物也，如鞭撻奴隸、毀滅房屋等是；以相當之利益爲目的，處分所有物時，謂之相對處分。移轉全部所有權於他人時，謂之全部處分；減少所有權之質量時，則謂之一部處分，如所有人於其所有物上設定使用權、役權等與他人是也。上述所有權之

罗马法原理 下册 340

效力，直至西曆紀元後第十三世紀，始經註釋學派，詳明分析，故所有權所包括之使用權、收益權、處分權三者，雖早有實體之存在，然是項名詞，不見諸古代著作中也。

基上論結，所有權之特質有三，即（一）絕對性，（二）除外性，（三）永久性是也，茲分別言之如次：

（一）絕對性　即所有人於其所有物上，在物質許可之範圍以內，有各種能力而全無限制也。絕對性為處分權之當然結果，故所有權有所限制時，其絕對性亦受限制矣。是項限制，或基於所有人之意思，或基於法律之規定：（1）基於所有人之意思者，如所有人於其所有物上自動設定「他物權」，致所有人及出讓後之讓受人之權利受其限制是也；（2）基於法律之規定者，如「法定抵押權」之設定，如以保護田鄰利益或保護公益為目的之法定限制等是。

（二）除外性　即所有人得排除他人於其所有物上所為之任何行為，但所有權之除外性，亦有限制焉，例如所有權為數人共有時，各所有人在共有關係中，不得排除其他所有人之行為是也。

（三）永久性　即所有人不因終期之到來或解除條件之完成而喪失其所有權也（ad tempus proprietas transferri nequit）；但所有人全部處分其所有物時，例如毀滅之或出讓之，及發生喪失所有權之意外事故時，例如所有人死亡或法定處分原因到來時，則所有權即當然消滅，故所有權之永久性，為相對之永久性，而非絕對之永久性也。

（註）所有人得為各種行為，亦得不行為，如任土地之荒蕪而不事耕作，任奴隸之病死，不予醫治等是。

第二節　所有權之限制

所有權之得有限制，已如前節所述，茲就法律規定之限制，分別言之如次：

（一）以保護債權爲目的之限制

以保護債權爲目的之法定限制，以法定抵押權之設定爲最普遍。且法定抵押權所保護之債權，並不限於標的已經確定之債權；例如受監護人於監護終止後，對於監護人之返還財產請求權，亦以監護人之全部財產，爲其法定抵押權之標的物也。

（二）以保護社會利益爲目的之限制

是項限制，類皆屬於不動產方面；其重要者，有下列六種：

（1）沿河川之土地所有人，其兩岸之土地，在航務之範圍以內，有供「公共使用（usus publicus）」之義務。

（2）沿街道公路之不動產所有人，對其不動產應爲相當之修理或耕作，此爲所有人不行爲之限制也。

（3）帝政時代，禁止所有人以變賣寶貴房料爲目的而拆毀房屋；凡拆毀之者，應得官廳之許可，且房屋之建築與修理，亦應遵照規章，依一定之式樣也。

（4）依西曆紀元後第四世紀末葉格拉借女斯帝（Gratianus）時代之法律，發現鑛產者，得給付鑛產價值之百分之二十，從事開採，縱鑛地所有人有相反之意思，亦不得阻止之。是項百分之二十之代價，以其半數給鑛地所有人，餘則歸國庫所有也。

（5）因國家之公用或私人之特別需要，國家得徵收私人之土地，或無償收用之。沿公有河川之土地所有人，遇河川潰決時，對於國家徵收之土地，不得請求代價之給付。私人有特別之需要時，例如由坟墓而至公用道路需要出路者，其土地所有人雖不願出賣，而需要出路之一方，亦得援用徵收公用之規則，取得其所有權，但須給付相當之代價耳。至於國家徵收公用時，是否給付代價，無從考證，或謂所有人有時亦得請求給付相當之代價也。

（6）至帝政時代，奴隸所有人，不得對之有無故虐待情事，亦所有權之限制之一種也。

上述所有權之六種限制，除禁止所有人虐待奴隸外，餘皆關於不動產所有權之限制也；是項所有權之限制，均以尊重公益並承認公益之價值較私益重要爲理由者也。

（三）以保護田鄰利益爲目的之限制

（子）土地所有人耕作土地或建築房屋時，沿邊須留古尺二尺五寸（約合中國裁尺二尺四寸公尺千分之八二五）寬度之空地，而不得直達其界址之極邊；蓋依十二表法之規定，土地交界處須有古尺五尺寬度之界址也。

（丑）鄉村土地所有人，對於鄰田樹木之枝葉，應任其伸張於其土地之上，縱因鄰地之樹木遮蔽日光雨露蒙受損害，對於鄰地所有人亦無請求剪伐之權，但鄰地之樹木有古尺十五尺以上之高度時，不在此限。

（寅）鄰田果樹所結之果實，土地所有人，應任田鄰經過其土地而收取之。

（卯）依自然形勢而形成之水流，低地所有人有承受之義務。低地所有人，如於其本人土地上施工以變更是項水流時，高地所有人並得提起「防害水道之訴 (aquae pluviae arcendae)」也。

（辰）土地所有人，於其土地上建築房屋或拆毀房屋時，如鄰人認爲將因此蒙受損害，得警告之，阻止之，並得訴諸法院，以求解決。

（巳）房屋有傾倒之虞時，鄰人得對其所有人提起「未來損害之訴 (damni infecti)」，促其爲相當之修葺。

上述六種限制，類皆規定於羅馬古法，而前四種限制，則自十二表法始也。

第三節　所有權之沿革

（Ⅰ）所有權之原始狀態

根據一般法制史之記載，原始時代之所有權，不可與現代所有權之意義同日而語，而於不動產之所有權爲尤甚，其在羅馬也亦無例外。在漁獵時代及畜牧時代，人民不事耕作，遷徙無常，所有權之意義至爲空泛。所有權概屬於某一部落或某一氏族，其不動產所有權最重要之標的，厥爲獵地及牧場而已；且所謂某一部落某一氏族之獵地或牧場所有權，亦所以區別其他部落氏族之獵地牧場者，而是項共同之所有權，固無穩定之狀態也。羅馬建國時，雖已轉入農業社會，但介乎國家與個人之中，仍有諸多單位存在於其間焉，如部落、氏族、村鎮、家族等，是故除有排他性之個人所有權以外，部落共產、氏族共產、村鎮共產、家族共產，亦爲當日最普遍最重要之共有制度。惟家族共產之制，吾人不能無疑者，亦有兩點，卽（一）繼承人有分析遺產之請求權，（二）在「家父權」極度範圍之下，「家子」對於一家之財產，並無主張所有權之餘地是也；雖然，家族之所有權，與其家長個人之所有權，固常相混淆者也。以言範圍較廣之共產制度，其存在於羅馬，則爲不容否認之事實，今日之史乘，雖無明白之記載，然有下列三點，足資參考，而使吾人深信不疑焉：（一）古代之財產，拉丁文作「pecunia」或「pecunia familia」；「pecunia」一字作羊羣解，「pecunia familia」則作羊羣與奴隸解，然則羊羣奴隸，皆動產也，不動產最初非私人財產之標的，殆可知矣。（二）「曼兮怕畜(mancipatio)」與請求返還之方式，衹宜於處分動產或主張動產時適用之，則古代之財產，不包括動產明矣。（三）史載每家授田二畝（羅馬之二畝約合五十公畝或八華畝）是爲「自有財產(heredium)」，然則區區之土地，實不足供給一家生活上之需要，而此外必有公共之牧場，共有之土地，以補不足也，亦明矣。總之，當日之人民，除每家二畝之田以外，固無不動產所有權可言也。

（II）羅馬法上所有權之演進

動產或不動產所有權之在羅馬也，自十二表法以還，均已成爲個人之私權矣。當日私人之所有權，較諸現代之所有權，猶有區別者，卽現代所有權之成立，不論所有人爲何人，不論所有物爲何物，更不拘移轉所有權時舉行何種方式；其在羅馬也則不然，「市民法上之所有權（dominium ex jure quiritium）」必羅馬人民始得享受之，其標的物必爲「羅馬物件」，其移轉也亦必依羅馬之方式，蓋所有權與「家父權」、「婚姻權」等同爲市民法所規定之權利耳。但上述三種限制，至優帝時代固完全廢除，卽在優帝前之法律昌明時期，亦已次第變更，而所有權之範圍，亦因以逐漸擴大，茲將市民法上之所有權成立之限制，及其變更之情形，論述如次，以明羅馬所有權演進之過程也。

（一）市民法上之所有權，須屬於羅馬人民　外國人在羅馬法之觀點上，並無「人格」，故不得享受所有權，不得爲所有權之主體。另一方面，羅馬市民以外之人民，如古拉丁人等，自羅馬建國以還，亦因條約賦予特權，而得爲所有權之主體。至於外國人之淪爲奴隸者，縱保留其原有財產之全部或一部，對其本人之財產，亦不得享受市民法上之所有權，財產被人侵害時，更不得行使訴權，爲制裁私權之張本也。是項外國人之所有權，簡稱所有權（dominium），後世註釋學派，譯曰「萬民法上之所有權（dominium ex jure gentium）」，在法律上所受之保護，亦與市民法上之所有權，不同其方法。至萬民法上之所有權，究受何種之保護，則今之學者，鮮有能道之者。但至「程式訴訟」時期，保護各種所有權之方法與其效用，漸趨一致，而所有權遂無高下之分矣。

（二）市民法上之所有權，須以羅馬物件爲其標的物　所謂羅馬物件者，非專指羅馬出產之物件，故敵人所有之物，亦視爲羅馬物件也。概括言之，羅馬物件，指「略式移轉物」與被征服敵人之不動產以外之物而言。至於被征服之敵人之動產，歸羅馬市民所有時，卽視爲羅馬物件，且是項規則，嗣後對於意大利土地，亦適用之。惟州縣土地，不得爲市民法上所有權之標的，蓋依共和末造以還之傳統理論，羅馬國家，爲意大利土地以外被征服土地之唯一所有人也。羅馬國家爲州縣土地之所有人云者，並非全部沒收之謂，蓋被征服之人民及其土地之讓受人，仍保存其占有使用權及收益權，而國家則對之有絕對之宗主權耳；夫此，殆卽意大利土地與州縣土地在法律上之等衰之所由來也。意大利土地與州縣土地在公法上之等衰，爲國家對於後者徵收賦稅，對於前者則豁免之。以言私法上之等衰，則州縣土地祇受占有之保護，而不受所有權之保護，以州縣土地之所有人，祇有占有人及使用收益人之權利，而無市民法上所有人之權利耳。但是項州縣土地得因皇帝之許可，免除公法上及私法上之不平等地位，而與意大利土地受同一之待遇也。此兩種土地在私法上之等衰，至優帝時固已完全廢止，而帝政時代因國庫之需要，對意大利土地亦徵收賦稅，故兩者在公法上之等衰在優帝以前，已逐漸廢除之矣。

（三）市民法上所有權之取得，須依羅馬之方式　古代之所有權，不因當事人之合意或標的物之授受，而發生移轉之效力，蓋市民法上所有權之移轉，必須使用市民法規定之「曼兮怕蓄」等移轉方式也。略式移轉物雖不得爲市民法上所有權之標的，亦得使用曼兮怕蓄以移轉之。嗣後羅馬人用萬民法上「引渡」之移轉方式取得「略式移轉物」時，亦發生市民法上所有權移轉之效力，此爲市民法上之例外；而裁判官法，則更有其他例外焉。

依裁判官法之規定，凡羅馬人用引渡之方式取得「要式移轉物」時，自授受標的物時起，卽對於讓與人發生移轉所有權之效力，而受讓人必繼續占有標的物至一年或二年之時效期間（註一）完成之日，始得視爲所有；人在此時效期間未完成前，受讓人喪失受讓之標的物時，得行使裁判官法付與之訴權，請求返還之，遇有他人對之主張所有權時，則可提起裁判官法上之抗辯，以保全之。是項所有權之移轉與保護，皆規定於裁判官法，故名「大官法上之所有權（rem in bonis habere）」。但大官法上之所有權，乃羅馬人依引渡之方式而取得羅馬物件上之所有權，而於時效完成後得變爲市民法上之所有權者，故大官法上之所有權，與外國人之所有權及州縣土地所有權，截然不同，不容混淆者也。凡依「引渡」之方式將「要式移轉物」出讓與他人者，於時效未完成前，在市民法上仍視爲該物之所有人，而受讓人對於該物，則同時有大官法上之所有權，蓋引渡祇爲大官法上移轉所有權之方式也。然大官法之規定，乃爲補救市民法之形式主義而設立者，故讓與人在市民法上雖有所有權，但此所有權即在時效未完成前，亦有名無實，故學者稱曰「裸體所有權（nudum jus quiritium）」。另一方面受讓人於「使用時效」未完成以前，在市民法上雖無所有權，但依裁判官法之規定，除極少數之限制外，（註二）受讓人對其受讓之物件，仍得行使一般所有人之各種權利也。

（註一）是項時效，以使用（usu capiebat）爲基礎，其期間在動產爲一年，在不動產則爲二年。

（註二）是項受讓人（即裁判官法上之所有人）處分其受讓物時，縱依市民法上之移轉方式，亦得直接發生市民法上所有權之移轉效力。再所有人對其奴隸祇有裁判官法上之所有權者，解放該奴隸時，被解放之奴隸，亦祇取得育尼亞拉丁人之資格，而不得爲「市民解放自由人」也。

上述之「雙重所有權」制度，在法律昌明時期，完全存在，但因裁判官法所規定之所有權移轉方式，較爲便利，人民爭採用之；而市民法所規定之所有權移轉方式，幾無形廢止，甚至處分要式移轉物時，亦悉用「引渡」之方式矣。迨優帝時代，既以明文廢除「要式移轉物」與「略式移轉物」之區別，復廢除「裸體所有權」之界說，所有權之意義，遂歸一致，而無高下之分野矣。

第四節　所有權之取得

所有權之取得，就其重要方式言之，可分原始取得與傳來取得兩大種；傳來取得，復因取得所有權之原因，出於前所有人之同意與否，更可細別爲協議傳來取得與強迫傳來取得兩種。原始取得云者，所有權之取得，不與他人發生所有權移轉之關係，對前所有人所有之負擔，不負責任，而直接產生新所有人之權利之謂也。傳來取得云者，則所有權之取得，與前所有人發生所有權移轉之關係，並繼承其已設定之物權之謂也。

所有權之取得，不屬於原始取得或傳來取得之範圍者，亦有之；如國家處分某種財產，由自然人或法人取得其所有權等是。故本節分爲三款，先言國家之處分，次言原始取得與傳來取得中之各種規定也。

第一款　因國家之處分而取得之所有權

由國家取得之所有權，或爲某一財產之全部，或爲動產，或爲不動產。國家出賣某人之全部財產（如犯人之財產）時，願出最高之價金者，即取得是項財產上之所有權，裁判官法規定，對於無清償能力之債務人之財產之拍賣（venditio bonorum）制度，亦即倣此而形成者。國家出賣之動產，則類皆取諸敵人之掠奪物，蓋掠奪物不屬於掠奪者本人，而屬於羅馬國家，除將帥得保留一部發給士卒，以資獎勵外，餘則由國家零星直接公賣，或大宗讓與商賈間接轉賣之也。以言國家處分之不動產，或由人民給付價金，取得其所有權，或由國家將某區之土地，無償給與駐守本區之全體軍人，或無償給與個別之羅馬市民。但最初依上述各種方式而取得之意大利土地，曰「限制土地(agri limitati)」，蓋依據理論，是項土地爲國王私人之財產，人民由國家取得其所有權時，必須由公務人員測量立界而後可，故名限制土地，與任憑人民占有之公地(agri occupatorii)有別；是項公地，人民雖得占有之，而不得爲私人所有權之標的，自共和末造以還，頒行新法，是項公地，遂均無償給與已經占有之人民矣。再氏族共有之財產，一變而爲個人所有權之標的，固亦出於國家之處分，而非氏族(gentes)自動之主張。然則不動產所有權因國家之處分而取得之者，實屢見不鮮矣！

第二款　原始取得

第一目　先占(occupatio)

先占云者，因占有「無主物(res nullius)」而取得該物之謂也，然則先占之成立，有兩條件焉：(一)須占有之物，無所屬之人；(二)須有占有該物之事實。「先占」之標的物之最普通者，厥爲從未屬於羅馬人之物，分析言之，共有兩種：(一)依法尚未視爲士卒所有之敵人財物，如正式開戰時，在羅馬國境內掠奪敵人之財物，或遠征中，在非友邦之國境內擭取之財物等是；(二)從未屬於私人之物，如海洋中之島嶼，海濱之珠貝，漁獵所得之魚介鳥獸等是。以言掠奪敵人之財物，本以屬於國家爲原則，不屬於敵人時，即爲國家所有，但在國家或將領尙未發給私人時，仍得爲先占之標的焉。獵捕之鳥獸，以不屬於私人者爲限，故家畜及馴養之鳥獸，不得爲先占之標的；但馴養之鳥獸，尙未有返還原處之習慣者，質言之，尙未馴養成熟者，一經逃逸，仍適用先占之法則，例如馴養之野鴿，苟其飛出後不知飛還原處，在法律上卽認爲尙未馴養成熟，他人得捕獲之，收爲己有也。關於捕獵之規定，羅馬法與現代法制，有不同之點：依羅馬法之規定，侵入他人之土地打獵者，縱使該土地所有人加以禁止，亦對於捕獲之鳥獸取得其所有權，土地所有人則祇得提起侵權之訴，而不得請求返還獵取之鳥獸也。

羅馬法上先占之規定，對於「委棄物（res derelictae）」亦適用之。委棄物云者，指物主故意拋棄之物而言，委棄物雖曾一度屬於他人，於物主拋棄之後，固亦無主物之一種也。物之視爲委棄物也，須有兩種條件：（一）須原物主確有委棄之意思，（二）須原物主確有委棄之事實。若遺失物，若漂流物，若因不可抗力而投棄之海損中各項物件，其所有人或無委棄之意思，或無委棄之意思與事實，故均不適用先占之法則；我國民法第八百零三條至八百零七條及八百一十條，瑞士民法第七百二十條至七百二十二條之規定，固亦與之符合者也。

先占之法則，或謂適用於「埋藏物（thēsaurus）」，或謂對於埋藏物，不適用之。依前者之界說，發見者取得埋藏物之全部或一部時，其權利以先占之事實爲基礎；依後者之界說，則發見者之權利，不以先占爲基礎，故享受法定限度內之權利，並不以占有該埋藏物爲條件也。第一界說爲多數註釋學派學者所主張，然以第二界說較合羅馬古法之精神。埋藏物云者，謂埋藏日久，致不能證明所有權屬於何人之物件。發見者對於埋藏物之權利，羅馬法上先後有不同之規定：依哈德利亞女斯之規定，凡於本人之動產或不動產中發見埋藏物者，取得其全部所有權，其於他人之動產或不動產中發見之者，祇取得其二分之一之所有權，餘則歸該動產或不動產之所有人所有，但該動產或不動產無明確之所有人，或其所有人所在不明，致無從分給其應得之一部時，則發見者可取得埋藏物之全部；依馬而古斯帝 (Marcus Aurelius) 之規定，在他人之動產或不動產中發見埋藏物時，縱該動產或不動產無所有人或所有人所在不明，發見者亦祇取得其一半，其餘之一半，則歸國庫所有。總之，凡從他人之動產或不動產中發見埋藏物者，以無意發見者為限，若翻掘搜索而發見之者，必事先得該動產或不動產所有人之同意，始可對埋藏物主張所有權之一半，否則不得主張發見者應享之權利也。關於發見埋藏物之規定，現代民法，如我國民法第八百零八條及八百零九條，日本民法第二百四十一條，德國民法第九百八十四條，瑞士民法第七百二十三條，法國民法第七百一十六條，殆皆以羅馬法為藍本，而無若何之差異也。

第二目　加工(specificatio)

加工云者，用他人之材料，加工製成另一新物 (nova species) 之謂也，如甲以乙之葡萄製成葡萄酒等是。但於此有一問題焉，加工後之新物所有權，屬於加工人耶？抑屬於舊物之所有人耶？曰，最初之學者，認為舊物雖經改造，其本質並未變更，故主張物之所有權，不應因他人之加工而移轉於該他人也。迨賽潑二大學派興，是項理論，為之一變，且各有不同之主張：賽比尼亞學派，以為必有材料，始能加工，始能製成新物，故主張新物之所有權，歸於材料所有人；潑羅科利亞學派，則以為製成之新物，為加工之結果，故主張新物歸加工人所有，且謂舊物改造後之新物，與無主物同，而加工人則恰合占有人之條件，故新物適用先占之規定，亦應歸加工人所有。迨法律昌明時期，乃折衷其說，原則上，新物歸加工人所有，但須完成下列兩項條件：（一）須加工後之新物，不能回復原狀，例如葡萄酒不能再變爲葡萄等是；（二）須加工人之加工，係出於善意，反之，上述兩種條件，不能完成時，則加工後之新物，歸材料所有人所有。是項折衷之主張，優帝亦採用之，且編入法典焉。但現代民法，關於新物所屬問題之規定，與此主義，大異其趣，例如依我國民法第八百一十四條，德國民法第九百五十條，瑞士民法第七百二十六條，法國民法第五百七十條，日本民法第二百四十六條之規定，加工後之新物所有權，屬於加工人，抑屬於材料所有人，均以因加工所增之價值與材料本身之價值之大小爲標準，而不以新物能否回復原狀爲標準也。

加工人或材料所有人之一方，取得新物之所有權時，他方亦有相當之權利，而未必完全蒙受損害也。例如新物之所有權歸於加工人時，材料所有人對之有請求給付其材料之價值之訴權，在特殊情形之下，如加工人之加工行爲係出於惡意，材料所有人且得行使其他較有利益之訴權，如「提出原物之訴（actio ad exhibendum）」、「竊盜之訴（actio furti et furtiva）」是也。反之，如新物之所有權應歸材料所有人，則材料所有人請求返還該物時，加工人得提起抗辯，請求其給付製作該物之工資或該物因加工所增加之價值，但是項抗辯之得以提起，以加工人之加工行爲出於善意者爲限。

第三目　孳息之取得（fructus perceptio）

原則上，孳息之所有權，屬於母物之所有人。孳息附屬母物時，母物之所有人固當然爲孳息之所有人，且孳息單獨存在時，例如不動產之孳息已由不動產之從物而變爲動產者，雖母物所有人未有收穫行爲，而該母物所有人仍不失爲該孳息之所有人，並不以收穫孳息爲取得其所有權之原因也。另一方面，因某種法律行爲之成立或某項事實之發生，母物所有人以外之人亦得取得其孳息之所有權焉，如承租人、用益權人得因租賃契約或用益權而取得他人所有物之孳息所有權，善意占有人得因善意占有他人所有物之事實而取得該物之孳息所有權是也。茲分述之如次：

（I）承租人對於他人所有物上孳息所有權之取得　所有人將所有物租與他人者，應使承租人有就該物享受利益之權，故承租人收穫(perceptio)孳息，占有孳息而完成「長手交付(traditio longa manu 或譯作長手授受）」之方式時，即當然取得該物之孳息所有權也。所謂「長手交付」云者，雙方合意後，取得權利之一方收受物件，而當事人不必到場親手授受之謂。租賃契約祇發生債權上之關係，就理論言，必由出租人爲交付之行爲，承租人始得支配其權利之標的物，故承租人必「收穫」孳息，占有孳息而後取得其所有權，蓋孳息未經收穫時，承租人尚未表示收受之意思，亦即尚未完成長手交付之方式也。但永佃權人對其標的物，於孳息離開母物單獨存在時，即取得其所有權，非若承租人必收穫孳息並占有孳息而後取得其所有權；質言之，永佃權人以孳息「離開(separatio)」其母物之時，爲取得其所有權之時，而不待「收穫(percetio)」之時始取得之，與所有人對其所有物之孳息有同等之權利也。

（II）用益權人對於他人所有物上孳息所有權之取得　用益權人既於其標的物上享有物權，對於該物之孳息，自有取得所有權之權能；於此所應研究者，即用益權人何時取得孳息之所有權之問題，依註釋學派學者之理論，用益權人必於收穫孳息時，始取得其所有權，蓋依羅馬法之理論，用益權人所以得取得孳息之所有權者，以其於標的物上享有物權，且亦因有物權，始得依先占之法則，而取得孳息之所有權耳。用益權人對於孳息之權利，以先占之理論爲基礎，故必收穫之、占有之，而後取得其所有權也。然則承租人與用益權人，對於孳息所有權之取得，雖有同樣之限制，而是項限制所由來之理論，則各異其趣矣。

（III）善意占有他人所有物者對於該物孳息所有權之取得　善意占有人對於占有物之孳息，於孳息離開母物時，即取得其所有權，不待收穫或占有之；然此乃帝政時代之理論也，依共和時代之法律，所有人對於被他人善意占有之物，於孳息離開該物時，已在該孳息上成立個別之所有權，故於占有人尚未完成時效之條件而取得孳息所有權以前，母物之所有人仍有請求返還之權。但因帝政時代所有關於善意占有人取得占有物孳息之理論受「加工後之新物應歸加工人所有」之理論之影響，共和時代所有關於善意占有人取得占有物之孳息之法律，卒被廢除。按潑羅科利亞學派以爲因加工而產生之新物，乃加工之結果，遂主張加工後之新物歸加工人所有，而後之學者，以爲孳息亦爲占有人經營之結果，乃用比擬之方法，基於潑羅科利亞學派關於加工之理論，而認定孳息離開母物時，其母物之善意占有人即取得孳息上之所有權，並從而認定母物之所有人不得爲返還之請求。法學者中間有作局部之反對主張者，從而爲折衷之說曰：『加工孳息，乃經占有人經營而後產生者，固可依此理論而歸占有人所有，至於無須經營而自然產生之「純粹天然孳息」歸占有人所有，則殊欠理論上之根據矣！』但是項折衷之界說，卒未得多數學者之同情也。

占有人享受占有物孳息上之權利，其唯一之條件，厥爲孳息離開占有物時占有人之善意之存在。占有人苟於占有母物後喪失善意之條件，卽不得取得其孳息之所有權，但對於占有物之本身則仍繼續進行其時效之期間而受關於占有之保護也。

依優帝時之法律，善意占有人依上述之規定而取得孳息者，對於占有物之所有人，仍應負相當之返還義務。至於返還之範圍，則以所有人請求返還占有物時，其孳息已否消費爲標準；如於此時已經消費，卽免除返還責任，如未經消費或尙存留一部，則應按現存之數量、質量、連同母物返還所有人也。所有人請求返還後，占有人如仍繼續消費，則對於請求後消費之部分負賠償之義務，蓋旣達「爭訟時期（litis contestatio）」，占有人猶復消費應行返還之孳息，則應推定其爲惡意之行爲耳；但自「爭訟時期」起所爲之消費，如係出於善意，則減輕其賠償之責任，而僅就是項消費所受利益之限度以內負賠償之責也。

第四目　添附（Accessio）

屬於不同之所有人之多數物件結合而成一物，致主物之所有人取得其他從物之所有權者，謂之添附。物與他物結合並發生主從關係時，從物卽爲主物所吸收，此本爲羅馬法上之原則，故註釋家認定在此情形之下，主物所有人卽依萬民法上之添附方式而取得被吸收之從物之所有權也。或謂物件之添附，雖使主物所有人取得從物之所有權，然此所有權之取得，以主物對從物所爲之先占爲基礎，而不以添附之特別方式爲基礎；茲所謂先占，指主物吸收從物之理論而言，並非主物所有人有何先占之行爲也。總之，就羅馬法之精神言，添附之事實，並非取得新所有權之方法，惟所有權之標的，因他物之添附而擴大，致是項已經存在之所有權，變更其範圍耳。註釋家，則咸以添附爲取得所有權之特別方法，而分爲三種：一曰不動產與不動產之添附，二曰動產與動產之添附，三曰動產與不動產之添附，茲分述之如次：

（I）不動產與不動產之添附

不動產與不動產之添附，每因河海水流之沖瀉或沙土之淤澱，致地面變更其形態時發生之，乃爲不易多見之情形。其項添附，共有四種如次：

（一）河川沿岸土地面積之漸增(alluvio)　河川沿岸逐漸增加之土地，係由水力平日沖毀河川一岸之土壤，流至對岸堆積而成，或由上流之沙土，順水勢而移動至下流之沿岸土地淤澱而成，被沖毀之土壤所有人，對其損失部分之所有權，勢難爲明確之證明，故河川沿岸之所有人，對於逐漸增加之部分，即當然無償取得其所有權也。

（二）被急流沖去之土壤與下流土地之附合（avulsio）　上流之土壤，被猛激之水力沖去後，嘗隨水勢漂至他處，而附合於下流之土地，但被沖去之土壤，每有可以識別之巨大面積，故下流之土地所有人，必俟該土壤上植物之根荄生至其土地以內之時，始取得該土壤之所有權，不負給付代價之責任也。在此時期以前，被沖土壤之所有人，得占有之，以保全其權利，否則其所有權，即無償移轉於下流之土地所有人矣。

（三）河中洲嶼之淤長（insula in flumine nata）　河川中淤長洲嶼時，該洲嶼即歸沿岸土地之所有人所有如沿岸之土地屬於不同之所有人，則以洲嶼與各人土地所處之位置爲標準共同分析而取得之。左右兩岸之土地所有人間分析是項洲嶼時，乃於川河之中流畫一界線，在界線之左者歸左岸之土地各所有人，在界線之右者則歸右岸之土地所有人。關於同岸之土地所有人間之分析，則另立與河流成垂直形之界線，凡洲嶼與沿岸各土地相對之部分，卽歸各該土地之所有人所有也。

（四）河床之變更(alvei mutatio)　河流乾涸或變更其水道時，舊河床則歸沿該河床兩邊之土地所有人所有；如兩邊之土地屬於不同之所有人，則依前項分析洲嶼之方法以分析之。如係河流改道，則新河流所佔之土地，仍受河川法則之支配，質言之，其所有人對損失之土地不得有何請求也。學者或謂舊河床沿岸之土地所有人不勞而獲，而新河床所佔之土地所有人則蒙受意外之損失，此雖足稱爲合乎邏輯之辦法，而究非公允之道也！

（II）動產與動產之添附

動產與他人之動產結合時，因結合之情形或各結合物性質之不同，而有「附合（connexio）」「混合(confusio)」及「混雜(commixtio)」之別，更因各結合物有無主從關係及可否分離，而發生不同之效果。「附合」云者，因一般多數動產之結合而另成一物之謂；「混合」云者，指演體物與他演體物或金屬與他金屬之融合而言；「混雜」云者，則固體物與他固體物打成一片各保存其原有性質之謂。混合與混雜，在今日之法律名詞上本無二致，如我國民法第八百一十三條所稱之混雜，瑞士民法第七百二十七條所稱之「mélange」，固包括羅馬法上所謂混合混雜兩者。以言動產與他人動產之結合，對其所有人權利上所生之效果，則視各結合物可否分離及有無主從關係而決定之，此其原則，現代各國民法，多採用之，茲分別言之如次：

（一）結合物無主從關係者　多數動產混合或混雜時，各該動產均無主從之關係，如是項結合可以解除，各結合物可以分離，則不發生移轉所有權之效力，而各物所有人得對於持有合成物之人，提起「提出原物之訴（actio ad exhibendum）」，並於各物分離後，請求返還其所有物也；反之，各結合物不能分離或不易分離時，例如油酒之攙合或米麥之攙合，則各結合物之所有人，於合成物上取得共有權，而不得請求分解其物件，至各共有人之權利之大小，則應與原物之價值成正比例也。

（二）結合物有主從關係者　各結合物依法得分別主從時，例如寶石與戒指之附合，如各物可以分離，則從物所有人，於其所有物與他物分離以前，不得直接收回其所有物，而必於各物分離時，始得請求返還其原物；但主物所有人如不解除各物之附合關係，從物所有人得提起「提出原物之訴」，請求其解除附合之關係而返還其原物也。反之，各結合物非經毀損不能分離時，結合物中之主物所有人，即取得合成物之所有權，而從物所有人不得請求分離之，然從物所有人並非完全喪失其權利也。至從物所有人對於主物所有人之權利之大小，則以動產之附合爲主物所有人之行爲，抑從物所有人之行爲，及行爲人出於善意或出於惡意爲標準，如附合爲從物所有人之行爲，對其所有物之價值，不得起訴請求給付，但仍占有合成物時，對於主物所有人之請求，得提「詐欺之抗辯（exceptio doli）」，請求其給付主物因從物之附合所增加之價值，未受給付以前，並得留疊合成物而拒絕主物所有人之請求；但從物所有人之上述各種權利，限於附合各物出於善意時得行使之；從物所有人之附合行爲，如係出於惡意，則無任何權利矣。反之，如附合係主物所有人之行爲，則從物所有人之權利並不因以消滅，且其權利，因主物所有人附合各物時之情形不同，而有不同之規定：如被附合之從物，係被主物所有人竊去者，從物所有人得對之提起「竊盜之訴」及「返還贓物之訴」；如主物所有人之附合行爲，係出於惡意，從物所有人對之有請求賠償損害之權，如係出於善意，則祇得請求其返還原物之價值而已。

（III）動產與不動產之添附

羅馬法上動產與不動產之添附，共有兩種：一曰植物之種植(implantatio)，二曰房舍之建築(inaedificatio)；而土地則均視爲主物，蓋亦羅馬法上「Superficies solo cedit（定着物附屬於土地）」之原則使然也。

（一）植物之種植　草木、穀類等一切植物，播種或栽植於土內者，一經生長根荄，即視爲不得與土地分離，而應歸土地所有人所有。但植物之種植，如係土地所有人之行爲，則植物所有人，因土地所有人甲是否偷竊植物，及其種植行爲係出於惡意或出於善意，而有不同之權利：如土地所有人甲偷竊植物而種植於其本人之土地者，植物所有人乙得對之提起「竊盜之訴」；甲之種植出於善意時，乙得請求返還原物或其價值；甲之種植，出於惡意時，則乙更有損害賠償之請求權。但植物所有人本人於他人土地上爲種植行爲時，以出於善意者爲限，得請求土地所有人給付植物之價值；反之，在他人土地上種植植物而出於惡意者，則土地所有人即無償取得植物上之所有權也。

（二）房舍之建築　建築完成時，房舍與土地兩者，即視爲不可分離，而以土地所有人取得建築物之所有權爲原則。材料所有人於他人土地上建築房舍者，該建築物即屬於土地所有人，其建築行爲，如係出於善意，土地所有人尙應賠償材料之價金及建築費用，如係出於惡意，則其材料及建築費用均視爲贈與而土地所有人即無償取得建築物之所有權；直至優帝時代，材料所有人始得行使「拆除權（jus tollendi）」在不損害土地之限度內，拆去其材料也。另一方面，土地所有人用他人之材料，於其土地上建築房舍者，該建築物亦歸土地所有人所有，但材料所有人仍有相對之權利焉：依十二表法之規定，土地所有人之行爲出於善意時，得請求給付材料價值之兩倍；如係出於惡意，材料所有人除受償其材料價值之兩倍外，於建築物拆毀時，並得向土地所有人請求損害賠償，但於建築物存在之際，除依十二表法請求給付材料價值之兩倍外，材料所有人不得對於土地所有人主張其他權利，易言之，縱使土地所有人之建築房舍係出於惡意，材料所有人亦不得請求拆毀之也。

第三款　協議傳來取得

第一目　「曼兮怕蓄（mancipatio）」

曼兮怕蓄，爲移轉所有權之方式之一種，移轉權利之當事人，必爲有市民法上「財產權」之人。如當事人之一方爲外國人，即不發生移轉所有權之效力。其所適用之物件，必爲「要式移轉物」，如爲「略式移轉物」，則雖發生移轉所有之效力，然祇有「引渡」之效力，而無「曼兮怕蓄」之效力也。曼兮怕蓄，爲古代移轉所有權之唯一方式，或謂是項方式於羅馬立國前已經存在，但自提奥克來借女斯帝以還，已不適用；迨優帝時，則復以明白廢除之矣。曼兮怕蓄方式之舉行情形前已言之，茲略言其條件與效力如次：

（I）「曼兮怕蓄」之條件　曼兮怕蓄之實體條件可分下列三項：

（一）標的物須於舉行移轉方式時置諸當事人之前，以受讓人須以手觸物也。自嘎尤士以還，移轉不動產時，得不於移轉之土地上舉行之，但須撮土少許置諸當事人之前，代替移轉之標的也。

（二）當事人均須親自到場，蓋須當事人之一方宣稱取得物之所有權，並由他方表示出讓之意思耳；但當事人之奴隸及其權力支配下之「家子」，得代表其爲曼兮怕蓄之行爲，蓋依羅馬法之理論，奴隸與其權力支配下之家子之行爲，得視同本人之行爲，而不受「禁止代理」之限制也。

（三）用曼兮怕蓄方式之契約中，不得附帶條件期限或負擔。如當事人約定負擔，須於另一契約中載明之，違背是項規定，則契約全部均歸無效也。

（II）曼兮怕蓄之效力　曼兮怕蓄之效力有二：

（一）受讓人卽時取得移轉物之所有權，蓋以此方式中不得附有條件、期限或負擔耳。至市民法上所有權人所得提起之一切訴權，則於曼兮怕蓄之方式舉行後，與所有權同時成立也。

（二）曼兮怕蓄方式中之所有權受讓人，除「市民法上所有權」付與之訴權外，並得對於出讓人行使下列兩種特別訴權：（1）「瑕疵之訴」(actio auctoritatis)，如出讓人於其移轉之標的物上並無所有權，而有第三者出而主張所有權時，受讓人得向出讓人起訴請求賠償於舉行方式時受讓人所宣告之物價之兩倍；

（2）「短少之訴(actio modo agri)」如出讓人虛報出讓物之內容，經受讓人察覺時，得請求給付短少部分之價値之兩倍也。

第二目　「擬訴棄權(cessio in jure)」

擬訴棄權，爲移轉所有權之假想方式，其適用之時期，後於「曼兮怕蓄」，在十二表法以前，似猶未見諸適用也。以言是項方式關於人之適用範圍，以羅馬市民爲限；關於移轉之物件，則除「州縣土地」外，有體物、無體物、「要式移轉物」、「略式移轉物」，凡屬「羅馬物件」，均適用之。且奴隸之解放、養子之授受等，亦多用此方式，至優帝時始廢除之。擬訴棄權之舉行情形，前已言之，茲舉其條件與效力分別言之如次：

（I）「擬訴棄權」之條件

擬訴棄權之條件，與「曼兮怕蓄」大致相同，其重要者有三：

（一）用擬訴棄權方式移轉所有權時，當事人均須親到法院，雖奴隸或在權力支配下之家子，亦不能代表到場，蓋依羅馬法之原則，訴訟行爲不得由他人代表爲之；此雖爲假想之訴訟行爲，是項原則，亦適用之，夫此，抑亦與曼兮怕蓄不同之一點也。

（二）標的物爲動產時，必須提出於法官之前，如爲不動產，則須撮土少許，以代替之。

（三）用擬訴棄權方式之契約中，不得附帶條件、期限或負擔，與曼兮怕蓄同。

（II）「擬訴棄權」之效力

用擬訴棄權方式之契約中，不得附帶條件期限或負擔，故擬訴棄權之方式舉行後，受讓人即取得「市民法上之所有權」，但爲買賣契約時，在給付價金以前，買受人不得主張所有權，此乃與曼兮怕蓄之效力有別者也。此外，擬訴棄權舉行後，受讓人祇得行使「市民法上所有權」所付與之普通訴權，而不得行使「曼兮怕蓄」方式所付與之特別訴權也。

第三目　「引渡(traditio)」

引渡云者，受讓人以取得之意思受領讓與人交付之物件之授受行爲也。引渡，不僅用於所有權之移轉，占有之移轉，或持有之移轉，均適用之。此爲萬民法上移轉所有權之方式，故羅馬市民以外之人，均得採用之，且關於任何物件，均適用之。惟用「引渡」方式取得之所有權，因當事人權利能力之差別，或因標的物爲要式移轉物或略式移轉物，而有不同之性質焉：例如當事人爲外國人時，對於其用引渡方式所取得之「州縣土地」，祇有「州縣土地所有權」；當事人爲羅馬人時，對於用引渡方式所取得之「要式移轉物」，有「市民法上之所有權」；對於用引渡方式所取得之「略式移轉物」，則有「大官法上之所有權」也。迨優帝廢除「要式移轉物」與「略式移轉物」之區別，及「曼兮怕蓄」與「擬訴棄權」之規則，移轉所有權之方式，遂告統一，而惟引渡是尚矣。引渡之方式，雖極簡單，但使「引渡」發生所有權移轉之效力也，亦須具備相當之條件，茲分述之如次：

（一）須有授受標的物之事實　標的物之授受，因標的物性質之不同，或因當事人間有特殊之關係，而有不同之方法：例如買賣倉庫內之物件時，得以授受該倉庫內之鑰匙，而爲授受標的物之方法，是爲「假想授受(traditio symbolica)」；如承租人買受承租物時，得以當事人表示移轉所有權之意思，而爲授受標的物之方法，是爲「簡易授受(brevi manu traditio)」；如標的物爲不便以手授受之物，得因當事人表示移轉所有權之意思或指標的物而爲授受之宣稱，以爲授受標的物之方法，是爲「長手授受(traditio longua manu)」。然則授受標的物之方法，既未必一致，直接授受之事實，有時並無實體之存在也。

（二）當事人須雙方互有移轉所有權之意思　須當事人之一方有出讓所有權之意思，他方同時有受讓之意思，質言之，即雙方之意思，必須合致，而雙方意思之合致，則以對於下列三點最爲重要：（一）一方取得所有權，他方喪失所有權，（二）標的物之本質，（三）取得所有權之人。第一點，爲雙方法律行爲之性質上之問題；如交付所有物之人，僅有借與他方使用之意思，他方誤爲贈與，則對於法律行爲之性質，雙方未有「合致之意思(consensus)」，故雖有授受物件之行爲，亦不發生移轉所有權之效力。第二點，爲關於物件本質之問題；如買主所買之物爲金質，而賣主所交付者爲銅質，則對於授受之物，雙方未有合致之意思，雖有授受物件之事實，亦不發生移轉所有權之效力。第三點，爲關於取得所有權者之特定人問題，取得所有權者之身分與所有權之移轉，如有重要之關係，則必處分所有權者對於他方之身分無異意時，始發生移轉所有權之效力，如因贈與而交付標的物等是；但因出賣其已經標明價格之所有物而交付該物者，則取得所有權者之爲誰何，無足重輕，故授受標的物之當事人，不必對之有合致之意思也。

（三）「引渡」須有正當原因(justa causa traditionis) 或謂引渡，必有正當之原因，而後發生移轉所有權之效力。但今之學者多反對此說，蓋依羅馬法之規定，引渡之原因雖不正當或不能存在，祇足以影響是項原因之本身，而所有權之移轉如故也；例如因當事人之一方僞造買賣契約關係而爲引渡者，或因一方認爲贈與他方認爲買賣而爲引渡者，或因附有謀殺條件之贈與而爲引渡者，其爲「引渡」原因之買賣贈與等契約，或爲虛假，或出於誤會，或不合乎道德，雖於法律上認爲無效，而所有權依然移轉於引渡中領受標的物之當事人也。然則依羅馬法之規定，爲引渡原因之各種契約，祇足稱爲引渡之證明方法，而不得視爲引渡發生移轉所有權之效力之條件也。

（四）交付標的物之當事人，須就該物有所有權 用引渡之方法移轉所有權時，當事人之一方取得所有權，他方卽處分所有權，故必該他方就標的物上確有所有權時，然後得因「引渡」而發生移轉所有權之效力也。

第四款 強迫傳來取得

傳來取得，可分協議傳來取得及強迫傳來取得兩種，前者指當事人合意成立者而言，後者則指因外界之強制力而成立之傳來取得而不待當事人之同意者而言。協議傳來取得共分「曼兮怕蓄」，「擬訴棄權」及「引渡」三種，前已言之；強迫傳來取得，亦可分爲三種：（一）「取得時效」，（二）「分配裁判」，（三）法律之規定，茲分三目論述如次：

第一目　取得時效(usucapio)

(Ⅰ)取得時效之意義與種類

在法定期間內繼續占有物件而取得其所有權者，謂之取得時效。羅馬法關於時效之規定，自十二表法始。時效分「取得時效」與「消滅時效」兩種：後者有消滅請求權之效力，故名消滅時效，前者有取得物權之效力，故名取得時效。因時效而取得之物權，固不限於所有權已也。於此所闡明者，祇狹義之取得時效耳。依十二表法之規定，時效期間，於動產所有權爲一年，於不動產所有權則爲二年，是爲「最古時效」，以其爲時效中最古之規定也。嗣至帝政初年，另立新制，將取得動產及不動產之時效期間，均定爲十年或二十年：凡占有人及原所有人居住同一省份者，占有十年後即取得占有物之所有權，否則須占有二十年之久，始取得之，是爲「長期時效(longi temporis praescriptio)」。「最古時效」，爲市民法上取得所有權之方法，於外國人及「州縣土地」，均不得適用之；外省省長，乃創設所謂長期時效以補救之，故「最古時效」與「長期時效」竝行不悖也。至優帝時代，廢除是項區別，而另立統一之規定，無論何人及任何物件，均適用之，並將取得動產之時效期間，定爲三年，取得不動產之時效期間，則以當事人居住同省或異省爲標準，定爲十年或二十年；至於無正當原因之善意占有人，或占有人和平占有竊盜物者，則不論其所占有之物爲動產或不動產，均以三十年爲取得時效之期間也。學者或分析優帝時代之時效，而稱取得動產之時效曰「最古時效」，稱取得不動產之時效曰「長期時效」；至於三十年之時效，係由東羅馬帝國德爾道細語斯二世帝(Theodosius II)所規定之「非常時效」，蛻化而成，是項非常時效，昔稱「最長期時效，故優帝規定之三十年時效，今之學者亦稱曰「最長期時效」也。歸納言之，羅馬法上之取得時效，可分最古時效、長期時效及最長期時效三種；至德帝之非常時效，並無取得所有權之效力，占有人於時效期間完成後，祇得以時效對抗原所有人，而法律不承認其占有物上之權利，故不得認爲取得時效之一種也。茲分述此三種時效之條件如次：

(II)取得時效之條件

「最古時效」規定於十二表法，爲市民取得「羅馬物件」上所有權之方法，除竊盜之贓物外，凡羅馬物件中之融通物，羅馬人均得占有之；且占有動產時，於一年後卽取得其所有權，占有不動產時，則於二年後取得其所有權，最初並無嚴格之條件也。但至共和末年，時效發生取得所有權之效力，必占有有正當原因並出於善意而後可，且用暴力占有之物件，亦與竊盜之贓物同，不得爲占有之標的。自帝政以還，不得適用取得時效之物件，漸多於前，而時效之條件，亦略有變更；但除優帝將取得動產之時效改爲三年外，最古時效之占有期間，並未有何變更也。沿革至優帝時代，最古時效之條件，則有五種：(一)正當名義，(二)善意，(三)占有之繼續，(四)占有須經過法定期間，(五)標的須爲可以適用時效之物件；此外，「長期時效」與「最古時效」，總稱之曰「普通時效」，殆所以區別「非常時效」者。長期時效與最古時效兩種，除法定占有期間有長短之不同外，所有各種條件，則完全相同，故併合論其條件如次；至於「非常時效」或「最長期時效」，其條件極爲簡單，不可與普通時效同日而語，故另論列之。

（壹）普通時效（即最古時效與長期時效兩種）之條件

普通時效發生移轉所有權之效力，必須具備下列五種條件：

（甲）占有須有「正當名義（justus titulus）」　所謂有正當名義云者，即占有人取得標的物，係基於正當之名義，足以使其自信爲該物之所有人之謂也。如以買賣、贈與等名義而占有者，固皆視爲有正當名義，因其他行爲而占有標的物時，則以有移轉所有權之效力者爲限，視爲占有之正當名義；「引渡」雖有移轉所有權之方法之一種，而有時祇移轉占有或持有而已，故引渡之本身，不得視爲占有之正當名義。他如使用借貸寄託等行爲，不發生移轉所有權之效力，故亦不得視爲占有之正當名義，而適用時效之規定也。至於是項正當名義，以存在於占有人之主觀意思爲已足，抑須有客觀之存在，實爲法律進步時期之重要爭點。優帝乃折衷其說，而爲之言曰：原則上，正當名義須有客觀之存在；但占有人因誤會有正當名義而占有標的物時，如有明確之事實足以證明其誤會爲有理由者，其占有亦視爲有正當名義，是爲例外。例如：甲委託乙買田百畝，乙則將其託代交付之價金收下，消費於他項用途，甲誤信其價金已付，而以買主之名義占有該田，苟代理人乙承認經過之情形，並證明甲之誤會，則甲之占有仍視爲有正當名義，並得依時效之規定而取得該田之所有權也。

（乙）占有須出於善意（bona fides）　占有人確信某物爲本人所有而占有之者，謂之善意占有。如讓與人本非讓與物之所有人，或本無出讓其所有物之能力，而受讓人明知其讓與行爲爲無效而受讓者，即不得視爲確信其爲受讓物之所有人；反之，如誤信讓與人爲眞實之所有人，或誤信其有出讓所有物之能力，是對於事實有所錯誤故受讓人占有其受讓物，仍視爲出於善意但占有人不得因法律上之錯誤而主張其占有係出於善意，蓋立法者推定人民均明瞭法律故也。善意與正當名義兩者有相聯之關係，而正當名義，更每爲善意之原因，如因買賣贈與等行爲，而確信其爲所有人是也。但善意爲心素正當名義則爲體素，此兩者雖有相聯之關係，而未必同時具備；例如明知標的物爲竊盜之贓物而買受之者，則具備正當名義而缺乏之善意矣。占有之善意，以存在於開始占有時爲已足，占有開始後，雖察覺其過去之錯誤，亦不視爲時效之障礙也。然於此有一問題焉，由他人代爲占有時，其占有之善意，應於本人方面存在耶？抑應於代理人方面存在耶？曰，原則上，是項善意，應存在於占有人本人方面，但代理之範圍，如爲一般代理，而非特定代理時，代理人之開始占有，被代理人每茫然不知，故以代理人具有善意爲已足，而占有人本人方面，不必有善意之存在。但此例外之援用，以占有人本人並無惡意者爲限，例如本人明知某物爲竊盜之贓物，而聽憑其代理人代買者，則雖代理人方面具有占有之善意，而占有人本人方面確有惡意之存在，故不得援用時效之規定，而取得該物之所有權也。

（丙）占有之繼續　因時效而取得占有物之所有權者，必繼續占有其標的物至時效期間完成以後而後可，故時效中斷及時效中止，均於此所應研究之問題也。於法定期間未完成以前，因占有人喪失其占有，或因原所有人對其占有表示異意，致過去之占有不生時效之效力者，謂之時效中斷。時效中斷後，占有人重行占有，則自重行占有之日起，計算新時效之期間，而不得連同過去之時效合併計算；且新時效開始時，仍須具備善意，正當名義等時效之條件焉。因占有人喪失占有而中斷時效者，曰自然中斷，縱喪失之時間，祇爲一日，亦以喪失占有論也。因原所有人表示異意而中斷時效者，則曰法定中斷；關於法定中斷，羅馬古法乏明文之規定，但依錫賽旒（Ciseron）氏之著述，則占有物爲不動產時，原所有人得於占有物上折斷樹枝，以爲主張所有權之表示，而中斷占有之時效也。或謂原所有人向占有人起訴請求返還占有物時，長期時效卽因之中斷；至優帝時代，則「最古時效」及「長期時效」二者，均因原所有人之起訴而中斷之矣。

時效之期間，因法定事項之到來而停止計算者，謂之時效中止。時效中止後，如中止之原因已不存在，則占有人繼續占有時，前後之時效期間，得合併而計算之。以言時效中止之原因，可大別爲二：（一）占有物易主，而轉屬於法律所優待之人者，如未成年人取得占有物之所有權等是；（二）發生重大之障礙，致原所有人不能主張權利者。此兩種事實發生時，時效卽因以中止，但一俟其不復存在，則過去之時效，仍繼續前進，故時效中止與時效中斷，有重大之區別也。

（丁）占有須經過法定之期間 優帝以前之時效期間，依十二表法之規定，關於動產者，定爲一年，關於不動產者，定爲二年；依大官法之規定，不論標的物爲動產或不動產，均定爲十年或二十年，以當事人是否居住同一省份爲標準。依十二表法規定之時效期間而取得者，爲「市民法上之所有權」，依大官法之時效期間而取得者，則爲「大官法上之所有權」。至優帝時，「羅馬物件」與「州縣土地」之區別，及兩種所有權之區別，均被廢除，取得動產所有權之時效期間，定爲三年，取得不動產所有權者，則定爲十年或二十年；而此十年或二十年期間上之區別，則仍做大官法之規定，以當事人是否居住同一省份爲標準也。

時效之期間，不必由同一占有人完成之；質言之，占有人得移轉其占有於他人，由該他人繼續占有，並連同原占有人所已經過之期間合併計算之也。但因占有之移轉，係以概括之財產爲標的，或以個別之物件爲標的，而發生不同之效力焉：占有人將概括之財產移轉於他人時，該他人得繼續其已經過之時效期間，謂之「時效之繼續（successio in usucapionem）」，例如普通繼承人除繼承財產外，在法律上，視爲繼承被繼承人之「人格」，故事實上占有雖經移轉，而移轉時繼承人無須具備善意之條件，苟被繼承人開始占有時，具有善意之條件，即可自其占有伊始，計算時效之期間矣；反之，占有人將個別之財產，移轉於他人時，是於移轉之際，成立新占有，故謂之「占有之集合（accessio possessionis）」，例如占有人甲將占有物個別出賣或遺贈與乙，則原占有人甲之占有與新占有人乙之占有，視爲各別之占有，故必甲乙雙方均有善意，始能合併計算雙方占有中所經過之時效期間：甲方於開始占有時，雖有善意，苟乙方於移轉之際，缺乏善意，則不得繼續甲方占有中經過之時效期間，另一方面，如甲方缺乏善意，則雖乙方具備善意，亦祇得自乙方開始占有時起，計算時效之期間也。

（戊）占有之標的物，須爲可以適用時效之物件　原則上，凡得爲私人財產之融通物，均可適用時效之規定，但融通物中，亦有因特殊情形，而不得援用時效移轉其所有權者也。至物件之所以不能適用時效者，或因其內部含有瑕疵，或因其所有人受國家特殊之待遇：屬於前者，共有三種：（一）竊盜之贓物，（二）用暴力強占之物，（三）法律禁止處分之物，如訟爭之標的物，意大利土地上之「嫁資」等是；屬於後者，則有下列四種：（1）國家之所有物，（2）皇帝之所有物，（3）未成年人、「精神病人」及其他無行爲能力人之所有物，

本论

（4）教會及慈善團體之所有物竊盜之贓物，不特盜賊本人不得占有而因時效取得其所有權，卽移轉於他人時，亦不得適用時效之規定；蓋必轉入原所有人之掌握中而未經其認爲本人之所有物時，始得爲時效上占有之標的也。贓物之不得適用時效，爲十二表法所規定；至羅馬建國後第六世紀，用暴力強占之物，亦視爲與贓物有同樣之瑕疵，而受同樣之限制。至所謂受國家特殊之待遇者，其所有物之不得適用時效，則自帝政時代始也。再優帝以前之「最古時效，」於「州縣土地，」不適用之，此亦最古時效與「長期時效，」關於標的物之不同點而由優帝廢除之者。

（貳）非常時效（卽最長期時效）之條件

德爾道細語斯二世帝時之「非常消滅時效，」卽無須具備「普通時效」之各種條件，而於三十年後消滅訴權之時效也。以其與其他時效有別，故名「非常時效；」其法定期間最長，故亦名「最長期時效。」優帝採用之，以爲取得物權之方法，是爲「非常取得時效，」於任何物件，均適用之。其唯一之條件，厥爲占有人之善意而已，卽正當原因，亦不須具備，殆既經過三十年之久，正當原因之存在，實不易證明耳。再動產及不動產之取得，均以三十年爲時效之期間，而無長短之區別也。

第二目 「分配裁判(adjudicatio)」

以法官之創設判決，爲移轉所有權之方法者，謂之「分配裁判。」一般裁判之效力，祇在確認訴訟當事人之既得權利，當事人之一方勝訴時，祇因法官之裁判而得行使其已有之權利而已，非因法官之裁判而取得若何新權利者，故普通裁判，不得視爲移轉所有權之方法。但「分配裁判」廢除當事人間既存之共有關係，而創設獨立之所有權，故與普通裁判之性質有別，而視爲移轉所有權之方法也。分配裁判限於下列三種訴訟得適用之，即：（一）「分析共有財產之訴(actio communi dividundo)」，（二）「分析繼承財產之訴(actio familiae erciscundae 或譯作分析家產之訴）」，（三）「劃定界址之訴(actio finium regundorum)」是也。前兩種訴訟，以分析爲目的，法官爲避免糾紛計，亦必爲分析之裁判，故此等訴訟每發生移轉所有權之結果；第三種訴訟中，法官之職權，祇在探求實在之界址，苟舊有之界址而適當也，自無移轉之必要，故「劃定界址之訴」未必有移轉所有權之結果也。以言分配之方法，則有三種：（一）各當事人按其應有部分比例平均分受標的物者，是爲「自然分配」；（二）由當事人之一方取得標的物，並就他方之應有部分給付相當之代價者，是爲歸併；（三）各當事人不依比例分受標的物，而由取得過量之一方對他方給付相當之代價者，則謂之「給價分配」。因分配裁判而取得之所有權，更因裁判之情形不同，而異其價值。因分配裁判而取得「市民法上之所有權」，須具備三種條件：（1）爲裁判之法官須爲羅馬之市民，其裁判機關須在羅馬或爲羅馬直接管轄之法院；（2）訴訟當事人須爲羅馬市民；（3）其係爭物須爲「羅馬物件」，此等條件，三者或缺其一，則取得之所有權，祇爲「大官法上之所有權」而已。蓋具備上述三種條件，始得稱爲「合法訴訟(judicium legitima)」耳。

第三目　因法律之規定而取得之所有權

所有權中，亦有以法律之規定爲取得之方法者；其重要者，則有五種，茲分述之如次：

（一）「直接遺贈」 直接遺贈（註）於遺贈人之繼承開始時，即發生效力，而受遺贈人亦即於此時取得遺贈物上之所有權，無須使用其他方法，故直接遺贈，亦爲傳來取得之方法之一種也。

（註）詳第五編第四章第三節第三款。

（二）海關之沒收 帝政時代，凡海關依法沒收物件者，其所有權，即因沒收之行爲而移轉於國庫，而不必使用移轉所有權之其他方法。

（三）房產共有人間修葺費用之受償 依西曆紀元後第二世紀，馬而古斯帝（Marcus Aurelius）時代之法律，房產共有人之一方，出資修理共有之房產者，如其他共有人不於四個月內付清其所應擔負之修理費用及其利息，則出資修理之共有人，即就未付費用者所有之共有部分，取得其所有權，以爲受償代墊費用之方法，是項所有權之移轉，更無舉行任何方式之必要矣。

（四）所有物之奪回 依德爾道細語斯二世帝之規定，所有物被他人持有時，祇得依法訴追，若使用暴力直接向持有人奪回其所有物，則該物所有權，即無償移轉於該持有人矣；夫此殆亦使用暴力者私法上所受之制裁也歟。

（五）閑地之耕種 依德爾道細語斯二世帝之另一規定，凡應納賦稅之土地，其所有人任其荒蕪，不事耕作時，他人得耕種之；如該所有人放棄權利經過二年之期間，則耕種是項閑地之他人，即無償取得其所有權也。

在上述五種情形之下，所有權之移轉，均以法律之規定爲根據。其移轉也，不以原所有人之同意爲條件，但所有權移轉以前標的物上已有之負擔，如土地之供役等，亦移轉之。故因法律之規定而取得之所有權，與因「取得時效」及「分配裁判」而取得者同爲強迫傳來取得之所有權也。

第五節　所有權之保護

所有權除受「占有狀令(interdictum possessionis)」之保護外，更有其他比較重要之效力，卽所有人得提起關於所有權本身之訴以保護之也。但羅馬法上之所有權，在優帝以前，既有四種等級，各種所有權之保護方法，亦各異其趣，茲分別論述如後。

第一款　各種所有權保護方法上之區別

（I）「市民法上之所有權」　保護是項所有權之訴權，其最重要者共有兩種：卽（一）「返還所有物之訴(actio rei vindicatio)」（二）「禁止妨害之訴(actio negatoria)」是也。前者於所有物被他人攫奪時提起之，以原物之返還爲目的；後者則於他人妨害所有權之行使時提起之，而以禁止他人之妨害爲目的者。此外，仍有「竊盜之訴(actio furti et furtiva)」及「侵害財產之訴(actio damnum injuria datum)」兩者，抑亦保護市民法上之所有權之次要方法也。

（II）「大官法上之所有權」　大官法上之所有權，乃裁判官所創設，而爲市民法所不承認者，故原則上，不受市民法之保護。羅馬裁判官中有普保利斯（Publicius）者，創設一種訴權，以保護大官法上之所有權，名曰「普保利斯之訴（actio Publiciana）」。是項所有權，最初祇受此訴權之保護而已；嗣後市民法上保護所有權之兩種訴權，亦漸擴張其適用之範圍，而有時亦用以保護大官法上之所有權矣。至於「竊盜之訴」及「侵害財產之訴」關於大官法上之所有權亦適用之；另一方面普保利斯之訴亦得用以保護市民法上之所有權也。

（III）「州縣土地所有權」 就原則言，「州縣土地」乃意大利土地以外之外省土地，既非「羅馬物件」，故不受「返還所有物之訴」及「禁止妨害之訴」之保護；其所有人既不得於時效完成後取得市民法上之所有權，故亦不受「普保利斯之訴」之保護。迨至後世，凡州縣土地之善意所有人，亦得提起普保利斯之訴，禁止妨害之訴，及侵害財產之訴；但州縣土地所有人援用此等訴權時，所應經過之程序，則微有差別耳。

（IV）「外國人之所有權」 在羅馬古代或法律進步時期，外國人既不受市民法之保護，自不得行使羅馬人之訴權；縱所有物被竊，不得提起「竊盜之訴」，所有物被人毀損，致蒙受損失時，亦不得提起侵害財產之訴也。但至後世，寄居羅馬之外國人，得擬制羅馬市民之身分，用擬制之方式，提起竊盜之訴及侵害財產之訴，以保護其所有權。繼而，市民法所規定之返還所有物之訴及禁止妨害之訴，外國人亦得援用之矣。然在優帝以前，外國人提起返還所有物之訴，主張所有權時，不得依照普通之方式，故不得自稱「市民法上之所有人(dominus ex jura quiritium)」；舉行方式時，必須刪除「市民法上(ex jura quiritium)」數字，而簡稱所有人焉。但外國人擬制羅馬市民之身分，以提起返還所有物之訴者，不在此限。

第二款　保護所有權之重要訴權

各種所有權各有其不同保護之方法，已如上述；保護所有權之訴權，雖有多種，就其重要者言之，祇有三種：（一）「返還所有物之訴」，（二）「禁止妨害之訴」，（三）「普保利斯之訴」，茲分三目論述如次。

第一目　「返還所有物之訴」

（I）返還所有物之訴之意義及其適用之範圍。

是項訴權，為「對物訴權」，所有人用以請求返還其被他人非法占有之所有物者也。基此定義，則是項訴權之標的物，以有體物為限，且請求返還之物件，須具備兩種條件：（1）標的物須經個別指定；（2）標的物，須有獨立之存在，例如標的物與他物附合時，須先提起「提出原物之訴（actio ad exhibendum）」，請求分解各物後，始得請求返還其所有物也。

返還所有物之訴，不必對真實之占有人提起之，凡持有該物之第三人，均得為是項訴訟之被告。返還所有物之訴，向持有標的物之第三人提起時，該持有人得舉出占有人，以脫訴訟之漩渦，而由占有人本人處被告之地位也。在特殊情形之下，「假想占有人（fictus possessor）」（從未占有或持有之第三人及已喪失占有之占有人）亦得列為被告，例如第三人與惡意占有人串通，出而使用詐術主張權利，以躭誤訴訟之進行，而使惡意占有人有處分占有物之時日者，使用詐術之第三人，曰「假想占有人」，雖非占有人或持有人，亦得為訴訟之被告。再惡意占有人，因恐所有人向之訴追，而為湮滅證據計，將占有物出賣於他處或自行消費者，亦曰假想占有人，該惡意占有人雖不復占有，亦得爲訴訟之被告；但善意占有人，已以善意處分占有物時，卽不得爲訴訟之被告，質言之，所有人不得對之提起返還所有物之訴，請求其履行非法占有人之義務也。

（II）返還所有物之訴之效力。

原告勝訴時，是項訴權，發生兩種效果，（一）原告被認爲標的物之所有人，（二）被告須將標的物及其從物返還原告。至法律進步時期，除原告堅決請求返還其所有物外，法官得判令被告給付金錢以代替之；而是項金錢之數額，則每高於標的物之價值也。被告返還原物時，應連同從物交付之；從物中之最重要而最普通者，首推孳息，至於應行返還之孳息，則以訴訟開始後取得者爲限也。訴訟開始前取得之孳息，是否亦應返還，以占有人之占有出於善意或出於惡意爲標準。在法律進步時期，善意占有人對於訴訟開始前取得之孳息，無返還之義務。依東羅馬帝國之法律，於訴訟開始前取得孳息者，至爭訟時期如有存餘，則占有雖屬善意，亦應就其現存部分，返還之也；但占有人如屬惡意，占有中取得之孳息，應全部返還之，且應負損害賠償之責，例如惡意占有人取得之孳息，祇值百元，所有人如證明其本人可以取得之孳息，將達一百二十元，則惡意占有人除返還實收之孳息百元外，應賠償二十元之損害，合成一百二十元之數目也。至訴訟開始後取得之孳息，無論占有人爲善意或惡意，均應全部返還原告，蓋占有雖出於善意，既發生訴訟，則占有人對其權利，亦應有懷疑之態度，故不得主張善意，規避其返還孳息之責任也。

（III）標的物滅失或毀損時，原告所得享受之權利。

返還所有物之訴之效力已如上述；但其效力之實現，以原物存在時爲限，然則標的物滅失或毀損時，原告之權利，又將何如耶？曰原告之權利，因被告方面占有情形之不同，而不一其致，茲分述之如次：

（1）如被告爲善意占有人，則標的物在訴訟開始前滅失或毀損者，雖有重過失，亦不負責。訴訟一經開始，則被告應盡「善良管理人之注意」，保管標的物，如有滅失或毀損情事，並應負其責任，但是項情形因意外事件而發生者，不在此限。總之，返還所有物之訴，不得使善意占有人因善意之占有而蒙受損失，惟在訴訟開始前因占有物之滅失或毀損而享受利益者，亦應於所受利益之限度內，返還原告；例如善意占有人甲使用乙之葡萄製酒營業，獲利百元，則葡萄所有人乙提起返還所有物之訴時，善意占有人甲，亦應返還百元之數額也。

（2）被告爲惡意占有人時，標的物之毀損滅失，縱係因其輕微過失所致，亦負損害賠償之責任。且自訴訟開始後，標的物之滅失或毀損情事，係因意外事件而發生者，惡意占有人亦應負其責任，但能證明如由所有人占有亦發生同樣之損害者，不在此限；例如被告甲惡意占有原告乙之所有物，因甲蒙水災致損及該物，如甲能證明乙亦被水災波及，並能證明假定由乙占有，仍發生同樣之損害者，被告甲即不負賠償之責，否則雖無過失，亦不得免其賠償之責任也。

（3）如被告爲「假想占有人(fictus possessor)」，則返還所有物之訴之效力，祇在判令被告對原告爲金錢給付而已；是項給付之數額，以起訴時標的物對於原告所有之主觀價值爲標準，故被告所應給付之數目，每超過標的物之客觀的眞實價值(verum rei pretium)也。再假想占有人給付代價後，如所有人發現第三人持有其所有物，仍得對該第三人提起返還所有物之訴，而該第三人雖以善意占有，亦應返還於原告焉。

（IV）訴訟進行中原告之舉證責任及被告之防禦方法。

主張權利或事實之存在者，應負舉證之責，此為羅馬法上之一般原則，在返還所有物之訴中，原告應證明者，則有兩點（一）原告本人於標的物上之所有權，（二）被告占有原告所有物之事實。關於取得所有權之證明，每依取得時效之理論證明其占有之期間及取得之正當名義；關於被告占有之事實之證明，則屬事實問題，並無一定之證明方法，如被告否認占有之事實，法官隨即宣告將占有移轉於原告，固無證明之必要，如被告並不否認占有，則其認諾亦即占有之有力證據，原告更無另行證明之必要也。

原告起訴後，被告之防禦方法，頗不一致：或為消極之否認，或為積極之主張。被告為消極之否認時，或否認原告所有權之存在，或否認本人占有之事實。被告所得提起之積極主張，基於物權者有之，基於債權者亦有之；完全推翻原告之訴者有之，減少原告之訴之效力者亦有之；具體言之，可分下列三種：（一）被告基於物權之積極主張，如證明永佃權、質權或用益權之存在，主張本人有占有原告所有物之權利，以對抗其返還之請求等是；（二）其基於債權之積極主張，如提起「詐欺之抗辯(exceptio doli)」等是；至「引渡出賣物之抗辯」限於大官法上之所有人得提起之。大官法上之所有權之意義，已詳述於前，即買賣要式移轉物時，未用「曼兮怕蓄」之方式，而祇用「引渡」之方式以移轉之者，在時效完成以前，買受人對於該物，祇有「大官法上之所有權」，而無「市民法上之所有權」也。是項買受人之所有權，既不受市民法之保護，故出賣人每於出賣後及時效完成以前，出而主張所有權，請求返還其已出賣之物件；裁判官認爲於理不合，乃規定所謂引渡出賣物之抗辯，以保護是項買受人之權利。是項抗辯，對於出賣人之繼承人，及依曼兮怕蓄移轉方式而取得該物所有權之善意第三人，均得提起之。迨優帝廢除市民法上之所有權與大官法上之所有權之區別，則保護大官法上所有人之抗辯，本已失其作用，但出賣他人所有物者，取得該物之所有權時，買受人亦得對之援用引渡出賣物之抗辯也。例如：甲將乙之所有物出賣與丙，嗣因繼承乙之財產，甲復取得其出賣物之所有權，如甲向丙提起返還所有物之訴，則丙可提起引渡出賣物之抗辯，以反對其請求也。（三）除爲上述兩種主張外，被告更得以債權爲根據，提起積極之主張，以減少原告之訴之效力，是項積極之主張爲何？曰：即被告提起抗辯，主張於債之關係未解決前，保存其握有，而對於原告之所有物行使留置權（jus retentionis）是也。是項抗辯權所由發生之情形，不一而足，其最普通者，則有下列兩種：即（子）被告未受原告之委託，代爲保管其所有物，而依無因管理（negatorium gestio）之規定，主張管理人之權利者，如請求返還代付之費用等是；（丑）因被告曾對占有物加以改良，而請求返還支付之費用（impenses）者，如提起返還費用之抗辯是也。在第一項情形中，被告代付之保管費用，未必係因占有而支付者，與第二項之費用有別，如依無因管理之規定，被告得請求代付之費用，或應有之酬金，則在原告未履行其所有人之義務前，被告得行使管理人之權利，留置其保管之物件；在第二項情形中，被告支出之費用，不得完全請求返還，須視其費用之性質而定之：如爲必要費用，則占有人除係盜取占有物者外，均得請求返還之；如爲有益費用，則善意占有人，僅於占有物增加價值之限度內，得請求返還之；如爲奢侈費用，雖善意占有人，亦無請求返還之權；但無論何種占有人，對於各種改良物，於不毀損占有物之限度內均有「拆除權（jus tollendi）」「雖盜取占有物者，亦得拆除其添置之物件也。至於費用之有時間性者，如肥料、賦稅、動物之餵料等項，得享受孳息之占有人，無請求返還之權，蓋以此等費用應視爲享受利益之相對負擔耳。

第二目 「禁止妨害之訴」

「禁止妨害之訴」爲「對物訴權」之一種，所有人於他人妨害其所有權之行使時提起之，以禁止其妨害者也。其目的爲妨害行爲之禁止，故名「禁止之訴」。所謂妨害所有權之行使者，其妨害之程度無一定之標準，例如甲堅決主張經過乙之土地，亦卽爲妨害所有權之行爲也。

原則上，禁止妨害之訴，限於市民法上之所有人得提起之。嗣後，其他所有人亦得援用之；且所有人以外之人，如用益權人、永佃權人，亦得提起禁止妨害之訴，以其雖非所有人，而他人之妨害行爲，將損及其利益故也。其利益基於物權之關係者，如用益權人、永佃權人，於他人妨害其權利之行使時，得直接提起禁止妨害之訴。但其利益基於債權之關係者，如承租人，不得直接提起之，祇得請求承 物之所有人提起之；如所有人不願起訴，以保護其權利，則承租人得對之提起「承租人之訴（actio conducti）」，以要挾其提起禁止妨害之訴也。

得爲原告之人已如上述，另一方面，凡妨害物權之行使者，均得列爲被告。原告所應證明者，共有兩點：（一）所有權之存在，（二）被告妨害其所有權之行使之事實。如被告主張物權或債權之存在，以爲原告所謂妨害行爲之根據者，則由被告負擧證之責任。以言禁止妨害之訴之目的，則有下列三種：

（１）法官對於被告爲無權之宣告，

（２）由妨害行爲所生之損害之賠償，

（３）現在及將來妨害行爲之禁止，於必要時法官得判令被告提供「不再妨害之保證（cautio de non amplius turbando)」使原告可無再受妨害之虞也。

第三目　「普保利斯之訴(actio Publiciana)」

要式移轉物上所有權之移轉，須具備要式移轉之方式等條件，已如上述，如以引渡之方式授受要式移轉物，則受物人祇取得大官法上之所有人之權利，必於時效完成後，始取得市民法上之所有權。時效未完成以前，有人提起「返還所有物之訴」時，雖得提起「引渡出賣物之抗辯」，然是項所有人，不得對他人起訴以保護其所有權，其所有物自難免有被人攫奪侵害之危險，故裁判官普保利斯，以取得時效爲基礎，依據「引渡出賣物之抗辯」擬制一種特別訴權以保護之，是爲「普保利斯之訴」。在時效未完成以前，既無市民法上之所有權，本不得援用時效之規定，行使所有人之權利，但此爲補救缺陷之特別辦法，時效雖未完成，而假想其已經完成，故起訴時，不必具備關於取得時效之占有期間之條件也。嗣後，除大官法上之所有人外，凡占有人未滿時效之期間者，苟具備取得時效之其他條件，均得提起普保利斯之訴，以收回占有物，或排除占有之障礙矣。

提起普保利斯之訴時所應具備之條件，除占有期間外，其他條件，均與取得時效之條件同，即（１）善意，（２）正當名義，（３）可以適用時效之標的物，（４）占有繼續是也。但關於善意之條件，是項訴權與取得時效，亦有不同之點：在取得時效中，以占有開始時，占有人具有善意爲已足；提起普保利斯之訴，則須於爲買賣行爲時，及引渡物件時，兩種不同之時間，均具備善意之條件也。

普保利斯之訴，與返還所有物之訴，法理上各有其不同之基礎，卽後者以所有權爲基礎，前者則以取得時效之事實爲基礎，故其效力有別也。普保利斯之訴之效力，厥爲下列兩種：（一）使原告被認爲時效進行中之占有人(possessor ad usucapionem)，（二）使被告將標的物連同其從物返還原告；此第二項效力則與返還所有物之訴完全相同者也。

以言被告之防禦方法，亦不一致，可依不同之情形而分爲下列兩種。第一，如被告爲市民法上之所有人，則得提起「所有權之抗辯(exceptio domini)」，例如：甲將其要式移轉物用引渡之方式出賣與乙，則在時效完成前，乙爲大官法上之所有人，而甲則依然市民法上之所有人也，如甲用引渡方式出賣與乙，再用「曼兮怕蓄」方式再度出賣與丙，則依市民法，甲雖非所有人，而丙亦所有人也；在此情形之下，乙對甲或丙之抗辯，得提起「引渡出賣物之反抗辯(replicatio rei venditae et traditae)」以攻擊之也。第二，如被告與原告同爲「時效進行中之占有人」，則得提起「善意占有之抗辯(exceptio bona fidae possessionis)」，例如：甲用引渡方式，將要式移轉物出賣與乙後，再度用引渡方式出賣與丙，則丙與乙對其買受物，實處於同等之地位，但乙之占有期間，如長於丙，則乙終佔優勢也。

第六節　所有權之消滅

就所有權之性質言本爲永久存在之權利，然所有權，亦得因標的物之消滅而歸消滅，甚至於標的物現存之際而消滅焉。故所有權之消滅可分兩種：（甲）所有權與標的物同時消滅者，（乙）所有權單獨消滅者，茲分述如次：

（甲）所有權與標的物同時消滅者　於下列兩種情形之下，所有權與標的物同時消滅：其一，標的物本身有消滅之事實者；其二，依法律之規定，標的物視爲消滅者。第一項情形因某種事實或所有人或第三人之行爲，致標的物喪失原有之個性時，發生之；例如奴隸動物之死亡，房產之焚燬，動產因他人加工而喪失原形，從物因與他物附合而喪失其獨立性等是。第二項情形，因法律之規定，致標的物不得爲羅馬所有權之標的時，發生之；例如所有物之被敵人掠奪，奴隸之被解放，物件之移供神用等是。

（乙）所有權單獨消滅者　於買賣行爲，及其他傳來取得之方法中，雖原所有人喪失其所有權，而標的物存在如故，並得由他人取得其所有權；事實上，祇可謂爲所有權之移轉，而在羅馬法，則亦曰所有權之消滅也。但他人未取得其所有權時，所有權，於標的物現存之際而消滅者，亦有之，如所有物之委棄，野獸之恢復自然生活，馴獸之忘卻返還原處等是。

所有權雖經消滅，如能再度取得其從未滅失之標的物本質，其所有人自得對之取得新所有權也。最複雜之問題，卽依羅馬法之規定，該標的物上之所有權，消滅後可否恢復是也。根據一般學說，羅馬法上之所有權，在下列三種情形之下，可以恢復焉：

（一）依據「復境權(postliminium)」之理論，凡羅馬人之所有物，被敵人掠奪致喪失其所有權者，該物再到羅馬時，其所有權視爲恢復，但適用是項規定之物件之範圍，學者不一其說。賴倍耳(Labeo)謂限於少數物件，如不動產及動產中之奴隸、騾馬、船艘等，由羅馬軍隊奪回時，不歸國家或軍隊所有而分給其原所有人。朋保牛斯(Pomponius)則謂一切物件均適用是項規定；質言之，在此情形之下，各種物件之所有權，均得恢復也。他如羅馬人之奴隸，由其他羅馬人從敵國買回，而取得其所有權者，原所有人得給付新所有人之買價，收回其奴隸，抑亦所有權可以恢復之理論之結果也。

（二）因所有物與他物附合而喪失其獨立性，致所有權歸於消滅者，該物離開該他物而恢復其獨立性時，所有人得恢復其已經消滅之所有權；但此祇爲一部分註釋學家之理論耳。

（三）依優帝之理論，凡所有人處分其所有物，附有終期或解除條件者，終期到來或條件完成時，前所有人卽取得其已經處分之所有物。但法律進步時期之理論，則大異其趣，如提奧克來借女斯帝謂所有權之移轉，不得附有終期並主張終期到來或解除條件完成時，新所有人並不因此喪失其所有權也。

本章参考書記要

Georges Cornil, Ancien droit romain p. 57-59, 63, 66, 68; J. Cornil, Possession dans le droit romain p. 3, 4, 6, 8, 13, 16, 19, 44, 67, 70, 76, 119-122, 207, 218, 219, 249, 251, 261-266, 353

354, 359, 364, 368, 393, 394, 404, 408, 421, 428; J. Decloreuil, Rome et l'organisation du droi p. 176–179, 182, 183, 197–200, 389; M.-J. Cornil, Droit romain p. 75–86, 89–98, 121–136; T. C. Sandars, The Institutes of Justinian p. lii, 92, 99, 104, 115, 124, 137, 387, 408, 435, 451, 494, 502; 黄右昌,羅馬法與現代 p. 251–269; P. F. Girard, Manuel élémentaire de droit romain p. 261, 264–271, 289–362; Gaston May, Eléments de droit romain p. 194–232; F. Marckelden, Manuel de droit romain p. 136–151; Charles Maynz, Eléments de droit romain p. 430–515, (Tome I); Charles Demangeat, Cours élémentaire de droit romain p. 431–477 (Tome I); Accarias, Précis de droit romain p. 510–532, 553–661 (Tome I); Paul Collinet, Etudes historiques sur le droit de Justinien p. 174–176, 222–270 (Tome I); Ruben de Couder, Résumé de répétitions écrites de droit romain p. 151–163, 175–185; Edouard Cuq, Les institutions juridiques des Romains p. 244–278, 502–517; René Foignet, Manuel élémentaire de droit romain p. 100–102; W. W. Buckland, The main institutions of roman private law p. 93–104, 113–142; R. W. Leage, Roman private law p. 123–146, 164, 168; R. W. Lee, Introduction to Roman-Dutch law p. 120–156: Ch. Appleton, Histoire de la propriété prétorienne et de l'action publicienne p. 23, 41, 52–56, 60; Beaudouin, La limitation des fonds de terre p. 32–34, 61–64, 74; J. Brissaud, Le régime de la terre dans la société étatiste du Bas-Empire p. 53-56, 62, 67, 82; J. Cornil, Etude sur la publicité de la propriété en droit romain p. 32, 43, 75; J. Ortolan, Explication historique des Institutions de l'empereur Justinien p. 337-357; Eugène Henriot, Mœurs jnridiques et judiciaires de l'ancienne Rome p. 372-375, 377-400 (Tome I); J. Declareuil, Rome the law-giver p. 158-165; Rudolph Sohm, Institutes of Roman law p. 309-328.

第三章 地上權(Superficies)

長期或永久享益及使用在他人土地上設置之建築物之權利，而以向土地所有人給付代價爲相對之條件者，謂之地上權。地上權制度導源於羅馬行政上之措施，蓋國有土地上每有由人民建築房舍者。依羅馬法之原則，土地之於建築物，前者爲主物，後者爲從物，建築物應屬於土地之所有人。故人民在公地上建築之房舍，亦連同土地歸國家所有，國家復將各該房舍轉給人民使用收益，以給付租金爲相對之條件；爲適應需要計，賦予人民以長期或永久使用收益之權，甚至人民得自由處分是項權利，或由其繼承人繼承之焉。繼而市府援用此制，將土地長期租與人民建築房舍；行之既久，一般私人亦有援用此制之習慣，遂形成私法上之地上權矣。

地上權之設定，得以契約或遺囑行之。地上權人對其建築物有極度之權利；出租之，典質之，或就之設定地役，土地所有人均不得加以干涉。地上權人甚至有出讓或由他人繼承之權。但我國民法第八百三十八條，及瑞士民法第七百七十九條之規定，則契約另有訂定或另有習慣時，地上權人並不得完全行使上述各項權利也。以言土地所有人，則除保存土地之處分權及租金之請求權兩種權利外，在地上權存續期間，就其土地不得行使其他權利。至地上權人之義務，共有三種：（一）享受土地上之利益，須盡善良管理人之注意；（二）對於土地所有人有給付租金之義務；（三）建築物上之修葺賦稅等費用，應由地上權人負擔之。

現代法例之地上權，皆導源於羅馬法，然今昔頗多不同之點；例如羅馬法上之地上權人，其權利，僅在使用收益他人土地上建築之房舍而已；依現代一般法例，則地上權人之權利，不僅適用於房舍，其他工作物或竹木，均適用之，如我國民法第八百三十三條，瑞士民法第六百七十五條第一項，日本民法第二百六十五條等是，此其一。再就地上權之消滅原因言，現代法例與羅馬法，亦不盡同：我國民法第八百四十一條謂：『地上權，不因工作物或竹木之滅失而消滅。』德國民法第一千零十六條，關於建築物，（德國民法規定地上權以在他人土地上有建築物者爲限）亦有同樣之規定；但在羅馬法，凡建築物滅失時，地上權即因以消滅，如欲重行建築，必須得土地所有人之許可也，此其二。

本章參考書記要

T. C. Sandars, The Institutes of Justinian p. li, 135; J. Declareuil, Rome et l'organisation du droit p. 209; J. Cornil, Possession dans le droit romain p. 320, 374–378; M.-J. Cornil, Droit romain p. 169, 170; 黄右昌，羅馬法與現代 p. 269, 270; P. F. Girard, Textes de droit romain publiés et annotés p. 832, 833: P. F. Girard, Manuel élémentaire de droit romain p. 392–395; Gaston May, Eléments de droit romain p. 272, 273; F. Marckelden, Manuel de droit romain p. 169,170; Charles Maynz, Elements de droit romain p. 566–568 (Tome I); René Foignet, Manuel élémentaire de droit romain p. 135–140; R. W. Leage, Roman private law p. 159; J.

Ortolan, Explication historique des Institutions de l'empereur Justinien p. 434,435; J. Declareuil, Rome the law-giver p. 188,189; Rudolph Sohm, Institutes of Roman law p. 348-350.

第四章 永佃權(Emphyteusis)

(I) 永佃權之意義及其沿革

長期或永久就他人之不動產極度的使用收益之權利，而以按年向地主給付租金爲代價者，謂之永佃權。永佃權，係由公法之規範而轉入私法之規範，並係由債權之性質而變爲物權之權利者也。羅馬古代之公地，凡占有之使用之者，例須向國家繳納地租。至法律進步時期，劃分公地爲國有納稅地及市有納稅地，人民使用時，應向國家或市府繳納地租，是爲「地稅(vectigal)」。人民依法受讓之稅地使用權，理論上雖得由國家或市府收回，事實上期間極長，其未經明白規定者，更視爲有永久之性質；故是項租戶，就其耕作地得提起「對物訴訟(actio in rem)」，其耕種權，且得出讓，贈與或移轉於繼承人，儼然取得物權人之地位，此永佃權制度之起源也。迨東羅馬帝國，各大地主，鑑於國家多故，賦稅繁重，依通常之租佃契約，佃農不願租田耕作，遂從佃農之請求，倣行稅地之制度，延長租約之期間，減低租金之額數，並承認其有受「占有令狀」保護及提起「對物訴訟」之權，於是永佃權，遂成私法上特別之物權矣。但直至優帝時，始將希臘永佃權之制度，及羅馬公地之租田制度，冶於一爐，而成羅馬法上永佃權之完備制度也。羅馬法上之永佃權，其適用之範圍，與我國民法第八百四十二條所稱之永佃權，及日本民法第二百七十條所稱之「永小作權」，略有不同；蓋依中日民法之規定，永佃權之目的，以在他人土地上耕作畜牧爲限，其在羅馬法，則以就他人之不動產使用收益爲目的，是項不動產，通常雖爲土地，而建築物亦包括在內也。永佃權取得之方法共有四種：（一）契約之訂定，（二）遺贈或遺囑之記載，（三）「分配裁判」即以司法機關之裁判爲取得永佃權之方法者，（四）在或種情形之下，亦得以時效爲取得永佃權之方法。因契約之訂定而取得之者，以雙方當事人同意爲已足，不以「引渡」標的物爲必要之條件。取得永佃權之第四種方法，係少數學者臆斷之者，羅馬法並無因時效取得是項物權之規定也。

（II）永佃權人之權利

永佃權人之權利，與所有人略同，分析言之，則有下列六種：

（一）永佃權人有長期或永久使用收益之權，故其權利之範圍，廣於用益權人或一般佃農之權利。我國民法第八百四十二條規定，永佃權應有永久性，日本民法第二百七十八條則定其存續期間，至短爲二十年，最長爲五十年，則皆與羅馬法各異其趣矣。

（二）孳息與土地分離時，卽視爲永佃權人所有，與所有人無異；此外，永佃權人對於永佃地，有變更其性質用途之權能。

（三）永佃權人，有移轉權利於其繼承人之權。

（四）永佃權人，得任意處分其權利；就其權利，有爲無償行爲或有償行爲，生前行爲或死因行爲之權。

（五）永佃權人，得就永佃地設定地役，供其他土地之利益，但永佃權人設定地役時，永佃地供役之期間，不得逾越永佃權之存續期間，蓋此期間屆滿後，永佃權人應交付原地於其所有人，故不得減少其價值也。

（六）永佃權人受三種訴權之保護：（１）對於土地所有人得基於債權關係，請求供給永佃地上之使用收益權，是爲「對人訴權」。（２）對於他人得提起「基於永佃權之訴（actio emphyteticaria）」請求返還永佃地；提起是項訴訟時，須證明永佃權之存在及土地所有人之所有權，則訴訟進行每感困難，故後世亦許永佃權人提起「普保利斯之訴」也。再永佃權人於第三者就永佃地主張役權時，更得提起「禁止妨害之訴」以抵禦之。（３）永佃權人爲法定占有人，故亦受「占有令狀」之保護也。

（III）永佃權人之義務

綜上所述，永佃權人之權利幾與所有人之權利相埒矣。然永佃權人，亦有相當之義務，其最重要者亦有六項；茲分述如次：

（子）就永佃地使用收益時，須盡善良管理人之注意；改良永佃地或變更其用途時，不得減少其原有之價值。

（丑）須按期向土地所有人給付租金（pensio 或 cano）。永佃權人至多不得積欠三年之租金，縱因不可抗力致其收益減少或全無收益，亦不得請求減少租金或免除之。日本民法第二百七十四條，與羅馬法有同樣之規定。反之，我國民法第八百四十四條則謂：『永佃權人因不可抗力致其收益減少或全無者，得請求減少或免除佃租。』殆亦我國民法社會主義化之一斑也。

(寅)管理收益等費用及關於永佃地之賦稅，均由永佃權人負擔；積欠賦稅，至多不得至三年以上也。

(卯)出讓永佃權時，應於兩月前通知土地所有人，否則即喪失其權利，蓋依法土地所有人有儘先收回土地之權，如與其他受讓人出同等之代價，永佃權人不得拒絕之也。

(辰)永佃權由第三人受讓時，永佃權人應就其賣價給付五十分之一與土地所有人，如將其權利贈與第三人，亦應扣除永佃地五十分之一，劃歸土地所有人。土地所有人在此兩種情形之下所享之權利，謂之「回扣(laudenium)」，但土地所有人受領「回扣」時，應與新永佃權人另立新約，而另立永佃權之關係也。

(IV)永佃權之消滅

永佃權之消滅，共有四種原因，茲分述如次：

(1)標的物實體消滅或變爲不融通物者。

(2)權利之混同，即永佃權人與土地所有人同歸一人者。

(3)他人依時效之規定而取得其權利者　至土地所有人可否援用時效而取得永佃權，界說不一，直至現在，尚成疑問焉。

(4)發生歸責於永佃權人之特定事由者　因可歸責於永佃權人之事由，致永佃權消滅者，可分下列四種：其一，永佃權人出讓權利時，不通知土地所有人者，其二，永佃權人因故意或過失致減少永佃地之價值者，其三，積欠租金至三年以上者，其四，積欠賦稅至三年以上者。學者多謂，永佃權不因永佃權人拋棄權利而歸消滅，蓋永佃權人有權利亦有義務，權利得拋棄之，而義務則不得任意拋棄耳。依此界說，必得土地所有人之同意，永佃權始得因其權利人拋棄而歸消滅也。現代法例，亦有規定永佃權之拋棄者：日本民法第二百七十五條謂：『永小作人（即永佃權人）因不可抗力繼續三年以上全不得收益，或五年以上其收益少於小作料（即租金）者，則得拋棄其權利，』殆亦本諸羅馬法之理論，而所以限制永佃權人拋棄其權利也歟？

本章參考書記要

J. Declareuil, Rome et l'organisation du droit p. 212, 394; J. Cornil, Possession dans le droit romain p. 12, 20, 65, 146, 353; T. C. Sandars, The Institutes of Justinian p. li, 134, 371; M-J. Cornil, Droit romain p. 165-168, 298; 黃右昌，羅馬法與現代 p. 283, 284; P. F. Girard, Manuel élémentaire de droit romain p. 392-395; Gaston May, Eléments de droit romain p. 272,273; F. Marckelden, Manuel de droit romain p. 166-168; Charles Maynz, Eléments de droit romain p. 559-566 (Tome I); René Foignet, Manuel élémentaire de droit romain p. 135-140; R. W. Leage, Roman private law p. 157-159; J. Ortolan, Explication historique des Institutions de l'empereur Justinien p. 434; J. Declareuil, Rome the law-giver p. 189; Rudolph Sohm, Institutes of Roman law p. 350.

第五章 役權(Servitutes)

役權云者，「他物權」之一種，以供特定人或特定地之利益爲目的，而不得由該特定人（需役人）或該特定地（需役地）分離之權利也。茲就此定義，分析言之如次：

（一）役權者物權也　役權爲物權，故役權有「追及性」，供役物易主時，不影響役權之存在，蓋供役物所有人之權利，已有限制，不得因移轉於第三者而消滅其所有權之限制或負擔也。但依日本民法第二百八十一條第一項但書，則地役權設定行爲中，有明白之規定者，地役權不隨需役地所有權而同時移轉之也。

役權爲物權，故供役物以「有體物」爲限，權利不適用之；其結果每發生相當之困難，例如甲於其土地上，設定用益權與乙，鄰地所有人丙必須經過甲之土地時，雖甲乙同意，丙亦不得在該土地取得「步行權」，以「不得就役權設定其他役權（servitus servitutis esse non potest）」故也。但供役地所有人，於不妨害已成立之役權之限度內，得就其土地設定其他役權，並無通知需役權人之必要，例如就其土地設定多數之步行權等是。

役權爲物權，故役權人祇得就供役物直接行使其權利，而供役物所有人，對之並無債權上之關係，故役權人雖得於供役物上爲某種積極行爲，或使其所有人爲消極之不行爲，然其權利，在限制供役物之效用而已，而供役地所有人無爲積極行爲之義務也。瑞士民法第七百三十條第二項謂：『供役物所有人爲積極行爲之義務，祇得視爲役權之從屬部分，而不得視爲主要之標的，』此亦與羅馬法主義不同之處，蓋依羅馬法之精神，供役物所有人固有特約而應爲積極行爲者，視爲另一債務關係，而不視爲役權之從屬部分耳。例如供役地所有人甲，對於有步行權之需役地所有人乙約定修理路徑便其行走者，則甲之修路義務，與甲之步行權，視爲個別存在，而不視爲有共同之關係也。此其理論，現代法例，多採用之。

（二）役權者，「他物權」也　役權爲他物權，其標的物應爲他人所有，故役權爲無體物，故不得於自己所有物上設定之。現代法例，多採此原則，例如我國民法第八百五十一條謂：『稱地役權者，謂以他人土地供自己土地之便宜之用之權。』他如日本民法第二百八十條，法國民法第六百三十七條，亦有同樣之規定。但瑞士民法第七百三十三條謂：『土地所有人得就其土地設定役權，以供其所有另一土地之便利之用；』法國民法第六百八十六條第一項，則有同樣之規定，是役權之標的物，不以他人所有者爲限矣。

（三）役權者以供特定人或特定地之利益爲目的之權利也　役權之目的，在供特定人或特定地之利益，故有「人役權」與地役權之分。人役權，以供特定人之利益爲目的，如「用益權」、「使用權」、「居住權」等屬之。地役權則以供特定地之利益爲目的，如「步行權」、「導水權」、「支柱權」等屬之。人役權中，除用益權仍爲現代一般法例，如瑞士、德、法、比諸國民法所採用外，使用權及居住權，惟法比民法採用之，且我國民法及日本民法，卽用益權，亦未之規定，殆東西各國之習慣，未盡同耳。至於地役權，現代法例，多有此規定，且與羅馬法，大致相同。猶有言者，供役物，旣供給特定人或特定地之利益，故人役權，除有特定之期間外，以享役人之生存期間，爲其存續期間，不得移轉其全部或一部於第三者，而需役人死亡時，人役權即當然消滅。至於地役權，供役地應供之利益，以需役地所得享受之利益爲限，亦卽限於需役地所有人得享受之以供需役地之便利，而不得移供其他土地之便利或出讓與他人也。關於此點，現代一般法例與羅馬法同。我國民法第八百五十三條謂：『地役權，不得由需役地分離而爲讓與，或爲其他權利之標的物。』日本民法第二百八十一條第二項，則有同樣之規定者也。

第一節　「人役權(servitutes personarum)」

人役權云者，特定人利用他人所有物之物權也。人役權可分四種：一曰「用益權」，二曰「使用權」，三曰「居住權」，四曰「奴隸及家畜使用權。」前兩種爲通常之人役權，後兩種則變象之使用權或用益權也。

第一款　「用益權(usufructus)」

（I）總論

用益權云者，就他人所有物使用收益，而負有保存其本質之責任之謂。用益權之制度，自羅馬古代始爲人役權中最重要之一種。追溯用益權制度之背景，在實現遺囑人處分遺產之意旨。蓋羅馬人民，每以遺囑移轉某種遺產上之使用權收益權於某甲，而保留其本質歸其他繼承人所有，沿用日久，是項權利之設定方式，已不以遺囑爲限，而類是之法律關係日多，自應有相對之法律以規範之，故根據是項習慣，創制用益權之制度，以適應社會之需要也，是項習慣現猶見諸法、比、瑞、意諸國，此歐洲各國民法所以均有用益權之規定也。我國民法，雖未明白承認用益權爲物權，而實際上亦默認類似之制度，例如我國民法第一千二百零四條謂：『以遺產之使用收益爲遺贈，而遺囑未定返還期限，並不能依遺贈之性質定其期限者，以受遺贈人之終身爲其期限。』是也。

（II）用益權標的物之條件與準用益權

基於用益權之物權性質，其標的物應爲有體物，而權利不適用之，基於用益權人保存標的物本質之責任，其標的物應爲不消費物，基於用益權爲他物權之原則，其標的物應爲他人之所有物。歸納言之，用益權之標的物，應具備三項條件：（一）須爲有體物，（二）須爲不消費物，（三）須爲他人之所有物。雖然，前兩種條件，合乎論理則合乎論理矣，見諸實行，則不無困難，例如某甲就其全部財產設定用益權，其財產所包者廣，有體物有之，無體物亦有之，消費物有之，不消費物亦有之，則是項用益權，將無成立之可能矣。至奧古斯都斯帝(Augustus)時代，爲補救此弊計，遂規定凡無體物及消費物均適用之；然較諸以有體物或不消費物爲標的物者，略有區別，故凡以無體物或消費物爲標的物者，名之曰「準用益權(quasi usufructus)」。準用益權之標的物，爲債權者，用益權人即有債權人之權利，其爲消費物者則有所有人之權利，於用益權終止時，不負返還原物之責任，故得處分之，而於用益權消滅時，交付種類、品質、數量相同之物件，或估計其價值，而於用益權消滅時爲金錢之給付也。

準用益權之標的物，本以無體物或消費物爲限，嗣凡物件經長期之使用而消滅者，亦適用之。例如毛筆、書籍，使用一次，不至消滅，使用日久，雖歸於消滅，固非消費物也，但亦得視爲消費物，故就之設定用益權而估定其價值者，亦視爲準用益權焉。至於消費物與不消費物之標準，依其個別之法律關係決定之，例如書籍依其性質，不消費物也，而出賣之書籍，就書坊主人言之，則視爲消費物，故就出賣之書籍取得用益權者，應視爲準用益權，而權利人得出賣之以達其使用收益之目的也。

（III）用益權人之權利

用益權之標的物，爲無體物或消費物時，則適用準用益權之規定，而用益權人就該標的物取得債權人或所有人之權利，前已言之。其標的物爲有體物及不消費物時，用益權人之權利有二：（一）「使用權（jus utendi）」，即依設定用益權時標的物之用途使用該標的物及其從物之權利；（二）「收益權（jus fruendi）」，即取得標的物上自然孳息及法定孳息之權利是也。用益權人對於孳息之權利，與占有人同，質言之，孳息須經收穫，方取得其所有權，非若所有人之於孳息與母物分離時即取得其所有權也。基此原則，用益權人取得房產上之孳息，須以日計算之，蓋預付之房租均推定其以日計算，用益權人之收益期間，如爲六十日，對於預付之一年房租，祇取得其三百六十五分之六十，其餘預收之部分，應返還於用益物之所有人也。至於其他孳息，如佃租及一般自然孳息，收穫後即完全取得其所有權矣。用益權，不以供用益權人個人之需要爲限，故用益權人得以用益權存續期間爲期間，租賃其用益物之全部或一部於第三人，或由第三人行使其權利之全部或一部也。羅馬法上有一原則，其言曰：「用益權不得爲讓與之標的，但用益權之行使得讓與之。」其將用益物租賃於他人者，乃用益權之行使之讓與，而非以用益權本身爲讓與之標的者也，故羅馬法不禁止之。此其原則，現代法例多援用之，如德國民法第一千零五十九條，瑞士民法第七百五十八條第一項之規定等是。用益權之標的物，如爲奴隸，則奴隸生子女時，應歸奴隸所有人所有，而用益權人不得收爲孳息，此亦羅馬法上用益權人收益之例外也。

（IV）用益物所有人之權利

用益物所有人之權利，除「處分權（jus abutendi）」外，均爲用益權所吸收，故其權利，曰「空虛所有權（nuda proprietas）」。但用益物所有人有供用益權人使用收益之義務，而無就用益物爲積極行爲之責任，且在不妨害用益權之行使之限度內，得處分其所有物，得就之設定役權，設定抵押權。反之，妨害用益權之行爲，用益物所有人，不得爲之，如設定地上權，租賃其所有物，或變更其用途等是。役權有減少用益權之效用之虞者，雖得用益權人之同意，用益物所有人亦不得設定之也。

（V）用益權人之義務

用益權人與「空虛所有人」兩者，就用益物同有物權，羅馬古法，認爲前者之用益權與後者之所有權，單獨存在，此兩者間，並無債權之關係也。依其理論，用益權人變更其用益物之本質時，用益權卽歸消滅，如侵占之，或毀損之，其所負刑法上「私犯」之責任，與他人同，故僅爲普通法之適用，而非用益權人對於空虛所有人之特別義務也。嗣後裁判官爲保護空虛所有人之利益起見，限定用益權人提供擔保，保證其於用益權存續期間盡「善良家父」之注意，及於用益權終止時返還用益權之標的物，就此兩項約定責任，用益權人，對空虛所有人爲債務人，故不盡善良家父之注意或不返還原物者，空虛所有人，除受普通法關於私犯之保護外，得對之提起損害賠償之訴。是項訴權，得移轉於其繼承人，更得對於用益權人之繼承人提起之，則其所受之保護，優厚多矣。所謂善良家父之注意者，卽對於標的物爲適當之收益與保管是已，例如房舍損壞時，應修繕之，羊羣短少時，應補足之，奴隸有殘疾者，應醫治之。原則上，用益權人應於開始行使權利前提供擔保，未供擔保者，空虛所有人更得阻止其行使權利焉。瑞士民法第七百六十條，德國民法第一千零五十一條，則規定用益權之行使有妨害空虛所有人之權利之虞者，用益權人負提供擔保之責任，蓋亦兩全之道，較諸羅馬法更進步矣。歸納言之，用益權人之義務，可分五種；茲分述如次：

（一）用益權人須提供擔保　原則上，用益權人應提供擔保，但在特殊情形之下，亦得免除其提供擔保之義務。茲所謂特殊情形者，可分下列五種：（１）國家或市府爲用益權人者，（２）「家父」就其子女或奴隸之財產取得用益權者，（３）贈與人就其贈與物保留用益權者，（４）夫就其妻之「嫁資」取得用益權者，（５）空虛所有人對於用益權人明白免除其擔保之責任者。上述數種例外，其基礎或在維持用益權人之尊嚴，或在表示空虛所有人對於用益權人之尊敬心或信任心，概皆合理之規定也。

（二）須盡「善良家父」之注意　用益權人使用標的物時，應盡善良家父之注意，如有毀損滅失，雖因其輕過失所致者，亦應負責，但因意外事件而發生者，不在此限。

（三）須保持用益物之原有用途　用益物之原有用途，用益權人不得變更。變更用途之結果，雖不致損害其標的物，或有利於標的物，亦不得爲之，故用益權人不得於用益之土地上建築房舍，或改耕作地而爲牧場也。於此有一問題焉，即就商號收益之用益權人，可以變更其營業否耶？曰，如該商號之營業，有特定之範圍，則有特別之主顧，用益權人，不得變更之；反之，如其營業並無特定之範圍，則以保持其一般之營業狀況爲已足，故對其營業之內容，用益權人得酌量變更之也。

（四）用益權人應給付用益之相對擔負　如必要之維持費、修繕費、用益物上之賦稅等，則皆用益之相對負擔也。所謂必要之費用者，不包括重大之修理費用，例如翻蓋房舍，更換樑柱等費用，則不應由用益權人負擔之也。所謂用益之相對負擔，其範圍之廣狹，依個別之事實定之，例如用益權，係就某甲之全部財產而設定者，則應給付甲所有債務之利息等是。

用益權爲物權，而負擔費用之義務，則基此物權而發生者也。故用益權人，除因過失而毀損用益物外，得拋棄用益權，免負給付費用之責任也。

（五）用益權終止時，應返還其標的物　返還原物之義務，原則上由原用益權人負擔，但其權利以用益權人之終身爲期間者，於用益權人死亡時，應由其繼承人負返還之責任。爲避免返還之困難或不可能起見，故羅馬法及現代一般法例，均規定用益權人應負提供擔保，盡善良家父之注意，保持原物之用途，及負擔修理費用等責任。瑞士民法第七百六十七條，德國民法第一千零四十五條，更規定用益權人應給付保險費用，就其用益物對火災及其他損害爲相當之保險，殆亦保護空虛所有人之辦法，而所以使原物價值之返還得以實現者也。

第二款 「使用權(usus)」

使用權云者，在供個人需要之限度內使用他人所有物之權利也。所謂供個人之需要者，指使用權人本人及其家屬之需要而言。使用權與用益權有別：用益權包括使用及收益兩種權能，而使用權之行使，則在供個人需要之限度內使用標的物而已；故關於用益權中收益之規定，於此不適用之。此兩種權利，亦有共同之點，即使用權人與用益權人同有保存標的物之本質及提供擔保之義務是已；但使用權人不得移轉其權利之全部或一部於第三人，或由第三人行使其權利，則又用益權與使用權之區別也。

使用權之標的物，如爲可供使用之物件，使用權人固得享其利益；但爲可以收益而無可使用之物件，如土地、羊羣等物，則使用權實等於虛設，而設定使用權之本意，亦無從實現。後之學者，認爲未盡合乎法理，乃規定使用權之例外，以補救之，即凡使用權之標的物，爲可以收益而無可使用之物件者，則承認使用權人於個人需要之限度內對於該標的物有收取孳息之權利是也。但使用權人所得收取之孳息，祇得供其個人及家屬之需要而已，例如對於土地或羊羣之孳息，得收取之以充裕其衣食，而不得以出賣或贈與是項孳息，爲收益之目的也。

以言標的物所有人之權利，其所受之限制極少，蓋在不妨害使用權之行使之限度內，除得爲其他處分外，更得就其所有物而使用收益也。

第三款 「居住權」與「奴隸及家畜使用權」

稱「居住權(habitatio)」者，謂居住他人房屋之權利；稱「奴隸及家畜使用權(operae servorum et animalis)」者，謂利用奴隸或家畜之工作之權。是項物權，固即變相之用益權，使用權而已。但其範圍，廣於使用權，而狹於用益權，其終止之原因亦少於上述兩種物權，故雖從此蛻化而成，實亦個別之物權也。其與用益權及使用權之區別，歸納言之共有三種：（一）用益權人或使用權人，不得處分其權利之本身，而居住權人及奴隸家畜之使用權人，則得就其權利爲有償行爲，但祇得出賣之而不得無償贈與於第三人也；（二）用益權及使用權，因不行使及權利人「人格減等」而消滅，而居住權及奴隸家畜之使用權，則不因不行使或人格減等而消滅；（三）用益權及使用權，無論其存續期間之長短，均因權利人之死亡而消滅，但奴隸家畜之使用權，則於權利人死亡時，得移轉於其繼承人也。對用益權及使用權言，前兩種區別，居住權與奴隸家畜之使用權同，最後一種，則奴隸家畜之使用權所獨有之區別也。

居住權及奴隸家畜之使用權，其權利人，均應保存其標的物之本質，故對該標的物所有人，均有提供擔保之責任，此則與用益權人及使用權人所同有之責任也。

第二節　地役權(servitutes praediorum)

第一款　地役權之意義

地役權云者，謂以供特定土地之便利爲目的，就另一特定土地所設定之物權。前者，曰需役地；後者，則曰供役地。需役地所有人，對於供役地，均有享受其土地上地役權所付予之權利；供役地所有人，對於需役地，均有承擔其土地上地役權所加之限制之義務。故需役地或供役地之所有人有變更時，不影響地役權之存在也。供役地所供之便利，應爲需役地所得直接利用之便利，而不得以直接供需役地所有人利用爲目的也。

第二款　地役權之條件

基上定義，地役權之成立須具備下列數種條件：

（一）須有兩宗土地　此兩宗土地，一爲承擔地役上義務之供役地，一爲享受地役上便利之需役地。依據羅馬法，地役權爲他物權之一種，故供役地與需役地應屬於不同之所有人。是項原則，現代法例多採用之，如法、德、日諸國民法等是。我國民法第八百五十一條謂：『稱地役權者，謂以他人土地供自己土地便宜之用之權。』其援用是項原則，則尤彰明較著者也。但瑞士民法第七百三十三條謂：『土地所有人有就其土地設定地役權，以供其所有另一土地之便利之權。』是地役權之設定，不以需役地與供役地屬於不同之所有人，爲必要之條件矣。

（二）須以直接供需役地之利用爲目的　地役權之設定，須以直接供需役地之利用爲目的；反之，土地上之負擔，以直接供人之利用爲目的者，不得視爲地役權。例如某甲在他人土地上有打獵之權利，其權利，不受關於地役權之法律之保護，以該土地上之負擔不以供「土地之利用 (fundo utilis)」爲目的故也。

（三）須供役地所有人本人無積極之負擔　供役地上之負擔，須不以其所有人之積極行爲，爲完成之條件；質言之，需役地應不需要供役地所有人爲積極行爲而得享受地役權所付與之利益也。

（四）須需役地與供役地爲鄰近之土地　需役地與供役地，雖須爲鄰近之土地，但以兩者之距離，不致地役權無從實現爲已足，不必毗連接壤也；例如「利用鄰壁支持房舍之地役」之設定須需役地與供役地爲毗連之土地，而「關於通行之地役」之設定，則不以土地毗連爲必要也。

（五）地役權須有「永久性 perpetua causa」 基此原則，故臨時存在之權利，不得視爲地役權，故地役權之設定，不得附以期限或解除條件。權利之存在，是否有臨時性質，乃事實問題，例如洪水泛濫時，至鄰田汲水之權利，洪水退時，則此權利即不復存在，此等權利，固皆有臨時性質，而不得視爲地役權者。至於地役權嗣後得以附加期限或解除條件，乃習慣使然；至法律進步時期，裁判官因當事人間每有附加期限或解除條件之習慣，脫不尊重當事人之意旨，殊失法理之平，是項習慣，遂不禁止之矣。但地役權之期限到來時，或其解除條件完成時，祇限於供役地所有人之設定地役權者，或其繼承人，得提起「詐欺之抗辯(exceptio doli)」，以排除需役地所有人繼續行使權利之主張也。

（六）地役權須有不可分性 即地役權供需役地全部之便利，亦即供役地全部負擔供役之義務是也。質言之，需役地分割後，其各部分所有人，就其所有部分之需要，均得享受原地役權所付與之權利；另一方面，供役地分割後，其各部分所有人，就需役地之需要，亦均有負擔原地役權所規定之義務，而需役地或供役地之分割，均不影響地役權之範圍也。是項原則，現代法例多採用之，如我國民法第八百五十六條及第八百五十七條，瑞士民法第七百四十三條及第七百四十四條，德國民法第一千零二十五條及第一千零二十六條，法國民法第七百條，日本民法第二百八十二條之規定等是。

第三款　地役權之分類

地役權之種類可分三方面言之：其一、就行使地役權之外部狀態言，可分「表見地役」與「不表見地役」；其二、就地役權人之行爲言，可分「繼續地役」與「不繼續地役」；其三、就需役地之性質言，可分「城市地役」與「田野地役」。表見地役與不表見地役之區別，以地役權之行使需要外部之工作物與否爲標準，例如「步行權」等爲不表見地役，「利用鄰壁支持房舍之地役」則表見地役也。繼續地役與不繼續地役之區別，以地役權之行使需要地役權人爲積極之行爲與否爲標準，例如步行權等爲繼續地役，「利用光線之地役」則不繼續地役也。至於城市地役與田野地役之區別，則以地役權之目的，在供建築物之便利或供耕作地之便利爲標準，例如步行權供建築物之便利者，曰城市地役，其供耕作地之便利者，則曰田野地役，而需役地或供役地之所在處所究爲城市或鄉野，則在所不計也。

繼續地役與不繼續地役之區別，及表見地役與不表見地役之區別，於取得時效及消滅時效方面，均有重要之關係，故法國民法第六百八十八條及六百八十九條，亦明白確定是項區別之標準。我國民法物權編地役權章，雖未明定是項標準，但同法第八百五十二條謂：『地役權以繼續並表見者爲限，因時效而取得。』云云，則關於此等地役權之區別及其結果，亦採用羅馬法之原則矣。

至於城市地役與田野地役之區別，現代法例鮮有採用之者。就地役權制度之起源言，田野地役先於城市地役，蓋一般制度，莫不因時代之需要應運而生，農業時代土地接壤，而房舍鮮有毗連者，祇土地需要地役而房舍無此需要，故直至工商業發達時，城市間房舍櫛比，始有城市地役之需要，始發生城市地役之制度。然此僅地役制度之起源而已，嗣凡供田產之便利者，曰「田野地役」，供房產之便利者，曰「城市地役」，而需役之田產，未必座落於鄉村，需役之房產，亦未必座落於城市也。再城市地役，亦得爲田野地役，而田野地役，亦得爲城市地役，例如步行權供房產之便利者，則爲城市地役，供田產之便利者，則爲田野地役，故難嚴格。依此分類，而將各種地役一一列舉之也。茲依通常之分類，列舉其最重要者如次：

第一目　「田野地役(servitutes praediorum rusticorum)」

田野地役，除「平水之地役」外，均爲「積極地役」。積極地役云者，依地役權之性質，需役地所有人得就供役地爲積極行爲之謂，故亦以權利名之，例如「導水之地役」，亦稱「導水權 (Jus aquae ductus)」等是。平水之地役云者，即需役地所有人得請求供役地所有人排洩其供役地之蓄水，使與需役地之天然水勢保持平線之權利；在另一方面，供役地所有人負有不得過量排洩其供役地之蓄水之消極義務，故平水之地役，非積極之地役也。田野地役，可細分爲三大類別：一曰關於通行之地役，二曰關於用水之地役，三曰關於開發富源之地役；茲分述如次：

（一）關於通行之地役

關於通行之地役，又可細分爲下列三種：

（1）「步行或乘車馬通行之地役(servitus itineris)」，

（2）「車輛負重獸或牧羣經過之地役（servitus actus）」，

（3）「各種通行及運輸之地役（servitus viae）」。

上述三種關於通行之地役，以第三種地役之範圍爲最廣；需役地所有人，得於供役地上運輸各種物件，更得用各種方法運輸之，即於供役地上拖曳物件，亦無不可。關於第三種地役供役之道路，應有八尺（羅馬古尺）之寬度，轉灣處則須有十六尺之寬度；兩旁樹木下垂之枝葉與供役之道路間，須有古尺十五尺以上之距離，如其下垂過多，致離地較近時，需役地所有人得自行剪伐之也。

（二）關於用水之地役

此類地役，可細分爲下列四種：

（1）「導水之地役（servitus aquae ductus）」　即需役地所有人得就供役地設置水管，通達需役地之權利是也。

（2）「汲水之地役（servitus aquae haustus）」　即需役地所有人得於供役地上汲水之權利是也。

（3）「平水之地役（jus tibi non esse sic fundo tuo aquam aquarere mimientae meas aquat gratiae）」　即需役地所有人得請求供役地所有人排洩其供役地之蓄水，使與需役地之天然水勢保持平線之權利也。基此定義，供役地所有人，不得過量排洩其供役地之蓄水；殆非然者，其與需役地之天然水勢，仍無保持平線之可能耳。

（4）「供家畜飲水之地役(servitus pecoris ad aquam)」 卽需役地所有人得利用供役地內之水，爲其家畜之飲料，並得驅遣家畜至供役地上就近飲水之謂。

（三）關於開發富源之地役

此類地役概以採取供役地之出產，便利需役地之開伐，爲設定之主要目的，玆舉其六種如次：

（1）「供給家畜食草之地役(servitus pecoris pascendi)」 卽需役地所有人於相當之時季中，利用供役地爲牧場之地役是也。是項地役，每見諸多山之地域，蓋山地之牧場，有上季下季之分，甲地之草芥於春夏之間，較乙地蕃茂，乙地之草芥於秋冬之間，或較甲地蕃茂，故甲地與乙地之所有人，常相約於不同之時季中，相互供給畜牧之場所也。

（2）「採石之地役(servitus lapidos eximendi)」 卽就供役地採取鑛石之地役也。

（3）「燒製石灰之地役(servitus calcis coquendae)」 卽需役地所有人，得於供役地上燒製石灰是也。

（4）「採掘石粉之地役(servitus cretae eximendae)」，

（5）「採掘砂土之地役(servitus arenae fodiendae)」，

（6）「採伐林木之地役(servitus silvae codenae)」。

上述各種關於開發富源之地役中供役地所應供給於需役地所有人者，均以自然之出產爲限，而供役地所有人，並無附加人工以滿足其需要之義務也。

第二目　「城市地役(servitus praediorum urbanorum)」

城市地役之意義，前已言之。城市地役，更可分爲「積極地役」與「消極地役」兩種。積極地役云者，依地役權之性質，需役地所有人得就供役地爲某種積極行爲，而供役地所有人應承受之之謂；故拉丁文亦稱積極地役曰「承受之地役(in patiendo consistentes)」，消極地役云者，則依地役權之性質，供役地所有人應爲某種不行爲，以供需役地之便利之謂，故拉丁文亦稱消極地役曰「不行爲之地役(in non faciendo consistentes)」也。茲分類列舉其最重要者數種如次：

（子）「積極地役」

（一）「建築材料穿入鄰壁之地役(servitus tigni immittendi)」　即需役地所有人建築房舍時，得就供役地所有人之墻壁，穿入建築上之材料之謂，例如就鄰壁設置樑柱脚木等是也。

（二）「利用鄰壁支持房舍之地役(servitus oneris ferendi)」　即需役地所有人，得利用供役地所有人之墻壁建築房舍之謂。基此地役，供役地所有人有維持墻壁，修理墻壁之義務，此亦「地役權無使供役地所有人爲積極行爲之作用」之原則之例外；惟供役地所有人拋棄其墻壁及墻壁所佔之土地時，仍得免除修理墻壁之義務也。

（三）「建築物伸至鄰地上空之地役（servitus projiciendi）」 卽需役地所有人，得建築房舍伸至供役地之上空之謂。例如屋簷、涼臺突出需役地而伸至鄰地上空等是。

（四）「利用光線之地役（servitus luminum）」 卽需役地所有人，得就共有之墻壁或鄰人獨有之墻壁，設置窗牖，以改良光線之謂。

（五）「承受簷水之地役（servitus stillicidii recipiendi）」 卽需役地所有人，得由供役地承受鄰地屋簷滴落之天水，使其不得流至需役地之謂。

（六）「承受流水之地役（servitus fluminus recipiendi）」 卽需役地所有人，得於供役地上設置水管，使高地之天水，不得流至需役地之謂。

（七）「承受汚水之地役（servitus cloacae immittendi）」 是項地役，與「承受流水之地役」略同，惟供役地所應承受者，一爲高地下流之自然天水，一爲高地下流之汚水耳。所謂汚水者，指洗滌衣物之水或工業方面已經使用之水而言。

上述最後三種地役，均係關於水之排洩者也。按高地之水，應依自然之流勢，由低地承受之，本羅馬法上之原則，抑亦所有權之限制之一種也。但低地所有人得設定地役權，使由較高之土地承受之，藉以免除是項限制，故此等地役中，需役地每低於供役地也。

（八）「出煙之地役（servitus fumi immittendi）」 卽需役地所有人，得使用鄰家之煙囱，便利其爐竈出煙之謂。

（丑）「消極地役」

（1）「限制建築之地役 (servitus non altius tollendi)」 即供役地所有人，不得於其土地上建築房舍，或不得建築至某種高度之謂。

（2）「禁止遮蔽光線或妨礙視線之地役 (servitus ne luminibus vel ne propectus officiantur)」即供役地所有人之建築物或植物，不得遮蔽光線或妨礙視線之謂。

第三節 役權之設定

關於設定役權之規定，優帝時之法律與古法大相逕庭，茲就三種時期之法律，分別言之如次：

（一）市民法之規定

羅馬古法上役權之設定，限制極嚴。是項限制，可分三方面言之：一曰關於人之限制，二曰關於物之限制，三曰關於設定方式之限制；茲分述之如次：

（1）關於人之限制 設定役權或享受役權上之利益，須有市民法上之「財產權」，故外國人不得設定役權或享受役權上之利益也。

（2）關於物之限制 人役權之標的物，或地役權中之需役地，須爲融通物，故公共土地，外省土地等物，均不適用之也。

（3）關於設定方式之限制　設定役權，須經過必要之方式：設定人役權及地役權中之城市地役時，須用遺囑、「分配裁判」或「擬訴棄權」三種方式；設定地役權中之田野地役時，適用之方式，則以「曼兮怕蓄」爲限。但以擬訴棄權或曼兮怕蓄之方式出賣其所有物者，常於舉行此等方式時爲保留役權之宣示，故設定役權，不必經過個別之方式也。役權制度存在伊始，得援用「取得時效（usucapio）」之規定取得役權，但自斯克利保尼亞法（Lex Scribonia）以還，役權已不得因時效而取得之，蓋認爲役權爲「無體物」不得爲占有之標的耳。我國民法第八百五十二條謂：『地役權以繼續並表見者爲限因時效而取得。』日本民法第二百八十三條則有同樣之規定。此外，瑞士民法第七百三十一條第三項謂：『關於不動產之地役權，以該不動產之所有權得因時效而取得者爲限，得因時效而取得之；』是依現代法例，地役權，亦得因時效而取得之矣。

（二）裁判官法之規定

依市民法之規定，外國人不得有役權，外省土地復不適用役權之規定，就實際上之需要言，不可不有補救之道，故裁判官承認市民法所不承認之取得役權之方式，而間接廢除此等限制也。依其規定，當事人得用「要式口約」之方式約定一方供役於他方，並於不履行時給付違約金若干，供役人及其繼承人，均受此約定債務之拘束，固不直接發生物權之關係。嗣後裁判官承認是項口約之權利人得行使「對物訴權」，遂發生物權之關係；而外國人遂得享有役權，即外省土地亦得爲是項物權之標的物矣。此外，裁判官復創設一種特別之時效，以爲取得役權之方法，卽所謂「長期占有之時效（praescriptio longa possessio）」是也。長期占有之時效云者，承認役權得爲準占有之標的，並以十年或二十年之時效爲取得役權之方式之謂；是項十年或二十年之不同期間，則以需役人與供役人居住同省與否爲標準。再權利人因時效而取得役權者，並不須具備一般時效中應有之「善意」及「正當名義」，而祇須占有中對於供役地所有人，「無強暴、無隱藏、無容假占有（nec vi, nec clam, nec praecario）（註）之情事而已，此亦長期占有之時效之特點也。

（註）占有「無強暴（nec vi）」及「無隱藏（nec clam）」云者，卽我國民法第九百四十四條所稱「和平及公然占有」之謂。「容假占有」之意義，詳本編第七章第一節第三款。

古代認定役權爲無體物，故「引渡」及時效之於役權，不適用之。嗣後，裁判官認爲役權係由外部行爲而表現之，與所有權同理，論爲之一變，於是有役權準占有之界說，故承認役權得用引渡之方式以移轉之或保留之，（卽用引渡之方式移轉所有權時出賣人用同一方式保留役權之謂）而名之曰「準引渡」，故承認役權得因時效而取得之也。是項規則，優帝法學彙編有明文之規定，但或謂是項規則於裁判官法中尚未成立，或謂祇適用於一部分役權，以消極地役如「限制建築之地役」等項，並無引渡之可能也。裁判官法中無此規則之界說，賴倍耳（Labeo）等均主張之，而霞福賴女斯（Javolenus）等乃反對最力者，但現代多數學者，則均謂前說較爲適當也。

（三）優帝時代之法律

關於役權之設定，至優帝時代，已有明確之規定，而市民法上之各種限制，則完全廢除之矣。以言設定役權之方式，可分爲五種：一曰遺囑，二曰契約，三曰「分配裁判」，四曰法律之規定，五曰「長期占有之時效」。茲分述如後：

（1）遺囑　以遺囑設定役權者，事實上，每爲人役權，而以用益權、居住權爲最多。

（2）契約　此所謂契約者，範圍極廣，有償契約或無償契約，均適用之，但須具備下列數種條件：

（A）約定供役者方面應具備之條件　約定供役者方面應具備三項條件：其一、須爲供役物之所有人；其二、須有處分財產之能力；其三、如供役物屬於多數共有人，須得該共有人全體之同意，但約定之役權爲用益權時，不在此限，用益權人及地上權人，均得就其用益權或地上權之標的物爲供役之約定，但其約定供給之地役權或人役權，於本人之權利消滅時，即應同歸消滅也。

（B）權利人方面應具備之條件　設定人役權時，須權利人有取得財產之行爲能力。設定地役權時，則須權利人對於需役地，有因改良而處分該地之權能；故限於所有人，善意占有人，永佃權人，及地上權人，得各就其權利之標的物，取得確定之地役權，他如承租人及用益權人，不得爲承租地或用益物之利益取得確定之地役，殆以承租人及用益權人不得處分承租地或用益物，以改良各該地故也。

設定役權之契約中，以「附帶保留（per deductionem）」之契約，最爲簡單，甚至無須爲明白之表示。例如某甲就毗連之數宗房產中，出賣一宗與乙，如於出賣前，已就出賣之房產之牆壁，設有透光之窗牖，則其餘房產，即對之有「利用光線之地役」；且甲之取得是項地役也，無須於買賣契約中與乙爲特別之約定，而祇須附帶爲口頭之保留而已。

（3）「分配裁判」　關於此點，優帝之法律，與市民法有別。依市民法之規定，限於地役權中之城市地役，得用分配裁判設定之；其訴訟程序，更須爲「合法訴訟（legitima judicium）」，即裁判官須爲羅馬法官，當事人須爲羅馬市民，標的物須爲「羅馬物件」是也。但至優帝時，任何役權，均得用分配裁判設定之，而是項裁判，更無合法與否之區別矣。

（4）法律之規定　羅馬法上之法定役權，以「家父」就其子女之特有財產享有用益權者爲限。默察現代一般法例之法定役權，亦惟有法定用益權而已；至於法律直接規定之其他地役，類皆所有權之一般限制，而非純粹之法定役權也。

（5）「長期占有之時效」　此爲特別之時效；依此方法取得役權者，祇須於十年或二十年之期間內，具備「正當準占有（quasi possessio justa）」之條件，而無須權利人具備「善意」或「正當名義」之條件也。其詳見前，茲不再述。

第四節　役權之消滅

役權之消滅，其原因可分爲四種：一曰役權之基本條件之喪失，二曰役權之拋棄，三曰役權之不行使，四曰終期或解除條件之到來。茲分述如次：

（一）役權之基本條件之喪失　基於羅馬法上役權之意義，權利人死亡或「人格減等」時，需役物或供役物滅失時或權利人與供役物所有人同爲一人時，役權卽失其基本條件。歸納言之，役權因喪失基本條件而消滅者，可分下列三種情形：（甲）役權之因權利人死亡而消滅者，以人役權爲限，蓋地役權不以特定權利人之存在爲其基本條件耳；但人役權中之居住權，不因權利人死亡而歸消滅，則其例外也。「人役權」中之權利人人格減等時，亦以死亡論，故權利人「人格小減等」時，卽喪失其人役權；但自優帝以還，必「人格大減等」或「人格中減等」時，始視爲法律上之死亡，而權利人僅發生人格小減等者，並不影響其人役權之存在也。（乙）役權因需役物滅失而歸消滅者，以地役權爲限，蓋限於地役權中，特定之享役物爲役權之基本條件耳；但在任何役權中，供役物滅失時，役權之本身卽歸消滅，所謂供役物之滅失云者，包括法律上之滅失，例如供役物變爲「神用物」，奴隸經有效之解放等是。（丙）權利人與供役物所有人混同時，役權卽歸消滅，蓋根據「役權爲他物權」之意義，權利人與供役物所有人混同時，役權卽失其基本之條件故也。再瑞士民法承認所有人，得就其不同之土地設定地役權，則權利人與供役地所有人之混同，瑞士民法當不視爲地役權消滅之原因也。

（二）役權之拋棄　地役權中需役地所有人及人役權中之享役人，均得拋棄其役權。但依市民法之規定，役權之消滅須經必要之方式，與設定役權同；是項要式爲何？卽「擬訴棄權」是也。至役權之因「役權保全之訴(actio confessoria)」而成立者，必須負擔役權之一方提起「役權拒絕之訴(actio negatoria)」，在法律上始得視爲消滅，質言之，拋棄役權之單純契約，不得視爲役權滅失之原因也；但自「程式訴訟」時期以還，被告得提起相當之抗辯，故役權之權利人放棄權利後，如再提起役權保全之訴，原役權中之供役物所有人得提起「詐欺之抗辯」以拒絕之。優帝時代擬訴棄權之制廢，役權之拋棄，遂以單純之契約為唯一之方式矣。

（三）役權之不行使　所有權，不因所有人不行使其權利而歸消滅，苟無第三人出為相反之行為，雖所有人長期不行使其權利，其所有權依然存在。役權則不然，役權得因權利人不行使其權利而歸消滅，但因役權性質之不同，而有兩種不同之規定焉：第一、法律進步時期，人役權及地役權中之「田野地役」，其供役物為動產時，自權利人行使權利最後之日起，因一年間不行使而歸消滅，其供役物為不動產時，則自同日起因二年間不行使而歸消滅，至優帝時，凡供役物為動產者，此等役權因三年間不行使而消滅，其供役物為不動產者，則視當事人（即權利人與供役物之所有人）居住同省與否，因十年間或二十年間不行使而消滅也。第二、地役權中「城市地役」之消滅期間，與上述各種役權同；但其消滅期間，自供役地所有人為相反之行為時起算，例如「限制建築之地役」，供役地所有人就該供役地建築房舍時，或加高建築物至限制之高度以上時，自此時起經過相當之期間，其役權始歸消滅，苟供役地所有人未為相反之行為，縱權利人於此期間內不行使役權，仍不得視為役權消滅之原因。故學者謂第一種役權因「不行使（non usus）」而消滅，第二種役權則因「自由之時效（usucapio libertatis）」而消滅者也。

（四）終期或解除條件之到來　役權因終期或解除條件之到來而消滅者，共有兩種情形：（1）附有終期或解除條件而取得特定物之所有權者，就該物所設定之役權，於該終期或解除條件到來時，即歸消滅。

（2）人役權之設定附有終期或解除條件者，於終期或解除條件到來時，均歸消滅。至有永久性之其他地役權，依市民法之規定，不受終期或解除條件之影響；依裁判官法，則人役權以外之役權，亦得附有終期或解除條件，供役物所有人於是項期限或條件到來時，更得提起抗辯，拒絕權利人繼續行使役權之主張也。

第五節　役權之保護

供役物所有人拒絕供役時，得提起「拒絕之訴（actio negatoria）」，以解除役權對其所有權所加之限制。另一方面役權之權利人及就役權有利害關係之第三人，亦有特別之訴權，以主張其役權或保全之也。茲將役權所受之各種保護方法，分別言之如次：

（一）「保全之訴（actio confessoria）」　役權之全部或一部受妨害時，權利人得提起保全之訴，以保全之。原告應證明者，計有兩點，卽（1）役權之存在，（2）被告妨害役權之行使是也。至此訴權之目的，共有三項：其一、使被告不再妨害役權之行使；其二、使被告賠償原告因此所受之損害；其三、使被告提供不再妨害役權之擔保。

（二）「準用之保全之訴（actio confessoria utilis）」　依市民法之規定，設定役權，須經過必要之方式，前已言之。其未經過必要之方式者，依市民法視爲無效，故不得受保全之訴之保護。然是項役權，完全不保護之，固非法理之平，裁判官有鑒於此，遂規定一種變通之保護方法，以補救之，卽凡因口約或裁判官法上之其他方式設定之役權，而依市民法應歸無效者，權利人得準用保全之訴是也。是項役權之權利人，其所有之訴權，仍爲「對物訴權，」其效力與目的，亦與保全之訴同，故名「準用之保全之訴」但亦稱「普保利斯之訴(actio publiciena)」以其與普保利斯之訴同有補救市民法上之同一缺陷之作用也。嗣凡需役物上之永佃權人、地上權人、質權人及用益權人，就役權之存在與否有利害關係者，亦得援用保全之訴，以維護其物權，而保全之訴之準用範圍，遂益廣矣。

（三）「令狀(interdictum)」　受令狀之保護者，本以有體物之占有爲限，無體物不適用之。但役權之占有或準占有與役權之行使有密切之關係，嗣爲適應需要，計規定「占有令狀」於役權亦準用之。至於適用之範圍，則視役權爲人役權抑爲地役權中之田野地役或城市地役，而有下列三種不同之規定焉：

（1）役權爲人役權時，其權利人關於該役權之準占有，得援用保護一般有體物之占有之各種令狀，以保全之或回復之。

（2）田野地役之占有，以關於用水之地役及關於通行之地役爲限，受占有令狀之保護，且於此所適用之令狀，均爲特別之令狀，而各有其個別之條件：例如關於通行之地役權利人受妨害時，如欲受「占有令狀」之保護，須於過去一年中，至少於不同之三十日內，行使其通行之權利，而無強暴、隱藏或「容假占有」(註)等情事；關於「導水之地役」則須權利人具備善意之條件，利用此地役在一次以上，並無強暴、隱藏或「容假占有」等情事，而後可受「占有令狀」之保護也。

（註）不強暴占有及不隱藏占有云者，即我國民法第九百四十四條所稱「和平、及公然占有」之謂。「容假占有」之意義，詳本編第七章第一節第三款。

（３）城市地役中，僅「承受汚水之地役」有特別令狀，以保護其占有；是項令狀，則稱「汚水之令狀（interdictum de cloacis）」權利人欲通透水管或修理水管時，得提起之。關於其他城市地役之占有，究援用保護人役權之占有之規定，抑受「如何占有之令狀(interdictum uti possidetis)」之保護，羅馬法並無明文之規定也。

本章參考書記要

J. Cornil, Possession dans le droit romain p. 110, 111, 151, 152, 180, 181, 320; J. Declareuil, Rome et l'organisation du droit p. 203–208; M.-J. Cornil, Droit romain p. 142–155, 157–164; T. C. Sandars, The Institutes of Justinian p. li, 118, 119, 125, 131, 501; Georges Cornil, Ancien droit romain p. 70, 71; 黄右昌，羅馬法與現代 p. 271–283; P. F. Girard, Manuel élémentaire de droit romain p. 363–391; Gaston May, Eléments de droit romain p. 233–250; F. Marckelden, Manuel de droit romain p. 152–165; Charles Maynz, Eléments de droit romain p. 516–558 (Tome I); Charles Demangeat, Cours élémentaire de droit romain p. 480–533 (Tome I); Accarias,

Précis de droit romain p. 661–721 (Tome I); Paul Collinet, Etudes historiques sur le droit de Justinien p. 161–174 (Tome I); Ruben de Couder, Résumé de répétitions écrites de droit romain p. 133–151; René Foignet, Manuel élémentaire de droit romain p. 126–135; W. W. Buckland, The main institutions of roman private law p. 145–160; R. W. Leage, Roman private law p. 147–156; R. W. Lee, Introduction to Roman-Dutch law p. 161–175; Machelard, Distinction des servitudes prédiales p. 5–8, 16, 39; J. Ortolan, Explication historique des Institutions de l'empereur Justinien p. 317–372; J. Declareuil, Rome, the law-giver p. 182–188; Rudolph Sohm, Institutes of Roman law p. 338–348.

第六章「典當權」質權及抵押權(fiduciae, pignus, hypotheca)

典當權、質權及抵押權三者，均以擔保債務爲目的，乃債權人就債務人或第三人所有物上取得之物權，故或統稱之曰「物權擔保。」債務人之財產，雖供債務之擔保，然遇債務人減少或全無支付能力時，或隱匿財產規避責任時，債權人將仍無相當之保障，此卽物權擔保制度之所由設也。是項物權，以擔保債務之淸償爲目的，故羅馬法學者稱曰債權之從權，而編入債權之保障之部分，後世羅馬法之著作，亦多依此次序，現代法例，如瑞士民法等因之，殆依其目的而定編制之次序者；德國民法、日本民法及我國民法，將質權、抵押權列入物權編中，則皆依其性質而定編制之次序者也。玆爲便利對照研究起見，姑依我國民法之次序，而將此類物權，列諸本編，再現代法例中，質權及抵押權，類皆個別各成章節，惟就其沿革及設定方式等方面言之，不乏牽連之關係，或共同之原則，故於本章倂合論述如後。

第一節「典當權」

羅馬法上以物權擔保債務之制度，以典當權(fiduciae)爲最古。典當權云者，卽債務人以「曼兮怕蓄」或「擬訴棄權」之方式，移轉其物之所有權於債權人，並由債權人於同一方式中附帶約定，於債務淸償時，返還原物之謂；其目的，在博得債權人之信任，故典當權之字意作信任(fiduciae)解，或作「信任之契約(pactum fiduciae)」解，附有「典當契約」之債權人所受之保障，與我國當典或押典對其貸出之金錢完全相同，故譯曰「典當權」也。債權人既取得典押物之所有權，債務人如不屆期清償，即不得請求返還原物，而債權人則可任意處分之，故債務人縱無給付能力，債權人亦無受累之虞矣。

依典當權之效力，債權人固有美滿之保障；但典當權之成立，須經過曼兮怕蓄或擬訴棄權之隆重方式，外國人不得援用之，即於羅馬市民所有之「略式移轉物」，如外省土地等物，亦不得適用之。再債務人償還債務時，祇得基於債權之關係，請求返還原物；另一方面，債務人既移轉其物之所有權於債權人，則債權人如為背信者流，非法處分原物，或事後喪失給付能力，債務人將無贖回原物之可能，而蒙受巨大之損失。綜上數端，典當權制度未能行之無弊，於是有由習慣形成之質權，起而代之，而典當權之缺陷，遂不乏補救之道矣。

第二節　質權

質權云者，謂因擔保債權，債權人就債務人或第三人移交之物件，取得占有，並得於債務人不清償時，變賣質物，以為清償之謂。質權於外國人間及對於略式移轉物均適用之，其方式且極簡便，故典當權制度，雖於優帝廢除曼兮怕蓄及擬訴棄權之方式時，始經明文廢止，而適用質權以還，是項制度已鮮有援用之者。質權制度存在伊始，並不發生移轉物權或移轉占有之效力，質言之，債務人之於質物，仍居所有人及占有人之地位，而債權人祇得於受淸償前留置質物而已；且因可歸責於債權人之事由或不可抗力致質物滅失者，債權人卽喪失其請求之權利矣。

如上所述，質權之效力猶未能使債權人有完全之保障。嗣後，裁判官承認質權人得受「占有令狀」之保護，質權人始取得法定占有人之地位；繼而法律更承認債權人對於質物享有物權，然非若典當權中之債權人之取得所有權也。至於債權人處分質物之權能，最初以有特約者爲限，而實際上當事人間設定質權時，類皆附加特約，付予質權人以處分質物之權。嗣依判例，凡無相反之約定者，質權人至淸償期未受淸償時，均有處分質物之權；久之，質權人處分質物之權能，遂成質權之要素矣。

第三節　抵押權

抵押權云者，債權人對於債務人或第三人提供擔保而不移轉占有之物件，享有物權，於債務人給付遲延時得變賣該物，並得就其賣得價金而受淸償之謂。依質權之性質，債務人不特喪失享用質物之權利，且須移轉占有，致同一物件，不得供多數債權之擔保，其於債務人，殊多困難之處，故除質權外，復有抵押權制度應運而生。抵押權制度，溯源於希臘，羅馬則採用舊制，加以修改而已。羅馬有裁判官名捨爾輔斯（Servius）者，鑑於農民除農具及家畜外，別無長物，若以此爲質權之標的，將無以耕作謀生，遂謀一變通之方法，以救濟之。其變通方法爲何？曰：卽特許農民保留占有而將其所有家畜、農具等物供擔保債權之用，並許債權人於債務人給付遲延時，提起「對物訴權，」扣押其提供擔保之物件，及就其出賣之價金而受淸償是已。此其規定，實卽現代抵押權之嚆矢也。抵押權之見用於羅馬也，自拾爾輔斯氏始，故債權人所得提起之對物訴權，曰「抵押權之訴」，亦曰「拾爾輔斯之訴(actio serviena)」。是項抵押權制度，本爲便利農民而設，惟以規則簡便，人爭用之，不數十年而風行全國；嗣凡家畜及農具以外之物件，亦適用之，農民以外之債務人，亦援用之，其適用範圍，遂益廣矣。

第四節　典當權質權及抵押權成立之條件

抵押權等成立之條件，可分三方面言之：其一、關於設定之方式者，其二、關於標的物者，其三、關於擔保之債權者；茲分述之如次：

(I) 關於設定方式之條件

抵押權等之設定，須經有效之方式。是項方式，共有三種：或依當事人之意思，或依法律之規定，或依裁判官之特別制度；第一種爲自由設定之方式，後兩種則強迫設定之方式也。

(一) 依當事人意思設定之「物權擔保」　依當事人之意思設定者，或用契約，或用遺囑；用遺囑設定者，則每以擔保遺贈之執行爲目的。至於設定人方面所應具備之條件，則有下列兩項：其一、須有處分標的物之行爲能力；其二、須爲標的物之所有人。抵押權爲裁判官法上之物權，故設定人苟爲「大官法上之所有人」，已可視爲具備第二項之條件。如設定人並非標的物之所有人，則不生法律上之效力，但設定人事後取得該標的物之所有權者，或經其眞所有人追認者，不在此限。因設定人事後取得標的物所有權而生效力者，於其取得所有權時，始生效力；其因所有人之追認而生效力者，則自設定時卽生效力矣。

再當事人間設定抵押權，最初本非要式行爲，由私人訂立契約卽可發生效力，並無公開之必要。嗣以同一物件，常爲多數抵押權之標的，其設定之確期，復不便稽考，卒致各抵押權人間受償之先後次序，互相爭執不已；西曆紀元後第七世紀末葉，東羅馬帝國爲避免各抵押權人爭執起見，乃規定嚴格之手續，以便證明其權利成立之日期，並依其成立之先後，而定受償之次序。依其規定，凡因當事人之意思而設定抵押權者，須將抵押權之契約提存官廳，或經三人以上之證人於契約上正式簽名，其抵押權始生效力。現代法例，規定抵押權等必須登記，殆亦倣傚羅馬法之舊制也歟?

（二）依裁判官制度設定之「物權擔保」　此類物權中由裁判官設定者，僅有兩種質權，而非典當權或抵押權也。其設定之兩種質權，一曰「裁判官特許設定之質權(pignus praetorium)」，一曰「裁判官依判設定之質權 (pignus in causa judicatio praetorium)」。債務人有逃亡之虞時，或用其他方法規避履行責任時，司法官或其他官吏得因債權人之聲請，就債務人所有財產之一部或全部設定質權，是爲「裁判官特許設定之質權」；其目的在保全債權之行使，與現代法例之假扣押制度，同其作用。第二種質權，於敗訴之債務人不履行時設定之，卽裁判官就債務人之某宗財產宣示扣押命令，使其不得繼續占有，是已；「非常訴訟」時期執行程序中之「依判扣押」，卽導源於此，抑亦強制執行程序之一種也。

（三）由法律直接規定之「物權擔保」　由法律直接規定者，不一而足，然皆抵押權，而非質權或典當權也。法定抵押權，又有一般抵押與個別抵押之分。一般抵押云者，以債務人全部財產爲法定抵押權之標的之謂；例如關於賦稅國庫就人民之全部財產，有法定抵押權，關於由監護關係所生之債權，受監護人就監護人之全部財產，有法定抵押權，關於返還財產所生之債權，妻就夫之全部財產，有法定抵押權等是。個別抵押權云者，僅以債務人之特種財產爲法定抵押權之標的之謂；例如關於房租及其他基於租賃契約所生之債權，出租人僅就承租人置於租賃屋內之動產，有法定抵押權，關於地租及其他基於租賃契約所生之債權，地主僅就佃戶之收穫物，有法定抵押權，關於遺贈之執行，受遺贈人僅就繼承人因繼承取得之財產，有法定抵押權等是也。

（II）關於標的物之條件

典當權之標的物，須爲「要式移轉物」，已如上述。至質權及抵押權之標的物，亦須具備兩項要件：其一、須爲有體物，其二、須爲可以處分之物件；嗣因債權人取得出賣標的物之權能，凡屬可以出賣之物件，均得爲質權或抵押權之標的物，而無第一項條件之限制矣。就有體物言，凡法律不禁止其處分者，無論爲動產或不動產，均適用之，即共有物上之所有部分，及未來之物件，如收穫前之穀類等物，亦得爲質權或抵押權之標的物。以言無體物之得爲質權，抵押權之標的物者，範圍極廣，例如債權、地上權、永佃權等，均適用之，即擔保債權之抵押權，亦得與債權分離而單獨爲另一債權之擔保，但役權除用益權外，則均不得爲質權，抵押權之標的物也。

（III）關於債權之條件

抵押權等，以擔保債權爲目的，故債權之存在，亦爲其成立條件之一。是項債權，不以到清償期之法定債權爲限，即自然債權及附有條件或期限之債權，亦適用之也。

第五節　典當權質權及抵押權之效力

（I）典當權質權及抵押權之共同效力

典當權等之設定，以擔保債權爲目的，前已言之，其效力所及，自不出此範圍；惟其擔保之對象，不以本債權爲限，其附屬於債權者如利息等項，亦受同樣之擔保。另一方面，供債權擔保之物件，除擔保品本身外，其從物亦受同樣之支配；例如擔保品爲不動產時，其因添附而增加之部分，或事後取得之地役權，亦與該不動產同供同一債權之擔保。以言擔保品之孳息或出產，凡於離開主物時應歸債務人或其繼承人所有者，亦視爲該擔保品之從屬部分，而同供債權之擔保。不特此也，債權人得因「代利特約（pactum antichreticum）」之規定，就擔保物使用收益，以爲抵充利息之方法，其收益不足抵充利息時，亦不得請求債務人補償之也；嗣因當事人間多有是項特約，凡未約定利息而擔保品爲產生孳息之物件者，法律即推定當事人間有此特約，並承認債權人有就擔保物使用收益之權利，但當事人有相反之表示者，不在此限。再債權人就擔保取得之物權，有不可分性，可舉例說明如下：其一、債務之一部已履行時，仍以原擔保物之全部，供未履行部分之擔保；其二、擔保之債權，雖經分割，其各部分，仍就擔保物之全部而有完整之擔保；其三、擔保物已經分割時，原債權之擔保，並不因此而受影響。惟是項不可分性，當事人得依契約之規定，免受其拘束也。

(II) 典當權之效力

上述種種爲「典當權」，質權及抵押權三者之共同效力，其他效力，三者間亦略有不同之點。在質權與抵押權，除關於取得占有有不同之效力外，餘皆彷彿。至於典當權之特別效力極爲簡單，即債務人不於淸償期履行債務時，債權人就擔保物取得之所有權，即歸確定是已。試將質權及抵押權之效力併合述之如次：

(III) 質權及抵押權之效力

質權及抵押權之效力，爲物權之效力，即權利人直接對物行使權利是也。債務人或擔保物之所有人，得就標的物設定抵押權或其他物權，然皆以不妨害質權或抵押權之行使爲限；至其出賣標的物之權能，最初亦祇受此同樣之限制而已，嗣凡抵押權之標的物爲動產時，債務人或其所有人不得出賣之，有違反此規定者，則與竊盜同科，殆防其私自出賣，致損及債權人之權利耳。

以言債權人就擔保物所有之權利，可分四種：一曰占有之權能，二曰追及權，三曰優先權，四曰出賣之權能；上述第二第三兩種權利，則其他兩種之當然結果也。茲分述之如次：

(一) 占有之權能　占有之取得及其請求權，爲質權人及抵押權人共同享有之權能；惟質權人，於質權設定伊始即享有之，而抵押權人，則至擔保之債權已屆淸償期時，始得享有之也。

(二) 追及權　質權人，於質權設定伊始，即取得質權標的物之占有，而受占有令狀之保護；於質權設定人竊取該標的物時，得提起「竊盜之訴」。於質權設定人不履行約定之義務時，更得行使「對人訴權」，請求其履行之焉。至於抵押權人，於抵押權設定伊始，雖未取得占有，但於債權屆清償期時，或抵押權設定人之行爲有妨害抵押權之虞者，除得提起質權人所得提起之上述各種訴權外，抵押權人更受「對物訴權」之保護，即得提起「抵押權之訴」是也。抵押權之訴，對於抵押權設定人及握有擔保物之第三人，均得提起之，故曰抵押權人有追及權也。

（三）優先權　質權人或抵押權人就標的物出賣之價金，有優先受償之權。債權人扣除本金、利息及其支出之費用後，如有不足，其請求權依然存在，然祇有普通債權而已。債權人受償後，如有賸餘，則應交付於債務人，但就同一標的物設定其他次位之抵押權者，則應按照各該抵押權之等級，分別交付於其他抵押權人焉。原則上，抵押權之等級，以設定之先後爲標準，質言之，凡設定在先者，卽列於優越之地位。至多數債權，於同一日期並由同一法律行爲設定抵押權者，各該債權就標的物取得同等級之共同抵押權；其於同一日期而由不同之法律行爲設定者，各該債權就標的物之全部，取得同等級之獨立抵押權。同日設定之抵押權，所以視爲同時設定而不分等級者，因羅馬法關於期日之計算，以日爲最小之單位故也。上述各抵押權之等級，固皆以設定之先後爲標準者，然依債權之性質而定抵押權之等級者，亦有數種，稱曰「優越之抵押權」。

優越之抵押權，共有三種：其一、國庫關於賦稅而取得之法定抵押權；其二、關於返還財產之債權，妻就夫之財產所取得之法定抵押權；其三、因取得擔保物或保全擔保物發生債權者，就該物取得之抵押權。前兩種法定抵押權之設定，一所以尊重國稅，一所以保護女子，故法律認其應有優越之等級；至第三種抵押權所以優於普通抵押權者，蓋其債權之發生，既以取得或維持債權之擔保物爲目的，間接方面即有利於其他債權之行使，故應受特殊之保護也。此三種抵押權，較諸其他普通抵押權固皆處於優越之地位，而此三者間之等級，亦有軒輊之分焉：（1）第一種抵押權，在任何情形之下，均處於最優越之地位。（2）第二第三兩種抵押權，仍依設定之先後，定其等級之高下。（3）第三種抵押權，如爲多數，則以設定在後者處於最優越之地位。此三種規則，現代法例，亦多採用之也。抵押權人優先受償之次序，已如上述，但優等抵押權人處分標的物時，以本人得受清償爲已足，鮮有顧慮次等抵押權人之利益者，脫無補救之道，殊非法理之平，故法律規定次等抵押權人，得代位償還前者之債權，以消滅較優之抵押權，而保全本人之利益也。

（四）出賣之權能　最初質權人對於標的物，祇有受寄人或使用借貸人之地位，並無出賣質物之權能，如有出賣之者，且以竊盜論科。嗣後，質權人得基於契約賦予之權能，於債務人不到期清償時，無條件而收質物爲己有，或補足價值後歸其所有，或直接出賣質物以受清償；然此三種權能，均以相對之附帶契約爲基礎，而非質權人固有之法定權能也。以言抵押權人關於出賣標的物之權能，與質權人之權能，同其演進之程序，惟抵押權人取得之約定權能，則以屬於出賣標的物者居多數耳。雖然，是項共同之規則，後世漸有變更：其始也，法律推定各債務人均由契約賦予債權人以出賣標的物之權能，然以當事人間無限制之明文者爲限；迨優帝時，標的物之出賣，已視爲質權人及抵押權人當然之權能矣。另一方面，優帝規定，當事人間縱有預約，債權人亦不得無

本论

條件收擔保物爲已有，以爲清償之方法。我國民法第八百七十三條第二項謂：『約定於債權已屆清償期，而未受清償時，抵押物之所有權移轉於抵押權人者，其約定無效』，殆亦本乎此歟？再抵押權人對於抵押物行使處分權時，須具備下列數種要件：

（1）須擔保之債權已屆清償期

（2）須債務人確負給付遲延之責任

（3）須屆清償期後經過二年之催告期間 但當事人間立有特約，約定屆清償期後經過三次之催告，或不待催告，債權人卽得出賣擔保物者，不在此限。

（4）須經拍賣之程序 債權人亦得直接出賣於他人，惟應本諸善意，而顧及債務人之利益耳。債權人不經過拍賣之程序而出賣抵押物者，則應負故意或過失之責任焉。

第六節 典當權質權及抵押權之消滅

此等物權之消滅方式，可分兩大種：其一、因債權之消滅而消滅者；其二、其本身單獨消滅而與債權之消滅無因果關係者。茲分述之如次：

（I）因債權之消滅而消滅者

擔保之債權，因清償、混同、免除或其他方法而消滅時。基於「物權擔保」而發生之物權，卽歸消滅，蓋抵押權等對債權爲從權，以擔保債權爲目的，其所擔保之債權，在法律上既視爲不復存在，故當然同歸消滅也。至抵押權等所擔保者，如自始卽爲自然債權，則其擔保之債權，雖不得請求淸償，但因擔保該債權而成立之物權，仍得單獨存在焉。我國民法第八百八十條謂：『以抵押權擔保之債權，其請求已因時效而消滅，如抵押權人，於消滅時效完成後，五年間不實行其抵押權者，其抵押權消滅。』則亦抵押權不與債權同時消滅之一例也。

（II）抵押權等本身單獨消滅者

抵押權等本身單獨消滅者，共有下列五種原因：

（一）擔保物之全部滅失　依我國民法第八百八十一條但書，及同法第八百九十九條之規定，質權及抵押權，因標的物滅失而消滅時，其權利人就該物之滅失所可取得之賠償金，有優先受償之權；其保護債權人也，可謂無微不至矣。

（二）擔保物之出賣　抵押權人，就賣得價金而受全部之淸償時，其抵押權，固與債權同時消滅，然抵押權，亦有因標的物之出賣而單獨消滅者。例如就同一物件（註）設定多數抵押權者，優等抵押權人就賣得價金儘先受償後，如不足淸償其他次等抵押權人之債權，則後者之債權，雖依然存在，而其抵押權本身，卽因以單獨消滅矣。

（註）抵押權之標的物，現代法例雖多以不動產爲限，但依羅馬法之規定，則於動產或不動產均適用之也。

（三）權利之混同　卽債權與擔保物之所有權，同歸一人是也。

（四）權利之抛棄　典當權人及質權人，就擔保物有所有權或占有者，如返還擔保物於債務人或設定之第三人而保留其債權時，其對於擔保物之物權，即歸消滅。至於抵押權人，除明示抛棄其抵押權外，在某種情形之下亦可視為抛棄權利；例如抵押權人對於債務人就抵押物所為之處分行為予以同意或將抵押權之書據返還債務人，而未為保留抵押權之明白表示等是也。

（五）債務人或第三人完成「自由之時效（usucapio libertatis）」者　債務人占有抵押物經過二十年，或第三人占有抵押物經過十年，而本諸善意並信其不受抵押權之拘束者，其抵押權即視為消滅。是項抵押權之消滅原因，與「抵押權之訴」之消滅時效有別；蓋抵押權之訴，對於債務人或其繼承人之握有抵押物者因四十年之時效而消滅，對於其他握有人因三十年之時效而消滅，不以債務人或其繼承人或第三人具備善意為條件，且此三十年或四十年之時效期間，自抵押權成立之日起算，而非若「自由之時效」之從占有之日計算其期間也。即就兩者之效力言，亦不無區別；良以抵押權之訴消滅時，其抵押權本身依然存在，權利人苟再握有其標的物，仍有留置之權能，但自由之時效完成時，抵押權本身即歸消滅，而債權人對於完成自由之時效之債務人或第三人，不得再主張抵押權人之權利矣。所謂自由之時效云者，某種行為經過相當之期間後，得發生時效之效力而受法律保護之謂也。

本章參考書記要

J. Declareuil, Rome et l'orgnanisation du droit p. 300, 301, 394, 395, 407, 408; T. C. Sandars, The Institutes of Justinian p. lxvi, 123, 135, 369, 433, 437, 451, 475; M.-J. Cornil, Droit romain p. 171-195, 311, 312; 黄右昌,羅馬法與現代 p. 285-296; P. F. Girard, Manuel élémentaire de droit romain p. 529-535, 540-544, 779-799; P. Collinet et A. Giffard, Précis de droit romain p. 31-35, 233-252 (Tome II); F. Marckelden, Manuel de droit romain p. 170-184; Charles Maynz, Elements de droit romain p. 568-601 (Tome I); Ruben de Couder, Résumé de répétitions écrites de droit romain p. 372-382; René Foignet, Manuel élémentaire de droit romain p. 135-140; R. W. Lenge, Roman private law p. 159-164; R. W. Lee, Introduction to Roman-Dutch law p. 176-197; Jourdan, L'hypothèque p. 1-5, 23-25, 40, 45; J. Ortolan, Explication historique des Institutions de l'empereur Justinien p. 435; J. Declareuil, Rome the law-giver p. 268-272; Rudolph Sohm, Institutes of Roman law p. 337, 338.

第七章 占有(Possessio)

第一節 占有之意義與要素

關於占有之意義，學說既歧，立法例亦各異其趣，以占有為事實者有之，以占有為權利者亦有之，而羅馬法則以占有為事實者也。羅馬法制之於占有也，缺乏基本之原則，解決實際問題之各種規定，因多矛盾衝突之點；而羅馬法學者，關於占有復未有完整之著述，故羅馬法上占有之理論，在十九世紀以前，並無一貫之系統也。十九世紀初葉，(西曆紀元後一八〇四年)有德儒沙維尼(Von Savigny)者，著書立說，對於占有之理論，闡明無遺，其空前之學說，支配法學論壇達七十餘年之久。迨一八七五年，德儒延陵(Von Ihering)氏，另創新說，而占有之理論，遂成法學界爭論之重要問題，議論雖不一致，然皆以沙維尼或延陵兩氏之界說為正宗，未有能別樹一幟者。以言沙延兩大學派之得失，則後者之理論，未能盡合羅馬法之精神，與前者等量齊觀也。茲姑依沙氏之理論，闡明占有之意義與要素，次述延陵氏之爭點，再次比較兩說之得失，略分三款論列如次。

第一款 沙維尼氏關於占有之理論

占有乃人與物間之事實關係；然人與物間之事實關係，未必皆構成占有，其因具備不同之條件，而有不同之性質焉。是項事實關係，分析言之，計有五種：一曰單純之接觸，如吾人偶爾以手撫物，並無任何意思是也。二曰握有，卽除外界之接觸外，更有掌握持有物之意思(animus tenendi)，如吾人手持書籍不願放鬆等是。三曰占有，卽與物接觸時，以所有之意思(animus domini)爲本人之計算，從而管領該物是也；以其受「大官法」之保護也，故亦曰「法定占有(possessio ad interdicta)」。(註)四曰善意占有，卽占有除有歸本人所有之慾望外，更確信其爲占有物之所有人是也。五曰所有權，卽占有之關係，適合法律是也。

綜上論結，占有爲純粹之事實，而非權利也。在組織健全之社會中，占有雖多以權利爲其基礎，但兩者間，未必盡無矛盾抵觸之處；例如非法占有他人之所有物者，固無任何權利可言，其爲占有則一也。總之，「占有令狀(interdictum possessionis)」所保護者，爲占有之事實，而占有人是否卽爲所有人，在所不問；故占有云者，卽「具有所有意思之人完全管領物件，並排斥他人管領之事實也。」據此定義，則占有之要素有二，卽「體素(corpus)」與「心素(animus)」是也。

（一）體素　占有之體素云者，卽管領物件之事實是已。是項事實，更須具有絕對性與排他性，蓋物件之管領，爲行使所有權之表現，管領人雖未必爲眞實之所有人，然既有取得所有權之意思，其管領之事實，苟無絕對性與排他性，將不足爲行使所有權之表現矣。所謂完全管理及管領之絕對性者，指占有人應爲各種管領行爲，而有隨意管理、使用收益之權能而言。所謂排他性者，則指多數人不得對於同一物件各爲全部之占有，或各主張占有物上之全部權利而言；然而多數人共同占有同一物件，以取得共有人之權利者，亦爲法所不禁。至於是項體素之表現，因物之性質、用途、價值、及通常習慣，而各異其趣，固無一定之方式；且管領之事實，並得假借他人以表現之，如占有人將占有物租與他人收取孳息等是。

（二）心素　占有之心素云者，指管領物件以爲己有，而就該物有使用收益或處分之意思而言，亦即「所有之意思(animus domini)」也。依沙氏之主張，必具備體素心素兩者，始得謂之占有；至若缺乏是項心素而仍視爲占有者，則其例外也。賅括言之，是項例外共有四種：一曰質權人之占有，二曰永佃權人之占有，三曰「容假占有人」之占有，四曰係爭物保管人之占有；此四種占有人對其所管領之物件，雖無所有之意思，亦被視爲占有人，故曰占有之例外也。在第一第二兩項中，質權人與永佃權人對其質權或永佃權之標的物，固無所有之意思；即在第三第四兩項中，容假占有人及係爭物保管人兩者，一爲就管領物享益之特別借用人，其貸與人可任意收回其管領之物件，一爲訴訟標的物之受寄人，訴訟終結時即應交付寄託物，則此兩者對其借用物或保管物，更無「所有之意思」也。然而在此四種情形之下，占有人雖不具有「所有之意思」，羅馬法則仍視爲占有，並使其受「占有令狀」之保護，故曰例外之占有；沙維尼氏稱曰「傳來占有」，亦以此也。

（註）法定占有，乃「自然占有(possessio naturalis)」之相對名詞。法定占有，通常簡稱占有；優帝時稱曰法定占有(possessio civilis)，以其受法律之保護故也。註釋學派譯曰「possessio ad interdicta」，就字面言爲「占有令狀中之占有」，以其受占有令狀之保護也。介乎自然占有與法定占有之間者，有所謂「瑕疵占有(possessio vitiosa injusta)」，即占有人對於占有物之權利人不受占有令狀之保護之謂，例如用暴力占有他人之物件者，其占有人對於該他人不得主張一般占有人之權利是也。

第二款　延陵氏關於占有之理論（沙延二氏之爭點）

沙維尼之理論，引起後學之攻擊者，厥爲前述四種之例外而已，然在延陵氏以前，未有能立有系統之理論，足與對抗者；迨延陵氏創立所有權之理論，遂成沙維尼氏之勁敵矣。延陵氏亦以占有爲事實，更承認占有之要素亦有體素心素兩種；惟延陵氏謂是項心素，祇爲「握有之意思(animus tenendi)」即掌握持有物之意思，而不必爲「所有之意思」，故主張占有與握有名異而實同，兩者有同一之要素也。延陵氏攻擊沙維尼氏之理論，而爲之言曰：『沙氏所稱之「傳來占有」中，占有人並無「所有之意思」，以爲占有之心素，而羅馬法承認其爲占有如故，是誠矛盾之最顯著者，若謂爲例外，則例外既多，將不得謂爲完備之理論矣。』

第三款　沙延二氏所持理論之比較

沙延兩氏之理論及其爭點，前已言之，茲作簡單之比較如次：

依延陵氏之理論，羅馬法對有「握有之意思」者，均認其爲占有人，然此亦非毫無例外，易言之，有握有之意思而在法律上不視爲占有人者，亦復不少，例如承租人、佃農、受寄人、使用借貸中之借用人及各種代理人，固皆有握有之意思者，而羅馬法固未嘗承認其爲占有人也。然則延氏又將何以解釋之耶？況此類例外，爲數較多，並無明確之限制也哉？

依沙維尼氏之理論，占有心素之條件，雖有例外，然限於四種法律關係中，有此例外而已。況沙氏對此例外，能從歷史方面爲詳切之證明，並說明此四種法律關係，脫不視爲例外之占有，使其受占有令狀之保護，將有極不公平不合法理之結果焉。沙氏對此四種法律關係中之例外，復從而說明之曰：（一）質權之設定，以保障債權爲目的苟債權人對其質物不受占有令狀之保護，則債務人可以隨時收回質物，而債權亦將無保障可言，此其一。（二）羅馬古代永佃權之標的物，其眞實之占有人爲羅馬人全體，假使永佃權人不受占有令狀之保護，將無相當之保障，此其二。（三）「容假占有」之制，自羅馬古代始；當日羅馬貴族，常以尊敬感德爲條件，將其所有土地無償貸與客籍平民耕種，藉以懷柔遠方；是項土地完全歸領耕之平民使用收益，但貴族得隨時收回其土地，是爲容假占有，亦卽有臨時性之恩施占有是已。是項制度，嗣漸擴大其範圍，於動產亦適用之，且除貴族與平民間外，亦有發生類是之關係者。此制存在伊始，貴族將其土地貸與平民耕種後，從不注意及之，依法雖得隨時收回，而事實上鮮有行使其收回之權利者，故容假占有人脫不視爲占有人，使其受占有令狀之保護，其領耕之土地，將隨時有被人侵奪之虞，此其三。（四）係爭物保管人，苟於訴訟終結前，不視爲占有人而使其受占有令狀之保護，則訴訟當事人之一方依判取得其訴訟標的物時，保管人難免有喪失該物之虞，致訴訟當事人蒙受相當之損害，故必對於保管之係爭物，承認保管人爲占有人，而後可以保全訴訟當事人雙方之利益也，此其四。

綜上論述，延陵氏對其理論之例外，不若沙維尼氏之解釋詳明，成一有系統而合乎羅馬法之精神之原則，固無論矣；且後者之理論，井井有條，富有規則性，其學理上之價值，尤爲前者所望塵莫及也。

第二節　占有之取得

第一款　取得占有之限制

（一）關於占有主體之限制

占有雖非權利，然占有人每爲占有物未來之所有人，故在羅馬古代，奴隸、在「夫權」下之婦人、及在「家父權」下之「家子」，均不得爲占有人。至帝政時代，奴隸等得有特有財產，遂亦有占有之能力；且凡得爲所有人者，均得爲占有人，故外國人亦得爲占有人，此皆法律上占有之能力也。惟占有之取得，須具備體素、心素二者，占有人須爲占有之行爲，並表明占有之意思，故法律上有占有之能力者，未必事實上能爲占有之行爲也。事實上無占有能力者，共有三種，即（一）法人，（二）「精神病人」，（三）「未適婚人」是也。嗣後此等無占有能力之人，得由他人之媒介而爲占有，例如法人得由其奴隸或管理人代爲占有；精神病人得由其奴隸或保佐人或在其權力下之家子代爲占有；未適婚人得由其奴隸或監護人代爲占有等是。

（二）關於占有客體之限制

根據占有之意義，物件之得爲占有之標的也，須具備三項要件：其一、須屬得爲所有權之標的之物件，故無體物，不融通物，不得爲占有之標的。其二、須得用有效之方法，即時實施占有人之管領行爲，故占有物須經個別指定，確定該物之內容或其界綫焉。其三、須占有物有獨立之存在，但占有集合物之一部者，不在此限；例如牛羊一羣，集合物也，牛羊一頭，雖爲該集合物之一部，亦得爲占有之標的也。

第二款　取得占有之方法

占有之取得，以具備占有體素與占有心素二者爲條件，故因取得體素而實現心素時，即視爲取得占有。體素心素之意義，已如上述，於此所應研究者，即體素心素二者如何取得是已。茲分述之如次：

（壹）占有體素之取得

現代法學者對此問題，已不乏有深切之闡明者，而以延陵及沙維尼二氏爲尤著。但優帝學說彙編所記載者，每爲抽象之規定，而乏具體之原則，故舊法之規定與現代學者之見解，每有牴觸之處。總之，依羅馬古法之精神，似必占有人與占有物直接發生接觸之關係，始得謂爲占有，但至帝政時代，關於取得體素之條件，已不復如此嚴格，質言之，占有人雖未與占有物直接發生接觸之關係，在法律上亦得視爲占有人也。根據優帝學說彙編之記載，占有體素之取得，共有三種方法：一曰先占，二曰引渡，三曰強占；茲分述之如次：

（1）先占（occupatio）　以先占之方法取得占有之體素時，須明確證明其占有之行爲，蓋先占之標的，既爲「無主物」，各人均得占有之耳。再就無主物取得占有之體素者，因各標的物性質不同，而有不同之規定焉。茲舉例說明如後：其一、占有無主之土地者，須占有人以「占有之意思」，置身於該土地之上，並須占有人對於該土地之界址，具有明確之意識，但無須耕種該土地或爲其他表現占有之行爲也。其二、捕獵鳥獸者，須獵人捕獲其鳥獸，始得謂爲占有行爲，苟未捕獵，雖射擊之，槍殺之，仍不得視爲占有鳥獸也。其三、發見埋藏物者，必須移動該物，始得謂爲占有；例如某甲爲埋藏物所在地之所有人，或已知悉其所在之處所，或已經尋獲埋藏物，在未移動該物前，仍不得視爲該物之占有人也。綜觀前例，無主物上占有體素之取得，因各標的物性質不同而異其條件；然則以先占爲取得占有體素之方法者，未可一概而論也明矣。

（２）引渡（traditio）　「引渡」爲傳來取得之方式之一，已於所有權章論列及之，惟用以移轉占有時，其占有之取得，視爲原始取得。基此理論，當事人間移轉之占有，雖於出讓人爲不合法之占有，其受讓人仍得依引渡方式取得合法之占有，而不承受其已有之瑕疵焉。夫此規定，殆亦羅馬法上「受讓人之權利，不得超過讓與人」之原則之例外也。

以引渡爲取得占有體素之方法時，亦因標的物性質不同而不同其規定，茲舉數例說明如後：例如關於未圈圍之土地，須當事人於該土地上或附近之處所表示引渡之意思，此其一；關於已圈圍之土地或建築物，須於該不動產內或該不動產前，授受其鑰匙，此其二；關於動產，則須授受該動產寄存處所之鑰匙，或直接授受該動產焉，此其三。

（３）強占（usurpatio）　強占云者，卽違反前占有人之意思取得其占有之謂。原占有人方面，既無移轉占有之意思，則其占有之心素，固不因他人之強占而喪失之，故強占之一方主張其占有時，須證明原占有人已喪失其占有之體素也。總之，因強占而取得占有者，實卽侵犯他人之結果，故曰「瑕疵占有」。因強占而取得瑕疵占有者，關於不動產，須用暴力排除原占有人之占有，關於動產，則須移動該動產，使其脫離原占有人焉。

（貳）占有心素之取得

占有之心素，無一定之表現方式，賅括言之，可分爲三種：其一、爲明白之宣示者，其二、爲「所有意思」之暗示者，其三、由管領行爲而表現其占有之意思者。就此三種方式言，占有心素之表現，以出諸第三種方式者爲最普遍，

本论

然此僅屬事實問題而已，於法初無一定之準則也。

管領行爲，爲具備占有心素之結果，故在通常情形之下，占有心素之取得，先於占有之體素。然而占有心素之取得，亦有後於占有之體素者；例如某甲租屋一所，嗣後復買受其租賃物，是甲之取得該屋之占有也，先有占有之體素，至其占有之心素，則於日後存在者也。

握有人，如承租人或受寄人等，不得因有「所有之意思 (animus domini)」，而竟取得握有物上之占有。其取得握有物上之占有也，必須得原占有人之同意；或依「強占(usurpatio)」之方式，用暴力排除不動產之原占有人，或移動動產，使其脫離原占有人焉。在第二種情形之下，依強占之方式取得占有者，僅屬「瑕疵占有」而已，而不得與一般占有人受同等之保護；殆非然者，占有人由他人代理占有時，將隨時有被該他人攘奪之虞矣。

第三節　占有之喪失

占有之兩項要素，喪失其一時，其占有，即視爲完全喪失。但占有體素及占有心素之視爲存在，並不以占有人爲一般占有人之積極行爲，足使他人信其仍然存在，爲必要之條件；苟占有人未爲相反之行爲，足徵其有不復占有之意思者，則占有之體素、心素，在法律上仍視爲存在於占有人也。占有體素之視爲喪失也，必須有確定事實足以證明占有人失去管領之能力，例如占有人離開占有之房舍，往他處旅行者，不得視爲喪失占有之體素也。至於占有心素之視爲喪失也，則必須占有人表示其不復占有之意思；例如占有人將占有物託交他人保管等情，不得視爲喪失占有之心素也。歸納言之，占有體素之喪失，其原因有三，占有心素之喪失，其原因有二；茲分別述之如次：

(I)占有體素之喪失

占有人喪失占有之體素，共有下列三種原因：其一、基於占有人本身之事實，其二、基於占有物之事實，其三、基於他人之行爲而發生之事實。

(一)基於占有人本身之事實　占有人方面之事實，足爲喪失占有體素之原因者，須爲與占有人占有意思相反之事實；殆非然者，將爲喪失占有心素之原因矣。是項事實可分兩種：一曰占有人之死亡；二曰占有人占有能力之喪失，如降爲「他權人」等是。

(二)基於占有物之事實　占有物方面發生特殊情形，致占有人無占有之可能時，卽喪失其占有之體素，而其喪失之原因，則皆基於物件本身而發生者也。占有之不可能性，須有持續之狀態，且分法律上之不可能與事實上之不可能兩種。法律上之不可能者，卽於物件方面發生某種事實，致占有人依法不得占有之謂，例如占有物變爲不融通物，或因他人加工而喪失其法律上之存在等是。事實上之不可能者，卽於物件方面發生某種事實，致占有人在事實上不能占有之謂：關於不動產者，如火山之爆發，堤閘之崩潰等是；關於動產者，如野獸之逃逸，馴養鳥獸之不返原處，奴隸之逃亡，一般動產之毀滅遺失，或失落至不可復得之處所等是。以野獸爲占有之標的者，須該野獸逃至占有人視力所及以外之處所，始視爲不能占有。奴隸逃亡後，必須由他人占有而收爲奴隸時，始視爲不能占有，殆所以防止其逃亡者。所謂動產失落至不可復得之處所者，如落入深淵大海等是。

以言動產之遺失，必須占有人係於公共場所遺失該物，且不知其遺失之處所，始視爲遺失而喪失其占有之體素也。其於公共場所遺失動產者，如日後復於原處尋獲原物，其占有之體素仍視爲未嘗喪失；但於其他處所尋獲失物者，則於未尋獲前視爲遺失，其占有之體素亦即於遺失時起視爲一度喪失也；此其問題有相當之重要性，蓋凡一度喪失占有之體素者，嗣後雖復占有原物，其占有時效即因以中斷，而不得連同遺失前之時效期間繼續前進耳。

（三）基於他人之行爲而發生之事實 因是項事實而喪失占有之體素者，其條件有二：（1）須他人之行爲有使占有人絕對不能占有之效力；例如乙堅欲經過某甲占有之土地，則占有人甲並非絕對不能占有者可比，故不因乙之主張而喪失其占有之體素也。（2）須他人對於占有人爲「強暴行爲（vi dijectio）」，或「非法移動（contradictio fraudulosa）」其占有物，而構成違法之盜賊行爲。此等非法行爲，因占有物爲動產或不動產而定其非法性之大小，及其有無使占有人喪失占有體素之效力焉：（一）關於不動產，須該他人爲強暴脅迫行爲，或施用暴力威逼占有人放棄其占有，或以嚴重迫切之禍患恫嚇占有人，使其放棄其占有，其占有之體素始視爲喪失；但占有人對該他人之強暴脅迫行爲並未屈服，致未得逞，或對之提起訴訟者，其占有之體素，仍視爲未嘗喪失也。（二）關於動產，則須該他人非法移動其占有物，離開原來之處所，占有人始視爲喪失其占有體素；但在該他人之盜賊行爲尚未實現時，其占有之體素仍視爲存在，例如某甲將其占有之動產，藏諸倉庫，該倉庫之鑰匙雖已被乙竊去，而儲藏之動產則猶視爲在甲之管領中也。

（II）占有心素之喪失

占有心素之喪失，限於占有人有移轉占有或拋棄占有之意思時發生之；易言之，喪失占有之心素者，其原因有二：（1）占有人用「引渡」之方式將占有移轉於他人者；（2）占有人拋棄其占有者。占有之引渡，固無二致，而引渡之原因則爲各種法律行爲，其種類至不一也。以言占有之拋棄，則須占有人確爲拋棄意思之表示，如占有人之行爲或不行爲，可作拋棄占有解，亦可作其他解釋者，則仍不得視爲拋棄其占有；例如吾人於家中發見友人遺忘之物件者，應認爲該友人忘卻其物件，而不得視爲有拋棄該物之意思也。

第四節　占有之代理

（I）代理占有之沿革

代理占有云者，卽占有之取得與保存，由他人代理之謂；卽占有之心素，存在於本人方面，占有之體素，存在於代理人方面是也。羅馬古代囿於「占有之要素不可分離」之理論，不承認占有之代理；然「家父」得由奴隸及在其權力下之「家子」，代其取得占有或保存占有，以此等特別代理人，在法律上視爲家父之工具故也。迨帝政伊始，一般人均得代理占有；依其規定，代理人應以握有人之名義，並爲本人之計算，而管領其占有物也。代理占有中，占有心素及占有體素兩者，分別存在於占有人本人及代理人方面；質言之，卽一方面占有人本人具有占有之心素，另一方面代理人具有占有之體素是也。

（II）代理占有之取得

代理占有中占有之體素與心素，須有密切之相聯關係，故代理他人取得占有者，須具備下列四種條件：

（1）須握有人與占有人間有法律關係　代理人與本人間之法律關係，可分爲三種：一曰權力關係，如「家子」之於「家父」，奴隸之於「家主」等是；二曰約定關係，如承租人之於出租人，受寄人之於寄託人，受僱人之於僱用人，學徒之於店主等是；三曰法定關係，如監護人之於受監護人，保佐人之於受保佐人等是。

（2）須代理人開始管領占有物　原則上，須代理人開始管領，以取得占有之客體。但在特殊情形之下，代理人方面之管領無從開始，且無開始管領之必要，以代理人已經取得占有之體素故也；例如占有人甲，欲移轉某物之占有與乙，並約定於某期間內，甲以乙之代理人之名義保存該物之握有，則甲方表示移轉其占有及變爲握有人之意思，乙方同時表示占有該物之意思，以乙取得占有之心素爲已足，固不必由甲移轉占有物與乙，再由乙移轉之於甲，使甲取得占有之體素也。

（3）須代理人有爲本人握有之意思　是項條件，並無例外，雖於奴隸爲握有人時，亦適用之。苟代理占有之奴隸，並無爲主人握有之意思，即視爲未取得占有之體素，而奴隸及其主人，均不得視爲占有人也。代理人代爲本人握有之意思，不必明白表示，而以默示爲已足；例如奴隸或在家父權力下之子，握有物件時，除有相反之表示外，均推定其係代其家主或家父而爲占有。其他自由人受領握有物時，聲明係依他人之委託而受領者，如未有否認之表示，即視該他人爲占有人也。

（4）須本人方面具有「所有之意思」 是項條件，於代理人代表無行爲能力人而爲占有時，不適用之例如未成年人、「精神病人」「浪費人」或法人由其監護人保佐人或管理人代理占有者，縱該本人無所有之意思，亦取得其占有也。或謂是項條件除在此情形之下不得適用外，尚有下列兩種例外：其一、「家子」、「奴隸取得占有時雖「家父」或「家主」從未與聞，亦視爲家父或家主之占有；其二、受概括委任之受任人爲委任人之計算取得占有時，雖委任人不知其取得占有之情事，亦依代理占有之規定而取得占有人之地位也。夫此兩種情形，依法儒奚臘爾(P. Girard)等之見解，不得視爲「代理占有中本人須有所有意思」之條件之例外，更不得與無行爲能力人之無須具備「所有意思」，併爲一談；蓋在後兩種情形之下占有人本人之所有意思，推定其已存在於代理人取得占有之前夕也。

原則上，占有人本人方面之所有意思，應於代理人取得占有體素時表現之，但代理人受概括之委任者，不在此限；例如家父或家主委任其家子或奴隸管理其特有財產時，後者取得之物件，前者每不知其內容，但在法律上，是項委任人仍視爲該物之占有人也。即其他代理人受概括之委任，管理他人之大宗財產時，本人亦鮮有知其代理人代理占有之內容者，而其本人亦居占有人之地位也。

（III）代理占有之喪失

代理占有之取得，已如上述，但其喪失也，不必以喪失各種取得代理占有之條件，爲其喪失之原因。茲就各該條件之喪失，對於代理占有之影響，分別言之如次：

（一）握有人與占有人間法律關係之解除　握有人與占有人間之法律關係，雖經解除，並不影響代理占有之存在；例如占有人甲由承租人乙代理占有者，租賃契約解除時，甲之占有仍然存在，並不因乙與之解除法律關係而失其占有人之地位也。

（二）代理人方面占有體素之喪失　占有之體素，既存在於代理人方面，則其體素是否喪失，其事實之有無，應就代理人方面決定之；但必代理人之握有，於事實上或法律上為不可能時，始視為喪失是項體素，否則占有之體素，仍視為存在，而本人並不喪失其占有也。

（三）代理人方面「握有意思」之喪失　以言代理人為本人握有之意思，必代理人有相反之表示，或施用強暴脅迫以表示排除本人之意思，或非法移動其握有物，以表示脫離本人之意思，始視為喪失，致占有人本人喪失其占有。質言之，如代理人不為此等相反之意思表示，雖不復有為本人握有之意思，以圖為自己之計算或為第三人之計算，取得其占有或拋棄其握有物，本人方面仍不視為喪失其占有也；殆非然者，本人之占有，將隨時有被代理人侵占或拋棄之危險矣。

（四）本人方面「所有意思」之喪失　以言所有之意思，其喪失也，占有卽因以喪失；關於此點，代理占有與直接占有，受同樣之規定也。

第五節　占有之效力（占有之保護）

第一款　總論

占有之效力，學者每列舉數種之多；而實際上，占有之效力祇爲「受占有令狀之保護」而已，蓋所謂其他效力，或爲一般之原則，或以其他條件爲成立之要素，而非占有之純粹效力也。例如「占有人之地位優於非占有人，(melior est conditio possidentis)」之理論，固被列爲占有之效力之一者，然而占有人之地位所以優於非占有人者，蓋於物權訴訟中，占有人居於被告之地位而不負舉證之責任耳。此亦「原告負舉證之責 (actiori incumbit probatio)」之一般原則之適用而已，而非關於占有之特別規定也。此外，或將「先占(occupatio)」列爲占有之效力者，須知因先占而取得所有權者，雖以占有爲要素之一，而除占有外更須具備其他條件，亦非占有之純粹效力也。

總之，占有之純粹效力，卽受「占有令狀」之保護是已。「令狀」云者，裁判官頒發之命令或禁令，而占有令狀云者，則其保護占有之令狀，亦卽裁判官所規定關於占有之訴訟也。占有令狀，惟占有人受其保護，於握有人不適用之，此亦占有與握有在法律上之差別也。雖然，握有人中亦有受令狀之保護者：例如公共土地之承租人，受「公地享益之令狀 (interdictum do loco solus fruendo)」之保護；其他土地之承租人，於他人施用暴力或用隱藏方法變更其握有地之狀態，致受損害時，亦受「強暴或隱藏之令狀(interdictum quod vi aut clam)」之保護也。然握有人所受之保護方法，雖名「令狀(interdictum)」，究與「占有令狀 (interdictum possessionis)」有別耳。

第二款　占有令狀之種類

占有令狀可分兩大種卽（一）「保全占有之令狀(interdictum retinendae possessionis)」（二）「回復占有之令狀(interdictum recuperandae possessionis)」是也。前者，於占有現存之際適用之，以保全未失之占有爲主要目的；後者則於占有喪失之時適用之，而以回復已失之占有爲主要目的。以言「取得占有之令狀(interdictum adipiscendae possessionis)」則與前二者大相逕庭，蓋取得占有之令狀係用以取得尙未成立之占有，乃解決法律問題之方法耳。在此令狀中，法官之職權在解決法律問題，在前兩種令狀中，法官之職權則在解決事實問題，其性質之各異，至爲明顯。且取得占有之令狀，不啻爲取得占有之原因或方法，更不得與前兩種令狀同視爲占有之效力，故法儒奚臘爾等祇承認「保全占有之令狀」及「回復占有之令狀」兩者爲占有之效力，爲保護占有之令狀也。我國民法第九百六十二條所載占有人對於妨害占有或侵奪占有之人所得行使之請求權，殆與羅馬法之規定，如出一轍也。

（甲）保全占有之令狀

是項令狀，復因適用之物件爲動產或不動產，而有不同之名稱，其規定亦略有區別。適用於不動產者曰「如何占有之令狀(interdictnm uti possidetis)」，適用於動產者則曰「占有誰屬之令狀(interdictum utrubi possidetis)」。就兩者之區別言，在如何占有之令狀中，當事人之一方，於令狀開始時占有標的物者，卽處於優越之地位，該當事人卽由法官判決保存其占有；在占有誰屬之令狀中，處於優越之地位而得保存占有者，則爲占有期間之最後一年中占有最久之當事人，而不必於令狀開始時仍然占有也。至優帝時代，廢除占有誰屬之令狀，是項區別，亦不復存在矣。

至優帝時提起保全占有之令狀者，須具備兩項條件：（一）須於提起「令狀」時，有法定占有人之資格；（二）須其占有確受妨害。所謂占有受妨害者，即他人對其占有有爭執之意思之謂。但在法律進步時期，凡在過去一年中曾爲占有人者，得提起之；更不以占有確受妨害爲條件，凡有受侵害之虞者，均得提起之也。

原則上，限於妨害他人占有之行爲人本人，得爲是項令狀之被告。因妨害占有而享有利益者，其利益由第三人繼承時，則占有人祇得對該第三人起訴，請求其返還已得之利益而已。如被告否認妨害占有之事實，原告提起之令狀即無進行之可能，固無論已。如被告主張本人爲占有人，則令狀即成爲所謂「雙重訴訟(judicium duplex)」，而當事人雙方遂互處原被告之地位。如雙方皆不能證明其占有之事實，則均失其占有人之資格。但訴訟伊始之被告勝訴時，原告即喪失其占有，並負賠償損害及提供擔保之責任。被告除得使用上述兩種防禦及攻擊方法外，更得提起「時效之抗辯(exceptio temporis)」或「瑕疵占有之抗辯(exceptio vitiosae possessionis)」；前者於原告非最近之占有人時提起之，後者則於原告使用不法方法取得占有時提起之。然得提起此抗辯者，以被害人爲限。例如甲使用強暴脅迫而取得乙之占有者，或爲僭竊行爲而取得乙之占有者，或「容假占有人」某甲，把持「容假占有物」而取得乙之占有者，在此三種情形之下，甲之占有雖爲「瑕疵占有」，甲仍得提起占有之令狀，且對甲提起之「令狀」，惟乙得提起「瑕疵占有之抗辯」，他人不得提起之也。是項抗辯提起後，令狀

本论

頓成雙重訴訟，而當事人雙方互處原被告之地位矣。歸納言之，令狀之被告，得爲上述三種防禦及攻擊之方法，然核其可爲之主張，均須以占有之理由爲基礎，而不得基於物權或債權關係爲任何主張也。

「保全占有之令狀」其目的有三：（1）解決占有之問題，由法官判決占有屬於誰何，（2）使敗訴之當事人提供不再妨害占有之擔保，（3）使敗訴之當事人賠償他方已受之損害；第一項爲主要目的，後二者則皆從屬之目的也。

（乙）回復占有之令狀

是項「令狀」或謂共有三種，即（a）「基於強暴脅迫之令狀(interdictum unde vi)」，（b）「容假占有之令狀(interdictum de precario)」，（c）「隱藏占有之令狀(interdictum clandestine possessione)」，或謂祇有兩種，並謂羅馬法上並無所謂隱藏占有之令狀之規定也。按隱藏占有之令狀，依第一界說，亦限於喪失不動產上之占有時得適用之。羅馬法上，即使有此令狀，亦祇存在於共和時代；殆至帝政伊始，「第三人於所有人不知覺中所爲之行爲，不得使其喪失不動產」之原則，已經成立，則不動產上之占有，已不得因他人之僭竊行爲而喪失之矣。第三種令狀之內容無從考據，茲就前兩種令狀之內容分別說明如次：

（1）「基於強暴脅迫之令狀」 是項令狀所以保護動產上之占有者，在法律進步時期，更分爲兩種：一曰「施用暴力之令狀(interdictum de vi cottidiana)」，二曰「施用凶器之令狀(interdictum de vi armata)」。因他人或該他人之奴隸或代理人施用暴力，而喪失占有者，得於一年內，對該他人提起「施用暴力之令狀；」該他人雖已移轉占有於第三人，亦得爲令狀之被告，但對於被告原告之占有係「瑕疵占有」者，不在此限。因他人或該他人之奴隸或代理人施用凶器而喪失其占有者，得對該他人提起「施用凶器之令狀」，自喪失占有時起一年後，亦得提起之。原告之占有之於被告，雖係瑕疵占有，被告亦無勝訴之希望；蓋在施用暴力之令狀中被告得提起「瑕疵占有之抗辯」，而在施用凶器之令狀中，被告雖屬原告之瑕疵占有之被害人，亦不得提起是項抗辯也。至優帝時代，此兩種令狀併而爲一，統稱基於強暴脅迫之令狀。依其規定，凡施用暴力或凶器而取得占有者，爲是項令狀之被告時，不得提起瑕疵占有之抗辯，而祇得提起「時效之抗辯」而已。再喪失占有者如不於一年內提起令狀，即不得爲令狀之原告，但得請求加害人返還原物或其價值也。

「基於強暴脅迫之令狀」，最初限於因他人施用暴力或施用凶器而喪失占有者，得提起之，嗣凡因被他人脅迫以嚴重之危險相恫嚇，致喪失占有者，亦適用之。是項令狀之目的，在使被告賠償原告所受之一切損害，其賠償之範圍如次：（一）加害人如仍然保存原物之占有，應返還之；（二）加害人如已不占有原物，應償還原物對於被害人之主觀價值，即原物之價值，應依被害人主觀之需要而計算之；（三）原物如有毀損或滅失情事，雖係因不可歸責於加害人之事由而發生者，加害人亦負賠償之責；（四）加害人就原物已經收穫之孳息，及「得以收穫(percipiendi)」之孳息，均有賠償原告之義務也。

（2）「容假占有之令狀」　「容假占有人」拒絕「被容假占有人」返還原物之請求時，後者得提起是項令狀，請求前者返還之。恩惠他人而設定「容假占有」者，其本人固得爲令狀之原告，即其繼承人，亦得爲原告而提起之。以言得爲被告者，亦不以拒絕返還原物者本人爲限，其繼承人，亦得爲被告而受其拘束也。是項令狀提起後，除「一年時效之抗辯」外，任何抗辯被告不得提起之。以言是項令狀之主要目的，厥爲使被告，連同從屬各物，將原物返還原告是已。自原告起訴前第一次請求返還時起，已經收穫之孳息及得以收穫者，均應返還原告。縱因其輕過失致原告蒙受損失者，被告亦負責任；但在請求返還原物前發生之損害，以因其故意或重過失而發生者爲限，由被告負賠償之責任。

第六節　準占有（權利占有）

占有，爲行使所有權之外部表現，故受「占有令狀」之保護，故占有適用範圍，以有體物爲限也。然所有權以外之其他物權，權利人，亦有以外部象徵爲行使各該物權之表現者。且諸多物權，如地上權等，均以有體物爲標的；其以外部之象徵爲行使權利之表現，亦與所有權相彷彿，故占有之規定，此等物權，亦適用之。質言之，此等物權之占有人，關於權利，亦受占有之保護，是爲「準占有（quasi possessio）」。準占有之標的，非有體之物件，而爲無體之權利，故亦曰「權利占有（juris possessio）」。依那母爾（Namur）之說，「以自己之名義，並有爲自己計算之意思，而行使物權者，則謂之準占有。」其行使之物權，無論果否存在，利害關係人是否同意，均不影響準占有之成立。但準占有之範圍，以地上權、各種人役權及數種地役權爲限；質言之，其他物權，如永佃權、質權等，不受占有之保護也。然則我國民法第九百六十六條所稱之準占有，凡財產權，不因物之占有而成立者，均適用之，其範圍，廣於羅

馬法多矣，

準占有之要素，與占有同，卽體素心素兩種是已。準占有人，握有其物權標的物時，始得謂爲具備體素。在某種情形之下，準占有人爲相當之行爲，或於物件上設置相當之工作物者，亦視爲具備體素，例如經過他人土地之行爲，得視爲「步行權」之體素，於他人土地上設置樑柱，得視爲「支柱權」之體素等是。以言心素，則卽準占有人爲自己計算而行使某種物權之意思是已。準占有之要素，旣如上述，則取得準占有或喪失之，自以具備此兩種要素，或喪失此兩種要素爲前提。但準占有要素之視爲喪失也，須有與準占有相反之行爲焉。故準占有人怠於行使其權利時，不得視爲喪失準占有之要素也。

至於準占有之保護方法，或爲特別之「令狀」，或爲與占有共同之令狀。受特別令狀之保護者，有地上權上之準占有，及少數地役權上之準占有；而其他多數地役權上之準占有，則受「如何占有之令狀」之保護。至於人役權上之準占有，則受三種令狀之保護，卽（一）「如何占有之令狀」（二）「基於強暴脅迫之令狀」（三）「容假占有之令狀」是也。

本章參考書記要

Fr. de Savigny, Traité de la possession d' après les principes du droit romain (traduit en français par Jules Beving) p. 23-251, 288-316, 331-414, 416-438; M.-J. Cornil, Droit romain p.

45, 46, 54, 55, 64, 67–72; T. C. Sandars, The Institutes of Justinian p. 116, 123, 137, 490–495; J. Declareuil, Rome et l'organisation du droit p. 187, 188, 390; J. Cornil, Possession dans le droit romain p. 21, 34–45, 61, 68, 91, 99, 107–115, 125, 130, 142, 153, 308, 321, 322, 335, 371, 385, 388, 482, 497, 499; 黄右昌,羅馬法與現代 p. 297–312; P. F. Girard, Manuel élémentaire de droit romain p. 272–287; F. Marckelden, Manuel de droit romain p. 124–135; Charles Maynz, Eléments de droit romain p. 401–430 (Tome I); Charles Demangeat, Cours élémentaire de droit romain p. 427–431 (Tome I); Accarias, Précis de droit romain p. 532–553 (Tome I); Ruben de Couder, Résumé de répétitions écrites de droit romain p. 185–188; René Foignet, Manuel élémentaire de droit romain p. 105, 106; W. W. Buckland, The main institutions of roman private law p. 104–112; W. W. Buckland, The roman law of slavery p. 294, 295; R. W. Leage, Roman private law p. 164, 168; R. W. Lee, Introduction to Roman-Dutch law p. 157–160; Edouard Vermond, Théorie générale de la possession en droit romain p. 15–28, 38, 52; G. P. Molitor, La possession en droit romain p. 36–48, 65, 73; Crémieu, Théorie des actions possessoires ou des moyens juridiques de faire valoir la possession en droit romain et en droit français p. 20, 32–41, 53, 58; Edouard Cuq, Recherches sur la possession a Rome p. 13–16, 32–34, 45; R. von Jhering,

Fondement des interdits possessoires p. 5-16, 26-31, 45, 46; Ch. Appléton, De la possession et des actions possessoires p. 1-9, 35, 47; J. Ortolan, Explication historique des Institutions de l'empereur Justinien 357-412; J. Declareuil, Rome the law-giver p. 165-172; Rudolph Sohm, Institutes of Roman law p. 328-337.

第四編　親屬

第一章　通則

第一節　羅馬法上親屬關係之沿革及其種類

（Ⅰ）男系親（宗親）

羅馬建國時，拉丁民族之部落，聚族而居，形成純粹之宗法社會。當日之親屬，係專指男系親而言，男系親云者，即父族之親屬之謂。故同父者、同祖父者、同曾祖者、或父之始祖相同者，均爲其親屬，雖無血統關係，亦爲親屬，例如養子與養父間之親屬關係等是。反之，有血統關係者，未必即爲法律上之親屬，例如在「無夫權之婚姻」，妻受母家「家父權」之支配，其所生之子，則必受夫家「家父權」之支配，此等不受同一權力支配之母子間，並無法律上之親屬關係，舅甥間或外孫與外祖父間亦然。此所謂男系親，與我國民律草案及舊刑法第十一條第二款所稱宗親略同；惟是項親屬，因其關係之遠近或特殊之情形，而有「家族(domus)」、「宗族 (agnatio)」與「宗統(gens)」之分。茲分述之如次：

（甲）「家族（domus）」 此爲最狹義之家庭組織，其構成之分子，爲家父及隸屬於其權力下之人，例如子若孫及「有夫權婚姻」之妻若媳或孫媳等是。總之，除已出嗣之子孫，及依「有夫權婚姻」而出嫁之女或孫女外，男系之後裔皆隸屬該「家族」而爲「同家」之親屬也。「家族」團體中之「家父」，對於家族中之奴隸財產，均爲獨尊之主宰，而有絕對之權威；而在其權力下者，不得僭竊參與毫末。及家父歿後，第一順序之直系卑親屬均脫離其權力而成爲「自主人（herilis sui）」，各組新的家族；然脫離家族之關係後，其相互間，仍有宗族之關係，關於繼承等項，更仍有平等之權義關係也。

（乙）「宗族（agnatio）」 宗族云者，乃法定之親屬關係，抑亦以「權力（potestas）」觀念爲基礎，而擬制之親屬關係也。故受同一權力關係支配之人，在此權力關係消滅後，相互間仍爲宗族之親屬，但此權力關係因「人格減等」而消滅者，不在此限；例如家父因受「人格減等」之處罰而喪失權力者，「家子」間，卽視爲無此親屬關係矣。分析言之，互有宗族關係之人，可分下列數種：

（1）相互間受權力關係之支配者 例如依「有夫權婚姻」而出嫁之女子，與其生子及嗣子等是。

（就是項實例言，生子或嗣子爲女子之家父，與我國所謂夫死從子者盡同，故此實例，限於夫及其家父死亡時發生之。）

（2）現受同一「家父」之權力關係支配者 例如兄弟、姊妹、母子、母女等是，但女子之依「無夫權婚姻」而出嫁者，並非其所生子女之「宗族親」也

（3）曾受同一「家父」之權力關係支配者 例如父子等是。兄弟曾經同處於「家父權」之下者，

其所生之子女亦互爲「宗族親」；但姊妹所生之子女，無此親屬關係。再曾經同受其支配之權力關係，須有自然之消滅原因，如死亡是；反之，此權力關係，如因權力人人格減等而消滅者，卽曾共處此權力下之人，亦非「宗族親」也。

（4）假使共同之家父尚未死亡，卽可受同一權力關係之支配者　此泛指男系之後裔，而依想像之條件，可以處於同一權力之下者而言。例如同高祖之人，假使其高祖並未死亡，則皆受其權力之支配，故互爲「宗族親」也。總之，此等宗族親範圍最廣；或謂羅馬古代無戶口登記制度時，此等宗族親關係之遠，甚至無證明之方法。然則歐西古今，不若我國各宗族之均有詳細家譜，亦明矣。

上述各「宗族親」，其相互間之權利有二：一曰繼承權，二曰爲監護人之權。至其權利行使之次序，悉依親等之遠近，而以親等近者居先。至若因「人格減等」而脫離「家族」者，基於非婚姻關係而同血統者，已出嗣之子孫，或依「有夫權婚姻」而出嫁之女子，則皆非羅馬法上之「宗族親」也。再「agnatio」一字，有廣狹二義，用於廣義，則作一般宗親解，而與「cognatio」一字成相對之名詞也。

（丙）「宗統（gens）」　同「宗統」者，卽我國所謂同宗之人是已，我國學者或譯作「同姓人」。同「宗統」者，其範圍極廣，舉凡祭祀同一祖先，並同其姓氏，而視爲共同始祖之後裔者，皆屬之。上述同祭同姓兩種同宗統之要件，以前者爲最重要，蓋被解放之奴隸，概與其舊主同姓，而不同其祭祀，僅同姓氏者，不得視爲同「宗統」之親屬關係也。再同「宗統」者，其相互間，有時亦得享受「宗族親」之權利；例如無宗族親時，其同宗統者，即有繼承權及爲監護人之權利也。

或謂祇同宗統者其親屬關係，僅屬人爲之關係，其結果，殊不平等云云，洵非虛語，在帝政時代，是項親屬，已於無形中逐漸廢止。且自帝政時代以還，漸有採取血統主義之趨勢，昔日之男系親主義，因以動搖，而以權力觀念爲基礎之宗族親，優帝新律，遂亦明文廢止之矣。

（II）血親(cognatio)

血親云者，以血統關係爲基礎之親屬，學者或稱「天然的親屬」。故凡與父或母有血統之關係者，同爲血親；且不論爲婚生子女或非婚生子女，對於父族及母族，均血親也。羅馬法分血親爲左列數種，試分述之：

（一）「法定自然血親(cognatio naturalis et civilis)」　即由正式結婚之夫妻而生育者之謂；例如婚生子女與乃父若母相互間，不特事實上有血統之關係，而法律上更有父子及母子之關係也。

（二）「純自然血親(cognatio naturali, per se)」　即由非正式夫妻而生育者之謂；例如非婚生子女，除與其生母爲母子外，與其生父並非法律上之父子，對父族之人更無親屬關係可言也。非婚生子女，固即我國俗稱之「私生子」是已。

（三）「純法定血親(cognatio civilis per se)」　並無血統關係，而僅由法律之規定，視爲血親者，曰純法定血親；例如養子與養父母間，互爲宗族親，亦互爲血親是也。

血親，亦有旁系與直系之分。旁系血親，更分「兩面親(bilateralis)」與「一面親(unilateralis)」兩種：前者，指父母均同者而言，亦稱「純血親(germani)」；後者，則指同父異母或同母異父者而言。同父異母之兄弟姊妹，曰「同血親(consunguni)」，同母異父之兄弟姊妹，則曰「同胞親(uterini)」，各有其特別之名稱也。

(III) 姻親(affines)

姻親云者，配偶之一方與他方之血親間所有之親屬關係也。此與我國民律草案及舊刑法所稱妻親略同。我國民法第九百六十九條謂：「稱姻親者，謂血親之配偶，配偶之血親，及配偶之血親之配偶。」是固適合我國之習慣，然與羅馬所謂姻親，其範圍之廣狹，有不同者矣。

第二節 親系及親等

各種親屬，均有直系親與旁系親之分。直系親云者，從一直線上下之親屬，其一方或其配偶，爲他方所從出，或從他方所出者之謂。旁系親者，則一方或其配偶，與他方或其配偶出於同源之親屬。至於宗親如養子等，雖與養父間無「所從出」之關係，亦爲直系親，蓋爲擬制之親屬也。我國民法第九百六十七條謂：『稱直系血親者，謂己身所從出，或從己身所出之血親，稱旁系血親者，謂非直系血親，而與己身出於同源之血親』，同法第九百七十條第一第二兩款，又謂：『血親之配偶，從其配偶之親系及親等』，『配偶之血親，從其與配偶之親系及親等』，殆與羅馬法之原則，幾無二致矣。

姻親之親等，各從配偶之親等，故無論爲宗親、血親或姻親，均同其計算親等之方法。親等(gradus)云者，親屬間關係遠近之等級也。直系親及旁系親之親等，各異其計算方法。計算二人間之直系親親等時，從其一方或其配偶，數至他方，每一距離爲一親等，其所得之總數，即爲此二人親等之數；例如自子至父，有一個距離，是爲一親等，自孫至祖，有兩個距離，則爲二親等，餘皆類推。至於計算二人間旁系親親等時，則從其一方或其配偶，數至雙方第一順位之共同尊親屬，再從該共同之尊親屬，數至他方或其配偶，兩次數得之總數，即其親等之數也；例如兄弟姊妹間，其第一順位之共同尊親屬，則爲父母，由兄數至父母，祇有一個距離，再由父母降數至弟，又有一個距離，其距離

羅馬寺院法直系親親等計算圖表

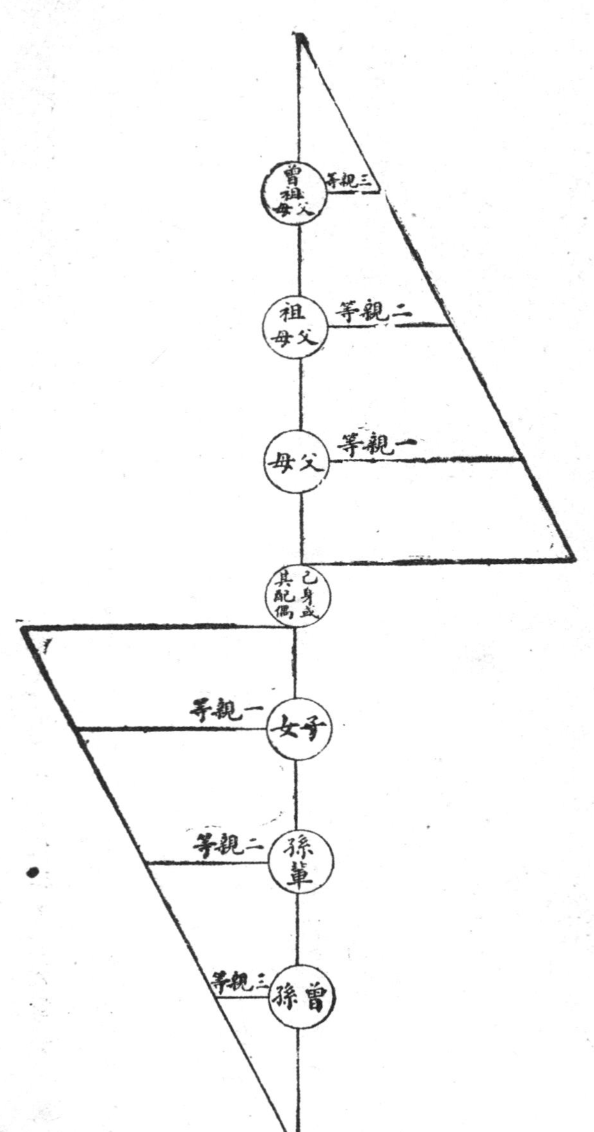

羅馬法旁系親親等計算圖表

曾祖父母
三
祖父母
二
父母
一
己身或其配偶
四
五
六
七
伯祖父母
伯父母
堂兄嫂
堂侄

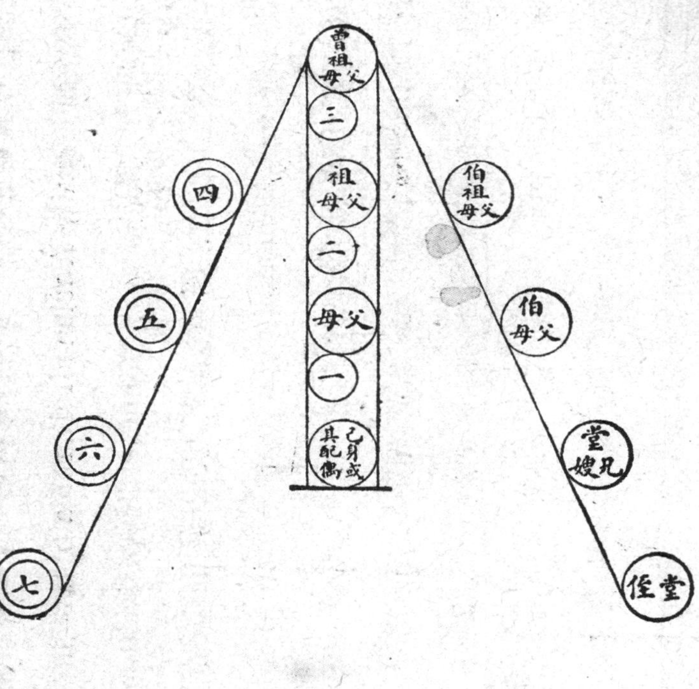

寺院法旁系親親等計算圖表

曾祖父母
三
祖父母
二
父母
一
己身或其配偶
一
二
三
四
伯祖父母
伯父母
堂兄嫂
堂侄

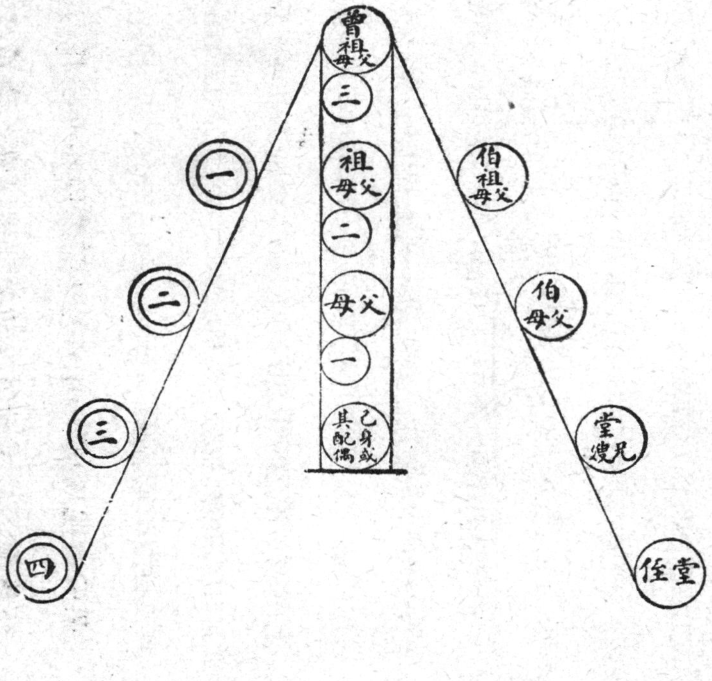

之總數爲二，故爲二親等之旁系親屬，餘皆類推。

上述親等計算方法，即所謂羅馬法計算法是已。計算親等之方法，爲現代法例所援用者，可分兩種：一曰羅馬法計算法，二曰寺院法計算法。計算直系親之親等，此兩者完全相同，所不同者，惟旁系親等之計算耳。計算旁系親間之親等時，依寺院法，則從雙方第一順位之共同尊親屬，依次數至各方或其配偶，如雙方之數相同，即以其一方之世數，爲親等之數，如雙方之世數不同，則以其最多之世數，爲親等之數也，茲列圖表釋明如上。

本章參考書記要

Georges Cornil, Ancien droit romain p. 33, 34; T. C. Sandars, The Institutes of Justinian p. 276–289; J. Declareuil, Rome et l'organisation du droit p. 102, 103; 黃右昌，羅馬法與現代 p. 205–207, 208–213; P. F. Girard, Textes de droit romain publiés et annotés p. 498, 499; P. F. Girard, Manuel élémentaire de droit romain p. 146–149; Gaston May, Eléments de droit romain p. 120, 138, 566; Ruben de Couder, Résumé de répétitions écrites de droit romain p. 44, 45, 63–71; Edouard Cuq, Les institutions juridiques des Romains p. 165–190; René Foignet, Manuel élémentaire de droit romain p. 39–41; W. W. Buckland, The main institutions of roman private law p. 56, 65; W. W. Buckland, The roman law of slavery p. 295, 296; R. W. Leage, Roman private law p. 66–68; R. W. Lee, Introduction to Roman-Dutch law p. 35; Eugène Henriot, Mœurs juridiques et judiciaires de l'ancienne Rome p. 334–338 (Tome I); J. Declareuil, Rome the law-giver p. 93–95; Rudolph Sohm, Institutes of Roman law p. 451, 452:

第二章　婚姻

第一節　總論

（I）婚姻之意義

依現代學者之理論，婚姻固卽契約或法律行爲之一種也。但羅馬人視婚姻爲有神祕性之結合，與古代各國之思想如出一轍，故認婚姻爲「夫婦終身之結合（consortium omnis vitae）」。羅馬古代之婚姻以綿血統繼宗祧爲目的，故女子出嫁後，卽與母家脫離法律上之親屬關係，而爲夫家之「他權人（aliena juris）」。夫爲「自權人」時，直接受「夫權（manus）」之支配，夫爲「他權人」時，則由夫之「家父」行使其夫權。總之，已嫁女子，無獨立自主之權能，殆與我國古代所稱「三從」實無二致。自十二表法以還，婚姻雖有「有夫權婚姻」與「無夫權婚姻」之分，至帝政伊始，則有夫權之婚姻已不復見於羅馬（註）。然而已嫁女子，仍不得對人行使權力，仍無以家父之名義支配他人之權能也。娶妻之目的既在綿血統、繼宗祧，夫婦間合作以成家，生育以傳後，休戚相同，除共謀現實之生活外，更含有宗教之意味，故羅馬法學大家毛特斯丁（Modestinus）有言曰：婚姻者，乃一夫一婦之終身結合，發生神事與人事之共同關係者也。（Nuptiae sunt conjunctio maris et feminae et consortium omnis vitae, divinis et humani juris communicatio)

（註）執行奉祀官職務之家庭除外；奉祀官云者，即主持宗教儀式者之謂，與現代舉行婚禮或祭禮時，誦經之牧師相似。

（II）婚姻與「夫權」

古代婚姻純為「有夫權之婚姻」，已如上述，當日之婚姻與夫權混為一體，而以「夫權」即為婚姻當然之效果。易言之凡稱正式婚姻者，已嫁女子必隸於夫權之下，而對其夫處於「女兒之地位(filia loco)」。夫權，為親權之一種，與「家父權」略同，居其下者稱「他權人」，必受權力人之支配，與「家子」無異。如夫本人為他權人，而受其「家父」權力之支配者，則其夫權應為家父權所吸收，而由其家父代位行使之也。自十二表法以還，發生所謂「無夫權之婚姻」；是項婚姻，不特效果方面不使女子脫離母家而隸屬夫家，即婚姻之本質亦略有變更，例如當事人得僅因合意而自由結婚，並得因片面之意思而離異是也。婚姻制度，苟完全如此變更，固未免有矯枉過正之嫌；故「有夫權之婚姻」與無夫權之婚姻兩者同時並存，一任人民自選擇之也。迨帝政時代，有夫權之婚姻，已無形廢止，然而世襲奉祀官職務之家庭，則仍採用之焉。

（III）結婚與生育之獎勵

西曆紀元前第九世紀，斯巴達王弟律科爾媾斯(Lycurgus)為國相時，訂立法律，凡達結婚年齡而獨身不娶者，罰之，世傳為「律科爾媾斯之法律」，固以繁殖人口之種族思想為基礎者也。羅馬自共和末造以還，自由離婚之風盛行一時，而為軍人者，更有獨身不娶之俗尚，故獨身者(coelibus)日多，而人口無繁殖之可能。奧古斯都斯帝有鑑於此，遂模倣律科爾爀斯之法律，獎勵結婚，獎勵生育，以救濟之。依奧帝頒佈之法律，凡二十五歲以上六十歲以下之男子，及二十歲以上五十歲以下之女子，其未結婚者，國家得強制使其與身分相當者結婚；女子於結婚後二年內離婚者，則應於離婚後一年以上一年半以下之期間內，再行結婚。無論男女，有違背此法律者，即剝奪其接受繼承及接受遺贈之權利，以制裁之。至無子之人，法律上亦不得受完全平等之待遇；例如甲依遺囑繼承遺產時，就其所應有之部分，僅得享受其二分之一，餘則應由有子之其他繼承人平均分配；縱其他繼承人無子，亦由國家享受其半，而甲仍不得享受其全部也。此等獎勵結婚與生育之制裁，自君士坦丁帝以還，已次第廢止之矣。

（IV）一夫一妻制與「姘度婚」

羅馬法律，對於婚姻，素採一夫一妻之制；以視古代各國採用多夫制或多妻制之法律，實其優異獨出者也。羅馬法所謂非正式婚姻者，共有三種：一曰「萬民法上之婚姻（matrimonium sine connubio）」，指非羅馬市民間之婚姻而言；二曰「奴隸婚姻（contubernium）」，指婚姻當事人雙方或其一方為奴隸者而言；三曰「姘度婚（concubinatus）」，則指劣等身分之女子，與男子姘居而共同生活者而言。此第三種非正式婚姻，與我國所稱之納妾有別：蓋在我國，稱婦女與有妻之男子同居者曰妾，妻妾同時並存，甚至一夫而有一妻數妾；羅馬法所稱「姘度婚」，則專指無妻之男子，與身分卑劣之女子之結合，亦係一夫一妻之制，與正式夫妻，極相類似。故帝政時代伊始，一男一女之結合，係為正式婚姻，抑為姘度婚，除有相反之證明外，悉以女子同居前之身分為標準；例如女子為「解放自由人」或「令名減少」者流，其結合即視為姘度婚，不發生婚姻之效果，而其女子亦即不得分得姘夫之名譽或地位也。再關於姘度婚，限制頗多，而與正式婚姻，極相接近；茲列舉其限制如次：

（一）有妻者，不得與其他婦女姘度

（二）有姘婦者，不得娶妻

（三）一人不得同時與數婦女姘度

（四）不得與他人之妻姘度

（五）近親間不得成立「姘度婚」，近親間，因「姘度」關係而生之子女，與普通姘婦所出者有別：其子女不曰「姘生子女(naturales liberi)」，而曰「亂倫子女 (spurius)」，此其一；且一般私生子，生父得認領之，而近親間苟合生育者，生父不得認領之，此其二。至由一般姘度婚所生之子女，曰「姘生子女 (naturales liberi)」，在法律上，僅爲生母之子女，不受生父「家父權」之支配。姘生子女對其生父，並無繼承權，而祇有受其養育之權利而已。姘生子女，其生父母如於嗣後正式結婚，或以其他方法認領之者，則對於生父之關係，與婚生子女同。至帝政末造，雖未被認領，姘生子女對於生父之遺產，亦稍有繼承之權。姘度婚之制，優帝時，仍然存在；直至西曆紀元後第八百七十七年，始經雷耳六世 (Leo VI) 帝明文廢止之也。

第二節　婚約

婚約云者，締結婚姻之預約也。依現代一般法例，婚姻自結婚時起，發生效力；婚姻當事人之一方，違背是項預約時，並不負任何責任。我國古代，如唐明之法律，凡父母不履行其女之婚約者，處以笞杖之刑，是婚約之不履行可引起刑法上之罪責。我國傳統之習慣，重視婚約，如此其甚，故現行民法，仍規定「無法定解除婚約原因而違反婚約者，對於他方當事人，負擔損害賠償之責。」羅馬時代，亦有婚約（sponsalia）之制度。依共和時代之法律，婚約爲「要式口約」之一種，凡有違背之者，對於他方負損害賠償之責。至帝政時代，違背婚約者，不負損害賠償之責，但婚約仍發生下列三種效果：與他人結婚時，婚約視爲法律上結婚之障礙，此其一；未解除婚約前，另與他人訂定婚約者，構成「破廉恥」之原因，此其二；訂定婚約時，互爲之贈與，無正當理由而違約者，不得請求返還，此其三。綜觀上述三種效果，婚約當事人所受之拘束，殆與我國現行民法所規定者略同。再由女之過失而解除婚約者，有過失之女方，除對他方返還贈與物外，並應給付該物之四倍價值之罰金；是項罰金，嗣後雖減至與贈與物價值相同之數額，其有罪刑懲戒之性質如故，則又與我國古法接近矣。

無故解約之結果，已如上述。至有正當理由而解除婚約者，仍得請求他方，返還其因婚約而贈與之物件。至優帝時，因充僧侶而不結婚者，有解除婚約之特權，殆所以保護僧侶者也。再婚約係爲特定之當事人而訂定者，故其一方死亡時，其契約卽當然歸於消滅。依育利亞及巴比亞寶貝法（Lex Julia et Papia Poppea）之規定，自婚約成立之日起，二年以內不結婚者，其婚約卽視爲作廢，但有特殊之重大事由者，不在此限，例如當事人之疾病，其父母之死亡等是。然則羅馬人訂定婚約時，其當事人多爲將達結婚年齡，或已達結婚年齡之人，而不若我國之有爲胎兒或襁褓子訂定婚約之習慣，亦可想見矣。

第三節 結婚

第一款 婚姻之要件

凡法律視爲正式婚姻者，須具備下列六種要件，玆分述之如次；

（I）須男女二人均有市民法規定之「婚姻權（jus connubu）」 共和時代，僅羅馬市民及古拉丁人間得爲正式婚姻之當事人。其與外國人結婚者，則祇發生「萬民法上之婚姻」之效果，而不得視爲正式婚姻，然其婚姻並非完全無效也；易言之，男子不得因是項婚姻而取得「夫權」或「家父權」，或設定合法之「嫁資」其婚姻本身則仍發生萬民法上之效力也。至帝政時代以還，享有「婚姻權」之外籍人日多，是項要件，亦非嚴重之問題；然奴隸及所謂「野蠻人」 直至優帝時代，仍不得享有婚姻權，而爲正式婚姻之當事人也。

（II）須男女二人均爲「已適婚人」 卽男子須達十四歲以上，女子須達十二歲以上之年齡是已。女子生理方面及心理方面之發育，每早於男子，故由來女子法定適婚年齡，較低於男子。至生理方面生育之能力薄弱者，並不當然構成婚姻無效或撤銷之原因；但當事人證明其一方缺乏生育之能力者，其婚姻無效，例如當事人之一方爲「不具者」 或石女等是。

（III）須當事人未於過去有與婚姻牴觸之志願 其最初之實例，卽夫死後十月內，妻不得再醮是已；是項期間，旋改爲一年。苟女子於此期間內再醮，卽不易辨別其所生之子女，爲前夫之子女，抑爲後夫之子女，故法律推定其有「不願旋卽再醮，致亂血統」之意思，而規定再醮之最早期限也。至帝政時代，是項要件，於發願修道守貞之女子，亦適用之；然對於男子，從未適用之也。至夫死後一年內再醮者，其婚姻，仍生法律上之效力，惟再醮婦與其新婚之夫，應受「破廉恥」之處分已耳。

（IV）須經雙方「家父」之許諾　家父之得參與「家子」之婚姻，以其「家父權」之權力觀念爲基礎。質言之，法律付以參與婚姻之權，並非使其保護子女爲目的也。故須家父許諾之要件，僅以「他權人」之婚姻爲限；婚姻當事人而爲他權人也，縱年逾花甲，仍須經家父之許諾；婚姻當事人而爲「自權人」也，縱將達適婚年齡，亦不以他人之許諾爲婚姻之要件也。依羅馬古法，當事人爲他權人時，家父可以越俎代庖，強使其與某人結婚，有如我國所謂「父母之命」者然，固非僅單純之「許諾」已也。嗣依新法之規定，他權人之婚姻，匪特須經現時之家父之許諾，卽將來得對婚姻當事人行使家父權之未來家父，其許諾，亦爲婚姻成立之要件。蓋婚姻當事人及其婚生子女，將來均係是項未來之家父之繼承人耳。例如甲現時之家父爲祖父乙，祖父乙死後，則甲父丙當然爲其家父，苟甲與之結婚者，爲丙所反對之人，是強使丙以不滿意之人爲其未來之繼承人，故甲之婚姻，除經乙許諾外，同時須經丙之許諾也。但至帝政伊始，奥古斯都斯帝爲奬勵婚姻計，頒立新法：家父拒絕許諾時，他權人得請求官廳許諾之。嗣依西曆紀元後第二世紀之法律，凡家父患瘋癲病而不能許諾者，家子得不經其許諾而爲婚姻之主張，但其瘋癲病係不時發作者，仍須得皇帝之可決，以代家父之許諾。至優帝時代，家父被敵人俘虜或失踪經過三年之久者，家子之婚姻，亦得自主之也。

婚姻須得家父之許諾，以「他權人」爲限，已如上述，但女子雖爲「自權人」，仍無婚姻自主之完全能力。立法者推定女子意志較爲薄弱，經驗亦較缺乏，易於爲情慾所動，或受他人之愚弄，故對於女子之婚姻，有特別精密之規定，以保護之也。依羅馬古法，有自權人身分之女子，締結婚姻時，須得其監護人之許諾。依帝政時代新法之規定，已解放之女子，在二十五歲以下者，其婚姻須得父之許諾；父死時，須得母之許諾；如父母均已死亡，則須得最近親屬之同意也。

（V）須男女雙方同意　依羅馬古法，當事人爲他權人時，其婚姻之成立，以得「家父」之同意爲已足，而不必當事人本人同意，必當事人爲「自權人」時，始須其本人同意也。至於家父爲女子選定夫壻者，女子不得拒絕之，但其選定之夫壻爲不忠實之人，或無健全之品行與名譽者，不在此限。

（VI）須無法律上之障礙　所謂障礙云者，因有某種特殊情形，特定當事人間，不得締結婚姻之謂。此等障礙，爲數頗多，分析言之，共有三大種：（一）以當事人間之親屬關係爲原因者，（二）以政治背景或社會地位爲原因者，（三）以維持公益爲原因者。茲分述之如次：

（甲）以親屬關係爲原因之障礙　此等障礙，可分血親、宗親及姻親三方面，分別言之：

（1）血親（cognatio）　直系血親間，不論親等遠近，均不得結婚，此則現代各國法例所盡同者。關於旁系血親之規定，屢經變更：最初凡在四親等以內者，不得結婚，繼而改至六親等以內，旋復改爲四親等以內。至西曆紀元後第一世紀，寇老弟愚斯（Claudius）帝欲娶其侄女爲妻，使元老院議決承認三親等之血親間，得成立婚姻關係。君士坦丁帝，旋復立法禁止之並規定凡三親等之血親間結婚者，科以死罪；直至優帝時，是項法律未嘗變更也。

（2）宗親(agnatio) 宗親間通婚之限制，與血親同。且養子與其養父母及其直系親屬間，其收養關係，縱已消滅，亦不得互爲婚姻當事人。但因收養關係而成立旁系親者，其相互間得於收養關係消滅後締結婚姻，如前養父母之子女得與養女或養子通婚是也。

（3）姻親(affines) 直系姻親間，不得結婚。至於旁系姻親間，限制極少，依君士坦丁帝之規定，配偶之一方，不得與他方之兄弟姊妹互通婚姻；即亡夫之兄弟，不得與寡弟媳或寡嫂通婚，夫不得與亡妻之姊妹通婚是已。嗣至天主教盛行之帝政時代，即此限制，亦不復適用之矣。再姻親間結婚之限制，於婚姻關係消滅後，亦適用之，例如妻亡故時，夫仍不得娶岳母爲妻，妻於離婚後與他人生育之女，不得與其前夫結婚等是；此則爲我國民法第九百八十三條第二項完全採用之原則也。再婚約雖非婚姻，然因婚約而即可以發生直系姻親之關係者，於履行婚約前，關於姻親間之結婚限制，亦適用之；例如男子不得與未婚妻之母結婚，女子不得與其未婚夫之父結婚是也。

（乙）以政治背景或社會地位爲原因之障礙 此等障礙，分下列四種：

（1）平民與貴族通婚之限制 羅馬古代，市民法上之「婚姻權」，本爲貴族所專有，十二表法之第十一表，更有平民與貴族結婚之禁令。職是之故，平民與貴族間之界限愈大，而後者鄙視前者亦愈甚；平民雖數度抗爭要求法律上之平等待遇，但是項限制，直至西曆紀元前第四百四十三年，始由家奴兩婭法（Lex Canuleia）廢止之也。

（2）自由人與「解放自由人」通婚之限制　男主人，以與之結婚爲目的，而解放女奴者，得與之結婚，而該女奴並不得與他人結婚，但女主人則絕對不得與其解放之男奴通婚也。是項限制，嗣後亦經育利亞法廢止之矣。

（3）元老階級與品位卑下者通婚之限制　元老院議員及其後裔，不得與品位卑下者通婚；例如娼妓，或從事下等職業之俳優等，及其父母子女，皆在限制之列，殆所以表示元老階級地位之優越也。迨優帝欲娶代優徒拉（Theodora）爲后時，以代氏爲女優，苦於受法律之限制，遂廢止是項限制，以達其娶代之目的；而俳優者流，遂均蒙其惠矣！

（4）省長與其管轄區域內女子通婚之限制　省長在任時，不得與其管轄區域內之女子通婚，殆所以防其濫用權威，強迫該地方女子與之結婚者也。

（丙）以維持公益爲原因之障礙　此類障礙，亦可分爲四種如次：

（a）與有夫之婦通姦者與該婦結婚之限制　我國民法第九百八十六條謂「因姦經判決離婚或受刑之宣告者，不得與相姦者結婚。」日本民法第七百六十八條，亦有同樣之規定，蓋皆所以制裁通姦之男女，使其無結合之可能也歟？依羅馬法之規定，凡與有夫之婦通姦而被處刑者，除嗣後不得與該婦結婚外，其所有財產，應罰歸該婦所有，其強姦婦女者亦同。或謂，立法者恐犯姦之男子，與姦婦結婚後，仍取得其已被處罰之財產，故禁止其與之通婚。余謂法律禁止其通婚之原因，在彼而不在此；殆非然者，現代法例，固未嘗規定將犯姦男子之財產，罰歸通姦或被強姦之女子，則禁止其通婚，寧非已失其原因乎哉？

（b）略誘少女者與該女通婚之限制　被略誘之女子，事實上年齡每小於略誘之人，而略誘之者，復多以嗣後與之結婚爲目的；苟任其達此目的，不特該女子蒙受不利益，亦有妨害善良風俗之弊，故法律禁止其通婚也。

（c）監護人及其子與受監護人通婚之限制　監護人及其子，不得與二十歲以下之受監護女子通婚，蓋立法者恐監護人不盡職掌，侵占財產，而以婚媾爲敷衍之方法耳。但受監護人之父生存時，已以其女嫁與監護人者，則其父必信任之，受監護人自無因婚而蒙受不利益之虞，故法律不禁止之也。

（d）不同宗教者通婚之限制　在天主教盛行之帝政時代，天主教徒，不得與猶太人通婚，抑亦宗教上及種族上婚媾之限制也歟？

婚姻之要件，除上述六項外，至西曆紀元後第九世紀，宗教方面結婚之儀式，亦視爲法律上要件之一，蓋雷耳六世（Leo VI）帝規定凡天主教徒結婚，必由牧師舉行祝福之「婚配」儀式，其婚姻始生法律上之效力也。至於結婚證書（instrumenta dotalia）僅爲證明婚姻關係之方法，要非婚姻之要件，良以羅馬古代，凡男女間之地位相去懸遠者，即視爲「姘度婚」，故每作成結婚證書，以證明其有正式婚姻之關係。嗣凡社會地位彷彿者，均視爲正式配偶，繼而爲減少姘度婚計，縱男女間之地位懸殊，亦推定其爲正式配偶，故當日人民已鮮有使用之者。直至優帝時代始以訂立結婚證書爲必要，然以屬於智識階級者及由姘度婚而改爲正式婚姻者爲限，故亦不得謂爲市民法上正式婚姻之要件也。

第二款　婚姻之無效

前款所述六項要件除第一項所稱之「婚姻權」及第三項所稱寡婦再醮之期限外，苟缺其一，其婚姻即歸無效，以當事人並未結婚論。婚姻無效時，無論經過幾何時日，當事人之結合，不視爲正式婚姻，婚姻不生效力之原因，如爲可以除去者，例如家父之許諾等，必於此原因除去後重行結婚，始發生婚姻之效力也。婚姻無效者，每發生嚴重而不公平之結果，例如生育之子女在法律上不得視爲婚生子女等是；故寺院法規定，凡男女因善意而結婚者，其婚姻缺乏要件而歸無效時，在發覺其無效前，對於子女仍發生法律上之效力。具體言之，如男女雙方或其一方不知其婚姻無效，在發覺無效前所生之子女，仍視爲婚生子女而有繼承遺產等權利。再無效之婚姻，對於善意結婚者，仍生效力，但亦於其發覺無效前爲限，故在發覺無效前，善意之一方，對於他方有繼承遺產之權利，及配偶相互間所得享受之其他權利；至明知婚姻無效而結婚者，則其一方自始視爲非他方之配偶；如雙方明知無效，則其相互間視爲自始無正式婚姻之關係也。是項理論，現代法例亦有完全援用之者，如法國民法第二百零一條及第二百零二條之規定等是。我國民法第九百九十八條謂：『結婚撤銷之效力，不溯既往；』則與上述寺院法及法國民法之規定，似有同一之目的也。再羅馬皇帝，亦曾有類似此等規定之勅令，然皆爲某特定人之利益而頒發者，猶難認爲實現寺院法之理論之普通法律耳。

第三款　結婚之方式

羅馬法上之婚姻，可分兩種：一曰正式婚姻，二曰略式婚姻。正式婚姻，爲市民法所規定，夫得因婚姻而對其妻取得「夫權」，故名「市民法上之婚姻」，又曰「有夫權之婚姻」。略式婚姻，則爲萬民法所規定，夫對妻無夫權，故名「萬民法上之婚姻」，又曰「無夫權之婚姻」。名目雖繁，而事實上僅有兩種不同之婚姻而已；所謂正式婚姻與略式婚姻，則就結婚之方式而論此兩者之差別者也。

（Ⅰ）正式婚姻

正式婚姻，其舉行之方式，共分三種：一曰祭品之共食，是爲「共食婚」；二曰買賣之擬制，是爲「買賣婚」；三曰同居之時效，其婚姻本身，則曰「時效婚」。玆分述之如次：

（Ⅰ）共食式（confarreatio）　此爲羅馬有史以來最古之結婚方式，限於貴族得適用之。羅馬人最初信多神教，與一般半開化之民族同，其所信奉之衆神中，視爲最尊者，則曰「求必得神（Jupiter）」。司祭此神者，曰「求必得神官」，與牧師略同，在社會上有高尚之地位，必須其父母係用「共食婚」之方式而結婚者，始得充任是項神職，則是項結婚方式之隆重，可見一斑。「共食式」云者，卽新夫婦以「麥餅（farreus panis）」供奉「求必得神」，並共食其「麥餅」之謂。供奉時，大僧正及求必得神官於神前領導誦經，並須有證人十名，參與盛典。誦畢，新夫婦取供神之麥餅而共食之，以示共同生活之意，有若我國舊俗新夫婦共食所謂「長壽麵」

者然！至此，法定之結婚儀式，遂告終了。至於其他祭祀祖先等繁複之程序，則概非法律責令婚姻當事人履行者也。嘗諸我國之結婚方式，依民法第九百八十二條之規定「應有公開之儀式及二人以上之證人」，程序固極簡單，而習慣上通行之拜神祭祖等繁複程序則有甚於此者。雖然，羅馬法定方式以外之結婚程序，雖非法律問題，亦不無歷史上之價值。此等繁複之程序，與我國之舊俗，極相類似：例如結婚儀式，必擇吉月吉日，而舉行之。羅馬人以五月爲凶月，六月爲吉月，故多於六月結婚；而所謂吉日，則以卜筮定之。既屆吉日，其習慣上之程序，可分三種步驟：女子行將于歸時，其父於新壻前祭祀祖先家神及「求必得神」等，禱告其女于歸某家而爲某甲之妻，以表示其女從此脫離母家而歸宗夫家之意，此其一；及新婦于歸，除有特別事故時由他人代表往迎外，新郎必親迎之，並各於途次唱歌相慶，將至夫家時，新婦不卽入室，首由新郎佯作掠婦狀，新婦之侶伴則佯作阻止迴避狀，如此者再，然後進，此其二；新婦既入，由新郎引導登堂，至家神前，略以清水拭之，以示齋沐之意，既畢，攜其手佯作接觸神前之燈火狀，此其三。按希臘人以火與靈爲一物，故有接觸神前之火，以示同心一德之傳統觀念；而羅馬人結婚時接觸神前之火，亦以此耳。總之，上述數種程序，其動機與形態，誠極幼稚而荒謬；我國民間現在通行之風俗，與此極相彷彿，其迷信之愚昧心理，及其表現之無聊形態，則有過之無不及，較諸羅馬古代之人民，更堪憐憫而歎息也！

「共食式」之婚姻，始於羅馬建國初年，至共和末年，已無形廢止。「求必得神官」之遞補，既以出於「共食婚」爲必要之條件，故此時期，是項神職，亦鮮有能充任之者，而共食婚之方式，更難普遍舉行。於是替拜禮斯帝（Tiberius 西曆紀元後第十四年即位稱帝在位二十三年）頒佈法律，規定「共食婚」方式之舉行，祇有宗教上之效力而無法律上之效力也。

（II）買賣式(coemptio) 是項結婚方式無宗教之意味，最初本爲平民而設，但嗣後於貴族亦適用之。當事人應於證人五人及持衡器之「計量者」一人前，擬制「曼兮怕蓄」之買賣方式，以新郎爲買受人，佯作買受新娘狀如買受奴隸家畜等物然，故曰「買賣式」之婚姻。或謂，不特男子可以買受女子，而女子亦得買受男子；然而「買賣婚」發生「夫權」之結果，而女子從不能取得夫權，假使女子得爲擬制之買受人買受男子，更無受男子夫權支配之理，故此說難認爲有理由，德儒何得(Hölder)氏則反對此說最力而最有根據者也。是項方式至帝政初年已無形廢止矣。

（III）時效式(usus) 男女二人，共同生活，經過一年之期間者，即視爲正式配偶，是爲「時效式」之婚姻。十二表法第六表有「取得時效(usucapio)」之規定，凡占有他人之動產經過一年之期間者，即因此而取得該動產之所有權；嗣後準此原則，遂承認所謂「時效婚姻(matrimonium per usum)」之成立，是不啻視婦女爲動產之一種矣！關於時效有時效中斷之規定，故與男子共同生活之女子，不欲因時效而成立正式婚姻，致受「夫權」之支配者，於一年之期間內，亦得中斷其時效。其中斷時效之方法，極爲簡單，即連續三夜，離開男子之家庭，不與同居是已。

（II）略式婚姻

略式婚姻，爲萬民法所規定，於羅馬市民及外國人，均適用之，男女之結合，不發生「夫權」之效果，亦不拘任何方式，故曰略式婚姻，又曰「萬民法上之婚姻」或「無夫權之婚姻」也。略式婚姻之要件，僅爲當事人之同意而已，其同意之事實，亦不拘於何種行動以表現之，至祭祖拜神等儀式，固足證明婚姻關係之成立，然婚姻之成立，並不以舉行此等儀式爲要件也。是項婚姻，其當事人，亦鮮有作成結婚證書者。至女子爲妻，抑爲姘婦，以男子平日對待女子之態度爲準，如男子平日對待女子，與一般人對待其妻相同時，則視爲彼此間有婚姻關係。再雙方之社會地位相等時，均推定其爲配偶，否則即推定其爲「姘度」；嗣至西曆紀元後第六世紀初葉，彼此間之社會地位，縱然懸殊，且亦推定其爲配偶，是誠「合意婚姻」之制度也。依優帝時之法律，凡當事人爲智識份子，或由「姘度」關係而成立婚姻關係者，均以作成「結婚證書（instrumenta dotalia）」爲必要。迨第九世紀，雷耳六世帝規定，凡天主教徒，必須經牧師祝福，舉行「婚配禮」，始得成立婚姻之關係。然則依優雷二帝之規定，一部分人民之婚姻，曩所稱爲「合意婚」者，亦須履行一定之方式矣。

市民法規定之結婚方式，始於羅馬古代，在共和末年帝政初年之間，「共食式」及「買賣式」，均先後廢止，而「時效式」次之。迨優帝時代，此三種方式，均不復見用於羅馬；唯一之結婚方式，厥爲當事人之合意而已。至「結婚證書」之作成，並非一般人結婚之必要方式，已如上述；而舉行「婚配禮」宗教儀式之規定，則自第九世紀始也。

近代歷史學家及社會學家，研究婚姻方式之演進，均謂最古者爲掠奪式，男子以武力掠奪女子而成婚姻；次爲買賣式，男子以金錢買受女子而成婚姻；再次爲合意婚姻，因男女雙方同意而成婚姻。此其理論，徵諸羅馬法上結婚方式之沿革情形，而益信矣。再各國婚姻制度，由共妻制而一妻多夫制，而一夫多妻制，而一夫一妻制，此爲近代學者所共認。羅馬人，則自建國以來，即採一夫一妻之婚姻制度，亦可謂優異之民族。然則我國及其他東方民族，猶未能完全進化至一夫一妻之階段者，對之寧無愧色耶！

第四節　婚姻之效果

婚姻之效果，可分三點言之：就夫婦相互間之身分所生之結果，如權利義務之關係等，是此其一；就夫婦間之財產所生之結果，此其二；就婚生子女之身分及其與夫婦間之關係所生之結果，此其三。此三種婚姻之效果，羅馬法學者，多分別列入婚姻之效果部分中，成一體系。我國民法，則稱第一點爲「婚姻之普通效力」，第二點爲「夫妻財產制」，於婚姻章中各成一節。此外另立「父母子女」章，規定婚姻之第三種效果，而不與其他兩種效果成一體系，殆以父母子女間之關係，非即婚姻之直接效果耳。茲姑依據我國民法之編制次序，先就婚姻之普通效力及夫妻財產制兩點，分款論列；至父母子女之關係及「家父權」，則另立專章於後也。

第一款　婚姻之普通效力

本款所討論者，爲夫妻相互間身分上之關係，前已言之。但關於此點，羅馬法因婚姻爲「有夫權之婚姻」或「無夫權之婚姻」，而有不同之規定焉；茲分目論述如後。

第一目　「有夫權之婚姻」

是項婚姻，對於女方發生極不利益之效果：已嫁之女子，完全與母家脫離法律上之親屬關係，而成夫方之

「家子」，依夫家之姓而祭祀夫家之祖先，以夫家之親屬爲其親屬；在室前，雖爲「自權人」，而出嫁後，即降爲「他權人」，而受「夫權」之支配，所謂因出嫁而發生「人格小減等」之結果者是已。出嫁前爲自權人者，自有其獨立之財產，然既至夫家，其「財產權」，即爲夫權所吸收，故其所有財產，均應歸夫所有，而此後並不得爲本人之計算，而取得其他財產也。

出嫁之女子，對於其夫，祇有「女兒之地位(filia loco)」；準此，則對其本人所出之子女，亦僅有姊弟姊妹之地位。總之，夫之於妻，其權力極高，與「家父」之於子女同，試舉例以明之：

(1)妻之財產，既爲夫所有，夫死亡時，與其所生之子女，有同等之繼承權。

(2)祭祀祖先時，妻應隨夫參加盛典，與子女同。

(3)出嫁之婦女，受「人格小減等」之結果，與爲人養女者同。

(4)妻有不法行爲，致他人蒙受損害時，夫得將妻引渡於該他人，以免其責任。

(5)妻之品行不端，如飲酒、與人通姦等情，夫得處罰之，但須通知妻之血親，召集親屬會議；其親屬會議，則應以夫之宗親及妻之血親組成之也。

綜觀上述數項，妻之地位，與子女相似。其與子女不同者，亦有兩點：「家父」處罰子女時，祇須通知其本人之宗親，而處罰其妻，則須通知妻之血親，此不同者一；家父得將其子女出讓於他人，使其受該他人「領主權(mancipium)」之支配，而於妻則無此權利，此其不同者二。至其他各點，帝政時代，亦屢經修改，至優帝時代，妻之地位，已不復如此其惡劣矣。再讀者所應注意者，本節所稱之夫並非專指夫本人而言，苟夫爲他權人，由其家父代行「夫權」時，則夫之權利均由其家父行使之，而所稱妻者亦未必即爲行使夫權者本人之配偶也。

第二目 「無夫權之婚姻」

略式結婚之女子，不因出嫁而稍變更其身分。其父之權利，與夫之權利發生衝突時，以前者居先，而後者次之。夫虐待其妻時，妻父更得請求官廳發給「解放卑親屬之令狀 (interdictum de liberis decendis)」，令夫壻交還其女也。至帝政時代，以妻父權利之擴張，有害夫家家庭之利益，遂廢除是項請求權矣。

妻既不屬夫家，妻爲「他權人」時，應以其宗親爲監護人，而夫不得支配之；其宗親亡故時，妻即有完全之自由矣。是項婚姻，雖不發生絕對有利於夫之效果，但夫妻間仍發生共同之權利義務，及雙方相對之權利義務也。茲分述之如次：

（甲）夫妻雙方共同之權利義務　共同之權利義務，可分下列三種：

（1）夫妻有守貞操之義務　法國民法第二百一十二條，有同樣之規定。有配偶之人，與人通姦者，現代法例，類皆列爲離婚之原因，是皆間接規定其守貞之義務，例如瑞士民法第一百三十七條第一項，我國民法第一千零五十二條第二款之規定等是。依德國民法第一千零六十五條第一項之規定，夫妻之一方，因與人通姦應受刑之處分者，他方得請求離婚。日本民法第八百一十三條則謂「妻與人通姦時」，夫得請求離婚，「夫因姦淫罪而受刑事處分者」，妻得請求離婚；而依日本刑法，男子與他人通姦者，未必即受刑事處分，是不啻間接規定女子一方有守貞操之義務。其在羅馬法也，妻違犯是項義務時，有嚴厲之制裁，除夫得據以離異外，並得公開羞辱之處罰之，而男子則否。現代法例，亦多懲罰與人通姦之妻，而夫與人通姦時，則未必即受刑事處分，似猶未盡合理，惟依我國新刑法第二百三十九條則凡「有配偶而與人通姦者」皆處罰之，可謂適合男女平等之原則之進化法例矣！

（2）夫妻互負同居之義務　是項原則，現代法例，咸採用之，此亦婚姻之性質之當然結果也。

（3）夫妻有互助之義務　是項義務極爲廣泛，如共同操作，撫育子女等項，均屬之。依羅馬法之規定，是項原則，有兩種效果：第一、爲「保留生活費用之利益（beneficium competentiae）」之享受，例如夫妻之一方，請求他方履行債務時，該他方得根據雙方之關係，要求保留其生活上必要之費用；第二、爲刑事訴訟之禁止，即夫妻間不得提起刑事訴訟，此外，凡發生破廉恥之效果之訴訟，夫妻間亦不得提起之也。

（乙）夫之權利

（一）妻對夫有服從及尊敬之義務。

（二）夫有決定住所居所之權，妻並有隨夫居住之義務。

（三）妻有重大過失時，夫得會同親屬會議，裁決處罰之；其親屬會議，則由妻之血親及夫之宗親組成之也。

（丙）妻之權利

（1）妻有受夫保護之權利；另一方面，卽夫有保護其妻之義務，故妻之權利受人侵害時，夫有代爲起訴之義務也。

（2）夫之住所，妻有居住之權，而夫不得拒絕之。

（3）至帝政時代妻得取得夫之社會地位，例如夫爲元老院之議員，妻亦爲元老階級；但在「無夫權之婚姻」中，妻爲平民或「解放自由人」時，縱夫爲貴族或「生來自由人」，妻仍保持其結婚前之身分也。

第二款 夫妻財產制

第一目 通則

（I）夫妻財產制之種類

夫妻財產制，羅馬法祇有兩種：一曰「統一財產制」，二曰「分別財產制」，前者於「有夫權之婚姻」適用之，後者則於「無夫權之婚姻」適用之。此兩種制度，各有其弊端，故嗣後有「嫁資」「婚姻贈與」等制，以補救之。然則「嫁資」等項，不啻爲夫妻財產制之從屬制度，故本款內容，除包括此兩種主要之夫妻財產制外，關於嫁資及婚姻贈與，亦於本款各立專目論列之也。

（II）夫妻間行爲能力之限制

依羅馬法之規定，夫妻相互間之行爲能力，有特別之限制：婚姻而爲「有夫權之婚姻」，妻之財產權，已爲「夫權」所吸收，夫妻相互間，固不得成立任何法律行爲；卽爲「無夫權之婚姻」，其相互間，亦不得爲贈與行爲。在無夫權之婚姻中，妻不因婚姻而變更其身分，且有獨立之財產；就理論言，本得與夫互為任何法律行為，但因羅馬古代每有配偶強迫他方贈與財物，甚至使用詐術，或以離婚為恐嚇之方法者，習慣上早已禁止夫妻間互為贈與行為，以避免發生類是之弊害，故依萬民法之規定，在無夫權之婚姻中，夫妻間雖得為買賣、租賃等一般法律行為，而於贈與行為，則仍禁止之也。依萬民法之規定，夫妻相互間所為之贈與行為，絕對無效，贈與人就贈與之物件，仍有完全之所有權，而得隨時為返還之請求；但受贈人在法律上仍視為善意占有人，而就贈與物之孳息，有合法之所有權，故贈與人請求其返還孳息時，亦祇就其享益之部分，有返還之義務，而不負損害賠償之責任也。

雖然夫妻相互間之贈與，亦非完全禁止，其因特殊情形而為贈與，可視為出於贈與人之本意者，已無禁止贈與之原因，故仍發生法律上之效力。至此等有效之贈與，可分下列數種：

（1）習慣上普通之餽贈　例如夫妻間互送之節禮、賀禮等是。

（2）妻對夫所為之贈與，而以謀夫之光榮或職位為目的者　例如支付費用，為夫圖謀職業，或有名譽之地位等是。

（3）婚姻關係消滅後始生效力之贈與　是項贈與，可分兩種：一曰「死因贈與（donatio mortis causa）」，二曰「離婚贈與（donatio divortii causa）」；前者於贈與人死亡時發生效力，與一般「死因贈與」同；後者則於離婚後發生效力，係以安慰他方為目的者，與撫卹金同其性質。

（4）夫對妻所為之「婚後贈與（donatio propter nuptias）」　至優帝時代，夫於結婚後所為之贈與，而以保障妻之前途爲目的，至婚姻關係消滅時始生效力者，不禁止之。再是項贈與，亦視爲夫妻財產制之補充制度，而有法律上之強制性焉容於第五目再論列之。

除前列數種贈與，可以發生效力外，縱爲「無夫權之婚姻」，夫妻間，亦不得互爲贈與，已如上述，但自西曆紀元後第三世紀初葉卡拉卡拉(Caracalla)帝以還，此嚴格之理論，已略有變更；即夫婦間所爲之贈與，原則上，雖然無效，若贈與人於婚姻關係存續中死亡，並未表示取銷贈與之意思者，其贈與仍然生效。基於是項新理論，凡因離婚而消滅婚姻關係者，受贈人先於贈與人死亡者，或贈與人撤銷贈與者，其贈與無效。在第三種情形之下，所謂撤銷云者，得以默示爲之，而不必經過一定之方式，例如贈與人出賣贈與物等情，均可視爲撤銷贈與之表示也。

第二目　統一財產制

羅馬法上之統一財產制，與我國民法所稱者，稍異其趣。我國民法第一千零四十二條謂：『夫妻得以契約訂定，將妻之財產，除特有財產外，估定價額，移轉其所有權於夫，而取得該估定價額之返還請求權。』但依羅馬法之原則，凡爲「有夫權之婚姻」，妻之財產，完全爲夫之財產權所吸收，結婚後，妻不得取得新財產，或負擔財產上之義務，夫死亡時，僅得與其子女，按人數分配其遺產而已，既無「特有財產」，更不得請求返還其移轉之財產或其價額也。是項制度，於夫妻雙方均有未便：妻因結婚而喪失其已有之財產，及將來取得財產之權能，此其不利於妻者一；妻爲「他權人」時，無財產可以移轉於其夫，將來更無取得財產之能力，而家庭費用，則由夫一人負擔之，此其不利於夫者又一也。綜上兩點，羅馬法上之統一財產制，未能行之無弊，故增定「嫁資」之制度以補救之，即以妻方設定嫁資，以補家庭費用之不足，而減輕夫之負擔是已。嫁資制度，最初雖以補救統一財產制之弊端，爲其目的，嗣於分別財產制，亦適用之。關於嫁資之規定，於是益臻完備矣。

第三目　分別財產制

「無夫權之婚姻」，對於夫妻之財產，不發生若何效果；有之，則夫妻相互間之贈與行爲無效而已，而夫妻各方已有或未來之財產，則劃然分開，如故所謂適用分別財產制是也。依據此制，各方保持其已有之產權，及管理財產處分財產之能力。妻爲「自權人」時，得自行管理之；依法，女子雖應置監護人佽助，而事實上，仍有完全之自由，關於財產之一切行爲，不以夫之同意或允諾爲要件。夫妻相互間，除贈與外，更得爲買賣、租賃等法律行爲；與結婚前無別；另一方面，家庭一切費用，則完全由夫一人負擔之，而妻不與焉。我國民法第一千零四十四條謂：『分別財產，夫妻各保有其財產之所有權、管理權、及使用收益權；』同法第一千零四十八條則謂：『夫得請求妻對於生活費用爲相當之負擔；』然則共同生活之夫妻，各保有其個人之權利，亦各負擔共同之費用，誠極公允之道，故現代一般法例，關於夫妻財產制，殆皆有類是之規定也。但依羅馬萬民法之規定，妻保有其權利，而不負擔費用，故妻每擁有巨資，奢侈無度，而夫則債臺高築，乏術維持，其不公允不合理，孰有甚於此者耶？爲補救此弊計，羅馬法遂援用「有夫權婚姻」中「嫁資」之制，以妻方設定之嫁資，補家庭費用之不足也。

第四目　「嫁資(dotis)」

(Ⅰ)總論

妻對夫交付或約定交付之財產，或第三人以妻之名義，對夫交付或約定交付之財產，而以分擔夫之家庭費用爲目的者，謂之「嫁資」。嫁資之設定，不以妻本人爲限，妻爲「自權人」時，得自行設定之，其有監護人者，亦僅須經其監護人之同意而已。妻爲「他權人」時，由其「家父」設定嫁資，且任何他人均得設定之，但均須用妻之名義，以設定也。非妻本人設定之嫁資，羅馬法上有「完全嫁資（dotis perfectitia）」與「外來嫁資（dotis adventitia）」之分：由妻之家父或其尊輩宗親設定者，曰「完全嫁資」，由他人設定者，則曰「外來嫁資」。在共和時代，任何人無設定嫁資之義務，但至帝政初年，育利亞法（Lex Juliae）遂規定家父應按其經濟狀況爲乃女設定嫁資，嗣依皇帝之勅令，在數種情形之下，妻之生母亦有爲女設定嫁資之義務矣。嫁資之制，係爲夫之利益而設者，已如上述，然夫爲他權人時，則應由夫之家父享受其利益也。

任何財產上之利益，均得充作「嫁資」：一般動產及不動產，固得充作嫁資；他如以設定嫁資之名義，對夫設定債務，拋棄債權，或拋棄就夫之財產所有之物權者，亦爲法所不禁，而其債權、債務、或其物權，則皆嫁資之標的也。夫對於嫁資之標的物，與買受人有同等之權利，但當事人每估定其標的物之價額，而以此價額爲其直接之標的。再是項估價之習慣，亦有以避免納稅爲目的者，然以免稅爲目的而估價者，須載明其目的，否則即以其估定之價額爲嫁資之標的也。

（II）設定嫁資之方式

設定嫁資之方式可分三種：一曰「嫁資之移轉（datio dotis）」，二曰「設定嫁資之要式口約（promissio

dotis)」，三曰「設定嫁資之略式口約(dictio dotis)」。第一種方式，於結婚前或結婚後舉行之。嫁資之移轉云者，亦卽卽時移轉嫁資上之權利之法律行爲是已；但是項法律行爲，以婚姻不成立爲其解除條件，婚姻如不成立，則設定人得請求返還之也。依第二種方式設定嫁資者，須完全履行「要式口約」之繁複方式，一方正式約定設定嫁資，他方正式答覆表示接受；而設定人不履行前約時，夫或其「家父」，亦應提起「基於要式口約之訴」以請求之。第三種方式，則較爲簡略，僅以普通口頭契約爲設定嫁資之約言而已。此最後兩種方式，均於結婚前舉行，而以婚姻爲其停止條件，在結婚前，並不發生完全效力也。羅馬古代，嫁資之設定，必須採用上述三種方式之一，但自西曆紀元後第五世紀前半葉以還，已不復受此嚴格之限制，凡有設定嫁資之允諾者，不論其出於何種契約之方式，均發生法律上之效力矣。

（III）夫妻雙方對於「嫁資」之權利之沿革

「嫁資」制度形成伊始，嫁資完全歸夫，而從無返還之義務，故夫對之有絕對之權利。至共和末年，在數種情形之下，夫有返還嫁資之義務，其返還之法定原因，更與日俱增；法律恐夫於日後無返還之可能，遂漸限制其對於嫁資之權利。依優帝法典之規定，夫於婚姻關係消滅時，均有返還嫁資之義務，其限制愈嚴，而夫對嫁資之權利，更微乎其微矣。總之，嫁資制度之沿革，或夫妻對於嫁資之權利之更替，可依上述三種時期，而分三個不同之階段，茲分述之如次：

（甲）羅馬古代

依古代法律，「嫁資」物儼然成爲夫之財產之一部，故夫對之有絕對之權利，而妻無干涉之可能。此時期之婚姻多爲「有夫權之婚姻」，離婚雖已爲法律所許，然事實上僅限於妻方有重大事故被夫休出時發生之，除夫妻雙方或其一方死亡外婚姻關係幾成有永久性之關係；然則在此時期嫁資完全歸夫未必於妻有重大之危險，蓋在有夫權之婚姻，婚姻關係因夫死亡而消滅者，妻亦與其子女同有繼承權也。但在「無夫權之婚姻」，妻死亡時，其嫁資之繼承權，不屬其宗親而屬於夫，另一方面夫死亡時，嫁資視爲夫之遺產之一部而歸夫家繼承，其妻不得參與，固難認爲公允；至未生育子女之妻，即就嫁資物之使用收益等權，亦不得享受之，其地位之惡劣，則尤甚焉。總之，羅馬古代之婚姻，多爲有夫權之婚姻，故上述關於嫁資之規定，行之無甚弊害，歷五世紀之久，而未稍改革，殆以此歟？嗣至法律進步時期，多爲無夫權之婚姻，離婚之風，復極普遍流行，爲保護妻方之利益計，法律遂變更此等規定，而限制夫對嫁資所享之權利矣。

（乙）法律進步時期

至羅馬建國後第六世紀，「無夫權之婚姻」漸多，而離婚之風亦日盛。「家父」深恐其女因被夫離異而蒙受不利益，故爲女設定「嫁資」時，多以「要式口約」與夫婿或其家父約定，於離婚時返還其設定之嫁資，是爲「妻有物之擔保（cautio rei uxoriae）」。是項特約，嗣於夫之死亡，亦適用之，終則於妻之死亡，亦適用之，但以曾經言明得爲返還之原因者爲限。此等約定之返還原因完成時，並得提起「基於要式口約之訴」以請求其實現也。

繼而裁判官依據上述保留返還之習慣，更進一步而爲便利婦女之補充辦法：依其規定，縱「家父」未爲返還「嫁資」之保留，日後離婚時，妻方亦得提起「妻有物之訴(actio rei uxoriae)」請求返還。此訴提起後，法官得依職權判決夫方返還若干，因夫之過失而離婚者，其返還之責任則愈大。是項訴權，嗣漸擴大其適用範圍，即夫先妻而死亡時，妻亦得提起之，請求其繼承人返還嫁資是也。

迨奧古斯都斯(Augustus)帝時代，提倡生育，主張寡婦及仳離婦擇配改嫁；其無財產者，事實上不易改嫁，故奧帝認爲「嫁資」之保護，匪特含有保護婦女私權之意義，於社會公益，尤有重要之關係焉。本此理論，故育利亞法(Lex Julia)規定凡嫁資爲意大利不動產者，非得妻之同意，夫不得處分之，並不得就之設定抵押權；其嫁資爲意大利不動產以外之財物者，或就意大利不動產估定價額，而以該價額爲嫁資之標的者，不在此限，但價額之估定，幷非眞實，而以免稅爲目的者，夫仍不得爲有效之處分行爲也。總之，夫之處分行爲，並非絕對無效，其因妻之同意，或因妻之主動，而以妻之名義處分不動產嫁資者，其處分行爲，仍生效力，例如婚姻關係消滅時，夫得保留其嫁資，而以妻之名義爲處分行爲是也。

法律進步時期，婚姻消滅時，嫁資得請求返還，已如上述，但妻方所得提起之訴訟，或爲「基於要式口約之訴」，或爲「妻有物之訴」，其所應具備之條件及其效果，亦因此而各異其趣，茲分別詳述其內容如次：

（壹）「基於要式口約之訴(actio ex stipulatu)」　「嫁資」之設定與一般債務之成立同，其返還之條件或期限，均依契約定之，故「要式口約」視爲請求權發生之原因，故請求時，應提起「基於要式口約之訴」也。至帝政時代，妻方每使夫方約定，於婚姻關係消滅時返還嫁資，是夫方所負返還嫁資之義務，成爲有明確期限之普通債務，故此特別之期限屆滿時，妻得請求其卽時返還嫁資。如夫對妻而爲遺贈，則夫之繼承人，應一併履行之也。另一方面，如夫對妻有何權利，則得就嫁資而折算之。再妻及其繼承人與普通債權人處於同等之地位，例如夫死亡時負有債務者，妻及其繼承人就其遺產，僅與一般債務人有同等之權利，而無優先受償之特權也。

（貳）「妻有物之訴（actio rei uxoriae）」 依法得提起此訴時，妻及其繼承人，均處於優越之地位。婚姻關係因離婚或夫之死亡而消滅者，不論其嫁資係由何人設定，均歸妻本人所有，如妻仍爲處於「家父權」下之「他權人」，則應由乃父代爲行使其權利，但應得其本人之同意也。

婚姻關係因夫死亡而消滅者，如夫曾對妻而爲遺贈，則妻提起「妻有物之訴」時，應就其「嫁資」及遺贈選擇其一而請求之，質言之，嫁資之返還及遺贈之履行，二者不得兼而有之；但以妻之名義提起此訴時，妻有優先受償之特權也。

婚姻關係因妻死亡而消滅者，如欲提起此訴請求返還嫁資，須具備兩種要件：其一、須嫁資係爲妻之家父所設定者，其二、須家父仍然生存；但提起此訴，不以曾有返還之口約爲必要也。至此訴對夫提起後，夫所處之地位，與一般債務人有別，如嫁資爲不特定物時，得依下列三種特別規定返還之也：

（1）得分三年還淸 卽每年返還「嫁資」之三分之一是已。此其規定，於夫最有利益，「嫁資」

以金錢爲標的時，其便利尤爲顯著，蓋一次還清，難免有不易籌措之困難耳。

（2）返還義務之免除　依夫之經濟狀況有消費「嫁資」之必要者，如夫已經消費，則不負返還之義務。

（3）就返還「嫁資」之債務，夫得爲抵銷之主張　夫就妻之不動產嫁資而支出費用者，或對妻有其他債權者，固得抵銷之，即夫對妻所爲之饋贈，亦得視爲債權而抵銷之。再因妻之過失而離婚者，夫更得留置一部分嫁資，以抵銷其因離婚所受之損失也。

上述三種規定，祇限於「嫁資」爲不特定物時適用之；反之，嫁資爲特定物者，對夫提起「妻有物之訴」時，夫應即時返還其全部也。

（丙）優帝時代

至優帝時代，在任何情形之下，夫應返還妻之「嫁資」，其嫁資爲不動產時，不論其爲意大利不動產與否，縱得妻之同意，夫亦不得處分之也。另一方面，婚姻關係存續中，法律承認夫就嫁資有所有權，然是項所有權亦僅理論上之權利而已，蓋事實上夫僅處於用益權人之地位耳。且夫無支付能力時，即於婚姻關係存續中，妻亦得請求其夫返還嫁資，是夫在法律上之所有權，名存而實亡也。

優帝時代，「妻有物之訴」已經廢除；請求返還「嫁資」者，不論爲妻本人或其繼承人或嫁資設定人，均應提起「基於要式口約之訴」，而夫及其繼承人均得爲此訴之被告，其無返還之口約者亦同，殆亦畸形之制度也。總之，優帝時代，提起基於要式口約之訴，請求返還嫁資者，其效果與曩者有別，蓋參合兩者之間，而特別規定之耳。茲分述之如次:

（1）「嫁資」爲動產時，應於一年內返還之。

（2）「嫁資」爲不動產時，應卽時返還之。

（3）因返還「嫁資」致缺乏生活費用者，夫得免除返還之義務，或酌減其返還之數額 質言之，夫得享受「保留生活費用之利益(beneficium competentiae)」，但夫之繼承人，不得主張是項利益也。

（4）因妻之過失而離婚，致消滅婚姻關係者，夫不得保留其嫁資之一部，而主張抵銷其所受之損害也。

（5）夫就不動產嫁資所爲之處分行爲，絕對無效 故於婚姻關係消滅時，不論該不動產係由何人持有，妻得提起返還之訴，其於現存之動產亦同。

（6）優帝就夫之全部財產，承認妻有法定抵押權，以供其嫁資返還之擔保 且是項法定抵押權，自婚姻成立時起發生效力，而有最優先之特質：妻或其繼承人請求返還嫁資前，夫已就其財產設定抵押權者，妻之法定抵押權，得排除之，質言之，其他抵押權擔保之債務，於嫁資返還後始得履行之也。

（IV）「嫁資」以外之妻有財產

是項財產，卽妻之財產，而不包括於嫁資之內者也。此與我國民法所稱「特有財產」略同，故妻保留其所有權及其他一切權利，而僅以管理權委諸其夫而已。且夫就此財產之管理，悉依關於普通委任之規定，其所處之地位，與一般受任人同但有下列兩項例外第一項例外，以保護妻之利益爲目的，第二項例外則以減輕夫之責任爲目的者也。茲分述之如次：

（一）妻就夫之全部財產，有法定抵押權　「嫁資以外之財產（paraphernaux）」，其管理與返還，均以是項法定抵押權爲擔保之有效方法。是項法定抵押權之設定，則自優帝時始也。

（二）夫就是項財產之管理，僅負重大過失之責任　夫有輕過失時，從不負法律上之責任，此又與普通受任人有別者。

總之，羅馬法上關於嫁資之規定，已如上述，其於「嫁資以外之財產」，均不適用之也。

第五目　「對妻贈與」

原則上，夫妻間，不得互爲贈與行爲，已於第一目論列及之。此所謂「對妻贈與」者，乃結婚前或結婚後，夫或其「家父」對妻所爲之贈與，爲「嫁資」之相對制度，而以保障妻之前途爲目的者之謂。是項贈與，至婚姻關係消滅時，發生效力，抑亦夫妻財產制補充辦法之一種，故法律不禁止之也。

溯自羅馬古代，已有結婚前對女方爲贈與財物之習慣，殆與我國之行聘略同。其在羅馬古代也，是項贈與，雖常有重要之數量，亦視爲普通之贈與。但至東羅馬帝政時代，凡夫方於結婚前對妻所爲之贈與，與普通之贈與，異其法律上之性質，而被視爲設定「嫁資」之相對行爲矣。嫁資係由女方設定，以分擔夫之家庭費用爲目的，是項贈與，則係男方所爲，而以供妻之需要爲目的者，蓋夫死亡時，或因夫之過失而離婚時，妻將缺乏生活費用，而處於不能生存之苦境，如對之而爲贈與，則其前途可有相當之保障耳。妻每將贈與物列入嫁資之一部，由夫使用之或收益之，婚姻關係消滅時，則夫應連同嫁資而返還之，但因妻之過失而離婚者，不在此限。是項贈與，最初於結婚前爲之，故名「婚前贈與（donatio anto nuptias）」，贈與之簡單約言，亦生法律上之效力。至優帝時，是項贈與，於結婚後亦得爲之，是爲「婚後贈與（donatio propter nuptias）」，抑亦夫妻間不得互相贈與之又一例外也。

是項贈與在優帝以前，已與「嫁資」同視爲一種特別制度，迨優帝時代，則完全成爲夫妻財產制之補充制度矣。至優帝時之詳細規定，可分下列數端：

（1）贈與得於結婚前或結婚後爲之。

（2）贈與之額數，應與「嫁資」相同。

（3）妻之「家父」設定嫁資時，則夫之家父亦應爲相當之贈與。

（4）贈與物爲不動產時，夫不得就之爲處分行爲，或抵押之。

（5）夫無支付能力時，妻得於婚姻關係存續中，請求其返還贈與物，但限於妻之本人得請求返還之也。

第五節　婚姻關係之消滅

第一款　消滅婚姻關係之各種原因

消滅婚姻關係之原因，可分兩大類別：其一、為非因關係人之意思而發生之原因，其二、為因關係人之意思而發生之原因；前者之實例有五：一曰配偶一方之死亡，二曰配偶一方之喪失「自由權」，三曰配偶一方之喪失「市民權」，四曰配偶一方之喪失「家族權」，五曰婚姻障礙之到來。婚姻關係消滅之原因因關係人之意思而發生者，又分兩種：一曰「家父」有解除婚姻之意思者，二曰配偶本人雙方或其一方有解除婚姻之意思者，即離婚是已。

第一目　非基於關係人本意之原因

（Ⅰ）配偶一方之死亡

婚姻，為特定男女之結合，其一方死亡時，婚姻關係，即當然歸於消滅。於此所須闡明者，配偶一方死亡後，生存之他方可否再婚是已；生存之配偶，如為男子，得隨時再行結婚，羅馬法向無限制之規定，但於女子，則有時間上之限制焉。依古代法律，夫死後，妻不得於六個月內再行結婚。寡妻於六月內結婚者，其婚姻仍然有效，惟就婚姻負責之人應受「破廉恥」之制裁；而所謂負責人者，指妻之後夫而言，妻為「他權人」時，則妻之「家父」視為負責人而受破廉恥之制裁也。至是項再婚之限制，其目的在使寡妻「守夫之喪(tempus lugendi)」，最初僅有宗教上之原因，與道德上之性質。寡妻再婚之限制，嗣後視為避免「混亂血統 (turbatio sanguinis)」之有效方法，故於婚姻關係因離婚而消滅者，亦適用之；其期限，則改為一年，即婚姻關係因離婚或因夫死亡而消滅者，自婚姻關係消滅時起一年內，妻不得再與他人結婚是也。

嗣為保護前婚姻關係中所生之子女起見，羅馬法對於再婚之男女，有下列兩種共同之規定，無論婚姻關係，係因離婚或因配偶一方死亡而消滅者，均適用之。

（一）男女再婚時，由前妻或前夫取得之財產所有權，應移轉於其子女，而其本人就是項財產，僅得享受用益權而已。

（二）男女再婚時，對其後妻或後夫贈與之財物，不得超過前婚姻關係中所生子女各人所得之最低額數。質言之，前婚姻關係中各個子女就其再婚父母之財產取得之權利，不得少於該父母對其後妻或後夫贈與之財物也。

（II）配偶一方「自由權」之喪失

配偶一方喪失自由，淪爲奴隸時，即謂爲「人格大減等」，其婚姻關係，當然歸於消滅。苟爲「無夫權之婚姻」，除重行結婚外，縱嗣後恢復自由，其婚姻關係並不因此而復活。另一方面，無夫權之婚姻中，夫妻雙方同時喪失自由，並繼續共同生活者，其婚姻關係並不因此而歸消滅。至於「有夫權之婚姻」，雖因配偶一方喪失自由而歸消滅，則自由恢復時，其婚姻關係可援用「復境權（postliminium）」之理論，使之復活；蓋有夫權之婚姻中，「夫權」與「家父權」同，應視爲繼續存在，而無夫權之婚姻，則僅屬事實上之關係，故不得援用是項理論也。迨優帝時代，凡夫妻雙方或其一方被敵人俘虜而爲奴隸時，其婚姻關係並不因此消滅；但被俘虜者生死不明已滿五年時，他方得再與他人結婚。是項類似重婚之例外規定，日本民法及我國民法，均採用之，而以「配偶一方生死不明已逾三年」，爲離婚之法定原因之一，殆以保護他方之利益爲目的，使其不久受婚姻關係之拘束者也。

（III）配偶一方「市民權」之喪失

配偶一方喪失市民權時，僅爲「人格中減等」，「萬民法上之婚姻」並不因此而受影響。但「市民法上之婚姻」須夫妻雙方均有市民權；喪失市民身分之一方，即淪爲外國人，而不得爲正式婚姻之當事人，故其已有之「正式婚姻」，不得繼續存在，但在法律上仍視爲有萬民法上之婚姻關係也。

（IV）配偶一方「家族權」之喪失

配偶一方「人格小減等」時，「無夫權之婚姻」，並不因此而受影響；但婚姻而爲「有夫權之婚姻」，配偶一方人格小減等時，其「夫權」即不能繼續存在，故其婚姻關係，亦歸消滅也。

（V）婚姻障礙之到來

婚姻成立後，因某種事實構成婚姻之障礙，其婚姻關係，即歸消滅。如結婚時並無障礙，則事實上鮮有於嗣後發生者；有之，亦僅下列兩種實例而已：

（一）岳父收養其壻爲養子時，即構成婚姻之障礙，蓋翁壻間將發生一親等之宗親關係耳；但收壻爲養子前，已解放其女者，不在此限。按父甲解放其生女乙後，甲乙間，視爲無法律上之父子關係，故乙仍得與甲之養子締結有效之婚姻也。

（二）女優之夫陞任元老院議員時，亦構成婚姻之障礙；但自優帝娶女優代優徒拉（Theodora）爲后時，遂廢除是項地位上之婚姻障礙矣。

第二目　基於關係人本意之原因

依現代一般法例，婚姻關係人卽配偶本人而已，不論「離婚（divortium）」之方式如何，亦僅以配偶本人爲主體，他人無越俎代庖之權限也。但依羅馬萬民法之規定，苟爲「無夫權之婚姻」，其婚姻關係之存續，須結婚時依法應得其同意之各人，從無相反之意思，故除配偶雙方外，其「家父」有反對子女已成婚姻之意思者，其婚姻關係卽歸消滅，縱配偶本人不願仳離，亦無如之何；是羅馬古代離婚之主體，不僅配偶本人已也。但至帝政時代，「家父」已無解除子女婚姻關係之權能矣。

至於「有夫權之婚姻」，以「夫權」爲婚姻關係之骨幹，故僅夫一方得離異他方，而妻無離異其夫之權。且夫得任意與妻離異，不以具備一定之原因爲必要，故有夫權婚姻中夫之「片面離婚（repudium）」之權能，較諸我國古代男子「休妻」「出妻」之權能，有過之無不及也。至共和末造，以還婚姻多爲「無夫權之婚姻」，夫妻雙方均得片面離婚。結果離婚之風日熾，甚至妨害家庭之組織與社會之秩序，法律乃相繼規定離婚之原因，及濫離之制裁，卽夫方片面離婚之權，亦設有相當之限制矣。

第二款　離婚

第一目　離婚之種類及其限制

最初得因配偶之「家父」之意思而解除婚姻關係，已如上述，茲所稱離婚者，指狹義之離婚而言，卽因配偶本人之意思而離婚者是已。再羅馬法分離婚爲「協議離婚（divortium communi consensu）」與「片面離婚（repudium）」兩種，茲分述之如次：

第一項 「協議離婚」

「協議離婚，」僅以夫妻雙方離婚之意思合致爲必要，法律上，初無若何限制也。但至優帝時代，遂有嚴格之限制。依該時代之法律，准許協議離婚之實例有二：其一、因夫無贍家之能力而協議離婚者；其二、配偶之一方，以入寺院修道爲目的而協議離婚者。在此兩種情形以外，縱夫妻雙方同有離婚之意思，法律亦禁止之；嗣復規定，凡違此禁令者，終身幽閉於寺院，並沒收其財產三分之一，歸他方所有，餘歸其子女所有，是協議離婚，復有嚴酷之制裁矣。此等規定，失之過苛，而不合當日之社會情形，故優帝既崩，繼位之優司替奴斯第二帝（Justinus II），旋廢止之，而協議離婚，遂不復有任何限制矣。

第二項 「片面離婚」

「片面離婚」云者，即夫妻一方離異他方之謂。在「有夫權之婚姻，」僅夫一方有此權利，在「無夫權之婚姻，」則夫妻平等，妻亦有片面離婚之權也。既曰「片面離婚，」夫妻雙方之意思，必不合致，勢須有相當之限制，並斟酌情形，分別是非，對擅自離異之一方，或有過失之他方，規定相當之制裁也。故羅馬法上之片面離婚，細分三種如次：

（A）「無過失之片面離婚（divortium bona gratia）」

即夫妻一方離婚之原因，存在於他方，而不可歸責於該他方者之謂。例如夫妻一方，因他方失蹤多年，或有重大之神經病而與之離異者，其離婚之原因，固存在於他方，然爲不可歸責於該他方之事由，故法律對於夫妻雙方，不規定任何制裁也。

（B）「基於正當原因之片面離婚(repudium ex justa causa)」

卽夫妻一方離婚之原因基於他方之重大過失者之謂；例如因他方犯姦或有其他重大犯罪行爲而與之離婚者，皆屬之。在此等情形之下，主張離婚者，視爲情非得已，故不受任何制裁。另一方面有過失之他方應負離婚之責任，故應受法律上之制裁也。是項制裁，依現代法例，類皆私法上賠償損害之責任而已；但依羅馬法，則除沒收「嫁資」等私法上之制裁外，更有公法上處刑之制裁。惟此等制裁，或寬或嚴，固依離婚原因之性質而各異其趣，且歷代法律之規定，亦不盡同也。

羅馬法上之離婚制度，有時採放任主義，有時採限制主義，代有變更，故所謂離婚之正當原因，歷代法律，不同其規定。茲分述其沿革如次：

（壹）羅馬古代

羅馬建國初年，依羅馬魯司王(Romalus)之法律，夫離妻之唯一原因，厥爲妻犯姦通之罪刑而已；當日之婚姻，咸爲「有夫權之婚姻」，妻固未嘗有離夫之權利也。

（貳）十二表法

十二表法，採取自由離婚主義，關於離婚，無所謂正當原因。惟當日民風淳厚，雖可離婚，而離婚者極尠；故或謂羅馬人之有離婚行爲，自建國後第五世紀始也。當日離婚，事實上，多以妻無所出爲主要之原因，良以羅馬人富有家族觀念及奉祀祖先之宗教思想，娶妻之目的首在生子傳宗，甚至有以娶妻生子之誓詞，祝告於神前者。此固宗法社會中一般之現象也。我國古法「七出之條」，及日本「七出之令」，皆以無子爲「休妻」之法定原因之一，亦以此耳。

迨共和末造，離婚之風極盛，男女仳離，視爲常事。帝政初年，奥古斯都斯之宰相，有名媚賽那斯（Mecenas）者，與一女子合而離之者，凡二十次！當日離婚之風，殆可想見。但夫不得因妻不生子而與之離婚；有犯之者，沒收其財產之半數，歸神官所有，餘則歸婦所有也。

（叁）君士坦丁帝之法律

君士坦丁帝，目擊濫離之弊，乃於西曆紀元後第三百三十一年，明定男女離婚之個別原因，茲分述之如次：

（子）夫離妻之法定原因有三：

（一）妻與他人私通者，

（二）妻謀殺其夫者，

（三）妻故意墮胎者。

（丑）妻離夫之法定原因，亦有三種：

（一）夫犯謀殺罪者，
（二）夫毀損墳墓者，
（三）夫謀殺害其妻者。
（肆）德爾道細語斯第二帝（Theodosius II）及好腦留語斯帝（Honorius）之法律
西曆紀元後第四百二十一年頃，東西羅馬二帝攝政時代男女離婚之原因與前略同，但對無正當理由而離婚者，及就離婚之原因有重大過失者，則詳細定有嚴厲之制裁也。
（伍）德爾道細語斯第二帝及法輪繼尼語斯第三帝（Valantinianus III）之法律
西曆紀元後第四百四十九年，此東西羅馬二帝重訂法律男女離婚之法定原因，逐較多於前，而無不合時宜之弊，離婚之制裁，亦不復如昔日之嚴厲矣。茲分述如次：
（子）夫離妻之原因　此等原因，最初僅有十四，至優帝時，追加兩種，共凡十六：
（1）妻犯叛逆罪者，
（2）妻犯姦非罪者，
（3）妻犯殺人罪者，
（4）妻犯毒害罪者，
（5）妻犯詐欺罪者，

（6）妻侵犯神殿者，
（7）妻在寺院內行竊者，
（8）妻犯強盜罪或贓物罪者，
（9）妻犯竊盜畜牧罪者，
（10）妻以毒藥或利器謀殺其夫者，
（11）妻毆打其夫者，
（12）其夫不知，或逆夫之意，而與親屬以外之男子共飲者，
（13）無正當理由，而逆夫之意於夜闌外出者，
（14）出入劇場歌舞場經夫禁止不從者；
上述各種限制，寬嚴適中，故優帝時曾一度採用之，而追加後列兩種，是當日夫離妻之法定原因，共凡十六矣。茲分述此追加之兩種原因如次：
（15）妻故意墮胎者，
（16）妻與男子共浴者。
（丑）妻離其夫之原因，凡十有二：
（1）夫犯叛逆罪者，

（2）夫犯姦非罪者，
（3）夫犯殺人罪者，
（4）夫犯毒害罪者，
（5）夫犯詐欺罪者，
（6）夫侵犯神殿者，
（7）夫在寺院内行竊者，
（8）夫犯強盜罪或贓物罪者，
（9）夫犯竊盜畜牧罪者，
（10）夫以毒藥或利器謀殺其妻者，
（11）夫招致不良婦女至家者，
（12）夫毆打其妻者。

（陸）優帝之法律

西曆紀元後第四百四十九年，德法二帝規定之離婚法定原因，至優帝即位伊始，亦適用之，僅對夫離妻之原因，增加兩種而已。但嗣後，卒以第一百一十七號新敕令廢止之，而重定夫妻雙方離婚之法定原因。茲分述之如次：

（甲）夫離妻之原因：

（1）妻明知有人謀亂帝國，而祕不向夫報告者，

（2）妻與人私通者，

（3）妻謀殺其夫者，

（4）妻明知他人謀殺其夫而不告發者，

（5）妻違背夫命而與男子宴會或與男子出入浴場者，

（6）妻逆夫之意而在外度宿者；但歸寧母家或被夫逐出者，不在此限。

（7）妻私赴劇場歌舞場，或經禁止不從者。

（乙）妻離夫之原因：

（一）夫陰謀危害帝國，或參與陰謀者，

（二）夫謀殺其妻者，

（三）夫明知他人謀殺其妻而不告發者，

（四）夫誣其妻犯姦而不能證明其事實者，

（五）夫引誘其妻與他人通姦者，

（六）夫引誘婦女至家使與其妻同住，經妻或妻之父母或其他尊親屬勸阻後，仍與該婦女來往者。

(C)「毫無原因之片面離婚（repudium sine nulla causa）」

卽夫妻一方主張離婚並無正當理由者之謂。無正當理由而離婚者，難免使無過失之他方蒙受意外之損失，故應受私法上及刑法上之制裁。然其婚姻關係依然因此「毫無原因之片面離婚」而歸消滅，此乃與現代法律絕對不同之一點也。羅馬法如此規定，殆以夫妻間之情感旣有裂痕，而至主張離婚，強使其合，轉不若令其消滅婚姻關係也歟？至無原因而離婚者，其所受之制裁，歷代法律亦有不同之規定，茲述其沿革如次：

（一）君士坦丁帝時代　依西曆紀元後第三百三十年之法律，凡夫無正當原因而離其妻者，喪失其對於妻之「嫁資」所有之權利；夫再娶時，已被離異之前妻，更可取得其後妻之嫁資焉。至妻無正當原因而離其夫者，依同法沒收其嫁資，並受徒刑之處分也。

（二）好腦留語斯帝及德爾道細語斯第二帝時代　依西曆紀元後第四百二十一年之法律，夫無正當原因而離其妻者，喪失其妻之「嫁資」上之權利，且不得再與其他婦女結婚。至妻無正當原因而離其夫者，除喪失其嫁資及「對妻贈與」外，不得再與他人結婚，並同時受徒刑之處分也。

（三）德爾道細語斯第二帝及法輪繼尼語斯第三帝時代　依西曆紀元後第四百四十九年之法律，夫無正當原因而離其妻者，喪失「嫁資」及「對妻贈與」上之權利。至妻無正當原因而離其夫者，夫取得其嫁資，並得禁止其於五年內再與他人結婚也。

（四）優帝時代　德法二帝時關於離婚之規定，最初優帝悉援用之，嗣雖以第一百一十七號新勅令廢止之，然依新勅令，夫妻一方無正當原因而離他方者，其所受之制裁，則仍與上述德法二帝時之規定，完全相同也。

第二目　離婚之方式

離婚之方式，因婚姻爲「有夫權婚姻」或「無夫權婚姻」而各異其趣：一爲「正式婚姻」，爲市民法所規定，一爲「略式婚姻」，爲萬民法所規定，故離婚之方式，亦有隆重與簡略之別也。茲分述之如次：

（I）「正式婚姻」離婚之方式

「正式婚姻」其結婚之方式凡三：卽「共食式」、「買賣式」、「時效式」是已。此等方式，於本章第三節第三款已詳言之，離婚之方式，則卽其相反之表示而已。共食式之婚姻，其主要之方式，爲「麥餅」之共食，乃宗教之儀式，故其離婚之方式，曰「反共食式(diffarreatio)」，亦爲宗教之儀式；舉行是項方式時，須夫妻雙方到場，以麥餅置諸神前，向神禱告，並陳述離婚之意旨，禱告畢，應各分散，以示夫妻不復共食之意也。至買賣式及時效式之婚姻中，就其方式言，不啻視妻爲普通動物，夫娶女子爲妻，亦不啻取得一動物，或收養一他權人爲養女；故離婚時，須用「再處分式 remancipatio」，卽男子以所有人之資格，擬制處分所有物之方式，移轉其權利於第三人，再由該第三人解放其妻，與解放奴隸、「家子」、或養子時，舉行同一之方式也。

（II）「略式婚姻」離婚之方式

「萬民法上之婚姻」其成立也，不須舉行任何方式，故離婚時，亦無舉行任何方式之必要，此固極合邏輯之制度也。故共和時代，離婚之默示，亦生效力，例如與他人結婚，或返還妻之「嫁資」等是。嗣依育利亞法（Lex Julia de adulteriis）之規定，須於證人七人前為離婚之通知，但妻因夫有神經病而離之者，不在此限。依帝政時代之習慣，每作成「離婚證書（libellus repudii）」，然此僅屬證明方法而已，而非離婚之必要方式。再離婚後，各當事人須至官廳登記，聲明取消前婚姻關係也。

第三目　離婚之結果

離婚對於夫妻財產制度之影響，已於第四節詳細述及，至婚姻關係中所生之子女，究應歸夫監護撫養，抑歸妻監護撫養，優帝前並無明文規定，依羅馬習慣，則男子歸父，女子歸母。優帝為保護子女起見，乃立法規定，凡因父之過失而離婚者，如母不再嫁，無論男女均歸母監護，而養育費用，則由父供給之。至因母之過失而離婚者，無論男女均歸父監護撫養，但父貧而母富者，則母仍負養育子女之義務也。

以言夫妻本人之身分，離婚後各自獨立，並恢復其婚嫁之自由。但離婚之妻，苟於生產前再與他人結婚，則其離婚後所生子女，究屬前夫所生，抑後夫所生，將難辨別，且有混亂血統之虞，故嗣後限制離婚婦女再婚之期限，並準用「寡妻於守孝期間內不得再婚」之規定也。哈得利亞女斯帝（Hadrianus 西曆紀元後第一百一十七年即位在位二十一年）時代，元老院議員有名不讓下女斯（Plancianus）者，提議頒佈法律，凡離婚後，婦女發覺其已懷孕者，應於三十日內告知前夫，而前夫或其繼承人，則得採取各種方法，以監督之。嗣依馬而古斯帝（Marcus Aurelius 西曆紀元後第一百六十一年即位在位一十九年）之規定，夫為避免混亂血統計，得偵察其離婚之妻已否懷孕；妻於離婚後數月內生產者，前夫更得監督之焉。

本章參考書記要

T. C. Sandars, The Institutes of Justinian p. xlii, 29–31, 37, 39, 151, 448, 449, 456; Georges Cornil, Ancien droit romain p. 46–48, 50; J. Declareuil, Rome et l'organisation du droit romain p. 108, 113, 114, 116–119, 120–122, 369–372; J. Cornil, Possession dans le droit romain p. 14, 15, 134; F. de Visscher, Etudes de droit romain p. 401; 黄右昌，羅馬法與現代 p. 162–204; P. F. Girard, Manuel élémentaire de droit romain p. 152–146, 965–981; P. Collinet et A. Giffard, Précis de droit romain p. 22 (Tome II); Gaston May, Eléments de droit romain p. 388-390; F. Marckelden, Manuel de droit romain p. 261–279; Accarias, Précis de droit romain p. 307–313, 814-834 (Tome I); Paul Collinet, Etudes historiques sur le droit de Justinien p. 145–155 (Tome I); Ruben de Couder, Résumé de répétitions écrites de droit romain p. 45-63; Edouard Cuq, Les institutions juridiques des Romains p. 204–234; René Foignet, Manuel élémentaire de droit romain p. 48–59, 258-263; W. W. Buckland, The main institutions of roman private law p. 58–64; W. W. Buckland, The roman law of slavery p. 296-299; R. W. Leage, Roman private law p. 85-97; R. W. Lee, Introduction to Roman-Dutch law p. 49-91; Levet, Le bénéfice de compétence p. 31, 54, 72; Plassard, Le concubinat romain sous le Haut-Empire p. 5-8, 18, 25; Louis Rigaud, Evolution du droit de la femme de Rome à nos jours p. 23, 45, 46; F. Dumont, Les donations entre époux en droit romain p. 35, 38, 51; J. Ortolan, Explication historique des Institutions de l'empereur Justinien p. 79-107, 684-695; Eugène Henriot, Mœurs juridiques et judiciaires de l'ancienne Reme p. 86-133 (Tome I); J. Declareuil, Rome the law-giver p. 98-114.

第三章　父母子女及「家父權」

第一節　總論

（I）子女與父之關係

婚姻關係中所生子女，均爲父家之一員，而處於父或其「家父」之「家父權」之下，故爲父之「宗親」，而從父之姓氏，且其權利能力亦視爲由父吸收之也。

（II）子女與母之關係

子女與生母在法律上之關係，因其父母之婚姻爲「有夫權婚姻」或「無夫權婚姻」而各異其趣。父母之婚姻，爲有夫權婚姻時，子女與母，視爲兄弟姊妹，互爲二親等「宗親」，父死後，生子卽爲母之監護人；至夫之養子女之於養父之後妻，或夫與前妻生育之子女之於生父之後妻，其相互間，亦視爲有兄弟姊妹之關係，而準用母子間親屬關係之規定也。但父母之婚姻，爲無夫權婚姻時，則子女與生母相互間，視爲不同家族之外人，而無法律上之親屬關係。迨帝政時代，法律爲之一變，無夫權婚姻中所生之子女，與其生母相互間，亦有繼承遺產之權及扶養之義務；且生母對於在他人監護下之子女，離婚後，仍得請求監護人交由其本人撫養，然生母之得充任子女之監護人，則至西曆紀元後第三世紀始也。

（III）「家父權」問題與本章之內容

廣義之家父權，已詳第一編第一章第一節第二款第三目；就廣義言，有「自權人」身分之男性家長，對於其他家屬，皆稱「家父」，不論其家屬爲尊親屬或卑親屬，皆得對之行使其家父權；家父之於「家子」，未必果有父子之關係也。但就狹義言，則家父權云者，有「自權人」身分之父，對其子女及其他卑親屬享有之權力，而爲羅馬市民法所承認者之謂。此爲羅馬市民間之制度，亦僅羅馬人得享此權力。「家族」團體中，以家父權爲最高之權力；家父之於家子，爲最高之權威者，故其相互間之關係，亦即其家父權之權力關係也。是項制度，爲古代習慣所形成，抑亦古代一般民族之通制；惟羅馬法保持其絕對嚴格之性質，歷久不渝耳。再家父權之行使，不以對於婚生子女爲限，養父之於養子女，及生父之於認領之非婚生子女，亦享有家父權。綜上數端，研究羅馬法上父母子女之關係，應以家父權爲其主要之對象，故本章以家父權爲經，以父母子女之關係爲緯，首言家父權之發生，次言家父權之效果，再次言家父權之消滅也。

第二節　「家父權」之發生

「家父權」之取得，其方式有三：一曰「正式婚姻」中子女之生育，二曰非婚生子女之認領，三曰他人子女之收養，茲分三款論列如後。

第一款　婚生子女

在「有夫權之婚姻」中夫對妻有絕對之權威，抑亦妻之無上主宰！基此理論妻生之子女，當然視爲夫之所有物，而與其奴隸或牲畜所出者處於類似之地位故父之於子女有絕對之權利，而無對待之義務也。依羅馬習慣，子女出生時抱送父前置其足下，如父俯拾之，遂表示其接受之意，如不願接受，則推移之，於是他人將嬰兒投棄野外可也無人垂憐領養時則任其凍餒夭殤亦可也。故就理論言，對於婚生子女之「家父權」並非純由生育之事實而發生者，而生父接受之意思實其主要之基礎也歟？

至「無夫權之婚姻」中所生之子女，其生父亦對之享有家父權，惟其理論上之基礎有別耳。在無夫權之婚姻中，「家父權」之基礎，卽爲父子間之血統關係是已。是項理論成立後，「有夫權之婚姻」中，旋亦以父子間之血統關係爲家父權理論上之基礎矣。

「婚姻關係存續中成胎之子女，以其生母之夫爲父 (Pater is est quem nuptiae demonstrant)」，此其原則導源於羅馬法，現代法例，均援用之。至是項原則之基礎，可分兩種：一曰生理上之推定，二曰心理上之推定。立法者推定婚姻關係存續中妻出之子女，係由其夫所生，是爲生理上之推定。另一方面立法者推定男子信任其妻遵守婦道，並推定其深信其妻所出之子女，卽其本人之骨血，此則心理上之推定也。但羅馬法學者，根據生理上之定律，認定婦女孕期應在一百八十日與三百日之間，故在同一婚姻關係中妻之子女，是否視爲夫之婚生子女，應依時間方面之兩種標準。茲分此兩種標準如次：

（一）父母結婚後一百八十日以上，並於其婚姻關係存續中出生者，視爲婚生子女。

妻於結婚後一百八十日以下分娩者依羅馬法之規定，其所生之子女不得視爲夫之婚生子女，蓋根據法定懷孕期間而追溯其母受胎之時日，不在結婚以後耳。但依現代一般法例，妻於結婚前或法定懷孕期間前生育者，除夫否認係從其本人所出者外，仍視爲夫之婚生子女；此其區別，殆因今日男女社交情形及對於婚姻之觀念，迥與昔異耳。

依羅馬法，對於上述婚生子女之推定，亦得提出反證，但以夫之本人爲限。夫否認係其婚生子女者，須提出具體之反證，例如證明其妻受胎之時，夫並未與之同居，或生理上缺乏生殖之能力等是。苟無具體之反證，縱能證明其妻不守婦道，與人私通，亦不能推翻是項推定也。

（二）父母之婚姻關係消滅後三百日以內出生者，視爲婚生子女。

法定之懷孕期間，其最高限度，既爲三百日，則子女於父母之婚姻關係消滅後三百日以內出生者，應推定其母受胎之日，其婚姻關係尚未消滅，故應視爲婚姻關係已經消滅之夫妻之婚生子女。但夫提出反證者，不在此限。至於子女之於婚姻關係消滅後三百日以上出生者，根據法定懷孕期間而追溯其母受胎之時日，則在婚姻關係已經消滅之後，故原則上，不得視爲婚生子女，但其母能提出具體之反證時，仍得視爲婚生子女，而爲有利於出生子女之推定也。

第二款　認領子女

(Ⅰ)非婚生子女與生父相互間在法律上之關係之沿革

羅馬古代法律祇承認宗親，而不承認血親，故無論男女，其父母無婚姻關係時，與其父母相互間，不發生法律上之親屬關係也。但「無夫權之婚姻」中，父母之於子女，僅因血統關係而成立法律上之親屬關係；嗣乃根據是項理論，而承認非婚生子女與其生母間互有親屬關係矣。關於此點，有原則曰：「人必有確定之母(Mater semper certa est)」是，非婚生子女僅與生母相互間在法律上有母子身分，而與生父相互間，則仍不發生法律上之親屬關係。私生子在法律上無父，故生而爲「自權人」也。

女子與男子姘度時所生之子女，雖法律上無確定之父，事實上，其生父固不難得而知之。且「姘度婚」，羅馬法不制裁之。育利亞法 (Lex Julia de adulteriis) 對於妨害善良風俗之男女結合，雖有處刑之規定，而普通之姘度婚，不禁止之，故明知有父子關係而爲法律所不承認者，爲數極多，此固極不公允極不合理之現象也。嗣受天主教宗教理論之影響，羅馬法，遂以減少姘度婚爲目的，採用間接之方法，使姘度之男女由姘度關係而變爲夫妻關係，並承認其得因結婚而認領非婚生子女焉。

優帝時代之法律，禁止收養姘度關係中之子女爲養子女，凡有婚生子女者，對於「姘生子女 (naturales liberi)」所爲之贈與，不得超過其本人所有財產之半數。此等規定之精神，殆無異承認姘生子女與其生父相互間之有父子關係，其目的固在使「姘度」之男女間成立法律上之夫妻關係焉耳。至於認領非婚生子女之原則，現代一般法例，均採用之；惟依現代法例，非婚生子女，得請求生父認領之，此則羅馬法所未規定者也。

（II）非婚生子女認領之方式及其效果

認領非婚生子女須具備一定之方式，此等方式共分三種：一曰婚姻關係之成立，二曰皇帝之特許，三曰徵稅官之充任；茲分述之如次：

（甲）「因日後結婚而成立之認領（legitimatio per subsequens matrimonium）」

西曆紀元後第三百三十五年君士坦丁帝規定凡姘度之男女間成立婚姻關係者，其結婚前所生之子女，溯及出生時取得婚生子女之地位，生父對之亦有「家父權」。是項認領方式有三種限制：其一、須被認領者已經出生；其二、須妻為「生來自由人」；其三、須認領時，夫無婚生子女。是項認領方式至西曆紀元後第四百七十六年，舍那帝（Zeno）旋廢止之，至優帝時代再度行諸羅馬，但上述三種限制，悉刪除之，而另定條件焉。優帝規定之條件共凡三項：其一、須被認領之子女成胎時，姘度之男女間依法有結婚之可能，法國民法第三百三十五條，德國民法第一千七百二十一條，均有類似之規定者；其二、由姘度關係而變成婚姻關係之事實，須有永久性之證明文件，即須作成「結婚證書（instrumenta dotalia）」；是已其三、被認領之子女，如為「自權人」，則須該被認領人對於認領之事實未為反對之表示，蓋非婚生子女如於被認領前本有自權人之身分，則被人認領時，將由自權人而降為「他權人」，受「家父權」之支配，故必其本人並不反對認領，始得對之發生效力也。

（乙）「因皇帝特許而成立之認領（legitimatio per rescriptum principis）」

如姘婦失蹤或已經死亡，或發生其他不能結婚之事由時，上述認領之方式，即無實現之可能；故優帝規定，凡姘度之男女間無結婚之可能者，得以皇帝之特許而認領之。欲認領非婚生子女之男子，未及請求皇帝特許而死亡者，苟其認領之意旨載明遺囑，則被認領者得持其遺囑而代爲特許之請求；但欲認領者，如尚有婚生子女，則應得其婚生子女之同意也。

因皇帝特許而認領者，其效力與因結婚而認領者完全相同，即被認領後，非婚生子女處於生父之婚生子女之地位。基此理論，溯及出生之日，法律視被認領人爲其生父之親屬之親屬，並對此等親屬有繼承遺產之權利，但有害第三人之利益者，不在此限。此亦我國民法第一千零六十九條及其他現代法例所採用之原則也。

（丙）「因充任徵稅官而成立之認領（legitimatio per oblationem curiae）」

東羅馬帝國時代，災患頻仍，而賦稅漸增，向貧窶之人民，徵收苛雜之賦稅，極感困難，國庫方面，遂委派官員至各城市專司徵稅之職，名之曰「徵稅官（decurion）」，亦地方官之一種也。是項官職純爲名譽職，不支俸給，多由各城市士紳營謀充任。嗣以災難普遍，民不聊生，各地賦稅，幾無徵收之可能，不足之數，例由「徵稅官」籌墊補足，徵稅官每因受累太甚，瀕於破產。且每逢皇帝即位、戰爭凱旋等隆重國慶，各地方官應貢獻金冠或其他財物，故羅馬徵稅官之職守，鮮有樂就之者。以徵稅官爲世襲而不能辭退之職守也，故現任徵稅官，多不娶正妻，使無法律上之婚生子女，以免傳襲之患。德爾道細語斯第二帝爲避免現任徵稅官規避世襲起見，乃規定凡非婚生子女充任徵稅官者，對其生父視爲婚生子女，嗣後凡欲認領其非婚生子女者，亦多使之充任徵稅官，或嫁徵稅官爲妻，以爲認領之方法也。但以此方式認領非婚生子女者，須具備三項要件：其一、須生父無婚生子女，其

二、須被認領者不表示反對認領之意思，其三、須認領人對於被認領人，給與土地二十五愛拜泥斯（arpennis約合我國舊量制二百畝）被認領者爲女子時，得由認領人給與土地於其夫壻，以完成是項要件，蓋此要件之目的，在使徵稅官有補足賦稅之能力也。

被認領之非婚生子女，與其生父間之關係，與婚生子女同。依前兩種方式認領者，被認領人與其生父之「宗親」相互間，亦成立親屬關係；但依第三種方式認領者，僅認領人與被認領人間，成立父子關係，而被認領人與其生父之宗親相互間，並不成立法律上之親屬關係，故對其父之宗親，無繼承遺產之權利也。

第三款　收養子女

第一目　總論

（I）收養制度之意義及其沿革

「家父權」因收養他人之子女而發生者，純爲人爲之家父權。收養制度，爲古代各國極普遍之制度，如希臘、如印度、如我國古代，莫不皆然，殆古人富有家族觀念及宗教思想，無子者，多收養他人之子女，藉以綿延其宗祧耳。羅馬及其他各國之收養制度，與我國古代立嗣之制，略有差別。我國古來無子立嗣者，以親屬爲限，且有所謂「立嗣亂宗」之禁令，即前民法草案第一千三百九十條及第一千三百九十一條，猶有類似之規定。至若羅馬法上之養子制度，並無收養親屬之限制，即收養路人，亦無不可；現代收養制度，均採此原則，即我國現行民法，亦不復有此限制矣。依羅馬古代法律，有子者，不得收養他人之子爲養子，此亦古代法律共同之原則；殆收養之目的，在承祭祀、繼宗祧，人既有子，不特無收養之必要，且關於繼承等問題，亦將損害生子之利益，故法律禁止之也。

(II) 收養制度之分類

羅馬法上收養關係成立後，養子女即處於養親「家父權」之下，故收養制度，爲市民法所規定，而限於羅馬市民得適用之。被收養者，不以「他權人」爲限，即「自權人」亦得收養之。但因被收養者爲自權人或他權人，而有「自權人之收養 (adrogatio)」與「他權人之收養 (adoptio 或 datio in adoptionem)」之別，並發生不同之效果，其應經過之程序及應具備之要件，亦互有差別；惟此兩種收養制度，亦有共同之要件及共同之效果焉。

(III) 收養之共同要件

(一) 須收養關係人之意思合致　在「他權人之收養」中，須養親及養子女原有之「家父」兩者，有合致之意思，至優帝時代，並須被收養之「他權人」無反對之表示也。在「自權人之收養」中，則須養親及被收養之「自權人」雙方意思合致而已，殆被收養者既爲自權人，則不受家父之支配耳。

(二) 須收養者有取得「家父權」之權利能力　無論被收養者爲「自權人」或「他權人」，自收養關係成立後，即應處於收養者家父權之下，故女子或外國人無取得家父權之可能者，不得收養子女。迨提奧克來借女斯帝 (Diocletianus) 時代，對於女子特設例外，凡婦女喪子者，得收養子女，殆所以慰藉此等不幸之婦女者耳。但就法律上之效果言，婦女之養子女，僅取得繼承遺產之權利而已，故學者或不承認其有完全之收養關係也。

（三）須養親長於養子女　至帝政時代，學者謂『養親爲血親之擬制（adoptio initiatu naturum）』；基此理論，遂有養親須長於養子女之規定。依優帝之規定，養親與養子女之年齡須有十八歲以上之差別。蓋如此，則養父縱未成年，當亦達適婚之年齡耳。

（四）須養子女爲自由人　奴隸不得處於「家父權」之下，故不得爲市民法上之養子也。

（五）須養親與養子女間已往並無收養關係　已脫離養親而獨立者，不得再度爲其養子女，但曾爲他人養子女者，不在此限。

（六）須收養關係成立於養親生前　以遺囑表示收養之意思者，至養親死亡時，始有成立之可能，故不生法律上之效力也。

（IV）收養之共同效果

收養關係成立後，養子女在法律上即脫離原來之家族，而爲養父之宗親，成爲養父之家族之一員，並依養父之姓氏，與其婚生子女同。不特此也，依「有宗親必有血親（qui agnatus et cognatus est）」之理論，養子女且爲養父之血親焉。嗣因血親之理論逐漸發達，養子女之於原來親屬，仍保持其法律上之血親關係，且同時保持「宗親間」之權利義務。至優帝時代，則分收養爲「完全收養（adoptio plena）」及「不完全收養（adoptio minus plena）」兩種。凡養子女不與本家脫離，而仍保持對於本家親屬所有繼承等權利者，謂之「不完全收養」；收養發生古代法律上之效果，致養子女與本家完全脫離關係者，則謂之「完全收養」。但完全收養之成立，以合於下列兩種情形之一者爲限：其一、養父爲無「家父權」之尊親屬者，例如父或祖父收養其已經解放之子孫，而於收養前對之並無「家父權」是也；其二、養子女爲養親之卑親屬而並非其「正統繼承人（heres suus）」者，例如養父爲養子女之尊親，而其相互間親等疏遠者皆是。總之，至優帝時代，不完全收養乃收養之通制，完全收養特其例外耳。所謂不完全收養，「不使養子女與本家脫離關係」之原則，現代法例，關於收養之效果之規定，則皆濫觴於此者也。

第二目　「自權人之收養（adrogatio）」

收養「自權人」爲養子時，不特被收養之自權人本人，處於養父「家父權」之下，其「家子」全體亦然。以言被收養之自權人已有之財產，共和時代全部歸養父所有；至帝政時代，其已有之財產，視爲特有財產（peculium），而被收養之自權人本人，並無自由處分之權。是自權人被人收養，非特就被收養者之本身，發生重要之效果，就其本家之門祚宗祧等方面，而亦有重要之關係。故「自權人之收養」，羅馬法列爲要式行爲之一，必經過後列兩種程序，而後視爲成立也。

（一）須經僧侶認可　僧侶認可前，須就下列重要各點，詳加審核：被收養之「自權人」，既連同其「家子」一處於他人「家父權」之下，苟無兄弟或其兄弟並無生育之希望，則其本家之門祚宗祧，將有斷絕之虞，此僧侶所應審查者一；收養既以續嗣爲目的，苟養親仍有生子之希望，則不必使將被收養之自權人，降爲「他權人」，而成立收養關係，此其所應審查者二；養親與養子女之法定年齡，既爲擬制父子關係之結果，則此法定年齡是否適合，較諸結婚時之適婚年齡，其重要性幾無二致，此其所應審查者三；收養關係成立後，養父即取得養子女之財產，故難免有假藉收養名義，攫取他人之財產者，此其所應審查者四。僧侶對上列數點，詳細審查後，應爲認可收養與否之決定。其認爲當事人所稱不實或違背法律之精神者，得拒絕之，當事人並無若何抗辯之方法也。

（二）須經「民會」通過　「自權人之收養」，與宗教、政治、社會諸方面，均發生重要關係，故羅馬人視爲攸關國家公益之事件，而不以其爲個人私事，漠然置之。職是之故，收養自權人爲養子者，應由民會通過之。民會主席，先問養父有無收養之意思，次問養子願否降爲「他權人」而處於「家父權」之下，繼而徵求出席人之意見，承認其收養關係成立與否。主席發問畢，則依表決之方式，而通過其收養關係或否決之也。

上述兩種程序，最初須兼履行之。繼而「民會」之制廢，第二種程序，遂無形廢止，而收養「自權人」時，僅由僧侶審查認可而已。降至提奥克來借女斯帝時代，第一種程序亦告廢止；惟收養自權人時，應由皇帝勅令裁奪行之。至此最後之程序，直至優帝時代，仍採用之也。

「自權人之收養」，除具備共同之要件外，仍須具備特別之要件。此等特別要件，或以是項收養制度之重要性，爲其原因，或爲上述隆重程序之當然結果，茲分述之如次：

（一）須被收養者爲男子　依上述第二種程序，被收養之「自權人」，必須出席「民會」，而女子不得出席民會，故不得收養之也。但自提奥克來借女斯帝以還，遂不復有此限制矣。

（二）須養子爲已適婚人　未達適婚年齡之「自權人」，亦不得出席「民會」，故亦不得收養之。但至安東尼庇護斯帝（Antonius Pius）時代，凡爲養子之利益而約定限制收養之效果者，亦得收養之矣。安帝時代關於收養之效果之約定限制，共有三種：其一、約定如養子死於未達適婚年齡前，其遺產之繼承，不因收養關係而受影響者；其二、約定已爲他人「家父」而未達適婚年齡之養子，於適婚年齡屆滿前，仍保持其「家父權」者；其三、約定如養父死於養子未達適婚年齡前，養子得繼承其遺產四分之一者。夫此三點，均於養子及其繼承人有利，既經分別約定，則養子雖未達適婚年齡，亦無蒙受不利益之危險，故安帝亦承認其收養關係之效力也。

（三）須經未成年人之保佐人同意　法律認定未滿二十五歲之未成年人，無完全之自主能力，爲保護其利益起見，故規定凡收養未成年人爲養子時，須經其保佐人表示同意也。

（四）須經「解放自由人」之「保主」同意　奴隸被解放後，仍對其舊主人負相當之義務，一旦爲他人養子，卽處於該他人「家父權」之下，或無履行之可能。且主人解放奴隸本爲恩惠行爲，以提高其社會地位爲目的，自未嘗願其降爲「他權人」而受養父之支配。故法律規定，凡「解放自由人」被他人收爲養子時，應得其「保主」之同意也。

（五）須養父並無子女　收養之目的，既在續嗣，苟有子女，則無收養之必要，故法律規定以無子女爲要件之一也。茲所謂子女者，指婚生子女及養子女而言，卽凡有養子女者，不得再收養「自權人」爲養子或養女。基此理論，一人不得有二以上之養子或養女也。

（六）須養父之年齡已達六十歲以上　凡有子女者，不得再有養子女，其理由已如上述，然則年富力強者，現時雖無子女，將來不無有生育之可能，自無收養子女之必要。凡年齡已達六十歲以上者，法律推定其已無生殖能力故承認其有收養子女之正當理由。

（七）須非「姘度婚」中生育之子女　凡於姘度關係中生育之子女，不得收養之。此其規定自優帝時始，其精神在默認生父與非婚生子女間之父子關係，其目的則在間接使其生父認領之耳。

第三目　「他權人之收養 (datio in adoptionem)」

「自權人之收養」爲要式行爲之一種，其效果之大，其條件之苛，及其程序之繁複，已如上述。至收養「他權人」爲養子女時，養子女原來之財產亦視爲特有財產，而本人卽喪失其自由處分之權能；然關於身分方面之效果，僅及於養子女本人，而不若收養「自權人」時之重要。故他權人之收養，除須具備共同之要件外，並無特別之要件也。以言是項收養之程序，則僅綜合解放「家子」及「擬訴棄權」兩種方式，附會援用而已。舉行解放家子之方式，所以使養子脫離其原來家父之權能；舉行擬訴棄權之方式，則所以使養父就養子取得家父權者也。茲分述其內容如次：

（甲）解放「家子」之方式　依羅馬古法，「家父」就其子孫所有之家父權，得放棄之或移轉之於他人，是爲家子之解放。十二表法規定，家父對於乃子，祇得解放三次，對於乃女及孫或孫女，祇得解放一次；質言之，經過三次或一次之解放者，家父卽不得對之主張家父權或拘束之也。此其規定，本所以限制家父解放權之濫用，而後之人，復從而利用之，以爲出讓子女及收養子女之方法矣。例如家父甲使子乙出嗣於丙時，甲應舉行解放子乙之方式，養父丙則佯將養子乙返還於甲，如此者三次，解放之方式於以告終；依當代之理論，家父甲遂亦對乙喪失家父權矣。至被解放者，如爲解放者之女或孫或孫女，則解放及返還之方式，僅須履行一次，殆依十二表法，家父對於此等家子，一次解放後，即喪失其「家父權」耳。

（乙）「擬訴棄權」之方式　上述方式舉行後，養子女已脫離其原來「家父」之權能，「家父」復攜養子女至法院，養父則佯充對造之訴訟當事人，提起「索子之訴(vindicatio filii)」並佯稱爲養子女之父，而並主張對之有「家父權」，養子女原來之家父則默不作聲，法官遂依養父之聲請而爲判決，承認養父之於養子女有「家父權」也。

上述兩種方式，綜合而援用之，成爲收養「他權人」之整個程序，然純爲擬制之程序，且極繁複不便，殊無存在之價值，故至西曆紀元後第三世紀末葉，提奧克來借女斯帝遂廢止之，並規定凡養父及養子女之「家父」攜養子女同至法院，陳述出嗣及收養之意思，並訂立收養書據，經法官證明者，即生法律上之效力。迨優帝時代，僅須家父及養父二人同至法院，陳述出嗣及收養之意思，由書記官記明筆錄而已，且無訂立收養書據之必要也。

第三節　「家父權」之效果

「家父權」爲絕對權，質言之，享有家父權者，並無相對之義務，他人不得分享其毫末也。共和時代，家父權高於一切，即國家官吏之權力亦不得與之對抗，官廳傳喚家子時，家父得行使所有人之權利，而提起「索子之訴

(vindicatio filii)」焉，總之，家父之權力最初並無任何限制，至帝政時代，濫用權力之家父始有一破廉恥之制裁也。試就家子之身分及其財產兩方面，分別言其效果如次：

第一欵　「家父權」對於「家子」身分方面之效果

（一）嬰兒出生時，「家父」得拋棄之　自信仰天主教之皇帝執政以還，拋棄嬰兒之惡習，已爲法律所不許。但依君士坦丁帝之規定，凡父母遭際特殊之災難時，仍得出賣初出生之嬰兒，殆當日嘗有鬻子之惡習耳。

（二）「家子」對於「家父」有絕對服從之義務　「家子」之一切活動，「家父」得支配之，依羅馬古法，即家子婚姻之成立、存續與解除，亦應得家父之同意，甚至家父得居於主動之地位也。

（三）「家父」有審判「家子」之權　家父爲全家之當然法官，家子有不正當行爲時，家父得審訊之，並得處以罪刑，十二表法且承認其有「生殺之權力(potestas vitae et mortis)」焉！不曰「生殺之權(jus vitae et mortis)」而曰「生殺之權力」者，殆所以表示與法官有別耳。羅馬古代雖已有親屬會議之制度，然家子之審判處罰，悉取決於家父，親屬會議僅得貢獻意見而已。然在古代濫用此權者，須受道德上及輿論上之制裁，傷殺家子者，固不多見。迨西曆紀元後第二世紀，安東尼庇護斯帝，於傷殺家子之慘劇發生後，已廢止家父之「生殺之權力」，依其規定，家子犯罪時，應由法官審理之，其罪刑應由法官宣示之；其家父則僅有規誡之權能已耳。

（四）「家子」有過失時，「家父」得引渡於受害人以免責任　依羅馬法之規定，因可歸責於「他權人」之事由致他人蒙受損害者，其家父應賠償之，但家父得引渡加害人於受害人，以免責任。是項引渡免責之規定，與奴隸或牲畜加害他人時同揆之，人道究有未合，故優帝明白廢止之也。

（五）家父有出讓子女之權　出讓之方式，不曰「曼兮怕蓄（mancipatio）」而曰「曼兮鄙（mancipie）」，實即出賣奴隸或其他要式移轉物之變相行爲耳。所謂解放子女無償使其爲他人養子女者，固無論已，且得易以金錢上之代價，一若出賣普通動物者然！依十二表法之規定，子經出賣三次者，女或孫輩經出賣一次者，即恢復自由，縱「領主」放棄其權利，其原來之家父以不得對之行使「家父權」；然則十二表法以前，被出賣之子女脫離「領主」之拘束後，家父每出賣之至三數次以上，亦可想見。迨提奥克來借女斯帝時代，遂禁止以博取金錢爲目的出讓子女於第三人矣。

綜觀上述各點，「家父」之權威可謂高於一切。至帝政時代，對於「家子」之待遇，雖不斷有改善之規定，對於濫用權力之家父，雖有「破廉恥（infamie）」之制裁，然其作用，僅在防止「家父權」之濫用而已，家父之於家子，無相對之義務如故也。但至後世，法學者之理論爲之一變，咸謂家父權之另一方面，應有相對之義務。結果，家子得請求家父供給贍養費，其受惡劣之待遇者，並得訴諸法院，以謀救濟之道。凡此數端，雖僅屬根據理論而形成之習慣法，並無明文規定，而家父與家子間之關係，則已一變而爲雙務關係矣。

第二款　「家父權」對於「家子」財產方面之效果

（Ⅰ）「家子」之「財產權」及「家父」「家子」間財產上之法律關係

依羅馬古法之原則，「家子」之權利，悉爲「家父」所吸收，處於「家父權」下者，法律上無完全之權利能力，更無財產上之權利。且一家之財產，屬於家族之全體，家子取得之財物，惟家父得支配之，至家子所負之債務，則家父不負任何責任，債權人惟有向毫無財產之家子請求而已，其不公允爲何如耶？嗣後裁判官雖規定在某種情形之下，家父對於家子之法律行爲，應負相當之責任，然家父仍可取得特別之利益焉。總之羅馬古代家子之財物，及家父家子間財產上之法律關係，可分下列五點說明之也：

（一）「家父」「家子」間不得互爲法律行爲　家子之「財產權」既爲家父所吸收，故相互間，不得爲法律行爲，或成立債權債務之關係也。

（二）處於「家父權」下之「家子」不得自有財產　家子取得之財產，不論其原因如何，均屬之家父。但至奧古斯都帝以還，關於數種特有財產，家子仍保留其所有權焉。

（三）「家子」得與第三人爲法律行爲　家子與第三人所爲之法律行爲，亦發生法律上之效力，然其利益悉歸「家父」，所有因此所負之債務，則歸家子本人自理之也。

（四）「家子」不得自爲遺囑　家子無財產，故不得以遺囑處分若何財產；但嗣後就「軍人特有財產」或「準軍人特有財產」而爲遺囑者，不在此限。

（五）「家子」爲「家父」之「必然繼承人」　一家之財產，既視爲屬於家族全體，則家子即爲此整個財產之共有人。基此理論，家父死亡時，不待其表示由某人繼承，家子即當然繼承之矣。此亦「家父權」之理論，利於家子之唯一結果也歟？

（II）「家子」之特有財產

「家子」不得自有財產，已如上述，至帝政時代，是項原則雖未變更，然「家子特有財產」之理論及制度，已逐漸發達。家子特有財產云者，由家子取得之某種財產，與「家父」之財產分開而單獨存在者之謂。故特有財產之制度，不實啻爲「家子不得自有財產」之原則之例外也。羅馬法上之家子特有財產，共有四種，因家子取得之財產不同，其來源而各異其趣，即就同種類之特有財產而論，亦歷代不同其內容。茲分別言之如次：

（1）「家父給與之特有財產（peculium profectium）」　依羅馬古代習慣，子有相當之年齡時，「家父」每給與財產若干，使其自行作業或孳生利息，是爲「特有財產（peculium）」。是項特有財產，或爲耕地，或爲農作物，或爲貨物，或爲金錢，或債權等項，從無一定之範圍也。家父之目的，在使子操作，養成自立之能力，固無永久給與之意思。就法理言，家父給與財產，僅屬一種委任行爲，亦得隨時收回其財產，而解除此法律關係；但實際上，家父每任憑其子就特有財產，而享用收益也。

上述最古之特有財產制度，施行最久，直至優帝時，行之未艾。但自帝政時代以還，其他特有財產制度，相繼形成；依此等新制度，家子關於特有財產，幾有完全之權利能力，即對於家父本人，亦若有個別之「人格」者然。

（2）「軍人特有財產（peculium castrense）」　凡「家子」以軍人之名義取得財物者，對於此等財物之權利，與「家父」同，是爲軍人特有財產。是項制度成立伊始，家子以遺囑處分此特有財產時，須爲現役軍人質言之，以軍人名義取得之者，退職後，則不得以遺囑處分之，但嗣後已不復有此限制。至家子死亡並無遺囑者，家父仍取所得此特有財產之全部也。

是項制度之成立，自奧古斯都斯帝（Augustus）時代始。奧帝主張，凡軍人由敵人方面掠奪財物者，應有使充軍人本人所有物之可能，故如此規定；其目的，固在奬勵人民投効疆場，蹂躪敵國焉耳。

（3）「準軍人特有財產（peculium quasi castrense）」 東羅馬帝國，更形成一種特有財產；其規定，則與第二種特有財產完全相同。是項制度，自君士坦丁帝時始；君帝規定，凡「家子」以公務員之名義取得財物者，與以軍人之名義取得者，有同一價值，取得之家子，有同一之權利，是爲準軍人特有財產。繼而範圍漸廣，天主教僧侶取得之財物，亦屬之；終則舉凡從事高等自由職業而取得之財物，亦組成特有財產矣。準軍人特有財產制度，既與「軍人特有財產」制度同，其規定，故家子死亡而未立遺囑處分其財物者，「家父」仍當然取得之也。

（4）「自外人取得之特有財產（peculium adventitium）」 君士坦丁帝在位末年，復規定凡子繼承其母之遺產者，就其繼承之財物，有所有權，但不得以遺囑處分之，而其享用及管理之權利，則仍屬諸「家父」，是爲自外人取得之特有財產。所謂「外人」，係指家父以外之人而言，而所謂自外人取得之特有財產云者，亦即「家父給與之特有財產」之相對名詞也。嗣後，凡自「母系親屬（materni generis）」繼承之財物，均適用此等規定；繼而自配偶繼承之財物，亦適用之。迨優帝時代，除依舊法而爲其他特有財產者外，不論「家子」

以何種名義取得之財物，均構成自外人取得之特有財產，其範圍逐漸擴大，有如此者。而家父對於家子取得之財產上所有之權利，殆亦僅矣！

「家父」就是項特有財產，原則上，雖有享用管理之權，但在特殊情形之下，即此區區權利，亦不得主張之也。就此所謂特殊情形，可舉兩種實例如次：

（一）「家子」接受贈與時，贈與人以不使其「家父」享用爲條件者。

（二）「家子」繼承他人遺產時，因「家父」反對而由法官批准繼承者。

總之，依上述各種規定，「家子」已得自有財產，而對其財產有法律上獨立之「人格」。就其特有財產，家子得與任何人爲各種法律行爲，就第二第三兩種特有財產，並得以遺囑處分之也。

（III）「家父」對於「家子」之法律行爲所負之責任

依羅馬古代之原則，「家子」得爲法律行爲，而「家父」不受其拘束，且實際上，家父每使其子與他人爲法律行爲，其取得之利益，由家父承擔之，發生不良之結果時，則家父置身度外，若不相干然，其不公允孰甚？裁判官有鑒於此，遂規定於特種情形之下，家父就其家子之法律行爲，應負有相當之責任。在此等特種情形之下，爲法律行爲之家子仍爲主債務人，而家父則處於從債務人之地位，第三人僅得對之提起「附加之訴（actio adjectio qualitis）」（亦可譯作參加訴訟）而已。此等特種情形，可分下列五種：

（一）「家子」因「家父」授意或受其指使而對第三人負擔債務者　該第三人得對家父提起「指

使之訴（actio quod jussu）」，請求其代位償還乃子所負之債務也。

（二）「家父」使乃子於商店內爲某種業務者，乃子因從事其指定之業務，而對第三人負有債務者，該第三人得對家父提起「授業之訴（actio institoria）」，請求其代位償還之也。

（三）「家父」命乃子充任商船船長之職務者，「家子」因執行船長一切職務，對第三人負有債務者，該第三人得對乃父提起「航駛之訴（actio navigatoria）」，請求其代位償還之也。

（四）「家父」特許乃子，以其給與之特有財產經營商業者，「家子」因經營商業而對第三人負債時，各債權人得對家父提起「分配之訴（actio tributoria）」，請求交出其給與乃子之特有財產，按照各債權之額數平均分配之也。

（五）「家子」非因「家父」授意或指使，而自動與第三人爲法律行爲者，在此情形之下，原則上家父對乃子所負之債，不負代位償還之責任；惟家父因乃子之法律行爲而享有利益者，就其受益之部分應按現時之價值全盤托出以償乃子所負之債務而已。此外，家子之債權人得對家父提起「交足特有財產之訴（actio de peculia in remverso）」，請求交出其給與乃子之特有財產，俾便淸償其所負之債務也；但各債權人就其特有財產，無平均受償之權利，質言之，追償最力者，得儘先全部受償，苟無賸餘，則其他債權人，雖有向隅之憾，亦無如之何也。羅馬法學家復謂：『追償最力之債權人，應首推對家子給與財產之家父，故應承認家父得就乃子之特有財產，儘先收回其所給與之財物。』基此理論，則債權人僅就家子平日積蓄之財物，有受償之可能而已，而家父就其已經給與之特有財產，仍得對債權人拒絕交出也。

綜觀上述五種實例，「家父」對於乃子之法律行爲，已負相當之責任，而於前三種爲尤甚。在前三種情形之下，家父所負之責任，固純以其主動之意思爲基礎者也。至法律使其負責之目的，不特純在保護第三人之利益，而間接方面家父家子均蒙其益；蓋家父不負任何責任時，第三人之利益既無保障，莫敢與其家子爲法律行爲，則家子不克養成經營自立之能力，而家父亦鮮有利用乃子之能力，以發展其本人事業之機會也。

第四節　「家父權」之消滅

「家父權」消滅之原因，不一而足，然可分爲兩大類別：其一、消滅家父權，而宗親關係並不因以消滅者；其二、家父權及宗親關係，均歸消滅者；茲分述之如次：

（I）「家父權」單獨消滅之原因

此等原因發生時，「家父權」雖歸消滅，而「家父」「家子」間之宗親關係，則依然存在也。此等原因，共有下列四種：

（一）「家父」之死亡　家父死亡時，「家子」即成爲「自權人」，或處於乃父若祖之「家父權」之下，而原來之家父權，則歸於消滅矣。

（二）「家父」之「人格大減等」或「人格中減等」　家父淪爲奴隸，人格大減等時，其家父權，即當然歸於消滅，但家父被敵國俘虜而喪失「自由權」者，依「復境權（postliminium）」之理論，一旦歸國，其家父權仍歸復活，以從未喪失自由論，至俘虜後從未逃歸本國者，以被俘虜之日視爲死亡之日，及家父權消滅之日，故溯自其被俘之日起，「家子」取得自權人之能力也。

凡移住羅馬以外之地方或被處流刑者，皆視爲「人格中減等」，自不得繼續享有「家父權」。但被處流刑者，因特赦歸國時，其家父權，仍歸復活。至於被處追放之刑，禁止出入羅馬或其他特定地方者，最初亦以人格中減等論，至優帝時，其刑期改定爲終身或一年，但「家父」被追放時，「家子」仍處於家父權之下也。

（三）「家子」高就某種顯職時　依羅馬古代法律，凡男子就「求必得（Jupiter）」神官，女子就「梵師大（Vesta）」神職時，卽得脫離「家父權」；至天主教成爲國教時，凡家子充任宗教中主教等要職者亦然，此皆優渥宗教中主要人物之規定也。嗣君士坦丁帝規定，凡家子充任皇帝之顧問者，亦得脫離家父權；至優帝時代，家子爲將官或裁判官等高等顯職時，亦得免受家父權之支配矣。

（四）「家父」犯某種過失時　此所謂過失，指「家父」濫用家父之權力者而言，例如家父拋棄嬰兒，或使「家子」與猛獸格鬬，或使女子賣淫者，皆喪失其「家父權」。此等規定，自天主教盛行羅馬時始，蓋因宗教家目擊家父濫用權力，家子不堪其苦，提倡人道化之理論，法律上始有此嚴厲之制裁耳。

（II）「家父權」及「家父」「家子」間宗親關係同時消滅之原因

此等原因發生時，不特「家父權」歸於消滅，卽「家父」「家子」間之宗親關係，亦同時消滅之矣。此等原因，可分下列三種：

（一）「家子」發生「人格大減等」或「人格中減等」者　「家父」因人格大減等或人格中減等，而喪失「家父權」者，其所有各種規定，於此均適用之；例如家子被敵人俘虜，致喪失自由權者，逃歸本國後，家父權即告復活，與家父本人逃歸之效果完全相同，餘皆倣此。

（二）「家子」因「人格小減等」而受另一權力關係之支配者　家子爲他人養子，或女子與他人締結「有夫權之婚姻」者，固皆所謂人格小減等也。此等家子，脫離「家父權」後，復處於其他權力之下，故對原來之「家父」，完全脫離過去之關係也。

（三）「家子」發生「人格小格減等」後不受任何權力關係之支配者　家子被解放時，即不處於「家父」或其他權力關係之下，故與因結婚或被收養而脫離「家父權」者有別，然對原來之家父則完全脫離其家父權及宗親之關係矣。解放家子之制度，或謂自十二表法時始，最低限度，其解放之方式在十二表法以後；蓋十二表法禁止賣子至三次以上，禁止賣女或孫輩至一次以上，而解放子女之最古方式，則在擬制三次或一次之出賣方式耳。總之，解放家子之最古方式與收養「他權人」爲養子之前半段方式完全相同：例如家父甲佯將其子乙出賣於丙，丙佯解放之，使乙仍處於甲之家父權下，甲再度佯賣乙於丙，丙再度解放之，使乙仍處於甲之家父權下；但甲於第三次佯賣乙於丙後，即不得對乙行使家父權，故須丙佯賣乙於甲後，再由甲佯解放之，以表示甲拋棄對乙之本身所有之權利也。若被解放者爲女兒或孫輩，家父出賣之方式，則僅須舉行一次而已。基此擬制之方式，家父解放家子，與解放奴隸同，故對於被解放之家子，有「保主」對於被解放之奴隸，有同等權利；家父對於被解放之家子保留繼承權及爲監護人之權利，殆亦以此爲理論上之根據耳。

最初，「家父」得隨時解放「家子」，解放與否，則絕對自由，故其解放權，最初並無若何限制，君士坦丁帝且規定，家子有忘恩行爲時，家父得撤銷其解放，使家子復處其權力之下也。但自帝政時代以還，家父解放家子時，須經家子表示同意，且家子被家父虐待時，更得請求其解放之焉此亦家父解放權之限制也。

上述解放之方式，繁複而不易舉行，至西曆紀元後第六世紀初葉，阿那斯大細語斯帝（Anastasius），遂規定解放家子時，得請求皇帝許可，以代繁複之方式，卽家子遠在國外，家父亦得爲特許解放之請求。至優帝時代，凡欲解放家子者，家父得僅偕家子至官吏前陳述解放之意旨，以爲解放之方式。但此兩種簡易之方式成立後，古代之繁複方式，並未經明文廢止，而實際上則鮮有採用之者耳。再依簡易之兩種方式解放家子者，家父亦得對於被解放者保留繼承權，如家子未達適婚年齡，並得保留爲其監護人之權利，與依古式解放者同；至此兩種保留之權利在理論上之基礎，與依古式解放者不同，則又可知矣。

以言解放之效果，僅及於被解放者本人而已。被解放者本人，視爲「人格小減等」，脫離「家父權」及與「家父」間之宗親關係；而其子女，則仍處於原來之家父權下也。卽就被解放之「家子」本人言，對於「家父給與之特有財產（peculium profectium）」，仍保留其所有權；繼而其他特有財產上之所有權，亦保留之。嗣後法律規定，凡家子對家父約定給與一部分特有財產，以爲解放之交換條件者，家父得就家子所有「自外人取得之特有財產(bona adventitia)」之三分之一，取得所有權；但依優帝之法律，家父僅得就是項特有財產之三分之一，取得用益權而已，家子則完全保留其所有權也。

再依裁判官法之規定，「家子」被解放後，雖與「家父」脫離宗親關係，對於家父仍有相當之繼承權，但對於原來家庭中家父以外之親屬，則毫無繼承之權利也。家子被解放後，與原來之家人，斷絕宗親關係，前已言之，但自優帝以還，親屬觀念，已經變更，有血親而無所謂宗親，被解放之家子，在法律上仍爲家父及其他親屬之血親，仍保留其法定繼承人之身分，故解放家子，已不發生人格小減等之效果矣。

本章參考書記要

T. C. Sandars, The Institutes of Justinian p. xl, 26, 29, 40, 42, 47, 48, 60, 186, 207, 360, 368, 379; Georges Cornil, Ancien droit romain p. 32, 35, 36, 39; J. Declareuil, Rome et l'organisation du droit p. 104, 125, 129–131, 136–138, 368, 377–379; J. Cornil, Possession dans le droit romain p. 10, 11, 52–56, 90, 124, 207; 黃右昌，羅馬法與現代 p. 139–162; P. F. Girard, Manuel élémentaire de droit romain p. 150–186, 191–194; Gaston May, Eléments de droit romain p. 103–156; Charles Demangeat, Cours élémentaire de droit romain p. 231–318 (Tome I); Accarias, Précis de droit romain p. 258–454 (Tome I); Paul Collinet, Etudes historiques sur le droit de Justinien p. 52–58 (Tome I); Ruben de Couder, Résumé de répétitions écrites de droit romain p. 43–45, 63–76; Edouard Cuq, Les institutions juridiques des Romains p. 180–195, 234–244; René Foignet, Manuel élémentaire de droit romain p. 43–48; W. W. Buckland, The main institutions of roman private law p. 57, 66, 67; R. W. Leage, Roman private law p. 68–85; R. W. Lee, Introduction to Roman-Dutch law p. 36–41; J. Ortolan, Explication historique des Institutions de l' empereur Justinien p. 76–135; Eugène Henriot, Mœurs juridiques et judiciaires de l' ancienne Rome p. 338–352 (Tome I); J. Declareuil, Rome the law-giver p 95–98, 114–125.

第四章　監護(tutela)及保佐(curatio)

第一節　總論

設置監護人及保佐人之制度，現代法例，多援用之，其目的，固在保護未成年人或禁治產人等無完全能力者之利益；但在羅馬古代，是項制度之目的，則首在保護家族之財產。法律推定女子、「未適婚人」、「精神病人」等，無自治能力，苟任其獨自處理事務，必有任意揮霍或蒙受不利益之虞；果爾，則其家族中對之有繼承權之人，將無遺產可以繼承，亦卽間接蒙受損害，故法律規定監護及保佐制度，以避免是項不幸情形之發生也。依羅馬法之規定，監護人及保佐人之職責，僅以關於受監護人及受保佐人之財產者爲限，且監護人及保佐人之權利，最初純爲片面之權利；此皆羅馬古代監護及保佐制度，以保護家族之財產爲目的之明證也。嗣後，理論爲之一變，概以保護受監護人及受保佐人本人之利益，爲其主要之目的；而監護及保佐之視爲有公務性質之職務，亦以此耳。依現代法例之精神及法學者之理論，監護及保佐制度，以保護無完全能力者之利益爲其目的，殆皆本諸羅馬法之新理論也歟？

羅馬法上監護人及保佐人執行職務之方式，共分三種，一曰「補充能力(auctoritatis interpositio)」，限於監護人適用之；二曰「表示同意（concensus）」，限於保佐人適用之；三曰「管理財產（gestio）」，於監護人及保佐人兩者均適用之。然則監護人及保佐人之職掌各有兩種，而前者類似輔佐人，後者類似代理人，其權限有大小高下之分焉。羅馬法立法者推定女子及「未適婚人」能力最爲薄弱，乃爲之設監護人，推定「精神病人」、「浪費人」及未成年之「已適婚人」，能力較高，則爲之設保佐人；現代法比諸法之規定，雖不與此盡同，然以當事人能力之高下，爲設置監護人或保佐人之標準，則一也。我國民法親屬編第四章，僅有監護之規定，而不言及保佐，然保佐人之名詞，則多散見於其他法文，自不得遽謂我國不承認保佐制度；至此兩者之區別，依據理論，當亦以其權限之大小爲斷也。

我國民法對於禁治產人及未結婚之未成年人，均設監護人，羅馬法，則對於「未適婚人」及女子，設置監護人；我國民法所稱禁治產人，依羅馬法之規定，則僅有保佐人而已，故此兩者之編制次序，未能強同；本章第二第三兩節，先述監護人，次述保佐人，而我國民法第四編第四章第二節所稱「禁治產人之監護」，則可於第三節參考之也。

第二節 監護

第一款 未適婚人之監護

第一目 監護人之設置

(Ⅰ)設置監護人之法定原因

「未適婚人」之監護人於下列四種情形之下設置之：其一、未適婚人之「家父」死亡，或因喪失「自由權」或「市民權」而喪失「家父權」者；其二、家父解放未達適婚年齡之「家子」者；其三、主人解放未達適婚年齡之奴隸者；其四、嬰兒出生時無婚生子女之身分者。未適婚人遇有上述四種情形之一時，即應爲之設置監護人，蓋在此等情形之下，未達適婚年齡者，尙乏自主之能力，無論爲保護其本人之利益計，或爲保護其親屬之利益計，均有爲之設置監護人之必要也。

至未達適婚年齡而處於「家父權」之下者，無行使財產上權利之機會，且有「家父」爲其當然之領導者，故縱無完全之行爲能力，亦不爲之設置監護人。依現代一般法例，未成年人之監護制度，亦限於無父母者適用之。法比民法有所謂「父母監護(tutelle des père et mère)」，殆所以嚴定父母保護未成年子女之義務而已，究與其他監護人有別也。

(Ⅱ)充任監護人之要件

(一)須監護人爲羅馬市民或拉丁人　拉丁人之充任監護人，以與羅馬市民有相等之權利者爲限，故育尼亞拉丁人(Latini Juniani)不得充任之也。

(二)須監護人爲男性　監護人之職務，羅馬法禁止婦女充任之；嗣後認爲凡婦女與「未適婚人」有特殊關係者，充任其監護人時，未適婚人之利益可有極大之保障，遂承認生母及祖母得爲其子若孫之監護人矣。但母或祖母之充任監護人也，仍須具備兩種要件：其一、須約定不再改嫁；其二、須聲明不因充任監護人而取得受監護人財產上之利益。關於是項要件，嗣後且有使其提供擔保之規定焉。

（三）須監護人並未受法律之限制　至帝政時代，「未適婚人」之監護制度，漸變更其理論上之基礎，而以保護未適婚人本人之利益為其主要之目的，故法律增定若干限制，使受監護人無蒙受不利益之虞也。充任監護人者，除積極方面具備上述兩項要件外，消極方面更須不適合法定限制之情形。此等限制，共有下列八種，凡有其情形之一者，不得為監護人。

（1）「精神病人」，

（2）未成年人，（未滿二十五歲者，曰未成年人。「未適婚人」，自在限制之內。）

（3）「聾啞人」，

（4）軍人，

（5）猶太人，

（6）僧侶，

（7）受監護人之債權人或債務人，

（8）受監護人或乃父之公開仇敵。

（III）監護人之設定方式

「未適婚人」之監護人設定之方式，共有三種：由法律直接規定者，曰「法定監護（tutela legitima）」，此其一；由家父以遺囑指定者，曰「遺囑監護（tutela testamentaria）」，此其二；由官廳選任者，曰「官選監護（tutela dativa）」，此其三。茲分述之如次：

（甲）「法定監護（tutela legitima）」

法律直接規定監護人時，均以「未適婚人」假想之繼承人充任之。依羅馬古代理論，監護制度，以保護繼承人財產上之利益爲目的，固應如此，依新理論及現代法例之精神，監護制度縱不復以保護繼承人之利益爲目的，而法定監護人，仍以受監護人之最近親屬充任之；蓋法律推定最近之親屬間關係較爲密切，使之充任監護人，則受監護人之利益，更可有妥切之保障耳。羅馬古法，不採血親主義，繼承權之有無，以是否宗親爲斷，故法定監護人，悉以最近之宗親充任之，無「宗族親」時，則以「同宗統之同姓人」充任監護人。嗣後，法定繼承人，已不以宗親爲限，法定監護人之充任，則仍率由舊章。至優帝時代，有繼承權者，必爲被繼承人之血親，故法定監護人，亦以受監護人之最近血親充任之。再依優帝法律之規定，受監護人假想之繼承人，其同順序者有數人時，則數人同時爲其監護人，共同執行監護人之職務，但受監護人之母或祖父母爲監護人時，得排除他人參與其間；至受監護人之最近血親，遇有法定限制之情形，而不得爲監護人者，則以次親等之血親遞充之也。

法定監護人，須爲受監護人之宗親或血親，已如上述，但有下列兩種例外：其一、「解放自由人」之未達適婚年齡者，「保主」及其子孫，雖與之無此等親屬關係，然亦爲其法定監護人；其二、解放「家子」之「家父」，與被解放之家子間，亦無宗親關係，但在法律承認宗親時代，前者亦爲後者之法定監護人。至於前例中保主等之得爲法定監護人，殆皆以受監護人之假想繼承人之名義，爲理論上之基礎者也。

（乙）「遺囑監護（tutela testamentaria）」

十二表法承認「家父」有爲未達適婚年齡之「家子」選定監護人之權；家父選定監護人時，事實上，每注重家子之利益，對於家子之假想繼承人之利害，則鮮有注意之者；故或謂羅馬法上監護制度，「以保護家族財產爲目的」之理論，一變而成爲「以保護未適婚人本身之利益爲目的」之理論，即導源於家父得爲家子選定監護人之規定也。家父爲家子選定監護人，須具備兩種要件：其一、須以遺囑選定之，並須具備遺囑之要件，而爲直接之表示，是爲形式方面之要件；其二、須選定監護人者，對於受監護人有「家父權」，例如母之於子，父之於已被解放之子，生父之於私生子或「姘生子」，皆無家父權，故不得爲之選定監護人，此則實體方面之要件也。第一要件，自帝政時代以還，已不復成爲絕對之條件；最初，凡於遺囑中間接表示選定某人爲監護人者，亦生效力，依優帝法律，則凡以明確表示選定之者，均生效力，即於其他方面表示後，而於遺囑中提及之者，亦無不可。至實體方面之要件，自帝政時代以還，亦不若古代之嚴格，縱「未適婚人」爲私生子，姘生子，或已解放之子，其父均得爲之選定監護人矣。

「遺囑監護」，因不具備形式方面最低限度之要件，而歸於無效者，於可能範圍內，官廳均應尊重遺囑人之意旨而追認之，殆立法者推定其選定之監護人，於未適婚人較爲有利耳。就理論言，由官廳追認者，固即「官選監護，」而在羅馬法，則猶視為遺囑監護也。立法者推定遺囑監護，於受監護人多有實益，故三種監護中，遺囑監護居先，而「法定監護」次之，必無遺囑監護時，而後採用法定監護。現代法例亦然。我國民法第一千零九十四條謂『父母均不能行使負擔對未成年子女之權利義務，或父母死亡而無遺囑指定監護人時，依左列順序，定其監護人。』抑亦先遺囑監護而後法定監護之一例也。

（丙）「官選監護（tutela dativa）」

此三種監護制度之適用，「遺囑監護」居先，「法定監護」次之，而「官選監護」則又次之，故官選監護，遇有下列數種情形之一，方始適用之也。

（一）未由遺囑選定監護人而並無宗親者　例如「未適婚人」為私生子是也。

（二）遺囑監護人辭職死亡或有法律上之限制者　凡以遺囑指定監護人者，「法定監護」不適用之，故由遺囑指定之監護人死亡，或有法律上之限制，或有正當理由而辭職時，即由官廳選任之。至指定監護人之遺囑完全無效者，則以未指定論，故仍採用「法定監護」也。

（三）法定監護人受免職處分或有正當理由而辭職者　法定監護人死亡時，即由順序之親屬遞補之，而「官選監護」仍不適用之也。

（四）現任法定監護人或遺囑監護人有執行職務之障礙者　例如指定監護人之遺囑，發生爭執，而不明孰為法定監護人者，或監護人長期遠行，不克執行職務者，或就特定事項監護人與受監護人有相反之利害關係者，則官廳即為「未適婚人」另選監護人以代替之；然「官選監護」，在此等情形之下，僅有臨時性質而已，故亦稱之曰「代理監護人（protutor）」也。

「官選監護」制度導源於羅馬建國後第六世紀中葉裁判官鑒於無法定監護人或遺囑監護人之「未適婚人」，有設法保護之必要，遂徵求各「保民官」之意見，為之選任監護人，是為官選監護之嚆矢。是項制度之見諸法律者，首推西曆紀元後第三百五十一年之阿弟利亞法（Lex Atilia）；嗣乃先後頒佈育利亞法（Lex Julia）及弟弟亞法（Lex Titia），以補充之，而意大利及外省之官廳，遂均得援用官選監護之制度矣。官廳選任監護人以職權或依聲請行之。無監護人時，未適婚人之母應聲請之，其不聲請者，即喪失其對於乃子所有之繼承權，是為「強制聲請（petitio necessaria）」。此外未適婚人之親友亦得聲請之，然無聲請之義務，故曰「任意聲請（petitio voluntaria）」。現代各國，多採「選任監護」制度，以濟法定監護及遺囑監護之窮。蓋凡未由遺囑指定監護人，而並無法定監護人者，勢須另選監護人以補救之耳。但現代負選任之職者，或為親屬會議，或為官廳，各國法例，未必盡同。法國民法、日本民法及我國民法，均規定由親屬會議選任之，而不採用羅馬法上所謂官選監護之制；德國有「監護法院」之設置，未成年人無遺囑監護人及法定監護人時，均由監護法院選任之；瑞士有「監護機關（autorité tutélaire）」之設置，專司監護人之職務，並負有選任監護人之責任；其在英國，則由法院負選任之責；然則德瑞英三國，皆援用羅馬法上所謂官選監護之舊制者，而德瑞二國關於監護人之選任，職有專司，較諸羅馬之舊制，則已更甚一籌矣！

第二目　監護人之職務及其權限

(I)監護人職務今昔之不同

依現代一般法例，監護人對於受監護人之教養社交諸端，均負監護指導之責，就其財產之管理，則其職務之次焉者；例如法國民法第四百五十條第一項謂：『監護人，應對未成年人之「人(personne)」而爲注意，並代表受監護人，爲各種法律行爲。』德國民法第一千七百九十三條，有同樣之規定；瑞士民法第四百零五條，則謂：『監護人，對於未成年之受監護人之生活及教育方面，應指導之，關於此點，監護人與「監護機關」合作，而行使父母之權利。』法國民法上述條文中，所謂「人(personne)」者，乃財產之相對名詞，係泛指生命、身體、教育及其他一切精神上之利益而言。我國民法第一千零九十七條前段謂：『除另有規定外，監護人於保護增進受監護人利益之範圍內，行使負擔父母對於未成年子女之權利義務；』參照同法第一千零八十四條之規定(父母對於未成年子女之權利義務)而解釋之，我國監護人之於受監護人，固亦有保護及教養之權利義務焉。但依羅馬法之規定，監護人僅就受監護人之財產，而負保護管理之責任，他如教養等問題，則不在監護範圍之內，蓋亦羅馬古代理論，以保護家族之財產爲監護制度之目的，而不以保護受監護人之利益爲其直接之目的使然之耳。

(II)監護人職務之分類

羅馬法上「未適婚人」之監護人，就受監護人之財產所有之職務，原則上，分爲「補充能力(auctaritas)」與「管理財產(gestio)」兩種，前已言之；但在七歲以下之未適婚人，優帝時稱之曰「幼兒(infentio)」者，事實上，根本無判斷能力，更無所謂能力之補充，故監護人得以本人爲主體，爲受監護人之計算，而單獨與第三人爲法律行爲也。關於財產之管理，則除羅馬古代有個別之規定外，無論受監護人在七歲以上或七歲以下，監護人之職務，並無若何區別；茲就補充能力及管理財產兩種職務，分別言之如次：

（甲）「補充能力(auctoritas)」 補充能力云者，卽監護人對於受監護人之意思表示贊同，並履行特定之方式，助其完成有效之法律行爲者之謂。在七歲以上之「未適婚人」，其所爲法律行爲之須監護人補充能力者，以法律行爲將使行爲人負擔義務者爲限。至七歲以上之未適婚人，其所爲純粹取得之行爲，增進行爲人財產上之價値者 (qui meliorem suam conditionem)，監護人雖不參加，亦生法律上之效力。

處分財產或負擔義務等法律行爲，「未適婚人」不得單獨爲之，必須監護人參加，以補其能力之不足。然則監護人之補充能力，實爲法律行爲成立之主要因素，故「補充能力」，須具備下列數種要件：

（一）須監護人直接就法律行爲「補充能力」 如受監護人與他人爲法律行爲前，監護人表示贊同，或於事後追認者，不得視爲補充能力，其法律行爲，不生法律上之效力也。

（二）監護人表示意思須與法律行爲出於同樣之方式 例如受監護人與第三人爲法律行爲，須履行某種必要之方式者，則監護人贊同之意思，亦須依同樣之方式而表示之。

（三）須監護人本人「補充能力」 第三人代表監護人補充能力者，其表示無效，故須監護人本人到場表示贊同之意思也。

（四）須「補充能力」並未附加條件　例如監護人表示贊同之意思，以某種事實爲撤回其同意之條件者，則以未曾表示贊同論，而受監護人之法律行爲亦不得發生法律上之效力也。

（乙）「管理財產 (gestio)」　此所謂「管理」云者，監護人以受監護人之名義，獨自管理受監護人之財產之謂。羅馬古代，不採用代理制度，故監護人管理受監護人之財產，亦以「補充能力」之方式出之，但受監護人在七歲以下，或在外方，或對於起訴等重要行爲缺乏能力者，不在此限。至監護人獨自爲管財行爲者，應以自己之名義行之；監護人就其行爲，對於第三人自享權利並自負義務，而受監護人，不與第三人發生法律上之關係，僅得對監護人起訴主張權利而已。迨西曆紀元後第二世紀以還，關於代理之理論，逐漸發達，監護人遂得以受監護人之名義，就其財產而爲各種管理行爲；且監護人與第三人所爲之行爲，均由受監護人對第三人負擔義務並享受權利，受監護人因監護人有重過失或輕過失而蒙受損害時，並得以委任人之名義訴追也。至所謂管理財產者，除保存受監護人之財產外，並應爲之計劃經營，使其增加改進，例如儲蓄餘款，改良不動產等是。他如某種處分行爲，於受監護人顯有利益者，監護人亦得爲之，且應爲之，例如出賣易於毀損滅失之動產等是。

（III）監護人之權限及其限制

綜上所述，凡於受監護人有利之行爲，原則上，監護人均得爲之；但其權限，苟漫無限制，則有使受監護人蒙受損害之危險。至帝政時代，此等限制，逐漸增加，而監護人之權限亦逐漸縮小矣。茲將監護人之權限及其限制，具體分述如次：

（甲）保存行爲　凡以保存受監護人現存之財產爲目的者，均爲保存行爲；例如支取利息，收穫果實，對「私犯」行爲人或其他債務人起訴，請求賠償損害或請求清償債務等，均屬之。

（乙）管理行爲　狹義的管理行爲，卽利用現存之財產，滋生孳息及支付費用之謂；例如將金錢貸與他人，使生利息，將物件租與他人，博得租金，或支付「未適婚人」所需要之生活費、教育費等，皆是。

（丙）處分行爲　凡出賣財物，或消滅之，改變之者，均爲處分行爲。惟處分行爲最易發生嚴重之效果，使受監護人蒙受重大之損害，故現代法例，均有限制之規定，而羅馬法對於監護人之權限所加之限制，亦以關於處分行爲者居多數也。此等限制，共有下列六種，最後三種，則皆帝政時代規定之者。

（1）其第一限制，自十二表法始。依十二表法之規定，凡監護人隱匿或侵占受監護人之財產者，任何人民，得對之提起「監護人瀆職之訴（crimen suspecti tutoris）」，請求官廳爲罷免之宣示。

（2）嗣依市民法之規定，凡監護人與受監護人間，就某種行爲而有相反之利害關係者，其行爲不生效力；但受監護人依通常習慣或因道德上之義務，而對監護人爲贈與行爲者，不在此限。

（3）裁判官法旋復規定，凡無能力人因年少而就法律行爲蒙受損害者，得請求法院撤銷之，並請求其爲「回復原狀（restitutio in integrum）」之宣示。如此，則監護人濫用職權，致受監護人蒙受損害時，可有補救之道，抑亦監護人權限上間接之限制也歟？

（4）西曆紀元後第二世紀末葉，殺不特密斯帝（Septimius Severus），禁止監護人處分受監護人之「耕作地(rusticum)」、「住宅地(urbana)」、或「一般土地(praedicum)」。縱受監護人有處分此等不動產之意思,監護人亦不得爲「補充能力」之行爲也。

(5)依君士坦丁帝之規定,凡受監護人之不動產及可以保存而不致減少價值之動產,禁止監護人處分之;其所爲之處分行爲,受監護人屆滿適婚年齡時,得追認之或撤銷之也。至就賸餘之天然孳息,依通常習慣而爲處分行爲者,則視爲狹義之管理,不在禁止之列。此外所謂強迫處分者,亦爲法律所不禁,例如第三者請求就受監護人之土地設定「步行權」,經官廳裁判者皆是。

(6)至優帝時代,限制極嚴,凡受監護人有債權者,監護人必聲請官廳許可,始得受領原本,縱債權已經到期,監護人亦不得擅自支取或動用之。如監護人不依照是項規定而擅自支取,則受監護人得對債務人爲再度給付之請求焉。

(IV)多數監護人

現代法例,規定數人得同任監護人者,有之,如法比民法是;規定以一人爲監護人者,亦有之,如德日民法是。瑞士民法,以選任一人爲原則,遇必要時,亦得選任數人爲監護人。我國民法,對於監護人之人數,無明文規定,但依同法第一千零九十四條第一款「與未成年人同居之祖父母」,爲第一順序監護人,而不曰與未成年人同居之祖父或祖母,是我國民法,亦許以數人充任監護人矣。依羅馬法之規定,受監護人之假想繼承人有數人時,則數人同爲其監護人;遺囑指定之監護人,或「官選監護人」,亦不以一人爲限也。然則監護人有數人時,其職務如何執行?

屬於誰何？其所負之責任，如何規定？此等問題，則皆於此所應論述者也。

監護人有數人時，以其一人爲「常務監護人（tutor gerens）」「補充能力」及「管理財產」兩種職務，兼而有之。其他監護人則僅有補充能力之職務，而不得單獨爲受監護人爲法律行爲，故曰「名譽監護人（tutor honorarii）」至何人應爲常務監護人，則由家父以遺囑指定之，未經指定者，則由官廳指定之。名譽監護人雖無代爲法律行爲之職務及權限，而於受監護人爲法律行爲時，亦得表示贊同，補充其能力，而不以經過常務監護人補充能力爲必要也。且受監護人有多量財產時，更得依其財產之種類、數量或其所在地域而劃分之，由各監護人分別掌管；各就其專管之部分，爲常務監護人，就其他部分，則稱名譽監護人也。嗣後法律改定，凡受監護人處分財產時，僅常務監護人有補充能力之權限，而名譽監護人則否。數人分別掌管時，亦各就其掌管之部分有此權限。再受監護人被人收養時，即構成終止監護之原因，故依羅馬法，監護人雖對於受監護人財產以外之問題，不負任何責任，對於收養問題，則仍須監護人全體爲贊同之表示也。至各監護人對於受監護人負責之情形，因常務監護人之有無，而不一其致。如未指定常務監護人者，各監護人負連帶責任。如已指定常務監護人者，首由常務監護人負責，不能負完全責任時，由名譽監護人負之；名譽監護人亦不能負完全責任時，應由推薦有過失之監護人者代負其責；如均不能負完全責任，則選任失當及監督不嚴之官吏，應對受監護人負完全責任也。

第三目　監護職務之拒絕

羅馬古代，除「官選監護」外，監護人之充任，視爲權利之一種，故法定監護人就職與否，有絕對之自由；至以遺囑指定之監護人除已經就職外，亦得拒絕之。但官選監護，卽依羅馬古法，亦視爲國民之義務，故有強制性質，然有正當之理由者，仍得拒絕之；古法所稱正當理由者，卽「推薦較當之監護人（petitoris nominatio）」是已，例如甲被選任後，指乙比較消閑，或指乙對於受監護人較有密切關係，並以乙將來可有較好之成績爲理由，推薦該乙以自代是也。

至帝政時代，理論漸變，認定監護制度之目的，在保護受監護人本人之利益，監護人之充任，已不視爲權利之行使。優帝時代，監護人之充任，完全視爲國民之義務，故各種監護人除有正當理由外，均不得拒絕之；此亦現代法例完全採用之原則也。且當日所舉之事由，視爲正當理由者，現代法例亦多因之，我國民法，則僅規定法定監護人及選任監護人「非有正當理由，不得辭其職務」（民法第一千零九十四條及一千零九十五條）而何者爲正當理由，並未列舉之也。至優帝時代，所謂正當理由，可分下列數種：

（一）年齡在七十歲以上者，

（二）子女衆多者　凡羅馬人有子女三人以上者，意大利人有子女四人以上者，殖民地人有子女六人以上者，均爲辭職之正當理由。

（三）已爲三人以上之監護人者，

（四）因從事國家公務而無餘暇者　例如充皇帝顧問等需要時間之公務者等是。至元老院議員，在普通情形之下，得辭退監護人職務，但受監護人如爲其本人之子孫，仍不得辭退之也。

（五）爲醫師或牧師者，

（六）受監護人之財產所在地與監護人之住所相距甚遠者，

（七）貧窮體弱或智識簡陋者。

凡有上述各種情形之一者，無論已經就職已否，均得辭退監護人之職務。再有特種情形者，更得臨時免除監護人之職務，例如監護人有疾病者，因公務而駐國外者，在病愈前或駐國外時，均得臨時免除其職務也。

第四目　監護之終止

監護終止之原因，可分爲兩大種：第一、基於受監護人方面者；第二、基於監護人方面者。第一種原因發生時，受監護人卽不復處於監護之下，故曰監護絕對終止之原因。第二種原因發生時，僅原來監護人終止其職務，而受監護人則仍處於另選之監護人監護之下，故曰監護相對終止之原因。茲分述各種原因如次：

（Ⅰ）受監護人方面監護終止之原因

（一）受監護人之死亡，

（二）受監護人屆滿適婚年齡者　凡屆滿適婚年齡者，在未滿二十五歲以前，僅有保佐人，而監護制度，卽當然不適用之。

（三）受監護人「人格減等」者　受監護人「人格大減等」「人格中減等」或「人格小減等」時，均構成監護終止之原因，因人格小減等而終止監護者，如受監護人被他人收爲養子，致失「自權人」之身分是也。

（II）監護人方面監護終止之原因

（1）監護人之死亡，

（2）監護人「人格大減等」或「人格中減等」者，

（3）法定監護人喪失對於受監護人所有之親屬關係者　法定監護人，須與受監護人有宗親或血親關係，故因前者「人格小減等」而喪失此等關係時，其監護卽歸終止。

（4）因限制爲監護人之事由中途發生而解除監護人之職務者　充任監護人，除具備兩種積極之要件外，消極方面更須不遇有法律上之限制，例如不爲「精神病人」「聾啞人」等；是故此等法律上限制之事由發生時，監護人卽應解除職務也。

（5）監護人有正當理由辭職，經官廳許可者，

（6）監護人之職務附有條件或期限，其條件完成或期限屆滿者，

（7）監護人因故意或過失致受監護人蒙受損害，而被官廳免職者　官廳對於監護人，得依職權或因聲請爲免職之宣示；如監護人係出於故意者，例如詐欺、侵占等情，並得處以「破廉恥」之懲罰。嗣以監護人職務之有公務性質也，任何人民均得向官廳爲免職之聲請焉。

第五目　受監護人之保障

受監護人既爲「未適婚人」，年齡尙小，鮮有經驗，監護人極易侵占詐欺，或發生其他舞弊情事，致受監護人蒙受財產上之不利益，故立法者多嚴定防範之辦法，以保護受監護人之利益。然羅馬古代僅對於瀆職之監護人，有免職及處罰之規定，而不足以防範於未然，至帝政時代，防範監護人之辦法，遂漸臻周密。故羅馬法上受監護人之保障可分兩種：其一、爲受監護人蒙受損害後之保障，其二、爲預防監護人有瀆職情事，致受監護人蒙受損害之保障。茲分述之如次：

（I）受監護人蒙受損害後之保障

（一）監護人故意侵害受監護人之財產者，任何人得提起「監護人瀆職之訴 (crimen suspecti tutoris)」請求官廳爲罷免之宣示；然監護人並不受其他制裁也。

（二）監護人竊取受監護人之財產者，於監護終止時，受監護人或其繼承人，得提起「竊取之訴 (actio rationibus distrahendis)」；此爲刑訴之一，自十二表法時代始。此訴提起後，監護人除受「破廉恥」之處罰外，並應賠償竊取財物之價值之兩倍，但是項訴權之行使，以監護人有竊取行爲者爲限。

（三）監護終止時，監護人應爲決算。降至羅馬建國後第七世紀，凡受監護人因監護人之故意或過失而蒙受損害者，得提起「受監護人直接之訴 (actio tutela directa)」請求其賠償損害，此則純粹之私訴也。至監護人負責之範圍，不以重過失爲限，有輕過失時，亦對受監護人負其責任。至帝政初年，受監護人提起此訴時，得就其所知之額數，於法官前宣誓，以爲請求賠償之根據，如監護人未開具財產清冊，並不能提出反證者，法官得據受監護人宣誓請求之額數，而判令其賠償也。

（II）預防監護人有瀆職情事致受監護人蒙受損害之保障

（1）帝政初年，官廳應令法定監護人及「官選監護人」提供擔保，使受監護人蒙受損害時，有受償之可能，但官選監護人經官廳調查可靠者，不在此限。至遺囑指定之監護人，法律推定遺囑人對之有相當之信任心，故不令其提供擔保。監護人無支付能力而不能賠償時，則由保證人負代位履行之責任也。

（2）特拉亞女斯帝（Trajanus 西曆紀元後第九十八年即位在位二十年）旋復規定，凡官吏負責選任監護人者，受監護人蒙受損害時，得對該官吏起訴請求賠償；蓋官選監護人應經官廳調查，如仍發生不幸情事，致受監護人蒙受損害，特拉亞女斯帝視為係因官吏未盡調查之能事所致，故有此規定以制裁之耳。

（3）法律進步時期，受監護人對於監護人有債權時，就其未設定抵押權之現存財產，有優先受償之權。君士坦丁帝，旋復就監護人之全部財產，設定法定抵押權，以擔保受監護人之權利。是項法定抵押權，以監護人職務開始之日，為其成立之期日，而受監護人遂有妥切之保障矣！

（4）優帝規定，監護人職務開始前，應開具財產清册，受監護人所有之各種動產不動產，均應詳明列入，以為監護終止時返還之標準。夫此原則，現代法例均援用之，且多規定會同親屬會議指定之人而開具之；我國民法第一千零九十九條謂：『監護開始時，監護人對於受監護人之財產，應會同親屬會議所指定之人，開具財產清册。』其一例也。

（5）優帝規定，監護人職務開始前，應向官廳聲明，對於受監護人有無債權債務關係。其相互間有債權債務時，即不得執行監護人之職務固矣；且爲是項聲明後，監護人將無謊報債權或隱匿債務之可能，故此亦爲保護受監護人之有效方法也。

（6）監護人應聲請官廳，規定其得爲受監護人支出費用之最高額數，蓋所以預防監護人有浮報或濫支之情弊耳。

（7）監護人職務開始前，應宣誓聲明，對受監護人之財產，依法爲適當之處理；此其規定，亦自優帝時始。按當日人民，對於鬼神之信仰心與畏懼心極深，凡宣誓受神之制裁者，實際上鮮有違背者，故宣誓之規定，實保障受監護人之有效方法也。

第二款　女子之監護

女子年齡滿十二歲時，即成爲「適婚人」，故前款所述「未適婚人」之監護，於女子不適用之。就事實言，已達適婚年齡之女子，本有自主之能力，而無設置監護人之必要；但依羅馬法之規定，凡有「自權人」身分之女子，脫離「未適婚人之監護」後，即處於另一監護之下，是爲「女子之監護」。是項制度之目的，端在預防女子揮霍財產或管財失當，損及其繼承人之利益，而不以直接保護女子本人之利益爲其直接之目的；故在此制度廢止前，凡女子之爲自權人者，不論其年齒如何之高，不論其經驗如何豐富，能力如何健全，均不得脫離監護之羈絆也。帝政初年，育利亞法（Lex Julia）規定，凡女子爲生來自由人者，有子女三人以上時，可取得「自由之權利」（Jus liberorum)」而免處於監護之下，「解放自由人」而有子女四人以上者亦同。是項規定之動機，純在奬勵生育，並非以女子年齡之大小，爲設置監護與否之標準，卽該法所謂自由之權利之規定，嗣後亦經廢止之矣。女子之監護，亦分「遺囑監護」、「法定監護」、及「官選監護」三種，與未適婚人之監護同。其第一種，成立於羅馬建國後第六世紀；其第二種，最爲嚴格，其廢止也亦最早，蓋宗親間之法定監護制度，西曆紀元後第三世紀寇老弟愚斯帝(Claudius)時代，已不復適用，而第一第三兩種監護制度，直至第五世紀初葉，始經廢止之耳。

處於女子之監護下者，與處於「未適婚人之監護」下者，其事實上之能力有高下大小之分；故關於監護人之設定、充任、及其職務與權限，此兩種監護制度，亦有寬嚴簡繁之別。茲就此三點，分述「女子之監護」之特質如次：

（一）監護人之設定　女子之監護，亦分「遺囑監護」、「法定監護」、及「官選監護」三種。女子之夫及其「家父」，均得以遺囑爲之指定監護人。不特此也，凡得以遺囑指定女子之監護人者，得訂明女子有選擇之權，是爲「監護人之選擇(tutoris optio)」。監護人之選擇，更分「完全選擇(optio plena)」與「限制選擇(optio augusta)」兩種：前者，指女子有絕對選擇之權限而言，凡女子無監護人者，均得自由選擇之；後者，則指女子祇得選擇一定之次數而言，例如訂明祇得選擇三次，則女子於第三次選擇之監護人死亡時，卽不復有選擇之權矣。女子之法定監護人，亦以其最近之宗親充任之，例如女子之兄弟等是。再女子以「有夫權之婚姻」而結婚者，夫死亡時，應以其子爲監護人。至於官選監護，其適用之範圍，與「未適婚人之監護」同，質言之，凡有遺囑監護或法定監護者，此第三種監護，卽不適用之也。

（二）監護人之充任　充任女子之監護人，其要件與未適婚人之監護略同，而限制較寬；例如盲人、「聾啞人」、「未適婚人」均得爲女子之法定監護人也。

女子之監護人之充任，視爲權利之行使，不若未適婚人之監護人之充任，嗣後視爲國民義務之履行；故監護人之職務得拒絕之，法定監護人且得依「擬訴棄權」之方式，將其權限職務長期轉讓於第三人，而由該第三人爲監護人也。監護人之職務移轉於第三人者，如該第三人死亡或遇有其他事由致不能繼續爲監護人時，則讓與人仍負監護人之責任，蓋女子之監護人爲有永久性之職務耳。

（三）監護人之職務與權限　女子之監護人，僅有一種職務，即「補充能力（auctoritas）」是已。且處於監護下之女子，僅限於法律規定數種特別重要之行爲，由監護人補充能力；所謂特別重要之行爲者，除成立債務之行爲外，餘皆古法上之要式行爲也。此等要式行爲可分下列數種：一曰結婚契約之締結，二曰要式移轉物之處分，三曰「嫁資」之設定，四曰遺產之接受，五曰奴隸之解放，六曰訴權之行使，七曰債務之成立。關於略式移轉物之處分，如債權之出讓、金錢之贈與等，已達適婚年齡之女子，仍有單獨處置之能力。至於訴權之行使，依「程式訴訟」之程序，女子有完全之訴訟能力者，則無須監護人爲贊同之表示。再監護人既無管理財產之職務，則於受監護人之財產上，並不發生繁複之手續，故監護終止時，並無開具決算之必要也。

監護人之職務至爲簡單，已如上述，其權限亦極低微；凡女子欲爲某種行爲，令監護人「補充能力」者，事實上，均可達其目的。「遺囑監護人」或「官選監護人」拒絕補充能力時，受監護人得利用監護人外出等情，以其不能到場爲理由另選監護人，而不因監護人不表贊同，致阻止其意旨之實現也。「法定監護」制度，比較嚴格，其監護人之權限亦較大，對於受監護人能力之補充，得拒絕之，處其監護下之女子，惟有聽之而已；嗣後官廳遂擬制一種特別方法，使女子有規避之可能。此方法者何？曰，女子併與第三者締結婚姻契約，令監護人補充能力，監護人拒絕時，例由官廳之特許，以代能力之補充，如此，則女子由「自權人」之身分一變而爲「他權人」，並脫離原來之監護；再由該第三者舉行解放之方式，以恢復女子「自權人」之身分；結果女子處於該第三者監護之下，自可令是項新監護人補充能力，以實現其爲某種行爲之意旨也。自寇老弟愚斯帝（Claudius）時，宗親間之法定監護制度業經廢止；至女子之「保主」及解放女子之「家父」，雖彼此間並無宗親關係，而仍爲該女子之法定監護人焉。但至西曆紀元後第三世紀末葉，凡女子已達適婚年齡者，事實上，已不受監護之拘束矣。

第三節 保佐

第一款 總論

保佐制度，導源於十二表法，其範圍頗狹；限於「浪費人」及「精神病人」設置保佐人，以防其揮霍。浪費人之有保佐人，以關於由家族繼承之財產爲限，關於浪費人本人創立之財產，「宗族親」對之無繼承權者，則任其揮霍而不爲之設置保佐人。蓋是項制度最初之目的，在保護家族之財產也。嗣後，理論一變，而以保護生理上或心理上無充分管財能力之人，爲保佐制度之直接目的，其適用之範圍，亦漸擴大：例如浪費人之財產，不論其來源如何，或其宗族親對之有無繼承權，均爲之設置保佐人，他如盲人「聾啞人」「胎兒」「未適婚人」等，亦有保佐人。不特此也，監護人辭職時另選保佐人代理者有之，法定監護人不勝任時置保佐人以代其管理未適婚人之財產者亦有之。此外若「他權人」所有「自外人取得之特有財產(peculium adventitium)」若未有人繼承之，遺產若被俘虜者之財產，若無支付能力人之破產財團，(關於破產財團設置之保佐人亦曰管財人 curator bonorum)亦得設置保佐人以保管之。總之自帝政時代以還，設置保佐人之原因爲數極多，不勝枚舉。至保佐人之職務，共有兩種：一曰「管理財產(gestio)」，二曰「表示同意(consensus curatoris)」；但因保佐人設置情形之不同，而各異其致，如受保佐人爲未成年人等有相當能力之人，應適用前者，如爲浪費人精神病人等無能力人，則應適用後者。茲所謂表示同意者，與監護人之「補充能力」有別，受保佐人爲法律行爲時，保佐人得於其行爲前預先表示同意，或於行爲後追認之；再保佐人以書面表示同意，或於行爲地以外之地方表示同意者，均可使受保佐人之行爲發生法律上之效力也。

保佐人除法定保佐人外，則爲官廳選任之保佐人，而不得以遺囑指定之也。但至帝政時代，「家父」以遺囑爲其未成年之子指定保佐人者，不在此限。保佐人之充任，嗣後視爲國民之義務，故保佐人無正當理由者，不得拒絕之，與監護人同。但夫得拒絕爲妻之保佐人，凡爲他人之監護人者，亦得拒絕同時充任保佐人，此又與監護人辭職之正當理由有別者也。

再保佐人就職前，應提供擔保。其有「管理財產」之職務者，於保佐終止時，應就受保佐人之財產而爲決算，此皆援用監護制度之規定者。至保佐之終止，依個別之情形而決定之，凡保佐已無存在之理由時，即歸終止，例如受保佐人已屆滿成年年齡，「精神病人」已經痊愈，禁治產之宣示，已經撤銷，保佐人臨時保管之遺產，已經有人繼承，破產財團已經分配完畢等是。

保佐人之種類繁多，前已言之，然其最關重要而現代法例援用最多者，則僅有三種而已：一曰「精神病人之保佐人（curator furiosi）」，二曰「浪費人之保佐人（curator prodigi）」，三曰「未成年人之保佐人（curator minorum）」。茲分三款，分別論述此三種保佐制度如次。

第二款　「精神病人」之保佐

「精神病人」事實上無自主之能力，故保佐人之設置，為必要之制度，與成年女子之設置監護人者不同。故精神病人之保佐人職務之開始及終止，不以官廳之宣示為要件，但十二表法規定精神病人之保佐制度，僅限於「furiosi」適用之。按羅馬人分神經病為「furiosi」與「mente capti」兩種。其差別如何，學說不一；或謂前者為普通之瘋癲，後者則因有一種特別之意向，而消失心神上之作用者之謂。依普遍化之理論，則「furiosi」一字，作「斷續瘋」解，指神經病者之時發時醒者而言；「mente capti」一字，則作連續瘋解，指繼續瘋癲者而言。執此兩者，姑從後說。且精神病人之保佐制度，嗣凡於精神上有病態者，均適用之，他如聾啞者或因患不能速愈之重病而不能管理財產者，均以「furious」論，並為之置保佐人焉。如患神經病者時而發瘋，時而清明，則於神智清明時，保佐人之職務即歸終止，但依優帝以後之法律，保佐人僅於受保佐人神智清明時，暫時停止職務而已，而受保佐人瘋病復發時所為之法律行為，仍依保佐制度之規定也。

本论

依羅馬古法，保佐制度，以保護保佐人之利益爲目的，故僅有法定保佐人，由精神病人之假想繼承人充任之，有「宗族親」時，爲最近之宗親，無宗族親時，則以同「宗統」之同姓人充任之。嗣後理論一變，以保護精神病人本人之利益，爲保佐制度直接之目的，無法定保佐人者，由官廳選任之，「家父」亦得以遺囑指定之；惟家父以遺囑選定保佐人者，須經官廳加以追認。以言上述數種保佐人之次序，與監護制度有別，以遺囑選定而經官廳追認之保佐人，固不若「遺囑監護人」之有優越之地位；法定保佐人，亦鮮有適用之者，至優帝時代則已無形廢止之矣。

至於保佐人之職務，可分兩種：其一、爲精神病人身體之保護，其二、爲精神病人財產之處理。關於人之監管，爲精神病人之保佐之特點，蓋羅馬法上之監護人及其他保佐人，僅就受監護人或受保佐人之財產負其責任耳。以言財產之處理，則完全以「管理（gestio）」之方式出之，蓋精神病人，於精神錯亂時，既無判別之能力，勢非予保佐人以完全代理之權限不可耳；但至君士坦丁帝、優帝等，則不斷的有限制保佐人權限之規定矣。

第三款 「浪費人」之保佐

「浪費人」之設保佐人，亦自十二表法始；然以保護家族之財產爲目的，故僅關於浪費人因「法定繼承(successio ab intesta)」而取得之財產爲限，並限於對浪費人有繼承權者，得爲法定保佐人。嗣凡喪失繼承權之人，及被解放之奴隸，有浪費財產之情事者，就其因遺囑而取得之財產，亦準用是項原則而設置保佐人。但至法律進步時期，保佐制度以保護浪費人本人之利益爲目的，故關於浪費人所有一切財產，不論其係由「家族」繼承，或係本人續置，均爲之設置保佐人，故除法定保佐人外，官廳並得爲之選任保佐人，以免其擅自浪費也。

「浪費人」，非若「精神病人」之毫無自主能力設置保佐人時，則其法律上之行爲能力亦大受限制，故苟任意使其處於保佐之下或脫離之，則所以保護其家族之財產或其本人之利益者，反將不利於其本人，故羅馬古法卽規定浪費人之保佐人之設置及其終止，以官廳之宣示爲要件。現代法例規定禁治產之宣示與撤銷，均須由法院爲之，殆亦本乎此歟？浪費人有保佐人後，並非完全無行爲能力，於其財產有利之行爲，所謂純粹取得之行爲者，本人仍得單獨爲之，例如接受無負擔之贈與等是。至於不利於己之行爲，如財產之處分，債務之設定等，則除接受繼承外，均須保佐人代爲管財行爲；而保佐人之職務，亦卽限於此等管財行爲而已。或謂保佐人，有時有「表示同意（consensus curatoris）」之職務，似不合乎羅馬法之精神。至保佐人之權限、責任，受保佐人所有之訴權，則浪費人之保佐與精神病人之保佐兩種制度，並無任何差別也。

第四款　未成年人之保佐

凡男子在十四歲以上已達適婚年齡者，在未成年前，亦脫離監護之羈絆，在帝政時代以前，並不處於保佐之下。惟依潑賴多利亞法（Lex Plaetoria）及裁判官法之規定，是項未成年人受特別之保護，致與之爲法律行爲之第三人，有蒙受意外損害之虞，甚至不敢與未成年人爲法律行爲。帝政時代，爲補救此弊計，遂爲之設置保佐人。是未成年人之保佐制度，其產生之時期及其背景與前述兩種保佐，不一其致，故其內容，亦不盡同。茲就是項制度形成之過程及其內容，分別論述如後。

女子屆滿適婚年齡而脫離原來之監護時，卽處於有永久性之另一監護之下，年齡雖幼，尚無相當之困難；至於屆滿適婚年齡之男子，一旦脫離監護，未免有受人欺詐致蒙損害之虞，而於關係繁複之社會中爲尤甚，立法者有鑒於此，遂於羅馬建國後第五百六十三年頃頒佈潑賴多利亞法以保護之。該法保護未成年人之規定可分兩點：其一、凡有利用青年缺乏經驗與之爲法律行爲，使其蒙受損害者，無論何人得對之起訴，是爲「公益之訴」，敗訴之被告應受罰金「破廉恥」等處分；其二、被詐欺之未成年人，更得提起私訴，請求對方返還已受領之給付，如有損害並得請求賠償。嗣凡未成年人與他人爲法律行爲時，得聲請裁判官爲之選任保佐人，以協助之，此亦潑賴多利亞法認定未成年人無完全行爲能力並應受特別保護之結果也。是項選任保佐人與一般保佐人有別，其唯一之職務，厥爲表示意見，是已表示意見時，亦不拘以何種方式出之；且未成年人並不因有是項保佐人而喪失其解約、賠償等請求權，故與之爲法律行爲之第三人僅有事實上之保障而已。

上述未成年人之權利，僅限於受人詐欺時得行使之，嗣後，裁判官法上保護之辦法，更爲周密，凡未成年人就法律行爲蒙受損害者，均得爲「回復原狀（restitutio in integrum）」之請求，例如未成年人買馬一匹，其價金較市價昂貴，縱出賣人並無詐欺之意思，未成年人亦得請求回復原狀。在監護下之「未適婚人」或在保佐下之「浪費人」，單獨爲負擔義務不利於己之行爲者，不生效力，固以其爲無能力人爲合理之原因；至已達適婚年齡之未成年人，在法律上並非無能力人，而處於如此優越之地位者，則皆裁判官法特別賦予之恩惠也。職是之故，未成年人所有回復原狀之請求權，其時效期間極短：在優帝以前，因一年之「有用期間」不行使而歸消滅，依優帝之法律，經過四年之「繼續期間」而不行使者亦同。依裁判官法，未成年人亦得聲請裁判官爲之選任保佐人；但其法律行爲經保佐人協助而成立者，與未成年人單獨爲法律行爲者同，質言之，對方仍不得以未成年人已經保佐人協助爲理由而推翻其回復原狀之請求也。

依瀨賴多利亞法及裁判官法之規定，未成年人雖得聲請選任保佐人，而實等於虛設，第三人不得與之成立穩定之法律關係，如故。至帝政時代，遂先後頒佈法律以補救之；依此時期之法律，於數種特定情形之下，第三人必須與未成年人爲一定之行爲者，得使其聲請官廳選任保佐人，例如第三人對之起訴，對之履行債務，或對未成年人提出關於監護之決算是也。未成年人不聲請選任保佐人時，第三人得代爲聲請；然則在此數種情形之下，未成年人之保佐人之設置，已成爲有強制性之制度矣。不特此也，凡「家父」以遺囑指定保佐人，而未個別指明協助之行爲者，其保佐人就未成年人之整個財產而盡其職務；其於接受監護上之決算時選任保佐人者，則就其接受之財產之使用而盡其職務，是帝政時代以前之個別的、臨時的未成年人之保佐制度，一變而爲概括的，有永久性的保佐制度矣。至未成年人之有保佐人者，均由保佐人管理其財產，或使其就財產而爲相當之法律行爲，故保佐人之職務及其責任，與監護人同，對於監護人之權限所加之限制，於此亦適用之也。

未成年人之有保佐人者，既由保佐人管理其財產，事實上，與處於監護下之無能力人無異，故法律規定，凡未成年人有保佐人時，不得單獨爲負債行爲；凡爲負債行爲者，必經保佐人表示「同意（concensus）」，始生法律上之效力，但侵權行爲，不在此限，此亦對於各種無完全能力人共同適用之原則也。提奧克來借女斯帝（Diocletianus），旋復以有無保佐人爲標準，分未成年之男子爲無能力人與有能力人兩種。凡無保佐人者，有完全之行爲能力，但因其行爲而蒙受損害者，仍得援用裁判官法之規定，而爲「回復原狀」之請求，然而事實上未成年人之有保佐人者，恆居多數耳。

未成年人有保佐人時，即爲無能力人，固難免發生困難，無保佐人時，則因未成年人有請求「回復原狀」之特權，第三人不克與之成立穩定之法律關係，亦非完善之制。故君士坦丁帝有「成年特赦（venia aetatis）」之規定，即男子屆滿二十歲，女子屆滿十八歲時，證明其已能自行管理財產者，得經皇帝之特許，而取得成年人之身分。依其規定，凡經特赦者，縱本來處於保佐之下，亦自特赦之日起，視爲有完全能力，且不論其有無保佐人，均不得再爲回復原狀之請求；至贈與及重要之處分行爲，對於是項「特赦成年人」仍在禁止之列也。

本章參考書記要

F. de Visscher, Etudes de droit romain p. 9, 25, 27, 74, 91-94, 97, 98, 103, 104, 399, 405, 465, 468, 369; E.-M. Léonce Delaporte, De la condition du prodigue dans le droit romain, le droit français et les législations étrangères modernes p. 22-148; Georges Cornil, Ancien droit romain p. 50-53; J. Declareuil, Rome et l'organisation du droit p. 152, 153, 155-167, 384, 386; T. C. Sandars, The Institutes of Justinian p. xl, 56, 58, 59, 68, 69, 73, 74, 84, 437; J. Cornil, Possession dans le droit romain p. 156, 187, 234; 黃右昌，羅馬法與現代 p. 213-231; P. F. Girard,

Textes de droit romain publiés et annotés p. 910; P. F. Girard, Manuel élémentaire de droit romain p. 206-226, 228-240; Gaston May, Eléments de droit romain p. 158-180; Charles Demangeat, Cours élémentaire de droit romain p. 318-382, 388-418 (Tome I); Accarias, Précis de droit romain p. 316-454 (Tome I); Ruben de Couder, Résumé de répétitions écrites de droit romain p. 76-113; Edouard Cuq, Les institutions juridiques des Romains p. 312-332; René Foignet, Manuel élémentaire de droit romain p. 70-94; W. W. Buckland, The main institutions of roman private law p. 74-90; R. W. Leage, Roman private law p. 97-113; R. W. Lee, Introduction to Roman-Dutch law p. 92-111; A. Lecomte, La pluralité des tuteurs en droit romain p. 9-17, 42, 56; Louis Rigaud, Evolution du droit de la femme de Rome à nos jours p. 23, 45, 46, 63-65; Audibert, La folie et la prodigalité en droit romain p. 43-45, 65, 66, 73; J. Ortolan, Explication historique des Institutions de l'empereur Justinien p. 135-217; Eugène Henriot, Mœurs juridiques et judiciaires de l'ancienne Rome p. 368-371 (Tome I); J. Declareuil, Rome the law-giver p. 137-151.

第五章　扶養

依羅馬法進步時期之法律，亦有扶養之制度。見諸明文規定者，最初唯有被解放之奴隷，對於困窮之舊主人，有扶養之義務，其不履行者，視爲忘恩行爲，舊主人得撤銷其解放，再度收爲奴隷焉。其次父母子女相互間，亦有扶養之義務，然以受扶養權利人無生活能力者爲限。依帝政時代之習慣，父母或子女不履行是項義務時，受扶養權利人，並得訴諸法院，以謀救濟。他如兄弟姊妹，其相互間僅有道德上之扶養義務而已。至關於扶養之詳細規定，羅馬法上頗不多覯。總之，羅馬法上雖有扶養之制度，然尙在萌芽時期，而未臻完備耳。羅馬法上之扶養制度，發達如此其遲，其原因有二：羅馬向採大家庭制度，以「家父」爲全家之無上主宰，家人固尊敬供養之不暇，其他家屬，則分工合作，生活與共，故由他人扶養之制度，並無詳明規定之必要，此其一；歐洲民族，素以工作自給爲榮，以依人而食爲恥，卽至晚年，亦多不辭勞苦，自食其力，故亦不常發生由他人扶養之問題，此其二；例如歐洲各國現代民法，固皆有相互扶養之規定者，然卽子之於父，亦必父母無生活之能力，子女始負履行之義務，此其明證也。

本章參考書記要

P. Collinet et A. Giffard, Précis de droit romain p. 169 (Tome II); Lemonier, Etude historique sur la condition privée des affranchis p. 48–54, 72–74; J. Ortolan, Explication historique des Institutions de l'empereur Justinien p. 77, 135..

第六章 家

古代羅馬人家之觀念，與現代有別。依現代一般法例及法學理論，所謂家者，卽因婚姻關係或血統關係而永久共同生活於同一家庭之人是已。我國民法第一千一百二十二條謂：『稱家者，謂以永久共同生活爲目的而同居之親屬團體。』殆亦以人爲家之唯一構成分子。但羅馬人，則以「家父」權力支配下之人與一切物件之總和，爲家之本體，其構成分子，爲人與物二者，而並無任何區別可言；基此理論，故尊臨全家之家父，對於全家之人或物，有同等之權利，家屬所有之權利，悉爲「家父權」所吸收，就全家財產所有之權利，亦惟家父得行使之。家父爲全體家屬之主宰，故家屬無干涉之權，另一方面家父爲全家財產之主體，故對奴隸所有之「家主權（dominica potestas）」由家父行使之。奴隸之於羅馬法，視爲有機體之動產，其視爲家之構成分子，與普通物件同，固不得處於家屬之地位。嗣後人道主義，逐漸實現，家主權逐漸有相當之限制，奴隸之待遇，亦較優於前，就「特有財產（peculium）」等方面言之，幾與家屬相埒。且奴隸被解放後，「家主」對之仍享有所謂「保主權（jura patronatus）」，就此權利之內容言，已解放之奴隸，其與「家主」間之關係，亦儼然家屬也！

「家父」與「家子」間之關係，已於第三章第三節詳述及之，茲不再贅。茲就「家主權」及「保主權」兩點，分別言之如次：

（I）「家主權（dominica potestas）」　「家主」對於奴隸之權利，曰家主權。是項權利，有絕對性，家主之於奴隸，得任意殺死之毆辱之令其從事於危險之工作可也，租賃於第三者收取租金，亦無不可也。奴隸固無反抗之權能也。嗣後法律受人道主義之影響，家主與奴隸間之關係漸受法律之干涉，而奴隸之故意虐待，遂懸爲禁例。就財產上之利益言，奴隸所爲之法律行爲，最初僅得爲家主之計算而生效力，例如因其法律行爲而取得財產上之利益者，其利益應由家主享受之，而奴隸不得分潤毫末，其所發生之債務，則由奴隸代負責任，此誠極不公平之制度也。繼而裁判官法規定凡奴隸因家主指使或特許而與第三人爲法律行爲者，該第三人得對家主提起「指使之訴（actio quod jussu）」，請求償還其奴隸所負之債務，殆亦援用關於家子所負債務之規定耳。奴隸因家主指使或特許而爲「私犯」行爲者，亦由家主負完全責任，但家主如不知其有私犯情事，則不負賠償之責任，僅應將奴隸引渡於受害人而已；在此情形之下，家主就奴隸身體所已存在之所有權及受害人就奴隸身體所發生之法律關係，形成權利上衝突之狀態，故家主如願賠償受害人之損害，則仍得保持其所有權也。

羅馬之奴隸，並不乏有相當之能力者，故當日之家主，每給與少數財物與奴隸，藉以鼓勵其努力工作也。是項財物，統稱之曰「特有財產（peculium）」，其孳息，奴隸得處分之，然對於特有財產，亦僅有享用收益之權利而已。嗣後是項特有財產，漸視爲奴隸之身體之從物，而與其本身有不可分離之關係，奴隸被出賣時，除家主明白爲相反之表示外，其特有財產，即根據「主從」關係之理論，而當然移轉於買受人矣。家主給與奴隸以財物，其最後目的，多在使奴隸就此財物而善自經營積蓄，以籌贖身之代價，故鮮有爲保留奴隸特有財產之表示者。再依嚴格之理論，奴隸之積蓄雖應歸家主所有，而事實上均承認奴隸之權利，蓋亦準用關於家子特有財產之規定者也。

（II）「保主權（jura patronatus）」 奴隸之解放，爲恩惠行爲之一種，故奴隸被解放後，對於舊主人，仍有諸多義務，其與舊主人之關係，有若家屬「家子」之於「家父」者然。其相互間之權義關係，可分下列數種：

（一）「解放自由人」有尊敬感恩之義務 其表示方式，依個別之情形而決定之，例如節季而爲餽贈，舊主人窮困時竭力扶養等情，要皆表示尊敬感恩之方式。如解放自由人違背是項義務，則視爲忘恩行爲，舊主人得撤銷解放，再度收爲奴隸也。

（二）舊主人對其解放之奴隸有繼承權 被解放之奴隸有子女時，舊主人僅就其一部分之財產，享有繼承權，如無子女，則舊主人得繼承其財產之全部焉。

（三）舊主人對之有爲法定監護人之權 羅馬古法以保護繼承人之財產，爲監護制度之目的，而舊主人對其解放之奴隸，既有繼承遺產之權，故依法得爲舊奴之監護人也。

（四）被解放之奴隸應履行解放時約定之義務 解放奴隸時，每使其約定負擔某種特別義務，以爲解放之對待條件；其有約定之者，即對舊主人負有履行之義務。

被解放之奴隸所負上述數種義務，爲解放之當然結果，而無免除之可能。至帝政時代，有所謂「恢復身分

(natalium restitutio)」之規定：凡解放自由人取得最高尚最尊榮之地位者，如經皇帝之特赦，其法律上之身分，與「生來自由人(ingenus)」同，並與舊主人脫離主奴之關係。嗣後，恢復身分之條件，逐漸寬大，而解放自由人之與舊主人脫離主奴關係者，亦漸多。迨優帝時代，家主本人，均得自動恢復奴隸之身分，不以皇帝之特赦爲必要；而所謂「保主權」云者，遂亦無形廢止之矣。

本章參考書記要

F. de Visscher, Etudes de droit romain p. 7, 18, 38, 49, 58, 63; J. Cornil, Possession dans le droit romain p. 52–56, 58, 63, 418, 419; J. Declareuil, Rome et l'organisation du droit p. 102, 367, 381; T. C. Sandars, The Institutes of Justinian p. xxxviii, 14, 27, 29; Georges Cornil, Ancien droit romain p. 31–33; 黃右昌，羅馬法與現代 p.139–153; P. F. Girard, Manuel élémentaire de droit romain p. 146–149; René Foignet, Manuel élémentaire de droit romain p. 38–43; Edouard Cuq, Les institutions juridiques des Romains p. 153–204; W. W. Buckland, The main institutions of roman private law p. 56, 65, 72; W. W. Buckland, The roman law of slavery p. 295, 296; R. W. Leage, Roman private law p. 66–68; Eugène Henriot, Mœurs juridiques et judiciaires de l'ancienne Rome p. 356–368 (Tome I); J. Declareuil, Rome the law-giver p. 93–95; Rudolph Sohm, Institutes of Roman law p. 449–451.

第七章 親屬會議

親屬會議之制度，亦導源於羅馬法。依羅馬法，妻有重大不正行爲者，夫欲審問之，處罰之，須徵求親屬會議之同意，「家父」處罰其子者亦同。夫對妻行使審判之權利時，親屬會議，由妻之血親及夫之宗親組成之。至各種親屬會議之人數，及其組成分子與關係人間之法定親等，則鮮有能詳言者矣。總之，現代法例，關於親屬會議之制度，雖有詳細之規定，然皆根據羅馬法之遺迹，循序進步，以期適合各國國情而已，要不得不歸功於羅馬法也。

本章參考書記要

Georges Cornil, Ancien droit romain p. 34; F. de Visscher, Etudes de droit romain p. 58, 84, 91; 黄右昌，羅馬法與現代 p. 141, 207, 208; Eugène Henriot, Mœurs juridiques et judiciaires de l'ancienne Rome p. 357, 359 (Tome I).

第五編 繼承

第一章 總論

繼承云者，被繼承人之財產移轉於繼承人之謂；然是項定義，限於不採取宗祧主義之法例，得謂爲妥當，而於採取宗祧主義之羅馬法則否。繼承一字，拉丁文作「successio」，卽繼承人就某種法律關係取被繼承人之地位而代之之事實是已。羅馬古代與一般宗法社會同，繼承人視爲綿延家祀門楣之人；我國俗稱子孫爲「香煙後代」，古語所謂「不孝有三，無後爲大」，與此意旨若合符節。羅馬法上繼承之規定，純在是項傳統觀念支配之下，故繼承人視爲賡續「死者（decujus）」之人格之人，先後家長間，視爲有共同之人格；基此理論，故繼承之主要對象，爲「死者」人格之繼承，其財產之繼承，則爲附屬之對象而已。繼承人既繼承死者之人格，並爲之償還債務，其財產上權利之繼承，抑亦當然之結果也。嗣後社會上之財富，逐漸發達，財產上之重要性，較前顯著，而財產之繼承，遂轉視爲繼承之主要對象，而曩所謂人格之繼承，則視爲僅有附屬之性質，最後甚至所謂繼承人格之意義，亦漸歸消滅；在此時期，所謂繼承云者，實指財產之繼承而言。至得以繼承之財產，以非專屬於被繼承人本身者爲限，例如被繼承人所有受撫養或終身定期金等權利，與撫養他人或對他人供役等義務，雖有財產上之價值，於繼承之規定，並不適用之也。

育利亞女斯(Julianus) 謂：繼承乃他人死亡時發生之概括的財產繼承。羅馬法採取概括繼承主義，故繼承成立時，繼承人即取得被繼承人財產上之一切權利義務，繼承人有數人時，則各按其應繼分，比例享受之或分擔之；且繼承人對於遺產債務，負有無限責任，即其所取得之利益，不足償還債務時，亦應負補足之責。損益不足相抵之遺產，曰「有損遺產 (damnosa heriditas)」，依羅馬法之規定，或種繼承人不得拋棄其繼承之權利，其所繼承者，如爲「有損遺產，」是無異強人而爲不利益之行爲，殊非法理之平；優帝乃規定，凡繼承人於繼承開始後，自知悉爲繼承人時起六十日內，就被繼承人之遺產開具財產目錄 (inventarium) 者，得僅就其所受利益之限度內而負償還債務之責任，是爲「財產目錄之利益 (beneficium inventarii)，」現代法例所定「限定之繼承」之制度，即濫觴於此。

本章參考書記要

T. C. Sandars, The Institutes of Justinian p. 153, 198, 217, 220; Georges Cornil, **Ancien droit romain** p. 101, 106, 113, 114; 黄右昌，羅馬法與現代 p. 313, 314; P. F. Girard, **Textes de droit romain** publiés et annotés p. 896, 899 P. F. Girard, **Manuel élémentaire de droit romain** p. 855–864; Gaston May, Eléments de droit romain p. 515–521; Charles Demangeat, Cours élémentaire de droit romain p. 1–118 (Tome II); Accarias, Précis de droit romain p. 834–840 (Tome I); Ruben de Couder, Résumé de répétitions écrites de droit romain p. 239–248; Edouard Cuq, Les institutions juridiques des Romains p. 278–280; René Foignet, Manuel élémentaire de droit romain p. 245, 246; W. W. Buckland, The main institutions of roman private law p. 175–179; W. W. Buckland, The roman law of slavery p. 252–266, 506–512; R. W. Leage, Roman private law p. 168, 169; R. W. Lee, Introduction to Roman–Dutch law p. 312–316; J. Ortolan, Explication historique des Institutions de l'empereur Justinien p. 436–445; Eugène Henriot, Mœurs juridiques et judiciaires de l'ancienne Rome p. 402–407 (Tome I); J. Declareuil, Rome the law-giver p. 272, 273.

第二章 遺產繼承人（法定繼承）

第一節 緒論

羅馬法上遺產繼承之方式，共有兩種：一曰「遺囑繼承（successio ex tastamento）」，二曰「法定繼承（successio ab intesta）」；前者爲主要之方式，後者則僅有補充之性質而已。質言之法定繼承之適用，以不能適用遺囑繼承時爲限。拉丁文「successio ab intesta（法定繼承）」一語作「無遺囑之繼承」解；觀此亦可知羅馬法關於繼承方式之精神矣。職是之故，法定繼承之適用，須依下列三大原則：其一、法定繼承，限於確無「遺囑繼承」時適用之；其二、法定繼承，限於確定無遺囑繼承人時開始發生效力；其三、誰人依法爲繼承人及有無繼承之權利能力，悉以法定繼承開始生效時爲準，茲分述之如次。

（I）法定繼承，限於確無「遺囑繼承」時適用之。

無遺囑繼承之情形，更可分下列數種：

（一）被繼承人未立遺囑者；

（二）被繼承人立有遺囑時，遇有某種原因，其遺囑歸於無效者；遺囑應歸無效之原因，可分四種：一曰「疏忽之遺囑（testamentum inofficiosum）」，卽遺囑人以遺囑處分財產時，未嘗惠及近親，忽略其近親之利益，而違背道德上之義務之謂；二曰「中斷之遺囑（testamentum repudium）」，卽遺囑成立後，有「正統繼承人」出生或遺囑人撤銷遺囑之謂；三曰「無權之遺囑（testamentum irritum）」，卽遺囑人曾有「人格大減等」或「人格中減等」情事者之謂，但已依「復境權」之規定而恢復其權利能力者，不在此限；四曰「無結果之遺囑（testamentum desertum）」，卽因繼承人先被繼承人而死亡，或缺乏享受遺囑上之權利之能力，而未嘗取得遺產之謂。被繼承人所爲之遺囑，遇有上列四種情形之一者，曰「非正式遺囑（testamentum injustum）」，卽不能發生法律上之效力，故與未爲遺囑者，受同一之規定。

（三）遺囑中繼承人之指定，附有停止條件，而停止條件並未成就者；例如遺囑人謂，如甲死亡，則以乙爲繼承人，是以甲之死亡，爲乙爲繼承人之停止條件，然則如甲並未死亡，乙卽不得爲繼承人，故以未爲遺囑論也。

（四）繼承人於接受繼承前死亡或拒絕繼承者；羅馬法分繼承人爲三種：一曰「正統必然繼承人（sui et necessarii heredes）」，處於被繼承人「家父權」之下者，均屬之；是項繼承人，古代視爲繼續死者人格之人，故不得拒絕繼承，故名必然；嗣依裁判官法之規定，除已爲干涉遺產之行爲外，「正統繼承人」已得拒絕繼承，是爲「不參加繼承之利益（beneficioum abstinendi）」，而「正統必然繼承人」之名稱，則延用如故也。二曰「必然繼承人（necessarii heredes）」，係指用遺囑解放之奴隸，而被主人於同一遺囑中指定爲繼承人者而言；遺囑人恐其遺產不足淸償債務者，每使其奴隸爲繼承人並負代償之責，然令奴隸代償債務，不啻爲解放之負擔，故被解放之奴隸，不得拒絕繼承，故亦以「必然繼承人」名之。三曰「任意繼承人（voluntarii heredes）」；凡上述兩種以外之繼承人，統稱之曰「外來繼承人（extranei heredes）」，以其得拒絕繼承也，故亦名任意繼承人。此三種繼承人中，最後一種繼承人，除拒絕繼承外，應爲接受之表示，其於接受前死亡或拒絕之者，則雖立有遺囑，仍以未立論也。

（II）法定繼承，限於確知無遺囑繼承人時，開始發生效力。

確知無遺囑繼承人之時期，可分爲兩種：其一、爲被繼承人死亡之時日；其二、爲被繼承人死亡後之時日。然依此第二項原則，上述兩種確知無遺囑繼承人之時期，亦卽法定繼承開始生效之時期也，玆就此兩種時期，分述法定繼承開始生效之情形如次：

（甲）法定繼承於被繼承人死亡時開始發生效力者　法定繼承之於被繼承人死亡時開始發生效力，以有下列兩種情形之一者爲限：其一、被繼承人立有遺囑，然爲「中斷之遺囑」「無權之遺囑」或「無結果之遺囑」者；其二、遺囑中指定之繼承人，於遺囑人死亡前死亡或喪失享受遺囑上之權利之能力者。

（乙）法定繼承於被繼承人死亡後開始發生效力者　法定繼承於被繼承人死亡後開始發生效力者，其開始生效之時日，究與被繼承人死亡之時日有何距離？曰依下列數種不同之情形而決定之：

（一）如被繼承人所立之遺囑，爲「疏忽之遺囑（testamentum inofficiosum）」，以享有特留分之法定繼承人,就「疏忽之遺囑之訴(querela inofficiosum)」確定勝訴之時日,爲法定繼承開始生效之時日。

(二)遺囑繼承人拒絕繼承者,以拒絕之時日爲法定繼承開始生效之時日。

(三)遺囑中指定之繼承人於事後死亡或喪失能力者,以其死亡或喪失能力之時日爲法定繼承開始生效之時日。

(四)遺囑繼承人之指定附有停止條件,而條件卒未成就者,則以條件確不成就之時日,爲法定繼承開始生效之時日。

(三)誰人依法爲繼承人,及有無繼承之權利能力,悉以法定繼承開始生效時爲準。

依現代一般法例,繼承均於被繼承人死亡之日開始,孰爲繼承人,及喪失繼承權與否,亦依死亡時之標準而決定之。但羅馬法以遺囑繼承爲主,故有遺囑時,法定繼承開始之日,未必即爲被繼承人死亡之日,故其繼承人間遺產之分配,能力之有無等問題,亦未必依被繼承人死亡時之情形而決定之;例如:被繼承人甲死亡時,親屬中僅有兄乙弟丙各一,最初因有遺囑繼承人丁,其兄弟皆不得參與,若嗣後遺囑繼承人丁拒絕繼承,則法定繼承,自丁拒絕時始開始生效,孰爲甲之法定繼承人,亦依丁拒絕時之標準而決定之;故兄乙如於甲死亡後及丁拒絕繼承前,不幸死亡或喪失繼承能力,則以丙一人爲甲之法定繼承人也。

第二節　羅馬各種時期中之法定繼承人

羅馬法上之法定繼承人，前後各異其制，可依四個時期分別言之：其一、爲十二表法；其二、爲裁判官法之制度；其三、爲帝政時代之制度；其四、爲優帝法典之制度。再本節所論述者，以「生來自由人」之繼承人爲限，蓋「解放自由人」之繼承，因保主爲其特別之繼承人，故與一般繼承有別也。

第一款　十二表法之制度

十二表法之制度，純以承認宗親（agnatus）之原則爲基礎，故其所載之法定繼承人，依下列順序定之：一曰正統繼承人，二曰最近宗族親，三曰同宗統人。茲分述之如次：

（Ⅰ）「正統繼承人（sui heredes）」

凡於被繼承人死亡時，直接受其權力支配之人，並因其死亡而成爲「自權人」者，均謂之正統繼承人。基此理論，不得對他人行使權力之女子，無所謂正統繼承人，故子女不得以正統繼承人之名義，繼承乃母之遺產也。分析言之，正統繼承人共有下列三種：

（一）死者之子女　但已出嫁之女子，不得視爲乃父之正統繼承人。

（二）處於死者夫權下之妻　處於夫權下者，與子女所處之地位同（filiae loco），故爲正統繼承人，並與子女同爲夫之一親等親屬。但不處於夫權之下者，則非正統繼承人也。

（三）無父之孫及孫女　被繼承人之子已經解放離家，或先被繼承人而死亡者，以其子女爲正統繼承人，亦即被繼承人之孫及孫女是已。現代法例所採代位繼承之制度，即濫觴於此也。

上述三種正統繼承人，並無先後之分，惟其應繼分，則有大小高下之差別耳。第一第二兩種正統繼承人之於被繼承人，同爲一親等親屬，故均按其人數而分派之，是爲羅馬法上之「按頭(per capita)」分派方法。至第三種正統繼承人之於被繼承人爲二親等親屬，故第三種正統繼承人參與繼承時，應按支「(per stipers)」分派，即代位繼承人人數雖多，僅得就乃父之應繼分而參與繼承是已；例如被繼承人甲有妻（處於夫權下之妻）乙一人，生子丙丁二人，子丙早亡，遺子女戊己庚辛四人，甲死亡時，共有正統繼承人六人，然應按三分分派，戊己庚辛四人，僅得繼承其遺產三分之一而已。

所謂正統繼承人云者，依「sui heredes」之字義解，即本人之繼承人之謂，故此等繼承人，均須與被繼承人有密切而直接之關係。依羅馬法之理論，在「家父」權力支配下之財產，視爲全家共有之財產，以全家共同生活之人共同勞作，應共享家產上之利益；一家之財產，既視爲全家與共，故上述三種正統繼承人應爲第一順序繼承人，關於家父之繼承，對於其他繼承人有優先之權利也。

（II）「最近宗族親(agnatius proximus)」

無正統繼承人時，以最近之宗族親爲法定繼承人，是爲第二順序之繼承人。所謂「最近(proximus)」云者，指宗族親之與被繼承人間親等最接近者而言，同親等者有數人時，則按其人數平均分派，而代位繼承之規定，於此不適用之。最近之宗族親拒絕繼承時，其親等較遠者，並無依次遞補之權，再最近之宗族親中，如有同親等之女子，亦悉本男女平等之原則，平均分派；但依十二表法以後之習慣，第二順序繼承人中女子之得參與繼承者，以被繼承人之姊妹爲限也。

（III）「同宗統人（gentiles）」

同宗統人云者，即與被繼承人同一姓氏祭祀同一祖先之人，是爲第三順序繼承人。必被繼承人無正統繼承人，並無宗族親或最近之宗族親拒絕繼承時，同宗統人始得繼承其遺產。同「宗統(gens)」者，範圍極廣，甚至不易識別分派時，每感困難；且在羅馬古代宗統之組織健全，儼然形成社會上之重要單位，故或推測當日凡無第一第二兩種順序繼承人時，其遺產由整個宗族繼承，有若我國之絕戶遺產充作祠產者然，嗣至共和末造，宗統之組織漸替，始由同宗統之人直接分派之也。再此第三順序繼承人，至西曆紀元後第二世紀中葉，已經廢止之矣。

第二款　裁判官法之制度

裁判官法既與逐變更十二表法之舊制，而另行規定繼承人之權利。裁判官法，不即確定其權利之狀態，而僅統稱之曰「財物之占有(bonorum possessio)」，並分繼承之順序爲下列四種：一曰子女，其繼承權曰「子女占有財物(bonorum possessio unde liberi)」；二曰市民法上之繼承人，其繼承權曰「適法占有財物(bonorum possessio unde legitimi)」；三曰血親，（即子女以外之血親）其繼承權曰「血親占有財物(bonorum possessio unde cognati)」；四曰配偶，（無夫權婚姻中之配偶）其繼承權，曰「配偶占有財物(bonorum possessio unde vir et uxor)」，茲分述之如次。

（甲）子女

第一順序繼承人所稱子女包括四種，此等繼承人中，以子女居多數而已，實際上，非皆被繼承人之子女也。

（一）「正統繼承人(heredes sui)」 茲所謂正統繼承人者，與十二表法盡同，但子女不得以子女之名義，繼承乃母或母系尊親屬之遺產，蓋女子無「家父權」，並不得自有正統繼承人耳。

（二）已被被繼承人解放離家之子女。

（三）出嗣後已被其養父解放之子女 已被「家父」解放出嗣爲他人養子女者，原則上，不得繼承其遺產，故必被養父解放後，始恢復其繼承權。養子女既被養父解放，即不得繼承其遺產，苟不令其參加原來家父之繼承，則將毫無所得，故裁判官法許其繼承原來家父之遺產，此實最合理最公允之規定也。

（四）已被家父解放者遺留之子女 被家父解放之子，如已死亡，則以其子女爲家父之第一順序繼承人，抑亦代位繼承之制度也。

上述數種第一順序繼承人中之應繼分，亦依其親等而決定之，參與繼承者，如與被繼承人同爲一親等親屬，悉按其人數而分派之，至被繼承人之二親等親屬，則按支「(per stirpes)」分派之也。

（乙）市民法上之繼承人

茲所稱第二順序繼承人，即市民法所載之繼承人是已：一曰「正統繼承人(heredes sui)」，二曰「最近宗族親(agnatius proximus)」，三曰「同宗統人(gentiles)」。依其規定，正統繼承人爲第一順序繼承人同時亦爲第二順序繼承人，故第一順序繼承人繼承之期限屆滿後而未爲繼承者，仍得於第二順序繼承人繼承之期限內爲參加繼承之主張也。

（丙）血親

此第三順序繼承人，包括直系血親及六親等內之旁系血親。直系血親中卑親屬居先，而尊親屬次之，其繼承之次序，則依親等之遠近而決定之旁系血親亦然。親等最近者不繼承時，則以同系中次一親等之血親遞補之，餘皆類推。旁系血親中之得以繼承者，原則上，以屬於六親等內者爲限，但再堂兄弟姊妹之子女，亦有繼承之權，是血親間之繼承，亦有推及七親等者。至兄弟姊妹之因解放或出室而喪失宗親關係者，雖有血親關係，仍無法定繼承人之地位也。子女血親也，其被解放者亦然，故未被解放之子女除爲第一第二順序繼承人外，亦爲第三順序繼承人；已被解放者，則除爲第一順序繼承人外，亦爲第三順序繼承人，於前兩順序之繼承期限屆滿後，均得以第三順序繼承人之名義而繼承之焉。

（丁）配偶

在「有夫權之婚姻」中，妻處於子女之地位（filia loco），固得以正統繼承人之名義而繼承夫之遺產，另一方面夫爲妻之最近宗親，故亦得儘先繼承妻之遺產。但後世之婚姻，多爲「無夫權之婚姻」，夫妻間財產獨立，法律上之親屬關係，亦與前有別，故互失法定繼承人之身分；裁判官法爲補救計，乃改定配偶爲第四順序繼承人，而無夫權婚姻中之配偶，遂得互以法定繼承人之身分而繼承之矣。

依現代一般法例，配偶爲特別繼承人，不論其他繼承人與被繼承人之關係如何，均得繼承其配偶之遺產，且依其他繼承人關係之遠近，順序之先後，而定配偶應繼分之大小焉。如法國民法第七百六十七條，瑞士民法第四百六十二條，德國民法第一千九百三十一條，我國民法第一千一百四十四條之規定等是；然則關於此點，現代法例，與羅馬法迥異其致矣。

第三款　帝政時代之制度

帝政時代以還，關於法定繼承人之規定，直至優帝時代，概仍其舊，惟略加修改而已；玆將帝政時代及東羅馬帝政時代之修改大意分述如次：

（I）帝政時代之修改

西曆紀元後第二世紀頃，修改兩點。其修改各點，均係根據元老院之決議而成立者：其一、爲元老戴爾都利亞女斯（Tertillianus）所建議，故名戴爾都利亞女斯元老院決議（senatus consulto Tertilliano），成於哈德利亞女斯（Hadrianus）帝時代；其二、爲元老奧費細亞女斯（Orfitianus）所建議，故名奧費細亞女斯元老院決議（senatus consulto Orfitiano）成立於馬而古斯（Marcus Aurelius）帝時代，其內容如次：

（一）依戴爾都利亞女斯元老院決議，凡母有「自由之權利（jus liberorum）」者，得爲其子之法定繼承人；質言之，凡女子爲「生來自由人」，而生育子女三人以上者，或爲「解放自由人」，而生育子女四人以上者，對其所生之子女，依法有繼承之權；但其子女有後列三種繼承人之一者，仍不得與之競爭：其一、被繼承人之子女，其二、被繼承人之父，其三、與被繼承人同父之兄弟。上述三種親屬，均得排除被繼承人之母參加繼承；如被繼承人並無此等親屬而僅有同父之姊妹時，其母亦應與之分派，而無單獨繼承之權。再母對於子女之繼承權並不因係婚生子女與否而有任何區別也。

（二）依據奧費細亞女斯元老院決議，各子女得繼承乃母之遺產，且得排除各種宗親參加其繼承，而昔日以權力觀念爲基礎之繼承理論，遂受重大之打擊矣。

（II）東羅馬帝國之修改

東羅馬關於法定繼承人之修定，其重要者可分下列兩點：

（一）德爾道細語斯第二（Theodosius II）帝規定外孫及外孫女之於外祖父母，亦有繼承權。按孫與外孫女，一爲子之所出，一爲女之所出，同爲同親等之直系血親卑親屬，孫女與外孫女之差別亦同，然則孫及孫女有繼承權，而外孫及外孫女則否，顯非合理之制度，故德帝如此修改，以補正之也。

（二）依據阿那斯大細語斯第一（Anastasius I）帝之規定，凡兄弟姊妹之有血親關係者，均互爲法定繼承人，故縱有因解放離家或出室改姓而失宗親關係者，相互間均有繼承之權。

第四款 優帝時代之制度

降至優帝時代，羅馬法上之繼承制度已樹相當之輪廓，故優帝最初仍援用之，僅略加修改而已；其修改之最重要者，可分下列數點：

（一）被繼承人有血親時，宗親不得爲法定繼承人，但被繼承人之姊妹，不在此限，例如不同父母之姊妹，雖非純粹之血親，亦得以宗親之名義，參加繼承，而其他血親不得排除之也。

（二）親等最近之宗親不繼承時，親等次近者得依次遞補之，例如一親等之宗親拒絕繼承時，二親等之宗親，仍不失爲法定繼承人，餘皆類推。

（三）生母之子女，均爲法定繼承人，其母無「自由之權利（jus liberorum）」者亦同。

（四）凡出嗣爲他人養子女者，得與其他未出嗣之子女同時參加繼承，且有同等之權利。

（五）同母之兄弟姊妹，其子女及兄弟姊妹之被解放者，均互爲法定繼承人。

上述數種修改各點，固皆合理而有價值，但優帝猶以爲未足，更參考舊制，取長補短，而另定有系統之制度焉。是項制度分載於優帝新律第一百一十八及一百二十七兩號，言其精神，則悉以血親爲基礎，抑亦新舊制重要之差別也。依據新制，法定繼承人之順序，共分下列四種：

（甲）直系卑親屬。

直系卑親屬，不論男女，對於父系及母系之直系尊親屬，均爲第一順序繼承人。親等不同時，由親等最近者儘先繼承，同親等者有數人時，按其人數平均分派。同親等之卑親屬中，有已經死亡或喪失能力者，如死亡者或無能力者留有子女，則「按支（per stirpes）」分派，質言之，其子女得就乃父或乃母之應繼分參加繼承也。

（乙）直系尊親屬及同父同母之兄弟姊妹。

直系尊親屬，亦指父系及母系雙方之血親而言，同父同母之兄弟姊妹，與直系尊親屬同爲第二順序繼承人，而無互相排除之性質。以其於旁系血親中居最優之地位也，故羅馬法稱曰「優先旁系親」。第二順序繼承人範圍既廣，故其應繼分之規定，亦頗複雜，茲舉數種實例於後：

（1）僅有直系尊親屬時，如親等相同者，父系及母系均有之，則各系分派二分之一；同系之尊親屬有數人時，則同系者按人數而平均分派其二分之一，例如被繼承人有外祖父及祖父母，則外祖父分派二分之一，其餘二分之一，由祖父及祖母平均分派之也。

（2）僅有同父同母之兄弟姊妹時，按人數平均分派，如兄弟姊妹有死亡或喪失繼承能力者，則由其子女（被繼承人之胞侄或胞侄女）代位繼承而「按支」分派之也。

（3）直系尊親屬及同父同母之兄弟姊妹或其子女（被繼承人之胞侄或胞侄女）均有時，則按其人數平均分派，親等相同之最近尊親屬有數人時亦同；如兄弟姊妹有死亡或喪失繼承能力者，其應繼分亦得由其各人之子女平均分派而繼承之。

（丙）同父或同母之兄弟姊妹及其子女。

同父同母之兄弟姊妹，得與直系尊親競爭繼承，而同爲第二順序繼承人，故曰「優先旁系血親」；同父或同母者，則僅爲第三順序繼承人，故曰普通旁系血親。同父或同母之兄弟姊妹有數人時，按人數分派，其子女參加繼承時，則按支分派之也。

（丁）其他旁系血親。

除上述數種旁系血親外，其他旁系血親，均為第四順序繼承人，詳細言之，可分下列數種親屬：

（一）伯叔及姑母，

（二）二親等以上之堂兄弟姊妹　玆稱二親等以上之堂兄弟姊妹者，泛指通稱之堂兄弟姊妹，並無親等之限制，惟依親等之遠近而定繼承之次序焉耳。

（三）侄孫及侄孫女，

（四）伯叔祖父及姑祖母。

上述各旁系親屬，均為第四順序繼承人，其繼承之次序，悉依其與被繼承人間之親等而決定之。親等最近者有數人時，則按人數平均分派而繼承之，而代位繼承之制度，於此不適用之。至旁系血親參加繼承時之限制，後之學者，不一其說：或謂援用裁判官法之舊制，限於六親等以至七親等之旁系血親得為法定繼承人；或謂優帝時旁系血親之參加繼承，並無親等之限制也。

（戊）配偶。

「死者（decujus）」無血親時，以其配偶為繼承人，然依優帝之規定，配偶僅得援用裁判官法之舊制，以「占有財物（bonorum possessio）」之名義參加繼承而已；質言之，其繼承權不即時予以確定之狀態，而與前三順序繼承人有別也。

第三節　繼承權之喪失

（I）總論

依羅馬法之理論，一家之財產，視爲全家之人所共有，「家父」死亡時，因其死亡而取得「自權人」之身分者，均爲其第一順序繼承人，前已言之；一方面遺產繼承，以遺囑爲主要之方式，而法定繼承次之，質言之，法定繼承人得由遺囑繼承人而排除之，然則此其原則，得毋有矛盾之嫌耶？曰，不然，羅馬法學者，從而解釋之曰，家父之於「家子」有最高之權威，其以遺囑指定繼承人而未惠及法定繼承人者，卽所以表示排除其參加繼承，亦僅間接處分其法定繼承人之權利而已；按家父處分家子法益之行爲，本爲法所不禁，故此其解釋，頗合羅馬古法之精神也。依十二表法，任何法定繼承人，得因「家父」之默示而排除之，例如有遺囑繼承時，法定繼承人之未經指定者，卽當然喪失其繼承權是也。然後世法律，關於法定繼承人之排除，已有比較嚴格之規定矣。再現代一般法例，均規定繼承權喪失之原因；依羅馬古法，排除繼承人，雖不必有法定原因，然法定繼承人對於遺囑人，苟無使其厭惡之行爲，如現代法例所引爲喪失繼承權之原因者，則遺囑人自未必排除其參加繼承，然則羅馬法之許遺囑人排除法定繼承人，與現代法例之規定繼承權喪失之原因，其精神並無二致，又可必也。

（II）市民法

羅馬古代，遺囑應於民會公開爲之，遺囑人不於遺囑中指定其「家子」爲繼承人時，衆人必非議之，因有是項與論之制裁,「家父」雖得排除其家子參加繼承,而事實上鮮有不指定之爲繼承人者。

嗣後遺囑之作成,不必於民會公開爲之,家父既無忌憚,遂有忽略家子之權利而不指定其爲繼承人之風氣。依十二表法以後之習慣,家父排除家子爲其繼承人時,必須具備四項要件:其一、須明白表示排除其「正統繼承人」參加繼承,或指定其就一部分而爲繼承;其二、須於遺囑明定排除正統繼承人參加繼承;其三、排除正統繼承人,須用一定之術語,被排除者,僅有一人時,應曰「exheres esto(被排除的人乃某甲)」,被排除者有二人以上時,則應曰「exheredes sunto(被排除的人們乃甲乙)」;其四、排除其子參加繼承時,應個別指定之,例如註明某甲某乙不得爲余繼承人等是;至於其他家子,如女兒孫輩等,則以概括指定爲已足矣。上述四項要件,均爲市民法所規定,凡具備此等要件時,排除繼承之行爲,即發生法律上之效力,而其正統繼承人即因此喪失其繼承之權利。其無正統繼承人者,無須爲排除繼承之表示,質言之,其他法定繼承人,得因遺囑指定繼承人而排除之也。

排除正統繼承人參加繼承,須具備四項要件,已如上述,其排除之行爲因缺乏要件而歸無效時,則因被排除者爲被繼承人之生子或其他「家子」,而發生不同之效果焉:被排除者如爲被繼承人之子,排除之行爲無效時,其遺囑本身亦歸無效,被排除之子於遺囑作成後死亡者亦同,在此情形之下,法律寧使亡子以外之法定繼承人參加繼承,而不承認遺囑之效力,殆所以制裁遺囑人者耳。被排除者如爲被繼承人之女若孫,排除之行爲無效時,其遺囑並不因此而歸於無效,此等被排除者,且因遺囑繼承人身分之不同而不同其所得保留之權利:例如遺囑繼承人亦爲正統繼承人時,被排除之女若孫輩,仍按法定之應繼分而繼承之;遺囑繼承人爲正統繼承人以外之人時，則僅得繼承其遺產二分之一，其他二分之一，則仍由遺囑繼承人繼承之也。

依十二表法以還之市民法，正統繼承人，不因遺囑人之遺漏或無效之排除表示而喪失其繼承權，固如上述，其於遺囑作成後始存在者亦同；例如遺囑作成後生育子女，收養子女，或因締結「有夫權之婚姻」而有正統繼承人者，必須具備法定要件，明示排除其參加繼承，始得以遺囑另指繼承人而生法律上之效力也。

（III）裁判官法

裁判官法重視法定繼承人之繼承權，甚於市民法，質言之，「家父」排除法定繼承人之權限，其限制較多於前；此其差別，可分三方面言之：

（一）家父所應指爲繼承人或應排除其參加繼承之人，不以其正統繼承人爲限，舉凡裁判官法視爲第一順序繼承人者，均有市民法上正統繼承人之權利；如遺囑未指定之爲繼承人，亦未爲排除之表示，或其他排除之行爲，不生法律上之效力者，則此等第一順序（裁判官法上之順序）繼承人，均得「反乎遺囑（contra tabulus）」而參加繼承，此其內容方面之區別一也。

（二）依裁判官法，如第一順序繼承人爲男性，家父排除其參加繼承時，均須個別指明，如所排除者爲女性，則以概括指明爲已足，此其形式方面之區別又一也。

（三）遺囑未指爲繼承人時，或排除其參加繼承而未生效時，第一順序繼承人，均得請求「反乎遺囑」而繼承之，此則遺漏或排除之制裁方面之又一差別也。

（IV）優帝時代之法律

依優帝之規定，排除「正統繼承人」或裁判官法上之第一順序繼承人時，均須個別爲排除之表示，否則不生法律上之效力。「家父」於遺囑中遺漏正統繼承人時，或爲排除之明示，而因缺乏要件歸於無效時，其遺囑即歸無效；但被遺漏者或被排除而未生效者，如爲裁判官法上之第一順序繼承人，而非正統繼承人時，則各按原有之應繼分而參加繼承，被繼承人所爲之遺囑，並不絕對歸於無效。再羅馬法上排除法定繼承人之理論，於優帝新律第一百一十五號成立時，爲之一變。依其規定，匪特卑親屬及尊親屬，不得隨意排除之各種法定繼承人，非有法定原因，不得以遺囑排除其參加繼承；其排除繼承之法定原因，共分兩大種，關於尊親屬者凡八，關於卑親屬者凡十有四，茲分述如次：

（甲）排除尊親屬參加繼承之法定原因：

（一）告發卑親屬有應處死刑之犯罪行爲者；

（二）加危害於直系卑親屬之生命者；

（三）父爲聚麀之卑劣行爲者；

（四）妨害直系卑親屬爲遺囑者；

（五）殺害卑親屬之妻者；

（六）遺棄患神經病之卑親屬者；

(七)直系卑親屬犯罪處刑時，不納贖罪金以援救之者；

(八)尊親屬信奉異教者。

(乙)排除卑親屬參加繼承之法定原因：

(一)虐待尊親屬者；

(二)對於尊親屬有重大侮辱行爲者；

(三)對於尊親屬提起刑訴或告發犯罪者；但因尊親屬犯外患罪或對皇室犯不敬罪而告發之者，不在此限。

(四)與他人同謀殺害其尊親屬者；

(五)加危害於尊親屬之生命者；

(六)子與其父之繼室或姘婦通姦者；

(七)對於尊親屬有誹毁行爲者；

(八)有資力之卑親屬男子，於直系尊親屬保釋出獄時，不爲保證人者；

(九)妨害尊親屬爲遺囑者；

(十)違背尊親屬之意旨而與他人格鬭或從事俳優之業務者；

(十一)女性卑親屬品行不正者；

（十二）尊親屬心神錯亂時，不盡保護之責者；

（十三）屆滿十八歲而有相當資力之卑親屬於尊親屬爲俘虜時，不爲之給付贖身金者；

（十四）卑親屬信奉異教者。

第四節　繼承權之保護（基於繼承權之訴權）

繼承人既爲被繼承人之財產之繼承者，則後者所有之「對人訴權」及「對物訴權」，前者均得行使之，此固爲必然之理；惟繼承權本身發生問題或被他人侵害時，則被繼承人之訴權，不足以保護之，依羅馬法之精神，且無行使此訴權之名義，蓋繼承人之權利，尚在未確定之狀態中耳。職是之故，羅馬法乃規定數種特別訴權，以保護繼承人之權利也，茲分述之如次。

第一款　市民法上「請求繼承之訴(petitio hereditatis)」

是項訴權，規定於市民法，極類似「返還所有物之訴」；返還所有物之訴，專用以請求特定之物件，而「請求繼承之訴」則得以概括之物件或確定之物件，爲其請求之對象，此其區別耳。總之，請求繼承之訴，舉凡屬於遺產之財物，均適用之；例如「他物權」、「他物權」債權等均得提起此訴以請求之也。得以提起此訴者，以市民法上之繼承人爲限；以言此訴之被告，範圍極廣，舉凡占有或持有遺產之第三者，或被繼承人之債務人等，繼承人均得對之起訴，依據兩分第亞腦元老院決議(senatus consulto Juventiano)，凡使用詐術令他人占有者，亦得列爲被告焉。提起此訴須具備兩項要件，其一、須第三人主張繼承人之權利，並以「繼承人之名義(pro heredes)」，而占有或持有遺產或不履行債務人之義務，反之，如主張占有物或持有物係買自被繼承人而拒絕返還者，或主張與被繼承人有其他債務關係而不履行債務者，繼承人不得對之提起「請求繼承之訴」也；其二、須該第三人完全拒絕繼承人之主張，或不承認繼承人所主張之繼承人名義。凡繼承人具備上述兩項要件提起請求繼承之訴時，如欲勝訴，須能證明下列兩點：其一、須能證明確有繼承人之名義；其二、須能證明其請求之標的，如物權債權等，確爲被繼承人之財產也。

請求繼承之訴提起後，如原告勝訴，則因係爭物性質之不同，而發生不同之效果：如係有體物，被告應返還之，行使物權之各種障礙，被告應停止之，確認之債務，被告應清償之；至被告從屬之給付責任，在雨分第亞腦元老院決議(senatus consulto Juventiano)以前，均應負適當管理之責任，並不因被告係善意或惡意而分軒輕，故被告除返還現存之物件外，凡就該物而享益者，應返還之，其就該物爲某種行爲致生損害者，應賠償之，善意之被告亦同，但自上述元老院決議以還，凡善意之被告，責任較小於此，而與出於惡意者有別，茲比較言之如次：

（一）善意占有人，對於物件之毀損，不負賠償之責；而惡意占有人，則對於任何損失，不論係因其故意或過失所致，均負賠償之責；但因意外事件而發生者，不在此限。

（二）善意占有人僅應返還現存之孳息；而惡意占有人，則對實際所收之孳息及「得以收穫之孳息(fructus perciendi)」，均應補足而返還之。

本论

（三）善意占有人，如已出賣係爭物，僅應返還其實收之價金；但惡意占有人，則應按其相當之價值而返還之例如係爭物值洋百元，惡意占有人以五十元之價金而出賣之，則應補足五十元而完成百元之數目也。

（四）善意占有人所支付之各種費用，均得扣除之；但惡意占有人對於支出之費用，僅有留置改良物之權而已。

第二款 裁判官法上繼承權之保護

依裁判官法，繼承人對於繼承之遺產，僅取得「財物占有人(bonorum possessor)」之名義，而不隨時確認其繼承權；必經過一年後，並無他人出而主張繼承權時，始援用「取得時效」之規定，而取得繼承財產上之所有權也。惟其如是，故前款所述「請求繼承之訴」，於此不適用之；故裁判官法先後頒定「令狀(interdictum)」，並另定訴權，以保護繼承人之權利也。其保護之方法，共有四種：一曰「關於財物之令狀」，二曰「關於遺贈之令狀」，三曰「擬制繼承人之訴」，四曰「請求繼承占有之訴」，茲分述於後：

（甲）「關於財物之令狀(interdictum quorum bonorum)」

是項令狀之效果，在使繼承人取得占有人之地位，例如第三者以繼承人之名義或以占有人之名義(pro possessore)占有被繼承人之遺產時，繼承人提此令狀以排除之，故亦名「取得占有之令狀（interdictum adipiscendae possessionis)」。惟是項令狀並非得對任何占有人提起之者；在雨分第亞腦元老院決議前，限於占有人之主張「繼承人名義(pro heredo)」或「占有人名義(pro possessore)」者，得列爲被告，自是項元老院決議成立後，使用詐術令他人占有者，亦得列爲被告矣。再是項令狀，僅得用以取得有體物上之占有，而於債權，「他物權」等，不適用之。

（乙）「關於遺贈之令狀(interdictum quod legatorum)」

前項令狀，既有特定之適用範圍，於占有人主張遺贈上之權利(pro legato)時，繼承人自無援用之可能；於是頒定「關於遺贈之令狀」，以補充之。依其規定，凡第三人主張某物爲遺贈物而占有之者，繼承人均得對之提起是項令狀，以取得其占有，然其適用之範圍，亦以有體物爲限也。

（丙）「擬制繼承人之訴(actiones fictiae)」

前兩項令狀之適用範圍，關於物件之性質（有體物）及被告之名義，（繼承人占有人受遺人等名義）均有嚴格之限制，然則第三人主張其他名義，或侵占有體物以外之財物時，「財物占有人（即裁判官法上之繼承人）」將無排除之方法，其權利亦將無相當之保障，裁判官法乃用擬制之方法以補救之。其方法爲何？曰，即假想「財物占有人」有市民法上之繼承人之名義，並准其行使被繼承人之訴權，與市民法上之繼承人同，亦即所謂「擬制繼承人之訴」是也。基此理論，關於遺產之債權，得追償之，關於遺產之物權，得主張之；另一方面，被繼承人之債權人，亦得對「財物占有人」提起「擬制之訴」爲清償之請求，蓋亦假想其有市民法上之繼承人之地位耳。

（丁）「請求繼承占有之訴(hereditatis petitio possessoria)」

嗣後頒定「請求繼承占有之訴，」其條件與效果及適用之範圍，與「請求繼承之訴，」完全相同；此兩者之區別，則僅在原告之身分，一爲市民法上之繼承人，一爲裁判官法上之繼承人而已。「無物之財物占有人(bonorum possessor sine re)」對市民法上之繼承人提起此訴時，後者得提起抗辯，以拒絕之，使之敗訴；但對繼承人以外之人提起此訴時，則無敗訴之危險也。至是項訴權成立之時日，尙成疑問，或謂成立於優帝以前，或謂始自優帝，鮮有能辨之者。

本章參考書記要

Georges Cornil, Ancien droit romain p. 45, 103, 107–109, 111, 115, 116, 118; T. C. Sandars, The Institutes of Justinian p. 70, 167, 208–311, 388; J. Declareuil, Rome et l'organisation du droit p. 307, 308, 319, 320, 321, 323, 324, 327; F. de Visscher, Etudes de droit romain p. 87; J. Cornil, Possession dans le droit romain p. 13, 123, 320; 黄右昌，羅馬法與現代 p. 319–321; P. F. Girard, Manuel élémentaire de droit romain p. 855–864; Gaston May, Eléments de droit romain p. 554–569; Charles Demangeat, Cours élémentaire de droit romain p. 696–710 (Tome I); Accarias, Précis de droit romain p. 1145–1212 (Tome I); Ruben de Couder, Résumé de répétitions écrites de droit romain p. 291–328; Edouard Cuq, Les institutions juridiques des

Romains p. 290–292; René Foignet, Manuel élémentaire de droit romain p. 226–231; W. W. Buckland, The main institutions of roman private law p. 201–217; W. W. Buckland, The roman law of slavery p. 299–304; R. W. Leage, Roman private law p. 240–260; R. W. Lee, Introduction to Roman–Dutch law p. 354–373; J. Ortolan, Explication historique des Institutions de l'empereur Justinien p. 541–557; Eugène Henriot, Mœurs juridiques et judiciaires de l'ancienne Rome p. 403–407 (Tome I); J. Declareuil, Rome the law-giver p. 272, 273, 287–291.

第三章　遺產之繼承

第一節　效力

第一款　「繼承之接受(additio hereditatis)」

（I）總論

依現代一般法例，除依法拋棄繼承者外，法定繼承人即於法定限度內，當然享受繼承之權利，並負擔繼承人之義務，羅馬法則不然：依其理論，繼承之規定，爲要約之一種；除「正統繼承人(heredes sui)」及「必然繼承人(heredes necessari)」外，必須接受而後發生效力，是繼承之接受，無異繼承之效力之前提矣，爰於本節特論述之。

（II）接受繼承之要件

（一）繼承之接受不得附加條件

（二）須有負擔義務之能力　繼承一旦接受，即負擔繼承人之義務，故無負擔義務之能力者，不得接受之；基此理論，「幼兒」或「精神病人」，當然在限制之列。

（三）接受繼承，須繼承人本人爲之 「幼兒」或「精神病人」之監護人或保佐人亦不得代接受之；但至帝政時代，幼兒之父或監護人，均得代爲接受，精神病人之保佐人亦同。至「未適婚人」則得因監護人表示同意而接受繼承也。

（四）在他人權力支配下者，接受繼承時須得該他人之特許 「他權人」接受繼承時，須得「家父」之特許，奴隸則須得「家主」之特許，蓋繼承之接受爲特別重要之法律行爲耳。

（五）須有「就遺囑享受利益之權利（jus capiendi ex testamento）」 是項規定，適用於法律進步時期，始於奧古斯都斯帝（Augustus），終於君士坦丁帝，其目的則僅在獎勵生育而已。依育利亞法（legis Juliae）之規定，無是項權利者，共分下列三種：其一、獨身者；其二、結婚後無子女者，男子僅須有子女一人，女子則須有子女三人或四人，女子而爲「生來自由人」也，須有子女三人，女子而爲「解放自由人」也，則須有子女四人；其三、有子女而鰥居或離婚者。前一種爲完全無繼承能力之人，後兩種則爲限制繼承能力之人，仍得就應繼分二分之一而繼承之。至有結婚之義務者，以二十五歲以上六十歲以下之男子，及二十歲以上五十歲以下之女子爲限，質言之，其他男女接受繼承之能力，並不受其限制也。不寧惟是，此第五項要件之適用範圍，僅以遺囑繼承人爲限；且遺囑繼承人，如爲軍人或六親等內之血親，或其他經法律免除此要件之人，是項規定，亦不適用之也。

再結婚及有子女之要件，於繼承開始後一百日內完成者，與原來不缺乏是項要件同，蓋於法律限制未結婚或無子女者參加繼承之目的，並無矛盾之嫌耳。

(III)接受繼承之方式

接受繼承之方式，市民法及裁判官法，不同其規定。依其形成之次序，市民法上之方式，更可分爲三種焉，茲分述之如次：

(壹)市民法上之方式

(甲)接受繼承之聲明 (cretio hereditatis) 此爲口頭聲明之要式行爲，須於證人前舉行之。羅馬古代，無論爲法定繼承人或遺囑繼承人，非履行是項方式，不得繼承。至法律進步時期，必遺囑人於遺囑中指定須於相當之期日內舉行接受之方式者，繼承人始有舉行此方式之必要也；所謂相當之期日者，指繼承開始後一百日之期間內而言也。此其方式，至優帝時，遂廢止之。

(乙)繼承人之行爲 (pro herede gestio) 卽以繼承人之名義，就遺囑而爲管理行爲或其他行爲是也，例如出租被繼承人之動產或不動產，處分關於遺囑之物件，或對被繼承人之債務人請求給付等是；殆此等行爲，可以表示其接受繼承之意思耳。

(丙)明顯之意思表示 (nuda voluntas) 卽就繼承人之意思表示，可以推定其接受繼承是已，而不拘其意思之表示出於何種方式也。

(貳)裁判官法上之方式

裁判官法不曰繼承，而曰「財物占有（bonorum possessio）」故繼承人須向官廳爲「財物占有」之請求；凡請求者，卽以接受繼承論，而不必再爲其他表示。是項請求，最初應向高級官吏爲之，並應出於一定之語文；高級官吏云者，在羅馬爲裁判官，在外省則爲省長，但嗣後任何官吏，有受理是項請求之權，請求之呈詞，亦不拘使用何種要式之語文矣。至得以請求之期日，除直系卑親屬爲一年外，餘皆爲一百日，此一年或一百日之期間，則均自繼承開始之時起算之也。至優帝時代，凡意思表示，可視爲接受繼承者，卽以接受論，並不拘以何種方式出之。

（IV）接受繼承之時間

接受繼承最早之時間及最遲之時間，依下列兩原則決定之：

（一）繼承人於繼承對其本人開始前，不得接受之　羅馬法所謂繼承開始，與現代法例有別，質言之，繼承開始之時，未必卽爲被繼承人死亡之時，蓋法定繼承人，必於確知無相當之遺囑時，始得就繼承而享受利益也。茲所謂繼承對於接受之繼承人開始云者，乃遺產應歸接受繼承人繼承，已可決定之謂，例如某甲之遺囑繼承人乙拒絕繼承時，則可決定由法定繼承人丙繼承是也。就前例言，在丙可否繼承，尚未決定以前，則繼承並未對丙開始，其是否就繼承享受利益，亦難逆料，若此時承認繼承人之接受有效，是無異承認其就莫須有之事實，而爲接受之表示；故羅馬法規定，必自繼承人確知其可以繼承時，其接受之行爲或意思表示，始生效力。至裁判官規定繼承人可以提早請求「財物占有」，則爲預防繼承權受人侵害之辦法也。

（二）繼承對繼承人開始後，無論何時，繼承人得接受之 遺產一旦決定由某甲繼承，則甲無即時接受之必要，雖經過長久之時日亦莫克促其爲接受與否之表示。然繼承之狀態，未能明確，自難免發生諸多弊害：其一、被繼承人之喪葬齋祭等事，將歸於停頓；其二、被繼承人之債權人無從追償；其三、遺產無人善爲管理，則其他繼承人有依次遞補之權利者，於前順序之繼承人拒絕繼承時，將蒙受損害；其四、自被繼承人受有遺贈之人，無從請求繼承人履行其關於遺贈之義務。綜上四點，則繼承人接受之早遲，攸關他人精神上或財產上之利益，故法律規定接受權能喪失之原因，使繼承人早爲接受與否之表示，而免他人有蒙受不利益之虞也。繼承人喪失接受繼承之權能，其原因頗多，法律之所規定者，先後亦不盡同。市民法上之原因，共有四種：其一、繼承人於接受繼承前死亡者；其二、繼承人於接受前喪失繼承之能力者；其三、於繼承人接受前他人已依「繼承之取得時效(usucapio pro herede)」而經過一年之期間，取得遺產上之所有權者；其四、遺囑指定繼承人時，以「接受繼承之聲明(cretio here ditatis)」爲停止條件，而繼承人未於其指定之期間內爲是項聲明者。羅馬之遺囑人，深恐其指定之繼承人不接受之，故多於遺囑中限其於繼承開始後相當之期間內爲接受之聲明，其不爲是項聲明者則喪失接受之權能。至指定聲明接受之期限，應爲確定期限，除直系卑親屬爲繼承開始後一年內之期間外，餘皆以繼承開始後一百日內之期間，爲接受之期限。遺囑指定接受之期限者，曰「附加接受聲明 (cum cretione)」之遺囑。遺囑人深恐繼承人遲不接受，害及其本人及有利害關係人之利益，故有使繼承人依限接受繼承之習慣；然則繼承人喪失接受繼承之權能之第四項法定原因，實由習慣而形成者也。嗣後裁判官法，對於市民法上繼承人喪失接受權能之各種原因悉援用之;此外並增定繼承人失權之新原因兩種:其一、係關於財物占有人者,(裁判官法上之繼承人)其二、則係關於市民法上之繼承人者。依此新制,裁判官法上之繼承人爲直系親屬時,應於繼承開始後一年內爲「財物占有(bonorum possessio)」之請求,其他繼承人,則應於一百日內請求之,逾此期限而不請求者,則喪失繼承之權能,此其一、市民法上之繼承人遲不接受時,被繼承人之債權人及其他利害關係人得訴諸官廳,請求判令繼承人答覆其是否接受繼承,表示不接受者固無論已,繼承人不願即時答覆時,得請求予以一百日之「有用期間」以決定之,是爲「考慮期間(spatium deliberandi)」,逾此期間而仍不接受或仍不答覆者,即以拒絕繼承論,而不得接受之矣,此其二。

優帝時代接受繼承之權能喪失之原因,新規定者僅有一種,即繼承權自繼承開始後經過三十年不行使而歸消滅是也。市民法上繼承人失權之四種原因,優帝則僅援用兩種而已:其一、繼承人於接受繼承前喪失繼承之能力者;其二、繼承人於接受繼承前死亡者,但繼承人於繼承開始後一年內死亡者,雖未接受繼承,亦以接受繼承論,而由其直系卑親屬享受繼承之利益,是爲「優帝法繼承之移轉(transmissio Justinianae)」。至其他兩種原因,優帝時代均不適用,蓋「接受繼承之聲明」已不存在,未依限而爲是項聲明者,固不喪失接受之權能;另一方面,「繼承之取得時效(usucapio pro herede)」自共和末造起,已視爲祇得用以取得「繼承物(res hereditariae)」,而不若昔日視爲取得整個遺產之方法,繼承人接受繼承之權能,自不因他人主張「繼承之取得時效」而歸消滅,馬而古斯(Marcus Aurelius)帝且復規定,凡利用未經接受之遺產爲無主物而侵占之者,成立

「侵占遺產之公犯(crimen expilatae hereditatis)」焉。再裁判官法上之繼承人，未於一百日內或一年內請求「財物占有（bonorum possessio）」者，得以忽略或忘卻爲理由，逾此期限而請求之。至接受繼承之考慮期間，優帝延爲九個月，逾此期間而不爲接受之表示者，則以接受繼承論，故裁判官法上接受繼承之權能喪失之原因，至優帝時代，亦不復存在矣。

第二款　繼承之一般效果

繼承爲賅括繼承之方式，依法取得繼承人之身分者，復視爲被繼承人人格之繼續者，故就各種法律關係，繼承人完全處於被繼承人之地位：繼承人就被繼承人之有體物爲所有人，就其「他物權(jus in re aliena)」則爲權利人，就其債權則爲債權人，就其債務則爲債務人，一言以蔽之曰，此兩者之人格與權利混爲一體，打成一片，而不復有何區別。以言債之關係，依古代理論，爲債權人本身與債務人本身間之直接關係，他人不得易而代之，故或謂在十二表法以前，凡人死亡時，其債權債務不得移轉於其繼承人。再茲所稱權利義務，指非專屬於被繼承人本身者而言，故債權中之受贍養權，物權中之用益權使用權等，均不得因繼承而移轉之也。至裁判官法上之繼承人，依據理論，在取得占有一年內，固僅處於占有人之地位，而另一方面承認其爲被繼承人之權利義務之繼承者，故在此一年之期間內，就被繼承人之權義關係，與市民法上之繼承人有同等之地位，其所異者，僅形式方面各受不同之訴權之保護耳。

再繼承人除負擔被繼承人所已發生之義務外，更因繼承而成立兩種新發生之義務：（一）宗祧之維持，羅馬繼承法素採宗祧主義，繼承人自負有是項義務，除祭祀祖先外，更須奉祀被繼承人，如我國供奉神主然；（二）遺贈及信託之履行，被繼承人指定某物遺贈某甲或託某甲執行某項遺意時，無異使其遺產承受一種特別之負擔，而繼承人所繼承者，亦即設有負擔之遺產而已，故有履行是項負擔之義務也。

第三款　繼承人間之關係

繼承人有數人時，對於被繼承人之權利義務，各按其應繼分而爲權利人或義務人，與繼承人僅有一人時同；各繼承人就其應繼分，繼續爲遺產之所有人、債權人、或債務人，故亦同爲被繼承人人格之繼承者。

羅馬古代共同之繼承人，多就其共同繼承之財產，共同生活，繼承人同爲被繼承人之直系卑親屬時，則尤多採用是項制度。但或反對此說，其反證有二：曰十二表法有「分析家產之訴（actio familiae erciscundae）」之規定，各繼承人果就繼承之遺產而共同生活，則不至有此規定，此其一；另一方面，羅馬每家僅有「自權人」一人，餘皆爲「他權人」，「家父」死亡時，其子應各組成新家庭，而以其應繼分爲新家庭之財產，此其二。總之，在遺產未分割前，多數繼承人就遺產中之有體物，處於共有人之地位，實爲無可諱言者；至債權債務，則各繼承人按其應繼分而分派之，與有體物不同，其規定也。

第四款　繼承人與被繼承人之債權人間之關係

繼承人接受繼承後，其本人之財產與被繼承人之財產，合而爲一；可以移轉之債務，依十二表法，並不以因被繼承人之契約或適法行爲而成立者爲限，其因「私犯」而成立者，亦得繼承而移轉之也。被繼承人之債權人，以被繼承人之財產為其債權之保證，而繼承人之債權人則以繼承人之財產為其債權之保證，質言之，債權人各就其債務人之財產而受清償。故根據繼承人之財產與被繼承人之財產合一之原則，繼承人及被繼承人之債權人，均就此合一之財產而受清償，再繼承人對於被繼承人之債務，應負無限責任，被繼承人之財產不足清償其債務時，繼承人應補足(ultra vires successionis)之。

此其規定合邏輯則合邏輯矣；然其結果足使被繼承人之債權人，繼承人本人，及其債權人三者，均有蒙受不利益之虞焉：其一、被繼承人之債權人本以被繼承人之財產為其債權之保證，現就合一之財產而受清償，果繼承人並無財產而負債頗多，其本人之債權人將與之競爭，並同就合一之財產而受清償，則被繼承人之債權人，將有難受清償之危險；其二、繼承人未明瞭遺產之內容而漫然接受者，如遺產不敷償債，則將有受累之危險；其三、繼承人之債權人，既以繼承人之財產為其債權之保證，如繼承人因繼承而受累，而減其原有財產之價值，其債權人亦將間接蒙受其害矣。綜上三點，其第三點，尚無不公允之嫌，蓋債權人得觀察其債務人所處之環境，如觀察所得，有因繼承而蒙受不利益之虞者，可以不與之發生債之關係，而免間接受累耳。職是之故，對於被繼承人之債權人及繼承人本人，法律均有特別規定以保護之，使其不因繼承而蒙受不利益之結果；而繼承人之債權人，則除得提起「廢罷訴權」阻止繼承人繼承外，並無特別規定以保護之也。茲將保護被繼承人之債權人及繼承人本人所須發之特別規定，分述如次：

(I)被繼承人之債權人所受之保護

裁判官法爲防止繼承人之財產及被繼承人之財產相攙雜混淆，致被繼承人之債權人蒙受損害起見，乃規定債權人得請求維持此兩宗財產之獨立性，而使此兩宗財產完全分開，不相混合，是爲「財產分別（separatio bonorum）」之請求權。「財產之分別」，應向官廳請求之，並須具備三種要件：其一、須繼承人確無支付能力，足使債權人有難於受償之虞；其二、須被繼承人之債權人並未承認繼承人爲其債務人，例如債權人與繼承人爲債之變更，或接受其提供之擔保，則以承認繼承人爲其債務人論，而不得爲財產分別之主張；其三、須財產之分別實際上確有可能性。依法學家之解釋，凡有下列三種情形之一者，財產之分別，視爲不可能：其一、遺產已經處分者；其二、繼承人之財產與被繼承人之財產，實際上不能識別者；其三、繼承人接受繼承後已逾五年者。凡有此三種情形之一者，繼承人與被繼承人之財產，視爲無分別之可能，而被繼承人之債權人，即不得享受財產分別之利益矣。

以言財產分別之效果，僅足以使債權人就被繼承人之遺產而受淸償，並排除繼承人之債權人就此遺產而同受淸償而已，故繼承人保持其繼承人之地位如故，依此方法，淸償被繼承人之債務時，仍不失其對於遺產所有之權利。至請求「分別財產」之債權人，就遺產而未受全部之淸償時，於繼承人之債權人受償後，能否再向繼承人爲補足之主張一點，羅馬法無明文規定，法學家之解釋亦不一致：或謂被繼承人之債權人有此權利，與繼承人之債權人之於被繼承人之債權人受償後，得就遺產而受淸償者同，如拜彼尼語斯（Papinianus）是；武兒比亞女斯（Ulpianus）及保魯斯（Paulus）二氏則均反對此說；似以武保二氏之說較合羅馬法之精神也。

（II）繼承人所受之保護

「正統繼承人」及「必然繼承人」不得拒絕繼承，已如上述，然則被繼承人之財產，不足償其債務時，強使繼承人負補足之責，固非法理之平，於是裁判官規定「不參加之權利（jus abstinendi）」以保護正統繼承人，關於奴隸，則準用財產分別之制以保護之。至「任意繼承人」之已經接受繼承者，及必然繼承人之已經參加繼承者，對於被繼承人之債務，應負無限制之責任，但未滿二十五歲之未成年人，於接受後或參加後，仍得提起「回復原狀之訴（restitutio in integrum）」，以免除其無限制之責任。或謂告而底亞奴斯（Gordianus）對於軍人，均准援用此回復原狀之制，以免除無限制之責任，然此僅為接受繼承之撤回問題而已，與未成年人回復原狀之權利，未可同日語也。再至優帝時代，有「財產目錄之利益（beneficium inventarii）」之規定，為現代法例限定之繼承之嚆矢焉；是項制度，容於第二節再論及之，茲將裁判官法上保護繼承人之兩種制度，分述如次：

（甲）「不參加之權利（jus abstinendi）」

正統繼承人，固皆同時為必然繼承人也，但自裁判官法規定此制以還，雖仍為必然繼承人，然對被繼承人之債務，僅就其遺產（intra vires successionis）而負清償之責，出賣遺產時，不用繼承人之名義，而用被繼承人之名義，故賣價如不足償債，僅被繼承人有「破廉恥（infamie）」之不幸結果，而繼承人則否；反之，如遺產之價值，足以償債而有餘，則仍歸繼承人所有，且債權人對繼承人起訴時，繼承人並得拒絕答辯，而不處於被告之地位，然則依此制度，繼承人享受繼承人之利益，而不負繼承人之無限責任矣。

「不參加之權利 (jus abstinendi)」，無須請求，並無須具備若何要件，惟須繼承人未曾參加繼承而已；且繼承人而爲「未適婚人」，縱已參加繼承，仍得享此利益。不特此也，凡已享此利益之繼承人，於相當之期間內，仍得參加繼承而淸償被繼承人之債務；是項期間，優帝定爲三年，例如繼承人甲，於乃父死亡時，無淸償能力，曾利用「不參加之權利」，拒絕乃父之債權人之請求，如於三年內自願淸償，仍得撤回其不參加之表示，而開始參加繼承也。

不參加繼承，與拒絕繼承有別：以遺囑指定之繼承人，拒絕繼承時，其遺囑完全無效，反之，不參加繼承時，則其遺囑仍然生效，故遺囑人於遺囑中所爲解放奴隸等行爲，並不因繼承人之不參加而受影響；再不參加繼承之表示，得以撤回，而拒絕繼承之表示則否，抑亦此兩者之又一區別也。

（乙）「財產分別 (separatio bonorum)」

裁判官法，於准許被繼承人之債權人請求分別財產時，同時准許奴隸爲同樣之請求，使其對於被繼承人之債務，不負無限制之淸償責任。以言財產分別之效果，僅足以使奴隸之身體及其嗣後取得之財產，不受債權人之拘束而已，而奴隸保持其必然繼承人之地位如故，被繼承人之債權人得對之起訴追償亦如故。不特此也，出賣被繼承人之遺產時，仍用繼承人（奴隸）之名義，故其賣價不足淸償債務時，仍由繼承人蒙受「破廉恥」之不幸結果也。

第二節　限定之繼承

優帝於西曆紀元後第五百三十一年規定，凡已接受繼承者，得僅就其所繼之財產(intra vires hereditatis)，負清償被繼承人之債務之義務，是爲限定之繼承。現代法例所採限制繼承之制，實皆取法乎此。繼承人欲享受限制繼承之利益，須具備相當之要件，此又現代法例所略同者也。羅馬法上之要件共有四種如次：

(一)須自知悉繼承對其本人開始時起，於兩個月內開具遺產清册　此爲當然之要件，蓋繼承人如不開具遺產清册，則遺產之狀況無從調查，被繼承人之債權人，亦將有難於分配受償之虞。依我國民法第一千一百五十六條之規定，繼承人開具遺產之期限，爲繼承開始後三個月內，於必要時，並得呈准法院延長之，殆現代財產發達，遺產之調查與清册之開具，今之於昔，大有繁簡難易之別耳。

(二)開具遺產清册時，須憑證人及註册官員　此其規定，殆恐繼承人有隱匿遺產之行爲耳。所謂註册官員云者，羅馬法上曰「tabularius」，亦卽專司遺囑契約等登記事宜之官員，法比諸國現仍援用此制，名之曰「notaire」，或有譯作「公證人」者。

(三)須於開具遺產清册時，憑證人宣誓，聲明其確將全部遺產交出　限制繼承之制度，所以使繼承人免受無限制之責任，若任其隨意開具遺產清册，將隱匿浮報，損及債權人之利益，亦非法理之平，故羅馬法有此規定，使其不致隱匿浮報或處分之。羅馬人篤信神教，宣誓之規定，已足視爲有力之制裁，而收相當之效果；現代法例，則多明定以不得享受限制繼承之利益，爲隱匿遺產記載虛僞或私自處分之制裁。例如我國民法第一千一百六十三條謂：『繼承人中有左列各款情事之一者，不得主張第一千一百五十四條所定之利益：一、隱匿遺產，二、在遺產淸册爲虛僞之記載，三、意圖詐害被繼承人之債權人之權利而爲遺產之處分』云云是也。

（四）須繼承人不請求給予「考慮期間（spatium deliberandi）」　考慮期間云云，於第一節第一款，已詳言之，即繼承人考慮接受繼承與否之期間是已。凡繼承人請求之者，即不得享受限制繼承之利益。蓋優帝以爲請求給予考慮期間，本所以從容調查遺產狀況，免致漫然接受繼承而蒙受損害，然則爲限定之繼承者，絕無是項弊害，故無使其有考慮期間之必要也。

第三節　遺產之分割

第一款　總論

繼承人有數人時，對於被繼承人之權利義務，各按其應繼分而爲權利人或義務人，且同爲被繼承人之人格繼承者。或謂羅馬古代共同之繼承人，多就其共同繼承之財產而共同生活，鮮有分割之者，殆與我國昔日數世同堂之習尙相彷。此其說雖有反對之者，但在遺產未分割前，多數繼承人就遺產中之有體物，處於共有人之地位，則爲不易之論也。繼承人中有一人或數人欲分割遺產而不能協議解決時，應提起「分析家產之訴（actio familiae erciscundae）」，由法官依審判之程序而分配之（adjudicatio），其所有權或物權，即依此程序而告成立，有體物不易平均分配時，則判令繼承人互爲給付，截長補短，或出賣之而分攤其價値，至債務債權，亦各按應繼分而分派之；然則遺產之分割問題，似極簡易！曰，不然，於此有「扣還（collatio）」之制度，須經相當之論述焉。我國民法第一千一百七十二條及第一千一百七十三條所稱債務之「扣還」，贈與之「扣除」，及現代一般法例所稱之「rapport」，固皆由羅馬法蛻化而成；但羅馬法上裁判官法及帝政時代之新法，先後並不盡同，不可不明其演變之形跡也。試就此兩時期分述羅馬法上之「扣還(collatio)」制度如次：

第二款　裁判官法上之「扣還」制度

依羅馬古制，遺產僅包括被繼承人死亡時現存之遺產而已，嗣後裁判官法規定兩種扣還制度：一曰「被解放者財產之扣還（collatio emancipati）」，二曰「嫁資之扣還(collatio dotis)」，則皆以公允之原則爲基礎者也，茲分述於後：

（Ⅰ）「被解放者財產之扣還」

是項扣還制度，亦簡稱「財產之扣還（collatio bonorum）」，乃裁判官准許已被解放者參加「家父」之繼承之結果；依裁判官法之規定，除於「家父」死亡時隸屬於另一家庭者外，如家父死亡而未立遺囑，或立有遺囑而未被指定爲繼承人亦未被排除其爲繼承人者，被家父解放之人亦得參加繼承，享受「財物占有人(bonorum possessor)」之利益，而與未被解放者對立競爭，然則未被解放者處於「家父權」之下，衣於斯，食於斯，其工作所得或依其他方法取得之財產，亦多歸家父所有，以視被解放者完全保持其所取得之財產，並與之同樣參加家父之繼承，自大有幸與不幸之分。不特此也，未被解放者取得之財產，歸家父所有，於家父死亡時，與毫無貢獻之被解放者共同分配，是後者無異不勞而獲；另一方面，假定被解放者並未被家父解放而向處於家父權力之下，則其所取得之財產，將屬於家父而由各繼承人共同分配而繼承之；然則被解放者參加繼承，將使未被解放者蒙受相當之損害，顯非法理之平。裁判官為補救斯弊計，乃規定凡處於家父權下之繼承人，得利用被解放者所已取得之財產，使其與繼承之遺產，合而為一，由各繼承人共同分派之也。

扣還制度既以其他繼承人損害之補償為理論上之基礎，故繼承人未必盡因曾被解放而負扣還之義務，必其他繼承人因其被解放及參加繼承而蒙受損害時，始發生扣還問題也。具體言之，使被解放者扣還其取得之財產，須具備下列四種要件：

（一）被繼承人須為家父　如非家父，則無論繼承人曾被解放與否，其所取得之財產，均不歸被繼承人所有，縱有被解放者，其他繼承人，並無損害可言，故不得主張被解放者扣還其所取得之遺產。

（二）須被解放者係因請求「財物占有」而參加繼承　如未請求財物占有，而由被繼承人以遺囑指定其為繼承人者，裁判官推定其縱然未被解放，被繼承人亦必以遺囑指定之也。基此理論，其他繼承人並非因其曾被解放而蒙受損害，故不得使被解放者負有扣還其所取得之財產之義務也。

（三）就扣還制度享受利益者，須為正統繼承人，並須因被解放者參加繼承而減少其應繼分之價值　例如被繼承人甲生子乙丙二人，丙亡故，遺子丁戊二人，甲死亡時，有子一人，孫二人，其孫丁或戊已被解放，則被解放者對於乃叔乙不負扣還之義務，蓋乙之應繼分，並未因被解放之侄丁或戊參加繼承而受影響耳。再被解放者有數人時，其相互間不負扣還之責，對於其他未被解放之繼承人，則仍各負扣還之責焉。

（四）所扣還之財產，須爲繼承人於被解放後取得之財產，假定未被解放卽構成其家父之財產之一部者　繼承人甲於被解放後取得之財產，如縱未解放，依法亦不歸家父所有，則其他繼承人並未因甲被解放而蒙受損害，故甲仍得保留其所取得之財產也；職是之故，「家子特有財產」之範圍，嗣後逐漸擴大，被解放之繼承人所應扣還者，其範圍亦隨之縮小矣。

（II）「嫁資之扣還」

扣還「嫁資」之制度，與被解放者之扣還財產，同其理論上之基礎，殆皆以補償已嫁女子及被解放者以外之繼承人之損失爲目的者也。女子出嫁而締結「無夫權之婚姻」者，仍處於原來「家父權」之下，有所取得，亦仍歸其家父所有；但關於「嫁資」則不然，於婚姻關係中，固僅已嫁女子本人得對之主張權利，婚姻關係消滅時，其請求返還權，亦屬於女子本人，而不移轉於其家父，然則已嫁女子對於無同樣權利之其他繼承人，不啻使其蒙受一種消極之損害矣。此兩種扣還制度，既同其理論上之基礎，故其原則亦完全相同；具體言之，已嫁女子之嫁資之扣還，須具備下列四種要件：

（一）被繼承人須爲其家父　例如女子係由其外祖母設定嫁資，則繼承其外祖母之遺產時，其他繼承人不得主張扣還之也。

（二）須女子係因請求「財物占有」而參加繼承　女子因被遺囑指定爲繼承人者，或提起「請求繼承之訴(petitio hereditatis)」而參加繼承者，其他繼承人不得爲扣還之主張，其拋棄繼承之財產者亦同。

（三）其他繼承人須爲「正統繼承人」　其他繼承人如非正統繼承人，則不至因女子取得之「嫁資」未歸家父所有，而蒙受消極之損害，自不得主張扣還之也。

（四）所應扣還者以「嫁資」爲限　是項嫁資包括各種嫁資，由家父以外之人設定者，亦在扣還之列；但嗣後處於「家父權」下者自外人取得之財產依法得保留爲「特有財產」而不歸「家父」所有，故已嫁女子所應扣還者亦較少於前矣。

第三款　帝政時代之「扣還(collatio)」制度

（I）「被解放者財產之扣還(collatio emancipati)」

自帝政時代以還，處於「家父權」下者自外人取得之財產，依法得保留爲「特有財產」，而不歸「家父」所有，其由母系親繼承之財產亦然，故家子之被解放，於家父之財產並不發生若何影響；然則未被解放之家子，並不因其他「家子」之被解放而蒙受損失，故被解放者參加繼承時，對於未被解放之其他繼承人，不應扣還其取得之財產。但在優帝新法制定以前，有兩種財產上之利益，僅限於被解放之「家子」取得之，而未被解放者則否：其一、從外人取得財產者，享用是項財產時所爲之積蓄；其二、自家父所受之贈與。此兩種財產上之利益之享受，既以被解放爲要件，則假定被解放者未被解放，其他繼承人將不至蒙受此消極之損害，故被解放之家子，參加家父之繼承時，對於未被解放之其他繼承人，仍應扣還此兩種財產上之利益也。

（II）「卑親屬財產之扣還（collatio descendentium）」

西曆紀元後第五世紀，成立一種新扣還制度，其理論上之基礎爲被繼承人平等分配遺產之意旨之推定，而非復以補償被解放者或已嫁女子以外之繼承人所受消極之損害，爲其理論上之基礎，是爲「卑親屬財產之扣還」。立法者推定被繼承人爲尊親屬時，對於其全體卑親屬有一視同仁而平等分派其遺產之意旨，其生前對於某一卑親屬有特別嘉惠之行爲，或設定嫁資或解放之，使其享受例外之利益者，視爲有使其嗣後扣還之意思，故或謂是項制度以「扣還家父設定之嫁資（collatio dotis profecticiae）」之制度爲出發點而逐漸形成者也。

「卑親屬財產扣還」之制度成立於西曆紀元後第四百七十二年，由雷耳第一帝（Leo I）所規定；依其規定，應扣還之財產，不以「嫁資」爲限，因婚姻而爲之贈與，亦在扣還之列。至優帝時，凡尊親屬因爲卑親屬立業而對之爲贈與者，該卑親屬參加其繼承時，亦應扣還之，但其他普通贈餽，不在此限。至有主張扣還之權者，並不以未被解放之繼承人爲限，已被解放者亦得主張之，且參加之繼承，不論其爲「家父」之繼承與否，凡被繼承人爲尊親屬時，均適用是項扣還之制度，故名「卑親屬財產之扣還」也。

在優帝以前，由遺囑指定爲繼承人者，無扣還之義務，至優帝時，縱係由遺囑指定之繼承人，亦應扣還之；但被繼承人明白表示不令其扣還者，不在此限。然則優帝之規定，可謂最合「扣還制度以被繼承人之意旨爲基礎」

之理論矣。我國民法第一千一百七十三條第一項謂：『繼承人中，有在繼承開始前，因結婚分居或營業，已從被繼承人受有財產之贈與者，應將該贈與價額加入繼承開始時被繼承人所有之財產中，為應繼遺產；但被繼承人於贈與時有反對之意思表示者，不在此限』殆亦以被繼承人之意旨為扣還制度理論上之基礎也歟。

再上述各種扣還行為，最初均以口約(cautione)個別為之，例如被解放者甲對未被解放之繼承人乙約曰：『我應扣還某物或金錢若干；』故扣還云者，實為單獨之行為，而非於應繼分內扣除之也。至優帝時，扣還財產者，或分派應扣還之原物，或於應繼分內扣除之，遂與我國民法所稱「扣還」「扣除」之字義完全符合矣。

第四節　繼承之拋棄

羅馬法分繼承人為「任意繼承人(heredes voluntarii)」與「必然繼承人(heredes necessarii)」兩種，前者之於繼承，視為權利人，故得接受之或拋棄之，而後者則否。「必然繼承人」包括被遺囑指定為繼承人之奴隸，及「正統繼承人(heredes sui)」；職是之故，「正統繼承人」亦名「正統必然繼承人(sui et necessarii heredes)」。以遺囑指定奴隸為繼承人者，必於遺囑中解放奴隸，使其恢復自由，解放奴隸本為嘉惠行為，關係奴隸之利害匪淺，遺囑人縱係因恐遺產不足清償債務，而使其以繼承人之名義代清償之，或使死後以奴隸之名義出賣遺產，由奴隸蒙其「破廉恥(infamie)」之不良名譽，然於奴隸究為有利，事實上，奴隸固無拒絕之者；另一方面，「家主」之於奴隸，既有絕對之權能，使其補償債務，或使其蒙破廉恥之不幸結果，抑亦家主對於奴隸行使權利之表現，故就理論言，奴隸亦不得拒絕為其繼承人也。再羅馬人囿於宗祧觀念，以死後無嗣為最大不幸，而所謂正統繼承人云者，復多為最近之卑親屬，實際上每以遺囑指定之為繼承人，故立法者推定「死者（decujus）」生前有使此等正統繼承人繼承其宗祧與人格之意思，並根據「家父權」之作用，認定其正統繼承人均有遵其遺意而繼承之之義務；羅馬法規定「正統繼承人」亦為「必然繼承人」之一種，而不得拋棄其繼承，殆即以此理論為基礎耳。

嗣後裁判官法規定奴隸得請求「財產分別（separatio bonorum）」，使其財產，不與被繼承人之財產，混為一體，復規定正統繼承人得主張「不參加繼承之權利（jus abstinendi）」，而不償還被繼承人之債務，就表面觀之，此兩種「必然繼承人」似與「任意繼承人」無別，然此僅屬減輕繼承人責任之規定而已，其為繼承人如故；且奴隸之請求「財產分別」者，其身體與將來取得之財產，雖不受被繼承人之債權人之拘束，而被繼承人之財產，仍以奴隸之名義而出賣之，賣價不足償債時，則仍由奴隸蒙受「破廉恥」之不幸結果，此則必然繼承人並未因此而擺脫繼承人之地位之彰明較著者也。

「任意繼承人」之得拋棄繼承，已如上述；另一方面，任意繼承人參加繼承時，應為接受繼承之表示，其要件與方式，於羅馬古代，尤為繁複，於本章第一節已詳言之，茲不贅述。至優帝時，凡自繼承開始日起，未於九個月內為拋棄之表示者，視為接受繼承，而不得再拋棄之，是任意繼承人拋棄繼承之權能，遂亦有相當之限制矣。

再繼承人不願參加繼承時，依羅馬法，得以「擬訴棄權」之方式，移轉於第三人，即於擬訴棄權之方式中，由願意繼承之第三人爲原告而對繼承人提起「請求繼承之訴(petitio hereditatis)」，繼承人則從其請求或默認該第三人爲繼承人，是爲「關於繼承之擬訴棄權(cessio in jure hereditatis)」；但至優帝時代，是項制度，已經廢除之矣。

依羅馬古法，繼承人中有人拋棄其繼承時，如無「補充繼承人」(註)則其繼承部分，應由其他繼承人各依其原有之繼承部分，按照比例而分派之遺囑指定之繼承人均拋棄其繼承權時，則由順序最先之法定繼承人繼承之；且依裁判官法，同一順序之法定繼承人均拋棄其繼承權時，則由次一順序之繼承人繼承之，必全無法定繼承人時，始適用關於無人承認繼承之規定，繼承人中有人死亡或無受遺人之能力，或逾接受繼承之期限而不能繼承者亦同。然則我國民法第一千一百七十六條第一項謂：『法定繼承人中有拋棄繼承權者，其應繼分，歸屬於其他同一順序之繼承人，同一順序之繼承人均拋棄其繼承權時，準用關於無人承認繼承之規定』，同條第二項則謂：『指定繼承人均拋棄其繼承權者，其指定繼承部分，歸屬於法定繼承人』云云；是與羅馬法上前述之規定，有相同點，亦有不同之點矣。依羅馬古法之理論，各繼承人視爲有繼承遺產全部之權，惟因共同之繼承人參加繼承，而縮小其「法定應繼分」或「指定繼承部分」而已；另一方面，繼承人不得爲一部分之繼承，而拒絕其餘部分，故繼承人中有人拋棄繼承權，或以其他原因而不爲繼承時，其應繼分或指定繼承部分之歸屬於其他繼承人，爲其他繼承人參加繼承之當然結果，質言之，其法定應繼分或指定繼承部分之擴張，有強制性質，不得保持其原來之繼承部分而拒絕其擴張之部分也。基此理論，凡已參加繼承者，其繼承部分擴張時，無須具備受遺人之能力，或接受繼承之要件，蓋其繼承部分雖係嗣後擴張，而法律上視爲最初參加繼承時已取得此擴張之部分耳。

（註）「補充繼承人」云者，即繼承人不爲繼承時取而代之者之謂，詳第四章第一節第一款第二項。

第五節　無人承認之繼承

繼承開始後，繼承人之有無尚未確定時，曰「繼承人未定之遺產 (hereditas jacens)」。是項遺產，或謂依羅馬法爲一種財團法人，其權利義務，視爲是項法人本身之權利義務，而與「死者 (decujus)」之權利義務，完全分開，例如遺產之孳息，構成整個遺產之一部，而不視爲屬於死者，故死者之債權人，於死者生前依法縱得留置其孳息，而在此情形之下則否。又例如就遺產支出保管等費用者，不以死者爲此等費用之債務人，而以整個遺產爲其債務人，是爲遺產法人說。或反對此說，曰，是項遺產就死者之債權，處於債權人之地位，就死者之債務，則處債務人之地位，實不啻繼續死者之生命而爲死者之代表，不得離開死者而成立有單獨人格之法人也。此外復有第三說，曰，遺產既非法人，又非死者之代表，遺產之繼承人，雖未確定，然其權利義務，實以將來之繼承人爲其主體也。總之，無人承認之遺產，究應視爲法人與否，羅馬法無規定之明文，故議論紛紜，有如此者，現代一般法例，雖多受羅馬法之影響，然鮮有採取法人主義說者，有之，則日本民法第一千零五十一條，及我國前民法第一次草案第一千五百五十五條及第二次草案第一千四百零一條之規定是已。

遺產一旦確定其無繼承人時，則曰「繼承人曠缺之遺產 (bona vacantia)」，或譯作「繼承人之曠缺」

依裁判官法之規定，繼承人曠缺時，其死者之債權人得請求占有其遺產，並得以債權團之名義出賣之，而各就其債權之額數比例受償。嗣後育利亞法乃改定由國庫繼承是項遺產，但國庫得拒絕之。依現代一般法例，遺產由國庫繼承時，應就遺產淸償死者之債務，並交付其所爲之遺贈，故國庫所處之地位，與普通繼承人同，我國民法第一千一百八十五條謂：「第一千一百七十八條所定之期限屆滿，無繼承人承認繼承時，其遺產於淸償債權並交付遺贈物後，如有賸餘，歸屬國庫。」云云，其一例也。依羅馬法之理論，遺贈之發生效力，以有遺囑繼承人爲要件，國庫爲繼承人時，事實上無遺囑繼承人可言，故或謂依羅馬法，國庫無交付遺贈物之義務；但裁判官之告示，謂繼承財產不足淸償繼承債務時，國庫視爲未參加繼承，則最低限度，國庫對於死者之普通債務，負有淸償之責，而國庫必俟債權人就遺產受償而有餘裕時，始得主張權利，可斷言也。此其原則，極爲合理而公允，現代法例多採用之，日本民法第一千零五十九條第三項謂：「相續（按卽繼承）債權者及受遺者，不得對國庫行其權利，」云云，則其例外也。

至西曆紀元後第二世紀末葉，馬而古斯(Marcus Aurelius)帝准許死者之奴隸或第三人，接受無人承認之繼承，但須提供擔保，並承認遺產所負之債務也。

本章參考書記要

J. Declareuil, Rome et l'organisation du droit p. 318, 319, 412, 413; T. C. Sanders, The

Institutes of Justinian p. 124, 142, 191, 193, 215, 217, 387, 412, 413, 502; 黃右昌，羅馬法與現代 p. 317–319, 327; P. F. Girard, Manuel élémentaire de droit romain p. 855–864; Gaston May, Eléments de droit romain p. 583–596; Ruben de Couder, Résumé de répétitions écrites de droit romain p. 240; Edouard Cuq, Les institutions juridiques des Romains p. 278–280; René Foignet, Manuel élémentaire de droit romain p. 245, 246; W. W. Buckland, The main institutions of roman private law p. 196–200, 217, 218; W. W. Buckland, The roman law of slavery p. 299–304; R. W. Leage, Roman private law p. 168, 169, 240–260; R. W. Lee, Introduction to Roman-Dntch law p. 312–316; J. Ortolan, Explication historique des Institutions de l'empereur Justinien p. 496–501; Eugène Henriot, Mœurs juridiques et judiciaires de l'ancienne Rome p. 403, 405, 407 (Tome I); J. Declareuil, Rome the law-giver p. 308–311.

第四章　遺囑

第一節　通則

遺囑云者，被繼承人指定繼承人並表示最後意思之要式行爲也。遺囑爲要式行爲，故須履行一定之方式，其不合法定方式者，即歸無效；所謂最後意思之表示者，即遺囑人至死亡時仍保持其原來之意旨，而未對其所爲之遺囑表示相反之意思之謂，基此理論，遺囑人雖最初指定某甲爲繼承人，苟嗣後意旨變更，表示不復以甲爲繼承人者，則最初所爲之遺囑，即歸無效；以言繼承人之指定(institutio)，爲遺囑之基礎，凡未指定繼承人，或指定不合法律之規定者，其遺囑即歸無效。綜上所述，遺囑之要素有三：一曰繼承人之指定，二曰一定之方式，三曰最後之意思。茲姑依我國民法之編制次序，先於本節第一款言其第一要素，而將第二第三兩要素，分別列入本章第二第五兩節；至遺囑人之能力及遺囑之限制，則於本節第二第三兩款論述之。

第一款　繼承人之指定

第一目　總論

繼承人之指定，爲遺囑之基礎，未指定繼承人者，其遺囑全歸無效，故該遺囑中所有監護人之指定，奴隸之解放等，均不生法律上之效力。指定繼承人，不得附以條件或期限，但附有不確定之始期或停止條件者，不禁止之。就理論言，繼承人之指定附有解除條件或終期者，無異遺囑人保留其指定之權利至繼承開始之後，法學者認爲遺囑人限於生前有自由處分遺產之權，而不得保留其權利至繼承開始之後，故凡附有終期或解除條件者，不發生效力；但其遺囑本身，仍然生效，視爲未有終期或解除條件者同。以言始期，限於不確定者發生效力，而視爲停止條件，蓋遺囑人附載始期，每發生種種困難，例如負責祭祀之人，不能即時確定，債權人受遺贈人，不能即時行使權利等是。遺囑附載不確定之始期者，例如載明繼承人某甲死亡時由乙繼承等情，關於遺囑人之意旨及其精神上之利益，尙有相當之關係，許其發生效力，不無理由；反之，確定之始期，徒使繼承人等候若干時日，而發生上述種種困難，故不承認其效力，而視遺囑爲全無條件或始期之遺囑也。

指定繼承人得附以不確定之始期及停止條件，已如上述，但停止條件，不得以第三人之意思，爲其實現與否之前提；例如載明：假使某甲不加反對，則以乙爲繼承人，是以第三者之意思爲停止條件之因素，依羅馬法應歸無效，其遺囑本身則生效力如故，與未曾附有是項條件同也。以言適法之停止條件之效力，容於第二節論述遺囑之效力時，再詳言之。

第二目 受遺人之能力(testamenti factio passiva 即就遺囑享受利益之能力，亦可譯作被動遺囑能力)

（Ⅰ）不得由遺囑指定爲繼承人者

遺囑爲羅馬市民法上之制度，故原則上，限於羅馬市民，得享受遺囑上之利益，得由遺囑指定爲繼承人；嗣後，各種拉丁人，均有由遺囑指定爲繼承人之權利，而外國人則仍無是項權利也。不特此也，由遺囑指定爲繼承人，並具備特別之能力，所謂「受遺人之能力」是已，茲將無受遺之能力者分述如次：

（甲）外國人

（乙）依特別規定而不得由遺囑指定爲繼承人者

最初，凡被處流刑者（deportatus），或以文字侮辱他人者等人，不得由遺囑指定爲繼承人。嗣至天主教得勢時，凡褻瀆天主教者之子女，或公然脫離天主教者，或女子未爲亡夫守孝者，均不得由遺囑指定爲繼承人。

（丙）受服告尼亞法（Lex Vocania）限制之女子

依據服告尼亞法之規定，凡被繼承人爲屬於一等資產階級之市民者，女子不得爲其繼承人。此法係於羅馬建國後第五百八十五年，由民會議員服告尼亞（Vocania）氏提議而成立者，故名。當時豪富之女子，多奢侈無度，爲避免女子擁有大宗財產計，遂規定此法。所謂一等資產階級，乃資產在十萬「賽斯達四（sestertius）」以上者之謂；此數量約合法幣二萬二千佛郎，計合華幣約四千四百元，財產達此數量時，卽視爲一等資產階級，蓋當日羅馬之財產，尙未甚發達耳。依其規定，凡被繼承人有此巨量財產時，除爲女修士者外，任何女子，不得由遺囑指定爲其繼承人；或謂女子爲遺囑人之妻或女者，不在此限，但此說迄乏相當之證明，一般註釋家則均反對之也。再擁有此巨量財產者，是否必須登記，始得視爲一等資產階級質言之，女子不得被指定爲繼承人，以已登記爲一等資產階級者之繼承爲限，抑凡被繼承人有此巨量財產時，女子卽不得爲其遺囑繼承人，服告尼亞法並無規定明文，註釋家之見解，固不盡同，而採取登記說者，則居多數。主張登記說者，更謂是項限制女子繼承權之法律，至西曆紀元後第二世紀頃，已經無形廢止，並謂其廢止之原因，即在財產登記程序之廢止，致無從辨別被繼承人是否屬於一等資產階級也。

（丁）「不確定之人(personae incertae)」

不確定之人云者，即遺囑人對之尚未有具體簡明意識之人也。不確定之人，包括三種：一曰依未來之事實決定之人，二曰遺囑作成時尚未成胎之人，三曰法人。此等「不確定之人」，在優帝以前，多不得為遺囑繼承人，茲分述之如次：

（一）依未來之事實決定之人　例如遺囑人曰，凡以其女妻吾之子者，將為吾之繼承人，或曰，凡能為某種行為者，為吾之繼承人，則皆依未來之事實而決定者也。但嗣後，凡就認識之多數人中，以不確定之狀態，指定其一人或數人為繼承人者，法律亦承認其效力，例如遺囑人曰，凡屬吾婿之血親者，將為吾之繼承人，則繼承人雖未具體確定，而其範圍並不太嫌廣泛，故如此指定繼承人時，仍得發生法律上之效力。

（二）作成遺囑時尚未成胎之人　依羅馬市民法，遺囑作成時尚未成胎之人，於出生後將處於遺囑人權力之下者，被指為繼承人時，其遺囑發生效力，例如遺囑人曰，吾將來所生之子，為吾之繼承人等是。嗣裁判官法復規定，凡未成胎之人，將來不處於遺囑人權力之下者，如被指為繼承人，亦得請求「財物占有(bonorum possessio)」，但以遺囑人死亡時已經成胎者為限。

(三)法人　原則上，法人不得為遺囑繼承人，但不乏例外之規定焉：最初，羅馬人供奉之神祠及廟宇，得為遺囑繼承人，繼而市府得繼承其所解放之奴隸之遺產，至天主教得勢時代，市府慈善團體等均得為遺產繼承人而不加以限制也。

以上所謂「受遺人之能力」，均指由遺囑指定為繼承人之能力而言，至獨身者或無子女者，僅缺乏「接受繼承之能力」而「由遺囑指定為繼承人之能力」則有之；基此理論，凡獨身者或無子女者為遺囑人之「正統繼承人」時，無接受繼承之必要，故不失其為繼承人之能力也。

除上述四種限制外，任何人均得由遺囑指定為繼承人，即羅馬法上視為動產之奴隸，亦得由遺囑指定為繼承人，且遺囑人本人之奴隸及他人之奴隸，均有此權利能力；但指定本人之奴隸為繼承人時，與指定他人之奴隸為繼承人者，發生不同之效果，茲分述如後：

(子)指定本人之奴隸為繼承人者

依羅馬古法，凡指定本人之奴隸為繼承人者，須同時於遺囑中為解放其奴隸之記載，否則其遺囑歸於無效。嗣至西曆紀元後第一世紀，凡以遺囑指定其奴隸為繼承人者，視為解放其奴隸，遺囑人如無解放奴隸之能力，其遺囑則歸無效，例如女主人與奴隸通姦者，不得指定其奴隸為繼承人等是。繼承開始時，如奴隸仍處於遺囑人權力之下，自繼承開始時起，視為已被解放，而為其「必然繼承人」；其在繼承開始期前已被解放者，仍為其繼承人，但為「任意繼承人(heredes voluntarii)」而有拒絕繼承之權。至遺囑人於其繼承開始前已將其奴隸出賣第三人者，其遺囑仍然生效，而與指定他人之奴隸爲繼承人者，同其規定也。

（丑）指定他人之奴隸爲繼承人者

指定他人之奴隸爲繼承人者，如該他人有受遺人之能力，則其遺囑絕無不生效力之虞，其遺囑所付予之利益，則悉由繼承開始時奴隸所隸屬之主人享受之，但在繼承開始前奴隸已被解放者，則由奴隸本人以「任意繼承人」之名義而享受之也。或謂指定他人之奴隸爲繼承人時，與指定其主人者無別，然則羅馬行此制度，其理由安在？曰，是項制度，於奴隸及其主人，均屬有利：其一、奴隸有享受繼承之利益之機會；其二、繼承之接受，爲要式行爲，須繼承人親自履行之，遺囑人所欲指定爲繼承人者，如爲「幼兒」或「精神病人」，則必待其成年或痊愈時始克履行，不無困難；如用此變通方法，指定其奴隸爲繼承人，奴隸經其形式上之許可而接受之，其結果，仍由其想像中之繼承人享其利益，則是項困難卽可避免矣。

（II）「受遺人之能力」所應存在之時期

受遺人之能力應存在於兩個不同之時期：其一、爲繼承開始之時期，實際上多爲遺囑人死亡之時期；其二、爲作成遺囑之時期。繼承人應於作成遺囑時具備是項能力之規定，或謂係由古代「曼兮怕蓄(mancipatio)」之理論變化而成，蓋羅馬古代，視繼承爲「家庭間之曼兮怕蓄 (mancipatio familiae)」，繼承人則視爲曼兮怕蓄方式中之「家產買受人(emptor familiae)」，故繼承人於舉行是項曼兮怕蓄方式時，卽作成遺囑而被指定爲繼承人之時，應具備取得之能力也；但或反對此說，而爲之言曰，後世之繼承制度中，如尚保持古代曼兮怕蓄理論之遺跡，則「家父」以遺囑指定其「家子」爲繼承人者，將不發生法律上之效力，而事實上由家父以遺囑指定爲繼承人者完全生效，然則繼承人應於遺囑作成時具備受遺人之能力一點，並非基於古代曼兮怕蓄之理論而形成者明矣。

由遺囑指定爲繼承人者，應於上述兩種時期，具備受遺人之能力，亦限於此兩種時期應具備之；在此兩種時期之中間，縱一度喪失是項能力，並不影響其依遺囑而參加繼承之權利，例如某甲由遺囑指定爲繼承人時，具備受遺人之能力，嗣後不幸而喪失之，果其能力已於繼承開始時完全恢復，則與未嘗喪失其能力無別，其於繼承開始後喪失之者亦同。

第三目　繼承人指定之方式

（I）指定(institutio)之用語及其位置

依羅馬古法，指定繼承人，應以直接之命令式出之，例如吾子甲爲吾之繼承人 (Titius filius meus heres esto)等是；且繼承人之指定，必須列於遺囑之首段，否則不生效力。嗣依德爾道細語斯第二(Theodosius II)帝之規定，已不復拘於使用一定之語言；至優帝時代，於遺囑之首段或於其他部位指定繼承人者，亦均生法律上之效力矣。

（II）被指定者之人數及其指定繼承部分之分派

被指定爲繼承人者，或爲一人，或爲數人，羅馬法上並無若何限制。繼承人僅有一人時，即繼承其遺產之全部，未指明其繼承部分者亦同；蓋依羅馬法之原則，於可能範圍內應使遺囑發生效力，免致適用法定繼承之規定耳。繼承人有數人時，遺囑人得隨意指明其繼承部分，其各人之指定繼承部分相等與否均無不可；遺囑人指定某某人為其繼承人，而未明定其繼承部分者，其遺囑亦生效力。

依羅馬人之習慣，繼承人有數人時，指定繼承部分多以重量之單位「亞斯(as)」及其分數「恩細亞(uncia)」為準。按每一「亞斯」等於十二「恩細亞」，有如我國舊衡制之十六兩等於一觔；應用於遺產之分配，乃稱全部遺產曰一亞斯，再就此單位而分為十二分數，則得十二恩細亞，例如指定甲之繼承部分為三恩細亞，乙之繼承部分為四恩細亞，其餘由丙繼承，則甲乙二人合得其遺產十二分之七，丙得其餘十二分之五也。遺囑人指定各人之繼承部分之總和多於十二分數，同時載明以其餘財產歸其他繼承人繼承者，則以二以上之亞斯代表遺產之全部，例如指定甲得七恩細亞，乙得八恩細亞，其餘由丙繼承，是甲乙二人已得十二分之十五，如仍以一亞斯為準分配自感不便，於是以兩個亞斯代表遺產全部，而分成二十四個單位，除甲乙二人共得二十四分之十五外，由丙繼承其餘二十四分之九；又例如指定甲得十二恩細亞，乙得十三恩細亞，其餘由丙繼承，是甲乙二人共得之數已超過二十四個分數，再加丙之繼承部分，則兩個亞斯仍不便於分配，於是以三個亞斯代表遺產全部而分成三十六個分數，除甲乙二人共得三十六分之二十五外，由丙繼承其餘三十六分之十四，餘皆類推。

但繼承部分之分派，未必均以「亞斯」之單位及其分數為準；各人之繼承部分全未確定時，應按其人數平均分派，而不必採此以十二進之單位固矣，各人之繼承部分全確定者亦然，例如指定甲得五分，乙得四分，丙得兩分，是其繼承部分之總和，等於十一，而少於十二，於是將遺產分爲十一分數而分派之；又例如指定甲得八分，乙得五分，丙得四分，是其繼承部分之總和，等於十七，多於十二，而少於二十四，則將遺產分爲十七分數而分派之也。

（III）指定之補充(substitutio)

（甲）「通常之補充指定(substitutio vulgaris)」

遺囑人得同時指定數人爲其繼承人，已如上述，但羅馬人以未立遺囑或無遺囑繼承人而死亡者，爲最大不幸，指定之繼承人雖有數人，如均拒絕繼承，則依然無遺囑繼承人而死，與未立遺囑者同；爲避免發生是項不幸事件計，故多以遺囑指定補充之繼承人，而最後之補充繼承人，則多以本人之奴隸充之，蓋奴隸爲「必然繼承人」，無拒絕之可能耳。例如遺囑人指定甲爲繼承人，並載明於甲不爲繼承人時，以乙爲繼承人，乙不爲繼承人時，以丙爲繼承人，則甲爲正式之繼承人，乙爲第一順序補充繼承人，丙爲第二順序補充繼承人；其參加繼承也，則以正式之繼承人或前順序之補充繼承人之不參加繼承爲停止條件。是項補充制度，羅馬人多採用之，故名「通常之補充指定(substitutio vulgaris)」。以言補充之方法，極不一致：或以一人補充一人，或以一人補充數人，或以數人補充一人，或使正式之繼承人互補充之；例如甲乙二人同爲繼承人，甲死亡時或拒絕繼承時，由乙繼承其全部，此卽所謂正式繼承人互相補充是也。

「補充指定(substitutio)」之本質，實卽「繼承人之指定(heredes institutio)」，惟附有停止條件而已；既爲「繼承人之指定」，故上述受遺人之能力，及指定之方式等規定，於此須遵守之。是項指定制度，既附有停止條件，故正式繼承人參加繼承時，其條件卽未成就，而補充繼承人，亦卽視爲未被指定；正式繼承人縱未參加，第一順序補充繼承人參加繼承時，其於次順序之補充繼承人亦同。

（乙）「未適婚人之補充指定（substitutio pupillaris）」

「未適婚人之補充指定」云者，並非指定「未適婚人」爲補充繼承人之謂，而乃「家父」爲未達適婚年齡之「家子」指定繼承人之謂也。依羅馬法之原則，遺囑本不得由他人代替爲之，但未適婚人苟不幸死亡於適婚年齡屆滿之前，則其所有遺產，均歸其法定繼承人而繼承之，其法定繼承人或爲其家父所不滿，或爲其家父之仇敵，家父自不願於本人死亡後使「未適婚人」由彼本人繼承之遺產及以其他方法取得之財產，有移轉於其所不滿者之可能，故羅馬人指定未達適婚年齡之家子爲繼承人時，常爲該家子「指定」繼承人者，例如家父甲指定其幼子乙爲繼承人時，於同一遺囑中或另立遺囑，載明如乙死亡於屆滿適婚年齡之前，則以丙爲乙之繼承人是也。至於是項制度所有理論上之基礎，則卽「家父權（patria potestas）」之作用，是已；但家父生存時，固對於家子有處分其財產之權，其爲家子指定繼承人者，必於家父死亡後始發生效力，是不啻伸張其權力於死亡之後，抑亦羅馬法上「家父權」伸張其作用於死亡後之唯一例外也！

未適婚人補充指定之意義，及其理論上之基礎，既如上述，故是項制度之適用，須具備下列數種要件：

（一）須家父爲家子指定繼承人時，該家子處於其權力之下。

（二）須家父死亡時，家子直接處於其權力之下　如遺囑人爲家子之祖父，則必須家子之父親，已經

本论

死亡或已被解放時始得爲其指定繼承人，殆非然者，孫輩並不直接處於祖父權力之下耳。

（三）須家子爲未適婚人　如家父爲其指定繼承人時，家子已達適婚年齡，無所謂未適婚人之補充指定；再家子死亡時，如已達適婚年齡，則其補充指定亦不發生效力，以其與補充指定之意義，不符合也。

（四）須具備指定繼承人之方式及受遺人之能力等要件　補充指定卽爲「繼承人之指定（heredes institutio）」，故須具備「指定(institutio)」之方式，及「受遺人之能力」等要件也。繼承人補充指定，既遵守指定一般繼承人時之規則，故通常之補充指定，於此亦適用之；例如甲指定其幼子乙爲繼承人，並載明乙於甲死亡後未達適婚年齡而死亡時，以丙爲乙之繼承人，同時載明乙如先甲而死，則以丙爲甲之補充繼承人，是「未適婚人之補充指定」及「通常之補充指定」，兼而有之，所謂「混合之補充指定」是也。

（五）須先指定家子爲繼承人　補充指定，爲家父之遺囑之一部分，並爲其附屬之部分，故家父須先指定其家子爲繼承人，而後爲其家子指定繼承人。家父本人繼承人之指定在前，家子之繼承人之補充指定在後，此兩者雖有主從之關係，然得依其先後之次序，以兩個不同之遺囑，分別記載之。至優帝時代，爲避免他人預先知悉家子之繼承人起見，乃規定於家子生存時，禁止公佈關於家子繼承人之記載，並規定以絲臘固封之也。此兩者既有主從之關係，故關於家父本人之繼承人之記載，如歸無效，則關於家子繼承人之記載，亦不得發生法律上之效力也。

（丙）「準未適婚人之補充指定(substitutio quasi pupillaris)」

「未適婚人之補充指定」制度，本因「未適婚人」不能自立相當之遺囑，而由其「家父」代爲預先指定繼承人，用以避免實際上之困難者；然則「家子」如爲「精神病人」每發生類似之困難，不可不規定類似之制度，以補救之。優帝有鑒於此，乃規定凡「家父」就「家子」中指定精神病人爲繼承人者，亦得爲之指定繼承人，是爲「準未適婚人之補充指定」，殆準用「未適婚人之補充指定」之制度耳。

準未適婚人之補充指定，以家父家子間之情感爲其理論上之基礎，而不若前項制度之以「家父權」爲其理論上之基礎，此乃兩者之重要區別也。是項制度理論上之基礎既係如此，故其成立須具備下列兩種要件：

（一）須遺囑人對於「精神病人」指定相當之繼承部分。

（二）遺囑人須代選定「家子」之最先順序繼承人爲其繼承人　家子有直系卑親屬時，應以其直系卑親屬爲其繼承人，如無直系卑親屬，則以兄弟姊妹充之；必家子確無此等近親屬時，遺囑人始有自由選擇之權也。

是項制度，既以救濟「精神病人」不能自立相當遺囑之困難，爲其目的，故精神病人如於死亡前恢復其心神上之常態，則家父所爲之補充指定，即不發生法律上之效力。至於其他規則，如「補充指定」之方式，代爲指定之繼承人之應具備「受遺人之能力」等項，悉準用「未適婚人之補充指定」之制度也。

第二款　遺囑人之能力

第一目　總論

遺囑爲遺囑人處分其財產之行爲，其重要性之大，固極顯然；另一方面，遺囑因遺囑人死亡而生效力，尤須有嚴格之限制，使其無僞造變造或缺乏要件等瑕疵之虞。故除須遺囑人具有「爲遺囑之能力（testamenti factio activa 或譯作主動遺囑能力）」外，更須未受特別之限制，前者乃爲遺囑之普通要件，後者則其特別之要件，而悉本諸遺囑之本質及其特質者也；此兩種要件，缺乏其一，其遺囑卽不能發生法律上之效力矣。

遺囑人之能力須有客觀之存在，例如奴隸誤信其爲解放自由人而爲遺囑者，主觀方面雖視本人爲有能力人，而客觀方面則爲無能力人，其所爲之遺囑，仍歸無效也。至遺囑人之能力所應存在之時期，以爲遺囑時爲限，例如遺囑成立後，遺囑人心神喪失，或被宣告爲「浪費人」，而喪失爲遺囑之能力者，其遺囑仍然生效。至依法淪爲無能力人，而同時「人格減等」者，其以前所爲之遺囑，雖歸無效，然僅爲人格減等之結果，而非因喪失「爲遺囑之能力」有以致之；例如被處罪刑者，因受「人格大減等」或「中減等」之宣告，而致其已爲之遺囑不生效力等是。再「人格小減等」時，其已爲之遺囑，亦歸無效，例如「自權人」被人收養（adrogatio）是已，然此抑亦前例所舉因人格減等致遺囑失效云云之明證也。

第二目　不得爲遺囑之人

羅馬法上不得爲遺囑之人，不一而足，然可大別爲五種：其一、無財產者，其二、外國人，其三、不能有合理之意志者，其四、不能履行遺囑之方式者，其五、依特別規定不得爲遺囑者，茲分述之如次。

（Ⅰ）無財產者

遺囑爲處分財產之行爲，故無財產者，卽不得爲遺囑，例如奴隸，在「夫權」下之妻，在「家父權」下之「家子」等是；然亦有下列數種例外焉：

（一）人民或國家之奴隸，得以遺囑處分其「特有財產（peculium）」二分之一。

（二）處於家父權下者，在共和時代，嚴禁其爲遺囑，其就特有財產有所有權者，雖得爲之，然亦受相當之限制：例如家子就「軍人特有財產（peculium castrense）」本有所有權，奧古斯都（Augustus）帝，則僅承認現役軍人有以遺囑處分之權利，質言之，家子就其軍人特有財產，僅得爲「軍人遺囑」而已，直至哈德利亞女斯（Hadrianus）帝時代，處於「家父權」下者，始得爲各種遺囑處分是項特有財產，此其一；「準軍人特有財產（peculium quasi castrense）」，雖成立於提奧克來借女斯（Diocletianus）時代，而處於家父權下者，至優帝時代，始有就之爲遺囑之權，此其二；至於「自外人取得之特有財產（peculium adventice）」，其權利人從不得以遺囑處分之也，此其三。

（II）外國人

遺囑爲市民法上之制度，立遺囑，則爲「市民權」之行爲，外國人無市民權，故不得依市民法而爲遺囑，但依其本國法律而爲遺囑者，不在此限。至育尼亞拉丁人（Latini Juniani），僅有「受遺人之能力」，而不得依市民法自立遺囑，以處分其財產，但至優帝時代，育尼亞拉丁人已不在限制之列矣。

（III）不能有合理之意志者（浪費人、精神病人、未適婚人）

遺囑爲表示意志之行爲，故不能有合理之意志者，不得爲遺囑，如「浪費人」、「未適婚人」、「精神病人」是也。

（IV）不能履行遺囑之方式者

遺囑爲要式行爲之一種，勢須履行一定之方式，凡不能履行之者，卽不得爲有效之遺囑，此乃必然之理。羅馬法上遺囑之方式，屢經變更，故基於此等方式而對遺囑人所加之限制，亦極複雜，茲按各時代之遺囑方式，分別述之：其一、最初遺囑於民會前或軍陣前爲之，女子、外國人及「未適婚人」不得參加此兩種神聖尊嚴之處所，故不得爲遺囑人；其二、迨遺囑出之以「曼兮怕蓄(mancipatio)」之方式，凡聾者、啞者、女子、外國人、「浪費人」、及處於「家父權」下之人，均在限制之列，前兩種之限制本諸事實上之不可能，後四種限制，則本諸法律上之不可能者，蓋聾者事實上不能聽聞術語，啞者事實上不能宣讀術語，而女子外國人等，則依法不得依「曼兮怕蓄」之方式處分其財產耳；其三、法律進步時期，通用「書面遺囑」，能通文字之聾者啞者，已不受限制，但聾而且啞之人，仍無立遺囑之能力；其四、至優帝時代，聾而且啞之人，得爲「自書遺囑」，由遺囑人親筆作成遺囑，惟古代尙無聾啞教育可言，生而聾啞之人，鮮有能通文字而諳書法者，故事實上仍無作成遺囑之能力也。

女子不得爲有效之遺囑，理論上固以女子不得單獨參加「曼兮怕蓄」之方式爲其原因；另一方面，立法者爲保持家族之財產計，特別剝削女子爲遺囑之權利，後世依曼兮怕蓄以外之方式爲遺囑時，女子仍未有爲遺囑之完全能力，殆以此耳。依羅馬法之規定，有「監護人補充能力(auctoritas tutoris)」時，女子本得參加曼兮怕蓄之方式;但女子爲「生來自由人」時,其夫或父多以遺囑爲之指定監護人,此等監護人關於女子之遺囑補充能力時,未必注意家族方面法定繼承人之利益,故採用曼兮怕蓄方式時,女子縱有監護人補充能力,亦不得爲有效之遺囑。嗣依哈德利亞女斯(Hadrianus)帝時代元老院之決議,凡有「監護人補充能力」時,女子得爲遺囑;然而女子爲遺囑時,就繼承方面言之,於其法定監護人顯爲不利之事,故關於遺囑法定監護人每拒絕補充能力,裁判官爲排除是項元老院決議施行之障礙計,乃強使法定監護人補充能力,如拒絕之,則令其任憑女子另選第三人爲監護人,爲之補充能力。繼而裁判官法規定,凡女子自爲遺囑而未有「監護人補充能力」者,其遺囑指定之繼承人得請求「財物占有(bonorum possessio)」,並得占有其繼承物(cum re),另一方面女子處於「女子之監護人」之下者,逐漸減少,故優帝以前,女子逐漸有爲遺囑之完全能力矣。

(V)依特別規定不得爲遺囑者

依特別規定不得爲遺囑者種類頗多,例如(一)有罪刑者,(二)以文字侮辱他人者,(三)見證人拒絕作證者,(四)公然脫離天主教或違反其信條者,(五)信奉天主教所反對之宗教者,均屬之;最後兩種限制,則自天主教得勢以還,始明白規定者也。

第三款 遺囑之限制

古代各國在宗法思想籠罩之下,家族組織均有宗教上之意味,幾與同宗族者之宗教團體,視爲一物,其財產,則視爲整個家族所共有,故世襲之而不得任意處分,使外人分潤其一二;例如我國往昔以「立嗣亂宗懸爲禁令」,

希臘之雅典舊法禁止遺囑，至少倫（Solon）時，雖得爲遺囑，而以無子者爲限，他如印度古法固亦禁止以遺囑任意處分財產者，羅馬在十二表法以前，尚爲宗法社會，自亦未能例外也。依羅馬法之規定，「正統繼承人（sui heredes）」不得拒絕爲繼承人，實卽家族組織宗教化之當然結果，蓋家族既視爲宗教之團體，被繼承人自不願其無嗣而死，另一方面正統繼承人，既有當然爲繼承人之權利，亦有強迫爲其繼承人之義務，使其不至有無嗣而終之遺憾耳！

羅馬古法，繼承悉採法定制度，已如上述，嗣依十二表法之規定，採用遺囑制度，人民遂得以遺囑處分其財產，使其親屬或他人繼承其全部或一部矣。但家父既有爲遺囑之權，濫用權力者，處分其財產時，難免厚於外人而薄於親屬，甚至舉全部財產贈諸親屬以外之人，使法定繼承人毫無所得，自非法理之平；於是法律特設規定以限制之：依市民法之規定，家父指定遺囑繼承人時，對於正統繼承人，須明白排除其參加繼承，並須具備一定之要件，否則其遺囑歸於無效；依裁判官法，則不特正統繼承人應排除之，其他卑親屬亦然，質言之，凡使其卑親屬不參加繼承時，均應爲排除之表示。帝政時代，遺囑之限制較前更嚴，凡以遺囑指定繼承人時，對於血親中之直系卑親屬，直系尊親屬及同父之兄弟姊妹，均應保留其一部，非經官廳認爲有相當理由者，並不得排除其參加繼承或剝奪其法定應繼分也；爲遺囑時，如未爲上述三種血親保留其應繼分，並未經官廳認爲有理由而許其排除之者，謂之「疏忽之遺囑（testamentum inofficiosum）」，此等法定繼承人得提起「疏忽之遺囑之訴（querela inofficiosum testamenti）」，請求撤銷其遺囑。但提起此訴者，須於繼承人中居最先之順序，例如被繼承人有子女及父母時，僅子女得提起此訴，有父母而無子女時，則父母爲最先順序之繼承人，故亦得提起之；至兄弟姊妹被排除繼承者，必被繼承人指定「不名譽人(turpis personae)」爲繼承人時，始得提起此訴也。

遺囑人指定他人爲繼承人，未嘗惠及上述三種親屬者，此等親屬，固得提起「疏忽之遺囑之訴」，請求撤銷其遺囑，而開始法定繼承；嗣凡此等親屬未曾取得特留分時，更得提起「特留分補充之訴(actio ad supplendam legitimam)」，請求其補足之。此訴之目的，雖以補足特留分爲限，而無撤銷遺囑之效果，要亦遺囑之限制也。至法定繼承人之特留分，帝政初年爲全部遺產四分之一，優帝時代，改爲三分之一或二分之一，凡卑親屬在四人以下者，其特留分爲三分之一，在五人以上者，則爲二分之一；然則羅馬法上特留分之計算，係以某種親等之法定繼承人之全體爲單位，而不若現代法例之以各法定繼承人應繼分幾分之幾爲其特留分之標準也。

依優帝新勅令第一百一十五號之規定，不特直系尊親屬、直系卑親屬及旁系親中之兄弟姊妹，有繼承一定財產之權，各種法定繼承人非有法定理由，均不得排除其參加繼承。所謂法定排除理由，關於尊親屬者凡八，關於卑親屬者凡十有四，第一章第三節已列舉之，茲不贅述。

第二節　遺囑之方式

遺囑之方式，可分普通與特別兩種，後者或易於前者，或較前者繁複而麻煩，然各種特別方式，皆因其特質，而與普通方式異其旨趣，此則兩者之基本差別也。所謂普通方式，各時代亦不同，其規定可就四種時期而區別之，爲下列四種卽（一）羅馬古代之遺囑，（二）羅馬建國後第七世紀之遺囑，（三）裁判官法上之遺囑，（四）東羅馬時代之遺囑是已。

第一款　遺囑之普通方式

（Ⅰ）羅馬古代之遺囑

嘎尤士（Gaius）氏謂羅馬古代僅有兩種遺囑：其一爲「民會前之遺囑（testamentum calatis comitiis）」，其二爲「軍陣前之遺囑（testamentum in procinctu）」，茲分述如次：

（甲）民會前之遺囑　是項遺囑應於民會前爲之，故名。羅馬古代，每年召集民會兩次，專爲人民履行遺囑及「收養自權人（adrogatio）」之方式；且此兩次民會之召集有強制性，並有一定之期日，卽三月二十四日及五月二十四日是也。但得出席此民會者，以貴族爲限，故是項遺囑，最初平民不得爲之。古代認爲宗祧之成立與遺產之繼承，攸關家族宗教之興替與家族財產之消長，繼承問題不啻視爲宗教問題，社會問題，故應受宗教方面社會方面之干涉，故遺囑須於僧侶及衆人前公開爲之。遺囑人旣宣示其爲遺囑之意旨，由僧侶發表贊同與否之意見後，並應由參加民會者公評而議決之；十二表法時代，參加民會者，僅處於遺囑見證人之地位而已，不復有干涉之權能矣。

（乙）軍陣前之遺囑　爲遺囑時，應排列陣容，如作戰者然，故名「軍陣前之遺囑」。依羅馬古制，得參加前線而爲主動隊之分子者，以未滿四十六歲之人民爲限，故凡年齡在四十六歲以上者，不得爲之。另一方面，平民雖不得爲民會前之遺囑，而於是項遺囑，則平民並不稍受其限制也。是項遺囑制度形成之時期，爲共和末年，而後於「民會前之遺囑」，依其規定，遺囑人不須履行一定之方式，蓋羅馬人以無遺囑而終爲最大不幸，出征之軍人，不無有陣亡之危險，固有急爲遺囑之需要，若使其舉行嚴格之方式，則於時間上、環境上，諸感不便，故特許其不拘方式而爲遺囑耳。依現代法例之規定，凡軍陣中所爲之遺囑，方式概皆從簡，殆卽採取上述一部分之理由也歟?

軍陣前爲遺囑時，在旁之官佐同僚，僅處於遺囑見證人之地位，而與參加民會者之有干涉遺囑之權能者有別;故或卽根據此點，而斷定是項遺囑制度之形成，在參加民會者喪失干涉遺囑之權而僅處於見證人地位之後也。

（II）羅馬建國後第七世紀之遺囑（曼兮怕蓄之方式）

是項遺囑完全適用關於處分「要式移轉物（res mancipi）」時之方式：遺囑人處分之財產，稱曰「家產（familia pecuniaque）」，繼承人則曰「家產買受人（familiae emptor）」，除須遺囑人及繼承人到場外，須有證人五人，「持衡人（libripens 亦可譯作計量人）」一人，並用金屬塊及衡器各一，故名「使用金錢及衡器之方式（per aes et libram）」。總之，遺囑之方式與「曼兮怕蓄（mancipatio）」方式完全相同，而此所謂遺囑云者，亦卽以曼兮怕蓄之方式處分遺產已耳。

嚴格言之，遺囑人以曼兮怕蓄之方式處分其財產時，並非正式之遺囑，所謂家產買受人，亦非正式之繼承人。

惟舉行遺囑方式之民會每年僅召集兩次，欲爲遺囑者固不便久待，且民會前之遺囑，最初平民不得爲之，若援用曼兮怕蓄之方式而爲遺囑，則可無此困難，故羅馬人多援用之也。

綜上所述，依「曼兮怕蓄」方式處分財產者，固不得視爲正式之遺囑，且有下列數種弊端：其一、此爲公開之行爲，則受遺人以外之法定繼承人，每易知遺囑人如何處分其財產，而對其處分行爲表示不滿，故遺囑人難免有遭人怨忌之虞；其二、凡用曼兮怕蓄方式爲法律行爲時，若欲撤銷其行爲，必須雙方當事人履行同樣之方式，表示撤銷之意思，故援用曼兮怕蓄方式而爲遺囑處分財產者，其處分行爲，將無撤銷之可能；其三、參加曼兮怕蓄方式者，須爲有能力人，基此理論，則遺囑人不得用此方式而爲本人「家子」之利益處分其財產矣。曼兮怕蓄之方式，繁複而多流弊，既如上述，勢須有補救之道，故羅馬建國後第七世紀，遂基此方式而加以改進，茲述其內容如次：

改進後之方式，可分前後兩部分言之：第一部分，與前略同，即於證人五人前履行曼兮怕蓄之方式，並爲「處分家產（mancipatio familiae）」之表示是已；所不同者，於此方式中，居於「家產買受人（familiae emptor即繼承人）」之地位者，不必即爲繼承人本人，而得由第三人代表爲之，但代表參加之第三人應聲明接受遺產，以移轉於繼承人本人爲目的也。第二部分方式中，遺囑人正式聲明係爲某甲之利益而處分其遺產者，然此亦即指定某甲爲其繼承人之方式耳。遺囑人之聲明，或以口頭爲之，或以書面爲之；惟用書面表明遺意者，不特易守祕密，且易確切舉證，故實際上多以文字記載之也。遺囑人每預先於蠟表上表明其遺意，例如以何人爲其繼承人，遺產如何分配等；是遺囑人將蠟表交給「持衡人」後，各證人宣稱該表之內容係遺囑人之最後意旨，並應勒其姓名，加蓋圖記而密封之。

（III）裁判官法上之遺囑

上述兩種方式，繁複難行，而不盡切乎實際，裁判官乃規定，凡被繼承人於證人七人前書立遺囑授與繼承人，並由各證人加蓋印章者，接受遺囑之繼承人有「財物占有人」之權利。依其規定，除法定繼承人出而主張權利外，該繼承人得視為繼承人而就其遺產行使權利。嗣復規定，凡接受此簡式之遺囑者，對於法定繼承人之主張，得拒絕之，此形式極簡之遺囑，遂足發生完全之效力矣；是項規定，終羅馬之法律進步時期，未嘗有若何之變更也。

（IV）東羅馬時代之遺囑

東羅馬時代，遺囑之方式漸趨簡單，而分公式遺囑與私式遺囑兩大類別；此外，有數種特別方式之遺囑，亦多自優帝時創設者也。特別方式，容於第二款再論列之，茲將該時期所稱「公式遺囑」與「私式遺囑」兩種，分述如次：

（甲）公式遺囑

（一）「御製遺囑（testamentum principi oblatum）」 即書面遺囑，由皇帝本人保管者之謂。

（二）「公證遺囑（testamentum apud acta conditum）」 遺囑人於法官或行政官前口述其為遺囑之意旨，由官吏記載於其職務上執掌之文書，是為「公證遺囑」。

（乙）私式遺囑

（1）口授遺囑　卽遺囑人於證人七人前口頭表示其爲遺囑之意旨是也。

（2）「複式遺囑（testamentum tripartitum）」　是項遺囑由三種方式混合而成，卽古法上之方式，裁判官法上之方式與新法上之方式是已，故拉丁文作「三種方式之遺囑」解也。依此方式，遺囑人應於有能力之證人七人前作成遺囑，或提出其已作成之遺囑，如係事前作成者，遺囑人並應當衆聲明係其本人之遺囑焉；如遺囑人不能自書遺囑，應由七名證人以外之人，代爲書寫，而代筆人亦應簽名。遺囑作成後或提出後，遺囑人及各證人均應簽名於後。嗣依優帝之規定，凡係全由遺囑人本人自書之遺囑，並由遺囑人聲明爲其遺囑者，得免簽名之手續，各證人應將遺囑摺妥而密封之，並於外面加蓋印章。總之，上述方式，係由三種不同之方式，混合而成，故較後世之各種方式，最爲複雜，而在東羅馬時代，亦有採用之者也。

（3）自書遺囑　至東羅馬時代，成立一種自書遺囑，其方式最爲簡單，僅由遺囑人自行書寫，並無須證人在場，與現代一般法例所稱之自書遺囑無異；但是項遺囑，似行之未久，卽被廢除，蓋優帝法典中並無自書遺囑之規定也。

第二款　遺囑之特別方式

遺囑之特別方式，或較普通方式簡單，或較普通方式複雜，並無一定之規則。然所謂特別遺囑云者，於特殊情形之下，得權用變通之方式而爲遺囑之謂，故因特殊情形而使遺囑有僞造變造等弊之虞者，每嚴其規定，以避免之，其因特殊情形，致不能履行通常之方式，或無須履行之者，則略其規定，使有死亡危險之人，不至未立遺囑而死亡也。羅馬法所定遺囑之特別方式，現代法例多援用之，如軍人遺囑，瘟疫流行時之遺囑等是。我國民法第一千一百九十五條第一項謂『遺囑人因生命危險或其他特殊情形，不能依其他方式爲遺囑者，得爲口授遺囑』，是「口授遺囑」實亦我國遺囑之特別方式也。至羅馬法上遺囑之特別方式，可分下列五種：

（I）軍人遺囑

凡軍人爲遺囑時，得不履行任何方式。是項遺囑，予軍人以極大之便利，爲國家恩施之一種，故軍人被革職時，其所爲之軍人遺囑，不生效力；反之，遺囑人陣亡或於離職後一年內死亡者，則其遺囑完全生效。是項遺囑，在優帝以前，任何在職軍人均得爲之。嗣依優帝之規定，限於出征之軍人得爲軍人遺囑，而駐守之軍人，則仍須履行遺囑之普通方式也。至前款所稱「軍陣前之遺囑」，亦限於作戰之軍人得適用之，然與「軍人遺囑」有別，蓋關於前者，仍須履行一定之方式耳。

（II）盲人聾啞人之遺囑

依優帝之規定，盲人、聾啞人不能自書遺囑時，應以當地之公證人爲代筆人，而不若常人之得由任何私人代書之也；然此其區別，殆所以避免因遺囑人能力缺乏所可發生之流弊耳。

（III）鄉人之遺囑

遺囑人居住鄉間者，以有證人五人爲已足，蓋鄉村間鄰人較少，恐見證人不易有七人之多耳。

（IV）傳染病人之遺囑

遺囑人患傳染病時見證人與之接近，不無有傳染之虞事實上，亦鮮有願爲遺囑之見證人者，故規定：凡遺囑人患傳染病症時，其證人得不在場；質言之，被指爲見證人者於遺囑作成後補行簽名或事後證明其遺囑之內容者，其遺囑亦得發生法律上之效力也。

（V）尊親屬對其卑親屬所爲之遺囑

尊親屬對其卑親屬而爲遺囑，乃通常之事態，不至有變造或僞造之虞，故德爾道細語斯第二(Theodosius II)帝規定，略其方式：凡尊親屬自書遺囑時，以繼承人之爲卑親屬者爲限，得不蓋印章並免除見證人在場之規定。是項制度，至優帝時代，尚援用之，故或謂現代自書遺囑，即導源於此也。

第三節　效力

第一款　總論

遺囑，自遺囑人死亡時起，發生效力，蓋遺囑爲死因行爲，立法者推定遺囑人有儘其本人生前享用財產之意旨耳。此其原則，現代法例多援用之；我國民法第一千一百九十九條謂：『遺囑，自遺囑人死亡時，發生效力，』殆亦本乎此歟?

實際上，遺囑多爲祕密行爲，故爲一般繼承人之利益計，於繼承開始時，應公開之，惟羅馬法，並未基此理由而有公開遺囑之規定。嗣後，羅馬徵收遺產稅，奧古斯多斯（Augustus）帝以遺囑經過公開之程序，可免繼承人規避納稅之義務、為避免漏稅計，遂有公開遺囑之規定。依其規定，遺囑人死亡後五日內，應將遺囑送至收稅處所，並須遺囑見證人到場。見證人對於提出之遺囑首應表示，是否為其目見作成之遺囑，及是否為其本人加蓋之印章；如見證人對此兩點完全承認，應公開起封，並宣讀之，收稅處之官員，則應作成繕本，並編入檔卷，而保存之。嗣後，遺產稅雖已廢除，而是項遺囑公開之規定，則並未廢止。依現代一般法例，凡密封遺囑，應憑公證人公開宣讀，或向公證人提出，並陳述其內容，殆亦導源於羅馬法也歟?

第二款　遺囑之條件與期限

實際上，遺囑固鮮有附加條件或期限者，但終期及解除條件，羅馬法則禁止附加於遺囑，其附加於遺囑者，不生效力，視為未曾附加，而遺囑之本身，則仍然生效。當日學者以為，『立遺囑乃財產處分權之行使，而遺囑人祇得於生前行使其權利，』苟承認其附加終期或解除條件，是無異承認遺囑人得伸張其權利於死亡之後，故禁止其附加終期或解除條件也。至始期及停止條件，得附加於遺囑，發生效力，而不確定之始期，則視為停止條件，但停止條件如為不可能、不合法，或完全繫於第三者之意思者，則仍在禁止之列；再遺囑之「補充指定（substitutio）」曾於本章第一節第一款詳論及之，抑亦附有停止條件之遺囑也。

遺囑附有生效之停止條件者，於三種不同之階段中，各異其效力，茲分述如次：

（一）停止條件未成就時，繼承視為未曾開始，其遺囑指定之繼承人及法定繼承人，均不得出而主張繼承人之權利，所有遺產，不屬於任何繼承人。嗣裁判官規定，在此情形之下，遺囑指定之繼承人，得附以停止條件，就該遺產取得「財物占有人（bonorum possessor）」之地位，但須提供擔保保證其於條件不成就時，即將其管領之遺產移轉於其他確定之繼承人也。

（二）停止條件不成就或指定之繼承人於條件成就前死亡時，關於受條件限制之繼承人之部分，其遺囑視爲自始無效。如於同一遺囑指定二以上之繼承人者，未受條件限制之其他繼承人卽取得受限制者未能取得之繼承部分；其指定補充繼承人者，則補充之繼承人亦有同樣之權利。如遺囑人並未指定二以上之繼承人，亦未指定補充繼承人，則停止條件不成就時，其遺囑完全無效，但不視爲自始無效；質言之，在此情形之下，適用法定繼承之規定時，應就條件不成就時或繼承人死亡時生存之親屬，決定何人爲依法得以繼承之人，而非於被繼承人死亡時，決定其有無法定繼承人之身分也。

（三）停止條件成就時，被指定之繼承人卽應爲接受繼承與否之表示，而遺囑本身，遂亦表現其效力矣。至停止條件，如何視爲業已成就，則羅馬法有極寬之解釋，蓋所以使遺囑不至輕易歸於無效耳。其可以視爲業已成就之情形，可分下列三種：

（1）因條件不成就而享利益之第三人，使用詐術，阻止其成就者，其條件視爲業已成就。

（2）以繼承人之給付或作爲爲遺囑之停止條件，並以第三人之協助爲該條件完成之要件者，該第三人拒絕協助，致不能完成時，其條件視爲完成。例如甲指定乙爲繼承人，並以乙與丙結婚爲停止條件，是乙果否與丙結婚，條件果否完成，以丙是否同意爲斷，如丙拒絕與乙結婚，則此條件將無完成之可能，故爲免使遺囑歸於無效起見，羅馬法規定其停止條件，以業已成就論也。

（3）停止條件有消極之性質，而其成就與否以繼承人之意思爲斷者，其條件，暫時視爲完成；但被指定之繼承人，應對其他繼承人提供擔保保證將來返還其所繼承之財產。例如指定乙爲繼承人，並以乙不再賭博爲停止條件，則乙賭博與否，以其本人之意思爲斷，苟無提供擔保之補救辦法，是項停止條件，將永無發生效果之可能，另一方面嗣後條件不完成時（卽乙不繼續戒賭），其他繼承人，將無取得遺產之可能矣！

第三款　遺贈

第一目　遺贈之意義

依現代法理之解釋，遺贈云者，遺囑人就其財產，對於第三人而爲嘉惠行爲，至死亡時發生效力者之謂，故遺贈視爲遺囑人之處分行爲，爲遺贈之標的，則有獨立性質，視爲遺囑人本來之財產，而與繼承人所繼承者，不混成一體；必「遺贈無效或拋棄時，」其遺贈之財產，始屬於繼承人，如我國民法第一千二百零八條之規定等是。但依羅馬法學彙編之規定，遺贈云者，乃繼承人所繼財產之折扣，遺囑人使繼承人就其所繼部分，對於第三人分潤利益者之謂，故遺贈須與遺產之繼承，同受嚴格之限制；另一方面，依法學階梯之定義，則遺贈爲一種贈與行爲，而不視爲繼承人所繼財產之折扣。總之，羅馬法雖最初採取法學彙編之精神，嗣已漸次變更而採取法學階梯之主義矣；然則關於此點，現代法學論壇所持之理論，或亦依羅馬法演進之陳迹而形成者也。

第二目　遺贈之要素

遺贈之意義，既如上述，故羅馬法關於遺贈，有極嚴格之規定。此等規定，可分三方面言之：一曰關於遺贈之方式者，二曰關於遺贈之當事人者，三曰關於遺贈之標的物者。此三種嚴格之規定，不可或缺其一，抑亦遺贈之要素也，茲分述之如次。

第一項　遺贈之方式

依羅馬古法之規定，遺贈之方式，必須遵照三項定則，否則其遺贈無效。迨至後世，主義變更，其規定遂逐漸失效；至優帝時，則已完全廢止之矣。所謂定則三項，分列如後：

（I）遺贈須以遺囑爲之　凡不以遺囑爲遺贈者，其遺贈無效。然則遺囑作成後，如欲再爲遺贈，必須另立遺囑，殊感不便，故至帝政初年，有所謂「附加遺囑」之規定。依其規定，遺囑人於遺囑作成後，得以便條表明遺贈，或先以便條表明遺贈，再於遺囑中載明追認之也。是項附加遺囑，最初不發生法律上之效力，繼而改定方式上及受遺贈人能力上之條件，始承認其有法律上之效力。再另有遺囑者，如以便條表明遺贈，則遺囑與附加遺囑，視爲有主從關係；例如遺囑歸於無效時，其遺贈亦歸無效。但嗣後凡以便條爲遺贈者，不論載明遺囑與否，均生效力；其未作成遺囑者，亦得僅以便條而爲遺贈，並能單獨發生效力，而所謂「附加遺囑」，遂由狹義而廣義，擴大其適用之範圍矣。

（II）遺贈之意旨，須記載於指定繼承人（institutio）之意旨之後　卽遺囑人於遺囑上指定某甲爲其繼承人後，始得爲遺贈之記載，否則其遺贈卽歸無效；但先以「附加遺囑」而爲遺贈者，得於遺囑上再記載之追認之，抑亦是項規定之例外也。

（III）表示遺贈之意旨須用一定之格式，並出以命令式之語氣 所謂命令式之語氣云者，卽遺囑人表示命繼承人或受遺贈人，授受作爲或不作爲之謂，例如載明受遺贈人某甲應得遺贈人耕牛若干頭等是。至遺贈之格式共分四種，遺贈人得任意選擇之；惟遺贈本身因所用格式之不同，而異其效力，並基此四種格式而形成四種不同之遺贈焉，茲分述之如次：

（一）「直接遺贈（legatum per vindicationem）」 卽遺囑人直接對受遺贈人發生關係，命其接受某件財物之謂。是項遺贈之標的物最初以有體物爲限，且須遺贈人於遺贈時及死亡時，對之有「市民法上之所有人」之權利，如爲消費物，亦須遺贈人於死亡時爲其所有人也。嗣凡「他物權」亦得爲是項遺贈之標的，例如就遺產設定用益權等是。再限於特定物，得爲是項遺贈之標的，蓋對於不特定物，無從確定遺贈人所有權之有無耳。其方式如此，故遺贈之標的物，視爲由遺贈人之財產直接成爲受遺贈人財產之一部，故遺贈物爲有體物時，受遺贈人得提起「返還所有物之訴」，爲他物權時，得提起「確認物權之訴」；但除繼承人爲占有人外，受遺贈人無對之行使「對人訴權」之權利也。

（二）「轉託遺贈（legatum per damnationem）」 卽遺贈人囑託繼承人，使其對於受遺贈人而爲給付或作爲之謂。是項遺贈之標的物，不以特定物爲限，舉凡融通物，不論其爲有體物或無體物，均適用之，其屬於繼承人或其他第三人之財物，亦得爲遺贈之標的物；此外，凡使繼承人爲有利於受遺贈人之行爲者，亦爲轉託遺贈之效力，祇足使繼承人對於受遺贈人處於債務人之地位，而發生債之關係，並不發生移轉所有權或其他物權之效力；故繼承人不履行遺贈時，受遺贈人祇得對之提起「基於遺囑之訴(condictio ex testamento)」而不得直接對遺贈財物行使其權利也。

（三）「消極遺贈（legatum simendi modo）」　卽遺贈人使繼承人負擔消極之義務，命其承受受遺贈人爲某種行爲之謂。遺贈財物須屬於繼承人或遺贈人本人，其屬於第三人者，不適用之。在法律進步時期以前，遺贈標的物且須確爲繼承人所占有之財物，例如遺贈物爲特定奴隸一口，該奴隸逃亡時，繼承人卽免其責任。至受遺贈人所受之保護，則唯有「基於遺囑之訴(condictio ex testamento)」而已。質言之，繼承人不履行其義務時，受遺贈人僅得對之行使是項訴權，而不得直接對遺贈財物行使權利也。

（四）「特優遺贈（legatum per praeceptionem）」　卽遺贈人使繼承人中之一人或數人優先取得某宗財產上之利益之謂；例如被繼承人甲有繼承人乙丙兩人，使乙於分析遺產時，優先領受耕牛一頭等是。是項遺贈發生移轉物權之效力，與「直接遺贈」略同；但受遺贈人並非當然取得遺贈財物之所有權，祇得提起「分析家產之訴（actio familiae erciscundae）」，請求分析遺產，以取得之也。受遺贈人既同時爲繼承人之一分子，其拒絕繼承者是否仍得行使其受遺贈人之權利，此亦重要之問題。關於此點，羅馬法學者各異其說：潑羅科利亞學派（Proculianus）謂「分析家產之訴」限於繼承人得提起之，拒絕繼承者，卽不得再受其保護；賽比尼亞學派（Sabinianus），則反對此說，謂拒絕繼承者，既不得提起「分析家產之訴」

然須任其提起「返還所有物之訴，」以保全其遺贈焉。然則依第二界說，「特優遺贈」與「直接遺贈，」儼然有同等之效力矣。

上述四種遺贈，就形式方面及效力方面言之，各異其致，且有極嚴格之差别；所用方式，不屬於某項遺贈者，即不得依他項遺贈保全其效力，故遺贈人稍有不愼，其遺贈卽歸無效。繼而改定凡因方式上之瑕疵，不得依「直接遺贈」發生效力者，仍得發生「轉託遺贈」之效力。在優帝以前，遺贈之特别方式已完全廢除；至優帝時代，卽各種遺贈效力上之區别，亦不復存在於羅馬法矣。

第二項　遺贈之當事人

遺贈之當事人，共有三人：一曰遺贈人，二曰「受益人(oneratus)，」卽享受遺產利益之人，三曰受遺贈人，玆就各該當事人方面之要件，分述如次：

(一)遺贈人　遺贈人須有「主動遺囑能力(testamenti factio activa)，」卽須具有以遺囑處分財產之能力之謂。

(二)「受益人(oneratus)」　在法律進步時期，是項遺囑當事人，專指以遺囑指定之繼承人而言；繼承人有數人時，遺贈人得使其一人單獨負擔遺贈之義務，或使多數人或全體比例分擔，或使其不照比例而分擔之。優帝時代，凡就被繼承人之財產，無償取得相當之利益者，均視爲享受遺產利益之人而統稱之曰「受益人，」並得使其負擔遺贈之義務。至法定繼承人，亦得使其負擔遺贈之義務，但僅繼承特留分者，不在此限。

（三）受遺贈人　受遺贈人須於爲遺贈時及遺贈人死亡時，具有「被動遺囑能力（testamenti factio passiva）」；卽於此兩種時期受遺贈人依法得因遺囑享受財產上之利益之謂。遺贈人得以一物對於數人而爲遺贈，或使數人共分遺贈物，或使其任何一人單獨領受之。遺贈人使受遺贈人中之任何一人單獨領受一物者，可分兩種不同之情形：其一、使受遺贈人各人任意行使遺贈上之權利者，例如遺贈人就某處房產對甲乙二人而爲遺贈，並表示甲或乙得單獨請求其全部等是；其二、使受遺贈人依次領受遺贈物者，例如遺贈人表示，如甲不領受遺贈物得由乙一人領受是也。

第三項　遺贈之標的物

依羅馬法之規定，任何財產上之利益，均得爲遺贈之標的物，故有體物或無體物，均適用之；「事實上之集合物（universitatis factio）」，如牧羣等，「法律上之集合物（universitatis juris）」，如嫁資、特有財產、或遺產之一部等，均不在限制之列。再羅馬法依遺贈之標的物而分四種不同之遺贈：其一、曰「特定物遺贈（legatum in speciei）」，其二、曰「不特定物遺贈（legatum in genere）」，其三、曰「債務遺贈」，其四、曰「概括遺贈（legatum partionis）」；茲分述其內容與異點如次：

（一）「特定物遺贈」　凡以特定物爲遺贈物者，因該物係屬於遺贈人、受益人、受遺贈人、或遺贈當事人以外之第三人而不同其效果。遺贈財物屬於遺贈人本人時，其遺贈當然生效；至優帝時代，屬於「受益人（oneratus）」之財物，亦得爲遺贈之標的物也。爲遺贈時，如遺贈物已屬於受遺贈人，其遺贈無效，但受遺贈人於此時尙未取得該物而於事後取得之者，則「受益人」仍應給付其因取得該物所支出之費用；故受遺贈人，如於事後並未取得該物，或係無償取得而並未支出費用者，受益人即不負給付之責任矣。至遺贈財物屬於遺贈當事人以外之第三人者，以遺贈人明知其屬於第三人者爲限，受益人有使受遺贈人取得該物之義務，如不能使其取得該物，則應給付其相當之價金焉。

（二）「不特定物遺贈」　以不特定物爲遺贈時，受益人固得給付種類相同之物，以免其責任，但關於品質之選擇，則須依下列之規定焉：（一）如遺贈人並未指定由何人選擇，根據一般原則，受遺贈人處於債權人之地位，祇得選擇中等品質之物，而請求之。（二）遺贈人指定受遺贈人選擇時，就其品質，受遺贈人有任意選擇之權。（三）遺贈人指定「受益人」或第三人選擇者，則應以中等品質爲標準也。

（三）「債務遺贈」　基於債之關係而爲遺贈者，可分三種不同之情形：其一、遺贈人以第三人對於「受益人」，遺贈人本人，或其他第三人所負之債務，而爲遺贈者，謂之「轉債遺贈（legatum nominis）」；是項遺贈成立後，「受益人」應使指定之債務移轉於受遺贈人，並支付其費用，但以無效之債務而爲遺贈者，其遺贈本身即歸無效，受遺贈人即不得基於遺贈而有所請求也。其二、遺贈人對於債務人而爲遺贈，以其對於「受益人」，遺贈人本人，或其他第三人所負之債務爲遺贈之標的者，謂之「免債遺贈（legatum liberationis）」；是項遺贈之標的物，如係受遺贈人對於「受益人」或遺贈人本人所負之債務，其債務並非當然消滅，惟「受益人」對之起訴追償時，負債之受遺贈人得提起「詐欺之抗辯（exceptio doli）」，請求其免除而已。「免債遺贈」中以受遺贈人對於第三人所負之債務爲遺贈之標的物者，則「受益人」應無償而爲受遺贈人償還其債務，但爲遺贈標的之債務，如不存在，其遺贈本身亦歸無效，此則與「轉債遺贈」所同有之規定也。其三、遺贈人對於債權人而爲遺贈，以「受益人」，遺贈人本人，或其他第三人對其所負之債務，爲遺贈之標的物者，謂之「負債遺贈（legatum debiti）」，是項遺贈成立後，債權人得對「受益人」請求償還，故其主要之效果，在使受遺贈人就其已存在之債權增加受償之保障；不特此也，如原債務爲自然債務，或附有期限或條件者，債權人得免受其限制，而基於遺贈請求「受益人」即時履行淸償之責任焉。

（四）「概括遺贈」 以集合物或概括之財物爲遺贈之標的者，曰「概括遺贈」。是項遺贈，實際上多以遺產之分數爲其標的，例如以遺產之二分之一而爲遺贈等是。凡以遺產之分數爲遺贈者，僅依「正財產」計算其內容，而「負財產」若干，在所不問；例如被繼承人某甲有田千畝，同時負債千元，如以其遺產二分之一，爲遺贈之標的物，則受遺贈人應淨得遺田五百畝，而對其所遺債務，並不負償還之責任也。

第三目 遺贈之取得

依羅馬古法，遺贈之成立，以「受益人」之「接受繼承（additio hereditatis）」爲要件，結果「任意繼承人」每故意遲遲接受繼承，使受遺贈人不得行使其權利；另一方面受遺贈人如於繼承人接受繼承前不幸死亡，不得享受遺贈之實益，故是項規定，於受遺贈人，頗爲不利。至共和末造，法學者有鑒於此，乃分遺贈生效之時期爲「開始期（dies cedens）」與「實現期（dies veniens）」兩種，而使遺贈得於繼承人接受繼承前發生相當之效果。是項「開始期，」原則上，爲遺贈人死亡之日，遺贈附有停止條件者，則其開始期，爲條件完成之日；而所謂「實現期」云者，即繼承人接受繼承之日是也。依其規定，「開始期」之效果，可分三種：其一、自「開始期」起，遺贈上之權利，即移轉於受遺贈人之繼承人；其二、受遺贈人如爲「他權人（aliena juris）」，享受其利益之人，依開始期之狀態而確定之，例如受遺贈人甲，於開始期爲乙之「家子，」即以乙爲享受遺贈利益之人等是；其三、遺贈之內容依開始期之狀態而確定之，例如遺贈標的物，如爲牧羣或「特有財產」等賦有流動性之財物，應以開始期之內容爲其內容，其事後縱有增損，在所不問也。遺贈既至「實現期，」受遺贈人有即時取得遺贈財物之權利，並無表示接受遺贈之必要，如受遺贈人不願接受，並得拒絕之也。

以言遺贈取得之效果，優帝以前之法律與優帝時之法律不同：在法律進步時期，因遺贈爲「直接遺贈」或其他遺贈，受遺贈人有所有人或債權人之權利，已如上述；至優帝時代，凡以遺產中之特定物爲遺贈之標的物者，受遺贈人就該物取得所有權，基於其他遺贈，則受遺贈人僅得對「受益人」行使債權人之權利，請求履行遺贈上之義務而已。此外，優帝規定兩種辦法，以保護受遺贈人之權利：其一、凡受遺贈人因遺贈附有期限或條件，致不能即時行使權利者，得請求有履行義務之「受益人」提供擔保，是爲「保證遺贈之擔保（cautio legatum servendorum causa）」；其二、就遺產全部設定法定抵押權，使受遺贈人對於遺產全部有抵押權人之權利也。

第四目　「死因贈與（donatio mortis causa）」

「死因贈與」云者，乃以贈與人之死亡爲生效要件之贈與也。羅馬法上之死因贈與，視爲局部取得遺產之方式,與遺贈及「信託」同,故編著羅馬法者,多將此三項(遺贈、信託、死因贈與)於同一系統中分別論列。按「死因贈與」除與債編中之普通贈與有相當之關係外,核其內容,與本節所述遺贈頗多類似之點,爰依舊例,參酌本書編著次序,附於遺贈節中。至羅馬法所稱「信託(fidei commis)」則略似現代法例中之「遺囑執行」,故編入執行節中。再死因贈與之制,現代一般法例,已不復採用,茲約略述之如後:

死因贈與得附有停止條件或解除條件,例如贈與人對受贈人聲明曰『如我於某役戰死,卽贈與金錢若干』,是其死因贈與,附有停止條件;停止條件未完成時,受贈人並無任何權利。如贈與人使受贈人卽時取得權利,並聲明:受贈人先於贈與人死亡時,其贈與卽歸無效者;則其死因贈與附有解除條件矣。事實上,凡贈與人使受贈人卽時取得權利者,其死因贈與,均與附有解除條件者同,蓋贈與人生存時,均得撤銷之耳。至於爲遺贈及受遺贈之限制,於「死因贈與」均適用之;質言之,凡依法無爲遺贈之能力或受遺贈之能力者,不得爲死因贈與之當事人,且雙方均須於贈與人死亡時,具備是項能力焉。

「死因贈與」於贈與人死亡時確定其效力,且於此時當然發生效力;受贈人之權利,並不因繼承人接受繼承與否而受影響,此則受贈人優於受遺贈人之一點也。

第四節 執行

羅馬法關於遺囑之執行,本無特別之規定,惟「信託(fidei commis)」制度,與現代法例所稱之執行,略有相似之點。所謂「信託」云者，即被繼承人委託因其死亡而取得利益之人，對於第三人爲某種嘉惠行爲之謂。因是項嘉惠行爲所發生之給付，或其他財產上之義務，由委託人之遺產負擔之，而受託人本人並不直接負履行之責任也。例如被繼承人甲死亡時，乙可因其死亡而取得繼承人受遺贈人或受贈人之權利，如甲託乙對丙給付金錢若干，則以甲對乙之信任心爲其委託之基礎，故曰「信託」。就此實例言，甲爲信託人，乙爲受託人，丙爲「信託受益人」；故信託之當事人共有三人，而乙就信託意旨，則類似甲之遺囑執行人也。以言信託之標的，除須合法外，並無任何限制。至「信託」之方式，極爲簡略，最初得以言詞爲之；但通常多以「附加遺囑」爲之，即於遺囑外，用便條表示其意旨之謂，而所謂附加遺囑，實即導源於此。嗣後優帝改定，凡爲「信託」者，須憑證人五人或七人，而其成立之方式，遂有比較縝密之規定矣。

「信託」，爲裁判官法所創設，而非市民法上之制度，故信託人之能力，並無若何限制，即外國人亦得爲之。凡就信託人之遺產享受利益者，均得爲受託人，亦無特別之限制。關於「信託受益人」，規定更寬，除外國人得爲「信託受益人」外，「不確定之人(persona incertae)」，亦得爲之，例如信託人委託繼承人對於泛指之孤兒或有殘疾者捐助金錢若干等是。

是項「信託」制度，與遺贈極爲接近，然此兩者在法律進步時期，亦有不同之點：其一、前者不得爲正式訴訟之標的，而關於後者，則有特定之程式以爲訟爭之準繩；其二、信託受益人，對於履行遲延之受託人，得請求其給付遲延利息，而受遺贈人則無此權利，但此兩種差別，至優帝時代，已不復存在矣。

以言信託之效果，在優帝以前，從不足以發生移轉物權之關係；信託受益人對於受託人，僅得基於債之關係，請求其履行而已。是項受益人，既不與遺產之債權人或債務人發生關係，其於受託人，則僅處於「買受人之地位(loco emptoris)」，故使其取得遺產上之財物，必須受託人舉行「曼兮怕蓄(mancipatio)」之方式也。嗣後改定，凡信託之受益人與受託人間成立履行之約定者，其受益人即取得債權及有體物上之所有權，並得行使繼承人之訴權，如負有債務，並即負擔其債務也；總之，依後世之規定，信託之受益人處於「繼承人之地位(loco heredes)」，故自成立是項約定時起，得提起「請求信託遺產之訴(petitio heredae fideicommissarii)」也。

第五節　撤銷

遺囑，爲法律行爲之一種，其成立也，本於行爲人之意旨，故遺囑人不欲其存在時，得撤銷之。但遺囑之撤銷，關係繼承人及其他受遺人之利益，一任遺囑人隨意變更，自難認爲允洽，故撤銷遺囑者，須遵守下列兩種特別之規定也：

（一）撤銷遺囑，須以遺囑爲之　遺囑作成後，如以其他方法表示撤銷者，不生撤銷之效力，其遺囑存在如故；蓋依羅馬人之傳統觀念，凡立有遺囑者，不得無遺囑而死亡耳。嗣裁判官法改定，撤銷遺囑，不以遺囑爲必要之方式，舉凡各種事實足以證明遺囑人撤銷之意旨者，其遺囑即視爲已經撤銷；例如遺囑人毀棄圖記，或塗刪遺囑上之記載者，該遺囑指定之繼承人，即不得主張遺囑繼承人之權利。東羅馬時代，德爾道細語斯第二

(Theodosius II)帝改定，凡遺囑作成後，經過十年而不重行作成者，以默示撤銷論。繼而優帝廢除此制，並規定自遺囑作成日起經過十年後，必遺囑人正式聲明撤銷或偕同證人三人於官吏前爲撤銷之聲明者，其遺囑，始得視爲撤銷，否則不生撤銷之效力也。

（二）遺囑作成後，如再另立遺囑，前遺囑，卽視爲當然撤銷　如遺囑人對其已立之遺囑，並無不滿意之處，則無另立遺囑之必要，故凡另立遺囑者，立法者卽推定其有撤銷前遺囑之意思。且依羅馬法之理論，一人不得同時有兩個有效之遺囑；但關於「補充指定(substitutio)」者不在此限；例如甲某以遺囑指定乙某爲繼承人，復以遺囑指定丙某爲「補充繼承人」，於乙某不繼承時，以丙某補充，雖同時有兩個有效遺囑，亦不生撤銷之問題也。

第六節　特留分

特留分之規定，本所以限制遺囑人之自由，使其不得濫用遺囑處分財產，漠視法定繼承人之權利；惟羅馬法上之特留分制度，係由判例形成，初無詳密之特別規定也。共和末年，財富較前發達，社會風俗，有劇烈之轉變，遺囑人排除其法定繼承人參加繼承者往往有之；繼承權被剝奪之法定繼承人，起訴告爭時，法官本諸當日之倫理觀念及家族觀念，認爲未盡允洽，遂以玄妙之推論，運用司法上之技巧，以補救之。所謂玄妙之推論者，卽法官認定，「遺囑人之排除法定繼承人者，必係患有神經病之人，苟非神經病失常，則不至違背倫理觀念及家族觀念，以遺囑排除其最近之親屬參加繼承也。」不特此也，法官並基此推論而宣告是項遺囑，不得對於橫被排除之近親屬，發生效力；然此僅屬救濟法定繼承人之暫時辦法而已，原無一定之通常準則。此例既開，嗣後法官對於同樣之案件，處此同樣情形之下者，輒爲同樣之推論而爲同樣之裁判；而法定繼承人之繼承權，遂有相當之保障。但被排除之法定繼承人僅得以「遺囑忽略法定繼承人之利益（inofficiosi testamenti）」爲理由，提起「疏忽之遺囑之訴（querela inofficiosi testamenti）」而已；其未被排除者，仍無保持最低限度之繼承分之權利，故此時代之判例，雖具特留分之雛形，要非明確完備制度。嗣優帝規定直系尊親屬及直系卑親屬最低限度之繼承分，應達其應繼分四分之一，是爲「法定四分之一（quarta legitima）」，即所謂法定特留分是也。此外，優帝復以「疏忽之遺囑之訴」爲保障特留分之重要方法，故對此訴權之要件及其效果，均有縝密之規定，茲分述之如次：

（甲）「疏忽之遺囑之訴」之要件

（一）提起此訴者，須爲被繼承人之直系尊親屬或直系卑親屬　同父之兄弟姊妹，原則上，不得爲特留分之主張；必被繼承人指定「不名譽人（persona turpis）」爲繼承人時，始得主張特留分之權利。例如遺囑繼承人爲娼優或從事鬬獸員等卑賤職業者，以「不名譽人」論；如非此等不名譽人，則同父之兄弟姊妹，縱因遺囑而未能參加繼承，亦不得有何請求也。

（二）須未有被排除之正當原因　排除法定繼承人之正當原因，於本編第二章第二節，已詳言之，茲不贅述；凡具有此等原因而被排除者，法定繼承人即不得主張特留分之權利矣。

（三）須未取得最低限度之繼承分　凡未取得最低限度之繼承分者，視爲未因繼承而取得相當之利益，故得提起「疏忽之遺囑之訴」。所謂最低限度或數量相當之繼承分，最初本無一定之標準，惟法官多以應繼分四分之一，爲其最低限度之繼承分，久之，遂因此習慣而形成劃一之準則。嗣後優帝以四分之一爲不足，遂改定：凡被繼承人爲直系尊親屬時，如有子女四人，其最低限度之繼承分，應增爲應繼分三分之一；如有子女五人以上，則增爲應繼分二分之一；蓋繼承人之人數，與各繼承人應繼分之數量，適成反比例，繼承人衆多時，如仍維持應繼分四分之一之成例，其特留分之內容，卽嫌太少耳。特留分之計算，以被繼承人死亡時之財產狀況，及法定繼承人之分配方法爲標準；例如被繼承人死亡時，其所遺財產值洋二萬元，如依法定繼承，繼承人甲乙二人各得其半，其應繼分各爲一萬元，其四分之一之特留分，則爲二千五百元而已。再繼承人因被繼承人死亡而取得之各項財產，均應包括於特留分之內；就前例言，如甲就二萬元之遺產，已因「信託」遺贈或「死因贈與」，而得洋二千元，則僅得請求五百元，以補足二千五百元之數而已，故法定繼承人，因被繼承人死亡而取得之財產，如已超過特留分，或與特留分相等，縱未經遺囑指定爲繼承人，亦無起訴告爭之權。

（四）須未就遺囑而爲表示承認之行爲　例如被繼承人甲，以遺囑指定乙爲繼承人，並載明對乃子丙爲遺贈若干，其子丙因遺贈而取得之財產，雖不及其特留分之數量，如根據是項遺囑而對乙請求遺贈，是無異表示承認其遺囑之效力，故不得再爲特留分之主張也。

（五）須別無救濟之方法　是項訴權發生「破廉恥」之效果，故法定繼承人如有其他方法，以保持其權利，卽禁止其提起「疏忽之遺囑之訴」也。

（六）是項訴權須於短期間內提起之　是項期間最初定爲五年；至優帝時，乃改定爲三十年。此五年及三十年之期間，均自被繼承人死亡時起計算之也。

（乙）「疏忽之遺囑之訴」之效果

此訴提起後，如原告敗訴，不特喪失特留分之權利，卽被繼承人對其所爲之遺贈，亦不得發生效力。反之，如原告勝訴，則被繼承人所爲遺囑，關於勝訴原告之部分，歸於無效，而遺囑本身，未必全部無效也。如法定繼承人有數人時，苟其中一部分起訴告爭，或全體起訴告爭，而僅一部分繼承人勝訴者，則其他未起訴之繼承人，及起訴而歸失敗者，並不得享受勝訴之利益，卽遺囑對於彼等，仍發生效力也。嗣後，遺囑人鑒於遺囑有被攻擊致歸無效之虞，多於遺囑中載明：「如法定繼承人因其死亡而取得之財產，不及特留分之數量，由遺囑繼承人負補足之責」，蓋如此記載，則法定繼承人保持其特留分，將無起訴告爭之必要，其遺囑亦可免一部無效或全部無效之虞耳。迨優帝時代，凡法定繼承人因被繼承人死亡而有所取得時，卽推定被繼承人曾於遺囑爲上述之記載，而禁止其對於遺囑爲直接之攻擊。基此規定，除毫未取得者外，法定繼承人僅得請求補足其特留分而已。總之，優帝時代之規定，較諸舊制，固於法定繼承人爲不利，然於法定繼承人有利益者，亦有數端：其一、起訴之五年期間，優帝改爲三十年；其二、法定繼承人起訴告爭之權利，依優帝之規定，得移轉於其繼承人，然依舊制則否；其

三、依據舊制，爲原告之法定繼承人敗訴時，不特喪失其特留分之權利，即被繼承人對其所爲之遺贈，亦不得發生效力，但依優帝之規定，縱法定繼承人結果敗訴，而有利於己之遺贈，則仍得單獨存在焉。

本章參考書記要

T. C. Sandars, The Institutes of Justinian p. liii, liv, 56, 115, 165, 171, 173–177, 181, 198, 205, 211, 213, 222, 227, 238, 239, 244, 249-263, 265, 312, 388; J. Declareuil, Rome et l'orgnanisation du droit p. 311-317, 327-330 ,339, 340, 343, 347, 348, 409, 411, 414, 416, 418; F. de Visscher, Etudes de droit romain p. 43, 72, 73, 87, 93; Georges Cornil, Ancien droit romain p. 110; J. Cornil, Possession dans le droit romain p. 124, 318; 黃右昌，羅馬法與現代 p. 327–370; P. F. Girard, Textes de droit romain publiés et annotés p. 811, 812, 893–895; P. F. Girard, Manuel élémentaire de droit romain p. 812–882, 926–950, 961–963; P. Collinet et A. Giffard, Précis de droit romain p. 95 (Tome II); Gaston May, Eléments de droit romain p. 385-388, 521–554; Charles Demangeat, Cours élémentaire de droit romain p. 596–696, 711–764, 772–792 (Tome I); Accarias, Précis de droit romain p. 840–1004, 1019-1131 (Tome I); Ruben de Couder, Résumé de répétitions écrites de droit romain p. 188-239, 249-291; Edouard

Cuq, Les institutions juridiques des Romains p. 292–313; René Foignet, Manuel élémentaire de droit romain p. 231–245, 257, 263–274; W. W. Buckland, The main institutions of roman private law p. 179–196, 219–233; R. W. Leage, Roman private law p. 170–240; R. W. Lee, Introduction to Roman-Dutch law p. 273, 317–353; J. Ortolan, Explication historique des Institutions de l'empereur Justinien p. 445–541, 567–659; Eugène Henriot Mœurs juridiques et judiciaires de l'ancienne Rome p. 407–435 (Tome I); J. Declareuil, Rome the law-giver p. 277–287, 291–308.

第六編　訴訟法

訴訟法與實體法相輔而行，實體法所以規定權利義務之內容，而訴訟法則所以指示權利行使之方法者。夫文明社會中當事人不得直接對於相對人自動以武力行使其權利，縱其權利已被侵害，亦不得「自力救濟」，惟有申訴於權力機關，以謀救濟而已，故須有相當之訴訟法，以資遵循，此法學者之所以視訴訟法爲權利之保障，與制裁之準則也。但羅馬法關於民法之理論，發達雖稱最早，而對於人民以武力自動行使權利之野蠻行爲，則自後世始漸有處罰之規定。羅馬最初處罰「自力救濟」之野蠻行爲者，厥爲關於脅迫之育利亞法（lex julia de vi），依其規定，凡以脅迫之方法對於義務人行使權利者，應受公法上懲罰之制裁；嗣馬而古斯（Marcus Aurelius）帝規定凡債權人自動奪取債權者，縱未使用脅迫之方法，亦處罰之；繼而德爾道細語斯第二（Theodosius II）帝規定，凡所有人自動以武力取回其所有物者，即喪失其所有權，抑亦所有人自動以武力行使權利之制裁也。基上規定，羅馬人民固不得自動行使權利；然而國家與人民間發生權利關係時，國家仍得自動行使之，而不依司法之程序，故代表國家之「總裁官（consul）」，於人民所持之國有物得奪回之，於人民對國家所負之債務，得直接強制使其履行，從不依司法程序，由法院爲正常之解決也。

總之，羅馬法上之訴訟法，不甚完備，關於傳喚、審判、上訴等訴訟程序，各時代均無完備之制度，實不若前五編之有研究之價値也。羅馬法之訴訟程序，可依適用之時代而分爲三種：一曰「法定訴訟(per legis actiones)」，程序，二曰「程式訴訟(formula)」程序，三曰「特別訴訟(extraordinaria judicia)」程序。適用第二種程序時，第一種程序，並未完全廢除，而第三種程序，亦已有採用之者，故此三種訴訟程序適用之始末，已難言其明確之分際；然羅馬法學者多認定自羅馬建國至西曆紀元前二十五年，爲「法律訴訟時期」，自西曆紀元前二十五年至紀元後二百九十四年，爲「程式訴訟時期」，其後則爲「特別訴訟時期」，殆各依其重要程序形成之始期，以明羅馬訴訟法演進之陳迹耳。茲姑依此三種訴訟程序，分爲三章論述如後。

第一章　法定訴訟程序

羅馬法上「阿克細奥(actio)」一字作訴權解，亦作起訴之事實解；最初規定訴權之存在，以有法律明定者為限，且訴訟當事人必須使用一定之法定用語，故曰「per legis actiones（法定訴訟程序）」也。茲就「法定訴訟」之特質、程序及其方式分述如次。

第一節　法定訴訟之特質

（一）法定訴訟，採取嚴格之形式主義　當事人須嚴格遵守一定之術語；其所用之語句，如非法律所明定者，縱有理由，亦歸無效。關於物權訴訟，更須履行一定之方式，例如提起「返還所有物之訴(actio rei vindicatio)」時，必須攜帶係爭物之實質到庭，係爭物如係不動產或樹木等不便攜帶之笨重物件，亦應攜取土塊或樹枝等物以替代之；當事人並應以棒接觸該物，同時使用一定語言，伴為鬪爭之舉動，裁判官發令停止，則停止之，有如表演戲劇者然。

（二）訴訟當事人，必須親自到庭　無論為原告或為被告，不得委任他人代理為訴訟行為，苟有一造倘未到場，即應停止審理，故無一造辯論或缺席判決之規定也。

（三）訴訟程序分爲「預審（in jure）」及「復審（in judicio）」兩種。按拉丁文（in jure）字義本作法律解，而 in「judicio」則作司法或審判解；茲爲避免誤解起見，權依羅馬訴訟法用語之旨趣，譯如本文。「預審」由最高長官主持之，王政時代爲國王，共和時代爲「總裁官(consul)」，自羅馬建國後第三百八十八年起，則由裁判官專司其職，嗣至羅馬建國後第五百一十二年，增設「外事裁判官」，司理羅馬市民與外國人間之訴訟；其在外省者，自此時起，省長亦有主持預審之職權，此外，關於市場之貿易，則由各市場場長兼司其事。總之，凡在預審中者，不論由何長官司理訴訟，均有巡行裁判之權限，惟應儘先研究其訴訟是否合法，有無理由；認爲無理由或不合方式者，始得巡行爲實體上之裁判，其認爲有理由者，則應移送復審，由「民選推事(judex)」「仲裁(arbiter)」或「外事仲裁(recuperatores)」，依據裁判官法律上之見解，而審理其事實上之爭點。故預審審理法律，復審審理事實，綜合此兩因素，而後完成整個之訴訟程序也。

再復審中之民選推事等，預審中之裁判官，並無任意指定之權，僅得提出元老之名單，由原告選擇而已；且原告所選擇者，被告得以其不善審理爲理由而拒絕之，原告繼續選擇時，被告仍有拒絕之權，並不受其拘束，蓋以雙方當事人表示同意爲選定之原則耳。但關於特種事件，如因請求繼承，或因私人之自由而涉訟者，則由各部落之特定法院而審理之，訴訟當事人，並無任意指定推事之權限也。

第二節　法定訴訟之訴訟程序

（甲）「預審（in jure）」

原告應逕向被告表示同至裁判官前爲訴訟行爲，且應於公共場所表示之；被告如拒絕同往，原告得令第三者證明其事實，並自動扭其一同前往。但以裁判官工作之時日爲限。既至裁判官前，首由原告用一定之術語陳述起訴之意旨，其用語錯誤者，即不得重行陳述。如被告默不作答，則推定其默認原告之主張，而預審程序，即告終結；如被告就原告陳述方式或其內容提起異議，而爲合規則之攻擊或防禦方法者，則雙方當事人均受其拘束。裁判官於上述程序中完全處於被動之地位：如雙方當事人均履行法定方式，應依法准予起訴；如駁回原告之訴，或被告履行之方式不合規則者，則應逕行爲實體上之裁判；然均依據法定之程序，執行其機械之職務而已。再訴訟程序，當日不及完結者，被告除交妥實之保證外，不得自由行動；被告保釋後，如不按期到庭，則得逕拘保證人，以替代之也。

（乙）「復審（in judicio）」

在復審中，除最重大之慶辰外，均應開庭審理。訴訟當事人之一方，無正當之理由而不於午前到庭時，得爲缺席判決，並對不到庭者，爲當然敗訴之宣示。是項制度，雖近似我國民訴法「依一造辯論而爲判決」之規定，然言其實質，則絕對各異也。雙方當事人到場時，各自提出有利於己之證據，然後開始言詞辯論，但無須履行何種必要之方式；言詞辯論終結後，主審之推事，宣示其判決，而訴訟程序，遂告終結。至判決之執行，悉委諸勝訴之當事人本人，而官廳並不干預，此與現代法例不同之又一點也。

第三節　訴訟之方式

在法定訴訟時期訴訟應以一定之方式出之，此等方式共分五種：一曰「金錢決訟式(sacramentum)」，二曰「指定推事式(judicis postulatio)」，三曰「請求返還式(condictio)」，四曰「拘禁式(manus injectio)」，五曰「扣押式(pignoris)」；但依現代法例分析此五種方式之旨趣，前三種爲訴訟進行中之程序，第四種爲執行判決時之程序，第五種則爲起訴前行使特種債權之程序，固非盡爲純粹之訴訟方式，學者不可不察也。此五種方式，均未脫古代訴訟程序之規範，殊無足採，茲分述其梗概如次：

(I) 金錢決訟式

是項方式，具有賭博性質，卽當事人各備一定數額之金錢，根據金錢之得喪，決定訴訟之勝負是已。決訟之金額，以訴訟標的爲準，不得少於五十「亞斯(as)」，亦不得多於五百「亞斯」。訴訟標的在一千亞斯以下者，決訟金應爲五十亞斯，訴訟標的在一千亞斯以上者，則應爲五百亞斯。敗訴者所付之決訟金，最初充作祭神之用，繼則收歸國庫；所有羅馬古代人民間之糾紛，本係「自力救濟」，官廳並不參與，繼而利用金錢決訟之習慣，由國王保管是項決訟金，遂開權力機關參與私人事件之先聲，故是項制度，實爲使自力救濟轉入司法程序之善法也。「金錢決訟」之方式，又分兩種：以物權爲訴訟標的者，謂之「對物決訟(sacramentum in rem)」；以債權爲訴訟標的者，則謂之「對人決訟(sacramentum in personam)」。

（一）「對物決訟（sacramentum in rem）」 依此方式，雙方當事人，須同至官廳，並攜帶係爭物，如爲不動產，則少取其本質以替代之。到場時，各當事人應於長官前佯作互毆以爭奪占有之狀態：原告手持具有羅馬古箭形狀之木棍，奪取係爭物或其本質並主張對於該物之物權；被告則手持同樣之木棍，並奪取其物而爲同樣之主張。於是長官發問起訴原因，並由原告依一定之方式，質問被告爲何參與訴訟行爲，被告則依一定之方式而答之曰：『余行使權利，有若使用木棍者然。』在此情形之下，原告得提議以金錢決定勝負，如被告拒絕其提議，即視爲放棄權利而受敗訴之宣告，然在通常情形之下，被告多接受其提議也。原被告一經同意舉行金錢決訟之方式，第二種訴訟程序，遂告成立，但須移轉於民選推事繼續進行，而不復由原長官負監督之責。在訴訟程序移轉中，係爭物暫由原告或被告占有之，惟暫時占有該物之一方，應提供相當之擔保；如應交還原物而不交還時，則由保證人負其責任，殆所以避免占有之一方毀損或滅失係爭物，致將來勝訴之他方蒙受意外之損失也。

（二）「對人決訟（sacramentum in personnam）」 是項方式，僅嘎尤士（Gaius）氏曾述及之，餘無詳細之說明，足資參考；其內容大致與前項方式彷彿，凡以債權爲訴訟標的者，適用是項方式。必原告主張權利，被告加以否認，而後開始金錢決訟之程序。此則與前項方式盡同者。嗣後依比那利亞法（Lex Pinaria）之規定，雙方同意以金錢決定勝負時，訴訟程序，應停止三十日，但雙方均應提供擔保，相約於三十日後舉行「金錢決訟」之程序焉。

在上述兩種方式中，法官僅就金錢決訟之本身，而爲孰勝孰負之宣告；質言之，法官僅宣示某方應喪失金錢而已，並不宣示某方訴訟上之主張爲正當或不正當；而喪失金錢之一方，即當然歸於敗訴，不得再行主張就係爭物有何權利矣。

（II）指定推事式

是項方式之形成，較遲於金錢決訟之方式，但於十二表法時代，似已見諸實行。依此方式，當事人得直接請求裁判官指定民選推事，解決其訟爭。在某種複雜案件中，裁判官對於當事人之主張，僅爲唯唯否否之表示，不足以解決其糾紛，必須指定民選推事，就其實體，詳加審理，而爲明確之判決；立法者乃制定是項方式，以補救舊制之窮；故必須訴訟事件有相當之複雜性，始適用之；所謂複雜之案件，如分析財產、劃定界址、清算遺產，均屬之也。

（III）請求返還式

是項方式，於十二表法後，始經成立。依此方式，原告於裁判官前正式通知被告，相約於三十日後到案，共同指定民選推事，以審判其訟爭。最初制定是項方式者，爲西利亞法（Lex Silia），依其規定，限於以請求返還定額之金錢爲直接之訴訟標的者，得適用之；繼而加博尼亞法（Lez Calpurnia）改定，除請求返還金錢者外，凡以請求返還一定之物件爲標的者，亦適用之；自此時起，當事人得依「金錢決訟式」或「請求返還式」，提起訴訟，就此兩者，有自由選擇之權能；然後者具有兩種便利：其一、方式比較簡單，其二、縱使敗訴，不至損失金錢，故事實上，當事人多依請求返還式而爲訴訟行爲也。

（IV）拘禁式

（一）拘禁式之沿革　「拘禁」云者，卽債權人拘扭債務人或私禁之之謂。拘禁式之形成，經過三種顯明之階段：羅馬古代，債權人本人自動拘禁債務人乃爲求償之有效方法，但此爲通常之習慣而非訴訟上之特種程序可比，此其一；繼而社會組織比較完備，債權人對其債務人行使拘禁時，官廳每加干預，審究其是否正當，而拘禁行爲遂有相當之限制，此其二；嗣依十二表法之規定，拘禁式之行使成爲訴訟上之一種特別程序，此其三。

（二）拘禁式之種類　依十二表法之規定，拘禁式之行使，原則上，以執行判決者爲限，是爲「已判決之拘禁(manus injectio judicati)」。但在某種情形之下，債之原因，視爲顯然正當者，亦準用之，是爲「準判決之拘禁 (manus injectio pro judicati)」。是項例外限制極嚴，僅限於特種債務，得適用之：其一、消費借貸，其二、「轉託遺贈 (legatum per damnationnem)」；凡債務以此等關係爲原因者，視爲明顯眞實，故假定其與判決有相等之效力，並准許債權人直接行使拘禁式，有若已經判決者，然其作用與旨趣，殆與現代法例上假執行之制度相埒。此外，有一種「純粹之拘禁 (manus injectio pura)」，卽法律准許某種債權人直接行使拘禁，不待判決之謂，例如請求返還超過法定利率之利息之債務人，請求返還超過特留分之遺贈之繼承人等，均有是項特殊之權能。行使此第三種拘禁時，被拘禁者得以係爭標的之兩倍金額提供擔保，就拘禁之原因而爲抗辯，主張拘禁行爲爲不當；是項反對拘禁之債務人，其抗辯果有理由時，拘禁之者應予停止進行，其抗辯無理由時，則拘禁行爲應視爲正當，故對拘禁提起抗辯而卒歸失敗之債務人，應喪失係爭標的之兩倍金額，以處罰之也。

（三）拘禁式之程序　是項方式舉行之程序，可分三個階段，此三種階段經過後，其程序始告完成，然事實上，債務人被拘禁後，每於拘禁中償還債務，或被人保釋，未必完全經過各個階段也；簡括言之，第一爲裁判官前開始履行之程序，第二爲開庭後六十日中經過之程序，第三則爲處置被拘禁者之程序，茲分述之如次：

（1）拘禁式之開始　根據判決而行使拘禁者，須自判決之日起經過三十日之期間，始得爲之；如無判決而直接以債務爲拘禁之原因者，則須自債務到期之日起經過三十日之期間焉。在此三十日之期間後，債權人拘扭債務人至裁判官前，聲明債務之金額，原因，及其未付之事實。是項聲明，須以一定之術語出之，陳述時，並須手撫債務人之身體，以表示對其身體行使權利之意思，債務人則不得以債權人拘禁失當爲理由而爲反抗之答覆。在此情形之下，如債務人全部給付債權人，固應停止其行動，如有第三者願爲「保人(vindex)」主張拘禁失當者，債務人亦得恢復自由；但此第三者不特處於債務人之地位，與債權人間成立債之關係，且其拘禁失當之主張被推翻時，債權人得請求其給付債務原金額之兩倍也。

（2）拘禁式之進行　債務人被拘後，如不給付金錢，並無第三者出而干預，則債權人得自拘扭時起六十日之期間內，將債務人幽禁於其家中，使用鎖鍊，剝奪其自由。但債務人所處之地位與奴隸有別，得由外間送來食物，並得自由與債權人談判償債之方法；十二表法，且規定鎖鍊之重量與食物之數量，使債權人不得過分虐待之焉。不特此也，依十二表法之規定，此六十日之期間行將屆滿時，債權人應曳債務人至三個不同之市場內，高聲說明債務人所欠金額，使有第三者出而代為給付，以解放之也。

（3）拘禁式之終了　債務人經過六十日之幽禁期間後，債權人得殺斃之，或賣為奴隸，十二表法且規定多數債權人得分割債務人之屍體焉。至債務人之財產，亦應移轉於債權人。債權人有數人時，則應依比例分配之也。嗣依保德利亞罷鄙利亞法（Lex Poetelia Papiria）之規定，債權人之於債務人，已無出賣或殺斃之權能，而幽禁之六十日期間，亦被廢除之矣。

（V）扣押式

扣押式云者，即債權人不待判決，直接扣押債務人財產之謂。羅馬古代，國家行使權利，不受司法上之限制，故得不待判決而直接扣押債務人之財產；此外，裁判官於給付判決中，為避免敗訴之當事人故意毀損起見，亦每於判決前飭役扣押其所有物，殆與現代法例假扣押之制度同其旨趣；所謂扣押式之制，亦即基此兩種習慣而形成者也。扣押式之適用，最初本以官廳為限，繼而在特種情形之下，於私人亦適用之，但在此等特種情形之下，私人行使扣押時，立法者視為權力機關予以代表行使之名義，非謂私人有自動扣押之權能也。

扣押式開始後，債務人得提起異議，聲明扣押為不當，但以私人行使之者為限，國家行使扣押式時，財產被扣押者，並無反抗之可能。總之，除債務人對於私人行使之扣押式，提起反抗外，並無經過官廳之必要，故嚴格言之，是項方式，並非司法上之程序也。扣押式之行使，於債務人不在場時，亦得為之，不利於債務人，莫此為甚，故其適用範圍，關於私人有嚴格之限制；質言之，除法律特准者外，私人不得行使之也。至得適用扣押式之債務，共有後列三種：

（一）關於軍事之債務　關於軍事之特殊債務，又分三項：一曰「軍餉（aes militare）」，二曰「馬匹價金（aes equestre）」，三曰「馬匹飼養金（aes hordearium）」。凡對國家負有債務者，軍人得扣押其財產，以滿足上述三項需要，但除與上述三項債務有關者外，縱使人民對於國家負債，軍人仍不得扣押其財產也。

（二）關於財政之債務　農民對於國家租稅，遲延給付時，徵收員得扣押其財產。

（三）關於宗教之債務　依十二表法之規定，凡因有關祭祀之買賣契約或租賃契約而發生債務者，債權人得扣押債務人之財產，例如：買受牲畜或承租牲畜，以為祭神之用者，買受人或承租人不給付其價金或租金時，債權人得扣押其財產也。

本章參考書記要

T. C. Sandars, The Institutes p. lxi, lxvii, 327, 355, 426, 429, 483–487; Georges Cornil,

Ancien droit romain p. 119, 127-130; M.-J. Cornil, Droit romain p. 40, 41; J. Declareuil, Rome et l'organisation du droit romain p. 65-71; J. Cornil, Possession dans le droit romain p. 292, 293, 295, 298; 黄右昌，羅馬法與現代 p. 497, 505; P. F. Girard, Manuel élémentaire de droit romain p. 985-1009; Gaston May, Eléments de droit romain p. 605-618; Charles Demangeat, Cours élémentaire de roit romain p. 464-471 (Tome II); Ruben de Couder, Résumé de répétitions écrites de droit romain p. 558-561; Edouard Cuq, Les institutions juridiques des Romains p. 406-440; René Foignet, Manuel élémentaire de droit romain p. 278-284; W. W. Buckland, The main institutions of roman private law p. 345-364; R. W. Leage, Roman private law p 350-361; F.-L. de Keller, De la procédure civile et des actions chez les Romains p. 1-45, 47-91; Eugène Henriot, Mœurs juridiques et judiciaires de l'ancienne Rome p. 2-71 (Tome II); J. Declareuil, Rome the law-giver p. 60-70, 91-93; Rudolph Sohm, Institutes of Roman law p. 224-240.

第二章　程式訴訟程序

「法定訴訟程序」，雖略具訴訟法之雛形，而未能行之無弊，故至羅馬建國後第七世紀，有所謂「程式訴訟程序」，應運而生。以言法定訴訟程序之弊端，其重大者有四：其一、「金錢決訟」之方式中，須提存金錢，而貧窮者缺乏五十「亞斯」至五百亞斯以決勝負，惟有慘遭敗訴；其二、拘禁式中債務人應覓交「保人(vindex)」，而貧窮之債務人，則惟有聽其拘禁；其三、法定訴訟程序採取形式主義，不諳形式者，雖有正當之理由，亦不免有慘敗之危險；其四、法定訴訟爲市民法所規定，其適用範圍，以羅馬市民爲限，而市民以外之人，不適用之。程式訴訟程序，既係用以補前項訴訟程序之不足，故不復採形式主義，卽其他方面，亦較公允合理；但訴訟程序，仍分「預審(in jure)」「復審(in judicio)」兩種，此則兩者相同之一點也。

程式訴訟云者，卽原告請求裁判官作成一定程式之書狀，交由民選推事依據書狀所載各項審究事實而爲裁判之謂也。裁判官之職務，首在審查原告之請求是否合法；果爾合法，則作成一定程式之書狀，移交由民選推事，而民選推事，遂依據書狀所載各項審究事實而裁判之；反之，如原告之主張，顯無法律上之根據，或被告之抗辯，顯屬正當，或被告對於原告之請求，完全承認者，是雙方對於事實已無爭執，而所應審究者，僅係法律問題而已，故審究法律之裁判官，得逕行裁判，而無作成書狀移交民選推事之必要也。

程式訴訟時代，羅馬司法上之進步可分三點說明之：關於不服之當事人，規定救濟辦法，頗類似現代之上訴，此其一；執行程序有相當之改善，此其二；裁判官關於司法上之權限較高於前，除參加私人間之普通訴訟外，得本其「主權（imperium）」而爲司法上非常之處置，如頒發「令狀（interdictum）」等是，此其三。茲就上述重要數點，分本章爲五節如次：其一、「預審」程序，其二、「復審」程序，其三、上訴程序，其四、執行程序，其五、裁判官之非常處置。

第一節　「預審（in jure）」

在此時期，訴訟當事人須親自到庭，被告不到場時，原告得拘扭之。嗣後，裁判官禁止原告自動拘扭被告，但被告不應原告之請求到場者，常處以罰鍰，或扣押其財產，或出賣之，以爲有效之傳喚方法。至當事人不到庭而有正當理由者，亦許其由他人代表到庭，抑亦訴訟代理之嚆矢也。

雙方到庭時，首由原告聲明起訴宗旨，並請求裁判官作成書狀；但原告亦得不爲起訴之聲明，而逕爲其他訴訟行爲焉。在特種情形之下，原告得於起訴前，先詢問被告是否應訴，而後請求裁判官根據被告之答覆作成書狀，試舉實例兩種，以闡明之：其一、原告因他人之奴隸或牲畜致蒙受損失而起訴者，得先問被告是否爲其所有人；其二、原來之被告，如已死亡，原告得先問到庭之被告繼承其遺產幾分之幾，然後就其繼承部份而起訴焉。不特此也，原告於請求裁判官作成書狀前，得先令被告對其主張而宣誓之，使被告爲認諾與否之眞實表示，並俟其宣誓完畢而後決定請求裁判官作成書狀；且原告請求宣誓時，被告並不得拒絕之也。以言被告之態度，亦有數種：或承認原告之請求，或否認原告主張之事實，或主張另一事實以推翻原告之請求，固無一定之表示也。如被告對於原告之請求予以承認，自無進行訴訟之必要；反之，如雙方對於事實方面有所爭執，則由裁判官作成一定程式之書狀，交由民選推事審究裁判，而預審程序，即告終了。至是項書狀（或作格式）所記載之事項，有必須記載者，有因某種案情而記載之者；前者計有兩項：一曰「民選推事之設定（institutio judicis）」，二曰「原告之請求（intentio）」；後者則有三項：一曰「請求之原因（demonstratio）」，二曰「判決要旨（condemnatio）」，三曰「分配裁判（adjudicatio）」。夫此五者，均爲書狀之主要部份；此外仍有所謂次要部份，包括兩項：即（一）「前書（prescriptiones）」，（二）「抗辯（exceptiones）」是也。茲分述之如次：

（一）「民選推事之設定（postulatio judicis）」　即指定民選推事審究事實並爲裁判是已。雙方當事人合意選任時，裁判官應就其選定者而加委之；如不能合意選定，即由裁判官自行指定。至設定之格式爲「委任某甲爲民選推事。」

（二）「原告之請求（intentio）」　即表明原告之訴訟標的是已。此爲各書狀中最主要部份，其格式爲：「請求被告給付若干」或「請求被告返還某物」等是。原告有所請求時，裁判官未必均承認其有「訴權（actio）」；其請求得受訴訟之保護與否，最初悉依市民法之規定，繼而裁判官得准許之或拒絕之；且民選推事，亦得依訴訟情節不同，其審判之方法，再訴訟之性質與效果，與「原告之請求」有密切之關係，故於此處略述訴訟之分類，以明各種「原告之請求（intentio）」之差別也。羅馬法上訴訟之分類，可依其相對性而分爲九種，茲分述如後：

（1）「市民法上之訴訟」與「裁判官法上之訴訟」 前者爲市民法所規定，後者則爲裁判官法所增設者。

（2）「原定之訴訟」與「準用之訴訟」 前者謂某種訴訟由法律直接規定於某種關係適用之者，後者則於類似之關係中準用某種訴訟之謂。

（3）「法律上之訴訟」與「事實上之訴訟」 前者謂根據法律上之問題而發生訴訟，後者則謂根據事實上之問題而發生訴訟。

（4）「對人訴訟」與「對物訴訟」與「混合訴訟」 以債權爲起訴之原因者，謂之對人訴訟，因物權而發生訴訟者，謂之對物訴訟；介乎此兩者之間者，則謂之混合訴訟，例如「分析家產之訴」「劃定界址之訴」「分配共有物之訴」，均屬之。

（5）刑訴與民訴 是項分類，與現代法例同，以懲罰被告爲目的者，謂之刑訴，以請求返還或確認權義狀態爲目的者，則謂之民訴。羅馬刑法，當日未知採取感化主義，不特視處人罪刑爲刑法之唯一目的，且誤認刑訴爲人民對於加害者請求賠償之有效方法，故刑訴仍被視爲私訴也。

（6）「善意訴訟」與「嚴格訴訟」 法官對於當事人之爭執，得就其整個事實，依自由心證而爲自由之推定者，謂之「善意訴訟」；反之，法官對於明顯之問題，應依據書狀之記載而爲同意與否之裁判者，則謂之嚴格訴訟，蓋法官之權限受嚴格之限制，而不若前例中之得自由判斷耳。

（7）「私益訴訟」與「公益訴訟」　以私人資格發生訴訟，而以保護私益爲目的者，謂之私益訴訟；如以公民資格發生訴訟，而以保護公益爲目的者，則謂之公益訴訟，例如因監護人失職並以保護受監護人爲目的而發生之訴訟等屬之。

（8）「確定訴訟」與「不確定訴訟」　以特定物或特定債權爲標的者，謂之確定訴訟，而原告之請求，則曰「確定之請求(intentio certa)」；反之，如以不特定物不特定債權爲標的者，謂之不確定訴訟，而原告之請求，則曰「不確定之請求(intentio incerta)」。

（9）「先決訴訟」與「非先決訴訟」　凡一訴訟之解決，爲其他權義關係成立與否之先決問題者，謂之先決訴訟；反之，如無是項牽連關係，則謂之非先決訴訟也。

（三）「請求之原因(demonstratio)」　卽原告陳述係因何種原因而爲請求是已。是項記載，限於原告行使債權時，應適用之，蓋以債權爲標的時，須聲明債權成立之原因，例如因買賣關係而發生請求價金之債權等是。至書狀上記載之格式，則爲「因被告買受原告某物」等等不一。

（四）「判決要旨(condemnatio)」　卽裁判官囑託民選推事如何判決是已。但民選推事不必完全遵照其意旨而爲判決：在「不確定請求(intentio incerta)」中，例如原告請求損害賠償時，民選推事固得自由酌量判令給付之金額，即在「確定請求(intentio certa)」中，民選推事，對於裁判官指定之數額，雖不得自由增減，亦得爲不給付之判決。故書狀上所載之判決要旨，必使民選推事有酌量出入之餘地，例如載明：「民選推事應判令被告給付原告若干，或判決被告不負給付之義務」，或曰「民選推事應判令被告賠償原告所受之損害，或判決被告不負賠償之義務」等是。

（五）「分配裁判(adjudicatio)」　即裁判官囑託民選推事爲分配之裁判是已。是項記載，於我國法例所稱之「創設判決」中適用之，故其適用範圍，以三種訴訟爲限：一曰「分析繼承財產之訴」，二曰「劃定界址之訴」，三曰「分析共有財產之訴」。在此三種訴訟中，民選推事有創設新權利狀態之權限，例如某物若干部份分歸某甲等是。記載之格式，則爲「民選推事應將應有之部份判歸原告或被告所有」等字樣。

（六）「前書(praescriptio)」　前書云者，即一種備註，載於書狀之前段者之謂。書狀上之備註，以關於時效者居多，故羅馬法上「時效(praescriptio)」一字與「前書(praescriptio)」一字完全相同。是項記載雖云前書，而列於書狀之前段，但須列於「民選推事之設定」一項之後也。書狀上所載備註（即「前書」）或於原告有利，或於被告有利，蓋裁判官於備註項下記載某種事實，以供民選推事之參考，其利於原告者有之，利於被告者亦有之耳。

（七）「抗辯(exceptio)」　是項記載，與我國法例所稱之抗辯，同其旨趣，即被告聲明有利於己之事實，使民選推事不依原告之請求而爲裁判之謂；例如原告主張賣田百畝於被告，請求判令被告給付所欠田價千元時，被告並不否認買賣契約之存在，但聲明係因原告使用詐術而始成立者，是爲「詐欺之抗辯（exceptio doli）」，抗辯之記載均列於「原告之請求（intentio）」一項之後，殆所以抵抗原告之請求者。然抗辯有廣狹二義：原告對於被告提出之抗辯，亦得提出抗辯以抵制之，是爲「反抗辯（replicatio）」；被告對其反抗辯，並得提出抗辯以反駁之，是爲「再抗辯」；而原告方面對其再抗辯，則仍得提出抗辯以防禦之，是爲「再反抗辯」；此皆廣義之抗辯，然則廣義之抗辯亦有於原告有利者也。

第二節　「復審（in judicio）」

裁判官作成之書狀（formula）發出後，被指定之民選推事，即應於相當之期間內開庭審理，是爲「復審（in judicio）」，即就書狀所載各項審就事實而爲判決，是已。所謂相當之期間，有兩種不同之規定，蓋在復審訴訟分爲「合法訴訟（judicia legitima）」與「裁判官法上之訴訟（judicia imperio continentia）」兩種：合法訴訟云者，謂羅馬市民間之訴訟關係，以「羅馬物件」爲其標的，而由有市民資格之羅馬法官審理判決者之謂；凡訴訟關係缺乏此三項條件之一者，則謂之裁判官法上之訴訟。關於合法訴訟，民選推事之審理期間，定爲十八月，關於後者，則爲一年；而民選推事關於每一訴訟之審判權，亦限於十八月或一年內發生效力，故經過是項期間未爲裁判者，其訴訟關係，即視爲完全終結，不復有補救之辦法矣。

民選推事開庭時，均公開審理，與「法定訴訟時代」同。原則上，雙方當事人，均須到庭，由他人代爲訴訟行爲，則爲例外之程序。當事人到庭之時間，以午前爲限，其一方不於午前到庭時，得依到庭之一方，一造辯論而爲判決也。

雙方到庭時，民選推事聽取辯論，搜集證據，並得依據各種證據而爲自由心證。對於各當事人之主張，憑主觀之推定而取舍之，但其所爲判決，不得超越裁判官書狀上指定之範圍，例如：審訊結果，原告有請求甲物之權利，而誤以乙物爲請求標的，則僅得以另一訴訟請求甲物，而民選推事亦惟有駁回原告之訴，不得判決原告有請求甲物之權也。總之民選推事採證之態度，雖極自由，而判決之範圍，則以裁判官書狀上指定者爲限。如爲「不確定訴訟(intentio incerta)」，關於標的之多寡，尚得酌量增損，如爲「確定訴訟(intentio certa)」，則原告之權利，縱使高於原來之請求標的，亦惟有按照書狀上指定之標的，而爲判決而已。但在此情形之下，原告尚得提起另一訴訟，以請求其餘部份；反之，原告請求之範圍，高於其應有之權利時，謂之「過分之請求(plus petitio)」，原告即完全敗訴，並不得減低其請求標的另行起訴，以補救之。羅馬學者，以爲：「原告請求過分時，對其應有之較小權利，已經一度行使，既被駁回，依「一事不再理」之原則，即不得再度行使其應有之權利」，此則是項規定之理由也。然而是項規定，雖合於理論，嚴格行之，殊難認爲公允，故另一方面規定補救辦法，使原告不至受此意外之損失也。所謂過分之請求，依各個不同之情形，而分爲四種：請求之標的太高者，曰「關於物之過分請求(plus petitio re)」，此其一；於債權未到期時起訴請求者，曰「關於時間之過分請求(plus petitio tempore)」，此其二；於淸償地以外之地方起訴請求者，曰「關於空間之過分請求(plus petitio loco)」，此其三；祇得請求不特定物，而以特定物爲請求標的者，則曰「關於原因之過分請求(plus petitio causa)」此其四。所謂過分之請求之補救辦法，其最重要者計有兩種：第一、凡原告因錯誤而請求過分者，如其錯誤顯係可以原諒，則得於敗訴後提起「回復原狀之訴(restitutio in integrum)」以補救之；第二、凡請求之標的確數難於計算，或關於日期等情，有「請求過分(plus petitio)」之虞者，裁判官每於書狀上爲「不確定請求(intentio incerta)」之記載，使民選推事有酌量出入之自由，嗣後裁判官且均於書狀上載明不確定請求字樣，使原告無請求過分之虞焉。他如規定原告得於正式起訴前，詢問被告就遺產幾分之幾爲繼承人，或詢問被告對於加害之奴隸牲畜有無所有人之權利等情，殆皆所以使原告不至因請求過分而受敗訴之判決者也。

民選推事所應審究者，以裁判官書狀記載之事項爲限，前已論及；即就已經記載之事項言，其自書狀作成後發生之部份，亦不得引爲判決之根據，蓋在程式訴訟時期，書狀作成時，訴訟程序已轉入「訟爭時期(litis contestatio)」之階段耳。所謂「訟爭時期」云者，即訴訟成立之時期，當事人應受訴訟拘束之謂；是項訟爭時期，在法定訴訟時期，以民選推事開始審理時爲起點，在「非常訴訟時期」則以被告提出答辯時爲起點，各時代不同其規定也。

民選推事宣判時，應公開朗讀其判決，並自宣判時起，發生「既判力(res judicata est)」之效果。依羅馬法之理論，「既判之事項，應視爲眞實(res judicata pro veritatae habetur)」，蓋所以尊崇審判之尊嚴，而免使當事人間就同一事實纏訟不已耳。基此理由，凡被告敗訴後，原告得根據判決，對於被告利用「既判之訴(actio judicati)」以保護其權利；另一方面，如原告敗訴後，再就同一之事實，對於被告起訴，被告得提起「既判之抗辯(exceptio rei judicatae)」以防禦之。總之，所謂「既判力(res judicata est)」云者，即某一事項已經審判確認其價值，縱非眞實，亦不得推翻判決，而於訴訟上爲相反之主張之謂。此其原則極合理論與法理，故現代法例均採用之。至現代上訴制度，雖與羅馬法不同，然其確定之判決，則皆發生既判力之效果，此則古今一致之定則也。再主張既判力之存在時，須具備三方面之要件：其一、須爲同一之案件，即已經判決之案件與現時發生者，須爲同一之法律關係之謂；其二、須爲同一之訴訟標的，即前訴訟關係中之請求標的與現時所欲起訴請求者，完全相同，例如土地價金被判無權請求後，再度請求是項價金是已；其三、須爲同一之當事人，例如甲對乙起訴後，再度就同一事項，並以同一標的對乙起訴是已；但於已經判決之訴訟關係中，祇爲他人之訴訟代理人，而本人並未處於原告或被告之地位者，不在此限。

第三節　上訴

羅馬古代，本無上訴制度，嗣爲避免裁判失當，致當事人蒙受損害起見，遂規定推翻裁判及更爲審理之補救辦法。是項補救辦法，專用於裁判官之裁判者有之，專用於民選推事之裁判者亦有之；分析言之，共有四種：一曰「總裁官及裁判官之干預(intercessio)」，二曰「民選推事判決之廢棄(revocatio in duplum)」，三曰「回復原狀(restitutio in integrum)」，四曰「上訴(appellatio)」，茲分述如後：

（一）「總裁官及裁判官之干預（intercessio）」「intercessio」一字本作「參加」或「干預」解；就羅馬訴訟法上之用語解釋之，即「總裁官(consul)」及裁判官廢棄其他裁判官所爲裁判之特權是已。行使是項特權僅得廢棄裁判官所爲之裁判，而於民選推事所爲之判決不適用之。

（二）「民選推事判決之廢棄（revocatio in duplum）」「revocatio」一字作「撤銷」解，「duplum」云者則「兩倍」之謂；綜合言之，即敗訴之當事人預備犧牲訴訟標的之兩倍，以有瑕疵爲理由請求廢棄原判決是也。被告敗訴後，得於未執行前，主張原判決因有實體上或形式上之瑕疵而不能發生效力；其主張有理由時，即不受原判決之訴訟拘束，如無理由，則應損失原訴訟標的之兩倍，故提起是項請求時，被告應提供擔保，殆恐其失敗後無依額給付之能力耳。

（三）「回復原狀（restitutio in integrum）」　訴訟當事人不服判決時，得請求裁判官宣示「回復原狀」並撤銷判決，與請求撤銷其他訴訟程序同；裁判官宣示後，已爲之判決，即視爲不復存在，而新訴訟程序，則於以開始進行矣。

（四）「上訴（appellatio）」　此所謂上訴者，與現代各國之上訴制度極相類似。是項制度，始於帝政時代；依其規定，凡不服裁判之當事人，得於二三日內，向原審官廳聲明上訴要旨，由其上級官廳重行審判，不服第二審之裁判者亦同，殆亦三級三審之制度也歟？提起上訴，或以書狀爲之，或以言詞爲之，並無特別之規定。或謂是項上訴，限於裁判官及其通常委任之人所爲之裁判，得適用之；質言之，裁判官依據「訴訟程序（ordo judiciorum）」指定之民選推事，其依裁判官之「書狀（formula）」而爲之判決，不適用是項上訴制度也。

第四節　執行

勝訴之原告，受「既判之訴（actio judicati）」之保護，前已言之；既判之訴，係由「法定訴訟時期」之「拘禁式」蛻化而成，爲執行判決之主要方法，於「對人訴訟」及「對物訴訟」，均適用之。敗訴之被告，以原判決有瑕疵爲理由，拒絕執行，致發生新訴訟關係時，原告亦應應訴，但被告應提供擔保；如被告在此新訴訟關係中再度敗訴，並應給付原告原訴訟標的之兩倍，被告無力給付時，則由其保證人負給付之責，此與「拘禁式（manus injectio）」相同之又一點也。「既判之訴」提起後，被告除具備上述條件拒絕執行外，卽應依判履行其義務，否則強制執行之程序，卽應開始。強制執行之程序，共分兩種：一曰「對人執行，」二曰「對物執行。」對人執行，與拘禁式略同；對人執行無效時，或原告不請求對人執行時，則就被告之全部財產而執行之，是爲對物執行，茲分述如次：

（一）「對人執行」　原告得裁判官之許可後，得拘扭被告而私禁之，並得使用鎖練限制其自由焉。被告依判履行後，是項執行方法，卽應停止，其以工作贖身完畢者亦同。對人執行爲有效之執行方法，蓋每有債務人確有履行能力，而故意規避，致延執行之程序耳。

（二）「對物執行」　原則上，對人執行及對物執行兩種程序，原告得選擇之，但第一種程序爲不可能時，則以第二種程序爲唯一之有效方法。對人執行之不可能性，可分兩種：一曰事實上之不可能，如被告故意逃亡或居住他處等是；二曰法律上之不可能，卽自帝政時代起凡被告托出全部財產以供債權人分配時，其債權人不得就其身體而爲強制執行是也。

羅馬古代國家對其債務人之財產，得公開拍賣之以爲受償之簡便方法，故或謂「對物執行」之程序係由裁判官倣傚古制而援用之也。是項執行程序開始時，被告之財產，卽應查封扣押；「財產之扣押（missio in bona.）」經過相當之期間與程序後，然後拍賣其財產，並將其價金分配與各債權人，是爲「財產之拍賣（venditio bonorum）」故對物執行之程序共分三個階段；一曰「財產之扣押」，二曰拍賣之準備，三曰「財產之拍賣」；此等程序，堪稱縝密合理，現代法例，關於債務人財產之執行，大都類此，抑亦倣行羅馬之古制也歟？

請求扣押經裁判官准許後，原告就其財產有監督之權，並得聲請裁判官委任「管財人（curator bonorum）」負保存管理之責；但原告應張貼佈告，敍述執行之情狀，使被告有親友出而代付或爲其辯護之機會，免致蒙受強制執行之不幸結果焉。張貼佈告，須經過一定之期間：被告如爲生存之人，應張貼三十日，如已死亡，則應張貼十五日。是項期間屆滿後，卽對被告發生「破廉恥」之效果，但被告曾於事前托出財產，以供債權人分配者，不在此限；另一方面，裁判官應就其同僚委任「拍賣人（magister）」，進行拍賣程序。「拍賣人」應規定拍賣之價金與條件，並應再度張貼佈告，披露付價之條件，買受人如何提供擔保，及何者爲儘先受償之優先債權等項。第二次張貼之佈告，亦須經過一定之期間：被告如爲生存之人，應張貼十日，如已死亡，則應張貼五日；是項期間經過後，遂開始拍賣之程序矣。拍賣時，拍賣人徵求應買人陳述願納之價額，並應以願出最高之價額者爲確定之買受人。

是項買受人，爲被告之概括繼承人，故就其財產全部，無論爲「有體物」或「無體物」，均承受被告所得享受之權利，對於被告之債務亦負給付之義務但以其價金之相對部份爲限。就被告之全部財產而爲拍賣者，各物之價値，難有精確之計算，每有狡黠者流，廉價承買後，分別轉賣他人，從中取利，殊損及債權人債務人雙方之利益，故嗣後元老院規定被告之財產，得由「管財人」酌量配置，分別出賣，是爲「財物之零賣（distractio bonorum）」，但被告一部財產，足供執行時，仍須扣押其財產全部；此其規定，則在「非常訴訟時期」以前，從未有合理之修改也。

第五節　裁判官之非常處置

「裁判官之非常處置」云者，卽裁判官除參與私人間之普通訴訟外，本其「主權（imperium）」而爲創設權義關係之特殊行爲，以補法律之不足是已。此等非常處置，可分爲四種：一曰「裁判官之口約（stipulatio）」，二曰「特准占有（missiones in possessionem）」，三曰「令狀（interdictum）」，四曰「回復原狀（restitutio in integrum）」。

玆分述其內容如次：

第一款　裁判官之口約

依當事人間之口約，一方對他方負擔債務，而羅馬市民法不承認其債之關係者，得由裁判官斟酌情形，判令約定之一方，對他方履行其債務，是爲「裁判官之口約。」能使是項口約發生法律上之效力者，在羅馬爲市場場長及掌理司法事務之裁判官；茲所稱裁判官爲廣義之裁判官，故或稱「大官法上之口約」也。總之，在此等情形之下，當事人間債務之成立，以裁判官之承認爲其主要之原因。如當事人之口約，裁判官不予承認，即不發生法律上之效力，是裁判官並非依據法律上之債務而爲裁判，而乃本其「主權（imperium）」創設當事人間之權義關係，故自來學者稱是項行爲曰「裁判官之非常處置」也。

第二款　特准占有

裁判官特准占有他人之物件時，其占有僅屬臨時性質，且僅爲事實上之持有而已；質言之，並不因此而取得一般占有人之權利也。是項占有，或以特定物爲對象，或以全部財產爲對象，均受「令狀」或「事實上之訴訟(actio in factum)」之保護，故特准占有，亦爲「裁判官之非常處置」之一種也。

第三款　令狀

當事人認爲權利被他人侵害時，得請求裁判官頒發命令，以阻止之。裁判官令加害人作爲或不作爲之處置，最初本爲警政上維持秩序之行爲；繼而因羅馬法上之訴權，有嚴格之限制，權利被侵害之當事人，多求助於裁判官，相沿日久，是項處置，遂成爲通常之救濟方法，儼然發生裁判之效力，亦即所謂「裁判官之令狀」是也。「令狀」之發給，均附有條件，質言之，原告就其主張之事實，已經證明後，方得受令狀之保護，例如：某甲聲稱其土地被某乙非法占有，請求裁判官令乙停止，則令狀之發給，以乙之非法占有爲先決條件，如原告已經證明或被告不爲相反之主張者，令狀對於雙方當事人，卽發生絕對之效力，被告不遵守令狀時，則原告得以請求執行令狀之名義，對之起訴；故裁判官之令狀，雖非正式判決，亦足爲正式起訴之初步也。

裁判官宣示令狀時，雙方當事人均須到場，如被告故意規避，致延程序之進行者，裁判官得令拘提之。以令狀之發給，非正式之訴訟行爲也，故不論何日，得宣示之；但自宣示之日起，雙方當事人，卽受其拘束，與「訟爭時期(litis contestatio)」發生同等之效果矣。

令狀之種類，不一而足，依令狀之方式及其內容，可爲各種相對之分類，茲分述如次：

（I）依「令狀」之方式而分類者，可分下列七種：

（一）「提供令狀(exhibeas)」「返還令狀(restituas)」與「禁止令狀(vim fieri veto)」 此其區別，以裁判之用語爲標準：令當事人提供某人或某物者，謂之提供令狀，令當事人爲返還之行爲者，謂之返還令狀，禁止當事人爲某種行爲者，則謂之禁止令狀。

（二）「單純令狀」與「複式令狀」 當事人之一方處於原告之地位，他方處於被告之地位者，謂之單純令狀；如被告提起類似反訴之抗辯，則雙方當事人，同時均處於原告及被告之地位，其程序較爲繁複，故曰複式令狀。

（三）「初次令狀」與「更新令狀」 當事人首次請求發給者，謂之初次令狀；反之，如因被告不服第一令狀，或因其他情形，而關於同一事件重行請求者，則謂之更新令狀。

(II)依「令狀」之內容而分類者，可分下列各種：

(一)「神聖令狀」與「世俗令狀」　關於祭神及其他宗教問題而發給者，謂之神聖令狀；關於其他事件而發給者，則謂之世俗令狀。

(二)「公務令狀」與「私益令狀」　關於政權等公務而發給者，謂之公務令狀；其關於私人之利益而發給者，則謂之私益令狀。

(三)「永久令狀」與「暫時令狀」　前者有永久之性質，後者則僅暫時存在而已。

(四)「可以繼承之令狀」與「不得繼承之令狀」　令狀因保護財產上之利益而發給者，其利益或不利益，得移轉於原告或被告之繼承人，是爲可以繼承之令狀；其不得移轉於當事人之繼承人者，則曰不得繼承之令狀。

(五)「所有權令狀」與「占有令狀」　凡於請求發給令狀時，主張所有權者，裁判官對其所有權之證明，不受理之，其主張占有者，則裁判官得令其證明占有之事實；此則此兩種令狀之區別也。

第四款　回復原狀

當事人因某種法律關係而蒙受顯不公平之損害者，裁判官得撤銷其行爲，使其處於行爲前同一之地位，與未爲任何行爲同，即所謂回復原狀是也。宣示是項處置時，應令雙方當事人盡辯論之能事，但不論當事人之一方或雙方反對與否，裁判官均得本其主見而決定之。凡受「回復原狀」之利益者，得對於他方主張其行爲前所有之一切權利，例如對方基於已被撤銷之買賣行爲，請求未付之價金時，受回復原狀之利益者，得以已被撤銷爲理由提起抗辯，並得以同一理由請求對方返還已付之金額焉。

羅馬古法，採用形式主義，故於法律關係中蒙受顯不公平之損害者，往往有之，是項回復原狀制度，殆用以補救之者耳。然已經成立之法律行爲動被撤銷，則未免矯枉過正，故規定要件數項以限制之；此等要件共凡四項，茲分述如次：

（一）須原告所受之損害，別無其他救濟方法　回復原狀，既發生撤銷法律行爲之效果，則善意第三人，難免蒙受不利益之結果，故原告蒙受損害時，如有其他救濟方法，即不得適用是項制度也。

（二）須原告蒙受重大及顯不公平之損害　如原告蒙受之損害，並不重大，或原告有應得之咎者，不適用之，例如因有過失，致蒙受輕微之損害者等是。

（三）須於短期間內請求之　法律進步時期，須於一年之「有用期間」內提起之，優帝時代，則改爲四年之「繼續期間」；是項期間，均以障礙不存在之時日爲起點而計算之，例如因未成年而請求回復原狀者，則應自其成年時起計算是項期間也。

（四）須有「正當之原因(justa causa restitutio)」　回復原狀制度成立伊始，照准與否，裁判官本有斟酌之權，並無所謂請求之正當原因；嗣後裁判官爲避免濫用起見，乃規定正當原因數項，凡不具備其原因之一者，卽應駁回原告之請求。所謂正當原因，共凡六項：一曰未成年，二曰脅迫，三曰詐欺，四曰錯誤，五曰足以原諒之疏忽，六曰債務人之「人格減等」；迨優帝變法以還，凡受人格減等之宣告者，就其所有債務，仍須負責，故第六種原因，已不復存生，茲分述此等「正當原因」如後：

（1）未成年　未成年人作事鮮有經驗，每易蒙受不公平之損害，故得請求裁判官撤銷其本人及其監護人或保佐人所爲之法律行爲，以免除其責任，但未成年人使用詐術使他人與之成立法律關係者，或曾宣誓拋棄回復原狀之利益者，則裁判官對其回復原狀之請求，均拒絕之。嗣至東羅馬帝國，凡市府教堂及慈善機關，亦準用是項原因，質言之，因其代表人作事不愼而蒙受損害者，得請求撤銷其行爲；蓋立法者認爲此等法人無充分之能力，並應受特別之保護，與未成年人彷彿耳。

（2）脅迫　被脅迫之當事人，對於他方得提起「脅迫之訴(actio quod metus causa)」或「脅迫之抗辯(exceptio quod metus causa)」，使加害人受極不利之處分，故在通常情形之下，「以脅迫爲原因而請求回復原狀(restitutio in integrum ob metum)」者，實不多覯；惟有時後者優於前者，故當事人有時仍利用回復原狀之制度也。例如：繼承人甲因被乙脅迫，而拋棄繼承，縱得對乙提起脅迫之訴或脅迫之抗辯，而提起時，如乙已無給付能力，亦屬枉然，究不若採用回復原狀之程序，由裁判官撤銷其拋棄之行爲，而直接行使繼承人權利之爲愈也。

（3）詐欺　因被詐欺而蒙受損害之當事人，得提起「詐欺之抗辯(exceptio doli)」，故「以詐欺爲原因而請求回復原狀(restitutio in integrum ob dolum)」者，亦不多覯。

（4）錯誤　因錯誤而請求回復原狀者，曰「因錯誤而回復原狀（restitutio in integrum ob errorum）」；例如應於一定期間內爲某種法律行爲者因誤信期間較長而未按期履行致蒙受損害時，爲免受損害計得請求撤銷其期間，准予補正之也。

（5）可以原諒之疏忽　當事人怠於應爲之法律行爲，而有可以原諒之正當理由者，得請求回復原狀，准予補正。所謂正當理由，關於法律行爲者有嚴格之限制：其一、因服公務而在他處者，其二、因戰事被敵俘虜者，其三、因被官收押而喪失自由者，其四、事實上處於奴隸之地位者，如被債權人拘禁等是；但關於訴訟行爲，凡因不可抗力而未按時履行者，均得請求裁判官裁定回復原狀，予訴訟當事人以補正之機會，此卽現代一般訴訟法例所稱回復原狀之嚆矢也。

（6）「人格減等（captis diminutio）」　「人格減等」之意義，第一編已詳言之，茲不贅述。依羅馬法之理論，凡受人格減等之宣告者，視爲另有新人格，而與未受宣告前之人格，劃然分開，故依嚴格拘泥之解釋，債務人一經宣告人格減等，債權人卽不得對其請求宣告前所負之債務，結果債權人難免蒙受意外之損害；裁判官乃規定於此情形之下，舉行「回復原狀」之程序，使債權人得繼續請求其履行債務，蓋依其理論，經過是項程序後，被宣告人格減等者，仍恢復其債務人之人格耳。迨優帝規定人格減等不發生免除債務之效果，債務人之人格減等，已不復爲回復原狀之原因矣。

本章參考書記要

T. C. Sandars, The Institutes of Justinian p. xii, lxvi, lxxiv, 48, 74, 90, 124, 317, 326, 355, 356, 425, 429, 435, 441, 443, 452, 463, 467, 470, 489, 500, 501; J. Declareuil, Rome et l'organisation du droit p. 73-75, 82, 83, 92-94, 363, 365; F. de Visscher, Etudes de droit romain p. 366, 404, 408, 409; M.-J. Cornil, Droit romain p. 42, 43; 黃右昌，羅馬法與現代 p. 498-504; P. F. Girard, Manuel élémentaire de droit romain p. 1010-1051; Gaston May, Eléments de droit romain p. 619-669; Charles Demangeat, Cours élémentaire de droit romain p. 471-482 (Tome II); Ruben de Couder, Résumé de répétitions écrites de droit romain p. 561-568; Edouard Cuq, Les, institutions juridiques des Romains p. 711-717; René Foignet, Manuel élémentaire de droit romain p. 284-297; W. W. Buckland, The main institutions of roman private law p. 365-384; R. W. Leage, Roman private law p. 361-379, 382, 420; F. de Visscher, La condictio et le système de la procédure formulaire p. 80, 86, 87, 93; F.-L. de Keller, De la procédure civile et des actions chez les Romains p. 1-45, 91-203, 384-414, 418-454; Eugène Henriot, Mœurs juridiques et judiciaires de l'ancienne Rome p. 2-89 (Tome II); J. Declareuil, Rome the law-giver p. 70-88, 91-93; Rudolph Sohm, Institutes of Roman law p. 240-289.

第三章　非常訴訟程序

第一節　總論

「法定訴訟時期」及「程式訴訟時期」訴訟程序均分爲「預審」「復審」兩部份，已詳第一第二兩章，論其制度固未盡可取，然沿用既久，羅馬人已相習成風，且視爲正常之程序；迨帝政初年，偶因訴訟之本質特異或裁判官有特殊權限，致不經過民選推事之復審程序者，則稱之曰「非常訴訟程序（extraordinaria judicia）」，以其非通常適用之程序耳。繼而裁判官於司法方面漸伸張其行政方面之權限，對於當事人間之訴訟事件，得逕行裁判，而不復由民選推事重審理之，所謂非常訴訟程序，遂成羅馬法上最後之通常程序矣。適用是項新制時，裁判權悉操諸代表國家之司法官，而人民無行使司法權之機會，此則與舊制不同之要點也。

第二節　「非常訴訟程序」之特質

「非常訴訟程序」，乃羅馬法上最後之訴訟程序，故其內容較優於前兩種舊制，且多特異之點；茲就傳喚、審理、判決、上訴、執行五項，分述其特質如後：

第一款 傳喚

適用前兩種訴訟程序時，被告均由原告直接傳喚；程式訴訟時期，間有由裁判官將起訴要旨令役通知他方者，然關於被告之傳喚，原告仍處於自動之地位；優帝時代，是項傳喚之新方式又一變遷，卽法官根據原告之請求，直接傳喚被告到庭是已。依此新制，被告之傳喚，純屬法院之職權，而原告不復參與。法官接受原告之請求後，如認爲有理由，卽命差役通知被告，並令其負責使被告於指定日期到庭應訊；差役則令被告簽立收據，以爲送達通知之證明，如案情重大或有逃亡之虞者，得令其提供「到庭之擔保 (cautio judicio sisti)」，被告拒絕提供擔保時，並得逕行拘押之也。

第二款 審理

審理訟案時，以雙方當事人均須到庭爲原則；當事人之一方，不應傳到庭時，亦得逕行審判，惟其程序之進行，與雙方當事人均到庭時略有不同耳。故審理程序之進行，可分當事人到庭與否之兩種不同情形，而分別論述之也：

（一）當事人之一方不到庭者　依一造辯論而爲缺席判決，最初以被告不到庭者爲限，但仍須經過數次之傳喚，與相當之期間焉。被告從未到庭者，應於一年後宣示判決；其已到庭陳述理由，而於「訟爭時期 (litis contestatio)」成立後不到庭者，則應於三年期間屆滿前之六個月內宣示之。至原告不到庭者，法官無傳喚之職權，故僅喪失其權利而已，而不得於其缺席時宣示判決；嗣後爲便利被告起見，規定被告得請求法官傳喚原告到庭，而原告不應傳到庭時，亦適用缺席判決之規定矣。當事人之一方不到庭時，法官亦應根據審究之事實，而為合理之處置，並非當然對於缺席者為不利益之判決，惟缺席之一方不得對其判決提起上訴，此則羅馬法上「缺席者不得上訴 (contumax non appellat)」之一原則也。

（二）當事人均到庭者　當事人均到庭時，法官審理之程序與適用舊制時之民選推事略同，例如審理程序進行中之認諾宣誓等項，於此均適用之。惟依舊制，當事人之認諾，以關於金錢者為限，得與判決發生同等之效力，至「非常訴訟時期」則無論關於何種問題，均以認諾為最有力之證據；再依舊制，限於確定金額或確定物，或類似之情形，得令當事人宣誓以斷定之，至非常訴訟時期，亦於各種爭點均適用之。此外，關於特定案件，原告得於審理前先問被告對於訴爭之原因有無關係，例如先問被告對於加害之奴隸牲畜有無所有人之權利，謂之「法律上之質問 (interrogationes in jure)」，此本為「程式訴訟時期」之舊制；至非常訴訟時期，復擴大其適用範圍，質言之，當事人之任何一方，均得向他方為類似之質問，且無論關於何種問題，於辯論終結前，均得為之，並不若往昔受嚴格之限制也。

羅馬古代，行政事件素不公開，故此時期行政官辦理訴訟事件，亦不公開之；言詞辯論時，法庭與外間，完全隔絕，除柵欄外，並用簾幕以屏蔽之，但宣判時，仍應揭其簾幕，使外間明瞭裁判之要旨，且地位優越之人，亦得坐於法官之旁面焉。至當事人之請求，多以書狀為之，其言詞辯論，亦均載明筆錄，蓋至此時期，審級繁複，若仍採言詞訴訟之舊制，上訴審將感莫大之困難耳。

再「非常訴訟時期」當事人均支付訴訟費用，除書狀外，對於差役書記官等人，亦應給付相當之酬金。且此等費用裁判官之告示有明文規定，與現代各國民事審判聲請等費略同，並非差役等人向當事人額外需索者也。

第三款　判決

「非常訴訟時期」訴訟事件，均由同一法官審究判決，故法官可自由行使判決之職權，而不若適用舊制時民選推事之受其他牽制也。姑就判決之內容言，新制中法官職權之提高，可分三點：其一、被告於訴訟進行中已對原告履行其義務者，法官得以判決免除被告之義務；其二、原告對於訴訟標的請求過度（plus petitio re）時，法官得減低其請求標的而爲判決，但於期限方面，原因方面請求過度者，不在此限；其三、原告對於「有體物」主張所有人或占有人之權利，或請求提出該物時，不論其所提起者爲「對人訴訟」或「對物訴訟」，法官得判令被告就原物履行其義務，而無判令代以金錢之必要，而必原告所請求者爲作爲或不作爲或返還原物提出原物，確有不可能之情勢，始以金錢爲判決履行之標的也。至判決之基礎，除雙方當事人陳述之事實及提出之證據外，法官之自由心證，亦爲重要之因素，蓋法官就當事人所主張之事實理由，得自由認定，斟酌取舍之耳。

第四款　上訴

適用是項新制時，司法官均以行政官充之，訟案之審級，亦皆依行政系統，故上訴機關特多，而無審級之限制。關於各種民刑案件，不服判決之當事人，皆得上訴至皇帝，繼而依據行政系統，詳明規定何種案件以皇帝爲終審，何種案件以元老院爲終審，且劃分何種案件爲不得上訴者。此外規定上訴失敗者，科以被上訴人訴訟費用四倍之罰金，嗣後改定是項罰金數額，由受理上訴之法官斟酌定之；此等規定，則皆所以限制當事人上訴者也。

第五款 執行

非常訴訟時期，判決之執行，乃原審法官之職權，而原告不得逕向被告或對標的物行使其權利。至執行之方式，共分三種：一曰就原物執行，二曰「依判扣押（pignus ex judicati causa captum）」，三曰「財物之零賣（discractio bonorum）」。原判決明定交付某物返還某物或提出某物時，法官應令敗訴者交付之返還之或提出之，並得使用武力使其履行是項義務，所謂就原物執行者是也。凡一判決，不能就原物執行時，得由官吏扣押敗訴者之財物而出賣之，並以其價金給付勝訴之當事人，是爲「依判扣押」。至第三種執行方式，所謂「財物之零賣」者，與「程式訴訟時期」略同，即扣押敗訴者全部財產分別出賣以供執行是已；但在非常訴訟時期，必敗訴者確無支付能力時，始適用之，且須由有執行名義之債權人二人以上，共同請求，或由債務人爲托出全部財產以供執行之聲明焉。在此兩種情形之下，債權人均得占有其財產而出賣之，但應使其他債權人均於出賣前取得執行之名義，而有共同分配價金之機會；故依是項方式執行者，須經過二年或四年之期間，方得開始出賣之程序，各債權人同住一地時，是項期間，定爲二年，如居住不同之地域，則須延長至四年之久也。

本章參考書記要

J. Declareuil, Rome et l'organisation du droit p. 97-99, 100, 360, 363-366; M.-J. Cornil,

Droit romain p. 40-44; T. C. Sandars, The Institutes of Justinian p. xii, lxvi, lxxi 90, 124, 317, 500; 黄右昌,羅馬法與現代 p. 504,505; P. F. Girard, Manuel élémentaire de droit romain p. 1052–1084; Gaston May, Eléments de droit romain p. 669–673; Charles Demangeat, Cours élémantaire de droit romain p. 482–489 (Tome II); Ruben de Couder, Résumé de répétitions écrites de droit romain p. 568,569; Edouard Cuq, Les institutions juridiques des Romains p. 717, 718; René Foignet, Manuel élémentaire de droit romain p. 297–299; W. W. Buckland, The main institutions of roman private law p. 384–400; R. W. Leage, Roman private law p. 379–382; F.-L. de Keller, De la procédure civile et des actions chez les Romains p. 1–45, 338–383, 385-414; Eugène Henriot, Mœurs juridiques et judiciaires de l'ancienne Rome p. 2–89 (Tome II); J. Declareuil, Rome the law-giver p. 89–93; Rudolph Sohm, Institutes of Roman law p. 289–302.

附載　羅馬法參考書

著作人	書名	出版處所	出版年份
Accarias	Précis de droit romain (4e édition)	Paris	1886
Accarias	Théorie des contrats innomés	Paris	1866
Allard	Les esclaves chrétiens	Paris	1900
Alphonse Rivier	Introduction historique au droit romain	Bruxelles	1881
Appleton (Ch.)	Histoire de la propriété prétorienne et de l'action publicienne	Paris	1889
Appleton (Ch.)	Histoire de la compensation en droit romain	Paris	1889
Appleton (Ch.)	De la possession et des actions possessoires	Paris	1871
Appleton (J.)	Essai sur le fondement de l'action possessoire	Paris	1893
Audibert	La folie et la prodigalité en droit romain	Paris	1892
Baron	Die Condictionen	Berlin	1891
Beaudouin	La limitation des fonds de terre	Paris	1894
Beaudouin	Les grands domaines dans l'empire romain	Paris	1899
Bekker	Die Actionen des römischen Privatrechts	Berlin	1873
Bonfante	Histoire du droit romain (traduction)	Paris	1885
Brissaud (J.)	Le régime de la terre dans la société étatiste du Bas-Empire	Paris	1893

著作人	書名	出版處所	出版年份
Bry (G.)	Principes de droit romain	Paris	1892
Buckland (W W.)	Elementary principles of roman private law	Cambridge	1908
Buckland (W. W.)	Main institutions of roman private law	Cambridge	1931
Buckland (W. W.)	Manual of roman private law	Cambridge	
Buckland (W. W.)	Text-Book of roman law from Augustus to Justinian	Cambridge	1921
Buckland (W. W.)	Roman law of slavery	Cambridge	1908
Buckler (W. H.)	Contract in roman law	London	1895
Chénon	Histoire générale du droit français public et privé	Paris	1926
Chénon	Etudes sur les controverses entre les Proculiens et les Sabiniens	Paris	1891
Chénon	La loi pérégrine à Rome	Paris	1891
Clark (E. C.)	History of roman private law	Cambridge	1919
Collinet (P.), Giffard (A.)	Précis de droit romain	Paris	1927
Collinet (Paul)	Etudes historiques sur le droit de Justinien	Paris	1912
Cornil (Georges)	Ancien droit romain	Bruxelles	1930
Cornil (J.)	Traité de la possession dans le droit romain	Paris	1905
Cornil (J.)	Debitium et obligatio	Paris	1912
Cornil (J.)	Etude sur la publicité de la propriété en droit romain	Paris	1890

著作人	書名	出版處所	出版年份
Cornil (M.-J.)	Droit romain	Bruxelles	1885
Couder (Ruben de)	Résumé de répétitions écrites de droit romain (2e édition)	Paris	1875
Crémieu	Théorie des actions possessoires ou des moyens juridiques de faire valoir la possession en droit romain et en droit français	Paris	1846
Cuq (Edouard)	Recherches sur la possession à Rome	Paris	1894
Cuq (Edouard)	Manuel des institutions juridiques en droit romain	Paris	1928
Dareste (Rod.)	Nouvelles études d'histoire du droit	Paris	1906
Declareuil (J.)	La justice dans les coutumes primitives	Paris	1889
Declareuil (J.)	Rome et l'organisation du droit	Paris	1924
Declareuil (J.)	Rome the law-giver	New-York	1926
Demangeat (Charles)	Cours élémentaire de droit romain (2e édition)	Paris	1866
Desserteaux (F.)	Etude sur la formation historique de la "capitis deminutio"	Paris, Dijon	1909 1919
Diel (Ch.)	Justinien et la civilisation bizantine au VI e siècle	Paris	1901
Dumont (F.)	Les donations entre époux en droit romain	Paris	1889
Ernst Rabel	Grandzüge des römischen Privatrechts	Leipzig	1915
Félix Senn	De la justice et du droit	Paris	1927
Foignet (René)	Manuel élémentaire de droit romain (4e édition)	Paris	1916
Friedrich Shulin	Lehrbuch der Geschichte des römischen Rechts	Stuttgart	1889

著作人	書名	出版處所	出版年份
Gaius	Elements of Roman law	Oxford	1871
Gide (Paul)	Etude sur la novation et le transfert des créances dans le droit romain	Paris	1885
Girard (P. F.)	Textes de droit romain publiés et annotés (4 e édition)	Paris	1913
Girard (P. F.)	Manuel élémentaire de droit romain (7 e édition)	Paris	1924
Girard (P. F.)	Mélanges de droit romain	Paris	1923
Greenidge	The legal procedure of Cicero's time	Oxford	1901
Greenidge	Infamia	Oxford	1894
Hadley (James)	Introduction to Roman law	New-York	1914
Heinrich Siber	Römisches Recht in Grandzugen für die Vorlesung	Berlin	1928
Henriot (Eugène)	Mœurs juridiques et judiciaires de l'ancienne Rome	Paris	1865
Homo (L.)	La civilisation romaine	Paris	1878
Huvelin (P.)	Cours élémentaire de droit romain	Paris	1928
Huvelin (P.)	Histoire du droit commercial romain	Paris	
Jhering (Rudolph von)	Fondement des interdits possessoires (traduit en français par de Meulenace)	Paris	1882
Jhering (Rudolph von)	L' esprit du droit romain (traduit en français par de Meulenace)	Paris	1886
Jörs (Paul)	Römisches Recht	Berlin	1927
Jourdan	Etude sur le droit romain. L' hypothèque	Paris	1876

著作人	書名	出版處所	出版年份
Harleva	Römische Rechtsgeschichte	Berlin	1902
Heller (F.-L. de)	De la procédure civile et des actions chez les Romains (traduit de l'allemand par Charles Capmas)	Paris	1870
Leage (R. W.)	Roman private law	London	1909
Lecomte (A.)	La pluralité des tuteurs en droit romain	Paris	1890
Lee (R. W.)	Introduction to Roman-Dutch law	Oxford	1925
Lemonier	Etude historique sur la condition privée des affranchis	Paris	1887
Levet	Le bénéfice de compétence	Paris	1927
Ludwig Mitteis	Römisches Privatrecht bis auf die Zeit Diokletians	Leipzig	1908
Machelard	Les interdits en droit romain	Paris	1864
Machelard	Distinction des servitudes prédiales	Paris	1868
Marckelden (F.)	Manuel de droit romain (traduit de l'allemand par Jules Beving)	Bruxelles	1841
Marston Garsia (B. A.)	Roman law in a nutshell	London	1931
Maunier (R.), Giffard (A.)	Sociologie et droit romain	Paris	1897
May (G.)	Eléments de droit romain (18e édition)	Paris	1932
May, Becker	Précis des institutions du droit privé à Rome	Paris	1892
Maynz (Charles)	Eléments de droit romain	Bruxelles	1845
Mayr (Rober von)	Römische Rechtsgeschichte	Berlin	1913

著作人	書名	出版處所	出版年份
Mispoulet	Etudes d' institutions romaines	Paris	1887
Mommsen (Théodore)	Le droit public romain (7 volumes, traduit par Girard P. F.)	Paris	1928
Molitor (J. P.)	La possession en droit romain	Paris	1868
Monier (R.)	La garantie contre les vices cachés dans la vente romaine	Paris	1887
Morel (M.)	Etudes de droit romain	Paris	1890
Moyle (J. B.)	Imperatoris iustiniani institutionum	Oxford	1912
Muirhead (James)	Historical introduction to the private law of Rome	London	1916
Ortolan (J.)	Législation romaine	Paris	1884
Ortolan (J.)	Explication historique des Institutions de l'empereur Justinien	Paris	1885
Païs (E.)	Histoire romaine (traduction de l'italien)	Roma	1926
Pellat	Textes choisis des Pandectes, traduits et documentés	Paris	1866
Perrot (Eugène)	Précis élémentaire de droit romain	Paris	
Pitois	Principes de droit romain	Paris	1882
Plassard	Le concubinat romain sous le Haut-Empire	Paris	1921
Rafael Taubenschlag	Das römische Recht zur Zeit Diokletians	Cracovie	1922
Rigaud (Louis)	L' évolution du droit de la femme de Rome à nos jours	Paris	
Roby	Roman private law	Cambridge	1902
Salkowski	Institutes and history of roman private law	London	1898
Saleilles	Etudes sur la théorie générale de l'obligation	Paris	1901

著作人	書名	出版處所	出版年份
Sandars (Thomas Collet)	The Institutes of Justinian	London	1888
Savigny (Fr. de)	Traité de la possession d'après les principes du droit romain (traduit en français par Jules Beving)	Bruxelles	1840
Sherman (C. P.)	Roman law in the modern world	Boston	1917
Scrutton (Thomas Edouard)	Influence of the Roman law on the law of England	Cambridge	1885
Sohm (Rudolph)	Institutes of Roman law (translated by James Crawford Ledlie)	Oxford	1907
Sohm-Mitteis	Institutionen (17e édition)	München	1923
Typaldo-Basia	Le droit romain	Paris	
Vermond (Ed.)	Théorie générale de la possession en droit romain	Paris	1895
Viard (P.)	Les pactes adjoints aux contrats en droit romain	Paris	1891
Visscher (F. de)	La condictio et le système de la procédure formulaire	Gand	1923
Visscher (F. de)	Etudes de droit romain	Paris	1931
Vincent	Le droit des Ediles	Paris	1922
Walton	Historical introduction to the Roman law	Oxford	1917
Walzing	Etudes historiques sur les corporations professionnelles chez les Romains (4 volumes)	Louvain	1899
Willems	Le droit public romain (7e édition)	Louvain	1910
黃右昌	羅馬法與現代	北平	民國十九年
陳允，應時	羅馬法	上海	

中華民國二十六年七月初版

⊕(36737平)

大學叢書(教本)羅馬法原理二册

平裝每部實價國幣叁元伍角
外埠酌加運費匯費

版權所有 翻印必究

著作者 陳朝壁

發行人 王雲五 上海河南路

印刷所 商務印書館 上海河南路

發行所 商務印書館 上海及各埠

(本書校對者林仁之)

振